Herder Taschenbuch 1579

Über das Buch

Seit 30 Jahren gehört das „Philosophische Wörterbuch" zu den Standardwerken des Herder Taschenbuch Verlages. Geschätzt wird von den Benutzern vor allem die sehr verständliche Sprache und die Reduzierung auf das Wesentliche, auch bei schwierigen philosophischen Themen und Zusammenhängen. Die hohe Gesamtauflage deutet darauf hin, daß dieses Nachschlagewerk weit über den engen Kreis der Fachphilosophen hinausgedrungen ist. Die Neubearbeitung gibt jetzt, in gleicher Verständlichkeit, auch Auskunft über die neuen philosophischen Strömungen und Fragestellungen und über schulbildende Philosophen der Gegenwart. Selbstverständlich ist auch das Literaturverzeichnis aktualisiert. Neu sind die Übersichtstafeln am Ende des Bandes. Sie eröffnen noch einmal von einer anderen Seite her den Zugang zur Geschichte des philosophischen Denkens.

Über die Autoren

Max Müller, Jahrgang 1906, o. Professor für Philosophie 1946 in Freiburg i. Br., 1960 in München, 1971 emeritiert, jetzt Honorarprofessor in Freiburg i. Br. „Sein und Geist" (1940, ²1981); „Existenzphilosophie" (1949, ⁴1986); „Erfahrung und Geschichte" (1971); „Philosophische Anthropologie" (1974) und zahlreiche weitere Veröffentlichungen.

Alois Halder, Jahrgang 1928, o. Professor für Philosophie 1972 in Augsburg. „Kunst und Kult" (1964, ²1987); zahlreiche Beiträge in Zeitschriften und Sammelwerken zu Themenbereichen der Metaphysik, Religionsphilosophie, Ästhetik.

Philosophisches Wörterbuch

Herausgegeben von
Max Müller und Alois Halder

*Neubearbeitung des unter Mitarbeit
von Hans Brockard, Severin Müller
und Wolfgang Welsch herausgegebenen
Kleinen Philosophischen Wörterbuchs*

Herder Taschenbuch Verlag

Neubearbeitung des Herder-Taschenbuches Nr. 398

Vorwort

Das „Philosophische Wörterbuch" ist seit seinem ersten Erscheinen 1958 wiederholt revidiert und ergänzt worden. Es hat in seiner dreißigjährigen Geschichte als handliches Orientierungsmittel zahlreiche philosophisch interessierte Freunde gefunden. Auch bei der erneuten Bearbeitung blieb die Absicht leitend, sich nicht nur auf die Erklärung von Fachausdrücken und die Aufzählung historischer Daten zu beschränken, sondern Information zu verbinden mit Reflexion und bei der Vermittlung der Fragen und Antwortversuche in der philosophiegeschichtlichen Überlieferung zugleich die Thematik gegenwärtigen Philosophierens sichtbar zu machen – soweit die räumlichen Grenzen eines Taschenbuch-Lexikons und die Ordnung des Alphabets dies zulassen. Der bibliographische Anhang faßt die Hinweise auf die Werke und die vor allem weiterführende Literatur zu den wichtigsten Person- und Sachartikeln zusammen und führt eine Reihe von Hilfsmitteln zum philosophischen Studium an. Erstmals hinzugefügt sind Übersichtstafeln zur Geschichte der Philosophie seit der griechischen Antike bis in die Gegenwart herein.

Die wiederum erweiterte Ausgabe fußt auf der vorhergehenden, die unter Mitarbeit der Kollegen Hans Brockard (Ethik, Geschichts-, Sozialphilosophie), Severin Müller (Erkenntnislehre), Wolfgang Welsch (Ontologie) entstanden ist und für die Paul Good den Artikel über J.-P. Sartre verfaßt hat. In der Neubearbeitung durch die Herausgeber wurden sämtliche Artikel durchgesehen, gegebenenfalls aktualisiert, wenige Stichwörter ausgeschieden, über achtzig neu aufgenommen. Die Artikel aus dem Bereich des ostasiatischen Denkens stammen von Elmar Weinmayr. Bei der biographischen und bibliographischen Datenerhebung waren beteiligt Hans Goldmann und Stefan Thumfart. Allen, die früher und gegenwärtig am Philosophischen Wörterbuch mitgewirkt haben, sei an dieser Stelle herzlich gedankt.

Die Herausgeber

Inhalt

A

Abaelard, *Peter,* französ. Philosoph, Theologe u. Hymnendichter, * 1079 Palais bei Nantes, † 1142 Priorat St-Marcel. Einer der originellsten u. einflußreichsten Denker des 12. Jh.; förderte die Logik durch seine Abstraktionstheorie u. Sprachphilosophie (Früh- ↗Nominalismus, ↗Universalien); ist wegen der in *Sic et non* (einer Sammlung einander widersprechender Vätertexte) dargelegten Methode der Ausgleichung als „Vater" der scholast. Theologie anzusehen.

absolut (lat.), losgelöst, nämlich von allen Bedingungen u. Beschränkungen, daher unbedingt, unbeschränkt. – Die Philosophie der Antike sah im *Absoluten* mehr die Sichselbstgenügsamkeit (= Autarkie; *platonisch* die Autarkie der „jenseits" der Erscheinungswelt u. noch der Wesenheiten liegenden Idee des Guten, *aristotelisch* die des allerdings weltimmanent gedachten ersten unbewegten Bewegers), das christl. Denken mehr das Durch-sich-selbst- u. Von-sich-selbst-Sein (↗Aseität), das in strengem Sinn allein dem welttranszendenten Gott zukommt, der somit eigentlich einzig a. genannt werden darf (so erstmals bei *Nikolaus von Kues*). Teilweise tritt auch die Bedeutung der ↗Unendlichkeit (Grenzenlosigkeit, Infinität) in den Vordergrund. *Kant* entzog das A.e als das „Übersinnliche" unserer theoret. Erkenntnis u. anerkannte nur im prakt. Bereich eine allerdings rein formal bleibende Erfahrung desselben. *Fichte* faßte das A.e als das reine produzierende Ich, *Schelling* als die ursprüngl. Einheit von Subjekt u. Objekt, Natur u. Geist; *Hegel* sah das Problem des A.en darin, daß das A.e als Ab-solutes (d. h. Losgelöstes u. somit auf etwas anderes Bezogenes) gerade zugleich nicht a. (nämlich allumfassend u. so von keinem anderen her bestimmt) ist. Das A.e ist nach Hegel der Geist, der sich zur Natur als seinem Anderen entäußert u. sich in der Geschichte zurückholt in das a.e Wissen, in welchem „Resultat" das A.e erst als wahrhaft A.es ist. – Die Frage der Präsenz des A.en im Endlichen u. Einzelnen u. damit das Verhältnis von Absolutheit u. Geschichtlichkeit ist ein zentrales Problem gegenwärtigen Philosophierens.

abstrakt (lat., abgezogen) ist das als Ergebnis eines ↗Abstraktions-Vollzugs gewonnene ↗Allgemeine. Im Gegensatz zum Konkreten (von lat. concrescere = zusammenwachsen) als dem unmittelbar anschaulichen individuellen „Dies-da" mit mannigfaltigen Bestimmungen ist das A.e das abgesondert-losgelöste, unanschauliche, formale u. nur durch das Denken vermittelte Überindividuelle. A. ist so eine Eigenschafts- u. Zustandsbezeichnung; in seinem inhaltlichen *Was* muß das A.e jeweils näher bestimmt werden. ↗Denken, ↗Begriff.

Abstraktion (lat.), allgemein der Vorgang der Herauslösung eines Momentes oder Teiles aus einem individuellen Ganzen. In der Philosophie ist A. der zur Begriffsbildung notwendige Prozeß der gedanklichen Loslösung eines übereinzelnen (allgemeinen) Gehaltes aus dem zu begreifenden Seienden. In der A. werden bestimmte, in einer besonderen Hinsicht bedeutsame (sog. „wesentliche") Merkmale isoliert u. herausgehoben *(positive A.: etwas abstrahieren)* u. andere weggelassen *(negative A.: von etwas abstrahieren)* u. damit als „unwesentlich" in dieser Hinsicht gekennzeichnet. Im Aufbau der sog. „Wesenserkenntnis" spielt daher die A. eine entscheidende Rolle. Die großen Systeme der ↗Erkenntnis-Lehre unterscheiden sich hauptsächlich danach, welche Funktion in ihnen der A. zuerkannt wird. Da die A. immer eine Hinsicht voraussetzt, in der sie erfolgt, kann ihr trotz Unentbehrlichkeit bei der Begriffsbildung u. Wesenserkenntnis nie die erste u. grundlegende Leistung zuerkannt werden. Nur wenn in einem Vorblick (der „Hinsicht") das Wesentliche u. Bedeutsame, auf das es bei der Bildung des ↗Begriffs ankommt, schon gesehen ist, kann von dieser Sicht aus das positive Herausheben u. das negative Beiseitelassen erfolgen. Die A. legt dann das schon verstandene Wesentliche frei u. grenzt es von dem, was im Licht des Wesensvorverständnisses unwesentlich ist, ab. Dieses der A. logisch vorausgehende, ihr innewohnende, sie leitende Wissen ist bei Platon die ↗Anamnese, bei Kant die ↗Reflexion. *Kant* bevorzugt die negative Bedeutung von A. Er spricht daher lieber von „abstrahierenden" (das Unterscheidende weglassenden) Begriffen als von abstrakten. A. ist für ihn A. (Weglassung) von dem, in welchem sich Vorstellungen in einer bestimmten Hinsicht unterscheiden. Daher ist der Vergleich der Vorstellungen, die „Komparation", ebenso Voraussetzung für die A. wie die „Reflexion" als Hinsicht auf das leitende Bedeutsame. *Aristoteles* bezeichnet die A.

als „Aphairesis" (Wegnahme), damit ebenfalls ihre negative Funktion betonend. Bei dem ihm folgenden *Thomas von Aquin* wird dabei betont, daß die A. ermöglicht ist durch das Licht des tätigen Verstandes (↗Intellectus agens), der durch sein Hinblicken auf das Sein erst Unterscheidung des Wesentlichen u. Unwesentlichen am gegebenen konkreten einzelnen Seienden ermöglicht. Die *Neuscholastik* sieht großenteils in der Komparation die einzige Vorbedingung der A. u. vernachlässigt hierbei die Reflexion. Demgegenüber betont die *Phänomenologie* (↗Husserl), daß die Wesensschau oder „eidetische Intuition" ein eigener Akt sei, demgegenüber Komparation u. A. nur eine nachgeordnete Bedeutung haben.

absurd (lat.), ungereimt, widersinnig. „Ad absurdum führen", der Ungereimtheit überführen. – „Credo, quia absurdum est" (gerade weil es widersinnig ist, glaube ich es), *Tertullian* zugeschriebener Satz (auf die Menschwerdung Gottes bezogen), der freilich so bei ihm nicht vorkommt. Absurdität ist hier eher als ↗Paradoxie aufgefaßt, die z. B. bei Pascal u. Kierkegaard als Anwesenheitsweise des Absoluten für den endlichen Verstand gilt; so ähnlich bei Jaspers: Jede Transzendenz nimmt, für den Verstand gedacht, die Form der Absurdität an. Bei *Camus* ist das A.e Titel für die Widersprüchlichkeit u. Sinnlosigkeit des menschlichen Lebens, das schließlich nur durch die „Revolte" zwar nicht einen Sinn, aber Größe u. Würde erhalten kann.

Adler, *Alfred,* Begründer der Individualpsychologie, * 1870 Wien, † 1937 Aberdeen. 1907–1911 Mitarbeiter S. Freuds. Nach A. ergeben sich die Konflikte des Individuums vornehmlich aus dessen „Geltungsstreben" in der Spannung zur Gesellschaft. ↗Tiefenpsychologie.

Adorno, *Theodor Wiesengrund,* Mitbegründer der ↗Frankfurter Schule (zus. mit M. Horkheimer), * 1903 Frankfurt a. M., † 1969 Visp (Schweiz). Nach Lehrverbot 1934 u. Emigration (Oxford, New York) 1949 Rückkehr, 1950 Prof. in Frankfurt a. M. Die Sozialanalyse der ↗Kritischen Theorie verbindet sich bei A. mit der erkenntnisphilos. Forderung, „über den Begriff mit dem Begriff hinauszugelangen", u. philos.-ästhetisch mit einem zurückhaltenden Transzendenzdenken: „Kunst ist der Schein dessen, woran der Tod nicht heranreicht."

Affektion (lat.), Berührung, Erregung, bes. der ↗Sinnlichkeit, die in der A. durch Einwirken von anderem eine Änderung ihrer Zuständlichkeit erfährt. Diese ist nicht durch die Sinnlichkeit selbst erzeugt, wohl aber, als ihre Empfindung, durch die der Sinnlichkeit eigene Organisation mitbestimmt (Sinnesqualitäten). Die *Scholastik* unterscheidet zwischen affectio externa (als Fremdberührung) u. affectio interna (Selbst-A.). Bei *Kant* ist A. das der Sinnlichkeit eigene Vermögen des passiv-rezeptiven Berührtwerdenkönnens, worin sich die grundsätzliche Verwiesenheit des menschlichen Erkennens auf Gegebenes bezeugt. Davon zu scheiden ist auch bei Kant die Selbst-A. als die Art, wie das Subjekt in seinem ihm eigenen Fungieren durch sich selbst affiziert wird (↗Zeit, ↗Sittlichkeit).

Agnostizismus (lat.), streitet wie der ↗Skeptizismus die Erkennbarkeit aller Dinge, so das Wissen vom „Metaphysischen", ab, bes. das Wissen von Gott. Er sieht wohl, daß es verschiedene Weisen des Seins u. daher unterschiedliche Erkenntnisweisen gibt, aber er fordert die Kennzeichen der empir. Erkenntnis von der metaphys. Erkenntnis, die diese natürlich nicht aufweist, u. leugnet letztere darum ab. Er ist blind gegen die ↗Analogie.

Akademie (griech. *akadémeia),* Name eines einem Heros geweihten Hains nördl. Athen, bei dem Plato 385 vC. die A. gründete, eine (teils esoterische?) Philosophenschule, die in der Antike Vorbild für andere (↗Peripatos, ↗Stoa) wurde, in der Neuzeit Gattungsname für Gelehrtenvereinigungen überhaupt. Die platonische A. wird üblicherweise in 3 Epochen gegliedert: 1) alte A. von Speusippos bis Krates; 2) mittlere A. von Arkesilaos bis Hegesinos; 3) neue A. ab Karneades. Die A. wurde 529 nC. von Kaiser Justinian geschlossen. Man unterscheidet die *Akademiker* (Anhänger der platon. Philosophie) von den Peripatetikern (den Vertretern der aristotel. Philosophie).

Akt (lat. *actus* = Tätigkeit), Handlung. In der mittelalterlichen Philosophie besagt *actus* = Akt als Übersetzung des griech. Energeia soviel wie „Vollzug"; heute meist mit Wirklichkeit übersetzt (Aktualität). Gegenbegriff dazu: Potenz od. Möglichkeit (griech. dynamis). Für Aristoteles u. Thomas sind damit die beiden Grund-Modalitäten des Seins gekennzeichnet, die jedes endliche Seiende charakterisieren u. mit deren Hilfe insbes. das Problem des Werdens philos. aufgeschlüsselt werden kann. A.

ist gegenwärtige Entfaltung aller Anlagen, das Ins-Dasein-Treten des Soseins, die verwirklichte Gegenwart, die Entfaltung des zeitlich noch unbestimmten Wasseins in der Zeit. Potenz oder Möglichkeit als Gegensatz hierzu ist die Seinsweise der Unentfaltetheit, der bloßen Angelegenheit, des reinen Gehaltes, der auf den aktualisierenden Anstoß, die die zeitlich determinierende Gegenwart ermöglichende Tat wartet. Gegenüber der sog. „ersten Materie" als reiner Möglichkeit ist bereits die den Umriß festlegende Gestalt *formaler* A. Über diesem steht die sich der Form bedienende Wirkkraft, der *entitative* A. Akt in weitestem Sinn ist alles, was einem Unbestimmten Bestimmtheit verleiht. So wird der Mensch durch seine Tätigkeit (*actus ultimi,* letzte Akte), erst völlig zu dem bestimmt, was er „in concreto" ist. Die Verschiedenheit dieser Bestimmungen bei Gleichheit des sie zusammenhaltenden Grundsinnes zeigt, daß „A." ein analoger Begriff ist.

Das schwierige Problem bei *Thomas von Aquin* ist, wie der A. als reine Kraft der Bestimmung selbst wieder durch das, was er bestimmt, determiniert wird: wie der A., der stets eine gewisse Fülle u. Vollkommenheit besagt, durch die Möglichkeit, der er Dasein verleiht, beschränkt u. verendlicht wird. Reiner, unbeschränkter A. *(actus purus)* zu sein ist für die thomist. Philosophie die eigentliche Definition ↗Gottes. Alles endliche u. kreatürliche Seiende dagegen ist für den *Thomismus* durch die reale, innere metaphys. Unterscheidung *(distinctio realis)* von A. u. Potenz, von Dasein u. Sosein am entscheidendsten gekennzeichnet. Der *Suarezianismus* dagegen leugnet diese Realdistinktion in den endlichen Dingen selbst.

Aktualismus (von lat. *actus* = Tätigkeit), Bezeichnung für eine Lehre, die in bestimmten Bereichen oder im Gesamt der Wirklichkeit jegliches beharrende Sein leugnet u. nur oder primär ein unaufhörliches Werden u. Wirken behauptet. – Als Gegenposition zu jedem starren ↗Essentialismus bzw. Substantialismus (der parmenideisch-platonischen Tradition) deutet der (bis Heraklit zurückverfolgbare, im Deutschen Idealismus, in Nietzsche, Bergson u. Vertretern der Existenzphilosophie seine deutlichsten Ausprägungen findende) *metaphysische A.* jegliche Wesens- u. Seinsordnung als nur augenblickliches Querschnittsgefüge u. alles Seiende nur als fluktuierendes Moment eines im Grunde unaufhörlichen Sichwandelns der Welt. Der A. bringt einen Wesenszug des ursprünglichen u. überlieferten Seinsbegriffs der abendländischen Philosophie, daß nämlich Sein auch vollzughaftes Geschehen meint (aristotelisch ist das höchste Sein die reine *energeia* des sich selbst denkenden Denkens, scholastisch der *actus purus*, ↗Akt), einseitig zur Entfaltung, insofern er ausschließlich dieses eine Moment betont. Der *psychologische* A. (Protagoras, Hume, Beneke, Fortlage, Fechner, Wundt) versteht die Seele nicht als eine ihren Akten zugrunde liegende Substanz, sondern lediglich als abstrakten Begriff für die nur im Bewußtsein gegebene Einheit der an sich „substratlosen" seelischen Prozesse.

Aktualität (lat.), allgemein eine Weise von ↗Wirklichkeit. In der *scholast. Philosophie* meint A. den Vollzug (↗Akt) u. den Zustand des Verwirklichtseins der ↗Realität, worin diese vollendet „da", „gegenwärtig" ist. Insofern das unendliche Denken (Idealität) Gottes (als *actus purus*) die absolute A. (Nezessität, ↗Notwendigkeit) aller Realität schlechthin, die vollkommene Wirklichkeit aller sachlichen Gehalte ist, zeigt sich, daß die A. hier ursprünglich u. zuhöchst Idealität ist. Gegenüber dieser Uridentität treten dann erst beim endlichen Sein u. Denken A. u. Potentialität (↗Potenz) auseinander. Sie sind somit nicht transzendentale Seinsbestimmtheiten (wie z. B. die Realität), aber auch nicht bloß kategoriale Bestimmungen, sondern durch letztere hindurchgehende überkategoriale Seinsmodalitäten. Bei *Kant* wird dann wie Realität so auch A. auf eine Verstandeskategorie, u. zwar der Modalität, d. h. hier des Verhältnisses der Erkenntnisvorstellung zum Erkenntnisvermögen, eingegrenzt. Gleichzeitig betont er die Verschiedenheit von A. u. Realität, die in der Tradition nicht genügend problembewußt durchgehalten worden sei, welche Unklarheit in der Weise der Verfälschung der A. zu einem Moment der Realität insbesondere dem ontolog. Gottesbeweis zugrunde liege.

Akzidens (lat.), das Hinzukommende oder das Zu-fällige (griech. *symbebekós*). Philosophisch bedeutet A. das unselbständig Seiende, das dem selbständig Seienden, der Substanz, als eine nähere Bestimmung anhaftet u. nur an ihr Bestand hat, aber mit der Substanz nicht notwendig, sondern bloß „zufällig" verbunden ist, also ebenso, wie es vorhanden ist, auch fehlen könnte. *Aristoteles* teilt die Uraussageweisen über ein jedes Seiende in 10 Kategorien ein. Sie sind einerseits die Substanz oder das Wesen als die fundamentale Grundbestimmung u. anderseits die 9 Akzidentien: Quantität, Qualität, Relation, Zeitbestimmung, Ortsbestimmung, Tätigkeit, Leiden, Lage u. Besitz. Ihm folgt *Thomas von Aquin;* das A. ist auch ihm real von seinem Träger (der Substanz) unterschieden; es „ist" nur in analogem Sinn in bezug auf die Substanz, an der es als deren Fortbestimmung haftet. Wegen ihres Zufälligkeitscharakters gibt es Akzidentien nur im Bereich des Endlichen.

Albert, *Hans,* Hauptvertreter des ↗Kritischen Rationalismus (neben K. Popper), * 1921 Köln. Seit 1963 Prof. in Mannheim. Schärfste Gegenstellung zur Frankfurter Schule (neuerer „Positivismusstreit"); Kritiker auch moderner theol. u. transzendentalhermeneutischer Ansätze.

Albertus Magnus, Albert der Große, Kirchenlehrer, * um 1200 Lauingen a. d. Donau, † 1280 Köln. Dominikaner, gefeierter Lehrer in Paris u. Köln, hatte ↗Thomas von Aquin zum Schüler. In der Philosophie Autodidakt, betrachtete er es als seine Aufgabe, das gesamte durch Übersetzungen im Lauf eines Jh. zugänglich gewordene Werk des Aristoteles u. der arabischen „Peripatetiker" verständlich zu machen. Er wandte sich gegen die Lehren des ↗Averroës u. gab den christl. Schulen ein philos. System von unvergleichlicher Spannweite u. starker Geschlossenheit. Was er in diese Enzyklopädie an botanischem u. zoologischem, mineralogischem u. geograph. Wissen einbaute, sichert ihm einen einzigartigen Platz auch in der Geschichte der Naturwissenschaften des Mittelalters.

Alembert, *Jean Lerond d',* französ. Physiker u. Aufklärungsphilosoph, * 1717 Paris, † 1783 ebd. Mit Diderot zusammen Hrsg. der Enzyklopädie (vgl. ↗Enzyklopädisten), deren berühmte Einleitung er verfaßte. Skeptizist, Empirist u. damit Vorbereiter des ↗Positivismus.

Alexander von Hales, englischer Philosoph u. Theologe, * um 1185 Hales Owen (Engl.), † 1245. Lehrte in Paris, begründete die Schule der Franziskaner.

Alfarabi, *Abu Nasr Mohammed* (auch Farabi gen.), arabischer Philosoph, * Ende des 9. Jh. Farab, † 950 Damaskus. Vereinigte aristotel. Gedanken mit der neuplatonischen Emanationslehre; wirkte auf Avicenna u. Albertus Magnus.

Allgemeines, gegenüber dem Einzelnen, dem als „Dies-Da" eine ganz bestimmte Eigenschaftsmannigfaltigkeit zukommt, das vielen Einzelnen Gemeinsame, überindividuell vielen Zukommende. Es bedarf darüber hinaus einer näheren Kennzeichnung. Das A. bestimmt sich 1. in Hinsicht darauf, von *welchen* Gegenständen, Gegenstandsarten u. Gegenstandsbereichen es ausgesagt wird. Darin ist bereits mitentschieden über 2. das *Was* des jeweils gemeinsamen Ausgesagten; ob aus der Merkmalsmannigfaltigkeit der Vielheit nur eines herausgenommen (= abstrahiert; ↗Abstraktion) ist oder ob es eine Merkmalsordnung ist, welche je die typische Eigenart u. den notwendigen Grundbestand vieler Einzelner ausmacht (↗Wesen). 3. bestimmt das A. den *Umkreis* u. *Umfang* der von ihm betroffenen Mannigfaltigkeit nach Maßgabe der in ihnen vorgegebenen Merkmale (*Grad* an Allgemeinheit, der dem A. eignet, u. dessen daraus sich ergebende stufenmäßige Ordnung nach ↗Art, ↗Gattung). Hieraus ergibt sich eine grundsätzliche Differenzierung: das *Komparativ-A.*, das nur begrenzten Gegenstandsgruppen zukommt, u. das *Absolut-A.*, das jeglicher Gegenständlichkeit überhaupt notwendig zu eigen ist. 4. Komparative Allgemeinheit wird empirisch vor allem durch *Formalisierung* (Negation der Individualität) u. Generalisierung (Ausweitung der Einzelgeltung eines Moments zur Allgemeingeltung) gewonnen. Das Absolut-A. ist als unbedingt Geltendes prinzipiell nicht empirisch zu gewinnen. Die solche Allgemeinheit aufweisenden Vollzüge liegen selbst jeglicher Einzelbegegnung notwendig voraus, sie sind *apriorisch* (↗Apriori) u. falten sich aus in ↗Deduktion, ↗Reflexion, ↗Reduktion. Im ↗Begriff wird das A. sprachlich-logisch artikuliert; im ↗Urteil geschieht die ↗Synthese von dem A. u. dem Einzelnen, das in dieses eingeordnet wird; u. schließlich ist das A. gegenwärtig im entgegennehmenden Entwurf der umfassenden Horizonte (↗Welt), im Verstehen des Sinnes von ↗Sein u. dessen umfassenden Aspekten (↗Transzendentalien). Die Vollzugsweisen des A. sind aber selbst in diesem fundiert. Die Bestimmung dieses Prozesses erfordert die Befragung seines Ausgangsorts. Dies ist 6. die Bestimmung des *A. an ihm selbst,* in dem ihm eigenen Was, dem Woraus u. Worin seines Einheitgebenkönnens (↗Substanz, Grund). Die Frage danach gliedert sich doppelt: nach dessen Ort (↗Universalien) u. nach Wirklichkeitsbedeutung u. Seinsrang des A. Grundsätzlich sind zwei Positionen möglich: zum einen kann das A. Struktur des transzendentalen, übersubjektiv-allgem. Bewußtseins sein (vgl. ↗transzendental; Kant); zum anderen kann der Ort des Aprioris bewußtseins- u. weltvorgängig sein als Ordnung des Seins selbst (↗Ontologie, ↗Metaphysik), so daß das A. nicht bloß vorgängiger Hinblick des Bewußtseins, sondern Bestimmung des Seienden an ihm selbst ist (↗Kategorie).

So ist notwendig jede Bestimmung des A. an ihm selbst verknüpft mit seinem systemat.-geschichtl. Ursprungsort, aus dem das A. seine jeweilige Bestimmtheit u. Bedeutung empfängt, u. ist so als A. selbst geschichtlich. Der Ort, dem es entstammt, entscheidet über seinen Seinsrang: ob es gegenüber dem Konkret-Sinnlichen von geringerer Wirklichkeit ist, ob es nur funktionale Bedeutung hat als Ordnungssystem gegenüber einer sinnlichen Mannigfaltigkeit oder ob es seinsgebend-zeitlos das Seinsmächtigere ist, das als ↗Geist (↗Nous) allein eigentlichste Wirklichkeit hat.

Als-ob-Philosophie ↗Vaihinger.

Ambivalenz (lat.), Doppelwertigkeit, Mehrdeutigkeit eines Sachverhalts, einer Aussage; Nebeneinanderbestehen gleich ursprünglicher Neigungen, Gefühle, Werte.

Amphibolie (griech., Wurf von zwei Seiten), Doppeldeutigkeit; in der Logik Schlußfehler (fallacia ambiguitatis) aufgrund der Mehrdeutigkeit eines der verwendeten Begriffe in einem ↗Syllogismus. Als transzendentale A. (der Reflexionsbegriffe) bei Kant die „Verwechslung des empirischen Verstandesgebrauchs mit dem transzendentalen", wenn Begriffe, die nur für Verstandesobjekte Gültigkeit haben, auf Gegenstände überhaupt angewendet werden.

Analogie (v. griech. *análogon*). Eine *Erkenntnis* ist analog, wenn das zu Erkennende nicht in ihm bzw. an ihm selbst (in seinem Wesen) erkannt wird, sondern nur in einem Bezug, den es zu einem andern, das bekannt ist, hat. Ein *Begriff* ist analog, wenn das in ihm Ausgesagte kein eindeutiges, festumrissenes u. definierbares Wesen aussagt, sondern je nach einem Bezug oder Verhältnis in seiner Bedeutung variiert. Die A. steht in der Mitte zw. der Mehrdeutigkeit (Äquivozität), die ein Erkennen u. Begreifen unmöglich macht, u. der Eindeutigkeit (Univozität), die geradlinig das zu Erkennende u. zu Begreifende erfaßt.

Aristoteles hat die A. des Seins, des Istsagens, als erster zur philosophischen Lehre ausgebaut: „Das Seiende wird vielfältig ausgesagt, in der Vielfältigkeit aber analog." Hauptarten der A. des Seins: *Metaphorische* A. meint die A. der äußeren Ähnlichkeit. *Attributions*-A. besagt: Das Prädikat „ist" kommt eigentlich nur *einem* Seienden zu, der Substanz; allem andern Seienden nur sekundär, soweit es in Bezug zu jenem ersten Seienden steht. Die *Proportions*-A. besagt: Der Ausdruck „ist", „sein" bezeichnet nur insofern immer dasselbe, als mit ihm ein bei allem Seienden immer u. überall antreffbares inneres Verhältnis bedeutet wird: das Zueinander von Dasein u. Wassein, von Wahrheit u. Wert usw.; was aber in diesem Zueinander u. wie es zueinandersteht, kann gerade verschieden sein. Bei ↗ *Gott* ist dieses Zueinander Identität, beim *Menschen* ist es ein Auseinander endlicher Komponenten.

Infolge der A. des Seins, deren Durcharbeitung u. Ausformulierung vor allem bei Thomas von Aquin vollzogen wird, werden für die *kath.* Theologie positive, wenn auch eben analoge Aussagen über Gott möglich u. wird die reine Negative Theologie überwunden. Die A. in diesem Sinne *(Analogia entis)* besagt: Alles, was ist, hat das Sein u. ist durch das Sein, aber es hat das Sein in verschiedener Weise. Dadurch ergeben sich Stufen u. Ordnungen des Seins, Ähnlichkeit u. Verschiedenheit der Dinge. Wichtigste Anwendung der A. des Seienden auf das Verhältnis von Gott u. Welt: Alles Geschaffene ist durch Teilhabe an Gott, der das Sein nicht hat, sondern von Wesen ist. Dadurch schärfste Betonung der ↗ Immanenz alles nichtgöttlichen Seienden u. der ↗ Transzendenz Gottes.

In der Philosophie der Neuzeit tritt das Problem der A. in eine neue Phase: Indem Kant jede Erkenntnismöglichkeit über den Erscheinungszusammenhang hinaus leugnet, verneint er die Möglichkeit der A., wahre Erkenntnis leisten zu können. Bei Hegel ist die Erkenntnis des Absoluten nur möglich als „absolutes Wissen"; die A. (die als solche bloß eine inferiore Stufe des Erkennens ist) wird hier restlos aufgehoben in den „spekulativen Satz".

Die moderne *prot.* Theologie lehnte z. T., bes. in der Gestalt der dialektischen Theologie Karl Barths, die *Analogia entis* scharf ab als eine Erfindung des Menschen, mit der er sich gleichsam Gottes bemächtigen will. Grundsätzlich ist die A. in jedem Philosophieren vorausgesetzt. Ihre Leugnung führte zur bloßen Eindeutigkeit des Positiven u. Verneinung jeglicher Bedeutungsmannigfaltigkeit.

Analyse (griech.; lat. entsprechend: *resolutio, reductio*), allg. die Auflösung, Zerlegung eines als gegeben genommenen Ganzen in seine Teile, bezeichnet wissenschaftlich u. philos. die Methode der Untersuchung eines Begriffs (u. damit der zu begreifenden Sache), Urteils, Schlusses auf die darin eingegangenen Ursachen, Voraussetzungen, Bedingungen, auf Grundbegriffe, Grundsätze u. Grundschlußformen hin. Geht auf Aristoteles' *Erste* u. *Zweite Analytik* zurück. Vgl. auch z. B. Kants transzendentale Analytik des Verstandesvermögens in der „Kritik der reinen Vernunft" oder Heideggers *Analytik des Daseins* in „Sein u. Zeit". – Die A. beginnt immer dann, wenn ein bestimmter Sinnzusammenhang in seiner bislang gültigen Selbstverständlichkeit erschüttert wird. – Entgegengesetzt u. ergänzend die ↗ Synthese.

Analytische Philosophie, philosophische Richtung in sehr unterschiedlichen Ausprägungen, die aus dem ↗ Wiener Kreis hervorgegangen ist, der seinerseits Anstöße von Mach u. Avenarius weiterentwickelt hatte. Wesentlich geprägt von Wittgenstein, Russell u. Moore, ist die a. P. heute vor allem in den angelsächs., den angloamerikan. Ländern u. auch z. T. in Osteuropa (Polen) bestimmend. Charakteristisch für sie ist, bes. in ihrer Frühphase, eine prinzipielle Wendung gegen alles „metaphysische" Philosophieren. Selbst orientiert am Modell empirisch-naturwissenschaftlicher Einzelwissenschaft, fordert die a. P. die Kriterien, die für diese gültig sind (intersubjektive Überprüfbarkeit, logische Stimmigkeit, Eindeutigkeit [Verneinung der Möglichkeit der ↗ Analogie], feststellbarer sicherer Fortschritt) für alles Aussagen, das als sinnvoll soll gelten können. Objekte der a. P. sind so nicht eigentlich Dinge, Sachverhalte oder Ereignisse, sondern selbst Aussagen, Begriffe, Axiome, Prinzipien, deren Sinnerklärung (Logik) um der wissenschaftstheoretischen Grundlegung der Erfahrungswissenschaften willen geschieht (Wissenschaftstheorie). Die klassische zweiwertige Logik wurde dabei erweitert, differenziert u. formalisiert. Im Zusammenhang der Begründung der Mathematik in einer sie mit der Logik vereinigenden Weise (Frege) wurde die Mengenlehre ausgebildet (im Anschluß an Whitehead u. Russell, fortgeführt von Neumann, Quine, Bernays). In der Theorie erfahrungswissenschaftlicher Erkenntnis ist zentrales Problem die Überprüfbarkeit von Hypothesen (Schlick, Neurath, Carnap). In der Ethik interessieren „metaethisch" die Klassifikation ethischer Problemstellungen u.

der Aufbau ethischer Theorien (Perry, Lewis; Ross, Hare). Schwerpunkt der a. P. ist aber die logische Sprachanalyse, zum einen in der Untersuchung der Alltagssprache (ordinary language; Ryle, Austin, Strawson), zum andern in der Errichtung optimal funktionierender künstlicher Sprachsysteme. Das Problem der Sach-, Gegenstands-, Seinsbezogenheit der Sprachen („Referenz") führt dabei die analyt. Sprachphilosophie wieder auf metaphysische, genauer ontologische Grundfragen zurück („ontological commitment", Quine), ohne sie bislang in einer traditionsanknüpfenden Weise aufzunehmen. Andererseits wird diese Sprachanalyse zu einem scharfen Anstoß für metaphysisch-ontologisches Philosophieren, den Identitäts- und Differenzbezug von Sein u. Denken (das sich nur in Sprachen vollzieht) neu zu thematisieren.

Analytische Urteile a priori, nach Kant Urteile, bei denen das Prädikat schon im Subjekt enthalten ist, die nur auf dem Satz des Widerspruchs beruhen, als Erläuterungsurteile im Vollzug von aller Erfahrung unabhängig sind, aber keinen eigentlichen Erkenntniszuwachs bedeuten. Zu unterscheiden von den ↗ synthetischen Urteilen (bei denen das Prädikat im Subjektsbegriff nicht enthalten ist, sondern etwas Neues hinzufügt), u. zwar ↗ a priori (z. B. mathemat. Sätze) u. ↗ a posteriori (alle Erfahrungsurteile). Die Unterscheidung analyt. u. synthet. Aussagen (bei Bestreitung synthet.-apriorischer) bildet einen besond. Diskussionspunkt in der Analytischen Philosophie.

Anamnese (griech. *anámnesis*), bei Platon der Akt, in dem sich die Seele anläßlich der Begegnung mit einem sinnlich-werdehaft Einzelnen des (in diesem schattenhaft aufscheinenden) allgemeinen ewigen Wesens, der Idee, erinnert, in deren Schau sie ehedem lebte, bevor die Ideen, mit dem Eingang der Seele in einen Leib, verdeckt, vergessen wurden. So ist für Platon alles Lernen u. alle Erkenntnis ein bloßes Wiedererinnern; vgl. dagegen ↗ Abstraktion. Die A. dient Platon als Beweis für die Präexistenz u. die Unsterblichkeit der Seele.

Anarchismus (von griech. *an-archía,* Herrschaftslosigkeit), Theorie (u. revolutionärer Versuch der Herstellung) einer Gesellschaft ohne Staats-Zwangs-Gewalt. Beruht zumeist auf einer Fehleinschätzung u. Absolutsetzung des Freiheitsprinzips, verbunden mit dem Mythos eines ursprünglichen Heil- u. Gutseins

18

des Menschen, das durch Vergesellschaftung, Zivilisation u. insbes. Staatsgewalt korrumpiert worden sei u. durch Abschaffung aller Machtausübung wieder freigelegt werden könne, woraus sich eine „Freie Gesellschaft Freier" ergäbe, in der ohne Staats- und Gesetzeszwang sich ein wahrhaft menschliches Leben verwirklichte. Der A. trägt insofern alle Züge einer ↗Utopie. In Ansätzen schon nachweisbar bei Zenon aus Kition u. im Zusammenhang religiöser Erneuerungsbewegungen (Amalrich von Bène, nach 1200) auftauchend, wird er in der Neuzeit von W. Godwin (1756/1836) theoretisch grundgelegt (jede Art von Regierung ist eine Tyrannei). Stärkeren Einfluß gewann erst der individualistische A. Proudhons (1809/65), in Deutschland zu einer antisozialen Theorie entwickelt von M. Stirner („Der Einzige u. sein Eigentum", 1845). A. M. Bakunin (1814/76) verficht demgegenüber einen kollektivistischen A., P. A. Kropotkin (1842/1921) einen kommunistischen. Bemerkenswert ist noch der religiöse A. Tolstojs (1828/1910). Direkte polit. Bedeutung hat der A. seinem Wesen nach nicht erlangt.

Anaxagoras aus Klazomenai in Ionien, griech. Philosoph u. Naturforscher, um 499–427vC.; Freund des Perikles, 432/31 wegen Asebie (Gottlosigkeit) aus Athen verbannt, da er behauptete, die Sonne sei eine glühende Steinmasse. Lehrte eine nach Zahl u. Kleinheit unendliche Menge von Urelementen („Samen er Dinge", später Homoiomerien genannt), die durch den Geist" („Weltvernunft", nous) in Bewegung („Wirbel") gebracht u. so geordnet werden. Nichts „wird" wirklich; alles Entstehen ist vielmehr Zusammenmischung (synkrisis), alles Vergehen Entmischung (diakrisis). Während die Unterscheidung von Geist u. Materie unklar bleibt (auch der nous wird als „Ding" beschrieben), wird die Bestimmung des nous durch A. als „unvermischt" (ameiktos) u. „selbständig" (autokratos) für die spätere philos. Spekulation wichtig.

Anaximander aus Milet (Ionien), griech. Philosoph, um 610–546 vC., Schüler des Thales. Soll als erster eine Schrift über die Natur (physis) verfaßt haben. Streit schon der antiken Ausleger darüber, ob ihr Grundbegriff, das ↗Apeiron (das Grenzenlos-Unbestimmte), als qualitativ bestimmter Urstoff oder als unbestimmtes Urelement zu denken sei. A. fragt mit ihm jedenfalls erstmals zurück hinter die endlichen Dinge nach einem nicht-endlichen Anfang, Ursprung (arche), woraus alles Einzelne hervorgeht u. wohinein es zurückkehrt. Strittig, ob mit der ↗Physis, dem ↗Kosmos, mit dem Sein oder dem Göttlichen identifizierbar. Nach einer Überlieferung bei Theophrast soll A. einen periodischen Wechsel von Weltbildung u. -zerstörung angenommen haben.

Anaximenes aus Milet, ion. Naturphilosoph, etwa 585–525 vC., Schüler des Anaximander (?). Deutet dessen „Unbegrenztes" als Luft (aer; fraglich, ob als qualitativ bestimmter Urstoff zu denken), die, analog der Seele, den Kosmos umgreift: „Wie die Seele (psyche), die Luft ist, uns beherrschend zusammenhält, so umgreift auch den ganzen Kosmos Hauch (pneuma) u. Luft (aer)." Durch die den Kosmos ordnenden Grundbewegungen Verdünnung u. Verdichtung gehen aus der Luft die anderen Elemente (Feuer, Wasser, Erde) hervor; Weltbildung u. -zerstörung folgen einander unaufhörlich.

Andronikos von Rhodos, griech. Philosoph, um 70 vC. Leiter des ↗Peripatos, sammelte, ordnete u. kommentierte die Schriften des Aristoteles; grundlegend für alle späteren Textausgaben.

Anfang, allgemein Beginn oder Ursprung, ↗Grund, ↗Ursache. Der A. der Philosophie ist für Platon u. Aristoteles das Staunen (griech. thaumazein), in das der Mensch angesichts dessen versetzt wird, daß das bleibende Sein sich in die Vergänglichkeit eines gebrechlichen Einzeldinges hineinbegibt, daß es Werdend-Vergehendes, das bewegte Zusammen von Sein u. Nicht überhaupt gibt. Das Streben nach „begründender" Erklärung dieses Vergänglichen im Rückgang auf seine bleibenden Gründe treibt das Philosophieren hervor. Der A. der Wissenschaft (= der Philosophie) ist für Hegel die „Einheit von Sein u. Nichts" (der das Werden entspringt), allgemein: die „Identität der Identität u. Nichtidentität", was auch die erste, noch völlig abstrakte Fassung des Absoluten ist, die es im Fortgang zu konkretisieren gilt zur vollkommenen Fülle im absoluten Wissen. Weil das erfüllte Ende infolge der Kreisläufigkeit des Prozesses auch den A. aufhebend in sich begreift, ist der Fortgang vom A. zugleich der Rückgang in diesen. – In den neuzeitlichen Versuchen einer absoluten Selbstbegründung der Philosophie soll meist (von Descartes über Fichte bis Husserl) das Ich als absoluter Ausgangspunkt fungieren.

Angeborene Ideen, solche Vorstellungen, die nicht aus der Erfahrung stammen, sondern dieser erst Objektivität u. Allgemeingültigkeit verleihen sollen. Die strenge Lehre von den a. I., die nicht mit der vom ↗a priori verwechselt werden darf, setzt den Rückgang auf das *Subjekt* voraus, in dessen Immanenz allein Wahrheit u. Gewißheit gesucht wird. Die Lehre konnte daher erst in der Neuzeit (Descartes, Leibniz; vgl. auch Psychol. ↗Idealismus) entwickelt werden u. nicht etwa schon in der ↗Anamnese Platons.

Angst, daseinsanalyt. Grundbegriff, dessen Bedeutung in neuerer Zeit insbes. durch die Existenzphilosophie aufgezeigt wurde. Er dient allgemein zur Kennzeichnung des Menschen als eines endlichen geistigen u. freien Wesens, das sich in einer Welt vorfindet, in deren naturhafte Sicherheit u. mechanisch-kausale Geschlossenheit es nicht völlig eingebunden ist, insofern es durch die Freiheit gegenüber dieser durchgängigen Determination des Naturzusammenhangs in das ↗Nichts, die Leere, die Abgründigkeit u. Grundlosigkeit (als den „Grund" aller Angst) versetzt ist. *Kierkegaard* gibt mit der Unterscheidung v. gegenstandsbezogener Furcht u. gegenstands- bzw. grundloser Existenz-A. den Anstoß für die heutige Bedeutung des Begriffs. Bes. bei *Heidegger* wird deutlich, wie die A. eine der Weisen der Selbstergreifung des Menschen als Menschen (u. ineins damit der Ergriffenheit des Menschen vom Sein) ist: Sie ist eine „Grundbefindlichkeit" (↗Stimmung), die das Dasein aus der Verfallenheit an das Seiende zurückholt u. vor es selbst als seine eigene u. eigenste Möglichkeit bringt. Mit dem Entgleiten des Seienden im Ganzen in der A. drängt das Nichts heran, durch das hindurch erst das Sein als das ganz Andere gegenüber dem Seienden sichtbar wird. Hat die A. hier ihre Stelle in einer Seinsphilosophie, so schreibt ihr *Sartre* eine wesentlich anthropolog. Bedeutung zu: Der Mensch erfährt in der A., daß er weder durch äußere noch durch innere Gründe determiniert ist (das „Nichts" zwischen Motiv u. Akt), sondern sich in unbedingter Freiheit selbst zu determinieren hat.

Anschauung, im engen, ursprüngl. Sinn ein unmittelbares, gegenwärtiges, hinnehmendes sinnliches Vernehmen eines anwesenden einzelnen u. wirklichen Gegenstandes durch den Gesichtssinn. Bei den anderen Sinnen meint „A." die optimale Weise des sinnlichen Zugangs zu Einzelwirklichem, d. h. den

Urmodus, auf den die übrigen Weisen indirekten Erfahrens zurückweisen, der selber aber nicht mehr auf noch unmittelbarere Zugänge zurückweist. Im übertragenen Sinne meint A.: *kategoriale A.* (evidentes Erfassen logisch-mathematischer Sachverhalte); *Wesens-A.* (geistige Schau der Wesensgestalten, vgl. ↗Intuition); *reine A.* (Kant; der alle Erfahrung von Räumlichem und Zeitlichem ermöglichende Voreinblick in den Raum u. die Zeit); *intellektuelle A.* (Möglichkeit des Denkens, wo es seinen diskursiven Charakter verliert); *produktive A.,* die nicht rezeptiv, sondern hervorbringend ist u. ↗Gott zugeschrieben wird; schließlich *visio beata,* die Gottes-A. der Seligen im Himmel. Anschauen als Sichtig-Haben, Vorstellen, „Sehen" fungiert in der abendländischen ↗Lichtmetaphysik als fundamentale geistige Vollzugsweise; in ihr zeigt sich die Tendenz zur A. als Vergegenwärtigung des stets Unveränderlich-Gleichbleibenden (↗Wesen).

Anselm von Canterbury, Kirchenlehrer, * 1033/34 Aosta in Piemont, † 1109. Benediktiner, Erzbischof von Canterbury; vertraut mit der aristotelischen wie der neuplatonischen u. augustinischen Überlieferung, eröffnete er die selbständige theol.-philos. Spekulation des Mittelalters. Sein theolog. Programm: *Credo ut intelligam* oder: *Fides quaerens intellectum* – der christl. Glaube fordert von ihm selbst her die verstandesmäßige Durchdringung seiner selbst. A.s *Proslogion* enthält den sog. ontolog. ↗Gottesbeweis, dessen Sinn u. Berechtigung bis heute umstritten sind.

An sich, Bezeichnung dafür, wie etwas an ihm selbst (in seinem Wesen) ist, unter Absehung von allen hinzukommenden Bestimmungen. Durch Ansichsein als Von-sich-selbst-her-Sein sind bei *Platon* die Ideen, bei *Aristoteles* u. in der Scholastik die Substanzen ausgezeichnet. Bei *Kant* wird der nach der mittelalterlichen Transzendentalienlehre einem jeden Seienden als solchem zukommende Bezug zu unserem Erkennen abgeschnitten u. zwischen Ding an sich (nur für den intuitiven Intellekt Gottes erkennbar) u. Erscheinung (allein diese ist dem auf sinnliche Anschauung angewiesenen diskursiven Verstand des Menschen zugänglich) eine unüberbrückbare Differenz aufgerissen. Bei *Hegel* ist das Ansichsein der Ausgangszustand, in dem alles erst noch abstrakt-unentfaltet, da noch nicht geistig in Besitz genommen, vorliegt. Von ihm aus wird über das Fürsichsein, welches das Ansichsein reflexiv einholt, dialektisch zur konkreten, erfüllten Wissenseinheit des An- u. Fürsichseins fortgeschritten. Bei *Sartre* macht das An-sich-Sein (être en soi) in seiner unaufbrechbaren Geschlossenheit den Grundzug des Seins aus im Gegensatz zum Für-sich-Sein (être pour soi), das als das Prinzip der Negativität das Nichten des An-sich-Seins vollzieht.

Anthropologie (griech.), allg. die Lehre vom ↗ Menschen. Da der Mensch jenes Seiende ist, das sich zum Ganzen des Seienden denkend u. sich entscheidend verhält, geht er wesenhaft mit ein in die Deutung aller Seinsbereiche u. ihrer Einheit. Jede Philosophie enthält also, ob ausdrücklich oder nicht, eine Lehre vom Menschen, u. zwar so, daß diese philosophische A. keine isolierte Disziplin nur neben anderen ist, sondern zugleich eine perspektivische (nämlich beim Menschen ansetzende) Klärung des ganzen ↗ Seins u. seines Sinnes, also eine perspektivische Entfaltung der ↗ Ontologie bedeutet.

Freilich fand die anthropol. Thematik lange nicht ihre ausdrückliche Formulierung. Bis weit in die Neuzeit hinein war vielmehr ihre Fragestellung in der Form der metaphys. ↗ Psychologie durchgeführt, entsprechend der aristotel. u. thomist. Grundbestimmung der menschl. Seele, die „in gewisser Weise alles" sei (anima quodammodo omnia est). Der Terminus „A." taucht erst im späten 16. Jh. auf (in einem Buchtitel erstmals bei O. Casmann, Anthropologia psychol., 1594). In der Folgezeit versteht man darunter meist mit moralphilosoph. Fragen verknüpfte Forschungen der empir.-naturwissenschaftl. Psychologie. Der eigentl. Begründer moderner naturwissenschaftl. A. ist J. F. Blumenbach. Auch Kant unterscheidet eine pragmat. A., die behandelt, was der Mensch „als freihandelndes Wesen aus sich selber macht oder machen kann u. soll", von der physiolog. A. Indem Kant die philos. Grundfragen, was der Mensch erkennen kann, tun soll, hoffen darf, in die eine Frage zusammenfaßt, „was ist der Mensch?", formuliert er erstmals die Aufgabe einer philos. A., ohne sie freilich, ebensowenig wie der deutsche Idealismus, eigens in Angriff zu nehmen. Erst seit Feuerbach, Kierkegaard u. Nietzsche wird der Versuch gemacht, die ganze Philos. anthropologisch grundzulegen, u. erst seit Scheler (angeregt durch Nietzsche) wird die formelle Ausarbeitung einer philos. A. begonnen als der Lehre von der Stellung des nun auch in seiner personalen „Ganzheit" zu verstehenden Menschen im Kosmos, im Anschluß an Scheler u. aus der wachsenden Fülle biologischen Wissens vor allem von H. Plessner u. A. Gehlen. Die anthropolog. Differenz zum biolog. Lebensbereich wird hier jedoch zumeist von diesem her oder in dessen Negation interpretiert (z. B. „Umwelterweiterung", J. v. Uexküll; „Unspezialisiertheit" des Menschen als eines „Mängelwesens", A. Gehlen; dagegen A. Portmann). Im Schichtenaufbau seiner Persönlichkeit u. als vornehmlich geschichtliches u. kulturschaffendes Wesen wird der Mensch Thema der (von Dilthey herkommenden) geistesgeschichtl. u. kulturanthropolog. Forschung (E. Rothacker). Eine fruchtbare Offenheit für das volle, die nur biolog. Grenze überschreitende Wesen des Menschen zeigt die ärztl. A., indem sie (oft in ausdrückl. Berührung mit philosoph. Fragestellungen) die Sinnfrage des menschl. Lebens, des Schuldbewußtseins, der Krankheit u. des Todes miteinbezieht (V. v. Weizsäcker, A. v. Gebsattel, L. Binswanger, V. Frankl). Starke Anregungen gingen von Heideggers „Sein u. Zeit" aus, das oft als philos. A. im engen (u. dann unangemessenen) disziplinären Sinn verstanden wurde. Die philos. A. erscheint hier jedoch als „Fundamentalontologie", als grundlegende Analyse des menschl. Daseins u. Seinsverständnisses zur Vorbereitung der Frage nach dem Sinn von Sein. Damit ist am schärfsten die Einsicht ausgesprochen, daß das Wesen des Menschen in einer „nur" anthropolog. Betrachtungsweise gerade übersehen wird. Insofern diese Analyse als Grundcharakter des menschl. seinsverstehenden Daseins die „Sorge" um das Seinkönnen herausarbeitet, steht sie in einer gewissen Nähe zu handlungstheoretischen anthropolog. Ansätzen (die vom Menschen als vor allem handelnkönnendem u. handelnmüssendem Wesen ausgehen). Diese sind wirksam geworden sowohl innerhalb der bioanthropolog. Forschung (Gehlen) wie insbesond. in der an Marx anknüpfenden sozio-anthropolog. Philosophiebewegung.

Anthroposophie ↗Steiner.

Antinomie (griech.), scheinbar unauflöslicher ↗Widerspruch zwischen ersten Prinzipien u. Gesetzen, die jedes für sich gleiche Gültigkeit beanspruchen, einander aber ausschließen. Die Sophisten machten auf die A.n aufmerksam, Platon beschäftigte sich in seinen schwierigsten Spätdialogen mit ihnen, aber erst Kant führt die Lehre von den A.n, die der Anlaß der Kritik der Vernunft waren, unter dem Titel „transzendentale Antithetik" durch. A.n sind die „Widersprüche, in die sich die Vernunft bei ihrem Streben, das Unbedingte bedingt [d. h. vergegenständlichend, weil mit endlichen Verstandeskategorien] zu denken, mit Notwendigkeit verwickelt". Im Sinne Kants bestehen A.n nur so lange, als „dogmatisch" spekuliert wird; die „transzendentale Antithetik" enthüllt den Widerspruch als Blendwerk. Thesis wie Antithesis sind in reiner Vernunft, d. h. in ihrer unobjektivierbaren Unbedingtheit u. damit Unerkennbarkeit belassen, durchaus vereinbar.

In der modernen Logik führte das semantische A.-problem (z. B. wenn ein Kreter sagt, „alle Kreter lügen") zur Unterscheidung von Sprache u. Metasprache (Tarski), das rein logische A.-problem (mengentheoretische A.n) zur Modifikation (Russell) u. Revision (Brouwer) der Grundgesetze der klassischen Logik (Entwicklung von antinomiefreien Logiksystemen).

Die Unauflösbarkeit von A.n, die nicht dem Denken entspringen, betont dagegen die moderne Philosophie (↗Jaspers' Grenzsituation; ↗Heidegger), da diese gesehen werden als aus der Verfaßtheit der menschlichen Existenz als endlich-unendlichen Wesens entspringend.

Antisthenes, griech. Philosoph, etwa 450–370 vC. Schüler des Sokrates u. des Gorgias, bekämpfte Platons Ideenlehre, begründete die Schule der ↗Kyniker. Sein Ideal ist der tugendhafte, sich selbst genügende, freie, bedürfnislose Weise (autonomos).

Antithese (griech.) ↗Widerspruch.

Antizipation (lat.; griech. *prólepsis),* Vorwegnahme von etwas, das sich erst nachträglich als wahr erweisen kann. Philosoph. Grundbegriff der Stoa u. bes. *Epikurs,* der damit das einer Reihe von Wahrnehmungen Gemeinsame bezeichnet; so der natürliche u. unmethodische Begriff. Im erweiterten Sinne von *Kant* aufgenommen, bedeutet A. das, was a priori allen Empfindungen, die eigentlich je nur material u. empirisch bestimmt sind, zugehört, nämlich, daß in ihnen das Reale mit einem unterschiedl. Grad von Intensität enthalten ist. In der *Logik* ist A. das Ansetzen eines unbewiesenen Satzes, der dem Fragegang eine bestimmte Richtung gibt.

In einer weiteren Bedeutung meint A. auch die Vorwegnahme entworfener u. zu erreichender Zukunft als Antrieb u. Leitvorstellung des Handelns. ↗Utopie.

Apathie (griech.), Leidenslosigkeit, a) in der klassischen Geist-metaphysik (neben Abgetrenntheit u. Unvermischtheit) das wichtigste Charakteristikum des „tätigen Geistes" (nous poieti-kos), der im Gegensatz zur Sinnlichkeit nicht von außen, son-dern nur durch sich selbst affiziert werden kann; b) in der stoischen Ethik das Freisein der Seele von Affekten, „seelische Unerschütterlichkeit", zum Ideal des Weisen gehörig (vgl. auch ↗Spinoza).

Apeiron (griech.), das Unbegrenzte, zentraler Begriff der anti-ken griech. Philosophie. Allgemein wird es niedriger gewertet als das Begrenzte, Endliche; so bei den *Pythagoreern,* wo es als eigenes, aber auf der Seite des Schlechten stehendes Wesen aner-kannt wird; bei *Platon,* für den das A. als das passive Weltprin-zip, das letztlich für jede Formung den Stoff abgibt, ein Nicht-Seiendes ist, aus dem erst aufgrund einer Begrenzung ein Seiendes wird; bei *Aristoteles,* der an Zeugnissen für die Existenz des (unveränderlichen, unzerstörbaren, unsterblichen, göttli-chen, allumfassenden u. alles erkennenden) A. anführt: die Un-begrenztheit der Zeit u. der Größenteilung, die Unaufhörlich-keit des Entstehens u. der Bewegung, den inneren Verweis jeder Grenze auf das begrenzende Unbegrenzte u. schließlich vor al-lem die „Lückenlosigkeit" des Denkens. *Demokrits* Lehre vom leeren Raum u. von der unendlichen Zahl der Atome impliziert zwar auch den Primat des Unbegrenzten vor dem Begrenzten, aber *Anaximander* ist der einzige, der explizit einen solchen Vor-rang des A. behauptet als des unerschöpflichen Urgrunds u. An-fangs, dem alle endlichen Dinge entspringen u. in den hinein sie in ihrem Vergehen auch wieder zurückkehren.

Apokatastasis, eigentl. (griech.) *apokatástasis ton pánton,* Wieder-herstellung aller Dinge, eine Lehre, die annimmt, daß die Welt periodisch wieder zu ihrem (reinen) Ursprung u. anfänglichen Zustand zurückkehrt. Von den Pythagoreern, von Heraklit u. einigen Stoikern gelehrt; unabhängig hiervon, aber in der Sache identisch, Nietzsches Lehre von der „ewigen Wiederkehr des Gleichen".

apollinisch u. dionysisch, von Schelling geprägtes, bei Hegel u. R. Wagner aufgegriffenes, dann vor allem von Nietzsche ent-wickeltes Begriffspaar, welches das a.e Streben nach Klarheit, beständiger Form u. harmonischer Ordnung, nach rationaler

Beherrschung der Welt im Maß u. das d.e Drängen nach voller Lebensverwirklichung in irrationalem Überschwang u. rauschhafter Hingabe an das Werden als zwei Grundtypen geistiger Welthaltung kennzeichnet. Die Einheit beider macht bei Schelling „das Geheimnis der wahren Poesie", beim frühen Nietzsche die Größe der künstlerischen Offenbarung (so in der attischen Tragödie u. im Wagnerschen Musikdrama) der Urwiderspruchseinheit des Weltgrundes aus.

Aporie (griech.), Ausweglosigkeit bei der Lösung eines Problems, wenn sich verschiedene Lösungen, die sich alle begründen lassen, anbieten. Die A. gründet entweder in den Sachen selbst oder in den Begriffen, mit denen sie gefaßt werden. Bei Platon, Aristoteles u. in der Scholastik bildet die A. die Ausgangssituation des philos. Fragens. Aporetik ist so das Verfahren, die in der Sache liegenden Schwierigkeiten, die sich widerstreitenden Lösungsvorschläge u. deren Gründe herauszustellen. Sie kann so im Dienst der Problemlösung stehen (scholastisch: quaestiones disputatae), aber auch in Skepsis münden (Pyrrhon).

a posteriori (lat.), bezeichnet allg., daß man in einer geordneten Folge von einem späteren (posterius) Element zu einem früheren zurückschreitet, sei diese Folge zeitlich oder logisch (Folge – Grund) bestimmt, wobei das zeitlich-erkenntnismäßige a p. sich als seins- oder bewußtseinsmäßiges ↗ a priori enthüllen kann. – Seit *Kant* heißt a p. jene Erkenntnis, die in der ↗ Erfahrung (Wahrnehmung) gründet.

Apperzeption (lat.), Vorstellungsweise, in der der Gegenstand nicht nur unmittelbar aufgenommen (perzipiert) wird, sondern auch ein mittelbares Bewußtsein vom Aufgenommensein besteht (der Gegenstand apperzipiert wird). In der A. wird der jeweils gegenwärtige Gegenstand *in* seiner Gegenwart bzw. der Gegenstand *als* Gegenstand gesehen, indem er eingeordnet wird in die widerspruchsfreie Einheit des mit-vorgestellten Bewußtseinsfeldes (Bedeutungsfeldes), welches als Vorbekanntes die Einordnung leitet.
Der Begriff wurde von *Leibniz* in die Philosophie eingeführt u. gegen die *petite perception* abgehoben, die das bloße Beeindrucktwerden einer Substanz (nicht ↗ Monade!) durch eine andere bezeichnet, ohne daß dieser Einfluß selbst bewußt würde.

A. ist dagegen mit *Aufmerksamkeit* (Erfassen von etwas als etwas) u. *Gedächtnis* (Erfassen von etwas Gegenwärtigem in seiner Gegenwart) verbunden. A. ist somit die Vorstellung von einer Vorstellung, die Erfahrung einer Erfahrung usf. Für *Kant* tritt im Begriff der A. noch mehr das reflexive Moment hervor; *empirische A.* ist das Bewußtsein vom Ich in seinem wandelbaren Zustand, während die *transzendentale A.* das apriorische Selbstbewußtsein meint, das in jeder Erkenntnis eingeschlossen ist u. so alle Erkenntnisse in die Einheit eines Bewußtseins bringt. *Herbart* brachte den Begriff der A. in die Psychologie.

a priori (lat.), von vorneherein, aus den Gründen, nicht erst aus den Folgen erkennbar. Die Bestimmung der Gründe nach ihrem Wesen u. Ort entscheidet zugleich über die Natur des Apriori u. darin über die Weise ihres Gründens: ob es in der Wirklichkeit verankert ist, ontologischen Rang hat, oder im Erkennen u. dessen Vermögen, also transzendental bestimmt ist. Bei Kant ist so eine ↗Erkenntnis a p., die ihre Rechtfertigung nicht erst aus der ↗Erfahrung, sondern schon im Begriff hat, sei er selbst aus der Erfahrung gewonnen (empirischer Begriff) oder ein reiner Begriff, der jeder möglichen Erfahrung notwendig vorausliegt u. Erfahrbarkeit durch das Bewußtsein erst ermöglicht (apriorischer Begriff). Ist das Prädikat eines Urteils bereits im Subjektbegriff enthalten, handelt es sich um ein analytisches Urteil a p. Fügt das Prädikat dem Subjektsbegriff etwas Neues hinzu u. ist dennoch mit diesem nicht bloß empirisch (↗a posteriori), sondern a p. notwendig verbunden, so liegt ein ↗synthetisches Urteil a p. vor. Die Gesamtheit aller a p. Bedingungen ist konstitutionell für den Erkenntnishorizont, damit für die darin erkannte Welt. – Problematisch ist heute, ob das Apriori (u. damit das Erkenntnisvermögen selbst) als zeitlos unveränderlich in einem unwandelbaren transzendentalen Bewußtsein bestimmt werden soll oder ob es nicht auch selbst einem geschichtlichen Wandel unterliegt.

äquivok (von lat. *aequus*, gleich, u. *vocare*, benennen) sind Begriffe, bei denen ein u. derselbe Begriffsname zur Bezeichnung mehrerer völlig verschiedener, also nicht von einem gemeinsamen Grundsinn zusammengehaltener („analoger") Begriffsbedeutungen dient (z. B. „Schock" im Sinn einer Quantität oder aber reinen Erlebnischarakters). Der mehrdeutige ä.e Begriff (eigentlich Begriffsname) kann jedoch prinzipiell in mehrere

↗univoke Begriffe aufgelöst werden, indem man für jede einzelne seiner verschiedenen Bedeutungen auch eine eigene Bezeichnung verwendet.

Arbeit. Inhalt des Begriffs A. u. gesellschaftliche Wertung der A. sind starken Schwankungen unterworfen. Die *Antike* kennt A. nur als negativen Begriff: a-scholia (griech.) u. neg-otium (lat.) bezeichnen in den alten Sklavenhaltergesellschaften alle Tätigkeiten, die als „unfrei" galten, insbes. alle körperliche A. zur Sicherung der Lebensnotdurft, die Sache der Sklaven war. Dagegen galten ausdrücklich nicht als A. alle politischen (einschl. Waffendienst), wissenschaftlichen u. kultischen Betätigungen, die Vorrecht der Freien waren (z.B. wäre der Begriff „Geistesarbeit" in der Antike ein Unding gewesen). Eine andere Einstellung zur A. kennt das *Judentum.* Hier ist A. göttlicher Auftrag, allerdings infolge der Erbsünde (u. so zugleich göttlicher Fluch), u. abgesehen vom Gotteslob am 7. Tag ist jede Tätigkeit A. A. hat hier jedoch keine diskriminierende, sondern eher auszeichnende Bedeutung.

Auf diesem Hintergrund u. mit Abschaffung der Sklaverei u. später der Hörigkeit gewinnt der Begriff A. seine *moderne universelle Bedeutung.* A. meint heute jede überhaupt zielbestimmte Tätigkeit, die unter Verbrauch von Energie Widerstände überwindet, u. ist insofern in der Welt der ↗Technik Daseinsform des Menschen selbst: das Leben wird aufgefaßt als A., die Welt als A.s-Welt. A. als Versuch der Humanisierung der Welt, als deren Aneignung durch bedürfnisgemäße Änderung produziert ein eigenes A.s-Ethos der „Nützlichkeit"; das „Recht auf A." wird zum Grundrecht; u. A. zum Ausweis der gesellschaftl. Integrität des Einzelnen. – Im Zusammenhang mit der Kritik am Leistungsprinzip wird allerdings auch der A.s-Begriff hinsichtlich seiner Universalität (eigentlich Transzendentalität: „Sein" = Arbeit) wieder in Zweifel gezogen. Seine Bedeutungsgrenze ergibt sich nur in einem Sinnverständnis, das die gesamte Wirklichkeit respektiert u. sie nicht einseitig auf menschliches Bedürfnis u. Befriedigungsstreben bezieht.

Arche (griech.), vor allem bei den Vorsokratikern ↗Anfang, ↗Prinzip, ↗Grund; bei Aristoteles das Erste, von woher etwas ist oder wird oder erkannt wird.

Aristippos von Kyrene (Nordafrika, einer der reichsten Handelsstädte der Antike), griech. Philosoph, 435–360 vC. Schüler des Sokrates, Begründer der Schule der Kyrenaiker, lehrte einen sensualistischen Hedonismus, indem er unter dem sokratischen Begriff des „Guten" die allgemeine sinnliche Lust verstand.

Aristoteles, neben Platon der bedeutendste Philosoph der Antike, *384/83 vC. Stagira als Sohn des Arztes Nikomachos. †322/21 vC. Chalkis. 367/347 Schüler Platons in der athenischen Akademie. Von König Philipp von Makedonien als Erzieher seines Sohnes Alexander berufen, kehrt er nach dessen Thronbesteigung nach Athen zurück, wo er im Lykeion eine eigene philosophische Hochschule, die peripatetische, begründet u. bis 323 leitet. Nach dem Tode Alexanders muß er als Makedonenfreund Athen verlassen.

Aufbauend auf den denkerischen Entdeckungen ↗Platons, gelingt ihm von wenigen Grundbegriffen aus eine strenge systematische Bewältigung des damaligen Wissens. Die Synthese spekulativer u. konstruierender Kraft mit ungewöhnlicher Offenheit für die empir. Phänomene zeichnet alle seine Werke aus. Während für Platon („Idealist") die Mathematik den Charakter des eigentlichen Wissens bestimmt, orientiert A. sich an der naturwissenschaftlichen u. geschichtl. Erfahrung („Realist"). Die Philosophie verdankt A. ihre Entfaltung in einzelne Disziplinen. Seine entscheidende Leistung ist die Begründung der ↗ *Metaphysik*. Sie ist die Frage nach dem „Seienden, sofern es seiend ist", nach dem „Seienden in der alleinigen Hinsicht auf das Sein" (↗ *Ontologie*), u. notwendig damit verbunden die Frage nach dem höchsten Seienden, dem Theion, dem Göttlichen (*philos. Theologie*), von dem her u. auf das hin alles andere Seiende Ordnung, Stufung u. Rang erhält. Im unmittelbaren Zusammenhang damit stehen die Untersuchungen über die ersten Gründe (die 4 „Archai": Form, Materie, Woher der Bewegung, Ziel), über die ersten Grundsätze (bes. über den „Satz des Widerspruchs") u. die Ousia (Substanz u. Wesen). A. lehrt wie Platon den Vorrang des Übereinzelnen, des geisthaften Gemeinsamen über das einzelne Seiende u. die Konstitution alles Einzelnen aus übereinzelnen Prinzipien. Er lehnt aber den platonischen Chorismos, das Fürsichsein u. Getrenntsein der Ideen über dem werdehaften Seienden, ab. Die Welt teilt sich für ihn nicht in die sinnliche u. geistige, sondern ist ein einziger Kosmos als untrennbare Wirkeinheit des Geistes (als des Seins) u. der Materie (als des Nichtseins). Das Einzelne als das aus Sein u. Nichtsein Gemischte ist der einzige Ort, an dem auch das Übereinzelne-Geistige Wirklichkeit hat. Daher wird dieses nicht durch ↗Anamnese, sondern durch ↗Abstraktion erkannt.

Bewegungs- u. Ordnungszentrum dieser gemischten Welt ist Gott als das sich selbst denkende Denken (noesis noeseos), nach dessen Seinsform als reiner, ungemischter Wirklichkeit alles Seiende hinstrebt, ohne sie je erreichen zu können. Gott ist kein Schöpfer, sondern als das Erstrebte das geliebte Idealziel u. damit der „unbewegte Beweger". Weil die reine ↗Theorie am meisten dieser Seinsform nahekommt, ist sie das Höchste, das dem Menschen vergönnt ist. Die theoret. Wissensweisen stehen daher dem Rang nach über den praktischen (Ethik u. Politik) u. über den poietischen (Technik, Poetik, Ästhetik). Von diesem Vorrang aus ergeben sich auch die Grundzüge der aristotel. *Ethik* (HW: „Nikomach. Ethik"). Sie kreist um das Wesen der Tugend, die der gemischten Natur des Menschen entsprechend als ein Mittleres (meson) zw. Extremen gefaßt wird. Am höchsten stehen die ↗„dianoet. Tugenden". In der *philos. Psychologie* (HW: „Über die Seele") wird die Seele als „erster Akt" (Energie od. Entelechie) eines natürlichen, organbegabten Körpers definiert, damit in „substantialer Einheit" unlösbar mit diesem verbunden (Gegensatz „psychophys. Parallelismus" u. Wechselwirkung im Leib-Seele-Verhältnis). Die sterbliche Seele hat als höchsten Teil den unsterbl. Geist, der als immer tätiger (to poioun, intellectus agens) in die (sonst durch Zeugung weitervermittelte) Seele gleichsam von außen (thyrathen) ereignishaft eintritt u. ihr durch sein Licht erst die spezifisch menschl. Möglichkeit universaler, allg.-gültiger, übersinnlicher Erkenntnis u. freier Entscheidung gibt. Im sog. „Organon" (Werkzeug) sind jene Schriften gesammelt, in denen A. die sog. *„formale Logik"* in einer derart klaren Weise begründet hat, daß für Kant die Logik nach A. keinen Schritt mehr weiter gemacht hat. Es werden hier die grundsätzl. Geltungsverhältnisse von Begriff, Urteil u. Schluß zum ersten Male formuliert. Die Basis dieser Geltung ist der innere notwendige Bezug von Denken u. Sein aufeinander u. ihre unlösbare Verflochtenheit ineinander, so daß die aristotel. Kategorie z.B. zugleich formale Grundform des Denkens (Grundweise des Begriffs) wie auch Grundstruktur des Seins (Grundgestalt des Seienden) ist.

Die Schriften der 1. Epoche sind Dialoge im platon. Stil, verloren u. nur z.T. rekonstruierbar. Die späteren Schriften sind meist sog. „logoi", Vorlesungsnachschriften, von A. selbst oder seinen Schülern redigiert. Die von *Andronikos* überlieferte Sammlung enthält: 1) Die 6 log. Schriften, das sog. „Organon". 2) Die naturwiss. Schriften, darunter die „Physik", „Von der Seele", „Vom Leben der Tiere", „Vom Himmelsgebäude", „Die Meteorologie" u. a. 3) Die metaphys. Bücher über „Die erste Philosophie". 4) Die eth. u. polit. Schriften. 5) Die ästhetischen.

Aristotelismus, die philos. Fortwirkung des ↗Aristoteles bzw. ihm verpflichtete philos. Strömungen, insbes. der allg. Metaphysik, rationalen Theologie u. Logik. Ausgehend von der peripatet. Schule wurde die Philosophie des Aristoteles über die Araber (insbes. Averroës) u. Juden (insbes. Maimonides) der hochmittelalterl. ↗Scholastik des 13. Jh. (Albertus Magnus, Thomas von Aquin) überliefert u. von ihr in wesentl. Punkten aus christl.-theolog. Motiven heraus modifiziert. Von den Jesuiten (insbes. Suárez) aufgenommen u. in der ↗Neuscholastik weitergepflegt, wurde sie zur offiziellen kath. Schulphilosophie, während im Protestantismus ein von Melanchthon begründeter A. geschichtlich nicht so wirksam wurde. Das 19. Jh. erlebte, angeregt durch die Aristoteles-Auslegung Hegels, eine umfängl. Aristoteles-Renaissance (Trendelenburg, Brentano, dann N. Hartmann). Der A. ist, ebenso wie der Platonismus, in der Philosophie bis heute lebendig.

Art (griech. *eídos*, lat. ↗ *species*), das einer Vielfalt von Individuen Gemeinsame, sie in ihrer Identität einheitlich Betreffende (↗Wesen), das seinerseits, zusammen mit anderen A.en, von der über ihm stehenden ↗Gattung umfaßt u. begriffen wird. Die Bestimmung der A. erfolgt in der ↗Definition.

Aseität (lat.), Von-sich-selbst-Sein; in der Scholastik Grundbestimmung Gottes, der als höchstes Seiendes im Gegensatz zu allem Geschaffenen nicht in einem anderen, sondern in sich selbst gründet (nicht ens ab alio, sondern ens a se ist); später dem Willen (Schopenhauer) u. dem Unbewußten (E. v. Hartmann) zugeschrieben.

Ästhetik (von griech. *aísthesis* = Wahrnehmung), a) in der Wortbedeutung die Lehre von der Sinnlichkeit, der sinnlichen Anschauung u. Erscheinung; in dieser Bedeutung in der Wolff-Schule begründet (nach Vorbereitung durch G. F. Meier) von

A. G. Baumgarten (Aesthetica, 2 Bde, 1750/58) als notwendig empfundene Ergänzung einer Wissenschaft vom „niederen" Erkenntnisvermögen zur Wissenschaft von der höheren, geistig-begrifflichen Erkenntnis, der Logik; noch nachwirkend in *Kants* Unterscheidung einer „Transzendentalen Ä." (innerhalb der „Kritik der reinen Vernunft") von der „Transzendentalen Logik" des Verstandes (Analytik) u. der Vernunft (Dialektik). b) Insofern bei Baumgarten die vollendete sinnliche Erscheinung u. vollkommene sinnliche Anschauung unter dem Titel ↗„Schönheit" gefaßt werden, wird von hier aus Ä. zur Bezeichnung der Theorie vom Schönen in Natur u. ↗Kunst (so auch bei Kant in der Lehre von der „ästhetischen Urteilskraft", innerhalb der „Kritik der Urteilskraft" unterschieden von der „teleologischen Urteilskraft").

Entscheidende Stadien in der Geschichte der Ä. sind *Kant*, der die Ä. als eigenständige Disziplin vom zwar subjektiven, aber Allgemeingültigkeit notwendig beanspruchenden (freilich nur beanspruchenden) ästhetischen Geschmacksurteil (im Unterschied zum objektiven, als allgemeingültig ausweisbaren Erkenntnisurteil) begründet; *Schiller*, der das Ästhetische als Reich des „Spiels" u. des „schönen Scheins" bezeichnet u. von dem die Entwicklung der Ä. im *deutschen Idealismus* (Fichte, Schelling, Hegel) wesentliche Impulse, vor allem den der ästhetischen Versöhnung von Unendlichem u. Endlichem, Vernünftigem u. Sinnlichem, empfing; *Solger* u. die romantische Ä. (*F. Schlegel, Jean Paul*), wo, freilich in differenzierter Weise, das ästhetische Genie u. die ästhetische ↗Ironie in den Mittelpunkt treten; *Hegel*, der die Geschichte der Ä. vollendet, insofern er dem Schein des Schönen statt den Charakter der Illusion den Charakter des Erscheinens der wahren Wirklichkeit (wenngleich auf der unteren Stufe der sinnlichen Anschauung, nicht auf der Stufe des geistigen Begriffs) zuspricht – u. insofern ist für Hegel der Name Ä. eigentlich „unpassend" geworden u. überholt; *Nietzsche*, der ebenfalls eine solche Vollendung bedeutet, aber indem er nicht Schönheit als versöhnende Erscheinungsweise der Wahrheit, Schein nicht als Selbstmanifestation des Seins versteht, sondern umgekehrt Wahrheit als Derivat der tragischen Schönheit u. Sein als fixierende Auslegung des Scheins – so daß Ä. zur Selbstanschauung der Welt der Widersprüche wird u. die Logik nur eine geschichtliche Erscheinung in der Geschichte der so ästhetisch-tragisch verstandenen Welt bedeutet. Die psychologisierende Ä. um die Jh.wende (*Groos, Lipps*) fällt zurück in die beziehungslose Gegenübersetzung von ästhetischem Schein u. Wirklichkeit, während diese für die neukantianische (*Cassirer*), lebensphilosophische (*Simmel, Rothacker*) u. phänomenologische Ä. (*Ingarden*) zu einem von ihren Ansätzen aus allerdings schwer lösbaren Problem wird. Als dialektische Einheit von ästhetischem Insichgeschlossensein u. zugleich Verwiesenheit auf die geschichtliche Wirklichkeit, die sich in der ästhetischen Erscheinung selbst darstellt, sucht sie *H.-G. Gadamer* zu erhellen. Seit der Jh.wende setzen zugleich Versuche ein, das Verständnis der Kunst aus der nur ästhetisch-isolierenden Betrachtung zu befreien (*Fiedler, Dessoir, Dilthey, Simmel*) u. eine eigenständige Kunstwissenschaft (*Dessoir*), Kunstphilosophie (*Perpeet*) zu begründen. –

Kritisierte Hegel die romantische Ä., Nietzsche alle bisherige versöhnlerische „Weibsästhetik" (zugunsten eines männlichen ästhetisch-tragischen Verständnisses der Zukunft), so verwarf *Kierkegaard* das Ästhetische überhaupt als die Sphäre des Unernstes gegenüber dem ethischen u. religiösen Leben. Ähnlich ist für *Jaspers* die ästhetische Haltung das genießerisch-unverbindliche Betrachten, worin alle Existenzproblematik aufgelöst ist. Für *Heidegger* ist das Ästhetische Titel für die neuzeitliche Grundgestalt der sich genießenden Subjektivität, die alles Begegnende als Gegenstand nur auf sich bezieht u. den Selbstanspruch der Wahrheit in der Kunst verdeckt.

Ataraxie (griech.), Unerschütterlichkeit, Seelenruhe, Gleichmut; Grundsatz der ↗Stoa.

Atheismus (griech.), Gottlosigkeit bzw. Gottesleugnung. Grundformen: 1) der *absolute A.,* A. im strengen Sinn, als Leugnung eines jeden Absoluten oder Göttlichen; 2) der *relative A.,* A. im weitesten Sinn, als Leugnung Gottes als einer von der Welt verschiedenen absoluten (allmächtigen u. unendl.) Person. – In der Nähe zum relativen A., der nur ↗Transzendenz u. Persönlichkeit des allmächtigen Gottes bezweifelt, steht der ↗Pantheismus. – Der *theoret. A.,* leugnet nicht schlechthin das Dasein Gottes, sondern nur seine Erkennbarkeit (↗Agnostizismus) oder deren Sicherheit u. Gewißheit (↗Skeptizismus). Der *postulator. A.* fordert, es dürfe keinen Gott u. Glauben an Gott geben, wenn es Freiheit geben soll, da ein allmächtiger Gott die Freiheit zur Illusion machen würde (so N. Hartmann in seiner frühen u. mittleren Zeit). Im *prakt. A.* wird das Leben so geführt, als wenn es keinen Gott gäbe; das Gottesverhältnis reduziert sich auf ein nur „theoretisches" Anerkennen ohne Konsequenz für das Handeln in der Wirklichkeit. – Für allen A. gilt (nach K. Marx, „Privateigentum u. Kommunismus"), daß er das Selbstbewußtsein des Menschen nur durch Aufhebung der Religion u. Leugnung Gottes, damit als nur negatives vermittelt u. nicht (schon) als positives. Insofern erreicht der A. nicht, was er will.

Atomismus, Atomistik (von griech. *átomos* = unteilbar), philos. Lehre, die alles Geschehen auf die Mischung u. Entmischung der Atome, d. h. der kleinsten, selbst unteilbaren Teile zurückführt (u. so nur Konfigurationsänderungen, aber kein eigentliches Werden kennt). Vertreter: Leukipp, Demokrit, Epikur, Lukrez, Gassendi, Holbach, Haeckel, Büchner u. a.

Attribut (lat., das Zuerteilte), bleibende Eigenschaft eines Seienden, die notwendig aus seinem Wesen folgt, ohne mit diesem identisch zu sein. Als „Wesensfolge" steht das A. zwischen dem ↗Akzidens als der veränderlich zufälligen Eigenschaft u. dem ↗Wesen als dem bleibenden Kern, der das Seiende zu dem macht, was es ist. – Spinoza bezeichnet als A. die unendlich vielen Merkmale bzw. Grunderscheinungsweisen der einen göttlichen Substanz, von denen wir allerdings nur zwei kennen: Denken u. Ausdehnung.

Aufklärung. Unter A. versteht man allg. den Versuch, überkommene, auf (insbes. religiöser) Tradition u. (staatlicher u. sonstiger) Autorität beruhende Anschauungen einer kritischen, sich auf die Autonomie des Verstandes (ratio) berufenden Prüfung zu unterziehen u. sie, soweit sie dieser Prüfung nicht standhalten, durch „vernünftige Anschauungen" zu ersetzen sowie die gesellschaftl. Praxis nach deren Maß einzurichten. A. hat also emanzipatorischen Charakter. Gemäß dieser Bestimmung kann man drei abendländische Epochen der A. unterscheiden: die Sophistik, das „Zeitalter der A." im engeren Sinn (17./18. Jh.) sowie die Jetztzeit.
Philosophisch bietet die A., wie sich am Beispiel der westeuropäischen A. des 17./18. Jh. zeigen läßt, kein einheitliches Bild: Sie bereitet sich insbes. vor durch einen breiten ↗Rationalismus, der zugleich über weite Strecken ein ↗Empirismus u. schließlich ↗Naturalismus ist; sie ist schließlich im Extrem der Leugnung der ↗Vernunft als selbstursprünglichen Erkenntnis-

vermögens überhaupt ↗Positivismus, ↗Materialismus oder ↗Skeptizismus; religiös prägt sie sich als ↗Deismus aus. Da A. gesellschaftlich wirksam werden will, eignet ihr ein starker (theoretischer u. praktischer) pädagogischer Zug: A. ist immer Volks-A., ihr Mittel schriftstellerische Propaganda. „A. ist der Ausgang des Menschen aus seiner selbstverschuldeten Unmündigkeit. Unmündigkeit ist das Unvermögen, sich seines Verstandes ohne Leitung eines anderen zu bedienen" (Kant, Was ist A.?).

Hauptvertreter der europäischen A.: Baco von Verulam, Hobbes, Locke, Bayle, Voltaire, d'Alembert (Enzyklopädie!), Montesquieu, Diderot, Holbach, Wolff, Lessing und z.T. Kant (zugleich als Überwinder der A.).

A. als freie Rückbesinnung auf den Grund u. Hintergrund aller Theorie u. Praxis gehört zu jeder echten Philosophie, die allerdings über die Verstandes-A. hinaus zur Vernunft-A. führen, die Vernunft selbst zur Vernunft bringen muß.

Augenblick, a) der selbst ausdehnungslose Jetztpunkt, der als Gegenwart im Fortschreiten auf der Zeitlinie Vergangenheit von Zukunft trennt (physikalische ↗Zeit). Er teilt die (kontinuierliche) Zeit in beliebig viele Abschnitte (abstrakter A.). b) Die philosoph. Zeitanalyse, die den A. seit Plato vielfach bedacht hat, betont demgegenüber den Erstreckungscharakter des konkreten A.s: A. als Gegenwart ist nicht der erstreckungslose Punkt des Umschlags v. Zukunft in Vergangenheit, Zukunft u. Vergangenheit gehören vielmehr als Erwartung u. Erinnerung zur Gegenwart des A.s, der alle drei Dimensionen der Zeit umfaßt u. nicht extensiv, sondern durch Intensität bestimmt ist (vgl. Augustinus, Confessiones, IX. Buch). c) Für die philos.-religiöse Spekulation geschieht im A. (exaiphnes bei Plato, das Nu bei Eckart, A. bei Kierkegaard) der Einbruch der Ewigkeit in die Zeit; zugleich damit ist der A. das die Entscheidung (christl.: zum Glauben) Fordernde (P. Tillich: der „Kairos", der ergriffen oder verspielt werden kann). d) In säkularisierter Bedeutung wird für die ↗Existenzphilosophie der einmalige „A. der Entscheidung" zum Merkmal der ↗Geschichtlichkeit.

Augustinus, *Aurelius*, Kirchenlehrer, der größte christliche Platoniker, hat an der Schwelle von Antike u. Mittelalter wie kein zweiter das theolog. und philos. Denken der kommenden Zeit befruchtet. *354 Tagaste (Nordafrika), †430 Hippo. Die Philosophie des A. bildet mit seiner Theologie eine Einheit. Er will unmittelbar den Menschen u. Gott in ihrem Zueinander u. Gegenüber erfassen unter weitgehender Außerachtlassung der Welt („Gott u. die Seele"). So kommt er zu einer ersten u. großartigen christl. *Anthropologie*. Da die Wahrheit absolut u. ewig gültig, der Mensch aber endlich und zeitlich veränderlich ist, kann das Rätsel der Wahrheit des menschl. Erkennens nur durch die „Illumination" gelöst werden, durch den unmittelbaren Einbruch des von Gott ausgehenden Lichtes in den Menschen u. durch das Stehen des Menschen in diesem Licht. Diese ↗ *Illuminationslehre* hat A. zu Unrecht den Vorwurf des ↗ Ontologismus eingetragen. Denn A. behauptet nirgends die Vorgängigkeit der Gotteserkenntnis vor der Welterkenntnis (vgl. aber Matthäus von Aquasparta u. Malebranche). Die Lichtlehre des A. war von großer Fruchtbarkeit u. weittragender Konsequenz. Im Ansatz der unmittelbaren *Selbstgewißheit* als Fundament der Gewißheit gegenüber aller Skepsis nimmt A. Lehren des Descartes weitgehend vorweg. In der Lehre vom *„existentiellen"* Zusammenwirken aller Kräfte des Menschseins (u. nicht nur der isolierten Ratio) in der Erkenntnis kann er als Vorläufer Pascals u. moderner lebens- u. existenzphilosophischer Richtungen gelten. Für die innere Struktur des Menschen (wie alles Seienden überhaupt) ist die *„Analogia trinitatis"* maßgebend, das Widerspiegeln der trinitar. Urbeziehung im Geschaffenen. Die den Menschen bestimmende Dreiheit ist die akthafte Einheit von Gedächtnis (memoria), Liebe (amor) u. Einsicht (intelligentia) oder von Sein (esse), Wollen (velle) u. Wissen (nosse), die nur durcheinander u. ineinander möglich sind.

Als größtes Verdienst des A. wird die Überwindung des zyklischen, naturhaften Geschichtsdenkens der Antike durch ein lineares, histor. Schema angesehen, nach dem A. den Gesamtgang der *Universalgeschichte* in *De civitate Dei* konstruiert. Die Geschichte ist *Heilsgeschichte*, außerhalb dieser ist sie auch für A. ein sinnloses Auf- u. Abwogen. Die abendländ. ↗ Geschichtsphilosophie bis auf Hegel hin kann als Säkularisierung dieser Theologie der Heilsgeschichte angesehen werden. Die eigentl. Geschichte des Menschen vollzieht sich bei A. innerhalb dieser Heilsgeschichte als der weithin verborgene Kampf von Glaube u. Unglaube in der Seele, als die Auseinandersetzung der myst. Gemeinschaften der *Civitas Dei* (der Gottliebenden) u. der *Civitas terrena aut diaboli* (der Sich-selbst-Suchenden), die also nicht mit Kirche bzw. Staat identisch sind.

Ausdehnung (lat. *extensio*), allg. die körperliche Raumerfüllung, damit selbst ein bestimmter Modus der Räumlichkeit im Sinne geometrisch-quantitativer Meßbarkeit. – Bei Descartes ist A. als Extensionalität im Gegensatz zum Geist (res cogitans) die Grundverfaßtheit der materialen Naturwelt (Körperwelt, res extensa), deren übrige Bestimmungen alle auf die sie fundierende Räumlichkeit zurückführbar sind. Die quantitativ-systematische Erfassung dieser Verhältnisse als vollständige u. umfassende Wissenschaft von der Wirklichkeit überhaupt ist die ↗mathesis universalis.

Austin, John Langshaw, engl. Philosoph, einflußreicher Vertreter der sprachanalytischen Oxforder Schule, *1911 Lancester, †1960 Oxford. Führte den Ansatz der ↗Sprachspiele in eine Theorie typischer Sprachhandlungen (↗Sprechakte) weiter.

Autarkie (von griech. *autárkeia*), Selbstgenügsamkeit; bei Aristoteles das Bei-sich-selbst-Sein des Göttlichen, das auf nichts außerhalb seiner angewiesen ist; in der ↗Stoa u. bei den ↗Kynikern das philosoph. Lebensideal; in der Volkswirtschaft die Möglichkeit einer politischen Gemeinschaft, alle lebenswichtigen Güter selbst zu produzieren u. so von Einfuhren unabhängig zu sein (heute, im Zeitalter der Weltwirtschaft, kaum mehr durchführbar).

Autonomie (griech.), Selbstgesetzlichkeit, die Möglichkeit u. Fähigkeit eines politischen Gebildes, sich seine Gesetze selbst zu geben; als solche eine Bedingung der Eigenstaatlichkeit (Souveränität). In der Ethik als „autonome Moral" die Forderung ↗Kants (kategorischer Imperativ) nach Freiheit des Sittlichen (des Wollens) von aller Heteronomie (Fremdbestimmung): jedes Gesetz soll sich aus sich selbst als der Vernunft gemäß erweisen u. dadurch legitimiert werden. Moralisches Handeln, „Moralität", daher bei Kant das rechte Handeln um seiner Vernunftgemäßheit willen (im Gegensatz zu ↗Eudämonismus, ↗Utilitarismus u. im Unterschied zu ↗Legalität). Als solches (da die Vernunft *eine* ist) zugleich der Garant dafür, daß der seinem *eigenen* Gesetz folgende Wille zugleich *allgemein* handelt. In diesem vor allem praktischen Sinn ist A. wesentliches Moment der ↗Aufklärung.

Avenarius, *Richard*, *1843 Paris, †1896 Zürich; Hauptvertreter des ↗ Empiriokritizismus. Verstand „Philosophie als das Denken der Welt gemäß dem Prinzip des kleinsten Kraftmaßes" (1876, ²1903) (Prinzip der „Denkökonomie").

Averroës, eigentl. *Ibn Ruschd*, arab. Philosoph, *1126 Córdoba, †1198 Marokko. Wegen Konflikts mit der islam. Theologie 1195 verbannt. Seine Aristoteleskommentare zu fast allen Schriften wurden dem lat. Mittelalter zu Beginn des 13. Jh. bekannt u. übten großen Einfluß auf das abendländ. Denken aus. A. gilt als der Kommentator schlechthin. Er lehrte: Die Welt ist ewig, aber von Gott geschaffen, der durch ein Stufenreich von Intelligenzen wirkt. Der unterste dieser Sphärengeister ist der tätige Intellekt, der als kosmische Kraft den Mond bewegt u. zugleich das potentielle Vermögen des Menschen zum aktuellen Denken befähigt. Dieses Vermögen ist zwar immateriell, lebt aber nach dem Tode nur als universeller Verstand weiter, so daß es keine individuelle Unsterblichkeit gibt. Der *Averroismus* fand in der Artistenfakultät Paris großen Anklang, wurde 1270 u. 1277 kirchlich verurteilt.

Avicebron oder **Avencebrol**, eigentl. *Salomon Ibn Gabirol*, jüd. Dichterphilosoph in Spanien, *1020/21 Málaga, †1069/70. Seine ethischen Schriften u. religiösen Dichtungen wirkten bei den Juden, sein Hauptwerk, der Dialog *Fons vitae* (Lebensquell), bes. in der Franziskanerschule (Duns Scotus) nach. A. verbindet einen metaphys. Voluntarismus mit der neuplaton. Emanationslehre.

Avicenna, eigentlich *Ibn Sina*, arab. Arzt u. Philosoph, *um 980 in Persien, †1037 ebd. Übte starken Einfluß auf die islam. Theologie, auch auf die christl. Hochscholastik. Seine Lehre ist ein neuplaton. Aristotelismus, der die Welt aus Gott über die Sphärengeister in einem ewigen Prozeß emanieren läßt. Die Allgemeinbegriffe sind vor den Dingen im göttl. Geiste, in den Dingen u. nach den Dingen im abstrahierenden Denken. Doch werden sie unserem Geiste vom tätigen Verstand, der mit der Mondsphäre verbunden ist, eingeprägt.

Axiom (griech., Grundsatz), erster Satz, erstes Prinzip, an sich selbst einleuchtend (axiomatische Evidenz), unableitbar u. voraussetzungslos; als grundlegende Voraussetzung für jeden Beweis selbst nicht beweisbar, sondern nur aufzeigbar (in transzendentaler ↗ Reflexion).

B

Baader, *Franz v.*, *1765 München, †1841 ebd. Suchte unter dem Einfluß der Mystik u. Jakob Böhmes vor allem den Primat des Subjekts (seit Descartes in Geltung) zu überwinden. All unser Wissen ist primär ein Gewußtwerden, unser Denken daher ein Nachdenken. Der Gedanke ist vor dem Subjekt, das den Gedanken entgegennimmt. Der reale Mensch denkt nicht u. kommt dann erst an Gott heran, er denkt vielmehr in, mit u. durch Gott. Trinität u. Inkarnation sind für B. von grundlegender Bedeutung. In seiner sehr ursprüngl. Sozietätsphilosophie erstrebte er in scharfem Gegensatz zu Hobbes u. Rousseau die Erneuerung der Stände u. Körperschaften u. forderte in antikapitalistischer Wendung die organ. Gliederung von Produktion u. Verteilung. Seine im Stil dunklen Schriften wirkten u. a. auf Hegel, bes. aber Schelling.

Bachofen, *Johann Jakob,* Kulturhistoriker, *1815 Basel, †1887 ebd. Widmete sich bes. dem Studium des Mutterrechts (u. der damit verbundenen Religion), das er als Entwicklungsstufe zw. der Promiskuität u. der vaterrechtl. Kultur betrachtete. Seine evolutionist. Theorie ist widerlegt, sein Verdienst um die Erforschung mutterrechtl. Kulturen u. der Bedeutung des Mythos u. seiner Symbole für die frühen Kulturen ist unbestritten.

Bacon, 1) *Francis* (Baco von Verulam), engl. Staatsmann u. Philosoph, *1561 London, †1626. Versucht, gegenüber der aristotel.-scholast. Tradition eine neue Idee des Wissens u. die Gliederung aller Wissenschaften zu entwerfen (HW: Novum organon scientiarum, 1620) auf der Grundlage der Erfahrung. „Wissen ist Macht" über die Natur im Dienst des Menschen. B.s Grundauffassung der Natur bleibt aber noch abhängig von der antiken philos. Naturkonzeption.
2) *Roger*, genannt *doctor mirabilis*, engl. Naturforscher u. -philosoph, Philologe, *um 1220 Ilchester (Somerset), † nach 1292. Minorit. Originaler Denker der mathematisch-naturwissenschaftl.-sprachlich interessierten Oxforder Schule. Verbindet

augustin. Illuminationslehre mit einem Empirismus u. findet im Experiment die einzige Wahrheitsgarantie.

Badische Schule, auch *Südwestdeutsche Schule*, eine Gruppe des ⟋Neukantianismus, die 1890/1930 in Freiburg u. Heidelberg lehrte oder von hier ihren Ausgang nahm. Unter Führung von Windelband u. Rickert vertritt sie auf dem Boden des kantischen Kritizismus die sog. „Wertphilosophie", d.h. die Lenkung des Lebens durch nichtseiende, aber absolut „geltende" Werte. Sie hebt die Eigenart der Geschichtswissenschaft in ihrer wertbestimmten u. individualisierenden Methode gegenüber den sog. wertfreien u. generalisierenden Naturwissenschaften hervor. Weitere Anhänger: Bruno Bauch, Jonas Cohn, Georg Mehlis, Richard Kroner, Eugen Herrigel u.a. Von der B.S. sind auch E. Troeltsch u. Max Weber stark beeinflußt.

Balmes, *Jaime Luciano*, span. Philosoph u. Publizist, *1810 Vich, †1848 ebd. Schloß sich im wesentl. an Thomas von Aquin u. die Scholastik an, deren Lehren er selbständig weiterführte; schätzte Malebranche u. Leibniz, setzte sich scharfsinnig mit der modernen Philosophie auseinander; ein Repräsentant der spanischen Tradition, für die es eine relig. Toleranz im Sinn der europ. Aufklärung nicht gab.

Baumgarten, *Alexander Gottlieb*, *1714 Berlin, †1762 Frankfurt a.d. Oder. Schüler Ch. Wolffs. Begründer der Ästhetik in Deutschland (Aesthetica, 2 Bde., Halle 1750/58). B.s Ethik (1740) u. Metaphysik (1739) legte Kant seinen Vorlesungen zugrunde.

Bayle, *Pierre*, franzos. Schriftsteller u. Philosoph der Aufklärung, *1647 Carlat, †1706 Rotterdam. Cartesianer, scharfer Bekämpfer Spinozas. Sein damals berühmtes *Dictionnaire historique et critique* (1695–97) stellt Glaube u. Vernunft in absoluten Gegensatz.

Bedingung (lat. conditio), allg. das, wovon etwas anderes real oder ideal abhängt, d.h., ohne das dieses nicht sein oder nicht verstanden werden kann. Man unterscheidet notwendige u. zureichende B.

Begriff, Vorstellung eines Gegenstandes im ↗Allgemeinen, u. zwar so, daß zugleich damit auch das Allgemeine, d. h. das, in dem viele Gegenstände übereinkommen, vorgestellt wird (vgl. ↗Universalien). Nach der B.s-lehre der Antike u. des Mittelalters enthält somit der B. aus jeweils vielem einzelnem Seienden das Gemeinsame, das „Wesen" (Was-sein; griech. eidos, ousia, ti estin; lat. idea, essentia, quidditas). ↗Abstraktion.

So ist der B. weder etwas, das nur dem („subjektiven") Geist in seiner (fälschlich so verstandenen) Immanenz zugehört, noch ist das allg. ↗Wesen etwas, was nur den Dingen in ihrer fälschlich so verstandenen Transzendenz zu eigen ist. Vielmehr ist der B. selbst die Objekt u. Subjekt umfassende Wesensgegenwart in der Identität von Erkanntem u. Erkennendem (↗Erkenntnis). Zur B.s-bildung gehört deshalb nach dieser Auffassung das Zusammenwirken zweier Kräfte: einerseits der aktiven Kraft der ↗Vernunft (nous, intellectus), die den Gesichtspunkt, unter dem etwas wesentlich ist, vorgibt u. mit seiner Hilfe das Wesentliche vom Unwesentlichen scheidet (fast immer unter dem Bild des „Lichtes" gefaßt); anderseits des passiven, empfangenden Vermögens der ↗Sinnlichkeit (aisthesis, sensatio), die der Vernunft den einzelnen Gegenstand vorlegt, aus dem das Wesen gedanklich herausgelöst werden soll. Das Zusammenwirken beider Kräfte vollzieht sich im ↗Verstand (dianoia, ratio).

Diese „klassische" B.s-lehre wird erstmals erschüttert im ↗Nominalismus, wo der B. nur noch allgemeiner Name für viele ähnliche Dinge wird, eine Abkürzung, die repräsentativ an die Stelle der unübersehbaren Mannigfaltigkeit des einzelnen Seienden tritt.

Man unterscheidet 1) *Stamm-B.e* (Primär-, reine, apriorische B.e), die bei der ersten Begegnung mit Seiendem sofort einleuchten u. als reine Vorblicke die Begegnung u. den mit ihr anhebenden Erkenntnisprozeß leiten; 2) *erfahrungsgemäße* B.e (sekundäre B.e, empirische, gemischte B.e), die erst Resultat u. Abschluß eines Erkenntnisprozesses sind u. denen die sinnl. Gegebenheit als Ausgang unentbehrlich ist.

Die B.s-lehre des engl. ↗*Empirismus* (Locke, Hume) kennt nur solche Erfahrungs-B.e. Während in der „klass." Tradition dem Stamm- oder Ur-B. eine eigene geistige ↗Anschauung entspricht (Husserl erneuert diese Lehre u. spricht von „kategorialer Anschauung"), ist bei *Kant*, da für ihn Anschauung nur sinnlich sein kann, der B. unanschauliche Vorstellung. Als *empirischer B.* ist er die Ordnung eines anschaulichen Inhalts unter einer Regel

des Verstandes. Als *reiner B.* ist er diese die Anschauung ordnende Verstandesregel selbst (↗Kategorie). Während sich der
reine B. unmittelbar auf Anschauung bezieht, hat die streng zu
unterscheidende ↗Idee als Vernunftregel nur ein mittelbares
Verhältnis zur Anschauung: sie regelt die B.e, indem sie diese in
Richtung auf eine von ihr entworfene Totalität hin zusammenfaßt. Das Verhältnis von Anschauung u. B. aber charakterisiert
Kant so: „Anschauungen ohne B.e sind blind, B.e ohne Anschauungen sind leer." Bei *Hegel* wird der B. zum sich selbst verstehenden Wesen der Erscheinung, dessen dialekt. Selbstbewegung
als Gang des Geistes zugleich der Gang der Weltgeschichte ist.
Da die *Romantik* „Wesen" neu als den unvergleichlich-einmali-
gen Kern einer Persönlichkeit, eines geschichtl. Werkes oder Ereignisses versteht, tritt nun neben den Allgemein-B. der von der
klass. Logik her gesehen unmögliche *Individual-B.,* durch den
die Geschichte – wegen ihres Mangels an Allgemeinbegrifflich-
keit bisher bestenfalls als Kunst angesehen – erst den Rang einer
Wissenschaft erhält, ohne ihren individualisierenden Charakter
aufgeben zu müssen.
Gegenüber der Verachtung der strengen Begrifflichkeit durch
Intuitionismus u. *Lebensphilosophie* ist festzuhalten, daß zwar die
↗Kunst es vermag, das Übereinzelne im Bild darzustellen u. die
Religion hierzu das ↗Symbol verwendet, daß aber das adäquate
Ausdrucks- und Darstellungsmittel von Wissenschaft u. Philo-
sophie der B. ist.

Benjamin, *Walter,* philos. Schriftsteller, Literatur- und Zeitkritiker, *1892 Berlin, †1940 Port Bon (Selbsttötung auf der Flucht
vor der Gestapo). Mitarbeiter am ehemaligen Frankfurter Institut für Sozialforschung. Diagnostizierte die Zerstörung der
Aura des Kunstwerkes im Zeitalter der technischen Reproduzierbarkeit; setzte dem Fortschritts- u. Machbarkeitswahn eine
marxist.-materialistische u. zugleich jüd.-messianische Geschichtsauffassung entgegen.

Bentham, *Jeremy,* engl. Philosoph, *1748 London, †1832 ebd.
Begründer des Sozialutilitarismus: Moralprinzip ist „das
größtmögliche Glück der größtmöglichen Zahl".

Berdjajew, *Nikolai Alexandrowitsch,* russ. Philosoph, *1874
Kiew, †1948 Paris. Vom Marxismus seiner Jugendjahre führte
ihn der philos. Idealismus zu einer relig. Weltanschauung. Seit

1924 in Paris. Der Ordnung des Geistes (Freiheit, Persönlichkeit, Schöpfertum) steht gegenüber die Ordnung der Natur (Determination, Allgemeinheit, Objektivation). *Geist* ist für B. Urrealität (personale Existenz), die er aber nicht substantiell, sondern (mit Jakob Böhme) dynamisch-schöpferisch versteht. Freiheit ist ihrem Wesen nach „ungeschaffene Freiheit", d. h. nicht von Gott geschenkt, im „Nichts" gründend. Dem natürlichen Zustand der Welt liegt der Sündenfall, der Geschichte das schöpfer. Wirken des Menschen zugrunde. In dieser gefallenen Welt vermag sich jedoch der Geist nie wahrhaft zu realisieren (Gegensatz zu Hegel); er wird „sozialisiert", „entäußert", „entfremdet", „entpersönlicht", d. h. „objektiviert". Mit *Objektivation* bezeichnet B. den „gefallenen" Zustand der Welt, in deren Grenzen alles menschl. Handeln seinerseits zur Objektivation verurteilt ist.

Bergson, *Henri*, französ. Philosoph, *1859 Paris, †1941 Clermont-Ferrand. Vertreter einer gegen den Rationalismus u. Mechanismus seiner Zeit gerichteten spiritualistischen ⁊ Lebensphilosophie, die wesentlich zur Überwindung des Positivismus in Frankreich beitrug. Sein angebl. „Antiintellektualismus" liegt mehr in einer Kritik der Handhabung der Begriffe als in ihrer Ablehnung. Die Realität läßt sich nach B. nicht restlos in Begriffe einfangen, wenngleich es Ziel seiner Philosophie bleibt, die Welt zu begreifen. Den Weg hierzu bietet die *Intuition*, durch die Subjekt u. Objekt in der Erfahrung des Lebens als fließender Dauer in eins fallen. B. vertritt keine Werdephilosophie im Sinne Heraklits, wenn auch das Verhältnis von Begrifflichkeit u. Intuition bei ihm nicht restlos geklärt ist. – B.s Lebensphilosophie hat wenig von Nietzsche oder den Romantikern empfangen, um so mehr vom Glauben der christl. Mystiker an die Wirklichkeit der Liebe.

Berkeley, *George*, engl. Philosoph, *1684 Killerin (Irl.), †1753 Oxford. Begründete den subjektiven ⁊ Idealismus: die geistigen Einzelwesen sind das eigentlich Wirkliche. Ihr Wesen besteht im Wollen u. bewußten Vorstellen. Die Natur als Bereich des Körperl.-Sinnlichen ist im Gegensatz dazu nur wirklich als Vorgestelltes (idea). „Esse est percipi." Gott als höchstes geistiges Wesen bringt durch sein Vorstellen die geistigen Einzelwesen u. deren Vorstellungen von der Natur hervor.

Beschreibung, Deskription (lat.), im Selbstverständnis der neuzeitlichen empirischen (bes. Natur-) Wissenschaften das grundlegende Verfahren, die charakterist. Merkmale der wahrnehmbaren „Erscheinungen" festzustellen, das zusammen mit der ↗Erklärung zur vollständigen Erkenntnis des Gegenstandes führen soll. Dilthey's Verstehenspsychologie setzt dem naturwiss. kausalen Erklären der Naturerscheinungen das Beschreiben der geschichtlichen Erscheinungen des geistigen Lebens durch die Geisteswissenschaften gegenüber. In der von Husserl ausgehenden Phänomenologie wird B. zur philos. Methode der Erfassung der „Phänomene" als der Wesensgestalten der Erscheinungen.

Bewegung, Grundbegriff der aristotel. Philosophie, bezeichnet die Seinsweise des werdehaft Seienden, das nie als in jeder Beziehung Selbiges bleibt, sondern sein Sein in den Grundweisen der B. (Orts-B., Wachstum u. Abnahme, qualitative Veränderung) vollzieht, indem es je neue Möglichkeiten aktualisiert. B. wird so definiert als „das Wirklichsein des der Möglichkeit nach Seienden, insofern es ein solches ist". Als dieses ständige „Zwischen" zwischen Möglichkeit u. Wirklichkeit, als dieses Zusammen von Sein u. Nichtsein ist B. „der daseiende Widerspruch selbst" (Hegel). – Die Struktur der so verstandenen B. erfordert den Rückgang auf einen ersten Beweger, der als von allem „wie ein Geliebtes" (Aristoteles) angezielter alles bewegt, selbst aber nicht im Sinn einer solchen B. bewegt ist, sondern dessen „B." die ewig-vollkommene des Beisichseins im reinen Sichselbstdenken (der noesis noeseos) ist.

Beweis, der ↗Schluß aus wahren u. gewissen Vordersätzen, durch den ein weiterer wahrer u. gewisser Folgesatz gewonnen wird. Der *direkte* B. folgert die Gültigkeit durch unmittelbare od. mittelbare Zurückführung auf ↗Axiome, der *indirekte* B. zeigt, daß die Annahme der Unrichtigkeit der Behauptung auf Widersprüche führt, die Behauptung mithin richtig sein muß. Dem Sicherheitsgrad nach unterscheidet man den Gewißheits- und den Wahrscheinlichkeits-B., der B.-quelle nach den apriorischen u. den aposteriorischen B.; jener folgert aus Urteilen, die vor aller Erfahrung gültig sind, dieser aus Urteilen der Erfahrung. Darüber hinaus unterscheidet die scholastische Tradition die *demonstratio quia* (vom Erkenntnisgrund ausgehend) von der *demonstratio propter quid* (vom Realgrund ausgehend).

Im weitesten Sinne ist B. jedes Aufzeigen eines Sachverhalts. Seiner Eigenart nach ist der B., wissenschaftstheoretisch gesehen, an die Struktur seines Gegenstandsbereichs gebunden, ist deshalb methodologisch spezifisch.

Bewußtsein. 1. Zum Begriff: Als Grundweise geistigen Lebens bedeutet B. das unauflösliche Zugleich des Wissens um etwas (*Sach-B.*), des Vollzugs dieses Wissens (*Akt-B.*) u. des Wissens um Grund u. Träger dieses Vollzugs (↗ *Selbst-B.*; ↗ Ich, ↗ Subjektivität). In diesem Zugleich erst ergibt sich die Möglichkeit der ↗ Reflexion, in der Inhaltswissen, Vollzug u. tragender Grund ausdrücklich in den Blick genommen werden u. im Modus der Vorgestelltheit (↗ Vorstellung) dem B. präsent werden.

Die ↗ Intentionalität (Ausgerichtetheit auf Inhalte) ist ein Grundzug des B.; ihre Erfüllung ist die ↗ Erkenntnis in ↗ Evidenz. Nach Art und Weise der Gegebenheit der Inhalte ist zu unterscheiden die gegenwärtige Präsenz u. die Erinnerung (↗ Gedächtnis), in der das B. auch den Raum möglicher Anwesenheit ↗ a priori u. ↗ transzendental in seiner Gesetzlichkeit vorweg entwirft. Also hat B. in sich selbst die Trennung gelegt zwischen einem a) allgemein überindividuellen B., dem Prinzipienwissen (↗ Verstand, ↗ Vernunft), u. b) dem faktisch-empirischen B., das durch material-sozial-geschichtliche Verhältnisse bestimmt ist. Problematisch an dieser Selbstauslegung ist sein Ort: es ist faktisch die Einheit von „reinem" u. „empirischem" B. u. ist doch als transzendentales weltvorgängig (↗ Welt), als empirisches aber weltverflochten.

2. Historisches: Während für Antike und Mittelalter der Begriff des ↗ Geistes zentraler Problembegriff war, ist es in der Neuzeit seit *Descartes* der Begriff B. Erst unter dem Richtmaß absolut verfügbarer Gewißheit wird es nötig, ein fundamentum inconcussum certitudinis zur Selbstbegründung des B. beizubringen. So ist B. bei Descartes das ↗ ego cogito im von jeder sinnlichen Materialität freien reinen Denkvollzug. Bei *Leibniz* ist das sinnlich-wahrnehmende B. in der selbstbewußten Perzeption (= ↗ Apperzeption) eine inferiore Stufe des Denkens selbst. *Kant* betrachtet ↗ Sinnlichkeit – und damit das empirisch-individuelle B. – nicht mehr als Vorstufe des Denkens, sondern zieht zwischen beiden eine scharfe Trennungslinie: B. überhaupt als transzendental-unbedingte Möglichkeitsbedingung allen Erkennens ist jeder ↗ Erfahrung voraus und bedingt auch das individuell-empirische, sinnlich-affizierte (↗ Affektion) B.; anderseits ist

es auf das sinnliche Material des empirischen B. verwiesen, so daß dieses wiederum Bedingung für das Erkennenkönnen des reinen B. ist. *Hegel* versucht, diese Trennung gleichursprünglicher Vermögen aufzuheben, indem er B. und seine Stufen (B., Selbst-B., Vernunft) begreift als Erscheinungsgestalten des absoluten Geistes auf dem Weg zu sich selbst. Dagegen postuliert einerseits *Marx* die Priorität des durch sozio-ökonomische Gegebenheiten bedingten faktischen B. als Momentes im gesellschaflichen Zusammenhang. Anderseits erfolgt (vor dem 1. Weltkrieg) eine Rückwendung zur „B.s-Philosophie", die im Gefolge Kants die „transzendentalen Bedingungen der Möglichkeit des B. überhaupt" (Neukantianismus) untersucht oder im Anschluß an die Phänomenologie *Husserls* die reinen Gestalten und Wesensverhältnisse des „intentionalen B.s-Stroms" beschreiben will. Schon seit *Nietzsche* (in dessen Anknüpfung an Motive der französ. Enzyklopädisten und Materialisten) aber hatte sich eine Wendung angebahnt gegen die Auslegung des B. als primären Orts der Humanitas des Menschen. War ferner die Psychologie des 19. Jh. fast ausschließlich B.s-Psychologie gewesen (mit der Tendenz, im Psychologismus jedweden B.s-Akt auf psychophysische Data zurückzuführen), so kam es nun, ebenfalls in der Gefolgschaft Nietzsches, zur Thematisierung des Un-Bewußten als eigenständigen und eigengesetzlichen Bereichs, was seinerseits zur unausgewiesenen Vorrangstellung des Un-Bewußten gegenüber dem B. führte (z. B. bei *L. Klages*).

Das Denken der Gegenwart dagegen zielt – im gleichzeitigen Aufweis der Problematik eines transzendentalen B. – auf den jenseits des Gegensatzes B. – Un-B. liegenden umgreifenden Vorrang des ↗ Seins vor allem B. (insbes. bei *M. Heidegger*). Die Humanitas des Menschen erfährt eine Neubestimmung als ↗ Dasein. Den sozioökonomischen Aspekt menschlich-bewußten Denkens und Handelns in der Wirklichkeit rückt die Frankfurter Schule (Th. W. Adorno, M. Horkheimer) in den Blick.

Bild, die sinnlichen, ganzheitlich-gestalthaften Konfigurationen von Wirklichem, das in unmittelbarer Anschauung oder als Erinnertes gegenwärtig ist, und zwar als Bedeutungsträger (↗ Zeichen) mit Verweisungsfunktion. In dieser kann das B. als Ab-B. auf ein Vor- (oder Ur-)B. deuten. Mit dem als Maßstab angenommenen Vor-B. stellen sich dann die Fragen der rechten Übereinstimmung zwischen beiden, der je verschiedenen (oft hierarchisch gedachten) Wirklichkeit beider, des Ortes des Vor-

B., der Art und Weise seiner Präsenz beim Menschen usw. Dieses Problem ergab sich vor allem in der Deutung des Erkennens als Abbildungsvorgangs.

Bildung, die grundsätzliche *Orientierung des ganzen Menschseins* (Intellekt, Wille und Gefühl) im Ganzen des Seins, der ↗ „Welt", worin allem Begegnenden Ort, Maß und Sinn zugeteilt ist. Die Weisen, wie B. geschieht, sind nicht beschränkbar, weder auf einzelne Gebiete (theoretische B., Wissens-B., Verstandes-B., prakt. B., Willens-B., technische B., die alle in ihrer Partikularität immer nur Ausbildungen sind, aber jede für sich in echter Weise zur B. führen können), noch auf einzelne Methoden (Schul-B., Berufs-B., Selbst-B., Lebens-B.). B. kann mit allen Mitteln und überall geschehen; ihrer Struktur gemäß gibt es bei ihr keinen Vorzug eines Gebiets (etwa größere Geeignetheit des humanist. B.s-stoffes vor den sogen. „Realia") noch einer Weise (Vorrang der Schul-B. vor der Lebens-B., der Selbst-B. vor der Fremd-B.); B. geschieht in Schule oder Leben, mit oder ohne Lehrer, immer als B. *der Freiheit*. Die Freiheit als einziges ist niemals partikulär. Für sie allein gibt es keine Ausbildung, nur B. Eine Theorie der B. ist mit dem Aufweis einer sinn- und maßgebenden Weltordnung deshalb zugleich der Entwurf einer Theorie des freien Menschseins und seiner Möglichkeiten.
Die B.s-krise der Gegenwart hat ihre eigentliche Ursache darin, daß das menschliche Wissen und Können zwar in bezug auf die Beherrschung einzelner Gebiete und entsprechend auf die Ausbildung einzelner Fähigkeiten sich außerordentlich gesteigert hat, aber damit gleichzeitig die leitende und verbindende Selbstverständlichkeit des Sinnganzen, der Welt, geschwunden ist, innerhalb deren die Freiheit erst wirklich frei sein kann und ohne den sie in orientierungslose Willkür umschlägt. B.s-krise dokumentiert Welt- und Freiheits-, nämlich Sinnkrise. Sie wird durch die gewaltsame Herstellung neuer Totalentwürfe (vgl. ↗ Ideologie) nicht behoben, sondern nur verdeckt.

Binswanger, *Ludwig*, Psychoanalytiker, *1881 Kreuzlingen (Schweiz), †1966 ebd. Begründete unter dem Einfluß von Husserl, Scheler u. besonders Heideggers Fundamentalontologie die psycholog. Daseinsanalyse. ↗ Tiefenpsychologie.

Biologismus (griech.-lat.), erhebt die bio-physische Verfaßtheit des Menschen (bes. Erbanlage und Umwelt) zum alleinigen Fundament und einzigen Sinnhorizont für sein Leben; alles Geistige ist ausschließlich Funktion dieser Basis. Damit wird jede Normkraft des Geistes über das Leben geleugnet, ebenso wird die ↗Transzendenz des ↗Geistes nur nach ihrer lebenfördernden od. lebenhemmenden Bedeutung befragt. In einem weiteren Sinne ist B. dann auch jene Lehre, nach der die gesamte Wirklichkeit nur Manifestation eines All-Lebens ist, das sich im einzelnen Seienden je seine besondere Gestalt erschafft. Vertreter des B.: die sog. ↗Lebensphilosophie des 19. u. 20. Jh. (Nietzsche, Klages, nur z. T. auch Bergson), die Weltanschauung des Nationalsozialismus, der sog. ↗Pragmatismus usw.

Bloch, *Ernst,* *1885 Ludwigshafen, †1977 Tübingen. 1933 Emigration (USA), 1948 Rückkehr, Prof. in Leipzig, seit 1961 in Tübingen. Verbindet sprachkräftig griech.-metaphysische, jüd.-messianische u. christl.-eschatologische, deutsch-idealistische u. marxistisch-atheistische Denkansätze. Die Bedeutsamkeit der Welt liegt nicht in dem, was aus Vergangenheit her schon wirklich geworden ist; sie liegt im „Noch-Nicht" des Seins, in den verborgenen u. in die Zukunft drängenden Möglichkeiten. Das latente u. tendenzielle Fernziel in allen Nahzielen ist nicht ein Reich des Gottes „oben", vielmehr, in „Transzendenz nach vorn", die universale Versöhnung („Heimat") als Reich des natürlichen Menschen hier („konkrete Utopie"). Der Weltgeschichtsprozeß ist freilich nicht teleologisch determiniert, das Prinzip des Bewußtseins von ihm somit nicht das der Gewißheit, sondern der „Hoffnung". Der in seiner Tiefendimension erschlossene Materialismus u. atheistische Humanismus sollen das wahre „Erbe an der Religion" antreten.

Blondel, *Maurice,* franzöis. Philosoph, *1861 Dijon, †1949 Aix-en-Provence. Seit 1896 Prof. ebd. Sein dem Konkreten zugewandtes Denken überwand den Rationalismus u. Positivismus u. gewann nachhaltigen Einfluß auf die Philosophie u. Theologie. Ausgehend vom „vinculum substantiale" bei Leibniz, d. i. dem aus der Kraft des Seins dynamisch einenden Band im substantiell Seienden, entwickelt B. schöpferisch eine Philosophie der Tat (*action*) als dialektische Genesis der Einheit des Seins mit dem menschl. Leben in der Welt, die dem Denken des Menschen erst Grund u. Bestand verleiht u. zugleich dem Einbruch

Gottes in den Gang dieser Genesis des Menschen sinnvoll Raum gibt.

Boethius, *Anicius Manlius Severinus,* röm. Philosoph u. Staatsmann, *um 480 nC. Rom, 524 in Pavia hingerichtet. B. wollte den ganzen Aristoteles u. Platon ins Lateinische übersetzen u. dartun, daß beide in ihren wesentl. Lehren übereinstimmen, führte dies aber nur z. T. durch. Am wirksamsten, bes. für das frühere Mittelalter, war sein in der Haft geschriebenes Trostbuch *De consolatione philosophiae,* in dem die Gestalt der Philosophie mit B. über Leben u. Glück spricht u. ihn schließlich zu den Ordnungen des ewigen Geistes führt. Seine berühmte Definition der Ewigkeit: aeternitas est interminabilis vitae tota simul et perfecta possessio.

Böhme, *Jakob,* prot. Mystiker u. Theosoph, *1575 Alt-Seidenberg b. Görlitz, †1624 Görlitz. Ursprünglich Schuhmacher, später Händler. Sein metaphys. Hauptanliegen betrifft Gottes Wesen u. Wirken. Im ewigen Ungrund (= Urgrund) Gottes unterscheidet B. den Geist, dessen Eigentümlichkeit im Wollen besteht, u. die ewige Natur. Aus dem Ungrund gebiert Gott ewig sich selbst, erkennt sich selbst u. gestaltet das Andere seines Selbst: die Welt. B. wirkte stark auf Fichtes aktualist. Ichlehre, auf Schellings Freiheitslehre, auf Hegels dialekt. Philosophie, auf F. v. Baaders spekulatives Bemühen u. auf Schelers Anthropologie mit ihrer Trennung von Geist u. Drang.

Bolzano, *Bernhard,* kath. Theologe, Philosoph u. Mathematiker, *1781 Prag, †1848 ebd. Husserl war der erste, der (1901) auf B. als auf „einen der größten Logiker aller Zeiten" hinwies. Die ↗Phänomenologie wurde gerade auch durch die Dienstbarmachung der B.schen Philosophie zur Überwindung des Psychologismus instand gesetzt. B., einer der wenigen Philosophen des 19. Jh., die Kant entschieden ablehnten, knüpft an die mittelalterl. logische Tradition an. Als Mathematiker ist B. verdient um die Theorie der reellen Funktionen sowie als Wegbereiter der Mengenlehre.

Bonaventura, philos., theolog. u. myst. Denker des Mittelalters, *1217/18 Bagnoreggio b. Viterbo, †1274 Lyon. General des Franziskanerordens. Nach B. ist eine absolut selbständige Philosophie unmöglich, da der gefallene Mensch immer auf Gott bezogen ist. Philosophie ist deshalb notwendig Dienerin der Theologie, deren Ziel aber ist, in der Mystik einzumünden. In der Erleuchtung durch das göttliche Licht (augustin. ↗ Illuminationslehre, aber verbunden mit der aristotelischen Lehre von der Sinneserfahrung) erkennt B. die Welt im Stufengang von Ausstrahlung, Urbildung u. Vollendung. Die Stufen der Geschichte sind die Zeit vor dem Gesetz, unter dem Gesetz u. die Zeit der Gnade. Der Weg des einzelnen hat den Sinn, sich mit dem Weg der Kirche zu verähnlichen u. in die universale Erkenntnis Gottes zu münden, dargestellt an den myst. Stufen der Hinwendung zu Gott, der Erleuchtung durch sein Licht, der Vollendung durch die Schau (Itinerarium mentis in Deum).

Böse, das, als Gegensatz zum sittlichen ↗ Guten das sittlich Verwerfliche schlechthin, das als Inhalt des Willens zu Schuld u. (religiöser) Sünde führt. In der Tradition der Metaphysik hat das B. keine Eigenwirklichkeit, sondern wird als Abweichung oder Abkehr vom Worumwillen des Lebens, dem Guten, als Beraubung (griech. steresis, lat. privatio), als Mangel an Seinsfülle u. -vollkommenheit verstanden. Es ist ontologisch nichtig.
In religiös-dualistischen Systemen (Gnosis, Manichäismus) ist das B. dagegen als gleichursprünglich mit dem Prinzip des Guten, dem Göttlichen, aufgefaßt, mit dem es in ewigem Kampf liegt. Judentum u. Christentum erklären das B. aus dem Urtrieb des Menschen, selbst Gott sein zu wollen (bibl. Erzählung vom Sündenfall, daraus abgeleitet die Erbsündelehre), führen das B. also nicht auf Gott als Urheber zurück u. kennen auch keine Gleichursprünglichkeit. Das Problem, wie Gott, als der Inbegriff des Guten, das B. u. in seinem Gefolge das ↗ Übel hat zulassen können, wird in der ↗ Theodizee zu lösen versucht.

Brentano, *Franz,* *1838 bei Boppard, †1917 Zürich. Professor in Würzburg u. Wien; strenger Gegner Kants, ausgezeichneter Aristoteleskenner. Durch die grundlegende Einführung des scholast. Begriffes der „Intentionalität" überwindet er die Assoziationspsychologie u. bahnt die Überwindung des gesamten Psychologismus in der ↗ Phänomenologie seines Schülers Husserl an. In der Ethik führt die Einführung der Evidenz der Richtigkeit von Liebe u. Haß in direkter Linie zu den wertphilosophisch-ethischen Grundpositionen Schelers.
Zu seiner Schule gehörten A. Marty, O. Kraus u. A. Kastil, die seine gesamten Werke aus dem Nachlaß herausgaben. Weitere

Schüler: A. Meinong, A. Höfler. Ohne starken Einfluß blieb seine theist. Metaphysik.

Bruno, *Giordano,* italien. Philosoph, der bedeutendste Naturphilosoph der Renaissance, hatte Einfluß auf Spinoza, Leibniz u. Schelling. *1548 Nola, 1563/76 Dominikaner, wegen Ketzerei verklagt; Flucht u. unstete Lehrtätigkeit in Deutschland, Frankreich u. England; 1600 als Ketzer in Rom verbrannt. B. entwickelt auf neuplatonischer Grundlage, unter direkter Übernahme griech.-philos. Gedanken, eine pantheist. Metaphysik: das eigentliche Wirkliche, beständig sich Gleichbleibende ist das ganze All. Es besteht aus beseelter Materie u. hat seine Einheit in der Weltseele aus dem Göttlichen. B. geht über die bisherige Metaphysik hinaus a) durch den Begriff der ↗ Monade. Diese ist der Grundbegriff für die Einzelwesen als Grundbestandteile des Alls. Die Monade ist beseelte Materie-Einheit. Durch ihre Verschiedenheit ist das All gegliedert u. gestuft bis zu Gott als höchster Monade; b) durch die Ansicht von der Unendlichkeit des Alls. Diese beruht auf der unendl. Vielheit der Monaden in Zeit u. Raum u. ist Abbild der Unendlichkeit Gottes. Die astronom. Ansicht des Kopernikus wird zur metaphys. Lehre von der unendlichen Vielheit der Welten im einen Universum erweitert.

Buber, *Martin,* *1878 Wien, †1965 Jerusalem. Bis 1933 Frankfurt a. M., seit 48 Jerusalem. Denker aus jüd. Gläubigkeit, der, befruchtet durch die Lehre des Chassidismus, deren bedeutender Interpret u. Übersetzer er wurde, die Frage nach dem Wesen des Menschen in die Gegenwart stellt u. es aus gläubiger Haltung als „dialogische Existenz" entwickelt. ↗ Dialogische Philosophie.

Büchner, *Ludwig,* *1824 Darmstadt, †1893 ebd., neben Vogt u. Moleschott der einflußreichste Popularphilosoph des Vulgär- ↗ Materialismus („Kraft u. Stoff", 1855, [21] 1904).

Buridan, *Johannes,* französ. Philosoph, * vor 1300 Béthune (?), † nach 1358. Führer des ↗ Nominalismus in Paris (Schüler Ockhams). Beschäftigte sich vor allem mit dem Problem der Willensfreiheit, wobei ihm der Wille vom Verstand her determiniert, vom Glauben u. der moral. Verantwortung her indeterminiert zu sein scheint. Das Beispiel von *„B.s Esel",* der zwischen 2 gleichen Heubündeln sich für keinen entscheiden kann u. dabei verhungert, findet sich nicht in B.s Schriften.

C

Campanella, *Tommaso,* italien. Philosoph u. Dichter, *1568 Stilo (Kalabrien), †1639 Paris. Dominikaner. Versuchte den Aufbau einer neuen Metaphysik, die trotz sensualistischer Erkenntnislehre idealistisches Gepräge trägt. Sein Staatsroman „*Civitas solis*" ist Utopie einer kath. Universalmonarchie.

Camus, *Albert,* französ. Schriftsteller, *1913 Mondovi (Algerien), †1960 bei Paris. „*Le mythe de Sisyphe*" (1942) fordert, die Absurdität des Lebens in verzweifelter Bejahung auszuhalten (darin Nähe zum französ. Existentialismus). „*La Peste*" (1947; Pest = Symbol für die irrationale Macht) führt die Möglichkeit des Opfers vor, worin der Mensch zum Heiligen ohne Gott wird. „*L'homme révolté*" (1951) sieht die Menschlichkeit des Lebens nur rettbar im Aufstand gegen das Absurde („Ich lehne mich auf, daher sind wir"), zwischen den Extremen kontemplativer Weltflüchtigkeit u. eines ideologisch verhärteten Aktivismus (1952 Auseinandersetzung mit Sartre).

Carnap, *Rudolf,* Mitglied des ↗Wiener Kreises, Hauptvertreter des Logischen ↗Positivismus, *1891 Wuppertal, †1970 Santa Monica (Calif.). 1930 Prof. in Wien, 1931 in Prag, seit 1935 in Chicago. Seine Arbeiten zur logischen Syntax der Sprache, zur Semantik, zur Induktionslogik verfolgen das Programm einer am mathemat.-naturwissenschaftlichen Exaktheitsideal orientierten Philosophie, in der sich metaphysische Probleme als „Scheinprobleme" erledigen.

Cartesianismus, die Philosophie ↗Descartes' u. ihre Fortbildung bis zum ↗Okkasionalismus; insbes. Kennzeichnung für die hierin vollzogene u. geschichtlich weitreichende Trennung von mechanist. aufgefaßter Welt einerseits u. Seele, Bewußtsein, Geist andererseits, nachklingend noch in der unreflektierten Unterscheidung einer „Außenwelt" u. einer „Innenwelt".

Carus, *Carl Gustav,* Arzt u. Philosoph, *1789 Leipzig, †1869 Dresden. Von Goethe u. Schelling beeinflußt, verstand er den Kosmos als Organismus u. erklärte den Zusammenhang von Natur u. Geist durch eine unbewußte Intelligenz; wirkte unmittelbar auf Fichte, wurde neu bekannt durch Klages.

Cassirer, *Ernst,* *1874 Breslau, †1945 Princeton. 1919/33 Prof. in Hamburg, seit 1941 in USA. Einer der bedeutendsten Neukantianer. Aus der ↗Marburger Schule hervorgegangen, verbindet C. deren formale Betrachtungsweise mit echtem Sinn für die Geschichte. „Statt lediglich die allgemeinen Voraussetzungen des wissenschaftl. Erkennens der Welt zu untersuchen", will er „die verschiedenen [geschichtl.] Grundformen des Verstehens der Welt bestimmt gegeneinander abgrenzen": Symbolische Formen in den Grundausprägungen von Sprache, Mythos, Wissenschaft.

Causa (lat.), ↗Ursache, ↗Grund; *c. exemplaris* = Ur-Musterbild, Idee; *c. formalis* = Formursache; *c. materialis* = Materialursache; *c. efficiens* = Wirkursache (unterschieden nach *c. principalis* = Hauptursache u. *c. instrumentalis* = Werkzeug-, Mittel-Ursache); *c. finalis* = Zweck-, Endursache, Ziel; *c. prima* = schlechthinnige Ersturursache (Gott). – Bei Spinoza ist Gott *c. sui,* insofern sein Wesen seine Existenz notwendig u. unmittelbar impliziert.

Chiliasmus (von griech. chílioi, tausend), die sich auf die Geheime Offenbarung des Johannes (20, 4) stützende Erwartung eines „tausendjährigen Reichs", das zwischen der zweiten Wiederkehr Christi u. dem endgültigen Weltende liegt als ein Zeitalter der Gerechtigkeit. Im Mittelalter wiederholt aufgegriffen; von Kant als eine Anschauung bekämpft, die von den konkreten Aufgaben einer gerechten Zukunftsgestaltung innerhalb der Geschichte ablenkt.

Chorismos (griech.), bei Platon Bezeichnung für die Kluft zwischen geistiger Normwelt (kosmos noetos) u. sinnlicher Faktenwelt (kosmos aisthetos), zwischen der Idee als dem Ewigen u. wahrhaft Seienden (ontos on) u. ihrer vergänglichen, bloß abbildhaften Erscheinung als eines nicht im eigentl. Sinn Seienden (me on). Vgl. ↗Partizipation.

Christliche Philosophie, die vom lebensmäß. Einfluß u. geist. Klima der christl. Religion mitgeprägte u. im Verhältnis der Offenheit zur christl. Offenbarung stehende Philosophie. Nach Thomas von Aquin unterscheiden sich philos. Denken u. Philos. einerseits u. Glauben u. Theologie anderseits wesenhaft durch ihre verschiedenen Quellen: Philos. hat als einzige Quelle das „lumen naturale", das natürl. Licht der Vernunft, u. die von diesem Licht erleuchtete gesamtmenschl. Erfahrung. Glaube u. glaubensauslegende Theologie stützen sich aber primär auf das „lumen supranaturale", auf die gnadenhafte Selbsterschließung des lebendigen Gottes für uns in seiner nur im Glauben erfahrbaren Offenbarung. Daher können christliche Glaubensinhalte nicht als Voraussetzungen im Gedankenaufbau einer Philos. verwendet werden. Die Philos. kennt nur denkerisch erreichbare u. prüfbare Fundamente. In einem formal-methodolog. wie auch in einem positiv-inhaltl. Sinne gibt es keine ch. Ph. Sehr wohl aber gibt es eine solche 1) in einem *existentiellen,* 2) in einem *geschichtlichen* u. 3) in einem *negativ-inhaltlichen* Sinne.

1) Da das Denken als Lebensäußerung des Menschen aus der Einheit dieses Lebens nicht herausgelöst werden kann, steht es in unmittelbar gegenseitiger Durchdringung mit allen anderen Lebensvorgängen, wie den sittlichen Grundentscheidungen u. glaubensmäßigen Grunderfahrungen. Eine reine Isolierung des Denkvollzuges ist nur theoretisch, nicht auch praktisch möglich. Die ch. Ph. macht diese Einheit selbst zum Gegenstand ihrer philos. Reflexion.

2) Ein jedes Denken ist ein geschichtl. Ereignis; es ist daher als solches im Zeitalter des Christentums vom christl. Glauben als der geschichtl. Voraussetzung unseres heutigen Lebens mitgeformt. Indem Philos. Grundbegriffsforschung ist, muß sich Philosophieren im Abendlande positiv oder negativ zum Christentum stellen.

3) Jede Philos., die z. B. die Existenz oder eine Offenbarung Gottes für unmöglich erklärt, ist, weil sie sich im Widerspruch mit dem Christentum befindet, unchristlich. Ch. Ph. in diesem Sinne ist also jede Philos., die, ohne christl. Prämissen in ihr Denkgebäude aufgenommen zu haben, dennoch in einem Verhältnis natürlicher Vereinbarkeit mit den Inhalten des christl. Glaubens steht.

Die Geschichte der ch. Ph. setzt mit der Patristik ein (bes. Klemens von Alexandrien, Origenes, Augustinus), wo durch die Rezeption Platos ein harmon. Gesamtgebäude aus philos. u.

theolog. Denken zu errichten versucht wurde. Unter schärferer method. Scheidung beider Komponenten bei gleichzeitiger Rezeption des aristotel. Gesamtwerkes versuchten Albertus Magnus, Thomas von Aquin u. ihre Nachfolger im Hoch-Mittelalter dasselbe. Um einen harmon. Ausgleich christlicher Lebens- u. Glaubensgrundlagen einerseits u. rein denkerischen Philosophierens anderseits bemühen sich, von wenigen Ausnahmen abgesehen (z. B. Montaigne, Spinoza, Marx, Nietzsche), fast sämtliche abendländ. Philosophen der christl. Ära. Damit wollen sie in einem weitesten Sinne „christliche Philosophen" sein. Besond. ausgeprägt bei Descartes u. Leibniz, aber auch bei Kant u. Hegel, obwohl der Standpunkt der beiden letzteren mit bestimmten Grundinhalten des (kath. wie ev.) christl. Glaubens in Widerspruch gerät. Ch. Ph. ist an kein bestimmtes System u. Denkschema gebunden. Außerhalb der traditionellen Hauptströme der augustinisch-christl. u. der thomistisch-christl. Synthese stehen ausgesprochen christliche Denker wie Pascal, Kierkegaard, Newman, Gabriel Marcel, Maurice Blondel.

Chrysippos aus Soloi (Kilikien), griech. Philosoph vermutlich semitischer Herkunft, ca. 281/78–208/04 vC. Hörte in Athen zunächst in der ↗Akademie, übernahm dann die Leitung der ↗Stoa als Nachfolger des Kleantes. Er gab der stoischen Lehre durch dialektisch-logische Beweise vielfach eine neue Grundlage („Zweiter Gründer der Stoa"). Lehrte die periodische Weltverbrennung u. -erneuerung (Palingenesis, Apokatastasis).

Cicero, *Marcus Tullius*, röm. Politiker, Rhetor u. Schriftsteller, *106 vC., ermordet 43 vC. auf Befehl des M. Antonius. Gilt als größter Redner der Antike nach Demosthenes. Seine philos. Schriften weisen ihn nicht als originalen Denker, sondern als Eklektiker (bes. beeinflußt von Panaitios, Poseidonios) aus. Seine philosoph. Bedeutung liegt darin, daß er griechisches Denken an die röm. Welt vermittelte, eine breite Grundlage für die Entwicklung einer philos. Fachsprache schuf u. seine Werke (in der Auseinandersetzung zwischen heidnischer Antike u. christlicher Kirche) großen Einfluß u. a. auf Hieronymus, Ambrosius, Augustinus (C.s „Hortensius") erlangten. Durch den Humanismus wird C. zum klassischen Schulautor.

Cogito, ergo sum (lat. = ich denke, also bin ich), eigentlich als cogitare me cogitare die Identität des Denkens mit sich als seinem Gedachten, der erste unbedingt gewisse Grundsatz, den ↗ *Descartes* auf seinem Gang zum angezielten fundamentum inconcussum certitudinis entdeckt; seine absolute ↗ Gewißheit erhält dieser aber erst als ein Moment im Gesamtzusammenhang aller Grundsätze. Er stellt zugleich die Wahrheits- = Gewißheitskriterien, nämlich Klarheit u. Deutlichkeit (claritas et distinctio) für die Prüfung jedes weiteren Satzes bereit. Er selbst bleibt in der Immanenz des Bewußtseins, ist allein Aussage über das Denken u. Gedachtsein, nicht über Sein. Als Modell für mögliche Gewißheit richtiger Übereinstimmung zwischen Denken u. seinem Gedachten leitet er die Wendung des neuzeitl. Philosophierens zum Sein als ↗ Bewußtsein ein, wenngleich er selbst allein als Faktum aufgewiesen ist, ohne transzendentale Begründung. Die unmittelbare Selbstgewißheit wurde in neuerer Zeit wieder grundlegend für die Phänomenologie Husserls.

Cohen, *Hermann,* *1842 Coswig (Anhalt), †1918 Berlin. Gründer der ↗ Marburger Schule des Neukantianismus. Einziger Sinn der Philosophie ist für C. die Untersuchung der transzendentalen Grundlagen des reinen Bewußtseins als eines log., sittl. u. ästhet. Bewußtseins. In seiner letzten Zeit war C. auf dem Weg, den Neukantianismus durch die Rückbesinnung auf die Religion des Judentums zu überwinden.

Coincidentia oppositorum (lat., Zusammenfall der Entgegensetzungen), nach Nikolaus von Cues Grundcharakter der Wahrheit, wie diese als unendliche Einheit alles vielfältig Endlichen sich dem endlichen Geist offenbart, wenn er gegenüber dem Unbedingten u. Grenzenlosen sich selbst als bedingt u. begrenzt erkennt (↗ Docta ignorantia).
Das menschliche Erkennen geschieht als fortlaufendes Vergleichen von Unterschiedenem, von einem jeweils begrenzten Mehr u. Weniger. Das Größte, absolut gedacht, fällt, da es als Absolutes kein Außerhalb haben kann, mit seinem Gegensatz, dem absolut Kleinsten, in eine unbegreifliche Einheit zusammen, ohne daß freilich in dieser die Gegensätze monistisch vernichtet od. dialektisch vereinigt wären. *Die* Wahrheit ist für das endliche menschliche Erkennen nicht *als* solche selbst erkennbar, sondern nur erschaubar am endlichen Begriff als das von ihm unterschiedene Unbegreifbare. Bei Nicolaus von Cues bleibt deshalb die

Differenz von Gott u. Welt gewahrt, während G. Bruno die c. o. pantheistisch, Hegel sie dialektisch deutet.

Common sense ↗Schottische Schule.

Comte, *Auguste,* französ. Philosoph u. Soziologe, *1798 Montpellier, †1857 Paris. Geht aus von der von ihm so benannten „Soziologie", die als exakte Wissenschaft die Gesetze der menschl. Gesellschaft erforsche. Sie bildet den Abschluß in der Entwicklung u. Ordnung der Wissenschaften. Der für den ↗Positivismus typische Fortschrittsglaube ist grundgelegt in C.s Lehre von den 3 Stadien der Menschheitsentwicklung, dem theolog., metaphys. u. positiv-wissenschaftlichen. Grundthese seiner pragmatist. Erkenntnistheorie: Savoir pour prévoir, prévoir pour prévenir („Wissen, um vorauszusehen; vorauszusehen, um zuvorzukommen").

Condillac, *Étienne Bonnot de,* französ. Philosoph, *1715 Grenoble, †1780 bei Beaugency; entwickelte im Anschluß an Locke einen radikalen Sensualismus.

Condorcet, *Antoine* Marquis de, französ. Philosoph, Mathematiker, Politiker, *1743 Ribémont, †1794 Paris (als Girondist im Gefängnis). Mitarbeiter an Diderots Enzyklopädie. Geschichte ist unbegrenzter Fortschritt mit dem Ziel der Gleichstellung aller Menschen.

Croce, *Benedetto,* italien. Philosoph, Kritiker, Historiker u. Politiker, *1866 Pescasseroli, †1952 Neapel. C. gilt, mehr noch als ↗Gentile, als Begründer u. hervorragendster Vertreter der neuidealist. Philosophie in Italien. Seine „Philos. des Geistes" fußt auf der Hegelschen Dialektik, ist aber auch von positivist. Lehren u. ebenso vom Historismus Vicos stark beeinflußt.
Als Ursprung u. Wesen aller Wirklichkeit betrachtet C. die Einheit des Geistes. Innerhalb dieser unterscheidet er eine theoret. (ästhet.-intuitive u. logisch-begriffliche) u. eine praktische (ökonomische u. moralische) Geistestätigkeit. *Metaphysik* ist für ihn unmöglich, weil der Mensch keine unmittelbare geistige, sondern nur sinnl.-intuitive Anschauungen der Dinge besitzt, zw. denen der Verstand lediglich diskursiv Beziehungen setzt. Die *Religion* verliert an Sinn u. Anliegen, weil C. den Menschen u. alles Seiende als Zustände u. Phasen des absoluten Geistes selber betrachtet.

D

Dasein (Chr. Wolffs Übers. von lat. *existentia*) besagt in der *scholast. Philos.* wirkliches Vorhandensein im Gegensatz zu bloßem Gedachtsein. D. (Existenz als Aktualität) u. Sosein (Essenz als Realität) sind im endlichen kontingenten Seienden „real" verschieden, denn jedes Etwas (Sosein) bedarf zu seiner Existenz (D.) noch des D.s-Grundes (vgl. ↗Akt).
Bei *Kant* wird D. zu einer Kategorie der Modalität u. besagt nicht eine zum Begriff eines Dinges hinzukommende weitere Bestimmung („kein reales Prädikat"), sondern lediglich die Setzung eben dieses Dinges in einer Verstandeshandlung, welche allerdings sinnliche Anschauung, Affektion voraussetzt.
In *Heideggers* Philosophie (ähnlich in der Existenzphilosophie überhaupt) bezeichnet D. den Menschen, insofern dieser jenes ausgezeichnete Seiende ist, das Seinsverständnis u. Verständnis seiner selbst, seines Seins, seines „Da" besitzt. Das „Wesen" des D. liegt in seiner ↗Existenz.

Deduktion (griech. *apagogé*, Herbeiführung), Ableitung eines Besondern aus einem es übergreifenden ↗Allgemeinen, Erkenntnis des Besonderen aus einem allg. Gesetz (Gegensatz ↗Induktion). Die D. erhellt allein notwendig-logische Bezüge (unterliegt nur dem Satz vom ↗Widerspruch), sie ist so nicht Gewinnung grundsätzlich neuer, sondern die Ausfaltung schon bestehender Erkenntnis. Ihre logische Form ist der ↗Syllogismus. – Kant unterscheidet zwischen transzendentaler D., welche zeigt, wie ein reiner Begriff sich a priori auf Gegenstände beziehen kann, u. der empirischen D., welche verdeutlicht, wie ein Begriff durch Erfahrung u. Reflexion auf Gegenstände erworben wurde.

Definition (lat., Begrenzung, Bestimmung), vollständige u. eindeutige Bestimmung eines Wortes oder Begriffs u. damit Sachverhalts durch Angabe aller, aber auch nur der notwendigen Merkmale u. deren Ordnung. In der D. geschieht eine Rückführung des noch unbekannten *definiendum* auf das bekannte *definiens*, d. h. seine Ortsfeststellung innerhalb der es übergreifenden allgemeinen Gattung, der umfassenderen Merkmalseinheit, des weiteren Wortbedeutungsfeldes, u. zwar durch Angabe des kennzeichnenden Unterschieds („definitio fit per genus proximum et differentia specifica"). – Grundsätzlich zu unterscheiden sind demnach *Nominal-D.* als Bedeutungsfestlegung neueingeführter Zeichen nach Maßgabe optimaler Verwendbarkeit im Operationszusammenhang eines Axiomensystems (wobei eine Nominal-D. durch jede andere ersetzbar ist, die diesen Kriterien genügt) u. die *Real-D.* eines ↗Begriffs bzw. Sachverhalts im Hinblick auf das ihn bestimmende ↗Wesen. – Da jede D. einen weiteren Bedeutungs-, Merkmals- u. Seinsbereich voraussetzt, der selbst definiert werden sollte, führt diese Reihe der D.en schließlich auf nicht mehr definierbare Grundworte, Grundbegriffe u. Grundsachverhalte. Anstelle der D. tritt hier der explikative Aufweis der Vorausgesetztheit.

Deismus (v. lat. *deus* = Gott), ein Gottesglaube, der am Dasein eines persönlichen übernatürl. Gottes festhält, im Gegensatz zum Theismus aber einen Gott annimmt, der zwar die Natur mit ihren Gesetzen erschuf, aber keinen weiteren Einfluß in Natur u. Geschichte auf das Weltgeschehen ausübt, vor allem sich nicht übernatürlich offenbart.
Geschichtlich ist der D. die Vernunftreligion der ↗Aufklärung, die im 17. Jh. von Engl. ausgeht u. bald auf Frankr. übergreift, wo der D. zum Materialismus u. Atheismus führt; erst um die Mitte des 18. Jh. in Deutschland. – Hauptvertreter in Engl.: Herbert von Cherbury; die „Freidenker" Toland, Collins, Tindal, Bolingbroke. Frankr.: Voltaire u. die Enzyklopädisten. In Deutschland: Reimarus, Lessing, Mendelssohn.

Demiurg (griech., Werkmeister), bei *Platon* der göttl. Weltbildner, der, hinblickend auf die ewigen Ideen, den chaotischen Raum zum Kosmos formt. *Plotin* identifiziert den D. mit der ↗Weltseele. Die *Gnostiker* verstanden ihn als den vom höchsten Gott verschiedenen Schöpfer der Sinnenwelt (↗Gnosis). – ↗Schöpfung.

Demokrit, griech. Philosoph der ↗Vorsokratik, um 460–370 vC in Abdera (Thrakien). Ahnherr des ↗Atomismus u. einer der ersten großen Ethiker. Die Atome (von griech. a-tomos = unteilbar) sind die kleinsten materiellen Bausteine der Wirklichkeit. Zwischen den Atomen befindet sich der leere Raum („in Wahrheit gibt es nur Atome u. Leeres"). Auch die Seele besteht aus (besonders feinen) Atomen; die Ausflüsse u. Abbildungen der Dinge, die durch die Sinne in die Seele dringen, bewirken dort mechanische Bewegungen, die als Wahrnehmen, Denken, Empfinden bezeichnet werden. Wegen dieser mechan.-kausalen Erklärung u. der Zurückführung jeder Wirklichkeit auf die materiellen Atome gilt D. auch als Vater des Materialismus. – Seine Ethik ist eudaimonistisch (↗Eudämonismus): höchstes Glück sind nicht Sinnenlust u. Besitz, sondern durch Mäßigkeit in philos. Betrachtung erworbene heitere Ausgeglichenheit. Deshalb auch der „lachende Philosoph" genannt.

Denken, die dem Menschen allein eigene Fähigkeit, sich über die bloße Sinnfälligkeit von Augenblicks- u. Einzelwahrnehmungen zu erheben zu einer geistigen Vergegenwärtigung übergreifender Ordnungsbeziehungen, welche die Einzelwahrnehmungen leiten u. zur ↗Erfahrung der Wirklichkeit zusammenfügen. Das D. steht dabei nicht eigentlich im Gegensatz zur Sinneserfassung, sondern wird auf einer völlig neuen Ebene konstituiert, der des ↗Geistes.

Gleichwohl wird jedes D. anfänglich ausgelöst (nicht begründet u. getragen) von Sinneseindrücken u. bleibt grundsätzlich stets auf sinnliche Vorstellungen bezogen, indessen der Denkvorgang selbst in nicht anschaubarer Weise geschieht. Die Tätigkeit des D. am sinnl. Gegebenen ist dessen gegenständl. Erfassung (Objektion) *als* dieses oder jenes, d. h. Unterscheidung u. Vergleichung (Komparation) u. damit Einordnung des Einzelnen in die übergreifende, in der ↗Reflexion in den Blick genommene, Einheit des ↗Wesens, wobei das D. den ↗Begriff ausbildet. Der begriffsbildende Vorgang der ↗Abstraktion des Allgemeinen wird durch eine dem D. eigentümliche unableitbare Aktivität geleistet, kraft deren es spontan auf die Dinge ausgreift u. sich diese gegenüberstellt. Die Distanz dieses Gegenüber kennzeichnet im Menschen die ↗Freiheit u. sichert ihm die Würde der Selbstbestimmung.

Das Fortschreiten der Denkbewegung innerhalb eines begründeten Zusammenhangs (↗Erkenntnis) ist Verstandestätigkeit im engeren Sinn u. heißt diskursives D. Es ist streng an die Regeln der ↗Logik, die seine eigene Gesetzmäßigkeit sind, gebunden u. hat seine ausgezeichnete Realisierung in der ↗Wissenschaft. Hier bleibt die denkerische Bewältigung des Wesens der Wirklichkeit immer unendliche Aufgabe, da die ↗Definition, die eindeutige begriffl. Bestimmung eines Sachverhaltes, nie die Totalität der Wahrheit erreicht. Den Ort ihrer Wahrheit können die Einzelwissenschaften nur von der Philosophie her erfahren. Die ↗Metaphysik ihrerseits bedenkt das Seiende als solches, d. h. in seinem Sein. Sie überwindet damit den Einwand des Kritizismus, das D. sei nur subjektiv-immanent, vom „Objekt" durch die unüberbrückbare Kluft der dinghaften (ontischen) Differenz getrennt. Subjekt u. Objekt stehen vielmehr in der sie umgreifenden Wahrheit des einen Seins u. sind darin (ontologisch) identisch. Das Seinsverhältnis ist daher das ursprüngl. Licht, in dem alles D. sich bewegt, auf Grund dessen der Mensch allererst denken kann.

Ist ständige ↗Transzendenz (als Überstieg über das Einzelbestimmte) somit die Wurzel des metaphysisch bestimmten D.s, so muß die Hinwendung zum ausschließl. Bedenken dieser Transzendenz D. im wesentlichsten Sinn sein. Darin versenkt sich das D. in den Grund seiner eigenen Möglichkeit, der zugleich Grund ist von allem, was ist.

Die neuere Philosophie insbes. seit M. Heidegger deutet dies als eine Bemächtigung des Grundes u. der Dinge u. versucht dagegen, einem D. Bahn zu brechen, das nicht mehr absolutes Begreifen total begreifbarer Wirklichkeit sein will, sondern entgegennehmendes „An-D." oder (z. B. bei Th. W. Adorno) ein Denken, das „mit dem Begriff über den Begriff" hinausgeht, u. statt die Dinge mit sich zu identifizieren, sich ihnen „anschmiegt". Darin soll der Mensch auch nicht mehr allein von seinem denkenden Weltverhältnis her als animal rationale ausgelegt werden, sondern von seinem Freiheitsverhältnis her, indem er sein Sein (u. damit das Sein, die Welt) zu übernehmen hat.

Descartes, *René* (lat. *Cartesius*), französ. Philosoph u. Mathematiker, * 1596 La Haye (Touraine), † 1650 Stockholm. Ausgangspunkt der Philosophie des D. ist die Suche nach einer eindeutig gesicherten Grundlage menschlicher Erkenntnisse, nach der Gewißheit im Erkennen vor allem um der naturwissenschaftlichen Forschung willen. Diese findet D. durch seine Methode des ↗Zweifels an allem bis auf die unumstößl. Selbstgewißheit im Vollzug des Denkens (↗*Cogito, ergo sum*). Entsprechend werden „Klarheit" u. „Deutlichkeit" als Gewißheitskriterien der Wahrheit angesetzt. Alle unmittelbar (a priori) gegebenen geist. Inhalte, die sog. ↗„angeborenen Ideen", bes. die Gottesidee und die mathematischen Grundsätze, müssen deshalb wahr sein,

d. h. seinsmäßige Wirklichkeit haben. So findet sich bei D. der ontolog. ↗Gottesbeweis neben einer einseitigen Auffassung von der mathematisch-quantitativen Struktur des Seins. Letztere begründet seine mechanist.-rationalistische Naturauffassung, die alle eigenständigen Qualitäten auf ↗Ausdehnungs-Verhältnisse zurückführt, seine vom Dinghaften ausgehende Unterscheidung zwischen Körper *(res extensa)* u. Geist *(res cogitans)*, welche beziehungslos nebeneinanderstehen (↗Dualismus).

Obgleich D. die überlieferte Philosophie nicht revolutionieren, sondern ihr eine unerschütterliche Basis geben wollte, wurde er zum Wendepunkt u. Initiator des neuzeitlichen Denkens. Auf D. geht die Gewißheits- u. Methodenproblematik in den neuzeitl. ↗Erkenntnistheorien zurück; seit D. gibt es den Vorrang des psychologisch betrachteten „Subjekts" (vgl. ↗Bewußtsein) vor dem „Objekt"; vom Einfluß der Cartesischen Philosophie her ging die Herrschaft der techn.-naturwissenschaftl. Weltanschauung aus.

Deskription (lat.), ↗Beschreibung.

Destutt de Tracy, *Antoine Lois Claude,* französ. Politiker u. philos. Schriftsteller, * 1754 Paris, † 1836 Paray-le-Frésil. Vertreter des Sensualismus im Anschluß an É. B. de Condillac. Prägte den Begriff „Ideologie" für eine allen Wissenschaften zugrundeliegende Basisphilosophie.

Determinismus (lat.), allg. die durchgängige gesetzmäßige Bestimmtheit aller Wirklichkeit; insbes. die Lehre, daß die menschlichen Willensbewegungen in ihrer Zielrichtung stets durch äußere oder innere Ursachen notwendig vorbestimmt (determiniert) seien, so daß es ↗Freiheit nicht geben könne. ↗Wille.

Deutscher Idealismus ↗Idealismus.

Dewey, *John,* amerikan. Philosoph u. Pädagoge, * 1859 Burlington (Vermont), † 1952 New York. Auf der Grundlage des philos. ↗Pragmatismus suchte D. den Lebenskreis des Individuums, der alles umschließt, was für den Einzelnen nützlich ist, u. den der Gesellschaft, die als Organismus der zweckvollen Lebensgestaltung des Individuums *und* des übergeordneten Ganzen (Demokratie) dient, zur Deckung zu bringen. ↗Instrumentalismus.

Dialektik (von griech. *dialektikê*), wörtl.: Unterredungskunst, die als solche bereits in der Antike in den Dienst der Philosophie gestellt wurde. Bei *Sokrates* u. *Platon* ist D. das Verfahren, durch Rede u. Widerspruch das Wesen der Dinge schrittweise zu erhellen, um dadurch ihren Ort im *Logos* eindeutig zu bestimmen: den reinen Begriff des Seienden, seine „Idee", der im platon. Idealismus allein wahres Sein zukommt. Zugleich will die D. den durchgehenden *Begründungszusammenhang* der einzelnen Seinsstufen mit den jeweils übergeordneten allgemeineren Stufen zurückverfolgen, bis hinauf zum höchsten u. allerwirklichsten Sein, das selber keines Grundes mehr bedarf.

Daher ist D. die zwischen Sinnlichkeit (als dem Präsenthaben der Dinge) u. Vernunft (als der Teilhabe am Logos) hin- u. herlaufende Klärung des Wesens der Dinge durch den Verstand (Dianoia). So ist die Methode der D. bei Platon nicht nur, wie in den philos. Schuldisputationen des Mittelalters, allg. Logik der Vernunftschlüsse, sondern log. Nachvollzug einer ontologisch vorgegebenen Wirklichkeitsordnung.

Von hier aus liegt es nahe, die Wirklichkeit selbst als dialektische Bewegung von Begriffen (Ideen = Seinsweisen) aufzufassen, wie es in ↗ *Hegels* D. geschieht, in welcher der Idealismus Höhepunkt u. Abschluß findet. Nach der Hegelschen D. treibt jede Begriffssetzung *(Thesis)* aus sich ihren Gegensatz *(Antithesis)* hervor; beide werden aufgehoben in einem höheren, allgemeineren Begriff *(Synthesis)*. D. ist so bei Hegel der Weg des Geistes, dessen sich selbst entäußernde Auskehr in die durch ihn wirkliche Welt u. Einkehr in seine eigene Tiefe u. Fülle. Dem entspricht der Werdegang der Geschichte, deren Epochen sich im dialekt. Dreischritt weiterentwickeln (Triade). *Marx* hat dieses Prinzip der Hegelschen D. auf die kapitalist. Gesellschaftsordnung angewandt u. damit den dialekt. Materialismus begründet. Gegenüber jeder prinzipiell auf eine letzte Identität von Gegensätzen hinauslaufende u. insofern positive u. geschlossene Grundfigur dialekt. Bewegung (bes. bei Hegel) vertritt *Adorno* eine offene, unabschließbare, „negative D." – Für *Kant* ist die D. eine „Logik des Scheins"; er sieht nur die logisch-formale Seite der D., die nichts über den materialen Gehalt der Dinge auszusagen vermag. In seiner *„transzendentalen D."* will Kant die unversöhnl. Widersprüche aufzeigen, in die sich die menschl. Vernunft verfängt, wenn sie ihren Grundsatz der unbedingten Einheit auf das Gebiet der Erfahrungen anwendet.

Dialektischer Materialismus ↗ Materialismus.

Dialog (griech.), Wechselrede. Die Darstellung philos. Gedanken in Gesprächsform ist alt; das erste zusammenhängend überlieferte philos. Werk, das sokrat.-platonische, hat die Form von D.en. Im Anschluß daran immer wieder als literarische Form gewählt, z. B. von Heidegger (in „Gelassenheit", 1959). Bezüglich der platonischen D.e wird gewöhnlich betont, daß ihre Form nicht zufällig sei, sondern notwendig aus der Art platonischen Philosophierens folge. – Vgl. auch ↗ Dialogische Philosophie.

Dialogische Philosophie, „Dialogik", eine philos. Richtung des 20. Jh., die (in Abkehr insbes. vom damals herrschenden Neukantianismus u. gegen das ihrer Meinung nach den Menschen verdinglichende Intentionalitätsschema) das Verhältnis von Mensch zu Mitmensch u. Welt in dem sich in der gesprochenen Sprache (Dialog) äußernden primären Bezug zum Anderen gegründet sah. Die Erfahrung des Andern, der mich anspricht, ist die früheste u. fundamentale Erfahrung. Die Hauptwerke der d. Ph. entstanden im wesentlichen unabhängig voneinander in dem noch nicht einmal ein Jahrzehnt umfassenden Zeitraum v. 1917–1923 (H. Cohen, Religion der Vernunft aus den Quellen des Judentums, 1919; F. Rosenzweig, Stern der Erlösung, 1921; F. Ebner, Das Wort u. die geistigen Realitäten, 1921; M. Buber, Ich u. Du, 1923). Diesen Denkern der „Dialogik" ist in je eigener Weise ein stark religiöser Zug inne: das mitmenschliche Du wird fundierend überschritten hin auf das „ewige Du" (Buber). Vorläufer der d. Ph. waren im 19. Jh. Jacobi u. Feuerbach.

Dianoëtik (griech.), Lehre vom Denken, bes. vom Urteil. Vgl. ↗ Logik.

Dianoëtische Tugenden, bei Aristoteles u. in der Scholastik die Vollkommenheiten, die der Mensch als denkendes Wesen in bezug auf die Erfassung der Wahrheit erwerben kann: Wissen(schaft) (episteme); Kunst, Können (techne); Klugheit, Einsicht (phronesis); Verständigkeit (synesis); Wohlberatenheit (eubulia); Weisheit (sophia), im Unterschied zu den ethischen Tugenden, den Vollkommenheiten bezüglich der ordnenden Herrschaft des sittlichen Willens.

Diderot, *Denis,* französ. Schriftsteller u. Philosoph, * 1713 Langres, † 1784 Paris. Kam vom Deismus zum Naturalismus, Materialismus u. Atheismus der radikalen französ. Aufklärer, als deren Hauptvertreter er gilt. Organisator u. Verf. zahlreicher Beiträge der Encyclopédie (↗ Enzyklopädisten).

Dilthey, *Wilhelm,* * 1833 Biebrich a. Rh., † 1911 Seis am Schlern (Tirol). Prof. in Basel, Kiel, Breslau, Berlin. D.s Psychologie richtet sich nicht mehr am allg. Schema der naturwiss. Methode aus, sondern will „beschreibend" der Vielfalt seel. Lebens mit seinen Eigentümlichkeiten angemessen sein. Sein Zentralbegriff des ↗ Verstehens will die ganzheitl. Struktur des Menschen in ihrer jeweil. Individualität erfassen (↗ Hermeneutik). Von den Einsichten der Psychologie her öffnet sich der Zugang zum rechten Verständnis der *Geschichte.* Diese darf sowenig wie der Mensch mit naturwiss. Kategorien betrachtet werden. Wie es verschiedenartige Ganzheitsstrukturen der menschl. Seele gibt, so gibt es in der Geschichte der ↗ Geisteswissenschaften weltanschaul. Typen, die das Antlitz einer geschichtl. Epoche tragen, ihr gesamtes Lebensgefühl bestimmen, die Gestalt der Religionen, der staatl. Verfassungen u. Kulturen formen. Das *Leben* ist der eine gemeinsame Grund, der in der Geschichte in mannigfachem Ausdruck erscheint (↗ Lebensphilosophie). Die Methode der geistesgeschichtl. Forschung beruht auf Vergleichung, nicht auf objektiver Wertung mittels gültiger Normen. Erziehungsziele u. ethische Grundsätze sind geschichtlich bedingt (↗ Historismus). Eine Metaphysik lehnt. D. im Anschluß an Kant ab. – D.s Philosophie wirkte stark nach. Zu seinen Schülern zählen E. Spranger, M. Frischeisen-Köhler, Th. Litt, H. Nohl, G. Misch. In der Thematik der Geschichtlichkeit zeigen sich die Fortwirkungen D.s insbes. bei Heidegger („Sein u. Zeit") u. Gadamer („Wahrheit u. Methode").

Ding, bezeichnet zunächst ein sinnlich antreffbares Einzelwirkliches; dann auch, bes. im Plural, einen sachlichen Zusammenhang. Dem entspricht die sprachliche Verwandtschaft von „D." mit „Denken" (D. = das, woran man denkt; lat. = res von reri, über etwas urteilen). Das denkende Wesen selbst jedoch kann nur im uneigentlichen Sinne D. genannt werden.
In der Geschichte der abendländ. Philosophie lassen sich drei Grundbestimmungsweisen von D. unterscheiden, die allesamt im Hinblick auf das sinnenfällige, vor uns liegende Einzelding

gewonnen sind: 1. das D. ist der Träger (↗Substanz) von Eigenschaften (↗Akzidens); 2. das D. ist das der Sinnlichkeit in Empfindungen Vernehmbare, die Einheit einer Mannigfaltigkeit von Empfindungen; 3. das D. – u. das ist der vorherrschende D.-Begriff – ist die Einheit von Materie u. Form, ist geformter Stoff (↗Hylemorphismus).

Als in Wahrnehmung *und* Denken Vergegenwärtigtes, Vorgestelltes heißt das D. ↗Gegenstand. *Kant* unterscheidet den durch subjektive Erkenntnisformen bestimmten Gegenstand vom D. an sich, d. h. von dem (als „Grund der Erscheinungen" fungierenden) Seienden, wie es außerhalb u. unabhängig von unserer Anschauungsweise an ihm selbst beschaffen ist. Als solches ist es für uns zwar denkbar, nicht aber inhaltlich erkennbar. Es ist somit nur ein einschränkender „Grenzbegriff", der zur Abhebung unserer stets sinnlich bedingten Gegenstandserkenntnis von einer rein geistigen, auf „intellektuelle Anschauung" sich stützenden Erkenntnis der D.e an ihnen selbst dient. Daher nennt Kant das D. an sich auch „Nooumenon" (= Gedankending) im Gegensatz zum „Phänomenon" (= Sinnending, ↗Erscheinung). Beim frühen *Heidegger* ist gegenüber der „Vorhandenheit" der bloßen D.e als des innerweltlichen Vorhandenen die „Zuhandenheit" des „Zeugs" als des im besorgenden Umgang begegnenden Seienden die ursprünglichere Seinsart. Später meint Heidegger mit „D." das Seiende, sofern es in der Welt als Welt steht u. deren wesenhafte Bezüge in sich versammelt.

Diogenes von Sinope, genannt „der Hund", griech. Philosoph aus der athen. Schule der ↗Kyniker, um 412–323 vC. Schüler des Antisthenes. D. forderte Frauen- u. Kindergemeinschaft; das (auf Sokrates zurückgehende) kynische Ideal der Bedürfnislosigkeit übersteigerte D. derart, daß er, alle Moral u. Konvention als künstlich mißachtend, zum Urbild kynischer Schamlosigkeit wird (daher der heutige Sinn von „Zynismus"). D. ist der „Philosoph in der Tonne".

Diogenes Laertios, griech. Schriftsteller, schrieb um 220 nC. 10 Bücher über „Leben, Lehre u. Aussprüche berühmter Philosophen", in denen er Überliefertes unkritisch sammelte. Mangels besserer Quellen eine der wichtigsten Materialsammlungen zur Geschichte der alten Philosophie.

diskursiv ist die Tätigkeit des menschlichen Verstandes in ↗Begriff, ↗Urteil u. ↗Schluß u. zugleich Signum seiner Endlichkeit, weil er nicht, wie das göttliche Denken, alles zugleich gegenwärtig hat (↗intellectus archetypus), sondern von dem einen Inhalt zum anderen übergehen muß u. ein Ganzes nur im Durchlaufen der Teile deutlich erfassen kann. Gegensatz intuitiv (↗Intuition).

Docta ignorantia (lat., die [über sich selbst] belehrte Unwissenheit), das wissende Nichtwissen oder das Wissen um das Nichtwissenkönnen, nämlich hinsichtlich der Wahrheit im Ganzen, bes. des eigentl. Wesens Gottes. Der Ausdruck findet sich teils wörtlich, teils dem Sinn nach bereits bei Augustinus, Pseudo-Dionysius u. Bonaventura. Bei Nikolaus von Cues bezeichnet d. i. das Wesen des seiner Endlichkeit bewußten u. sich deshalb bescheidenden menschlichen Erkennens angesichts der unbegreifbaren göttl. Wahrheit als der ↗coincidentia oppositorum.

Doppelte Wahrheit, die vor allem im Averroismus u. Nominalismus vertretene Lehre, daß eine philos. Erkenntniswahrheit mit einer theolog. Offenbarungswahrheit in Widerspruch stehen könne, obwohl beide „wahr" seien.

Driesch, *Hans,* Naturphilosoph u. Morphologe, * 1867 Kreuznach, † 1941 Leipzig. Prof. in Köln u. Leipzig. Ursprüngl. Zoologe, Schüler Haeckels. Versuchte, den mechanist. Standpunkt seines Lehrers zu überwinden u. die ganzheitliche Formkraft u. Zielstrebigkeit des *Lebens* herauszustellen (↗Vitalismus).

Dualismus (von lat. *dualis* = auf 2 [gegensätzl. Dinge] zielend), die Lehre, nach welcher die Wirklichkeit aus 2 einander entgegengesetzten Seinsbereichen besteht, z. B. aus Geist u. Stoff, Freiheit u. Naturnotwendigkeit, Gut u. Böse. Der *extreme* D. stellt diese Gegensätze gänzlich unverbunden nebeneinander. Folgerichtig muß er diese Doppelung auch in den Ursprung der Wirklichkeit hineintragen u. 2 völlig verschiedene Seinsgründe von gleicher Ursprünglichkeit annehmen, die sich gegenseitig beschränken, oft auch feindlich gegenüberstehen; so *religionsgeschichtlich* bes. in der ↗Gnosis (Lichtseele u. Körper) u. im Zoroastrismus (mit Einschränkung). Ebenso im Manichäismus (das [gute] Licht und die [böse] Finsternis). Unter solchem Einfluß behauptet der ↗Platonismus die ewige Materie neben dem göttl. ↗Demiurgen. – Als D. im weniger strengen, *allgemeinen* Sinne bezeichnet man jedes philos. System, das im Gegensatz zum strengen ↗Monismus an den Grundunterscheidungen von Seiendem u. Sein, Sinnlichkeit u. Geist, Materie u. Form, Potenz u. Akt usw. festhält, nicht aber deren unversöhnbare Gegensätzlichkeit behauptet. In diesem Sinn läßt sich jede Gestalt der abendländ. Metaphysik seit Platon als (auf einem prinzipiellen Monismus beruhender hierarchischer) D. kennzeichnen. – In jedem D. drängt, insbes. dann, wenn nicht von vornherein schon das eine der beiden Prinzipien offenbar als Derivat (u. damit als Depravationsform) des ihm übergeordneten anderen, sondern jedes in Eigenständigkeit gefaßt ist, das Problem einer möglichen Vermittlung beider Prinzipien u. Bereiche in den Vordergrund.

Duns Skotus, *Johannes,* berühmter Philosoph u. Theologe der Scholastik, *Doctor subtilis* gen., * um 1266 in Schottland, † 1308 Köln. Franziskaner, lehrte in Oxford, Cambridge, Paris u. Köln. Trat durch seine scharfsinn. Kritik an der Philosophie des Thomas von Aquin, des Aristoteles u. der arab. Aristoteleskommentatoren hervor. Seine Lehre, die auf dem Augustinismus aufbaute, begründete die jüngere Franziskanerschule der Skotisten.
Den Skotismus kennzeichnet Einschränkung des philos. beweisbaren Wissens zugunsten des Glaubens. Der Wille, dessen Freiheit bes. betont wird, hat den Vorrang gegenüber dem Verstand (↗Voluntarismus): er entscheidet über das Verhältnis zum höchsten Gut, ist somit Prinzip der Glückseligkeit. – Nach skotist. Erkenntnislehre kommt jedem Einzelding eine individuelle Form zu *(haecceitas),* die als solche unmittelbar erkannt wird. Diese, nicht wie im Thomismus die unerkennbare Materie, ist der Grund der Vereinzelung (Individuationsprinzip). Zwischen „haecceitas" u. „Allgemeinnatur" besteht ein nur formaler Unterschied. – Gegenüber der thomist. Seinsanalogie vertritt D. S. eine Univozität (Gleich-Inhaltlichkeit) des Seinsbegriffs, ohne die Unterschiede des Wesens aufheben zu wollen. Über die skotistische Schule im engeren Sinn hinaus (Petrus von Aquila, Johannes von Ripa u. a.) war D. S. von Einfluß insbes. auf Wilhelm von Ockham.

dynamis (griech., Kraft), Möglichkeit, Vermögen (lat. = potentia, Potenz); aristotel. Gegenbegriff zu ↗energeia.

Dynamismus (von griech. *dýnamis* = Kraft), eine Lehre, nach der, dem ↗Aktualismus verwandt, die gesamte Wirklichkeit ein Spiel von Kräften darstellt; so etwa bei Leibniz u. in der Lebensphilosophie (Bergson).

E

Ebner, *Ferdinand,* österr. Kulturphilosoph, * 1882 Wiener Neustadt, † 1931 Gablitz. Überwindet die Ich-Verschlossenheit, indem er die Existenz des Menschen im Verhältnis vom „Ich" zum „Du" gegründet sieht. Die Einheit dieses Verhältnisses ist das Wort, die Sprache; seine höchste Erfüllung die einigende Beziehung auf das Du Gottes. ↗ Dialogische Philosophie. – Bedeutender Mitarbeiter an der Zeitschr. „Der Brenner" (1920/32).

Eck(e)hart, Eckart, oft *Meister E.,* der größte myst. Denker des christl. Mittelalters, Dominikaner, * um 1260 Hochheim b. Erfurt oder Gotha, † etwa 1328, vor Prozeßende, in Köln. In E. begegnet uns eine der ursprünglichsten Gotteserfahrungen so, daß dieses persönl. *Leben* zugleich seinen Ausdruck in einer höchsten Form dialektischen *Denkens* findet. Dieses nährt sich einerseits aus dem großen Strom augustinisch-neuplatonischer Überlieferung, anderseits aus zentralen Gedanken der großen Dominikaner des 13. Jh., Alberts d. Gr. u. Thomas' von Aquin vor allem. Als Denken des Gelebten dient es wiederum dem Leben u. findet darum seine leuchtendste Gestalt in den Predigten E.s, die von Gewalt u. Prägekraft seiner Sprache zeugen. So ist er Mystiker, Denker u. Prediger in einem.

Der Mensch soll nach E. aller Dinge ledig werden. Er soll weder im Wissen noch im Wollen u. Tun auf sich bestehen u. sich suchen. In der vollen Abgeschiedenheit wird er eins u. einstimmig mit der Wahrheit, in der unantastbar ist, was ist, u. eins mit der Ewigen Wahrheit, mit Gott. Die Einheit ist eine Einheit des *Vollzuges,* nicht der *Substanz,* gleich der Einheit, in der das Sehen des Auges eins ist mit dem Aufscheinen des Gesehenen. Sie wird vielfältig beschrieben: Die Seele tritt in ihren ewigen *Grund* (Seelengrund); *Gott wird geboren in ihr,* wie das sich Erbildende im Bilde aufgeht; die *Seele selbst* wird als *Sohn Gottes* geboren, da Gottes Leben ihr Leben wird; ja Gott wird auch *aus* der Seele geboren: wie die Güte des Gebers aufblüht in der Dankbarkeit aus dem Herzen des Beschenkten.

Die Verurteilung von 28 Sätzen durch Papst Johannes XXII. 1329, nach E.s Tod, ist in der Deutung umstritten. Sie betrifft im wesentlichen die Mißverständlichkeit seiner oft extremen Formulierungen. Der tiefen Wirkung E.s hat sie kaum Eintrag getan. Seuse, Tauler u. a. schöpfen aus ihm, stark von ihm angeregt sind Nikolaus von Cues, Jakob Böhme, Angelus Silesius, Franz v. Baader u. a. Auch im gegenwärt. Denken (z. B. Heidegger) ist sein Einfluß zu spüren.

Ehrenfels, *Christian* Frh. von, * 1859 Rodaun (Niederöstr.), † 1932 Prag; einer der Begründer der modernen Wertphilosophie. Sein Begriff der „Gestaltqualität" bereitete die Überwindung der mechanist. Assoziationspsychologie durch die moderne Ganzheitspsychologie vor.

Eidos (griech.), eigentl. die Schau, dann das Geschaute, die Erscheinung oder Gestalt; bei Platon die ↗ Idee; in der ↗ Phänomenologie das reine Wesen eines Seienden.

Einbildungskraft, bei Kant im Anschluß an Leibniz allg. „das Vermögen, einen Gegenstand auch ohne dessen Gegenwart in der Anschauung vorzustellen". Die *reproduktive E.* unterliegt in ihrer Rezeptivität den empir. Gesetzen der Assoziation, die *produktive E.* ist aufgrund ihrer Spontaneität selbst gesetzgebend, indem sie eine apriorische Verbindung alles Mannigfaltigen der Anschauung bewirkt u. so Erfahrung u. Erkenntnis ermöglicht, weshalb sie auch „transzendentale E." genannt wird. E. ist das Grundvermögen, das zwischen Sinnlichkeit u. Verstand als deren ursprüngliche Einigung steht u. so die Vermittlung beider vollziehen kann. Ähnlich steht die aristotel. *Phantasie* zwischen Empfindung u. Denken.

Einheit u. Vielheit, Grundproblem der prakt. Lebensgestaltung (E. vieler Mitglieder einer Gemeinschaft, einer polit. verfaßten u. kulturell geprägten Gesellschaft usw., der einen Menschheit in ihrer heute globalen Verflechtung) u. der theoret. Ordnung der Erkenntnisweisen (E. der vielen Wissenschaften, die nicht erst u. allein durch Interdisziplinarität hergestellt werden kann, da diese umgekehrt auch schon jene wenigstens als möglich voraussetzt), in der Philosophie seit dem griech. Beginn darüberhinaus Grundfrage der Zusammengehörigkeit von mehrerem Einzelnen je in seinen umfassenderen Bereichen u. vor allem der Gesamtheit „alles" dessen, was ist, in der umfassendsten E. der

„Wirklichkeit überhaupt". Zu den klass. begrifflichen Fassungen der E. einer begrenzten oder aller V. gehören u. a.: Allgemeinheit (↗Allgemeines), ↗Ganzheit, ↗Gestalt, ↗Wesen, ↗Ordnung, ↗Struktur, ↗Welt, insbes. ↗Sein mit den entsprechenden Komplementärbegriffen je des Vielen (u. a. Einzelnes, Teil, Moment, Seiendes). Gemäß dem charakteristischen Zug des abendländ.-europäischen Denkens als Begründungsdenkens geht die philos. Reflexion auf die ersten Gründe u. den letzten Grund u. sucht so – im Gegensatz zum extremen ↗Dualismus – die E. aller V. in einem „höchsten" Einen, in einem absoluten Prinzip selbst zu begründen (Logos, Nous, Geist, Gott, neuzeitlich auch transzendentale Subjektivität, absolutes Bewußtseins usw.). Das Viele erscheint so als partizipierend am Einen (↗Partizipation), als dessen ↗Emmanation, von ihm gebildet, geschaffen, konstituiert, als seine mehrfältig begrenzte Selbsterscheinung u. ä. Insofern ist dieses klass. E.s-denken stets ein – wenn auch gemäßigter u. nur relativer ↗Monismus (griech. monas = Einheit; philos. Monotheismus, Monologismus, Monoprinzipialismus). Insbes. in der modern verbreiteten Auffassung der E. als ↗System, teilweise auch der ↗Struktur, scheint das Viele mit seiner Eigenständigkeit zu verschwinden als „bloße" Funktion u. Relationalität. Andererseits meldet sich in der Neuzeit, gegen die überkommene Seins- u. Geistbegründung, ein Freiheitsgedanke, der ↗Freiheit (auch als endliche, geschaffene oder sich entwickelt habende) als unzurückführbar auf eine schon vorgegebene gehaltliche E.s-verordnung u. vielmehr in ihrer selbstursprünglichen Autonomie versteht, zumal in Gegenwendung zu totalitär vereinnehmenden Ganzheits- u. Geschlossenheitsforderungen. Er unterstreicht dabei schließlich, daß Freiheit nie in der Einzahl, sondern nur in einer Mehrzahl von Freiheiten im Miteinander (Dialog, Partnerschaft, aber auch Konkurrenz u. Widerspruch) sinnvoll möglich u. wirklich ist. Damit stellt sich für den gegenwärtigen ↗Pluralismus das Problem, wie er einerseits die V. bewahren kann vor ihrer Übermächtigung durch eine E. als Identität, in welcher die Unterschiede nur zweitrangige Bedeutung hätten, andererseits die E. nicht preisgibt an den Zerfall in die nicht mehr miteinander vermittelbaren Differenzen der als bloße Willkür (miß-)verstandenen vielen Freiheiten. Die Formel „E. *in* V." ist als solche keine Lösung, sondern Aufgabenformulierung. Die Beantwortung wird, wenigstens ansatzweise, in Richtung der Selbstbindung der einzelnen Freiheit in geschichtl. gemeinsamer Situation vieler u. aller zu gehen haben

u. ist somit zwar auch, aber nicht primär ein theoret., sondern prakt. Problem.

Eklektiker (griech., Auswählender), Philosoph, der, vielfach aus Mangel an eigener Ursprünglichkeit, in seinem Schaffen verschiedene Elemente überkommener Lehren auswählend verbindet (= *Eklektizismus*).

Eleaten, Philosophieschule des 6. und 5. Jh. vC. im einstigen Elea (= Velia, Unteritalien). Ihre Hauptvertreter (↗Xenophanes, ↗Zenon, namentlich ↗Parmenides) lehrten die Einheit, Ewigkeit u. Unveränderlichkeit des Seins sowie die Selbigkeit von Sein u. Denken; Vielheit u. Werden der Dinge beruhe auf Sinnestäuschung. Zenon hat diese Lehre durch seine berühmten Beweise gegen die Bewegung („Zenonische Paradoxien") logisch zu begründen versucht. ↗Vorsokratiker.

Emanation (lat.), der Ausfluß des Niederen aus dem Höheren. Der *Emanatismus* ist eine Sonderform der pantheist. Welterklärung; er läßt die Welt durch ein Ausfließen aus der göttl. Substanz hervorgehen, in absteigenden Stufen, wie der Lichtstrahl abnimmt, je mehr er vom Lichtquell sich entfernt. Häufig in den alten heidn. Lehren vom Weltwerden, auf griechischem Boden bes. im Neuplatonismus, im Mittelalter noch bei Skotus Eriugena, in der Neuzeit bei Giordano Bruno. Der Gegenbegriff zu E. ist im strengen Sinn der Begriff der *creatio ex nihilo,* der ↗Schöpfung der Welt aus dem Nichts.

Emanzipation (lat.), im röm. Recht die Freilassung eines Kindes aus der väterlichen Gewalt, seit dem 18. Jh. jede Art von Befreiung aus gesellschaftl.-rechtl.-polit. Unterdrückung, insbes. von Minderheiten, bei Marx verallgemeinert zur „menschlichen E.", d. h. Befreiung des Menschen von den in der Geschichte selbst hervorgebrachten Entfremdungsbedingungen. Im Anschluß daran wird in der ↗Kritischen Theorie (bes. bei J. Habermas) das Interesse der Vernunft an Freiheit u. deshalb an Befreiung von allen nicht in der Natur-, sondern in der gesellschaftl. Wirklichkeit liegenden Zwängen *(„emanzipatorisches Interesse")* leitend. Von hier aus ist der E.s-begriff in weite Bereiche der Soziologie, Politik- u. der Erziehungswissenschaft eingegangen. – Der E.s-gedanke bewahrt seine kritische Bedeutung, wenn er nicht aufgeladen wird mit der illusionären Vorstellung einer Selbstvollendbarkeit des Menschen u. seiner Geschichte.

Empedokles von Akragas (= Agrigent) auf Sizilien, griech. Naturphilosoph, Arzt, Wanderprediger u. Staatsmann, um 490–430 vC. Aus vier ewigen („ungewordenen") Elementen (stoicheia), nämlich Feuer (pyr), Luft (aither, aer), Wasser (hydor) u. Erde (gaia), bilden sich durch Anziehung („Liebe") die Dinge, die durch Abstoßung („Haß") wieder zerstört werden. Liebe u. Haß wirken in ewigem Wechsel; Entstehen u. Vergehen folgen daher einander „wie der Umschwung des Rads um die Nabe". Von E. stammt der Grundsatz, daß Gleiches nur durch Gleiches erkannt werden kann. Um seine Gestalt ranken sich zahlreiche Sagen: E. soll den Tod durch Sturz in den Ätna gefunden haben.

Empiriokritizismus (griech.), „erfahrungskritisches" System der Erkenntnistheorie, das nur den Zusammenhang der Sinneserfahrungen als wirklich betrachtet, wobei alle Gegenständlichkeit zurückgeführt wird auf psycho-physische Empfindungszustände des Subjekts. Gedankliche Inhalte dagegen werden als Scheinbegriffe, denen keinerlei Wahrheit, höchstens ein vorläufiger Nützlichkeitswert zukommt, erklärt (↗Positivismus). Hauptvertreter: Avenarius, Mach.

Empirismus (griech.-lat.), erkenntnistheoret. Richtung *(der Empiristen)*, die alle ↗Erkenntnis unmittelbar aus dem durch ↗Erfahrung Gegebenen abgeleitet wissen will, das Nichterfahrbare daher für nicht wirklich oder wenigstens nicht erkennbar ausgibt (Positivismus, Naturalismus, Agnostizismus). Der E. wird leicht zum ↗Sensualismus, der nur die Erfahrung der äußeren Sinne für Erkenntnis hält, u. damit metaphysisch zum ↗Materialismus. Gegen den E. läßt sich der Einwand erheben, daß er vorweg darüber entscheidet, was Erfahrung u. Gegebenheit bedeuten soll, u. daß dies nicht selbst durch Erfahrung gegeben ist, sondern in Voraussetzung vor aller Erfahrung beruhen müßte. – Der extreme Gegensatz des E. ist der ↗Rationalismus, der nur im reinen Denken Erkenntnis gewährleistet sieht.
In der Neuzeit begründet von F. Bacon u. Hobbes, wurde der E. von Locke u. Hume ausgebaut u. von Condillac zum Sensualismus fortgebildet. Über den *Empiriokritizismus* (Avenarius, Mach) entwickelte sich eine moderne, wesentlich modifizierte

Form, der *logische E.* (auch log. Positivismus) des ↗Wiener Kreises, der zugleich eine Entwicklungslinie der ↗Analytischen Philosophie darstellt.

Endlichkeit, die Begrenztheit u. Eingeschränktheit nach Raum, Zeit, Größe, Zahl, Menge, Kraft usw., allg. des Seins. In der *griech. Philosophie* kommt E. allem eine Gestalt (u. somit eine gewisse innere Voll-endung) aufweisenden Seienden zu (vgl. dagegen ↗Apeiron). *Christl.-mittelalterlich* wird E. zum Grundzug alles Seienden, das seinen letzten Grund nicht in sich selber, sondern in Gott hat (↗Kontingenz) u. das als so vom Unendlichen (↗Unendlichkeit) Gegründetes auf dieses verweist. Als wesenhaft auf Unendlichkeit (deren Entäußerungsgestalt sie ist) als ihren zu realisierenden Zielpunkt gehende u. infolge dessen an ihr selbst aufzuhebende faßte vor allem *Hegel* die E. („Alles Endliche ist dies, sich selbst aufzuheben"). Seit der *Existenzphilosophie* versucht die Philosophie der Gegenwart, die E. als solche an ihr selbst (u. das kann verschiedentlich durchaus heißen: als immer schon in einem Bezug zur Unendlichkeit stehende, nicht aber: einfachhin als eine mindere u. somit rückholend aufzuhebende Form derselben) zu fassen. Dies geschieht z. T. im Rückgriff auf Kants „Metaphysik der endlichen Subjektivität", vor allem jedoch im Zusammenhang mit dem Problem der ↗Geschichtlichkeit. Während hierin E. noch weithin als Wesensbestimmung des Menschen gesehen ist u. von diesem her gefaßt wird, versucht Heidegger E. nicht mehr „anthropologisch" u. auch nicht mehr aus dem Bezug zu einer Unendlichkeit, sondern an ihr selbst als E. des geschichtlichen Seins (später des „Gevierts", des „Ereignisses") zu denken.

Energeia (griech., das Im-Werk-Stehen), Grundbegriff bei Aristoteles, teilweise synonym mit entelecheia (↗Entelechie) verwendet, bezeichnet die Wirklichkeit als den Vollzug der Verwirklichung einer Möglichkeit (dynamis); scholastisch ↗Akt, ↗Aktualität.

ens (lat.), in der Scholastik gebräuchliches Partizip von esse (= ↗Sein), seiend, das ↗Seiende. Die transzendentale (↗transzendente) Bestimmung e. = Seiendes zielt in erster Linie nicht so sehr auf das Was-Sein (darauf geht „res" = etwas), sondern mehr auf das Daß-Sein, auf das Vollzugshafte, den Akt-Charakter des Etwas-Seienden. Häufige Unterscheidungen sind die von *e. rationis* (ein nur in unserem Denken Existierendes) und *e. reale* (das von unserem Denken unabhängig „wirklich" Existierende), von *e. quo* (ontologisch-Grundhaftes, das Prinzip „wodurch") und *e. quod* (ontisch-Begründetes, das Prinzipiat als Resultat der Gründung durch das e. quo).

Entelechie (griech. *entelécheia* = das, was die Vollendung als Ziel *[telos]* in sich hat, das Sich-im-Ende-Haben), bei *Aristoteles* die zielstrebige, Vollendung gebende Tätigkeit, bes. auch das Prinzip dieser Tätigkeit, die Formkraft (↗Form) im Seienden, vor allem im Lebewesen (Seele als Erst-E. eines der Möglichkeit nach Leben habenden natürlichen Körpers); ↗Finalität. – *Leibniz* nennt die ↗Monaden auch E.n, insofern ihnen eine bestimmte Vollkommenheit innewohnt. Zu E. bei Driesch vgl. ↗Vitalismus.

Entfremdung (Entäußerung, Selbstentfremdung, Verdinglichung), zunächst ein Begriff aus dem Sachenrecht: alienatio meint die Weggabe einer Sache in fremden Besitz; in naturrechtlichen Theorien des „Gesellschaftsvertrags" wird der Begriff im 18. Jh. übertragen auf den hypothet. Vorgang der Übertragung bestimmter ursprüngl. Freiheitsrechte des Individuums auf eine diesem gegenüberstehende Macht (Staat, Gesellschaft).
Durch *Hegel* (Phänomenologie des Geistes, Rechtsphilosophie) wird der Begriff erstmals angewandt auf konkrete, histor.-gesellschaftliche Gegebenheiten: im Verlauf der Geschichte des zu sich selbst kommenden Geistes bezeichnet der sich entfremdende Geist näherhin die Stufe der „Bildung", das Auseinanderfallen, die reale Diskrepanz von Innerlichkeit u. geschichtlich Wirklichem, die als „absolute Freiheit u. Schrecken" im Strudel der Französ. Revolution endet. Abgesehen von dieser prinzipiell überwundenen E. gehört E. zum Wesen der ↗Arbeit (u. damit unaufhebbar zum Wesen des Menschen), die sich im Produkt vom Arbeitenden ablöst u. sich ihm (fremd) gegenüberstellt. ↗*Marx* (Frühschriften, Kapital u. a.) behauptet nun, daß auch diese E. nicht wesensmäßig u. unaufhebbar sei, sondern überwindbares Ergebnis einer bestimmten Stufe in der Entwicklung der Produktionsverhältnisse, jener Stufe, die ihren Höhepunkt im Kapitalismus erreicht, wo die tote Arbeit, d. i. das Kapital, schließlich als Sache Macht hat über den Arbeiter (Proletarier) u. diesen zwingt, seine Produkte u. *sich selbst* an das Kapital zu verkaufen, womit er sich zum Ding als Ware entäußert. Diese

totale E. ist zugleich der Punkt der Peripetie; die Unerträglich-
keit der E. führt zur proletar. Revolution, in der sich die Arbeitenden die Produktionsmittel wieder aneignen u. eine Gesellschaft errichten, in der die Produkte der Arbeit den Arbeitenden
nach Maßgabe ihrer Bedürfnisse direkt zugänglich sind, womit
die E. überwunden ist. – Was bei Marx als konkrete Möglichkeit
der Vollendung der Geschichte gemeint ist, wird heute eher als
spekulativer Entwurf betrachtet; E. erscheint als dauerndes Sti-
mulans. – *Heideggers* Begriff des „Man" u. der christl. Mythos
des Sündenfalls können ebenfalls als spekulative Ausarbeitun-
gen des E.s-problems angesehen werden. Im Anschluß an *Feuerbach* begreift die Religionskritik alle Jenseitsvorstellungen
(einschl. des Begriffs Gottes) als E.s-phänomen, weil sie nur
Projektionen des Menschen seien, durch die er daran gehindert
werde, sein Gattungswesen voll zu verwirklichen.

Entscheidung, zumeist als „Wahl" des freien Willens verstanden,
der unter mehreren Handlungsmöglichkeiten eine ergreift; im
strengen Sinn jedoch die Ur-wahl, in welcher sich der Handelnde seine eigene grundsätzliche Wesens- u. Sinnmöglichkeit
für sein Leben als die für ihn notwendige erwählt, die damit die
Bahn u. den Umkreis für weitere Wahlmöglichkeiten vorzeichnet u. sich in der so begründeten Lebensführung bewähren muß
können: der fundamentale und höchste Akt der ↗Freiheit.
Die (sozialwissenschaftliche) E.s-theorie sucht Regeln für
„rationale" E.en im Sinne der einzelnen Wahlmöglichkeiten,
wobei unter „Rationalität" die Bezogenheit auf größtmöglichen
Nutzen u. ä. verstanden (u. somit uneingestanden eine Grund-E.
zu einem bestimmten Lebenssinn vorausgesetzt) wird.

Entwicklung ↗Evolution.

Enzyklopädisten, die Begründer, Mitarbeiter u. Hrsg. der unter
der Leitung von Diderot u. d'Alembert 1751/72 erschienen *Encyclopédie ou Dictionnaire raisonné des sciences, des arts et des mé-
tiers* (28 Bde). Mitarbeiter u. a. Rousseau u. Voltaire, Condillac
u. Helvetius. Die Enzyklopädie kennzeichnet den endgültigen
Durchbruch der französ. ↗Aufklärung.

Epiktet, griech. Philosoph der späteren ↗Stoa, * um 50 nC.
Hierapolis (Phrygien). Nach der Vertreibung aus Rom (Philoso-
phenverfolgung des Domitian um 90) bis 138 in Nikopolis in

Epirus, wo er eine eigene Schule gründet. Von Seneca beeinflußt, nur in der Entwicklung der spät-stoischen Moral- u. Tugendlehre schöpferisch, wobei er den politisch entmachteten u. weitgehend rechtlosen Massen des spätröm. Imperialismus einen Rückzug auf die Innerlichkeit empfiehlt: in dieser Beschränkung liegt der Schlüssel für ein Leben in „stoischem Gleichmut". Ähnlich Seneca lehrt er *einen* Gott als Vater aller Menschen, versteht die Schwierigkeiten des Lebens als von Gott auferlegte Prüfungen, fordert Mitleid u. Vergebung des Bösen (Parallelen zur christl. Lehre!).

Epikur, griech. Philosoph, * 341 vC. Samos, † 270 Athen als Haupt seiner 306 gegründeten Schule. Seine individualist.-hedonist. Ethik baut auf dem erkenntnistheoret. Sensualismus u. weiterentwickelten Atomismus des Demokrit auf. Durch vernünftige Abwägung der Genüsse u. Selbstbeherrschung sollen Ziel u. Glück des Weisen, die *ataraxia* (= das Ungestörtsein), die unerschütterliche „Seelenruhe", erreicht werden. Auch die Götter leben in ungetrübtem Selbstgenuß u. kümmern sich nicht um Welt u. Menschen. Übersinnliche Kräfte zur Welterklärung leugnet E., ebenso Unsterblichkeit der Seele. – Der *Epikureismus* fand bis in die christl. Zeit hinein zahlreiche Anhänger. Die bedeutendsten sind Lukrez u. Horaz. Im abwertenden Sinne bedeutet *Epikureer* soviel wie Genußmensch.

Epoche (griech., Ansichhalten), 1) als epoché die prinzipielle Anweisung der ↗ Skeptiker zur *Urteilsenthaltung* (aus Unvermögen der Erkenntnis oder aus der Unmöglichkeit endgültig gewisser Erkenntnis); 2) bei Husserl erster Schritt der Methode der ↗ Phänomenologie; 3) *geschichtliche Zeiteinheit,* Ära, deren Beginn u. Ende durch einen alle in ihr enthaltenen Erscheinungen prägenden Sinn bestimmt sind. Bei M. Heidegger ist E. der Titel für den in das Geschehen der Seinsverborgenheit (Seinsvergessenheit) gehörenden Entzug des Seins als Ansichhalten der Wahrheit seines Wesens, der die gesamte Geschichte der Metaphysik kennzeichnet.

Erdmann, *Johannes Eduard,* * 1805 Wolmar (Livland), † 1892 Halle. Prof. in Kiel u. a., zuletzt in Berlin; Religionsphilosoph, der bedeutendste Philosophiehistoriker aus der Schule Hegels.

Erfahrung, Sonderform der ↗Erkenntnis, die nicht aus ↗diskursivem Denken, sondern aus dem unmittelbaren Empfangen eines Gegebenen entspringt. Auf Grund dieser Unmittelbarkeit, in der die Gegenwart des Erfahrenen sich unwiderstehlich bezeugt, eignet jeder E. eine ausgezeichnete ↗Evidenz.

Man unterscheidet gewöhnlich äußere u. innere E. Zur *äußeren* E. gehören alle Sinneswahrnehmungen, zur *inneren* sowohl das Erfassen von seelischen Zuständen als auch, wie im Bereich der relig. E., das Innewerden von schlechthin überragenden („übernatürlichen") Wirklichkeiten. Der E.s-begriff des ↗Empirismus, der nur die sinnl. E. gelten läßt, ist daher zu eng, vor allem auch deshalb, weil zur vollen E. neben der Gegenwart des Gegebenen dessen Einordnung in ein Bedeutungsfeld gehört, das vorgängig (a priori) verstanden ist oder aber jedenfalls nicht in derselben Weise „erfahren" wird wie z. B. ein Sinnlich-Wirkliches. Am Problem einer solchen möglichen E. (Empirie) vorgängiger Grundbedeutungen (eines ↗Apriori) zeigt sich am schärfsten, daß der E.s-begriff kein univoker, sondern ein analoger Begriff ist. Kant, der die Entwicklung der Erkenntnistheorie entscheidend bestimmt hat, kennt keine E. eines geschichtlich sich wandelnden Apriori, das bei ihm vielmehr als gleichbleibende Bewußtseinsstruktur alle wechselnden E.en bedingend ermöglicht. Wohl aber kennt er, neben der auf sinnliche Wahrnehmung angewiesenen E., eine Art nichtsinnliche E., nämlich des unbedingten Anspruchs des Sittengesetzes (des einzigen „Faktums der reinen Vernunft").

In den empir. Einzelwissenschaften hat E. weniger den Sinn der Gegenwärtigung des Gegebenen u. seiner Selbstbedeutung als vielmehr den der Bestätigung eines methodisch-vorwegentworfenen gesetzmäßigen Verhältniszusammenhangs.

Eriugena, *Johannes Scotus,* bedeutendster Philosoph des 9. Jh., * um 810 in Irland, † um 877. Mit seinem Kommentar zu den Schriften des Dionysius Areopagita vermittelte er neuplaton. Gedankengut der westeuropäischen Frühscholastik. Sein Hauptwerk *De divisione naturae* (um 866) kennzeichnet ein logischer Pantheismus: alle Dinge der Welt sind „Theophanien", die Welt Emanation Gottes. Sein extremer Realismus leitet den Universalienstreit ein. Seine spiritualist. Lehre 1210 und 1225 kirchlich verurteilt.

Erkenntnis, die Identifikation eines sinnlich erfaßten einzelnen mit seiner allgemeinen Bedeutsamkeit u. die Bestimmung dieser Bedeutsamkeit durch weitere allgemeine charakteristische Züge. E. ist so eine Weise des ↗Denkens, die auf ↗Wahrnehmung u. ↗Erfahrung aufbaut u. sich über beide erhebt. Denn E. geschieht nicht als bloß sinnlich passive Hinnahme von Gegebenem, sondern ist zugleich getragen von einem vorgängigen Verständnis möglicher Etwas-Bedeutungen. Diese denkt die metaphys. Tradition seit Plato als das im Wechsel der Erscheinungen eines Seienden sich durchhaltende u. vielen Einzelseienden gleichartig zukommende ↗Wesen, das im ↗Begriff gefaßt wird, dessen Gewinnung die platonische Überlieferung als ↗Intuition, die aristotelische als ↗Abstraktion auslegt. E. zielt also nicht auf das Einzelne in seiner Einzelheit, sondern auf seine wesentliche Allgemeinheit, d. h. seinen Ort im Wesensgefüge des Ganzen des Seienden. Voraussetzung ist die vorgängige Eröffnetheit dieses Ganzen (↗Welt, ↗Sein) in seiner allgemeinsten Struktur (aristotel.-scholastisch: in den ↗Kategorien u. ↗Transzendentalien) für den Erkennenden, d. h. für den ↗Geist. In dieser erstmals von Parmenides ausgesprochenen Zusammengehörigkeit oder „Identität" von Sein u. Geist ist der Vorgang der E. erst ermöglicht als Annäherung u. Übereinstimmung von Erkennendem u. dem zu erkennenden Seienden *(adaequatio intellectus et rei)*, d. h. als Geschehen der ↗Wahrheit, dessen eigentlicher Ort das ↗Urteil ist. Das Verbindungsganze der begründeten E.se (= Urteile) eines bestimmten, durch ein gemeinsames Wesen zusammengefaßten Bereich des Seienden ist die je besondere (Wesens-)Wissenschaft; die E. der überwesentlichen, allgemeinsten Bestimmungen des Seienden überhaupt ist Aufgabe der Seinswissenschaft (Ontologie). Insofern E. die Überschreitung des Einzelseienden auf die Wesens- u. Seinsordnung ist, der Geist aber gerade dann, wenn er beim Wesen u. Sein ist, er selbst („bei sich") ist, so ist in dieser Auslegung der Geistmetaphysik der vollständige E.gang zugleich die Rückkehr des Geistes zu sich in seinen Selbstbesitz (reditio in seipsum). Diese geistmetaphysische Tradition bestimmt auch noch die neuzeitliche Wendung zur ↗Transzendentalphilosophie. Freilich wandelt sich hier die Identität von Sein u. Geist zu der von Sein u. Bewußtsein, Objektivität u. Subjektivität. E. ist jetzt die Einordnung des zunächst Unbekannten in das objektive Bedeutungsfeld, das die Subjektivität a priori entwirft. Diese Strukturen des Feldes (↗a priori) bedingen vorgängig, was in es eingeordnet,

d. h. wie etwas in ihm erscheinen u. gegenständlich werden kann. In diesem Zusammenhang erlangt deshalb nun die ↗ Methode zentrale Bedeutung für die Durchführung u. Sicherung der E. überhaupt u. insbes. in den einzelnen ↗ Wissenschaften. Diese wandeln sich von (philos.) Wesenswissenschaften zu empir. Erscheinungswissenschaften. Sie zielen nicht mehr auf ein Wissen des Seienden in seinem eigenen allgemeinen So-sein, sondern auf ein Wissen, warum u. wie die Gegenstände sich in den allgemeinen gesetzlichen Abhängigkeitsbeziehungen eines funktionalen Erscheinungszusammenhangs zeigen müssen.

Erkenntnistheorie, Einzeldisziplin der Philosophie, in der zweiten Hälfte des 19. Jh. entstanden (unter zumeist fragwürdiger Berufung auf Kant). Faßt Erkennen als dreigliedrige Relation von Erkennendem (Erkenntnissubjekt), Erkenntnisgegenstand (Objekt) u. Erkenntnisinhalt. Inauguriert bereits durch *Descartes'* scharfe Trennung zwischen res cogitans u. res extensa, setzt E. eine vorgängige Differenz zwischen dem Erkennenden (Bewußtseinsimmanenz) u. dem zu erkennenden Objekt (Bewußtseinstranszendenz) voraus, um durch Analyse der Sinnes-, Verstandes- u. Vernunftvermögen zu klären, wie das Subjekt in diesen den Schritt zu der von ihm unabhängig gedachten „Außenwelt" leisten (Transzendenzproblem) u. sich der Angemessenheit seiner Vorstellungen an die „äußeren" Gegenstände versichern könne. In der Rückführung des Erkenntnisproblems allein auf die Frage der Gewißheit ist es der E. unmöglich, unter den von ihr entworfenen Aspekten die vorgängige Verflochtenheit des Ichs in der Welt zu sehen, die vor aller Zentrierung der Frage auf ein „weltloses" Ich immer schon faktisch ist. So übersieht E., daß ihre Fragestellung zu eng gefaßt ist; sie setzt die Seinsart von Subjekt, Objekt wie auch die der Relation unbefragt voraus; diese Frage wie auch jene nach Wesen, Zustandekommen, Umfang u. Gültigkeit hatte bereits die klassische Metaphysik wesentlich radikaler gestellt.
In weiterer Bedeutung wird unter E. jede Reflexion auf Ursprung, Art, Reichweite usw. des Erkennens verstanden.

Erklärung, Rückführung eines (unbekannten) Sachverhalts oder Vorgangs auf seine allgemeine Gesetzlichkeit, wobei das zu Erklärende nur als „Fall" begriffen u. allein auf seine Einfügbarkeit in einen Gesamtzusammenhang hin gesehen wird. Seit Dilthey gilt die E. im Gegensatz zum geschichtl. ↗ *Verstehen* in den Geisteswissenschaften als kennzeichnende Methode der Naturwissenschaften. In der Logik Ersatz der Definition durch Angabe von Merkmalen und Vergleich mit Verwandtem.

Erlebnis, ursprünglicher Bewußtseinsvorgang, in dem etwas in seinem Sinn- u. Wertgehalt, in seiner existentiellen Bedeutung den Menschen angeht u. betrifft. Das E. ist durch Unmittelbarkeit u. emotionale Bewegtheit ausgezeichnet, schließt jedoch eine tiefere gedankliche Durchdringung u. Verarbeitung nicht aus. Dilthey hat für die Geisteswissenschaften die Begriffe E., Ausdruck u. Verstehen zum Fundament ihrer Methode erhoben.

Eros (griech.), bei Platon der Mittler zwischen dem bloß Sinnlichen u. dem rein Geistigen, der Drang vor allem nach dem Schönen (aufsteigend: dem schönen Leib, der Schönheit der Seele, der Sitten u. Gesetze u. der Wissenschaften, schließlich nach „dem Schönen" selbst), aber auch nach dem Wahren u. Guten. E. ist deshalb Antrieb zur philos. Erkenntnis, d. h. zum Aufschwung in die Schau der Ideenwelt.

Erscheinung ↗Phänomen; vgl. ↗Schein.

Erzählung ↗narrativ.

Essentialismus (von lat. *essentia* = Wesen), eine Lehre, die in schärfster Trennung von „Sinnlichem" u. „Übersinnlichem", Realem u. Idealem, „bloß" Wirklichem u. Wesentlichem die Unwandelbarkeit u. Selbstgenügsamkeit der Wesens- u. Seinsordnung betont u. diese zum allein wahrhaften Sein erklärt, demgegenüber das (dem Werden u. Vergehen unterliegende) bloß Faktische insgesamt als nicht oder jedenfalls nicht eigentlich seiend abgewertet wird. Der die parmenideisch-platonische Tradition kennzeichnende E. stellt in seiner Einseitigkeit der Ausfaltung des Seinssinnes der abendländ. Überlieferung die Gegenposition zum ↗Aktualismus dar (vgl. auch ↗Existenzphilosophie).

Ethik (von griech. *ethos* = Sitte), Sittenlehre (philosophia practica, moralis), der grundlegende Teil der prakt. Philosophie, der das „rechte Handeln" zu bestimmen sucht. Als philos. Disziplin bezieht sich die E. im Unterschied zur Moraltheologie ausschließlich auf die natürlichen Erkenntnis- u. Bestimmungsgründe der ↗ Sittlichkeit. Die E. ist zuerst im alten Griechenland als Reaktion auf die Auflösung der tradierten Sitten (↗ Sophistik) entstanden als Versuch einer rein rationalen Begründung von Handlungsnormen, die sie aufgrund von Erfahrung, Phänomen- u. Begriffsanalyse, philos. Spekulation sowie Erhellung des jeweiligen ↗ Guten als des Ziels alles Handelns (u. seines Gegensatzes, des ↗ Bösen) zu begründen sucht.

Sie wird üblicherweise eingeteilt nach dem Ziel des Handelns in hedonistische (↗ Hedonismus), eudaimonistische (↗ Eudaimonismus) u. utilitaristische E. (↗ Utilitarismus); nach dem Ursprung der Verpflichtung in autonome (↗ Autonomie) u. heteronome (↗ Heteronomie) E.; sie kann apriorisch oder empirisch begründet sein u. formale oder materiale Regeln zu erarbeiten suchen. Man unterscheidet weiterhin ↗ Individual-E. u. ↗ Sozial-E., ↗ Situations-E. u. ↗ Wesens-E., Gesinnungs-E., Erfolgs-E. u. Verantwortungs-E. u. a.

Alle E. ist abhängig von einem Entwurf des Wesens des Menschen, der sowohl das Ziel des Lebens als auch den Weg zu diesem Ziel weitgehend bestimmt, u. damit letztlich von der zugrunde liegenden Ontologie. Daher die Schwierigkeit, heute eine E. im traditionellen Sinn zu formulieren (Heidegger, Humanismusbrief), nachdem jede Wesensbestimmung (insbes. des Menschen) fragwürdig geworden ist. Vor allem kann eine Werteethik (↗ Wert) Verbindlichkeit heute kaum mehr überzeugend begründen.

Geschichtliches. In den Mittelpunkt des *antiken Denkens* tritt die E. bei den Sokratikern, in der Stoa u. in der Schule Epikurs. Die E. des *Mittelalters* ist beherrscht von der Überzeugung, daß die sittliche Norm in der Wesensordnung der Welt gegeben sei, welche sie ausdrücklich als Abglanz des ewigen Gesetzes in Gott anerkannte (vgl. auch ↗ Naturrecht). Die philos. Systeme der Neuzeit lösen die E. von dieser Wesensordnung u. versuchen die sittlichen Tatsachen meist aus psych. Faktoren (wie Trieben, Neigungen) u. den diesen entsprechenden Glücks- u. Kulturwerten abzuleiten (Utilitarismus, Eudämonismus, Wohlfahrts- u. Kulturfortschrittsmoral). *Kant* dagegen will in seiner autonomen Moral (↗ Autonomie) die absolute Geltung der Sittlichkeit wiederherstellen, ohne sie auf eine göttliche Wesensordnung zu gründen. Die rein formale Bestimmung des ↗ Kategor. Imperativs will die Wertphilosophie überwinden, indem sie das letzte Prinzip einer materialen E. in einem idealen Wertreich behauptet. Der ↗ Historismus bestreitet eine zeitlos gültige Sittlichkeit, weil er sie nur als eine geschichtliche Hervorbringung betrachtet; ebenso die ↗Situations-E., soweit sie das Sittliche des Handelns nur in der persönlichen augenblicklichen Entscheidung erkennen will.

Eudaimonismus (von griech. *eudaimonía* = Glück, Glückseligkeit, Wohl), ethisch-philosoph. Lehre, die das letzte Ziel u. höchste Gut des Menschen im Glücklichsein sieht, ein Zustand, der in der vollen Entfaltung aller gattungsmäßigen u. individuellen Wesenskräfte erreicht wird (vgl. ↗Humanismus). Der E. kann zum ↗Hedonismus u. ↗Utilitarismus entarten. Eudaimonisten sind u. a. Sokrates, Epikur, Spinoza, Marx. Entschiedenster Gegner ist Kant, der dagegen unbedingte Pflichterfüllung lehrt.

Euklid, 1) von Megara, griech. Philosoph, einer der ältesten Schüler des Sokrates, dessen ethische Lehre vom „Guten" er mit der eleat. Philosophie des „Einen" verband. Gründer der *Megarischen Schule* (u. a. Eubulides, Diodoros, Kronos).
2) der Mathematiker, um 300 vC. in Alexandrien. Sein bekanntestes Werk, die 13 Bücher „Elemente" (stoicheia), dienen noch heute als Lehrbuch der ebenen Geometrie. Ihr streng logischer Aufbau (Definition, Postulate, Axiome, Konstruktionen, Beweise) gilt als Vorbild jeder exakten Wissenschaft.

Evidenz (lat. Augenscheinlichkeit), als objektive E. (dem Offenbarsein eines Sachverhalts in „originärer Selbstgegebenheit" [Husserl]) u. als subjektive E. (dem unzweifelbaren Einsichtigsein eines Sachverhalts aus dem Sichthaben seiner Gründe) Seiten eines wechselseitigen Bezugs, in dem beide als Momente eines Vorgangs vollständiger Adäquation durch u. für das Bewußtsein fungieren, in der jedes Mal die Kriterien für E. vom Bewußtsein vorab bereitgehalten werden: der Maßstab, den das Subjekt aufstellt u. dem sowohl das Erscheinende zu genügen hat (damit es als originär Gegebenes anerkannt wird) wie auch dessen Gründe im Erkennen u. der Angleichung beider. Die Frage nach dem Ausweis dieser Kriterien erweitert sich dabei zur Frage nach dem Wesen der E. selbst. Eine eigentlichere Bedeutung von E. wäre die jener Offenbarkeit, die vor allen beigebrachten Kriterien selbst Kriterium ihres Offenbarseins ist.

Evolution (von lat. *evolvere* = entfalten, entwickeln), Entwicklung, das schrittweise, allmähliche (Ggs: ↗Revolution) Hervorgehen eines (höheren) Zustandes aus einem vorhergehenden (niederen), in dem der neue jedoch schon angelegt war u. sich vorbereitete (vgl. ↗Fortschritt). Anklingend im scholast. Begriff der *creatio continua* (Schöpfung kein rein punktuelles Ereignis), erfährt der Begriff in Kritizismus u. Idealismus seine ontolog. Begründung (Kant, Fichte, Schelling, Hegel); am erfolgreichsten (u. folgenreichsten) arbeitet mit ihm jedoch die Biologie (Lamarck, insbes. Darwin). Eine biolog. E. wird heute nicht mehr bezweifelt. Umstritten ist, ob der E.s-gedanke auch auf geschichtlich-gesellschaftliche Probleme angewendet werden kann. ↗Evolutionismus.

Evolutionismus (lat.), Lehre, welche die Entwicklung als oberstes Gesetz aller Wirklichkeit behauptet u. von hier aus die unterschiedenen Seinsbereiche (Materie, Leben, Geist) als Stufen eines einzigen Entfaltungsprozesses der Natur versteht, der sich in die Geschichte des Menschen hinein fortsetzt (↗Evolution). Hauptvertreter in England: H. Spencer, der den naturwissenschaftlichen E. Darwins (Abstammungslehre, Deszendenztheorie) auf Psychologie, Ethik u. Soziologie übertrug. Entwicklung ist der Grundbegriff seiner „synthetischen Philos." Lubbock, Tylor u. Frazer vertraten einen E. in der Religionsgeschichte. Frankreich: Durand de Gros u. A. Fouillée lehrten einen E. mit idealistischem Einschlag; den E. zu verbinden mit dem christl. Schöpfungs- und Vorsehungsglauben suchte in neuester Zeit Teilhard de Chardin. Deutschland: in philos. Form bereits von Leibniz u. Schelling entworfen, von Oken in der Naturphilosophie vertreten; später der Erlösungs-E. des Ed. v. Hartmann sowie der Evolutionspantheismus des späten Scheler. Am bedeutsamsten ist die dialekt. E. des absoluten Geistes in der Philosophie Hegels u. dessen Umdeutung seit Marx im dialekt. u. ökonom.-histor. Materialismus.

Ewigkeit, Gegenbegriff zu ↗Zeit u. ↗Zeitlichkeit, ursprünglich von der Erfahrung der Endlichkeit u. Vergänglichkeit des Lebens her gewonnen. Boethius definiert: aeternitas est interminabilis vitae tota simul et perfecta possessio (E. ist der vollständige u. vollendete Besitz unbegrenzbaren Lebens). Als bloße Extrapolation des Zeitbegriffs meint E. „endlose Zeit", „unendliche Dauer" (uneigentlicher Begriff der E.); unter ihn fallen die sog.

„ewigen" oder „zeitlosen" Wahrheiten insbes. logischer u. ethischer Natur, die gelten, „solange es Zeit gibt". E. im strengen Sinn dagegen meint eine Wirklichkeit ohne die Bedingung der Zeit: in diesem Sinne bezeichnet die E. Gottes nicht seine unendliche Dauer, sondern seine Nichtzeitlichkeit (so daß z. B. die Frage: Was tat Gott „vor" der Schöpfung? unsinnig ist). Dieser eigentliche Begriff der E. ist aber Gegenbegriff zu Zeit nicht im Sinn der Ausschließung; „die wahre E. ist nicht die, welche alle Zeit ausschließt, sondern welche die Zeit ... sich unterworfen enthält" (Schelling, Weltalter). Für die Mystik ergibt sich so die Identität von ↗Augenblick (nunc stans) u. E.

exakt (lat.), genau, präzis, eindeutig; notwendige Eigenschaft für die Gültigkeit von Aussagen u. Feststellungen einer Einzelwissenschaft. *E.heit* ist ein der jeweiligen Methode immanentes Kriterium, daher scharf zu trennen von der Eigenschaft der „Strenge"; ein Denken kann „streng", d. h. seiner Sache angemessen sein, u. gerade deshalb (von einer e.en Wissenschaft her gesehen) „unexakt" erscheinen.

existentiell (lat.), das unmittelbare Dasein eines einzelnen, bestimmten Menschen betreffend, im Unterschied zu *existenzial* = (fundamental-)ontologisch zum Dasein des Menschen als solchem gehörig.

Existenz (von lat. *existere* = hervortreten, zum Vorschein kommen), bedeutet in der Scholastik das ↗Dasein eines Dinges im Gegensatz zu seinem Soseins (Essenz), das Vorhandensein des aus seinen Gründen in den Selbststand herausgetretenen Seienden; allg. die Aktualisierung eines jeden „Wesens" überhaupt. – In der ↗Existenzphilosophie ist, durch Kierkegaard vorbereitet, E. die dem *menschlichen* „Dasein" eigentümliche Vollzugsweise. Anderes Seiendes ist demgegenüber nur „vorhanden". So bezeichnet E. bei Heidegger als „Ek-sistenz" das Hinausstehen des Menschen in die Offenheit des Seins, das „ekstatische" Innestehen in der Wahrheit des Seins.

Existenz(ial)philosophie, Sammelbegriff für verschiedene philos. Richtungen, die formal darin übereinstimmen, daß sie unter „Existenz" nicht Dasein überhaupt, sondern die Vollzugsweise des menschlichen Daseins verstehen. Aus der Weltkriegserschütterung u. der philos. Anknüpfung an Kierkegaard herausgewachsen, trat sie um 1930 an die Spitze aller philos. Strömungen.

1) Ursprünge. Als Gegenbewegung zum deutschen Idealismus Hegelscher Prägung, in dem der einzelne Mensch bloß Entfaltungsmoment der absoluten Idee ist, ist die E. darüber hinaus als „Aufstand" gegen die abendländ. „Wesensphilos." überhaupt (vgl. ↗ Essentialismus) zu verstehen. Sie stellte zunächst den einzelnen Menschen, insofern er sich kraft seiner ↗ Freiheit geschichtlich verwirklicht, wieder in den Vordergrund (↗ Geschichtlichkeit). Hierin zeigt sich, daß die E., wenngleich sie eine Überschreitung u. Überwindung der neuzeitlichen Philosophie der Subjektivität anzielt, doch zumindest ihrem methodischen Ansatz nach in deren Tradition steht. So ist sie ja auch vorbereitet durch die deutsche Romantik, die den Sinn für die Unableitbarkeit des Geschichtlichen weckte, in der Spätphilosophie Schellings, der das Problem des Existierens in der Freiheit erblickte, u. in der Lebensphilosophie Nietzsches u. Bergsons. Den nachhaltigsten Anstoß erhielt sie durch die Existenztheologie Kierkegaards, die die Existenz (hier erstmals so gebraucht) im unvertretbaren „Selbstsein" vor Gott sah, das der Mensch als seine eigentliche Aufgabe zu übernehmen hat. Anderseits haben auch Diltheys Hermeneutik des Geschichtlichen, Husserls Phänomenologie sowie Schelers Anthropologie die E. mit heraufgeführt.

Ihrer inhaltl. Bestimmung nach ist die E. auf keinen einheitl. Nenner zu bringen. *Heidegger,* der eigentliche Anreger der E. in Deutschland, verwahrt sich dagegen, daß seine Philosophie als E. interpretiert wird. Seine *existentialphilos.* Analysen in „Sein u. Zeit" (1927) zielten bereits auf eine neue *Seinsphilosophie* ab. Dagegen vertritt ↗ *Jaspers* eine E. des *„Scheiterns".* Zur wahren Existenz (= was sich zu sich selbst u. darin zu seiner ↗ Transzendenz verhält) kann der Mensch nur in den *„Grenzsituationen"* (Kampf, Leiden, Tod, Schuld) kommen.

In Frankreich, wo die E. von Heidegger u. Jaspers stark beeinflußt wurde, vertritt *Sartre* einen „atheistischen Existentialismus", *Marcel* eine christl. E. In Sartres *Existentialismus* muß sich der Mensch als bestimmungslose Existenz (= absolute Freiheit, zu der er „verurteilt" ist) sein Wesen erst schaffen, ohne dies je zu erreichen. Darum ist der Ekel am Dasein u. das Gefühl der „Absurdität" *(Camus)* seine Grundstimmung.

Die E. wirkte auch auf die italienische (Abbagnano, Grassi, Pareyson) u. spanische (de Unamuno) Philosophie.

explicit (lat.), entfaltet, aus einem Zusammenhang herausgehoben. – Explikation als Vorgang der Freilegung des in einem Sachverhaltszusammenhang Implizierten (↗implicit) ist die Absicht jeder (so vor allem der transzendentalen) ↗Reflexion.

F

Faktum (von lat. *facere*), eigentlich das Gemachte: die Tatsache; dazu **faktisch**, tatsächlich; **Faktizität**, Tatsächlichkeit. – F. meint ein Gesetztes, Vorhandenes, nicht rückgängig zu Machendes, auf das alles Handeln zu achten hat; ein F. kann u. muß interpretiert werden, aber ein F. im strengsten Sinn kann nicht hinterfragt werden. Es ist wohl in seiner Genese beschreibbar, nicht aber deduzierbar; F.en gibt es deshalb primär im Freiheitsbereich menschlichen Handelns in der Geschichte.

Für *Kant* gibt es überhaupt nur *ein* F. der reinen Vernunft, den sittlichen Sollensanspruch der Vernunft u. damit die Freiheit selbst. Für *Kierkegaard* ist der christl. Glaube in doppelter Weise faktisch fundiert: in der widersprüchlichen Einheit („Paradox") des geschichtlichen F. Jesus u. des absoluten F. Christus. *Heidegger* hat in „Sein u. Zeit" erstmals die Forderung nach einer „↗Hermeneutik der Faktizität" erhoben. Faktizität ist für ihn begründet in der Faktizität des ↗Daseins, d.h. in dessen „Geworfenheit", die darin besteht, daß sich der Mensch unbeliebig in eine je geschichtlich konkrete Situation hineingeboren vorfindet, die er nicht selbst gestaltet hat, die weiter zu gestalten aber gleichwohl seine Aufgabe ist. Als „Geworfener" *entwirft* so der Mensch seine Möglichkeiten aufgrund der Auslegung (Hermeneutik) seiner faktischen Situation. „Dasein existiert faktisch."

Falsifikation (lat.; hierzu: *falsifizieren*), als „falsch" Herausstellen, Widerlegung. Nach K. R. Popper (↗Kritischer Rationalismus) können erfahrungswissenschaftliche (synthetische) Aussagen, also einzelne empirische Urteile u. darauf bezogene allg. Sätze u. Theorien, nie endgültige Bestätigung *(Verifikation; verifizieren)*, d.h. absolute Gewißheit erlangen, wohl aber durch neue, den bisherigen Feststellungs- u. Erklärungsrahmen sprengende Beobachtungen endgültig widerlegt werden. Die erfahrungswissenschaftl. Theorien bleiben insofern bis zur F. nur bewährte Hypothesen. Diese wissenschaftstheoret. Einsicht (**Fallibilismus**) geht zurück auf Ch. S. Peirce. ↗Induktion.

Fechner, *Gustav Theodor,* * 1801 Groß-Lärchen (N.-L.), † 1887 Leipzig. Ebd. Prof.; von Schellings u. Okens romantischer Naturphilosophie beeinflußt; begründete die *Psychophysik,* d. h. die Lehre von den Gesetzen, nach denen Leib u. Seele als zwei getrennte, doch einander korrespondierende Erscheinungen zusammenhängen.

Feuerbach, *Ludwig,* * 1804 Landshut, † 1872 Rechenberg bei Nürnberg. Schüler Hegels, leitete dann mit seiner Kritik an Hegels Philosophie (= „verkappte Theologie") u. am Christentum die atheist. Hegeldeutung u. den histor. Materialismus der Hegelschen „Linken" ein. Sein (obzwar mystischer) Sensualismus stellte die Hegelsche Geistphilosophie auf den Kopf u. erklärt das sinnliche Einzelwesen als das eigentlich Wirkliche. Das Absolute der Philosophie u. Religion als bloße Mystifikation des Endlichen deutend, kommt er zu einer rein anthropolog. Begründung u. Deutung der Religion („Das Geheimnis der Theologie ist die Anthropologie"). Der Mensch ist ihr Grund u. Gegenstand zugleich; Gott selbst nur das jenseits gesetzte Wunschbild seines Herzens („Projektion"). Die Politik ist die Religion der Zukunft. Marx vor allem entnahm F. entscheidende Anregungen.

Fichte, 1) *Immanuel Hermann,* Sohn von 2), * 1796 Jena, † 1879 Stuttgart. Prof. in Bonn u. Tübingen; vertrat den sog. spekulativen oder „ethischen Theismus", eine natürliche Trinitätslehre u. die Apokatastasis. Biograph u. Herausgeber der Schriften seines Vaters. 2) *Johann Gottlieb,* * 1762 Rammenau (Oberlausitz), † 1814 Berlin. Ebd. Prof.; anknüpfend an Kants Lehre von der transzendentalen Synthesis, die auf der spontanen Setzung des erkennenden Subjekts beruht, läßt F. alle Erkenntnisse sowohl dem Inhalt als auch der Form nach aus der reinen Tätigkeit des absolut verstandenen „Ich" entspringen. Dadurch wird Kants krit. Idealismus zu einem subjektiven umgewandelt u. das spekulative Denken des deutsch. Idealismus eingeleitet. Nach dem dialekt. Dreischritt setzt das „Ich" sich selbst (Thesis) u. das „Nicht-Ich" (Antithesis) u. umgreift schließlich in der intellektuellen Anschauung, d. h. der Reflexion auf seine Tätigkeit, „Ich" u. „Nicht-Ich" aus sich als Grund beider. Alles Sein ist so Produkt der ursprüngl. „Tathandlung" des Ich. Die prakt. Wissenschaftslehre gibt den Zweck jener Tathandlung an: für das reine Ich (= reiner Wille) ist die Welt nur das versinnlichte Material der Pflicht, an dem sich die sittliche Handlung bewähren u. das Ich zu sich selbst zurückkehren kann.

Ficino, *Marsilio,* italien. Renaissancephilosoph, Humanist, * 1433 Figline, † 1499 Carreggi. Platonübersetzer u. -vermittler, führender Denker der Florentiner Akademie. Suchte mit einer Synthese von Aristotelismus u. Neuplatonismus eine Neubegründung des Christentums.

Fiktion (lat.), eine Annahme, die vom Bewußtsein ihrer Irrealität begleitet ist oder in kritischer Reflexion als irreal zu entlarven sei. Der *Fiktionalismus* (die Philosophie des „Als-ob" von H. ↗Vaihinger) erklärt die meisten Erkenntnisse u. theoret.-relig. Überzeugungen des Menschen als F.en, die bloße Mittel zum Zweck der Selbsterhaltung sind.

Finalität (von lat. *finalis* = auf das Ziel, den Zweck bezüglich), das Bestimmtsein eines Seienden von seinem Ende bzw. seinem Ziel her (Zielstrebigkeit, Zweckmäßigkeit). ↗Teleologie.
Von Anaxagoras als ordnende, auf den Weltgeist zurückzuführende, Ganzheit stiftende Sinn- und Zweckursache erstmals der mechanist. ↗Kausalität des Atomismus gegenübergestellt. Aristoteles räumt der F. in seiner Lehre von den „ersten Gründen" (= Form, Materie, Woher der Bewegung u. Ziel) einen Vorrang ein. Denn die Form ist das vorweggenommene *Ziel* (griech. telos), d. h. ↗„Entelechie". Das *Woher* der Bewegung ist die im Anfang und Ursprung schon wirkende Kraft des Zieles; das Ziel selbst die Gegenwart des in der Form Vergegenwärtigten. Alles materiell-endliche Seiende ist in seiner F. endlich bestimmt, d. h., seine Vollendung ist als Erreichung eines „ontischen" Zieles zugleich Vernichtung (↗Materie). Die Bewegung des geistigen Seins dagegen ist durch das „ontolog." Ziel, nämlich durch das allumfassende Sein bestimmt u. so ihrem Wesen nach unendliche Bewegung, Vollendung ohne Beraubung, Bei-sich-selbst-Sein, ↗Geist. Dieses Bestimmtsein des Menschen von der Zukünftigkeit des Seins selbst besagt Seinsmöglichkeit zu allem u. begründet seine Freiheit u. ↗Geschichtlichkeit. Diese „ontolog." F. „determiniert" nicht mehr; sie gibt den Menschen gerade „frei" zur Verwirklichung oder Verfehlung seines Wesens.

Fischer, *Kuno,* Philosoph, * 1824 Sandewalde (Schles.), † 1907 Heidelberg. Prof. in Jena u. Heidelberg. Hegelianer der 2. Generation, der die neue Kantbewegung mit einleitete; besonders durch seine biograph. Geschichtsschreibung der Philosophie bekannt.

Form (lat. *forma*), in der aristotel.-thomist. Metaphysik: a) als *substantielle F.* (griech. eidos, morphe) der Wesensgrund eines Seienden; das Allgemeine, Arthafte (Mensch) im Gegensatz zum Einzelseienden (Sokrates); b) als *akzidentelle F.* das Bestimmende der hinzukommenden, mit dem Wesen nicht schon notwendig verbundenen Eigenschaften u. Merkmale eines jeweiligen Seienden; c) *Seinsprinzip,* auf das die sog. erste ↗ Materie bezogen ist. F. u. Materie sind als kennzeichnende Seinsprinzipien des endlichen Seienden korrelativ (↗ Hylemorphismus) u. verhalten sich wie ↗ Akt u. ↗ Potenz. Dem Sein gegenüber steht die F. dagegen im Verhältnis der Potenz zum Akt. Die F. ist hier nur als die Materie formende wirklich. Nur Gott, der „actus purus", ist reine F.; d) in der metaphys. Psychologie gilt die *Seele als Wesens-F. des Leibes* (forma substantialis corporis), erste Entelechie, die einen organ.-phys. Körper in sein Ziel (= Vollendung) führt. Auch sie existiert bis zum Tode des Menschen nur als forma formans, d. h. als auf einen Körper bezogene, ihn strukturierende (daher ist sie zu ihrer Wirklichkeit der „materialen" Komplettierung bedürfende substantia incompleta). Im Gegensatz zu ihr ist der *Geist die forma formarum,* d. h. alles Sein (menschlich der Möglichkeit nach, göttlich der Wirklichkeit nach) umfassendes, durch Freiheit u. Immaterialität ausgezeichnetes Beisichselbstsein u. so selbständig seiende F. (forma subsistens). Bei Kant (vgl. ↗ Amphibolie) ist F. apriorische Ordnungseinheit eines Mannigfaltigen der Sinnlichkeit. Die Anschauungsformen Raum u. Zeit sowie die Verstandesformen (Kategorien) ermöglichen als apriorische Elemente, die der menschlichen Erkenntnis zugrunde liegen, erst Erfahrung, indem sie den rohen Stoff der Sinnlichkeit zu einem Gegenstand formen.

Fortschritt, eine Bewegung vom Niederen zum Höheren, die stetig (↗ Evolution) oder sprunghaft (↗ Revolution) erfolgen kann; Denkmodell für das Verstehen von geordneten Bewegungen überhaupt; normalerweise gedacht analog der Bewegung eines Körpers von einem Ausgangs- zu einem Zielpunkt, wobei Ziel u. Annäherung an es das Maß des Fortschreitens abgeben. Fraglich ist, ob dieses Modell (aus dem Bereich der Ding-Ontologie) auf alle Bereiche übertragbar ist. Auch in der Geschichte kann von F. gesprochen werden, selbst wenn nicht behauptet wird, daß ihr Ziel gewußt werde; nach *Kant* ist die Bestimmung der Menschheit „unaufhörliches Fortschreiten", obwohl sich solches aus der Erfahrung unmittelbar nicht schließen läßt. Normalerweise enthält die Behauptung des F. eine Wertung; das Fortgeschrittenere ist zugleich das Höher-Wertige, wobei heute zumeist eine ausgefaltetere Differentiationsstufe auch als „höher" bewertet wird. Das seit der europ. Aufklärung allg. herrschende F.s-denken ist wiederholt in Frage gestellt worden (Romantik, Schopenhauer, Nietzsche, Heidegger) u. zumal gegenwärtig angesichts selbstwidersprüchlicher gesellschaftlicher Entwicklungen (techn. u. organisatorischer F. – menschliche Bedrohung) in eine tiefe Krise geraten.

Foucault, *Michel,* französ. Philosoph, * 1926 Poitiers, † 1984 Paris. 1960 Prof. in Clermont-Ferrand, 1968 in Paris. Dem ↗ Strukturalismus zugerechnet. Suchte insbes. die Struktur u. Veränderungsgesetze von Verhaltens- u. Interpretationsmustern in der Gesellschaft zu erheben.

Frankfurter Schule, sozialphilosoph. Richtung, begründet von *M. Horkheimer* u. *Th. W. Adorno,* hervorgegangen aus dem Institut für Sozialforschung in Frankfurt a. M. (nach 1933 in die USA verlegt) mit dem Organ „Zeitschrift für Sozialforschung" (1932–1942, seit 1933 in Paris, seit 1939 in New York erschienen). Suchte Marx' sozialökonom. Ansatz in Verbindung mit Freuds Psychoanalyse fruchtbar zu machen für eine ↗ kritische Theorie der kapitalist. Gesellschaft. In vielem übereinstimmend mit *H. Marcuse.* Neben diesem hatte die F. S. größten anfänglichen Einfluß auf die revolutionäre Studentenbewegung. Vertreter in der 2. Generation: J. Habermas, A. Schmidt.

Frankl, *Victor E.,* Begründer der psychologischen Existenzanalyse u. Logotherapie, * 1905 Wien. 1955 Prof. ebd., 1970 in San Diego (USA). Personale Existenz ist ursprünglich nicht lust- oder machtorientiert (gegen Freud u. Adler), sondern auf Sinn gerichtet. ↗ Tiefenpsychologie.

Frege, *Friedrich Ludwig Gottlob,* Mathematiker und Logiker, * 1848 Wismar, † 1925 Bad Kleinen (Mecklenburg). Mit seinen Grundlegungsarbeiten gegen die psychologisierende Begründung der Logik von maßgeblichem Einfluß auf Husserl, besonders Wittgenstein u. Carnap, auf die Herausbildung der Semantik u. allg. der analytischen Philosophie. Mit Hilfe vier einfacher Symbole (für den Implikator, Negator, Identifikator, Allquantor) lassen sich Aussagesätze „begriffsschriftlich" darstellen u. ihre Ableitungen u. Verknüpfungen rein formal, ohne Rücksicht auf den Inhalt, u. gewissermaßen rechnerisch vornehmen.

Freiheit des Menschen, ist ein wesentliches Thema philos. u. theolog. Betrachtung, ein Grundproblem des gesellschaftl.-staatl. Lebens.

1. Stufen der F. a) Der Mensch ist dadurch von allem andern Seienden unterschieden, daß er nicht in die Bindungen eines universalen Naturzusammenhanges restlos eingespannt ist u. dadurch in seinem Wesen eine durchgängige Determinierung erfährt, sondern gleichsam ins Offene (↗Welt) gesetzt ist. Damit ist er in die unvermeidbare Aufgabe gestellt, sich seine Wesensausprägung selbst zu geben u. seine geschichtlich verschied. Möglichkeiten selbst zu bilden (↗Geschichtlichkeit). Auf diese Weise sich selbst aufgegeben zu sein macht den obersten u. letzten Sinn von F. aus.

Diese F. ist so fundamental, daß es dem Menschen nicht überlassen ist, sie zu gebrauchen oder nicht zu gebrauchen, denn der Verzicht auf die eigene Wesensausprägung (etwa in einer hedonist., naturalist., nihilist. oder ähnl. Lebenseinstellung) ist selbst schon eine Entscheidung über den Daseinssinn, somit eine Wesensausprägung des Menschen durch sich selbst. Eine unmittelbare u. unüberhörbare Lebenserfahrung sagt jedem natürlich entwickelten Menschen, daß er mit jeder Handlung zugleich auch über sein eigenes Wesen entscheidet u. dessen so geschehende Ausprägung zu verantworten hat. Wir nennen diese unüberhörbare „Stimme" der fundamentalen F. das ↗Gewissen. Insofern diese F. mit dem Menschsein von selbst schon gesetzt ist, also seine Seinsweise (die ↗Person) konstituiert, kann sie auch *personale F.* genannt werden.

b) Kann der Mensch die personale F. nicht aufgeben u. gleichsam ungeschehen machen, so kann er doch sich ihr verschließen. Der Mensch kann aber auch den Auftrag der personalen F. (zur

Wesensausprägung) eigens u. ausdrücklich übernehmen, er kann sich freimachen für die F. Diese F. kann *positive F.* genannt werden; F. zu … (nämlich zur F.).

c) Aus dem potentiellen Freisein von der Gebundenheit der Natur (Kausalität) u. dem aktuellen Sichbefreienkönnen davon folgt auch ein faktisches Freisein gegenüber dem einzelnen Naturding. Wie die personale F. eine positive begründet, so bringt diese eine *negative F.* mit sich, die darin besteht, daß es dem Menschen überlassen bleibt, dies oder das zu tun, diese oder jene Möglichkeit zu ergreifen.

d) Hat der Mensch auf diese Weise seine Selbständigkeit gegenüber den Dingen, so sind diese auch in bestimmtem Sinne selbständig gegenüber ihm, d. h., sie können sich seinem Vorhaben erschließen oder verschließen. Ist der Mensch frei in seinem So-oder-so-Verhalten, so kann er sich auch auf Absichten legen, die von der Sache her nicht durchführbar sind. Der Handlungsgang der Natur u. das Handlungsprojekt des Menschen decken sich in diesem Falle nicht, aber sie *können* sich decken.

2. Formen der F. Diesen sich auseinander entfaltenden Stufen der F. im menschl. Lebenszusammenhang entsprechen jeweils verschiedene F.s-phänomene genau. Die ontische F. (d) kennen und erfahren wir als faktische Möglichkeit oder als *Handlungs-F.* Frei von dem Zwang, gerade dies oder das zu tun, in variabler Distanz gegenüber den Dingen (c), erleben wir die negative F. u. ihre Beliebigkeit als *Wahl-F.* Nicht nur so oder so wählen zu können, sondern unbedingt wählen zu können (b), frei aus sich selbst, heißt mit *Willens-F.* ausgestattet sein. Wird das Handeln aus Willens-F. betrachtet als ein Handeln, in dem sich entscheidet, was u. wer der Handelnde ist, d. h. nicht nur ein Handeln aus sich selbst, sondern auf sich selbst zu als eigene Wesensausprägung (a), so sprechen wir von *Entscheidungs-F.*

3. Sozialstruktur der F. a) Die Verwirklichung der F. ist an eine Fülle von äußeren Bedingungen gebunden, die dem Einzelnen von der Gesellschaft vorgegeben u. vermittelt sind (in der Weise der ↗Bildung, der Bereitstellung des „Materials" für die F. in Natur u. Kultur, der Kenntnisvermittlung in ↗Wissenschaft u. ↗Technik usw.). Nur in der Aneignung dieser Bedingungen in die F. hinein bleibt diese nicht innerlich, sondern wird wirklich als sich durch alle Stufen u. Formen hindurch äußernde, u. nur als solche ist überhaupt die F. So gilt von ihr das *Prinzip der Unteilbarkeit* oder *Totalität.* b) Menschliche F. ist nicht einfacher Vollzug geschichtsenthobenen Bei-sich-Seins, sondern sie ge-

schieht nur, indem sie sich „objektiviert" in ihren Werken (der Wissenschaft, der Kunst, der Religion, der Gesellschaft, des Staates usw.); umgekehrt sind die Werke nur dann u. so lange, als sie der F. nicht fremd gegenüberstehen, sondern zugleich zurückgeholt sind in das Leben der F. Menschliche F. ist diese Geschichte von Ausgang u. Heimkehr, die z. B. Hegel u. Marx als Geschichtsgang von Entäußerung u. Entfremdung u. deren Überwindung in der Rückkehr (wenn auch bei Hegel u. Marx in je verschiedener Weise) dialektisch gefaßt haben. So gilt von der F. das Prinzip ihrer *Geschichte u. Geschichtlichkeit.* c) F. ist nur wirklich in der gesellschaftlichen Integration einer Fülle freier Leistungen. Dieses *Sozialitätsprinzip* der F. führt zum Solidarismus, aber nicht notwendigerweise zum Sozialismus. d) Dennoch kann im eigentl. Sinn zu sich kommen u. sich selbst besitzen nur der Einzelne, d. h. substantieller Träger u. letztes Subjekt der F. ist die einzelne Person (*Substantialitäts-* oder *Personalitätsprinzip* der F.), u. nur im Hinblick auf sie u. im analogen Sinn kann deshalb dann auch von der F. einer Gemeinschaft, eines Volkes z. B., gesprochen werden. e) Diese Prinzipien finden sich zusammengefaßt wieder im ↗ *Subsidiaritätsprinzip,* das die Weise der Verwirklichung der F. regelt. Aus ihm her erfolgt die Zuteilung der Aufgaben, Rechte u. Pflichten an die Einzelperson, die Familie, die Gemeinde, die Gesellschaft, den Staat u. die Kirchen usw. Diese Zuteilung muß, gemäß der Geschichtlichkeit der menschlichen F., jeweils selbst von der histor. Situation abhängen.

Freud, *Sigmund,* Begründer der Psychoanalyse, * 1856 Freiberg (Mähren), † 1939 London. Seit 1907 Prof. in Wien, 1938 emigriert. Trug wesentlich bei zur Überwindung der mechanist. Assoziationspsychologie. Seine aus neurosen-therapeutischem Interesse entwickelte „metapsychologische" Lehre vom Aufbau der Persönlichkeit („Über-Ich" als internalisierte elterliche Gebote u. Verbote, „Ich" als vermittelnde Kontrollinstanz gegenüber dem „Es", dem Bereich unbewußter Triebe u. der Verdrängungen in unbewältigten Konfliktfällen) sowie ihre Übertragung auf Religion u. Kultur überhaupt hatten nachhaltige Wirkung über die Psychologie u. Medizin hinaus auf die Humanwissenschaften (Anthropologie, Pädagogik, Sozialwissenschaften). ↗Tiefenpsychologie.

Fries, *Jakob Friedrich,* * 1773 Barby, † 1843 Jena. Prof. in Heidelberg u. Jena. Unter ↗Jacobis Einfluß gründete er die Religion auf die „Ahndung" des Übersinnlichen u. gab eine psycholog.-anthropolog. Grundlegung der Vernunftkritik Kants.

Fromm, *Erich,* Psychoanalytiker, * 1900 Frankfurt a. M., † 1980 Muralto. Schüler Freuds, betont jedoch stärker als die inneren Konflikte die gesellschaftlichen Bedingungen (kulturalist. Richtung der Psychoanalyse). ↗Tiefenpsychologie.

Fundamentalontologie, ↗Heideggers Bezeichnung für die in „Sein u. Zeit" vorgelegte existentiale Analytik des menschl. Daseins als des Ortes, wo allein „Sein" verstanden ist (Seins-Verständnis), so daß erst auf dieser Grundlage der F. die Frage nach dem Sein (↗Ontologie) entfaltet werden kann.
Von der Erhellung des Seinssinnes her sollte dann die Daseinsanalytik ursprünglicher u. in neuer Weise wiederholt werden.

Funktion (lat.), a) mathemat. die Darstellung abhängiger Variabler, b) philos. ein eigener Seinstypus, der im Gegensatz zum Begriff der ↗Substanz steht: bedeutet Substanz Eigenstand, Eigen-Sein, so meint F. Sein im anderen. Funktionales Seiendes ist innerhalb eines Systems relational bestimmt. ↗Relation.

G

Gadamer, *Hans-Georg,* * 1900 Marburg. 1937 Prof. ebd., 1938 in Leipzig, 1947 in Frankfurt a. O., 1949 in Heidelberg. Ausgehend von Schleiermacher, Dilthey u. insbes. Heidegger entwikkelt G. eine explizit philos. ↗Hermeneutik, die zuletzt, in ontologischer Wendung, die immer sprachliche Weltkonstitution als geschichtlich offenes u. fortgehendes Wahrheitsgeschehen versteht, das durch keine Methode in eine abschließende Feststellung zu bringen ist.

Ganzheit, der innere Strukturzusammenhang einer Mannigfaltigkeit, das die einzelnen Teile innerlich verbindende u. tragende Gefüge, das mehr ist als die Summe der Teile. Der G. verwandt ist die wahrgenommene ↗Gestalt, d. h. die gegliederte, von der Umgebung abgehobene Erscheinungseinheit.
Ontolog.-metaphys. ist das ↗Wesen Prinzip der G. u. Gestalthaftigkeit. Die beiden Begriffe sind von besonderer Bedeutung in der Gegenstands- u. in der Gesellschaftsphilosophie, in der neueren Psychologie wie auch in der modernen Biologie (↗Vitalismus).

Gassendi, *Petrus* (Pierre Gassend), französ. Philosoph u. Mathematiker, * 1592 Champtercier b. Digne, † 1655 Paris. Gegner des Aristotelismus u. des Cartesianismus; lehrte einen auf Demokrit u. Epikur zurückgreifenden Atomismus, den er mit der christlichen Glaubenslehre als vereinbar verstand.

Gattung (griech. *genos,* lat. *genus*), von Chr. Wolff aus dem Lat. übersetzte Bezeichnung für diejenige Allgemeinheit, welche sich in mehrere ↗Arten spezifiziert, wobei G. ihrerseits im Hinblick auf das über ihr stehende noch Allgemeinere selbst wiederum als Art fungiert. Diejenigen G.en, die als „allgemeinste" selbst nicht mehr Arten sein können, sind die „höchsten G.en" (vgl. ↗Kategorie).

Gedächtnis, als *sinnl. G.* das seel. Vermögen von Lebewesen, Wahrnehmungen u. nachfolgende Verhaltensweisen, die nicht im bloßen Instinkt gründen, als Eindrücke meist in besonderer Verknüpfung zu merken und anläßlich späterer, mit den früheren selbst verknüpfter („assoziierter") Wahrnehmungen zu reproduzieren. Das *menschl. G.*, wenngleich es durch die Sinne Eindrücke empfangen kann, hängt nicht restlos von diesen ab. Als *geistiges G.* ist es vielmehr das Vermögen, auch von nichtsinnlichen Akten die Inhalte, die das Denken sammelt, geordnet zu bewahren. Es ist so die freie Möglichkeit für den menschl. Geist, in die Vergangenheit zurückzudenken u. ist so als Fundament der Erinnerung Möglichkeit der wiederholenden Vergegenwärtigung von Vergangenem, das als Vergangen-Gewußtes dem Wissen präsent ist.

Der Geist kann deshalb an das Vergangene, das im G. bewahrt ist, zurückdenken, weil das G. selbst die „Kraft des Geistes" (Augustinus) ist, die Weise, wie der Geist seine Akte als vergangene bei sich behält u. nach-denken kann. Das G. ermöglicht so erst ⁊ Erkenntnis; ich erkenne etwas, das mir begegnet, indem ich es „wiedererkenne", identifiziere mit etwas, das ich schon wirklich weiß, weil ich es früher einmal erkannte (vgl. die platon. Deutung der Erkenntnis als ⁊ Anamnese) u. zuletzt, weil es seiner reinen Möglichkeit nach schon immer im Gedächtnis war, seit „Urbeginn" des menschl. Geistes in der Schöpfung des Menschen.

Gefühl, E m o t i o n, umfassende Bezeichnung für Sinnesempfindungen (Tastgefühl, aber auch z. B. Lust, Schmerz), Gemütsbewegungen (z. B. Liebe, Leid; vgl. ⁊ Affektion) u. Gemütsverfassungen (z. B. Angst, Hoffnung; vgl. ⁊ Stimmung), auch für die darin unmittelbare Selbstgegenwart des Erlebenden (Selbst-G.). Gewöhnlich mit Vernunft u. Wille (als den „geistigen" Vermögen) zur Grundstruktur des menschlichen Lebens gerechnet („Denken – Wollen – Fühlen"). Doch spielte in der philos. Tradition das G. infolge seiner Sinnlichkeitsgebundenheit zumeist eine untergeordnete Rolle.

Die G.s - m o r a l des 18. Jh. (Shaftesbury, Hutcheson) dagegen erhob das moralische G. zur Leitungsinstanz für sittliches Erkennen u. Handeln (dagegen insbes. Kant). Die G.s - p h i l o s o p h i e des 18./19. Jh. (vor allem Jacobi, Schleiermacher) sah im G., vor allem im Glaubens-G., den Ort ursprünglicher Wirklichkeits- u. Sinnerfahrung (schärfster Gegner: Hegel). Für die Phänomenologie (insbes. in der Fortführung durch Scheler) bedeutete das G. in seinen verschiedenen Stufen die ursprüngliche Erschließung des Bedeutungsvollen, der „Werte". Das G. hat hierbei freilich in noch betonterer Weise den Charakter einer geistigen Grundbeziehung („Intuition").

Gegensatz (lat. *oppositio),* das Verhältnis zweier sich ausschließender Begriffe bzw. Urteile. Je nach der Weise der Ausschließung: 1) der *kontradiktor.* G. = absoluter G., Negation des Behaupteten schlechthin (Sein – Nichtsein); 2) der *konträre* G. = G. des größten Abstandes innerhalb eines bestimmten Bezirkes (schwarz – weiß); 3) der *polare* G., ↗Polarität.

Gegenstand, alles, was ist, nicht sofern es überhaupt ist, sondern sofern es „entgegensteht", nämlich dem vorstellenden Ich (↗Subjekt) in seinen Akten oder Aktmöglichkeiten (vgl. ↗Objekt). Dem verschiedenen Charakter dieser Aktmöglichkeiten entsprechen in der Phänomenologie jeweils G.s-arten von verschiedener Gegenständlichkeit (realer, prakt. G., z. B. der Erfahrung u. des Willens; irrealer, idealer G., z. B. als bloßer Begriff der Reflexion) mit je eigenen Gegebenheitsweisen.
Für *Kant* gibt es Gegenstände nur, insofern sie im Bewußtsein u. von diesem als Einheiten erstellt werden: der Verstand verknüpft aufgrund der obersten Einheit der transzendentalen Apperzeption mittels der Kategorien das Mannigfaltige der Anschauung zu einem Einheitlichen, dem G. Während schon hier die Konstitution des G. eine synthetische Leistung der Subjektivität ist, wird der G. im *deutschen Idealismus* immer stärker ausschließlich (also nicht nur der Form, sondern auch dem Inhalt nach) zu einem Erzeugnis des Bewußtseins, des Geistes. Demgegenüber vertritt, der Phänomenologie nahestehend, die von *A. Meinong* begründete G.s-theorie die Ansicht, daß die von der Wirklichkeit zu unterscheidende Gegenständlichkeit nicht restlos auf die Subjektivität zurückgeführt werden könne. Sie will dasjenige erforschen, was a priori von einem jeden G. ausgesagt werden kann. *Der erkenntnistheoretische Realismus* sieht im G. eine besondere Weise, in der sich das Seiende selbst dem Ich präsentiert.

Gehlen, *Arnold,* * 1904 Leipzig. † 1976 Hamburg. 1934 Prof. in Leipzig, dann Königsberg u. Wien, 1947 in Speyer, 1967 in Aachen. Neben Scheler u. Plessner Hauptanreger der modernen philos. ↗Anthropologie, u. zwar in biologischer u. soziologischer Orientierung: Der Mensch ist das „Mängelwesen", das durch Technik u. gesellschaftliche Institutionen (Kompensations- u. Entlastungsleistungen) sein Leben sichert.

Geist. 1. Philosophisch-systematisch zeigt sich G. aus der Sicht der *metaphys. Überlieferung* zunächst als das Auszeichnende des Menschen: der Mensch ist nicht nur Einzelseiendes inmitten von u. neben anderem, sondern steht ursprünglich schon im Verhältnis zum Seienden im einen Ganzen der Welt u. darin zugleich zu dem menschlichen Seienden in der Welt (als Ich u. Du). Erst aufgrund der Weltoffenheit u. Selbsterschlossenheit ist, in der befreienden Distanzierung von Einzelnen u. in der transzendierenden Freiheit zum Ganzen, das ↗Denken des Allgemeinen in seinem Zusammenhang, die ↗Erkenntnis des Besonderen, die Stellungnahme zum Einzelnen in seiner Besonderheit u. die Selbstbestimmung zum eigenen Wesen möglich (↗Wille). Insofern das Sein es ist, welches Seiendes als solches überhaupt erst sein und verstehbar sein läßt, ist diese Weltoffenheit u. Selbsterschlossenheit allererst im Horizont des ↗Seins möglich u. erweist sich somit G. gerade als die Offenheit des Seins u. für das Sein. Diese Eröffnung geschieht im ständigen Überstieg über das Seiende auf das Sein u. in ständiger Rückkehr vom Sein zum Seienden, zur Welt u. zu sich selbst; u. so zeigen sich als die dem G. eigentümlichen Weisen seiner Bewegung Transzendenz u. Reflexion, Außersich- u. Beisichsein zugleich (↗Person). Die Grundvollzüge in dieser gegenläufigen Bewegung des G. sind: die Welt denkende Vernunft, der das Besondere auf seine allgemeingültige Wahrheit im Ganzen hin erkennende u. beurteilende Verstand, der zuletzt auf die Wesensvollendung des Selbst hinzielende freie Wille.

Als an einen Leib gebundener u. auf Sinnlichkeit angewiesener ist menschlicher G. endlicher G., der durch die unaufhebbare Differenz von unendlichem Ausgriff (Transzendenz) u. bloß endlicher Erfahrung u. Gegenwärtigung (Reflexion) gekennzeichnet ist. So erfährt sich der endliche menschliche G. als von einem all sein Begreifen u. Ergreifen umschließenden prinzipiell Unbegreifbaren getragen u. partizipativ auf es verwiesen in der Weise, daß sein endliches Begreifen u. Ergreifen Nachvollzug einer vorgegebenen Ordnung des Seienden aus dem Grund des Seins ist. Diese Ordnung wird ursprünglich schöpferisch vollzogen in der vollendeten Selbstgegenwart nur des Seins selbst als dem göttlichen Grund, worin, von uns aus gesehen, Transzendenz u. Reflexion (mit ihren Vollzügen des Denkens, Erkennens u. Wollens) „ineins" fallen u. die Differenz von Sein u. Geist sich als vertauschbar erweist in der Identität des Seins-bei-sich u. des Bei-sich-seins.

2. Problemgeschichte: Die von *Anaxagoras* (G., nous, als das ordnende Prinzip des Kosmos), *Parmenides* (Zusammengehörigkeit von G. u. Sein als Selbigkeit) u. *Heraklit* (G., logos, als die ursprüngliche Gesammeltheit des Seienden im einen Sein) gegebenen anfänglichen Auslegungen des G. durchziehen die gesamte Geschichte der abendländ. Philosophie. *Platon* sieht im G. als Weltvernunft die ewige Selbstschau der höchsten Idee in den vielen Ideen, im G. als menschlicher Vernunft den an dieser Selbstschau teilhabenden höchsten Seelenteil. *Aristoteles* versteht den G. als das sich selbst denkende Denken (noesis noeseos), das als die Seinsweise des Göttlichen von allem Seienden angestrebt wird u. dem sich der Mensch, in dessen sterbliche Seele der G. als das einzig Ewige „von außen" einbricht, im Vollzug der Philos. als „Theorie" nähert. In der *Stoa* oberstes Prinzip aller Dinge als sich selbst bewegendes G.-Feuer, im *Neuplatonismus* die erste Konkretion des Einen, denkend auf dieses zurückgewandt. Bei *Augustinus* ist der von der menschlichen Seele (anima) unterschiedene menschliche G. (mens, animus) als Licht ewiger Wahrheiten die vom göttlichen G. ausgehende Einstrahlung (⟋Illuminationslehre) in die menschliche Seele, die diese u. das ihr begegnende Seiende erleuchtet u. als „acies mentis" Punkt der Begegnung zwischen Mensch u. Gott ist. Für *Thomas von Aquin* bedeutet der menschliche G. als lumen naturale bzw. intellectuale die zum Wesen der Menschenseele gehörende endliche Partizipation am unendlichen göttlichen Schöpfer-G. u. infolgedessen am absoluten Grund des Seins aller geschaffenen Dinge (vgl. ⟋intellectus agens).

In der Neuzeit tritt mit der Trennung von Sein u. G., Materie u. Denken, Objekt u. Subjekt immer stärker die Zurückgewandtheit des menschlichen G. auf sich selbst, seine Subjektivität u. damit seine „Bewußtseins"-Welt in den Vordergrund *(Descartes, Kant)*. *Hegel* sucht in seinem G.-Begriff diese, wie er meint, abstrakten Trennungen des widervernünftigen, sich auf seine Endlichkeit fixierenden Verstandes zu überwinden: G. ist das (nunmehr geschichtlich-dialektisch interpretierte) Absolute, welches sich aus seinem Anderssein zu sich selbst zurückwendet, indem es sich als subjektiver G. im einzelnen Menschen, als objektiver G. in den menschlichen Gemeinschaftsformen (Recht, Gesellschaft, Staat), als absoluter G. in den großen Grundweisen der geschichtlichen Bewegung (Kunst, Religion, Philosophie) konkretisiert u. zuletzt zum absoluten Beisichsein des G. im absoluten Wissen vollendet.

Nach Hegel verfallen diese Vorrangstellung u. Hochschätzung des Geistes weithin: *Feuerbach* sieht in ihm eine Vollzugsweise menschlicher, d. h. freilich universeller Sinnlichkeit. Für *Marx* ist der G. (aller bisherigen Philosophie u. Geschichte) die Gestalt der Selbstablösung des Menschen von der zerrissenen diesseitigen Wirklichkeit der Entfremdung in eine Harmonie vorgaukelnde jenseitige Welt der Einheit im Selbstbesitz, die nur das ideolog. Spiegelbild der bestehenden Wirklichkeit ist u. zu deren Sanktionierung dient. *Kierkegaard,* der im G. einen dem Einzelnen nur im Vollzug des Glaubens wahrhaft erreichbaren Existenzmodus sieht, betont das Moment der Faktizität, des Daseins des G. (der Mensch ist „existierender G."), das nicht einfachhin in eine systematische G.-Logik (etwa hegelscher Art) hinein aufhebbar ist. *Nietzsche* sieht im metaphysischen G. als denkender Vernunft die lebensverneinende Gestalt des Willens die jegliches Werden in einer letzten, alles umspannenden Ruhe des Seins zum Stillstand bringen will. Laut *Klages* zerstört der nur aufs Allgemeine zielende G. alle individuellen Bindungen des Lebens an das Konkrete u. ist so der „Widersacher der Seele". Ähnlich sieht der späte *Scheler* im G. das dem Leben schlechthin entgegengesetzte Prinzip, dessen Ohnmächtigkeit im Menschen mit der alleinigen Macht des Dranges kompromißhaft zusammenkommt.

Problem gegenwärtiger philos. Behandlung der G.-Frage ist vor allem das Verhältnis des in der Metaphysik generell ungeschichtlich gefaßten G. zu der Geschichtlichkeit des Daseins in der Einheit der menschlichen ↗ Person sowie das Verhältnis der beiden fundamentalen Vollzugsweisen des G., des Erkennens u. Wollens (Handelns), zueinander.

Geisteswissenschaften, innerhalb der Erfahrungswissenschaften den Naturwissenschaften entgegengesetzt, erforschen die Erscheinungen der Welt, sofern sie nicht der Natur, sondern dem menschlich-geschichtl. ↗ Geist entstammen. Der Raum der G. ist so die Geschichte in ihren Bereichen (Philosophie, Religion, Sprache u. Literatur, Kunst, Recht usw.).

Um die Grundlegung der G. bemühte sich bes. ↗ Dilthey: Die

Naturwissenschaften wollen Dinge u. Vorgänge nur als wiederholbare „Fälle" aus dem allgemeinen Kausalzusammenhang der Natur „erklären"; die G. suchen individuelle, geschichtlich einmalige Zeugnisse u. Ereignisse aus ihrem übergreifenden geistigen Sinnzusammenhang zu „verstehen". Ähnlich stellt ↗Rickert den Naturwissenschaften mit ihrer „generalisierenden" Methode, die von der Individualität u. ihrem Wert abstrahiert, die *Kulturwissenschaften* gegenüber. Deren „individualisierende" Methode will eben das Individuelle in seiner geschichtlich einmaligen kulturellen Bedeutsamkeit, in seiner Stellung inmitten eines Wertzusammenhanges, erkennen (vgl. auch ↗Ideengeschichte). Über diese Bestimmungen hinausgehend, hat die moderne ↗Hermeneutik die Eigenart der G. u. die ihnen eigene Erkenntnisweise des ↗Verstehens zu thematisieren versucht.

Geltung, Gültigkeit, 1) allg. im Gegensatz zum nur tatsächl. Bestehen das Zurechtbestehen von etwas, (insbes. eines Urteils oder einer Forderung), das eine in der Transzendentalität des Seins (oder des Geistes oder des Bewußtseins) begründete Anerkennungsnotwendigkeit mit sich führt; 2) die apriorisch-ideale G. der ↗Werte bes. im Neukantianismus.

Gemeinschaft, eine durch ganzheitl.-personale, „innerliche" u. gewachsene Verbundenheit ihrer Mitglieder, durch Übereinstimmung im Lebensgefühl u. in den inhaltl. Maßstäben des Denkens u. Handelns ausgezeichnete Gruppe von Menschen (Familie, Gemeinde, insbes. auch relig. Gemeinschaften, u. a.). Schon im 19. Jh. beginnt (bes. in der Romantik) die kulturkritische Unterscheidung von G. und ↗Gesellschaft, die schließlich bei F. Tönnies zur scharfen Entgegensetzung führt: Gesellschaft ist dann die unpersönliche, nur „äußerliche" u. zweckbewußt hergestellte Beziehungsordnung individualist. Interessen. Von hier aus fand diese Begriffspaarung, die in manchem parallel gehen konnte mit der Unterscheidung von Kultur u. Zivilisation, Eingang in die Soziologie u. Sozialphilosophie. Diese setzen heute meist eine mehrfache Stufung zwischen G. u. Gesellschaft nach Intimitätsgraden an oder verzichten auf den Begriff (zumal angesichts der Manipulierbarkeit der G.s-sehnsucht, z. B. in der nationalsozialist. „Volks-G."), der freilich, sei es auch in sehr ausgeweiteter Form (z. B. „Sprach-, Kommunikations-G.") stets wiederkehrt.

generatio aequivoca (lat.), Urzeugung; die Annahme, daß organisches Leben spontan aus anorganischer Materie aufgrund natürlicher, chemo-physikalischer Gesetze entstehe. Widerlegt, wenn man darunter z. B. die Entstehung von Fliegen, Würmern usw. aus Schlamm versteht. Als Vorstellungsmodell der ↗ Evolutions-Lehre („natürliche" Entstehung der ersten reproduktionsfähigen Eiweißmoleküle aus unbelebtem Stoff) heute weitgehend anerkannt. Gegensatz: Kreationismus, der annimmt, daß für die Entstehung des organischen Lebens ein eigener Schöpfungsakt nötig war.

Gentile, *Giovanni,* italien. Philosoph u. (faschist.) Kulturpolitiker, * 1875 Castelvedrani, † 1944 Florenz (von Widerstandskämpfern erschossen). Im Anschluß an Spaventa, Fichte, Hegel u. Croce entwickelte G. seine Philosophie des „aktualist. Idealismus": Alles Reale ist dem schöpferisch hervorbringenden Akt des Geistes immanent.

Gerechtigkeit (griech. *dikaiosýne,* lat. *iustitia*), a) oberstes materiales Prinzip des ↗ Rechts, so daß sich dieses an der Forderung der G. ausrichten muß, um „richtiges" Recht zu sein, b) als menschliche Tugend diejenige sittliche Grundhaltung, die alles Handeln von diesem Prinzip geleitet sein läßt. In der Naturrechtslehre ist deshalb G. oberster Grundsatz des überpositiven, das faktische Recht erst begründenden ↗ Naturrechts; u. in der moralphilos. Tradition ist G. die im Einklang der drei ↗ Kardinaltugenden (Platon: Weisheit, Tapferkeit, Maßhaltung) sich bekundende umfassende vierte Kardinaltugend. – Seit Aristoteles werden gewöhnlich drei Grundformen der G. unterschieden: 1. *iustitia commutativa* (Tausch-G., Vertrags-G., ausgleichende G.) im Verhältnis der Einzelnen untereinander; 2. *iustitia generalis* oder *legalis* (allgemeine oder gesetzliche G.) im Verhältnis der Einzelnen zum sozialen Ganzen unter dem Richtmaß des zu verwirklichenden gemeinsamen Gutes (Gemeinwohl, bonum commune); 3. *iustitia distributiva* (austeilende G.) im Verhältnis des sozialen Ganzen zu den Einzelnen unter dem Richtmaß des absolut gleichen (z. B. was die Grundrechte betrifft) oder proportional gleichen (z. B. bei sozialer Unterstützung je nach Bedürftigkeit) Teilhabenlassens der Einzelnen am Gemeinwohl. Ebenfalls auf die Antike (Platon, Aristoteles) zurück geht die Formel, G. überhaupt fordere „suum cuique tribuere" (jedem [den Einzelnen wie der Gemeinschaft] das Seine zuzuerkennen).

Größte Schwierigkeit bereitet jedoch die inhaltlich genaue Bestimmung, was dieses „Seine" ist. Sie ist eine Aufgabe, die wohl nicht allgemeingültig u. zureichend einmal für alle sozialen Situationen u. alle geschichtlichen Epochen gelöst werden kann, sondern im Blick auf geschichtlich sich wandelnde Bedingungen je neu angegangen werden muß.

Geschichte, der den Menschen übergreifende Geschehenszusammenhang, der wesentlich durch vergangene Ereignisse bestimmt u. so in seinen Anfängen dem Menschen entzogen ist. Gleichwohl ist die G., weil in der ↗ Geschichtlichkeit des Menschen selbst fundiert, kein ihm gegenüber- u. feststehender Bestand. G. als Ereignisgeflecht betrifft den Menschen vielmehr als in die Zukunft fortwirkende u. ist deshalb, obwohl „vergangen", doch zugleich „gegenwärtig": die Gegenwart der Vergangenheit selbst als Aufgabe ihrer Aneignung u. Verwandlung in die Zukunft. Die konkrete Gestalt dieser Gegenwart im weitesten Sinn ist die aus der Tradition überkommene geschichtliche ↗ „Welt" (vgl. ↗ Kultur), in die der Mensch gestellt ist als in den Raum, der ihm die Verfaßtheit seiner Lebensvollzüge vorzeichnet, ihm die Möglichkeiten seiner gemeinschaftlichen Selbstverwirklichung eröffnet u. selbst noch die möglichen Weisen der (evolutiven oder revolutionären) Auseinandersetzung mit der Vergangenheit u. neuen Zielsetzung für die Zukunft mitbestimmt. G. ist in diesem fundamentalen Sinn der Geschehnischarakter der endlichen menschlichen ↗ Freiheit, deren geschichtliche Selbstgestaltung in Weltverwirklichung nie anfangslos u. nie vollendet ist, sondern die auch als freie zugleich eingefügt ist in einen Zusammenhang mit den Entscheidungen der Vorangegangenen u. der Nachfolgenden. Nach dem möglichen Ursprung, Ziel u. Sinn der G. der Menschheit im ganzen fragt die ↗ Geschichtsphilosophie.

Geschichtlichkeit, die grundlegende Verfaßtheit des Menschen, daß er in eine ihm schon vorgegebene, ihn bestimmende u. fortwirkende Vergangenheit, die ihm zugleich entzogen ist, u. eine noch ausständige u. doch fordernde Zukunft gestellt ist u. nur in dieser Spannung zwischen Verfügtheit u. Freiheit sich selbst erwirken kann u. muß. Darin unterscheidet sich der Mensch am meisten von allem nur ↗ „Ontischen" (es gibt z. B. Entwicklung u. Veränderung, aber nicht in gleichem Sinne eine „Geschichte" der Natur). Sich bereits im Gang einer ↗ Geschichte findend, hat er diese zu übernehmen in stellungnehmendem, mittätigem, verantwortlichem Verhältnis zur jeweiligen ↗Welt. In diesem Entscheidungsverhältnis verwandelt er die physische ↗Zeit in den geschichtlichen ↗Augenblick u. wird damit seiner ↗Existenz bewußt.

Wurzelt so Geschichte in der G. des Menschen, d.h. ist Geschichte als fortdauerndes Ganzes nur aufgrund der menschl. Freiheit möglich, so ereignet sich „Welt"-Geschichte (hier verstanden als die Geschichte der jeweiligen „Welt" des Menschen) dadurch, daß durch weltbewegende Ereignisse, Taten u. Entscheidungen das Ganze einer Zeit, aus dem heraus alles verstehbar ist, die Weltstruktur, d. h. „Welt", sich selbst wandelt. Die großen „Epochen" der Menschheit sind solche, in denen das ↗Wesen (das des Menschen, der Kunst, der Politik, der Religion) selbst gewandelt erscheint. Historisch im eigentlichen Sinne ist alles in der Welt, was einen Wandel des Weltentwurfes erzwingt. G. als Wesens- u. Weltwandel ist insofern G. der ↗Wahrheit, als der Mensch ohne eine „geschichtlich sich vollziehende Wahrheit" undenkbar ist. Sprengt so die G. jede Festlegung des Wissens u. Denkens auf überzeitliche Systeme u. unwandelbare Begriffe, da sie um die „Perspektive" der menschl. Wahrheit weiß, so begründet G. jedoch nicht den ↗Relativismus.

Im Gegenteil führt die Einsicht, daß keine Welt als die einzig u. allein maßgeblich wahre bestehen kann (↗Weltanschauung; ↗Historismus), zu der radikaleren Einsicht, daß jede Epoche zeitlich bestimmt ist in ihren Fundamenten u. gezeitigt ist in den sie prägenden Verläufen, zeit-geschichtlich bedingt ist. So ist jede Epoche geschichtlich unbeliebig-unwiederholbar u. damit *als* zeitliche *absolut,* d.h. besitzt sie unbedingten Wahrheits- u. Gültigkeitsanspruch. G. wird so Problemtitel für die Aufgabe, das Verhältnis zwischen geschichtlich sich Durchhaltendem einerseits u. dem sich Ändernden anderseits so zu erhellen, daß auch das Zeitliche in der ihm eigenen Bedeutung belassen u. anerkannt u. nicht vor einem Überzeitlichen herabgesetzt wird. Der Versuch, dieses Problem sachgemäß zu stellen, muß die starre Entgegensetzung von zeitlich-vergänglicher Wirklichkeit u. zeitlos-ewiger Wahrheit hinterfragen. Im Anschluß an Yorck v. Wartenburgs „generische Differenz von Ontischem u. Historischem" hat insbes. die Existenzphilosophie u. die philos. Hermeneutik die G. deshalb als einen ihrer Grundbegriffe entfaltet.

Geschichtsphilosophie stellt von der Betrachtung der ↗Geschichte her die Frage nach Wesen u. Sinn der Geschichte im ganzen. Die Schwierigkeit dieser Frage liegt darin, daß Anfang u. Ziel der Geschichte in der Verborgenheit sind, ohne die der Mensch kein geschichtl. Wesen wäre, weil er dann über seiner Geschichte stünde. (Die Geschichtstheologie geht von der Offenbarung Gottes aus, die diese Verborgenheit dem Wissen jedoch nicht preisgibt, sondern sie für den Glauben gerade voraussetzt.) Als die „denkende Betrachtung der Geschichte" (Hegel) liegt G. jedem bewußten, reflektierenden Verhalten zur Geschichte zugrunde, auch wo die geschichtsphilos. Voraussetzung der Beschäftigung mit der Geschichte nicht auseinandergesetzt wird, ja eine solche Auseinandersetzung als unnütz für die histor. Erkenntnis abgewiesen wird. Zur eigenen Disziplin wird die G. seit dem 18. Jh. (der Begriff stammt von Voltaire).

Die *Antike* brachte keine geschlossene G. hervor; sie begriff die Geschichte in Analogie zur Natur als kreisförmiges Geschehen im Aufstieg u. Niedergang (Hesiod, Thukydides, mit Einschränkung auch Polybios). Das *Christentum* veränderte dieses Geschichtsverhältnis von Grund auf durch den Glauben an die Menschwerdung des Sohnes Gottes u. an seine Wiederkunft. Auf *Augustins* Geschichtstheologie gründet die Auffassung des Mittelalters von der Geschichte als nicht kreisförmiger, sondern zielgerichteter Heilsgeschichte.

Die abendländ. G. bis auf Hegel ist weithin eine Säkularisierung der Theologie der Heilsgeschichte im Sinn Augustins. Die Ablösung erfolgte auf dem Weg über die pragmat. Geschichtsauffassung mit ihrer Vorherrschaft des polit. Interesses. Der ↗Fortschritt als Ideal der Aufklärung erhielt in der Idee der Humanität seine materiale Zielbestimmung. Für *Herder,* den Schöpfer der deutschen G., der *Vicos* u. *Montesquieus* geschichtsphilos. Ansätze (u. a. Organismen- u. Kulturzyklenlehre) aufnahm u. der Romantik weitergab, ist Geschichte die Kontinuität der natürl. menschl. Entwicklung, die Realisierung der Humanitätsidee; diesen Anschauungen folgen auch *Lessing, W. v. Humboldt, Schiller.* Der deutsche Idealismus sah im „ethischen Staat" *(Kant)* die regulative Idee für das geschichtl. Handeln; *Hegel* verstand Geschichte als Bewußtwerden des göttl. Geistes. Die „organische" G. der Romantik (gegen Hegel das „Individuelle" betonend) faßte Geschichte als ↗Palingenesis auf. Gegen die Auffassung der Geschichte als eines einzigen Prozesses betonte v. *Ranke:* „Jede Epoche ist unmittelbar zu

Gott." In scharfer Wendung gegen die Immanenz lehnte *Droysen* die G. ab: „Unseres Geschäftes ist die Theodizee." In *Comtes* positivist. G. ist das Ziel der Geschichte die (naturwissenschaftl.) Beherrschung der Dinge. Die materialist. G. sucht in der Geschichte den Ablauf der ökonom. Gesetzlichkeit; ihr entrinnen durch die Errichtung der gewalt- u. klassenlosen Gesellschaft ist die säkularisierte eschatolog. Hoffnung des Marxismus.

Die G. des frühen 20. Jh. rückt von der alten „Universalhistorie" ab (der Begriff „Menschheit" wird fraglich) u. wendet sich der Kulturmorphologie zu. An die Stelle des Fortschrittsschemas tritt der Pessimismus, der (Schopenhauers Philosophie- u. Nietzsches „décadence"-Begriff voraussetzend) Geschichte letztlich als Verfallsprozeß sieht *(Spengler).* Der Verlust des echten Geschichtsbewußtseins, in dem der Mensch noch um seinen Auftrag weiß, tritt in sein äußerstes Stadium; die Geschichte wird zum bloßen Gegenstand des Betrachters u. seines ↗ Verstehens *(Dilthey).* *Troeltsch* erkennt als ein Hauptmoment der Zeit die „restlos historische Anschauung der menschl. Dinge", also den ↗ Historismus, dessen Überwindung er als Aufgabe bezeichnet; *M. Weber* scheidet scharf sein erkenntnistheoret. Prinzip des Idealtypus vom wertenden Urteil aus Idealen. Den Zwiespalt zwischen der Anerkennung einer ewigen Wahrheit u. der histor. Anschauung sucht die G. in der Erarbeitung des Begriffs der ↗ Geschichtlichkeit zu bewältigen (vgl. ↗ Hermeneutik). Demgegenüber stellt der französ. Strukturalismus die statischen Ordnungsbeziehungen u. damit ungeschichtliche Bestimmungen der Geschichte heraus.

Gesellschaft, kann in wechselnder Weise definiert werden. Im weitesten Sinn versteht man unter G. die Einheit des Zusammenlebens von Menschen, die durch bestimmte Regelsysteme gewährleistet ist, in denen sich menschliche Beziehungen artikulieren: Einheit in Sitte, Recht, Verkehr, Gewohnheit, Kunst, Produktionsweise, Familienform usw. Enger gefaßt, bezeichnet G. die Form, wie die Über- u. Unterordnungsverhältnisse u. die Gruppenzugehörigkeit der Einzelnen geregelt sind (G.s-formen: Kasten-G., Stände-G., Klassen-G. usw.); da diese G.s-ordnung ihren ersten Ausdruck im Recht findet, verengte sich der Begriff im 19. Jh. zum Begriff der „bürgerlichen G.", d. h. auf die Form, wie die (insbes. wirtschaftlichen) Privatinteressen der Einzelnen rechtlich unter Berufung auf die Staatsmacht (aber ohne der eigentlich staatlichen Sphäre anzugehören) zu geregeltem Austrag kommen.

Ausgehend von der Überlegung, daß G. nichts ist, in das der Mensch erst nachträglich gerät, sondern ein ursprüngliches Phänomen (der Mensch wird nicht als Einzelner geboren u. vergesellschaftet sich dann später z. B. durch G.s-vertrag wie bei Rousseau, sondern er kommt durch Geburt je in eine konkrete G. u. begreift sich dann nur innerhalb ihrer als Einzelner), neigt man heute dazu, G. wieder im weitesten Sinne zu verstehen, was allerdings die Gefahr in sich birgt, die G. zum Erklärungsgrund von allem u. jedem zu machen (Soziologismus). Die Beschreibung u. Erforschung ontischer gesellschaftlicher Strukturen in der Soziologie bedient sich zunehmend empirisch-quantitativer Verfahren. Die Zielvorstellung von G. geht heute auf höchstmögliche Mobilität u. Durchlässigkeit.

Gesetz, jede gesetzte Regel oder Norm eines Geschehens, Denkens oder Handelns. Formal unterscheidet man z. B. empirische u. apriorische, auf Wahrscheinlichkeit u. auf Apodiktizität gegründete G.e, material G.e des Denkens (Logik), G.e der Natur (Physik), G.e der Freiheit (Sitten-G.; Ethik). „G." ist hierbei immer ein analoger Begriff. Vgl. ↗ Nomos.

Gestalt, in der Geschichte der Ästhetik vorgebildeter Begriff, in der Nähe zu dem der ↗ Ganzheit stehend, von Chr. von Ehrenfels in die Psychologie (G.-psychologie) eingeführt. Die G. hat eine eigene Qualität, die nicht nur die Summe der Eigenschaften der Teile ist *(1. Ehrenfels-Kriterium),* die aber zerstört wird durch Veränderung auch nur eines der Teile, dagegen erhalten bleibt, wenn sämtliche Teile bei Wahrung der Proportionen verändert werden *(2. Ehrenfels-Kriterium).*

Geulincx, *Arnold,* niederländ. Philosoph, * 1625 Antwerpen, † 1669 Leiden. Lehrte in Löwen u. Leiden; das Cartesian. System wird bei ihm zum ↗ Okkasionalismus: Seele u. Leib verhalten sich wie zwei durch Gott stets aufeinander abzustimmende „Uhren".

Gewalt, nach Kant die Macht, wenn sie „dem Widerstande dessen, was selbst Macht besitzt, überlegen ist", wodurch erst auch die bürgerliche Rechtsordnung (Freiheit unter Gesetzen) durchgesetzt werden kann. Nach Hegel die „Erscheinung der Macht", insbes. als Verfügung über Besitz (Eigentum) u. als Staats-G. gegen die Verletzung rechtmäßiger Eigentumsverhältnisse. Marx u. der Marxismus setzen der polit. G. des Staates als des Staates der Eigentümer die revolutionäre G. des Proletariats zur Herbeiführung der klassenlosen u. somit „gewaltfreien" Gesellschaft entgegen. – Sofern legitime (in demokrat. Gesellschaften durch Volksentscheidung legitimierte) ↗Macht in Konfliktfällen nicht auf G. verzichten kann, muß die G.ausübung durch die Macht kontrolliert u. beschränkt werden. Vorzügliches Mittel hierzu (seit Locke u. bes. Montesquieu, vorgebildet bereits bei Aristoteles) G.en-teilung (Legislative, Jurisdiktive, Exekutive).

Gewissen, unbezweifelbares, doch schwer zu fassendes ursprüngliches Phänomen in der Auseinandersetzung des Einzelnen mit sich selbst u. seiner Gemeinschaft. Schon bei Sokrates beschrieben als innere „Stimme" (daimonion des Sokrates), die „warnt" u. „rät" u. so in entscheidenden Situationen eine Orientierung für das zukünftige u. ein Urteil über das vergangene Handeln bietet, dabei jedoch problematisch bleibt: weder ist das „Woher" der Stimme unmittelbar deutlich noch ihr Gesagtes genau angebbar. Diese zum Phänomen gehörende Unbestimmtheit läßt neben den formal-abstrakten Bestimmungen des G. (Ruf-Charakter, Unverwechselbarkeit, Bezogenheit auf das Handeln im Gesamt des Lebensvollzugs, „schlechtes" G. als ausgezeichnetes Phänomen = Vorrangigkeit des Differenzerlebnisses) eine Mehrzahl von Deutungen zu, insbes. bezüglich des Woher des G.s-Anrufs: dieser wird in der Tradition der christl. Metaphysik als Einbruch der theolog. Transzendenz ausgelegt, dagegen in der Existenz(ial)philosophie des 20. Jh. (insbes. Heidegger) als Ruf des Daseins selbst, das sich in seine eigentliche Möglichkeit vor-ruft. Beiden Auslegungen ist gemeinsam, daß das G. einen ausgezeichneten Bezug zu ↗Freiheit u. ↗Willen hat: erst das G. stellt die Freiheit vor ihre eigentliche Wahl u. fundiert so Verantwortung, u. zugleich stellt das G. bei dieser willentlichen Wahl das im innersten entscheidende Kriterium über Wert u. Unwert dar.

Als ursprüngliches Phänomen kann das G. weder definiert noch hinterfragt, wohl aber auf seine ↗Faktizität hin *befragt* werden: Hier besteht weitgehende Übereinstimmung darüber, daß das G. das die ↗Sittlichkeit der ↗Person fundierende Phänomen ist. Ein Ausfall des G. als ganzes muß daher als Perversion der Personalität gelten. Die Schwierigkeit einer positiven Bestimmung liegt darin, daß der G.s-begriff weitgehend formal gehalten werden muß u. insbes. nicht mit den Inhalten des sittl. Bewußtseins (den fälschlich sog. „G.s-inhalten") identifiziert werden darf, da diese wesentlich mitgeprägt werden von der jeweiligen geschichtl. Entwicklungsstufe der Gesamtgesellschaft. Andererseits kann eine restlose Formalisierung auch nicht befriedigen, da sie die konkrete Situation völlig ausklammern würde, diese aber konstitutiv ist für das Phänomen: G. ist nur „in Situation", wiewohl nicht in ihr aufgehend (↗Situationsethik), oder das G. ist zwar nicht das sittl. Bewußtsein, aber ohne sittliches Bewußtsein gleichwohl nichts.

Von daher ist die ausreichende Bildung des sittl. Bewußtseins selbst eine G.s-forderung; erst ein sittl. Bewußtsein, das sich zur Höhe des ihm geschichtlich Möglichen gebildet hat, gibt dem G. die nötige materiale Füllung. In diesem Zusammenspiel von G. u. sittlichem Bewußtsein, das Bedingung für die volle Entfaltung des Phänomens ist, liegt jedoch auch die Möglichkeit zu bestimmten Fehlentwicklungen: durch mangelnde Bildung des sittl. Bewußtseins oder bewußte Fehlindoktrination kann die Entscheidung des G. bei subjektiver Richtigkeit objektiv falsch werden; hinzu kommt die prinzipielle Irrtumsmöglichkeit des endlichen Erkennens. Aus diesen Gründen ist auch das Problem der G.s-freiheit, ob die Handlungen des Einzelnen allein unter das Richtmaß der G.s-entscheidung gestellt werden können, nicht eindeutig zu beantworten. Die Möglichkeit der objektiven Unrichtigkeit der G.s-entscheidung schränkt das ansonsten fundamentale Prinzip der G.s-freiheit in bestimmten Fällen (u. nur in bezug auf deren öffentliche Ausübung) ein; andererseits begründet die Unbedingtheit des G.s-anrufs unter der Voraussetzung einer ausreichenden Bildung des sittl. Bewußtseins ein Widerstandsrecht des Einzelnen.

Gewißheit, allg. Kennzeichen der ↗Erkenntnis. G. liegt dann vor, wenn das Erkenntnis-Subjekt sich der sachlichen Gründe für seine Erkenntnis versichert hat. Die Sicherstellung der Gründe eines Sachverhalts ergibt dessen ↗Evidenz u. ist vom Bewußtsein zu leisten, das damit die richtige Übereinstimmung (vgl. ↗Wahrheit) seiner Vorstellungen mit der Sache im ↗Urteil garantiert. In der neuzeitlichen Philos. seit Descartes, die vom Selbstbewußtsein u. seiner Bewußtseinsleistung der Notwendigkeit eines Sachverhalts ausgeht, wird deshalb G. zu einem philos. Fundamentalbegriff. Je nach der Vermitteltheit der Gründe der Erkenntnis u. damit der G. werden unmittelbare u. mittelbare G., bedingte u. absolute G. unterschieden.

Gilson, *Étienne,* französ. Philosoph, einer der führenden Erforscher der mittelalterlichen Geisteswelt, * 1884 Paris, † 1978 Cravant. Lehrte in Paris u. Toronto.

Gleichheit, 1) ↗ Identität; 2) in der Staats-, Rechts- u. Sozialphilosophie das grundlegende Problem des Bedeutungsranges der Einzelnen im polit. u. sozialen Gefüge. Die Forderung nach G. ergibt sich aus der „allgemeinen Menschennatur", der zufolge alle denselben natürlichen u. sittlichen Gesetzen unterworfen u. als Geschöpfe „vor Gott gleich" sind. Diese „ursprüngliche" G. steht im Widerspruch zur Ungleichheit als der primären Tatsache alles konkreten gesellschaftl. Lebens. Von hier aus wird das Entstehen der Ungleichheit zum Problem. Rousseau z. B. führt sie auf die Zivilisation als Verfallsphänomen zurück. Die konkrete Ungleichheit rührt hauptsächlich her von Unterschieden des ererbten u. erworbenen Besitzes u., in der modernen Gesellschaft, von Bildung u. Ausbildung. Insofern erworbene Ungleichheit sogar für die Individualität konstituierend ist, ist einsichtig, daß totale G. nicht nur nicht zu verwirklichen, sondern schon als Forderung nicht haltbar ist: sie würde in letzter Konsequenz ↗ Freiheit zerstören. Wenn G. dennoch – als G. aller vor dem Gesetz, Stimmengleichheit usw. – seit der amerikan. Unabhängigkeitserklärung u. der Französ. Revolution („égalité" neben fraternité u. liberté!) als Grundrecht in die modernen Verfassungen Aufnahme findet, verbindet sich damit allgemein die Idee der Chancengleichheit, einer G. der Möglichkeit nach, u. die G. des Schutzes der Würde u. der Existenzbedingungen des Individuums, nicht die einer totalen G.
Die Forderung nach G. gewinnt so postulatorischen Charakter: die sich unvermeidlich ständig ergebende Ungleichheit soll nicht zementiert, sondern immer wieder flüssig gemacht werden. ↗ Naturrecht.

Glück, in der Alltagssprache zunächst das Eintreffen eines zwar erhofften, aber unwahrscheinlichen günstigen Ereignisses („G. haben"); dann auch (als „glücklich sein") der Zustand der Wesenserfüllung u. als solcher Ziel des menschlichen Lebens, je verschieden gesehen als Besitz von Gütern, Tugenden, Erkenntnissen oder im Genuß der Lust. Als Glückseligkeit theolog. die

114

Wesenserfüllung des Menschen in der Anschauung, im Genuß Gottes (fruitio dei, Augustinus). ↗ Gut, ↗ Eudaimonismus, ↗ Hedonismus.

Gnosis (griech.), Erkenntnis, Heilswissen. Nach dem Sprachgebrauch des *Neuen Testaments* eine Gabe des göttl. Geistes, die ein tieferes, den menschl. Geist ergreifendes Teilhaben des Gläubigen am Geheimnis Jesu bewirkt. Neben dieser christl. G. gibt es eine *außerchristl.* G., die nicht durch den Glauben an die geschichtl. Menschwerdung des Logos mitbestimmt ist, sondern eine rein spekulativ-myst. Denkweise u. in ihren verschiedenen Systemen aus jüdischen, christlichen, persischen, babylonischen, ägyptischen u. griechischen Elementen zusammengetragen ist. Sie verstand sich als eine rational-wissensmäßig nicht zu vermittelnde Weisheitslehre, die ihren Adepten Erlösung spendet u. brachte gerade durch die Einschmelzung u. „vergeistigende" Umdeutung der christl. Heilsgeschehnisse die Kirche in die größte innere Gefahr.
Der Gnostiker behauptet die gegenseit. Durchdringung von Makro- u. Mikrokosmos u. die Durchseeltheit beider. Der Kosmos ist von unzähligen Geistwesen durchwaltet, über denen die Welt der Ideen u. darüber der himml. Logos samt seinem Urheber, Gott, thronen. Die Entrückung Gottes ist meist von metaphys. ↗ Dualismus bestimmt (Gott, der reine Geist = das Gute, die Materie = das Böse). Aus Gott sind in Emanationen die Äonen hervorgegangen, wodurch sich das Lichtreich mit der Materie vermischte (Weltentstehung durch den ↗ Demiurgen). Im Äon des Logos (Christos) vollzieht sich die Entmischung des Lichtes aus der Materie, die Erlösung (daher keine wirkliche Menschwerdung des Gott-Sohnes). Der Logos lehrt den der Materie unterworfenen Menschen den Weg des Aufstiegs. Die G. ist das Wissen um die Stufen des Aufstieges, den der Mensch kraft seiner Geisteskräfte u. durch die Ausscheidung alles Materiellen vollzieht: vom fleischlichen (Hyliker) über das seelische (Psychiker; auch Pistiker = einfacher Gläubiger) durch Einweihungen zum geistigen Wesen (Pneumatiker).
Die einzelnen Systeme der G. werden gewöhnlich mit G n o s t i z i s m u s bezeichnet. Er ist in seinen Wurzeln älter als das Christentum, blüht aber bes. im 2. Jh. nC. u. geht im 3. Jh. im Manichäismus auf. Die ältesten Gnostiker sind u. a. Simon der Magier u. Menander, beide aus Samaria. Die späteren Systeme: zur alexandrin. G. gehören Basilides u. Valentinus, der das

kunstvollste gnost. System aufbaute; zur syrischen G. Saturninus, Tatian, Julius Cassianus, Marcion, Karpokrates u. a. Neben den wenigen erhaltenen Handschriften der G. (z. B. die „Pistis Sophia", die beiden Jeû-Bücher, die 1946 u. a. gefundene „Botschaft der Wahrheit" aus der Schule des Valentinus) sind viele gnost. Lehren in den Schriften der gegen sie auftretenden Kirchenväter erhalten (bes. Justin, Irenäus, Tertullian, Hippolyt). Andere bedeutende Theologen vertraten zus. mit der G. im Sinne des Neuen Testamentes auch Lehren, die im Zusammenhang stehen mit den gnost. Systemen, so Klemens von Alexandrien u. bes. Origenes.

Die G. blieb eine immer wieder durchbrechende Grundhaltung in der europäischen Geistesgeschichte, im Mittelalter bei den Albigensern, den Spiritualen, in der Neuzeit in den verschied. Formen des „Geistchristentums" u. in der Theosophie u. Anthroposophie.

Gorgias, griech. Sophist aus Leontinoi (Sizilien), um 483–375 vC. Schüler des Empedokles, Lehrer der Redekunst. Sein skeptischer Dreischritt: 1) Es ist nichts; 2) wäre etwas, so könnte es nicht erkannt werden; 3) wäre etwas u. wäre es selbst erkennbar, so wäre die Erkenntnis nicht mitteilbar. G. ist bekannt durch seine paradoxen Formulierungen („im Theater ist der Getäuschte klüger als der Nichtgetäuschte").

Gott. Wie jeder philos. Reflexion eine Erfahrung vorausliegt u. sie durch diese zwar nicht restlos begrenzt, aber in ihre Richtung gebracht wird, so steht auch die philos. Frage nach G. in einem von ihr unablösbaren Bezug je zu einer geschichtlich erscheinenden Grundform religiöser Erfahrung, in kritischer Auseinandersetzung mit ihr (griechische u. neuzeitl. ↗ Aufklärung), in begrifflich-theoret. Entsprechung zu ihr (vgl. ↗ Christl. Philosophie) od. als Versuch ihrer vollständ. Aneignung, Umwandlung u. Aufhebung in das philos. Denken (Deutscher ↗ Idealismus). Insofern, geschichtlich gesehen, die abendländ. ↗ Philosophie als Frage der ↗ Metaphysik nach dem Sein von ihrem Beginn an auf Erkenntnis dessen aus ist, was als das höchste Seiende das vielfältige u. veränderliche Seiende hervorbringt, trägt u. auf sich hin ordnet, ist diese metaphys. Frage nach G. geleitet vom Hinblick auf den letzten ↗ Grund u. Ziel des Seienden, der Welt.

So wird v. den *Vorsokratikern,* in der beginnenden Loslösung von der polytheist.-myth. Überlieferung, aber zugleich im Bemühen, gegen die einbrechende Skepsis den Blick auf die Anwesenheit des Göttlichen in der Welt zu wahren, der „Urgrund" (*Anaximander:* das Apeiron), das eine „unveränderliche Sein" *(Parmenides),* der „Logos" als beständige Weltordnung (Heraklit), der „Nous" als bewegendes Prinzip der Welt *(Anaxagoras)* usw. als G. od. Göttliches bezeichnet. Bei *Plato* ist G. der ↗Demiurg, der aus dem gleichursprünglich chaotischen Raum (extremer ↗Dualismus) die Welt gestaltet, bei *Aristoteles* das Bewegungs- u. Ordnungszentrum, die reine u. höchste Wirklichkeit des sich selbst denkenden Denkens inmitten des aus Möglichkeit u. Wirklichkeit gemischten Seienden, das auf dieses hinstrebt wie das Liebende auf das Geliebte. So tritt hier mit der Begründung der Philosophie als Metaphysik die fortan bestimmende u. unauflösbare Einheit der Lehre vom Seienden als solchen (Ontologie), im Ganzen (philos. Kosmologie) u. im Höchsten (philos. Theologie) hervor. In der ausgehenden Antike verstehen *Plotin* u. der ↗Neuplatonismus, im Versuch einer geistigen Neubegründung griechisch-mythischer Religiosität, G. als das überseiende „Ur-Eine", aus dem über eine Stufenfolge von Wesenheiten die Vielfalt des Seienden gleichsam „ausfließt" (↗Emanation). Die im christl. Glauben geschehende Annahme der übernatürl. Selbstoffenbarung G.es eröffnet auch dem natürlichen menschlichen Denken eine neue Dimension, u. die sich entfaltende Offenbarungstheologie fordert von ihr selbst her eine philos. od. natürliche Theologie als Klärung jener mit der menschl. „Natur" als solcher vorausgesetzten Möglichkeit einer Erkenntnis G.es.

G., der hier erstmals streng als überweltlicher (transzendenter) Schöpfer der Welt aus dem Nichts (↗Schöpfung) verstanden wird, zeigt sich dieser philos. Reflexion als die höchste Wirklichkeit u. vollendetste Wesenheit, die Wahrheit selbst, die den menschl. Geist erleuchtet u. zur Erkenntnis befähigt *(Augustinus),* als der aus keinem andern, sondern aus sich selbst Seiende *(Anselm von Canterbury),* der in der Identität von Dasein u. Sosein die unbegrenzte Fülle des Seins selbst ist, während alles Außergöttliche nur existiert in der essentiell begrenzten Teilhabe an diesem Unendlichen *(Thomas von Aquin).*

Die scholast. Tradition bezeichnet so G. als den Unbedingten u. aus seinem eigenen Wesen notwendig Seienden (↗absolut, ↗Aseität), der nicht Sein „hat", sondern das Sein selbst „ist" (ipsum esse subsistens), der keine unverwirklichte Möglichkeit (potentia), sondern sich in vollkommener Wirklichkeit besitzt (actus purus, ↗Akt), der nicht in derselben Weise wie das innerweltlich Seiende, sondern nur in analoger Weise (↗Analogie) erkennbar u. aufweisbar ist (↗Gottesbeweise).

Spannung zwischen dem endlichen innerweltlichen Seienden u. dem Sein (ontologische Differenz), dem Sein u. G. (theolog. Differenz) bestimmt wie einesteils das Verhältnis der Einzelwissenschaften zur Philosophie, so andernteils das der Philosophie zur Theologie. Sie begründet jene Fragwürdigkeit, wie G. als der reine Unendliche in seiner Beziehung zum Endlichen, das ja doch, als von ihm geschaffen, *sein* Endliches ist, gedacht werden soll, ohne dabei wie ein innerweltlich Seiendes verendlicht zu werden. Diese Spannung in der Einheit u. zugleich Unterschiedenheit von G. u. Welt wird vielleicht am deutlichsten bekannt u. anerkannt in der Lehre des *Nikolaus von Cues* (vgl. ↗coincidentia oppositorum); sie erscheint gelöst als die unmittelbare Einung des Menschen mit G. in der myst. Erfahrung (↗Mystik, bes. *Eckhart*); sie bricht aber, wie mehrfach in der neuzeitl. Philosophie, dort auseinander, wo G. zwar als der transzendente erkannt, aber ihm jeder weitere, insbes. geschichtliche Bezug zu der von ihm einmal geschaffenen Welt abgesprochen wird (↗Deismus) oder wo G.es Sein u. das Sein der Welt schlechthin identifiziert werden (↗Pantheismus), wo G. selbst als das Alleinwirkende u. Ersterkannte, in dem alles andere erst erkennbar ist, verstanden wird (↗Okkasionalismus, ↗Ontologismus); oder wo umgekehrt jede Erkennbarkeit G.es od. auch sein Dasein geleugnet werden (↗Agnostizismus, ↗Atheismus), wo der Gegensatz Gott – Welt dialektisch „aufgehoben" wird, die Welt die notwendige Selbstdarstellung G.es u. als solche Gegenstand der Selbsterkenntnis G.es bedeutet (absoluter Idealismus *Hegels*); wo umgekehrt ein abgrundtiefer Gegensatz zwischen G. u. Welt bestehenbleibt, der nur u. allein durch die übernatürl. Selbstoffenbarung G.es u. seine Menschwerdung übersprungen werde (im Anschluß bes. an *Kierkegaard* die dialekt. Theologie); oder wo religionskritisch die G.es-vorstellung anthropologisch auf ein Ersatzphänomen in der Selbstentfremdung des Menschen reduziert wird (im Anschluß an *Feuerbach: Marx* u. der histor. Materialismus); oder, ähnlich, die G.es-vorstellung als instrumentales Fixierunsprinzip der Herrschaft des dekadenten Lebens über die nicht fixierbare immer werdende Wirklichkeit erklärt wird *(Nietzsche)*.

Wenn das ursprüngliche Verhältnis des Menschen zu G. das der

Verehrung u. Anbetung zu G.es Verherrlichung u. des Menschen Heil u. keineswegs das der theoret. Reflexion ist, so beruht die Problematik der G.es-frage für die Philosophie nicht nur darin, ob u. wie G.es Wesen u. Dasein erkannt u. bewiesen oder vielmehr nur zur Ermöglichung sittlichen Handelns postuliert werden *kann (Kant)*. Sie beruht vielmehr darin, ob die Philosophie aus sich her die Frage nach G. grundsätzlich u. notwendig stellen *muß*. Für (bes. den frühen) *Wittgenstein* jedoch liegt Gott wie der Sinn der Welt außerhalb der Welt u. damit außerhalb der Sagbarkeit. *Heidegger* betont, daß die bisherige Metaphysik (u. metaphysisch infizierte Theologie) mit der Gleichsetzung von Sein u. G. als dem höchsten *Seienden* gerade Ausdruck der *Seinsvergessenheit* u. der *Entgöttlichung* G.es gewesen sei, als deren letzte Konsequenz sich der ↗ Nihilismus u. die Erfahrung vom „Tod Gottes" (vgl. Nietzsche) zeige; daß zunächst u.unabhängig von der G.es-frage jetzt das „Bedenken des Seins" als des Seins notwendig sei. Bezeichnend freilich ist, daß gerade in diesem strengen Seinsdenken Wortbedeutungen erscheinen, die in die Geschichte christl. Glaubens u. christlich-theologischen Denkens zurückweisen.

Gottesbeweis, Vollzug u. Ergebnis eines Gedankengangs, worin Gewißheit über das Dasein Gottes erlangt werden soll, ohne Berufung auf übernatürliche Erleuchtung durch göttliche Offenbarung (lumen supranaturale), sondern rein im Licht der natürlichen Vernunft des Menschen (lumen naturale). Die bedeutendsten G.e: Anselm von Canterburys später so genannter *ontologischer G.:* Im unmittelbar einleuchtenden Begriff Gottes als des umfassendsten, vollkommensten Wesens muß zu seiner Vollkommenheit notwendig sein Dasein mitgedacht werden. Diesem G. a priori, der seit der Scholastik immer wieder abgelehnt, aber auch wiederaufgegriffen wurde, stellt Thomas von Aquin 5 *G.e a posteriori* gegenüber („quinque viae"): aus dem Bewegtsein (*kosmolog.* G.), Bewirktsein *(Kausalbeweis),* zufälligen So- u. Dasein (*Kontingenzbeweis),* mehr oder weniger Vollkommensein *(Stufenbeweis)* u. dem Geordnetsein der Weltdinge *(teleolog.* G.) wird ein erster Beweger, eine erste Ursache, ein absolut notwendiges u. ein absolut vollkommenes Wesen, ein oberster Ordner erschlossen. – Descartes (ähnlich schon Augustinus) folgert aus dem sich als endlich wissenden menschl. Selbstbewußtsein das also notwendig mitgewußte unendliche Seiende. – Kant führt alle mögl. G.e auf den ontologischen zurück u. will diesen entkräften: das in seinen Eigenschaften als vollkommen Gedachte muß nicht auch wirklich existieren, denn „Existenz" ist keine denkbare Eigenschaft. So ist für ihn nur ein prakt. *(moral.)* G. möglich: Gott, das höchste Gut, muß für den sittlichen Willen „postuliert" werden, als Garant der Einheit von Sittlichkeit u. Glückseligkeit. – Hegel rehabilitiert insbes. den anselmianischen ontologischen G. als (wenngleich noch unentfaltete) Weise, wie die Erhebung des Menschen zu Gott für den Gedanken auszudrücken sei. – In der gegenwärtigen Religionsphilosophie steht weniger das Problem der G.e, als vielmehr der relig. Gotteserfahrung u. der daraus entspringenden Erkenntnis im Zentrum, worin G.en eher die Bedeutung einer argumentativen Selbstklärung einer geschichtlich bestimmten relig. Grunderfahrung zukommt.

Grenzsituation, allg. die Erfahrung, daß es im Leben ausgezeichnete Situationen gibt, in denen das Dasein an seine eigenen Grenzen stößt; Jaspers, der den Begriff in die Philosophie eingeführt hat, nennt Tod, Leiden, Kampf u. Schuldigwerden als G.en. Sie sind ermöglicht durch die umfassende G., die darin besteht, daß der Mensch als Dasein „schon immer in einer bestimmten Situation" steht, bevor er selbst Situationen schaffen kann. In der G. erfährt sich die Existenz als Unbedingtheit; sie reagiert auf G.en nicht durch Planung, Rationalität oder gläubiges Verharren, sondern durch Versagen oder Bewährung ihrer selbst: Selbstergreifen oder Selbstverlust.

Grotius (de Groot), *Hugo,* niederländ. Jurist u. prot. Theologe, * 1583 Delft, † 1645 Rostock. Einer der ersten Vertreter der rationalistischen Naturrechtstheorie; Systematiker des Völkerrechts; von Einfluß auf Pufendorf, Thomasius u. a.

Grund, allgemein das, wovon etwas (das Begründete, die Wirkung, die Folge) abhängt, ohne das es also nicht sein oder verstanden werden kann. G. ist also nicht nur zeitlich, sondern auch sachlich das Frühere; er ist zugleich als G. für vieles das allgemeinere.
a) In logischer Bedeutung: Erkenntnis-G. Jedes Urteil über eine Sache muß, damit es in seiner Wahrheit gewiß sei, begründet sein, entweder durch die unmittelbare ↗Evidenz der Sache selbst oder durch ein anderes selbst wahres u. gewisses Urteil, aus dem es folgt u. so „beweisbar" ist. Der Zusammenhang all

dieser begründenden u. selbst begründeten Urteilssätze führt zu den obersten Sätzen eines Sachbereiches u. darüber hinaus zu den letzten G.sätzen, die nicht mehr begründbar sind u. nicht begründet zu werden brauchen, weil sie unmittelbar einleuchten (z. B. Satz von der Identität, Satz vom Widerspruch), da in ihnen sich eine Struktur des Seins selbst zeigt: daß es so u. nicht anders ist. Der logisch verstandene *Satz vom ↗zureichenden G.* (ratio), daß nämlich jeder Urteilssatz sich vor der Vernunft müsse begründen lassen, hat so selbst schon einen ontolog. (= Seins-)Bezug. Wenn nämlich die obersten u. ersten G.sätze nur Denkgesetze, nicht auch Seinsgesetze des Seienden wären, so könnten sie nur die Folgerichtigkeit der begründeten Urteile gewährleisten, niemals aber zu ihrer Wahrheit (= Angemessenheit an das Seiende, die Sache selbst) beitragen.

b) in ontologischer Betrachtung: S e i n s - G ., Real-G., Sach-G. Die aristotelisch-scholast. Philosophie nennt hier insgesamt 4 Gründe oder Ursachen: zwei „innere", nämlich *causa formalis* (↗Form), u. *causa materialis* (↗Materie). Sie verhalten sich wie Wirklichkeit u. Möglichkeit (↗Akt u. Potenz), wie ↗Wesen u. ↗Dasein zueinander. Dieses sind die letzten ontologisch (nicht ontisch) konstitutiven Prinzipien (principia quo), durch welche erst ein Seiendes, „Konkretes", zustande kommt. Ferner zwei „äußere": *causa efficiens* (die Wirkursache, welche die beiden „inneren" Gründe erst zusammenbringt, im heutigen Sprachgebrauch meist allein als „Ursache" bezeichnet; ↗Kausalität) u. *causa finalis* (das ↗Ziel, um dessentwillen etwas ist u. woraufhin das Zusammenbringen der beiden „inneren" Gründe durch die causa efficiens erfolgt; ↗Finalität). Der ontologisch verstandene *Satz vom zureichenden G.*, daß alles, was ist, einen G. dafür haben muß, daß es ist u. was es ist (Leibniz) führt so über alle einzelnen Wesens-, Daseins-, Wirk- und Zielgründe zum übereinzelnen, letzten G., dem ↗Sein (in der metaphysischen Tradition damit: Gott) als dem G. dafür, daß überhaupt ↗Seiendes als solches ist u. nicht vielmehr nichts. Das Sein ist der G. aller Wesen u. alles Seienden, der G. auch, der uns das Wesentliche begreifen (↗Begriff) u. so das Seiende erkennen läßt (↗Erkenntnis). Es selbst aber ist grundlos, wesenlos u. unbegreifbar, der Abgrund, aus dem her u. auf den zu der Mensch als freies u. denkendes Wesen lebt (↗Seins-Verständnis, ↗Geist, ↗Freiheit ↗Person). In der Mystik wird dementsprechend Gott als der Abgrund (Eckhart), Ungrund (J. Böhme), Urgrund (so auch Schelling) bezeichnet. In der Gegenwart weisen bes. G. Marcel auf den

Geheimnischarakter u. M. Heidegger auf die Abgründigkeit des Seins hin. Nach Heidegger ist Metaphysik als Begründungsdenken (als Wissen der Gründe für Seiendes) Wissen um die wiederholbare Herstellbarkeit von Seiendem, damit Herrschaftswissen u. so die Vorbereitung der neuzeitlichen ↗Technik.

Guardini, *Romano,* kath. Theologe u. Religionsphilosoph, * 1885 Verona, † 1968 München. Prof. in Breslau/Berlin, Tübingen, München; eindringlicher Deuter großer Gestalten aus Philosophie u. Dichtung (Augustinus, Pascal, Hölderlin, Rilke u. a.), Lehrer weltoffener Glaubensverwirklichung in der Einheit u. Unterschiedenheit des Weltlichen u. Christlichen.

Gut, im Gegensatz zu ↗böse das positive Prädikat des menschlichen Willens; das Gut (die Güter) im Gegensatz zum Übel das, was das Streben des Menschen in der Zeit erfüllen kann. Sowohl die Gutheit des Willens (das *sittlich Gute*) als auch die Gutheit der Dinge (das *ontisch Gute*) sind fundiert in der *ontologischen* Bestimmung des Seienden überhaupt als „Guten" *(agathon, bonum):* jedes Seiende ist, in dem Maße es seinem Wesensbegriff entspricht, gut u. damit, als für den menschlichen Willen Anstrebbares, wertvoll. Wird daher die Gutheit des sittlichen Handelns aus einer Wertlehre (in der Form einer Werthierarchie, Wertpyramide) zu begründen versucht, so darf nicht vergessen werden, daß der ↗Wert eine aus der ontolog. Ordnung des Seienden *abgeleitete* Größe ist. So ist auch das Werten als Entscheidung des Willens zum Guten letztlich ein metaphysischer Akt, der in Anerkenntnis der wahren Ordnung des Seienden diese in der Wirklichkeit durchzusetzen versucht u. sich dabei notwendig am *höchsten Gut* (summum bonum) orientiert, ebenso wie die Theoretisierung des Wertens u. damit des guten Handelns als ↗Sittengesetz in der ↗Ethik. In einer pluralist. Welt- u. Gesellschaftsordnung ist eine Verpflichtung aller auf ein bestimmtes höchstes Gut nicht möglich, der Begriff des Guten wird hier weitgehend funktionalisiert.

H

Haeckel, *Ernst,* Zoologe u. philos. Schriftsteller, * 1834 Potsdam, † 1919 Jena. Verdient um die Fortbildung der Biologie (Phylogenetik); sein naturalistischer Monismus, der „Die Welträtsel" (1899, ¹⁴1928) für restlos auflösbar hielt, fand als Religionsersatz zu seiner Zeit größten Anklang.

Haecker, *Theodor,* philos. Schriftsteller u. Kulturkritiker, * 1879 Eberbach (Württ.), † 1945 Ustersbach. Übersetzer u. Deuter u. a. von Kierkegaard, Newman, Vergil; Mitarbeiter der Ztschr. „Brenner" u. „Hochland".

Hamann, *Johann Georg,* * 1730 Königsberg, † 1788 Münster i. W. Von G. Bruno, Leibniz, Spinoza beeinflußt, mit Goethe, Jacobi, Herder befreundet, auch mit Kant, den er jedoch wie die Aufklärung philos. bekämpfte. Wegen der „Dunkelheit" seiner aphorist. Schriften wurde er der „Magus aus dem Norden" genannt. Das Weltverhältnis des Menschen sieht H. im Gegensatz zur Aufklärung wesentlich im gläubig-hinnehmenden Gefühl gegründet. In diesem geschieht die Erfahrung der Offenbarung Gottes in Natur u. Geschichte. Gegenüber der kantischen Trennung von sinnlicher u. übersinnlicher Welt, Sinnlichkeit u. Geistigkeit des Menschen betont H. die Einheit der Schöpfung u. der menschlichen Vermögen, welche Einheit er vor allem verwirklicht sieht in der Sprache, in der Anschauung u. Denken unauflöslich eins sind.

Handlung, im Unterschied zu „bloßem" Naturgeschehen die bewußt zweckgerichtete (absichtl. willentliche) Gestaltung der naturalen u. sozialen Lebenswirklichkeit des Menschen. In ursprünglich griech. Bedeutung, so bei Aristoteles, als ↗Praxis (Gestaltung eines in sich selbst sinnvollen, bes. des ethisch-polit. Lebensraums) abgehoben von der Herstellung eines Werks zu weiterer Verwendung (poiesis, vgl. ↗Technik) u. von dem Wissen um des Wissens willen (theoria, vgl. ↗Theorie). Doch wird z. T. und zunehmend in der Neuzeit die Gebrauchsgüterherstellung (als Produktion) in das H.s-verständnis miteinbezogen.

123

Andererseits konnte in der antiken Philosophie das erkennende Denken als H. (Praxis) im vollendeten Sinn angesehen werden (nachklingend in Fichtes ursprünglicher Tathandlung des sich u., sein Anderes setzenden „Ich", in Hegels Tätigkeit des Geistes u., unter Betonung des Denkens als Sprechen, noch in der Auffassung der Sprache als kommunikativer Grundhandlung z. B. bei J. Habermas) u. spät-neuzeitlich konnte umgekehrt das Denken deshalb ausgelegt werden als eine Art „Probehandeln".

H. im strengen Sinn ist durch ↗Entscheidung charakterisiert, die sich freilich in H.s-regeln niederzuschlagen u. in deren Institutionalisierung (↗Institution) auf längere Dauer zu stellen vermag. In dieser Sicht ist H. stets die gelungene oder verfehlte Realisierung der endlichen ↗Freiheit u. ihrer Verantwortung. Während dieses traditionelle H.s-verständnis die Zwecke möglicher H.en in den Horizont eines letzten Lebens- u. Wirklichkeitssinn stellt (vgl. ↗Ethik), entfällt für moderne H.s-theorien weithin, bes. im Rahmen der analytischen Philosophie u. der Systemtheorie, dieser Bezug auf ein „letztes Ziel". Andererseits machen gegenwärtige H.s-konzeptionen betonter auf die Eingelassenheit jeglichen Handelns in ein Miteinanderhandeln (soziale Interaktion, Kommunikation) aufmerksam, in welche zukünftig auch die Natur (also nicht nur als „Objekt" von H.en) mit hineinzunehmen ist.

Harmonie (griech.), Zusammenstimmung, Einklang von Differentem. Aus dem Studium der musikalischen H.en gewinnt Pythagoras den Gedanken einer H. der Welt (des Alls); spekulativ interessant also die Frage danach, ob sich im größten Ganzen die Gegensätze zur Einheit fügen oder ob die Realität dissonant, zerrissen bleibt. Vgl. auch Leibniz' ↗prästabilierte H.

Hartmann, 1) *Eduard v.,* * 1842 Berlin, † 1906 ebd. Seine Philosophie des „Unbewußten" verband Gedanken Hegels, Schellings u. Schopenhauers. Der Weltgrund, das Absolute, ist Wille u. Geist, aber seiner selbst „unbewußt". Den Sinn des Weltgeschehens sieht H. in dem „vernünftigen" Inhalt, den Akt der Weltentstehung rückgängig zu machen.
2) *Nicolai,* * 1882 Riga, † 1950 Göttingen. Prof. in Marburg, später Köln, Berlin, Göttingen. Anfangs der neukantian. ↗Marburger Schule angehörend, gelangte er zu einem Standort „diesseits von Idealismus u. Realismus", der dem natürl. Realitätsbewußtsein Rechnung trägt. Beeinflußt von Husserl u. Scheler,

gewann H. ein neues Verständnis des „idealen Seins", das für das Erkenntnisproblem u. die Werttheorie fruchtbar wurde u. ihn zum Entwurf einer neuen, unspekulativen Ontologie führte.

Hedonismus (von griech. *hedoné* = Lust), lehrt, daß die „Lust" das höchste Gut u. Ziel sittlichen Handelns sei; Abart des ↗Eudämonismus. Durch Aristippos aus Kyrene (↗Kyrenaiker) begründet. Anhänger des H.: Theodoros, Annikeris, Hegesias, vor allem Epikur, schließlich Helvetius, Lammettrie. Das Fragwürdige am H. ist nicht die Bejahung der Lust, sondern daß sie zum Prinzip des Handels erhoben wird.

Hegel, *Georg Wilhelm Friedrich,* * 1770 Stuttgart, † 1831 Berlin. Studierte in Tübingen Philosophie u. Theologie (Freundschaft mit Hölderlin u. Schelling). Hauslehrer, Privatdoz. in Jena, Gymnasialrektor in Nürnberg. 1816 Prof. in Heidelberg, 1818 in Berlin, wo er als „preuß. Staatsphilosoph", als Vollender des deutschen ↗Idealismus einflußreich wirkte (↗Hegelianismus). In den Frühwerken setzt Hegel sich mit der Aufklärung, Kant u. Fichte auseinander. Nach der Lösung von Schellings philos. Einfluß tritt er in seinen Hauptwerken als Schöpfer eines der bedeutendsten Systeme der abendländ. Philosophie hervor. Grund der Welt u. Prinzip seines Systems ist das Absolute (Idee, Weltvernunft, Gott), das dreifach Thema wird:
1) Die absolute Idee „an u. für sich" zeigt die *„Logik".* Sie ist weder formale noch, wie bei Kant, transzendentale Logik der endlichen, sondern kategoriale Strukturanalyse der unendlichen Vernunft als des Seinsgrundes alles Seienden u. also in eins damit Ontologie. Sie ist zugleich Theologie als „Darstellung Gottes, wie er in seinem ewigen Wesen vor Erschaffung der Natur u. eines endlichen Geistes ist". 2) Die Verwirklichung des Absoluten in sein „Anderssein", d. h. zur Natur, behandelt die Naturphilosophie. 3) Das Absolute in seiner Rückwendung aus dem Anderssein auf sich selbst (indem es wissend sich selbst begreift), d. h. als ↗„Geist", ist Thema der Geistphilosophie. Der Geist verwirklicht sich als „subjektiver" im einzelnen Menschen, als „objektiver" in den Gemeinschaftsformen der Menschen in der Geschichte (vor allem im Staat), als „absoluter Geist" in den großen Weisen, in denen die Geschichte geschieht: als Kunst, Religion, Philosophie. Die Darstellung der Erscheinungsformen des Geistes ist die „Phänomenologie des Geistes". Die Geschichte des Geistes in seinen höchsten Erscheinungsformen zeigt die

Philosophie der Geschichte. Alle Verwirklichung des Absoluten, als Natur wie als Geist, u. damit alle Geschichte dieser Verwirklichung geschieht aber dialektisch: Jedes gesetzte Stadium (Thesis) treibt seinen Gegensatz (Antithesis) hervor, beide sind in der folgenden Synthesis „aufgehoben", d. h. verneint, bewahrt u. erhöht zugleich – so, wie jeder Begriff aus sich den Gegenbegriff erzeugt u. beide im Überbegriff aufgehoben sind (die ↗ Dialektik als Methode ist zugleich die Dialektik des Geschehens des Absoluten selbst). Hatte die Kunst als sinnliche Erscheinung des Absoluten ihre Vollendung in der griech. Antike, die Religion als Vorstellung des Absoluten sie im Christentum, so sind beide für immer aufgehoben in der Philosophie, die sich im Wissen des Absoluten vollendet, d. h. im absoluten Wissen, wie es sich in der „Logik" darstellt, in der das Absolute vollendet sich selbst begreift als das, was es ist: Logos.

H.s heraklitisch gestimmte Philosophie läßt sich von Aristoteles u. der Philosophie des Mittelalters her als Onto-Theo-Logik verstehen, die in einem hochentwickelten geschichtl. Bewußtsein die neuzeitliche Philosophie der Subjektivität (Descartes, Leibniz, Kant, Fichte) als wesentliches Moment in sich aufnahm u. die systematisch als eine Art Pantheismus u. Panlogismus, historisch-kritisch als säkularisierte christl. Eschatologie angesprochen werden kann. Es ist der hohe Anspruch der H.schen Philosophie, nicht die vollendete Darstellung, aber eine Darstellung des grundsätzlich vollendeten reflexiven Bewußtseins zu sein, der letzten Stufe in der Geschichte der sich durch den menschlichen Geist selbstbegreifenden Weltvernunft. Diese, u. nicht schon ihre Darstellung durch H.s Philosophie, habe alle früheren „Stufen" in sich „aufgehoben". Damit fordert H.s Philosophie, vermittelt durch die Bemühungen des Neuhegelianismus u. vor allem durch die Bedeutung, die sein Denken für Marx u. den Marxismus hat, gerade heute das Philosophieren zu einer grundsätzlichen u. nicht umgehbaren Auseinandersetzung heraus.

Hegelianismus, Sammelname für sich auf ↗ Hegel berufende bzw. von ihm abhängige philos. Richtungen.
Hegels Schule spaltete sich bald nach dessen Tod 1831 in die sog. *Hegelsche Linke* (Junghegelianer, Hegelinge) u. *Rechte* (Hegeliter). Ursache waren zuerst religions-, dann rechts- u. staatsphilos. Auseinandersetzungen: die Rechte hielt an Religion (u. Geschichtlichkeit Christi) fest u. betonte die Vernünftigkeit im

bestehenden Staat u. Rechtssystem; die Linke forderte die Aufhebung der Religion, ihre Überwindung, u. die revolutionäre Veränderung der staatlich-gesellschaftl. Wirklichkeit. Die Hegelsche Rechte war jedoch nicht reaktionär gesinnt, wie ihr oft vorgeworfen wird, sondern liberal u. unterschied sich vom revolutionären linken Flügel dadurch, daß sie das Bestehende nicht rundweg ablehnte, sondern in ihrem Veränderungswillen an es anzuknüpfen bestrebt war. Die Hegelsche Rechte repräsentierten G. Gabler, H. F. Hinrichs, K. F. Göschel, F. W. Carové, C. Rössler, C. E. Michelet; sie brachte daneben die bedeutendsten Philosophiehistoriker des 19. Jh. hervor: J. E. Erdmann, K. Fischer, K. Rosenkranz. Der Linken, die in sich nochmals stark zerrisen war, gehörten an A. Ruge, M. Stirner, B. Bauer, L. Feuerbach, M. Hess, u., bedingt, K. Marx. Im sonstigen Europa vertraten einen H. in England: Stirling, McTaggart, Bradley; in Italien: Croce u. Gentile; in Holland: Bolland, in Frankreich: (mit Einschränkung) Taine, Renan, Durkheim.

Eine Hegel-Renaissance *("Neuhegelianismus")* für das 20. Jh. leitete Dilthey ein mit der Erforschung der Jugendgeschichte Hegels; G. Lasson, R. Kroner u. H. Glockner waren seine hauptsächlichsten Vertreter. Binder, Giese, Busse u. Larenz vertraten u. vertreten einen H. in der Rechtsphilosophie. Heute gibt es einen eigentlichen H. nicht, wohl aber (im Zusammenhang mit einem gesteigerten Interesse an staats- u. gesellschaftsphilos. Fragen u. einer Grundlagenkrise des Marxismus) eine intensive u. breite Beschäftigung mit Hegel (u. Marx, dessen frühe Zeit stärker als bisher in Kontinuität mit Hegel gesehen wird). Gegenstand des H. war zu allen Zeiten weniger Hegels Logik als die Geschichts-, Religions- u. Rechtsphilosophie.

Heidegger, *Martin,* * 1889 Meßkirch (Baden), † 1976 Freiburg i. Br. 1923 Prof. in Marburg, 1928 in Freiburg i. Br. – Sein Hauptwerk *„Sein u. Zeit"* (1927) ist methodisch der ↗ Phänomenologie Husserls verpflichtet. Aber „die Sache selbst", die in Frage steht, ist hier der „Sinn von Sein", der freilich nicht in einer Restauration der alten metaphys. Ontologie erhellt werden kann, sondern dessen Frage erst vorbereitet werden muß in einer fundamentalontologischen Analyse des menschlichen Seinsverständnisses, das als „Da" des Seins („Dasein") den einzig zureichenden Boden für die Frage bietet. Indem hierbei die „Zeit" als Horizont aller seinsverstehenden Vollzüge aufgewiesen wird, bedeutet dies die ontolog. Wendung der bes. mit Dilthey zutage getretenen Problematik der ↗Geschichtlichkeit. Und insofern H. das Dasein als durch „Sorge" um sein je eigenes Sein-Können ausgezeichnet sieht, werden in dieser Wendung Impulse des bes. durch Kierkegaard theologisch initiierten Existenz-Denkens philos. fruchtbar gemacht. Wenngleich der Mensch also nicht primär als erkennendes Subjekt, sondern als sorgende Existenz u. das Seiende nicht als Objekt, sondern als zunächst zuhandenes Zeug angesetzt werden (aber zugleich auch allem neuzeitlichen Pragmatismus erst seine philos. Ursprungsdimension aufgezeigt wird), bleibt „Sein u. Zeit" noch im Bannkreis transzendentalsubjektiver Überlieferung, wurde für die Ausbildung der ↗Existenzphilosophie u. des Existentialismus in Anspruch genommen, gab Anlaß, seine Bedeutung vornehmlich in einem Beitrag zur Anthropologie zu sehen u. übte über die Philosophie hinaus eine geistige Wirkung aus, die ihn zum einflußreichsten u. noch im Widerspruch beachtetsten deutschen Denker seit Jahrzehnten werden ließ. – Diese Wirkung setzte sich fort mit den späteren Schriften, in denen H. das Denken in der sog. „Kehre" versucht: Sein nicht mehr als Entwurf vom Dasein in dessen zeitlich-ekstatischem Horizont her zu verstehen, sondern als unvorwegnehmbares „Geschick", als Seins- u. Wahrheitsgeschichte, worin dem Menschen erst jeweils die ursprünglichste Möglichkeit seines epochal-zeitlichen Welt- u. Selbstverständnisses eröffnet wird. H.s Analysen der abendländisch-europäischen Metaphysikgestalten suchen dabei diese Seins- u. Wahrheitsgeschichte als Geschichte gerade der Seinsverbergung u. des Wahrheitsentzugs zur Sprache zu bringen, worin zunehmend nur das erkennbare u. behandelbare Seiende für den Menschen in den Vordergrund gerückt wurde u. dieser schließlich als Subjekt jenes als Objekt auf sich zu vorstellen konnte. Wissenschaft u. Technik werden als konsequente Ausprägung der Metaphysik (u. diese als Denken in der Offenbarkeit des Seienden u. Verdecktheit des Seins) gedeutet; u. die weitverbreitete kultur- u. gesellschaftsinteressierte Sinn- bzw. Sinnlosigkeits-Kritik (Nihilismus-Problem) wird umgewendet in ein Bedenken der Krise des Seins selbst, dessen Entzugsgeschichte im Stadium der äußersten Verbergung möglicherweise umschlägt zu einer neuen Geschichte der Offenbarkeit des Sinnes des Seins selbst, der Wahrheit u. wesentlichen Zukunft des Menschen u. seiner (auch wissenschaftlichen u. technischen) Welt. Weil diese Geschichte nicht – auch nicht in einer dynamisierten (evolutiven, dialektisch-geschlossenen) Metaphysik – in einem „System" vorweg vorstellbar u. aussagbar ist, versteht sich das „wesentliche Denken" H.s als in der Armut eines „Advents" stehendes bzw. nur vorläufiges. – Bezüge der „reinen Negation" bei H. Marcuse, der unabgeschlossenen „negativen Dialektik" bei M. Horkheimer u. Th. W. Adorno zu H.s Versuch einer „Verwindung" der Metaphysik u. ihrer geschichtsbeherrschenden Grundformen sind nicht zu übersehen u. können als an Marx anknüpfende Experimente sozialpraktischer Wendungen von theoretischen Grundeinsichten gewürdigt werden, die in der Nähe zu H.s Einsichten stehen.

Helvétius, *Claude Adrien,* französ. Aufklärungsphilosoph, * 1715 Paris, † 1771 ebd. Vertreter einer sensualistisch-utilitaristischen Ethik: Quelle alles Handelns ist der „Egoismus", seine Norm das öffentliche Wohl.

Heraklit (Herakleitos), mit dem Beinamen „der Dunkle", griech. Philosoph aus Ephesos, um 544–483 vC., aus königlichem Geschlecht. Vertreter einer strengen Adelsethik. – Nach H. besteht das Wesen der Welt in der dauernden Spannung von Gegensätzen, im steten Umschlag aller Dinge in ihr Gegenteil (Nacht–Tag, Warm–Kalt, Leben–Tod usw.); das eigentlich Bleibende ist gerade dieser Wechsel („panta rhei – alles ist im Fluß" als die spätere populäre Formel). Die Gegensätze bestehen nicht für sich, sondern sind Wesen u. Werk des Logos, den H. in paradoxen Ausdrücken zu fassen versucht (Einfluß auf Nietzsche). Der Logos, der Weltsinn, ist Norm des Denkens u. Handelns, seine Erkenntnis die entscheidende Aufgabe. – Üblicherweise wird H. als der Denker des Werdens u. der steten Veränderung im Gegensatz zu Parmenides, dem Denker des unveränderlichen Seins, gesehen. Diese Auslegung übersieht, daß für H. die Unaufhaltsamkeit der Bewegung u. deren Dialektik gerade das ewig-ruhende Seinsgesetz ist. – Den Gedanken der Dialektik des Werdens nimmt Hegel auf, H.s Ausschöpfungen der Sprache haben Heidegger angeregt.

Herbart, *Johann Friedrich,* * 1776 Oldenburg, † 1841 Göttingen. Prof. in Königsberg u. Göttingen. Nach H. ist Philosophie die Klärung (Logik), Berichtigung (Metaphysik) u. Ergänzung (Ästhetik bzw. Ethik) der Begriffe. H.s Pädagogik u. Didaktik war im 19. Jh. von großem Einfluß.

Herder, *Johann Gottfried v.,* * 1744 Mohrungen (Ostpr.), † 1803 Weimar. Begründer der deutsch. ↗Geschichtsphilosophie und Anreger der geistesgeschichtl. Betrachtungsweise (↗Geistesgeschichte) auf vielen Forschungsgebieten, bes. der Literaturwissenschaft. Neben Hamann u. a. einer der bedeutendsten Gegner der Aufklärung u. Kants. H.s Organismusgedanke faßte Natur u. Geschichte als nach bestimmten Gesetzen sich entwickelnde Weltbereiche. Höchste Erscheinungsform der Natur ist der Mensch. Geschichte ist die im Aufblühen u. Absterben der Kulturen zyklisch-fortschreitende Realisierung der Idee der Humanität, deren individuelle, nationale u. epochale Ausprägungen H. bes. betont.

Hermeneutik (griech. *hermeneutiké téchne* = Auslegekunst), philos. Lehre vom geschichtlichen ↗Verstehen u. dessen Voraussetzungen. Ursprünglich eine *Kunstlehre* des Verstehens als ein System u. Kanon von Regeln zur Auslegung von (vor allem theolog. u. bibl.) Texten, am Anfang als regionale H. (z. B. rabbinische Schriftenexegese) nach ihrem Gegenstand unterschieden in philologisch-historische u. theolog. H., die auf einen konkreten Verstehensvorgang zielt, keineswegs schon eine Theorie des Verstehens intendiert. Entstanden aus einem distanzierten Verhältnis zur Vergangenheit (aufgrund gewandelter Sprach-, Denk-, Vorstellungsgewohnheiten), der daraus resultierenden Fragwürdigkeit der Überlieferung u. der Notwendigkeit, eine verfälschende Deutung auszuschließen. Infolge tiefgreifender geistiger Umbrüche (bes. Reformation) kommt es zur Ausbildung eines Bewußtseins der umfassenden hermeneut. Problematik, die im 19. Jh. mit *Schleiermacher* einen ersten Höhepunkt erfährt. H. leistet den Aufweis der historischen Differenz (zwischen Ausleger u. Ausgelegtem) u. der Notwendigkeit, Sätze und Bedeutungen zurückzuführen auf den Zusammenhang mit der zeitgenöss. Lebenswelt, der sie entstammen, um so das Ganze dieser Welterfahrung u. die dadurch bestimmten Einzelaussagen wechselseitig zu erhellen. *Dilthey* hebt den philosoph. Rang der H. ans Licht: das konkrete Subjekt geschichtlicher Erkenntnis ist, durch die Identität des Lebens u. die Möglichkeit des Erlebens in seiner eigenen Gegenwart, mit der ausgelegten Vergangenheit in apriorischer Verbundenheit. Alle Individualität ist Offenbarung des „All-lebens". Darin beruht die Einfühlung in die andere Individualität, die ihrerseits die Verstehensleistung ermöglicht. War H. als Lehre vom „Ausdruck"-Verstehen stets noch in der Subjektivität fundiert gesehen, so hat neuestens *H. G. Gadamer* in der Nachfolge M. Heideggers (u. seiner Radikalisierung des hermeneut. Problems im existential-ontolog. Aufweis des Verstehens aus dem Dasein u. im Aufweis des hermeneut. Zirkels) eine Neufundierung der philos. H. versucht: Verstehen ist niemals Verhalten eines Subjekts zu einem gegebenen Gegenstande, sondern wirkungsgeschichtliches Geschehen. Der Bedeutungszusammenhang (Horizont), in den ein zu Deutendes zu stellen ist, ist als vergangene Wirklichkeit nie total zu vermitteln. Als Lebenswelt des Überlieferten ist er selbst durch dessen Wirkung geprägt. Er bestimmt so seinerseits, als Vorverständnis, den geschichtl. Bewußtseinshorizont des Interpreten, wie umgekehrt dieser die Auslegung jenes (Horizontverschmelzung). Diese drei Momente sind in der Bewußtheit des wirkend-geschichtlichen Lebens identisch. Für das H. treibende Dasein ist es unmöglich, den ihm Vergangenheit vermittelnden u. auch noch diese Vermittlung selbst vermittelnden Verstehenshorizont zu übersteigen, um etwa zu einer „unmittelbaren" Betrachtung von Vergangenem zu gelangen. H. ist so zur Fundamentaldisziplin des endlichen, als Sprache alle Weltbezüge durchwaltenden verstehenden Menschen gediehen.

Herrschaft, die Ausübung von ↗Macht über Menschen. Die H.s-funktion ist gewöhnlich (als ↗Heteronomie) gekoppelt mit einer Schutzfunktion: aus konkret gewährtem (oder auch oktroyiertem) Schutz entsteht H., die weitere Schutzverpflichtung impliziert. Demokratische H.s-ausübung orientiert sich am Gedanken der Kontrolle der Herrschenden durch die Beherrschten – angestrebt ist eine weitgehende Identität beider. Gerechte H. ist den allgemeinen Geboten der Sittlichkeit u. insbes. dem Gebot der Achtung der Menschenwürde verpflichtet. Für sie gilt der Satz Kants, daß jeder Mensch „jederzeit zugleich als Zweck, niemals bloß als Mittel" betrachtet u. behandelt werden darf. Ob, wie heute in Anschluß an u. Weiterführung von Marx diskutiert wird, eine vollkommen herrschaftsfreie Gesellschaft herstellbar ist, erscheint als fraglich. Der Abbau von heteronomen H.s-formen ist dagegen zweifellos das Gebot einer wahren Demokratie.

Heteronomie (griech.), Fremdgesetzlichkeit, nach Kant die Form eines Willens, der sich nicht selbst das Gesetz seines Handelns gibt, sondern der vielmehr „der Willkür, nämlich Abhängigkeit vom Naturgesetze, irgendeinem Antriebe oder Neigung zu folgen", unterliegt. Gegensatz ↗Autonomie.

Historismus (von lat. *historia* = Geschichte), auch Historizismus, eine Denkweise, die hervorgegangen ist aus der bes. im deutschsprachigen Raum im 19. Jh. entwickelten reflexiven Betrachtung der Geschichte, ausgeprägt im Begriff des ↗Verstehens bei *Dilthey.* Dieser wollte „das Bewußtsein der Relativität alles geschichtlich Wirklichen bis in seine letzten Konsequenzen" entwickelt wissen, um im Relativen das Allgemeingültige zu finden. Während aber Diltheys Begriff des „Lebendigen" die Problematik des H. eher verhüllte, wurde sie von *Troeltsch* scharf formuliert:
H. „bedeutet ... die Historisierung unseres ganzen Wissens u. Empfindens der geistigen Welt, wie sie im Laufe des 19. Jh. geworden ist. Wir sehen hier alles im Flusse des Werdens, in der endlosen u. immer neuen Individualisierung, in der Bestimmtheit durch Vergangenes u. in der Richtung auf unerkanntes Zukünftiges. Staat, Recht, Moral, Religion, Kunst sind in den Fluß des historischen Werdens aufgelöst u. uns überall nur als Bestandteil geschichtlicher Entwicklungen verständlich. Das festigt auf der einen Seite den Sinn für die Wurzelung alles Zufälligen u. Persönlichen in großen, breiten, überindividuellen Zusammenhängen u. führt jeder Gegenwart die Kräfte der Vergangenheit zu. Aber es erschüttert auf der anderen Seite alle ewigen Wahrheiten, seien sie kirchlich-supranaturaler u. darum von der höchsten autoritativen Art, seien es ewige Vernunftwahrheiten u. rationale Konstruktionen von Staat, Recht, Gesellschaft, Religion u. Sittlichkeit, seien es staatliche Erziehungszwänge, die sich auf weltliche Autorität u. ihre herrschende Form beziehen. Der H. ist die eigentümliche moderne Denkform gegenüber der geistigen Welt, die von der antiken u. mittelalterlichen, ja auch der aufgeklärt-rationalen Denkweise sich grundsätzlich unterscheidet." Troeltsch sieht den Ausweg, der nicht in einem Zurück hinter den H. zu finden ist, in einer „neuen Berührung von Historie u. Philosophie". In dieser Richtung liegt der Begriff der ↗Geschichtlichkeit, in dem der ↗Relativismus als die Grundgefahr des H. zu überwinden versucht wird, ohne die vom H. gewonnene Erkenntnis zu verleugnen.

Hobbes, *Thomas,* engl. Philosoph, * 1588 Malmesbury, † 1679 Hardwick. Vertrat eine nominalistisch-empiristische Philosophie, der das Denken als ein Rechnen mit Namen gilt. Von größtem Einfluß war seine naturalist. Gesellschafts- u. Staatslehre. Im „Naturzustand" herrscht „Krieg aller gegen alle"; ihn beendigt der „Staatsvertrag", in dem die Individuen auf ihre sich widerstreitenden Freiheiten verzichten u. zum gemeinsamen Schutz alle Gewalt auf den Staat übertragen, der dadurch erst entsteht, daß alle sich dem „Leviathan" unterwerfen.

Hoffnung, allg. die zukunftsgerichtete Erwartung eines ersehnten Gutes. Seine stärkste Wurzel hat das H.s-denken in der alt- u. der neutestamentl. Heilserwartung. Augustinus betont deshalb neben der innerzeitlichen Zukunftsgerichtetheit den Jenseitsbezug der H. Für Thomas v. Aquin ist H. die Tugend der Mitte zwischen Hochmut u. Überdruß. Luther unterscheidet schärfstens zwischen menschlicher H. im Raum prinzipieller Verfügbarkeit u. christlicher H. im Anhalt an die göttl. Verheißung. Aufs Ganze gesehen bleibt in der philos. Reflexion die H. dem untergeordneten Bereich der Affekte, Gefühle, Passionen zugeordnet, insbes. im Rationalismus (Descartes, Spinoza). Bei Kant erhält die H. eine ausgezeichnete Bedeutung in der menschlichen Grundverfassung (vgl. die 3 Grundfragen „Was kann ich wissen? Was soll ich tun? Was darf ich hoffen?") u. für den Blick auf den nicht theoret. vergewisserbaren, nur in H. anzunehmenden Fortschritt der Geschichte. Im Raum christlich-philos. Denkens wird bei G. Marcel die über jeden endlichen Inhalt hinausgehende „absolute H." (Gott zugewandt als dem absoluten Du) des Menschen auf seiner Wanderschaft zentral; P. Teilhard de Chardin bezieht in sein evolutionist. H.s-verständnis auch die Naturwirklichkeit mit ein. Den stärksten Impuls erhielt das H.-denken durch E. ↗Bloch: H. als „Prinzip" der Welt-, der Natur- u. Menschheitsgeschichte, dieser immanent, aber sie in Transzendenz nicht „nach oben" sondern „nach vorne" bewegend.

Höhlengleichnis aus Plato, Der Staat, 7. Buch, mit dem Sonnengleichnis u. dem Liniengleichnis (ebd. 6. Buch) die bildhafte Darstellung, in der Platon den Aufstieg von der unsicher-trügerischen u. daher an Seinshaftigkeit geringeren Welt der Sinnlichkeit zur Welt des unveränderlich anwesenden Seins der Ideen beschreibt. Die in der Sinnlichkeit Befangenen (die Menschen in der Höhle) sehen nur die Schatten von Abbildern der Wirklichkeit. Diese ist nur durch einen Aufstieg ans Sonnenlicht der Vernunft zu erreichen (Sonne = Bild für die Idee des Guten).

Holbach, *Paul-Henri Dietrich* Baron v., französ. Aufklärungsphilosoph, * 1721 Heidelsheim (Pfalz), † 1789 Paris; unter den Mitarbeitern der ↗Enzyklopädie der extremste Atheist u. Materialist.

Horizont (von griech. horízein = abgrenzen), ursprüngl. Gesichtkreis des sinnlichen Blickens, seit dem Neuplatonismus herausgebildet als „Grenze" zwischen verschiedenen Seins- u. Erkenntnisbereichen, in der Neuzeit schließlich der „geistige Gesichtskreis", der das menschliche Erkennen, Verstehen, Erleben ermöglicht u. umgrenzt. Besonderen Rang erhält der Begriff in u. seit Husserls Phänomenologie: als das jeweilige offene Hintergrunds-, Sinnverständnisfeld für darin ermöglichte bestimmte intentionale Erlebnisse, deren umfassendster („Universal"-)H. die Welt ist. Philos.-phänomenol. Analyse ist wesentlich die Explikation der H.e u. des letzten H.s Die Zeitlichkeit (Geschichtlichkeit) der H.e betont bes. Heideggers existenziales u. später seinsgeschichtliches Denken sowie die gesamte hermeneutische Philosophie (↗Hermeneutik).

Horkheimer, *Max,* Mitbegründer der ↗Frankfurter Schule, * 1895 Stuttgart, † 1973 Nürnberg. 1930 Direktor des Frankfurter Instituts für Sozialforschung, 1933 Emigration (Schweiz, Frankreich, USA), 1949 Rückkehr nach Frankfurt a. M., 1960 Übersiedlung in die Schweiz. Im Rahmen der ↗Kritischen Theorie analysierte H. insbesondere die gesellschaftlichen Herrschaftsbedingungen auf die in ihnen wirkende „instrumentelle Vernunft" hin. Deren Beschränktheit erweckt den Anschein eines geradlinigen Fortschritts durch Unterwerfung der Natur u. rationale Organisation menschlicher Lebensverhältnisse, wodurch die Entfremdung nur zunimmt. In seiner Spätzeit wird für H. humanitätsbedeutsam bes. die „Sehnsucht nach dem ganz Anderen".

horror vacui (lat.), „die Furcht vor dem Leeren", ein Prinzip der Naturphilosophie, auf Aristoteles zurückgehend, das besagt, daß es in der Natur kein Leeres gibt. Durch das Torricellische Vacuum nur scheinbar widerlegt, spielte der h. v. in der Physik in der Form der Äthertheorie noch bis Ende des 19. Jh. eine Rolle.

Humanismus (lat.), a) *geistesgeschichtlich* die wissenschaftliche Seite der Renaissance, die Wiedergewinnung eines Verständnisses der insbes. latein. Autoren (Cicero) der Antike im 15.–16. Jh., die zu einem neuen (weltlichen) Bildungsideal, dem stark von griechisch-lateinischen philolog. Studien geprägten sog. „humanistischen", führt; b) der *philosoph. Begriff* des H., geprägt von Panaitios von Rhodos, bezeichnet alle Versuche seit der Antike, aus einem Wesensbegriff des Menschen ethische usw. Regeln für das Leben des Einzelnen u. der Gemeinschaft abzuleiten, durch die jeder zur vollen Verwirklichung seiner gattungsmäßigen u. individuellen Anlagen gelangen könne. Insofern ist jeder H. zugleich ↗Eudaimonismus.

Humboldt, *Friedrich Wilhelm* Frh. von, * 1767 Potsdam, † 1835 Berlin. Älterer Bruder von Alexander von Humboldt. Als preuß. Innenminister Begründer der Berliner Universität (1910). Mit seinen Betrachtungen der Sprache (als Ergon u. Energeia, Werk u. Tätigkeit des Geistes) u. Sprachstämme bedeutender Anreger der vergleichenden Sprachwissenschaft u. modernen Sprachphilosophie, Linguistik u. Semantik (Einfluß u. a. auf Weissgerber, de Saussure, Wittgenstein).

Hume, *David,* schott. Philosoph u. Historiker, * 1711 Edinburgh, † 1776 ebd. Bedeutendster Philosoph der engl. Aufklärung, Vertreter eines radikalen Empirismus u. Mitbegründer des Positivismus u. Psychologismus. Das menschl. Denken ist nach H. ohne jede Spontaneität. ↗Ideen sind nur weniger lebhaft empfundene „Perzeptionen", d. h., sie sind rein aposteriorischen Ursprungs. So stammt z. B. die Kategorie der Kausalität aus „wiederholter Erfahrung". Auch der Substanzbegriff, die Gottesidee u. die moral. Ideen wurden von H.s psychologischer Kritik zersetzt. Die Seele ist bloßes „Bündel" von Vorstellungen. Durch H. wurde Kant aus dem „metaphys. Schlummer" erweckt zu seiner auf Empirie beschränkenden u. doch apriorisch-transzendentalen Theorie gegenständlicher Naturerkenntnis.

Husserl, *Edmund,* Begründer der ↗Phänomenologie, * 1859 Proßnitz (Mähren), † 1938 Freiburg i. Br. Prof. in Göttingen u. Freiburg i. Br. Angeregt von Bolzano u. seinem Lehrer F. Brentano u. ausgehend von philos.-mathematischen u. logisch-psychologischen Studien, suchte H. den Empirismus u. Psychologismus zu überwinden u. die Philosophie als apriorische „strenge Wissenschaft" radikal neu zu begründen. In seinen „Logischen Untersuchungen" (2 Bde., 1900–01) hatte H. erstmals das methodische Prinzip der korrelativen (objektiv-subjektiven) Betrachtungsweise verwirklicht, die er systematisch begründete u. in ihren Stufen der eidetischen u. transzendentalen Reduktion entfaltete in den „Ideen zu einer reinen Phänomenologie u. phänomenolog. Philosophie" (1913). Diese Betrachtungsweise sieht, indem sie bei den Phänomenen, „den Sachen selbst", in ihrer anschaulichen Selbstgegebenheit ansetzt u. die Sphäre dieser „intuitiven Evidenz" nicht überschreitet, das wesenhafte Zueinander von ganzheitlichem Gegenstand (hierin zunächst verwandt den Bemühungen Ch. v. Ehrenfels' u. Meinongs) u. Akt, Inhalt u. Erlebnis, von Noema u. Noesis, von Erfüllung u. Intention auf dem Grund des (in Wahrheit spekulativen) Prinzips der ↗Intentionalität des reinen Bewußtseins. Dessen Strukturen haben wiederum ihr letztes Fundament in einem überindividuell-überzeitlichen, zeitstiftenden „absoluten Ego". So mündet H.s Philosophie als „universale Bewußtseinsphänomenologie" in einen transzendentalen Idealismus. Weniger diese Transzendentalphilosophie als vielmehr die phänomenolog. Methode H.s in ihrem Ansatz bei dem Gegebenen erlangte größten Einfluß auf das gegenwärtige philos. Denken, auf M. Scheler, E. Stein, N. Hartmann, M. Heidegger u.viele andere.

In der Spätphilosophie H.s wird angesichts der „Krisis der europäischen Wissenschaften…" (1936) insbes. die in Selbstverständlichkeit vorgegebene ↗„Lebenswelt" thematisch, damit das Verdeckungsverhältnis der objektivistisch sich mißverstehenden Wissenschaften zum lebensweltlichen Boden, dem wir doch entspringen, u. somit die Geschichte der gelebten Welt. Die Überwindung dieser Krise durch Rückbindung der Wissenschaft ins Weltleben ist die therapeutische Aufgabe der Phänomenologie, die den geschichtlichen Sinn des europäischen Menschentums u. der Menschheit herauszustellen hat. Die Lebensweltproblematik hat über die Philosphie hinaus die Humanwissenschaften befruchtet (in der Soziologie z. B. A. Schütz).

Der Nachlaß H.s wird verwaltet u. bearbeitet (Husserliana) vom H.-Archiv in Löwen (gegr. 1939).

Hylemorphismus (von griech. *hýle* = Materie u. *morphé* = Form), von Aristoteles begründete u. von der Scholastik aufgenommene Lehre, der zufolge alles raumzeitliche, endliche Seiende ontologisch durch ↗ Materie u. ↗ Form konstituiert ist.

Hylozoismus (von griech. *hýle* = Materie u. *zoé* = Leben), philosoph. Anschauung, die alle Materie als belebt (beseelt) betrachtet. Als Hylozoisten werden bes. die ion. Naturphilosophen u. die Stoiker, später G. Bruno, Diderot u. a. bezeichnet.

Hypothese (griech.), für eine Schlußfolgerung zugrunde gelegte Annahme, ↗ Voraussetzung.

I

Iamblichos aus Chalkis in Koilesyrien, Begründer der syrischen Schule des Neuplatonismus, † um 330 nC. Schüler des Porphyrios. Baute dessen Lehrgebäude durch Vermehrung der Wesensstufen in der Emanation der sinnlichen Welt aus dem Ureinen weiter aus.

Ich, der Einheitsgrund der Akte eines geistigen Individuums (↗ Person), der sich im ↗ Selbstbewußtsein bestätigt (Descartes), aber nicht nur Bewußtseins-Ich ist. Das endlich-geschichtliche Ich liegt als dasselbe Beständige, als (in der Sprache der Metaphysik:) „substantieller Träger" dem zeitlichen Wechsel seiner „akzidentellen" Charakter tragenden Akte zugrunde u. ist in diesen geöffnet für u. verantwortlich bezogen auf ein Gegenüber (Du, Objekt; dagegen Egoismus, ↗ Solipsismus).
Die wesenhafte Bezogenheit des Ich auf anderes findet sich deutlich z. B. bei Thomas von Aquin (wesensmäßig bin ich zunächst bei den Dingen der Welt), bei Descartes (das Ich verweist als endliches Ich auf das Unendliche; Descartes greift hier auf Augustinus zurück, wo das Ich sich erfährt als Partner des es rufenden Gottes), bei Leibniz (zwar ist die Monade „fensterlos", aber sie „braucht" auch keine Fenster, denn ihr ganzes Sein ist ja schon u. nur Darstellung [„repraesentatio"] alles anderen, der ganzen Welt), bei Kant (das empirische Ich kann sich selbst nur erfahren, weil es anderes, Äußeres erfährt), bei Hegel (als die leere Abstraktion der unmittelbaren Identität mit sich selbst ist das Ich auf erfüllende Konkretion in Welt verwiesen), bei Husserl (die Grundbestimmung des Ich ist die Intentionalität, das Auf-Gegenstände-aus-Sein) u. in verwandelter Form bei Heidegger (menschliches Dasein als In-der-Welt-Sein).
Selbst im metaphysischen Subjektivismus Fichtes (das Ich setzt sich das Nicht-Ich entgegen) u. im Solipsismus Stirners (der ganze Sinn des Einzigen liegt darin, daß er sich alles andere aneignen kann) läßt sich noch durch Verdeckungen hindurch diese ursprüngliche Verwiesenheit des Ich auf anderes aufzeigen. Die Verwiesenheit des Ich nicht neutral auf anderes Seiendes, son-

dern primär auf die andere Person, das Du, betont die ↗Dialogische Philosophie.

Wo das Ich nur als Begriff für ein an sich „substratloses" Bündel von Akten verstanden wird (↗Aktualismus), ist die Substantialität des Ich geleugnet. – Vgl. auch ↗Tiefenpsychologie.

Idealismus (griech.-lat.), in philos. Bedeutung die Grundform der abendländ. ↗Metaphysik, die der ↗Idee seins- u. erkenntnismäßig den Vorrang gibt vor den „bloßen Sachen", dem innerweltl. Seienden. Je nach der philos. Deutung der „Idee" unterscheiden sich die idealist. Grundformen der metaphys. Philosophie:

1) Dem ontolog. I. ist Idee das in der Vernunft-Erkenntnis im voraus erblickte beständige übersinnl. Aussehen dessen, was in der wechselnden sinnl. Erfahrung gesehen wird. Mit dieser von *Platon* stammenden Unterscheidung zweier Seinsbereiche: des partizipierenden (↗Partizipation) Bereichs der sinnlich-vergängl., einzelnen („realen") Dinge (mundus sensibilis) u. des Bereichs des übersinnlichen, beständigen u. übereinzelnen („idealen") Wesens u. Seins (mundus intelligibilis), ist die Metaphysik grundgelegt.

2) Der theolog. I. sieht im Seinsbereich der beständigen Ideen den unveränderl., ewigen Plan des Schöpfergottes *(Augustinus, Thomas v. A.).* Die Ideen sind rationes aeternae, ewige, beständige Gedanken Gottes, in denen die zeitlichen veränderl. Dinge der geschaffenen Welt gründen u. dadurch relative Beständigkeit u. Erkennbarkeit haben.

3) Der psycholog. I. tritt auf in der Neuzeit (mit *Descartes, Locke* u. *Hume).* Auf dem Weg der Säkularisierung der christlich-theolog. Auffassung von einem Plan des Schöpfergottes wird die Idee jetzt begriffen als „Vorstellung", welche die Dinge der Welt „im menschl. Bewußtsein" repräsentiert. Das Kriterium der Sicherheit, wann die Idee „richtig" wiedergibt u. wann nicht, ist freilich nicht eindeutig zu bestimmen (↗Erkenntnistheorie). Der psycholog. I. trennt also „Bewußtseinswelt" u. „wirkliche Welt". Die Idee gehört jetzt allein dem Bereich der ↗Subjektivität an, dem „Innen", u. vermittelt kraft ihres Korrespondenzcharakters zum „Außen". Der I. wird so zum ↗Subjektivismus.

4) Den transzendentalen I. begründete *Kant.* Die „Idee" wird hier (als apriorische Funktion der ↗Vernunft; vgl. die ↗Kategorien des ↗Verstandes u. die Anschauungsformen der ↗Sinnlichkeit) von der realen psych. Vorstellung zu einer „geltenden"

Bedingung der Möglichkeit von Bewußtsein. Die Bewußtseinswelt wird überschritten, nicht in ein „Jenseits" (den Bereich der Gedanken Gottes) hinaus *(transzendente Transzendenz)*, sondern zu den vorbewußten, in der Struktur endlicher Subjektivität liegenden Geltungsgrundlagen jeder möglichen endl. Erkenntnis zurück *(transzendentale Transzendenz)*. Die „ideale" Welt dieses I. ist so der Bereich der Bedingungen der Möglichkeit endlicher, d. h. gegenständlicher Erfahrung u. endlicher, d. h. an sittl. Normen sich bindender, Handlung. „Idee" im strengen Sinn aber meint die Vernunftbedingungen: die Entwürfe je einer in der Erfahrung nie antreffbaren Totalität, die als Regulativ das theoret. Erfahren u. als postulierte od. anerkannte Norm das praktische Handeln leitet.

5) Der absolute I. heißt in der Geschichte der Philosphie auch *Deutscher I.* (seine Hauptvertreter *Fichte, Schelling, Hegel*). Der Rückgang in den Bereich der Subjektivität führt hier nicht nur, wie bei Kant, zu den Geltungsgrundlagen endlicher, sondern aller Erkenntnis: im Rückgang in die Subjektivität entdeckt u. begreift sich diese als das Absolute selbst, sie stößt nicht auf Ideen als Bedingungen ihrer Handlungen, sondern erfährt sich selbst als *die* Idee: als den einen absoluten, immanenten Einheitsgrund, aus dem heraus alle Scheidungen (z. B. in das empirische Subjekt u. Objekt, in Natur u. Geist, Natur u. Geschichte) erst hervorgehen. Damit wird zugleich über alle Psychologie u. Erkenntnistheorie hinaus eine neue pantheisierende Metaphysik grundgelegt.

Die Bedeutung des idealist. Denkens beruht darin, daß es gegenüber dem Irrationalismus die Intelligibilität des Wesens des Wirklichen wahrt, gegenüber dem Relativismus die Verbindlichkeit einer Ordnung verteidigt (insofern hat jedes naturrechtliche u. gesellschaftliche Normen anerkennende Denken seine Herkunft aus dem I.), gegenüber dem Positivismus sich die Kraft der Schau auf das Ganze, den Sinn der Welt u. des menschlichen Daseins erhält, gegenüber dem Pragmatismus sich bewußt bleibt, daß Wahrheit u. Erkenntnis nicht darin aufgehen, Mittel zur praktischen Daseinsbewältigung zu sein. Die Versuchung des idealist. Denkens besteht darin, die Wesensordnung, die alles einzelne umfaßt u. bemißt, als selbst umgreifbares Ganzes vorauszusetzen u. so, hinblickend nur auf diese Ordnung, aber „blind" oft für die Wirklichkeit, konstruktivistisch einen Abschluß, ein „geschlossenes" ↗ System dessen erzwingen zu wollen, was von sich her unerzwingbar ist. Die eigentliche Grenze des idealist. Denkens aber erfährt es durch die Ernstnahme der Geschichte. Diese ist weder als nur zufällig u. nie vollkommen glückende Verwirklichung des immer selben, der ewigen idealen Ordnung, noch die Selbstentfaltung u. Selbstergreifung einer absoluten Idee zu begreifen, sondern als das in seinem Anfang dunkle u. in die Zukunft offene Geschehen der menschlichen Freiheit in ihrer Welt zu verstehen.

Ideation (von lat. *idea*, ↗ Idee), Wesensanschauung, Ideen- oder Begriffsbildung.

Idee (von griech. *ideín* = sehen bzw. idéa u. eídos = Aussehen), ursprünglich der sinnliche Anblick, die äußere Erscheinung eines Dinges; dann der geistige Anblick des inneren ↗ Wesens, d. h. der ↗ Begriff. – Bei *Platon* sind I.n die unveränderlichen, vollkommenen, in der überirdischen intelligiblen Welt beheimateten Urbilder (höchste I. ist die I. des Guten als die „I. er I.n"), die sich in der Erscheinungswelt nur schattenhaft verkörpern u. im Rückstieg der ↗ Anamnese erfaßt werden. Die christl. Philosophie sieht im Anschluß an den Neuplatonismus seit Augustinus in den I.n die schöpferischen Urgedanken, Urbilder alles Geschaffenen im Geist Gottes. Seit *Descartes* (der eingeborene, von außen zukommende u. von mir selbst hervorgebrachte I.n unterscheidet) u. *Locke* (für die I.n ausschließlich durch Erfahrung gegebene Bewußtseinsinhalte sind) wurde immer mehr das ↗ Bewußtsein zum Ort u. Träger der I.n. Für *Kant* sind I.n Begriffe der reinen Vernunft, in denen ein Unbedingtes gedacht wird, das aber in keiner Erfahrung antreffbar ist. Sie sind für den systematischen Fortgang des Erkennens notwendige, vom Denken entworfene letzte Totalitäten, nur regulative Prinzipien der theoretischen (Seele, Welt, Gott), dann Postulate der praktischen Vernunft (Gott, Freiheit, Unsterblichkeit). Im deutschen ↗ Idealismis wird I. von *Fichte* als Erscheinung des Absoluten in der Realität, von *Schelling* als Potenz im werdenden Absoluten selbst, von *Hegel* als das Absolute begriffen, das sich dialektisch zu sich selbst in seiner konkreten Totalität entwickelt. In der neukantian. Wertphilosophie ist I. „geltende" Wesenheit, in der Phänomenologie die im transzendentalen Bewußtsein konstituierte Gegenstandseinheit.

Ideengeschichte, Geistesgeschichte, spezif. Betrachtungsweise, die sich nicht auf einzelne geschichtliche Ereignisse, sondern auf die ideellen Kräfte in der geistigen (epochalen, kulturellen) Welt des Menschen einer jeweiligen Zeit richtet. Die ideen- bzw. geistesgeschichtliche Methode (u. a. in der Literatur- u. Kunstwissenschaft) ist konstruktiv u. entwicklungsgeschichtlich zugleich. Sie sucht Epochen, Welt- u. Kultureinheiten stiftende Ideen (z. B. Idee des christl. Staates im Mittelalter, der Antike u. Humanität in der Klassik, des Weltbürgertums, des Volksgeistes im 18. Jh., der Technik heute) als konstitutive Elemente des jeweiligen Weltentwurfes aufzuweisen sowie solche geistigen Sinn- u. Problemzusammenhänge zu erfassen, die sich durch mehrere Epochen hindurch halten (allgemeine Ideen, wie Freiheit, Ich, Gemeinschaft, Erlösung).
Ein erster Höhepunkt der I. ist der deutsche Idealismus (Herder, Schelling, Schlegel, Fichte, insbes. Hegel mit dem Begriff des „objektiven Geistes"); Dilthey greift die ideengeschichtl. Betrachtung wieder auf, die in der Kontroverse Naturwissenschaft u. ⊿Geisteswissenschaft im ersten Drittel des 20. Jh. (Rickert, Windelband, später Rothacker) eine neuerliche theoret. Grundlegung erfuhr. Für den Marxismus ist jede I. ⊿Ideologie. Im Gegensatz zur ideengeschichtlichl. Betrachtung führt der auf Marx sich berufende historische Materialismus die geistigen Kräfte als „Überbau" auf die jeweilige Produktionsform zurück.

Identität (von lat. *idem* = dasselbe), Selbigkeit, völlige Übereinstimmung. Jedes Seiende ist es selbst (= I.s-prinzip bzw. Satz von der I.) Das von Leibniz formulierte principium identitatis indiscernibilium besagt, daß es nicht mehrere Substanzen geben kann, die sich in nichts voneinander unterscheiden. Für Hegel, demzufolge die I. das Prinzip des ganzen Schellingschen Systems ist (⊿Identitätsphilosophie), steht am Anfang des dialektischen Ganges der Philosophie die „I. der I. u. Nichtidentität" als die erste, noch gänzlich abstrakte Fassung des Absoluten.

Identitätsphilosophie, Identitätssystem, auf ⊿Schelling zurückgehender Begriff, der jene Philosophie des Idealismus bezeichnet, für die Natur u. Geist, Reales u. Ideales in der „absoluten Vernunft" identisch sind. Das Absolute ist für Schelling die „Indifferenz von Natur u. Geist, von Objekt u. Subjekt". Ansätze zur I. weisen auf: die Negative Theologie, Nikolaus von Cues, Spinoza, Hegel.

In einem weiteren Sinn wird in kritischer Wendung die traditionell-metaphysische Philosophie als Identitätsdenken bezeichnet, sofern in der Identifizierung von Geist (Vernunft, Wille) die überwältigende Fixierung u. Vereinnahmung erfolgt sei u. demgegenüber die Differenz zum berührbaren, aber uneinholbaren Sein (Natur, das bzw. der Andere u. Fremde usw.) zu wahren sei.

Ideologie (Neubildung, griech., Ideenlehre), 1) von ↗Destutt de Tracy geprägt für die von Condillac begründete sensualistische Philosophie in Frankreich, die um 1890 politischen Einfluß erlangte; 2) „eine institutionell verfaßte, gruppenbezogene Wahrheitsüberzeugung, die ihre Kraft nicht Wahrheitsgründen verdankt, sondern praktischen Interessen" (Lübbe), „eine scheinwissenschaftliche Interpretation der Wirklichkeit im Dienste einer praktisch-gesellschaftlichen Zielsetzung, die sie rückläufig legitimieren soll" (Lauth); 3) von Marx u. vom Marxismus als terminus technicus eingeführt für jede Art von ↗Weltanschauung, also für das Gesamt von Religion, Philosophie, Recht, Kunst, z. T. auch Wissenschaft einer betimmten Epoche u. Gesellschaft, die als Phänomene ohne substantiellen Wahrheitsgehalt nur Epiphänomene der jeweiligen wirtschaftlichen Verhältnisse u. der Interessen der herrschenden Klasse sind. I. im engeren Sinn sind dabei nicht einmal diese Phänomene selbst, sondern die Behauptung, daß nicht die Produktionsverhältnisse, sondern sie (der „Überbau") das Treibende u. Eigentliche der Geschichte seien.
Die Behauptung oder der Nachweis, daß eine Anschauung I. ist, hat kritische Funktion, die I.-Behauptung ist zugleich I.-Kritik. Insofern jede große Philosophie kritisch ist gegenüber ungerechtfertigten Ansprüchen u. Behauptungen, ist sie zumindest implizit ideologiekritisch. Ausdrücklich wird sie es in der Neuzeit erstmals mit Bacons ↗Idola-Lehre.

Idol (von griech. *eídolon* = Trugbild, Götzenbild), von *F. Bacon* als Terminus aufgenommen u. zu einer philos. Lehre von den *Vorurteilen* ausgebaut. Bacon unterscheidet: 1) idola tribus, Vorurteile des menschlichen Stammes, die in der menschlichen Natur liegen (anthropomorphes u. teleolog. Konstruieren statt Beobachtung), 2) idola specus, Vorurteile der Höhle, die in der Individualität des Einzelnen liegen (subjektive Wünsche), 3) idola fori, Vorurteile des Marktes, soziale Vorurteile, die insbes. entstehen, wenn die Sprache nicht als Instrument der Information, sondern der Erkenntnis genommen wird, 4) idola theatri, Vorurteile des Theaters, vorgegaukelte Anschauungen (die durch Autorität entstehen, insbes. aus der überlieferten Metaphysik.)

Illuminationslehre (von lat. *illuminatio* = Erleuchtung), von Augustinus u. Bonaventura vertretene Lehre, wonach, wie die sinnl. Erfahrung der veränderlichen körperl. Dinge nur im „körperlichen, äußeren", so auch die geistige Erkenntnis der unveränderlichen ewigen Wesenswahrheiten nur in einem „geistigen, inneren" Licht möglich ist. Dieses Licht ist weder das *lumen naturale* des menschl. Geistes (als *intellectus agens*) in thomistischer Deutung, der kraft eigenen, wenn auch geschöpflichen Wesens im allgemeinen, natürl. *concursus divinus* ewige Wahrheiten erkennt, noch die übernatürl. Erleuchtung *(lumen supranaturale)* für die Offenbarungswahrheiten, sondern eine besondere Einstrahlung (illuminatio) ewiger Wahrheiten in den menschl. Geist durch den göttl. Geist. Die Erkenntnis ist deshalb nicht schon (wie nach dem späteren ↗Ontologismus) eine unmittelbare „Schau in Gott".

immanent (lat.), innebleibend, einwohnend. Bei Kant: was innerhalb des Bereichs möglicher Erfahrung bleibt; Gegensatz ↗transzendent. Das der Hegelschen Dialektik zugrunde liegende „i.e Hinausgehen" nimmt den Gegensatz von Immanenz (das In-etwas-enthalten-Sein bzw. das Innebleiben) u. Transzendenz in eines zusammen. I.e Kritik ist eine innerhalb des Rahmens der dem Kritisierten eigenen Voraussetzungen bleibende Kritik. Der Pantheismus lehrt die völlige Immanenz Gottes in der Welt, die Immanenzphilosophie die Immanenz der (Objekt-)Welt, der Wirklichkeit im Subjektsbewußtsein.

Imperativ (lat.), Gebot. Kant unterscheidet hypothetische I.e, deren Handlung nur einen bedingten, also möglichen nicht schlechthin notwendigen u. allgemeingültigen Zweck zu verwirklichen befiehlt, der seinerseits als Mittel auf einen vorauszusetzenden (Voraussetzung = Hypothese) weiteren Zweck u. dessen Verwirklichung verweist usf., vom ↗Kategorischen Imperativ. – Geschichtliches Denken kennt historische I.e: unbedingte u. doch nicht zeitlos, sondern geschichtlich gültige Gebote des für eine bestimmte Zeit Notwendigen.

implicite, implizit (lat.), inbegriffen; Gegensatz ↗explicit. – Implikation, das Eingeschlossensein eines Sachverhalts in einen andern.

Indeterminismus (lat.), die Lehre von der „Unbestimmtheit" physischer oder psychischer Vorgänge durch das Kausalgesetz, insbes. die Lehre, daß der menschliche Wille nicht ursächlich u. lückenlos durch Motive, gesellschaftliche Verhältnisse, Charakter, Situation usw. bestimmt ist.

Individualethik, 1) Teildisziplin der Ethik, die Lehre von den sittl. Verpflichtungen des Individuums gegen sich selbst, im Unterschied zur ↗Sozialethik. Die Unterscheidung ist mehr heuristischer Natur, da die „Pflichten gegen sich selbst" u. die sozialen Verpflichtungen untrennbar ineinander verwoben sind; 2) eine Ethik, die ihre Prinzipien ausschließlich aus der Analyse des Einzelnen (↗Person) zu entwickeln sucht. Philosophisch fragwürdig dann, wenn übersehen wird, daß zum Personsein die Beziehung zum Anderen u. zu den Anderen (Gemeinschaft, Gesellschaft) wesenhaft mitgehört.

Individualismus (lat.), ursprünglich die in der Einzigartigkeit (↗Individualität) des Menschen verankerte Behauptung u. Entfaltung der Eigenart u. des Eigenrechtes des menschlichen ↗Individuums. Im Gegensatz zum doktrinären Sozialismus u. modernen ↗Kollektivismus verteidigt der I. die in der menschlichen ↗Freiheit gründende Unvertretbarkeit, Verantwortlichkeit u. Geschichtlichkeit, die gerade objektive Bindungen u. den Einzelnen übersteigende Gemeinschaftsformen voraussetzen. I. im *negativen Sinne* ist die Behauptung vom absoluten Vorrang der Individualität des Einzelnen, die dessen wesentliche Bindung an die Gemeinschaft leugnet. Dieser I. führt *philos.* zum ↗Nominalismus u. ↗Subjektivismus, *ethisch* zum ↗Eudämonismus bzw. ↗Utilitarismus, *soziologisch* aufgrund seiner atomistischen Auffassung des Menschen zur Auflösung der Gesellschaft überhaupt (↗Anarchismus) oder in einen bloßen Zweckverband für den Ausgleich individueller Interessen, *wirtschaftlich* zum liberalist. Kapitalismus.

Individualität (lat.), der Inbegriff der Eigenschaften oder Merkmale, durch die sich etwas als bestimmtes „Dies-Da", als einmaliges ↗Individuum bekundet. In einem engeren Sinn kommt I. nur dem Menschen zu u. meint dann dessen ↗Persönlichkeit.

Individuation (lat.), die „Besonderung" des vielen allg. Wesens zum Einzelseienden (↗Individuum). – I.s-prinzip, der in der Philosophie verschieden gesehene Grund der I., so z. B. bei Aristoteles u. Thomas von Aquin die materia prima.

Individuum (lat., das Ungeteilte), das Einzelseiende in seiner Einzigkeit (↗Individualität) gegenüber dem Allgemeinen (Gattung, Art). I. im eigentlichen Sinne ist der Mensch in seiner besonderen Einmaligkeit. ↗Geschichtlichkeit, ↗Person. – individuell, einem einzelnen als solchem zukommend, auch: vereinzelt.; Gegensatz: generell. – individualisieren, das I., die Individualität berücksichtigen. Vgl. ↗Geisteswissenschaften.

Induktion (von lat. *inducere* = hineinführen), gegenüber der ↗Deduktion ist I. die (vor allem in den Erfahrungswissenschaften angewendete) Methode, von vielen besonderen Einzelfällen auf die Gültigkeit eines allgemeinen (zunächst hypothetisch angenommenen) Gesetzes zu schließen, das auch für die nichtbeobachteten gleichartigen Fälle gilt. Logisch notwendig ist die I. allein dann, wenn sie vollständig ist, d. h. alle möglichen Fälle bekannt sind. In den Erfahrungswissenschaften kann deshalb I. nie zur Verifikation, nur zur Falsifikation eines Gesetzes führen. Bei Aristoteles ist I., als epagoge, das Freilegen des Allgemeinen im Einzeln-Zeitlichen. In der beginnenden Neuzeit wurde I. als Methode durch Baco von Verulam u. später bes. durch J. St. Mill herausgebildet, damit theoretisch das experimentierende Vorgehen der Naturwissenschaften vorbereitet.

Institution (lat., Einrichtung, Anordnung), Ordnungsform zur Regelung der Beziehungen zwischen Einzelnen u. Gruppen u. der Gesellschaft (Familie, Erziehungswesen, Wirtschaft, rechtliche, polit. u. religiöse, allg. kulturelle I.en). I.en vermitteln unterschiedliche gesellschaftl. Kräfte miteinander, „entlasten" vom Druck je augenblicklicher unmittelbarer u. neuer Handlungsentscheidung u. „stabilisieren" Spannungen (A. Gehlen). Die I.en freilich nur in der Perspektive ihrer Funktionalität u. nicht vor allem als Sinngestalten gemeinsamen Lebens (vgl. ↗Freiheit) zu sehen, löst sie schließlich auf und läßt sie nur noch als „soziale Systeme" (N. Luhmann) erscheinen. Diese Sicht ist selbst Ausdruck einer in der Moderne zunehmenden Sinnkrise, in der die I.en in den Zwang fortgehender „Legitimation" (J. Habermas) geraten. Zugleich treten allerdings die Gefährdungen der I.en hervor (u. a. Totalisierung des Regelungsanspruchs von seiten der I.en, aber auch Erlahmung durch Überforderung u. zu hohe Leistungserwartung gegenüber I.en), denen I.en nur in Wandlungs- u. Erneuerungsbereitschaft begegnen können.

Instrumentalismus (von lat. *instrumentum* = Werkzeug), von J. Dewey auf der philos. Grundlage des ↗Pragmatismus vertretene, bes. in Amerika geläufige philosoph. Richtung, deren utilitaristische Logik u. Ethik die Wahrheit als bloße „Brauchbarkeit der Vorstellungen" u. Sittlichkeit als Handlungsmittel, beide zur Bewältigung des Daseins, versteht.

Intellectus agens (lat.), in der scholastischen Philosophie die als apriorisches Seinsverständnis (Kategorien, Modalitäten, Transzendentalien) intentional auf alles Seiende gerichtete „tätige Vernunft".
Sie stellt die durch die Sinne gewonnenen Vorstellungen ins Licht des Seins, abstrahiert aus ihnen die allg. ↗Wesen u. prägt sie dem *intellectus possibilis,* der „mögl. Vernunft", ein. Indem deren Wesensbilder ausdrückl. auf die Dinge der Welt bezogen werden, geschieht eigentliche ↗Erkenntnis.

Intellectus archetypus (lat., der urbildliche Intellekt), bei Kant u. im deutschen ↗Idealismus der intuitive göttl. Verstand im Gegensatz zum diskursiven menschlichen (intellectus ectypus).

Intellekt (lat.), Erkenntnisvermögen, Verstand, ↗Vernunft, ↗Geist.

Intellektualismus (lat.), jenes Denken, das dem Geist als Intellekt (Vernunft, Verstand) den Vorrang gibt vor dem Willen (↗Voluntarismus). Typische Vertreter z. B. Aristoteles (der das Höchste, das Göttliche, als Sich-selbst-Denken des Denkens auslegt); Thomas von Aquin (nihil volitum nisi cognitum = nichts wird gewollt, was nicht erkannt ist; während der Wille bloß auf anderes zielt, geht der Intellekt in der reditio completa in se ipsum auf sich selbst, auf sein vollkommenes Beisichsein in totaler

Selbsterhellung); Hegel (alles ist Moment in der Entwicklung des Geistes zu sich selbst im absoluten Wissen). Spezielle Ausprägung dieses grundlegenden metaphysischen I. sind u. a. der ethische (Sokrates: Was als gut erkannt ist, wird eo ipso auch getan), der psychologische (Herbart: alles Seelische ist auf Verstandestätigkeiten zurückzuführen), der existenzielle I. (der Sinn des Lebens liegt in intellektueller Tätigkeit). Im Ganzen der Geschichte der Philosophie dominiert der I.; vgl. ↗ Idealismus.

Intellektuelle Anschauung, vom deutschen ↗ Idealismus geprägter Begriff einer unmittelbar-geistigen Erfassung der Wesenswirklichkeit in ihrer „absoluten Realität" bzw. des Absoluten selbst. ↗ Intellectus archetypus.

intelligibel (lat.), was nur durch Vernunft erfaßbar ist. ↗ Kant. Gegensatz sensibel = sinnlich (wahrnehmbar).

Intention (lat.), Absicht, die Zuwendung des Bewußtseins zum Gegenstand, das „Meinen" (Husserl). Ein Begriff der Scholastik (intentio recta, intentio obliqua), durch Brentano der Phänomenologie u. modernen Philosophie vermittelt. Während von Brentano I. als Charakter aller Erkenntnisakte u. Aktinhalte, auf einen Gegenstand bezogen zu sein, empirisch-psychologisch aufgewiesen wird, ist *Intentionalität* bei Husserl Grundzug des transzendentalen, konstituierenden Bewußtseins.

Interesse (von lat. interest, es ist von Belang, Vorteil), allg. Anteilnahme, bes. um eines persönl. oder gemeinsamen gegenständlichen Gefallens u. Nutzens willen. In hedonistischen u. utilitarist. (vgl. auch ↗ Eudaimonismus) Lehren der entscheidende Beweggrund des bewußten Verhaltens u. Handelns. Kant sieht im Schönheitserlebnis ein „uninteressiertes Wohlgefallen" u. in der sittlichen Handlung nur das „reine sinnenfreie I." der sittlich-prakt. Vernunft an der Handlung u. ihrer Pflichtgemäßheit (nicht am sinnlich-inhaltlichen Handlungsgegenstand) selbst. Hegel sucht die subjektive Vernünftigkeit u. die objektive Gehaltlichkeit zu vereinigen in einem „I. des Allgemeinen". In der nachhegelschen Wendung spielt der Begriff des I. eine zentrale Rolle u. a. bei Kierkegaard (als Leidenschaft des Existierenden an seinem Existieren, vor allem in religiöser Bedeutung), bei Nietzsche (Leidenschaft als Wurzel des willensmächtigen Lebens), bei Marx u. im Marxismus (als die wahren menschlichen Bedürfnisse gegenüber den subjektiv-individuellen I.n unter den objektiv herrschenden Klassen-I.n). J. Habermas unterscheidet die „erkenntnisleitenden I.n" dreifach: das I. an funktional-instrumentaler Beherrschung der Natur in Naturwissenschaft u. Technik; das praktische I. an Verständigung im sozialen Handeln u. in den geschichtl.-hermeneutischen Wissenschaften; das emanzipatorische I., das jene beiden I.n in der Selbstreflexion vermittelt u. auf Mündigkeit zielt.

Interpretation (lat.), die zum ↗ Verstehen führende Auslegung u. Ausdeutung insbes. von Texten, darüber hinaus von allen Werken, in denen menschliches Leben in seinen Sinnbezügen sich äußert. Ursprüngl. im Bereich des Rechts (I. von Gesetzen) u. der biblischen Exegese (I. der Heiligen Schrift), dann allg. in den Geisteswissenschaften. ↗ Hermeneutik.

Intersubjektivität, 1) wissenschaftstheoretisches Merkmal allgemeingültiger Sätze als von jedem Subjekt grundsätzlich einsehbaren, mitteilbaren u. nachprüfbaren Sätzen; 2) anthropologisch die Verwiesenheit des Ich auf Andere.

Intuition (lat., Anschauung), die unvermittelte Einsicht in sich selbst gebende Wesenszusammenhänge u. Gestalten von sinnlicher oder geistiganschaulicher Evidenz. Gegensatz die vermittelte, diskursive Erkenntnis mit logisch erarbeiteter Evidenz.

Ionische Philosophie, die Philosophie der ältesten, den ionischen Kolonien Kleinasiens entstammenden Denker der ↗ Vorsokratik, Vertreter: Thales, Anaximander, Anaximenes u. a. Gemeinsam ist ihnen die Frage nach dem Urgrund der Physis (Natur), den sie in einem „Urstoff" suchen, im Wasser (Thales), in der Luft (Anaximenes), dem Feuer (Herakleitos) oder dem „Grenzenlosen" (↗ Apeiron, Anaximander).

Ironie (griech., Verstellung), Rede- oder Verhaltensweise eines Menschen, der die Aussage eines andern nur scheinbar ernst nimmt u. seine Zustimmung zugleich durch Mimik, Diktion, Lächeln u. Gegenrede wieder zurücknimmt. Im Gegensatz zum Humor geht sie als Form des Paradoxen auf Vernichtung ihres Gegenstandes aus. Die *sokratische I.* ist als besonnene Verstellung ein pädagog. Mittel. Die *romantische I.,* von Solger,

F. Schlegel, Tieck u. a. unter dem Einfluß Fichtes entwickelt (von Hegel und Kierkegaard als Wesenszug der Romantik begriffen u. verworfen), ist das Gefühl u. Bewußtsein des Ungenügens an der eigenen Schöpfung; ferner ein Weltverhalten des „Herrn u. Meisters", der alle großen bestehenden Zusammenhänge (Kirche, Staat, Sittlichkeit) zerstört.

irrational (lat.), das dem begrifflich logischen Denken (ratio) von dessen Struktur her nicht Faßbare. Ratio wird hier als Bezugssystem gesetzt u. das „I.e" nur in seiner negativen Relation zu diesem gesehen. Die genauere Bezeichnung wäre a-rational. – Oft auch: was „über" das endliche *menschliche* Begreifen hinausgeht, „in sich" aber vernünftig u. erkennbar ist.

Irrationalismus (lat.), 1) geistesgeschichtliche Gegenbewegung zu ↗Rationalismus u. ↗Aufklärung, die, von Mystik u. Pietismus angeregt, die Seelen- u. Gefühlskräfte in den Vordergrund stellte; 2) philos. Richtung, die dem begriffl. Denken grundsätzlich mißtraut oder über den Verstand hinausgehende Erkenntniskräfte (wie Intuition, emotionale Akte) annimmt, weil sie den Grund u. die Verfaßtheit von Wirklichkeit als nicht-rational bestimmt. So vertreten Schopenhauer, Nietzsche, E. v. Hartmann einen metaphysischen I., insofern sie das Sein selbst als blinden Willen oder Lebensdrang begreifen. ↗Voluntarismus, ↗Lebensphilosophie.

J

Jacobi, *Friedrich Heinrich,* * 1743 Düsseldorf, † 1819 München. Kaufmann, Beamter, 1807–12 Präsident der Akad. der Wiss. in München; mit Rousseaus Denken vertraut, mit Goethe, Hamann, Herder in Beziehungen. Durch seine Kritik an Mendelssohn, an Kant (u. a. an seinem Ding-an-sich-Begriff, ohne den man nicht in die Kantsche Philosophie hineinkommen u. mit dem man nicht in ihr bleiben könne; Wirkung bes. auf Hegel), an Fichte u. Schelling (deren Denken, „umgekehrter Spinozismus" sei) wurde J. neben Hamann zum Wortführer der gegen den Rationalismus der Aufklärung gerichteten Gefühls- u. Glaubensphilosophie. Ihre Wirkung erstreckte sich auf den Sturm u. Drang, Schiller, Jean Paul u. die Romantik (bes. mit dem Ideal der „schönen Seele"), im theolog. Bereich bis in die Tübinger Schule (bes. J. v. Kuhn) u. zu Schleiermacher. Die Verstandeserkenntnis erfaßt nach J. nur das Nichtgöttliche, Endliche. Sie führt (vorbildlich in Spinozas Lehre) notwendig zum Atheismus. Jeder Beweis setzt das Unbeweisbare, jedes Wissen das Glauben voraus. Allein in der Gewißheit des Glaubens, des Gefühls (auch: des Herzens u. der Vernunft) ist das Göttliche, Unendliche, gegenwärtig.

James, *William,* amerikan. Philosoph, * 1842 New York, † 1910 Chocorna. Wurde als „radikaler Empirist" Begründer des Pragmatismus. Vertrat in der Religionsphilosophie bzw. -psychologie den Panpsychismus, in der Metaphysik einen Pluralismus ursprüngl. Kräfte.

Jaspers, *Karl,* * 1883 Oldenburg, † 1969 Basel. Zuerst Psychiater, 1921 Prof. für Philosophie in Heidelberg, 1948 in Basel. Im deutschen Sprachraum nach Heidegger der bedeutendste Vertreter der sog. ⁊Existenzphilosophie. Angeregt bes. von Pascal, Kant, Kierkegaard, Nietzsche, durchbricht er das bloß akadem. Wissen u. Philosophieren, zeigt Philosophie als Daseinsform des Menschen, formuliert seine Gedanken als Appell, führt zu offenster Weltorientierung, bringt ⁊Geschichtlichkeit vertieft zum Bewußtsein, erörtert bes. eindringlich die Grundformen der menschl. ↗Kommunikation, um schließlich durch die Erfahrung der Grenze von endlichem Wissen u. endlicher Sicherheit überhaupt (= „Scheitern", ↗Grenzsituation) die entscheidende Verwandlung des menschl. Daseins (Existenz-Werdung) aufzudecken, in der dieses der „Transzendenz", Gottes inne wird. Wo immer jedoch dieses Innewerden sich ausspricht, da handelt es sich nur um vom endlichen menschl. Subjekt entworfene bedingte „Zeichen" oder „Chiffern" für das Unbedingte (z. B. die Vorstellung Gottes als eines persönl. „Du"), welche für das philos. Denken deshalb „in der Schwebe", nämlich fraglich bleiben müssen. So hat zwar J. inmitten der brüchig gewordenen Bildungswelt Entscheidendes getan für die Erweckung der Bereitschaft zum Geheimnis Gottes. Aber die Liberalität seines im Grunde relig. Denkens hält ihn zurück, darin konkret u. bestimmt zu werden. Der „philos. Glaube" weiß sich mit dem Uranliegen der Religionen identisch. Aber die Religionen selbst erscheinen ihm als menschliche Fixierungen eines absolut Unfixierbaren.

Jung, *Carl Gustav,* Psychiater, * 1875 Kesswyl (Schweiz), † 1961 Zürich. Seit 1944 Prof. in Basel. Schüler Freuds, erweiterte aber die Libido zur allg. psychischen Energie u. faßte das Verhältnis Bewußtes – Unbewußtes als Kompensation. Unterscheidet dabei individuelles u. kollektives Unbewußtes: allg. menschliche, archaisch geprägte Verhaltensmuster („Archetypen"). Diese Archetypenlehre hatte starken Einfluß auf die vergleichende Religionsgeschichte u. die Religionspsychologie.

Junghegelianer ↗Hegelianismus.

K

Kant, *Immanuel,* * 1724 Königsberg, † 1804 ebd. Seit 1770 Prof.
in Königsberg. Von ihm nahm der deutsche ↗ Idealismus seinen
Ausgang. K. bedeutet zugleich einen entscheidenden Einschnitt
in der Geschichte der abendländ. Philosophie mit anhaltender
Wirkung.

Seine Kritik aller bisherigen ↗ Metaphysik (als *dogmatischer*) und
der Versuch einer kritischen Reflexion auf die Grundlagen der
metaphysischen Erkenntnis u. aller Erkenntnis überhaupt ist die
erste grundsätzliche u. konsequent durchgeführte Besinnung
des abendländ. Philosophierens *auf sich selbst*. Bereits in der *vor-
krit.* Periode (bis zur „Kritik der reinen Vernunft", 1781) beginnt
die Lösung vom „Dogmatismus": vom unreflektierten Glauben
der Leibniz-Wolffschen Philosophie daran, daß unsere Erkenntnis ohne weiteres das „Seiende, wie es an ihm selbst sei",
erkennen könne. Schon seine Abhandlung von 1770 arbeitet die
Sinnlichkeit in ihrem unablösbaren Bezug zum endlichen Menschen heraus. Die eigentliche Wende („Kopernikan. Drehung"),
mit der die *krit.* Periode beginnt, tritt erst dadurch ein, daß K.
mit der Besinnung auf die *Endlichkeit* des Menschen radikal
Ernst macht. Der endliche Mensch kann überhaupt nicht *absolut*
erkennen, d. h. Seiendes, wie es in sich selbst steht, sondern nur
gegenständlich (objektiv), d. h. Seiendes, wie es ihn *angeht (affiziert)* u. aufgrund dieser „Affektion" (Berührung) ihm *entgegensteht.* Auch die Verstandes- und Vernunfterkenntnis dient nur,
das sinnliche Widerständige (Affizierende) mit Hilfe der *Ver-
standes-Kategorien* u. innerhalb je des Ordnungsentwurfs der
Vernunft-Ideen zum Gegenstand zu machen. Was nicht sinnlich
widerständig ist (wie das *Noumenon*), kann nicht gegenständlich, was nicht Gegenstand (Objekt, Erscheinung, *Phainomenon*)
ist, kann nicht erkannt werden.

Die bisherige „generelle Metaphysik" (Ontologie als Lehre vom
Seienden als Seienden) wandelt sich zur transzendentalen Ge-
genstandslehre von den Bedingungen der Möglichkeit eines jeden Gegenstehens u. damit eines jeden Objektes überhaupt für
jedes endliche Bewußtsein (Subjekt). Weil diese Bedingungen im
Wesen des Menschen selbst vorgegeben sind, gehen sie aller Er-

fahrung vorher u. ermöglichen damit auch ↗synthetische Urteile a priori, die vorweg (a priori) über alles Erfahrbare Aussagen machen, obwohl der Mensch in seiner Erfahrung immer nur einzelnem, nie allem zugleich begegnet.

Der bisherigen „speziellen Metaphysik" (Kosmologie, rationale Psychologie, natürl. Theologie) wirft K. (in der „transzendentalen ↗Dialektik") vor, daß sie je ein ungegenständl. Unbedingtes (Welt, Seele, Gott) wie ein Objekt behandelt.

Nicht in der theoretischen, erst in der *prakt. Metaphysik* erhält das nichtobjektivierbare Unbedingte nun dennoch allgemeine Gültigkeit u. Gewißheit, u. zwar im Hinblick auf den Menschen nicht als erkennendes, sondern als handelndes Wesen. Der Wille allein bejaht, wenn er ethisch will, das Unbedingte als absolutes Gesetz seines eigenen Wesens u. bindet sich so handelnd an ein Absolutes (vgl. ↗Kategorischer Imperativ). Weil er als sittlicher sich an kein einzelnes Gegenständliches bindet (nicht „heteronom" ist), sondern nur an sein eigenes absolutes Gesetz (also „autonom" ist), verlangt („postuliert") er einen dreifachen Glauben: 1) an die *Freiheit,* d. h. Möglichkeit der Lösung vom Gegenständlichen in der ursprüngl. Hingabe an das innere absolute Gesetz; 2) an die *Unsterblichkeit* als steten Fortschritt zum absoluten Guten; 3) an *Gott* als Garanten des „höchsten Gutes", nämlich der Vereinigung frei verwirklichter Sittlichkeit u. durch sie verdienter Glückseligkeit im „Reich Gottes".

Größe u. *Grenze K.s* liegen in der Einschränkung seines Erkenntnis- u. Wissens-Begriffs auf gegenständliche (objektive) Erkenntnis nach dem Modell neuzeitlicher Mathematik u. mathematischer Physik. Der einseitige Vorrang des „Herrschaftswissens" (M. Scheler) führt dazu, daß selbst den unbezweifelbaren Erfahrungen der „prakt. Vernunft" trotz ihrer sicheren Gültigkeit ein eigentlicher Erkenntniswert abgesprochen wird. In der Einengung des Religiösen auf den moralischen Bereich zeigt sich im übrigen noch K.s enge Bindung an die europäische Aufklärung.

Kardinaltugenden, die (zumeist vier) Grundtugenden, in denen alle anderen enthalten sind; im Anschluß an Plato (Politeia 428 E f.) werden genannt: *Weisheit* (sophia, lat. sapientia), *Tapferkeit* (andreia, lat. fortitudo), *Besonnenheit* (sophrosyne, lat. temperantia) u. *Gerechtigkeit* (dikaiosyne, lat. iustitia), letztere als das rechte Verhältnis der drei ersten zueinander. Die christl.

Philosophie stellt diesen natürlichen K. dann *Glaube, Liebe* u. *Hoffnung* als die drei christl. K. voran.

Karneades *von Kyrene*, griech. Philosoph, 214–128 vC., Begründer der „neuen ↗Akademie". Ausgehend von der Ungewißheit der Sinneserkenntnis gelangt K. (gegen die Stoiker, insbes. Chrysippos) zur Leugnung eines end-gültigen Wahrheitskriteriums; statt dessen entwickelt er die (erste durchgeführte) Wahrscheinlichkeitslehre.

Kategorie (griech., Aussage), bei *Aristoteles* Grundseinsweisen des Seienden u. damit zugleich die grundsätzlichen Aussageweisen (Grundbegriffe) von Seiendem als Seiendem, die als dessen Grundbestimmungen stets Seiendes als Ganzes betreffen. Als oberste ↗Gattungen nur noch auf das Sein hin übersteigbar; als Letztbestimmungen nicht aufeinander rückführbar. Bei *Kant* Verstandesbegriffe a priori (sog. Stammbegriffe): Grundordnungsfunktionen von sinnlichem Erfahrungsmaterial, so Grundweisen nicht des Seienden, sondern Konstitutionsweisen der Gegenstände für ein endliches Bewußtsein.

Kategorischer Imperativ, in Kants Ethik das rein formale, durch keinen empirischen Inhalt bestimmte u. deshalb unbedingte, sich als Faktum der reinen Vernunft darstellende innere Pflichtgebot bzw. dessen satzhafte Formulierung(en). Die bekannteste Formulierung: „Handle so, daß die Maxime deines Willens jederzeit zugleich als Prinzip einer allg. Gesetzgebung gelten könne" (Kr. d. p. V. 1. T., 1. B., 1. Hauptst. § 7).

Kausalität (von lat. *causa* = Ursache), Ursächlichkeit, Verhältnis der Ursache zur Wirkung. Im *ontologisch–metaphysischen Sinn,* wie er von Aristoteles aufgestellt u. von der Scholastik tradiert wurde, meint K. (in ihren vier Weisen; ↗causa) das Gründen selbst oder das Verhältnis von ↗Grund u. Gegründetem. Die im K.s-Prinzip (jedes kontingente Seiende ist verursacht) ausgesprochene letztliche Abhängigkeit des endlichen Seienden (als eines Gegründeten) vom absoluten Seinsgrund ist die Urform jeglicher K. – In jeder Gründung aber herrscht eine eigentümliche Dialektik: zum einen gründet der Grund das Gegründete („Vorgründung"); da aber der Grund nur „ist", indem er gründet, ist in anderer Weise auch das Gegründete Grund für das wirkliche Grundsein des Grundes („Rückgründung").

In der Neuzeit meint K. immer mehr nur noch die als Wirken eines Seienden auf ein anderes Seiendes *(ontische K.)* verstandene Wirkursächlichkeit. So steht bei *Leibniz* das Reich der Wirkursächlichkeit als in sich selbständiges, eine eigene (die naturwissenschaftliche) Erkenntnisweise erforderndes neben dem Reich der Zweckursächlichkeit (↗Finalität), wenn auch in vollkommenem Einklang mit diesem (↗prästabilierte Harmonie). *Hume* destruiert jedes Sach- oder Denk-Notwendigkeit intendierende Verständnis von K. u. sieht in ihr lediglich eine durch Deklaration eines post hoc zu einem propter hoc hervorgebrachte Fiktion, die auf der bloßen Gewohnheit unseres assoziativ verknüpfenden Bewußtseins beruht. *Kant* dagegen sieht in der K. als einer Kategorie des Verstandes eine apriorische Bedingung von Gegenständlichkeit u. damit von Gegenstandserfahrung u. -erkenntnis, einem Objekt, über das objektiv gültige empirische Urteile gefällt werden können. Aber Kant kennt auch im noumenalen Bereich der prakt. Vernunft eine K., die der Naturkausalität des phänomenalen Bereichs der theoret. Vernunft analog ist: die „K. durch Freiheit", d. h. durch das Vermögen, ursprüngliche Anfänge zu setzen.

Die Ansichten darüber, ob der funktionelle K.s-Begriff der Naturwissenschaften im Bereich der Quantenphysik, vor allem im Zusammenhang mit der sog. Heisenbergschen Unschärferelation, eine prinzipielle Aufhebung (es gibt „objektiv" keine Vorausbestimmtheit des Geschehens) oder nur eine einschränkende Modifikation (man kann „subjektiv" keine eindeutigen, sondern nur statistische Voraussagen machen) erfuhr, sind noch immer kontrovers.

Keyserling, *Hermann* Graf v., * 1880 Livland, † 1946 Innsbruck. Gründete 1920 die „Schule der Weisheit" in Darmstadt; wendet sich gegen die bloße „Verstandeskultur" u. fordert eine „Wiedergeburt" Europas aus indisch-chinesisch orientierter Weisheit.

Kierkegaard, *Sören Aabye,* dän. prot. Religionsphilosoph, * 1813 Kopenhagen, † 1855 ebd. Nach theologischem u. philos. Studium in Dänemark u. Deutschland Schriftsteller in Kopenhagen; beeinflußte die theolog. u. philos. Erneuerungsbewegung nach 1918 (Dialektik, Theologie, ↗Existenzphilosophie.) K. richtete sich, häufig in der Sprache einer (an den „subjektiven" Denker" Sokrates erinnernde) Ironie, gegen die ästhetisch-romantische Lebensanschauung als die Flucht vor der Wirklichkeit in die ästhetische Scheinwelt, ebenso gegen die idealistisch-spekulative Lehre von einer allg.-verbindlichen Wahrheit (bes. Hegel). Durch deren Begriff würden alle gegensätzlichen Möglichkeiten, zwischen denen der Einzelne zu entscheiden hat, ausgeglichen, damit aber auch die freie Entscheidung überhaupt aufgehoben. Gegenüber dem „*metaphys. Attentat auf die Ethik*" durch die Lehre von einer allg.-verbindl. u. in der Reflexion vermittelten („objektiven") Wahrheit fordert K. den weitergehenden Willen zur „ *Wahrheit je für mich*", wie sie den Einzelnen in der unmittelbaren („subjektiven") Erfahrung seiner Verantwortlichkeit anspricht u. in Forderungen, die für *ihn allein* verbindlich sind.

Der an seine eigene Wahrheit sich Bindende ist der *Einzelne*. Er läßt sich nicht durch bloße *Erinnerung* (das Wissen um überzeitliche Geschichtszusammenhänge) zum Ausgleich der sich widersprechenden Entscheidungsmöglichkeiten verführen, sondern vollzieht ständig die *Wiederholung* (das existentielle Bewußtsein), im *Augenblick* sich vor einem *Entweder-Oder* entscheiden zu müssen. Aus der Freiheit reiner Möglichkeiten vor der Entscheidung erwächst die ⁊*Angst* u. ihre Konsequenz, die *Verzweiflung*. Die Entscheidung selbst ist kein kontinuierlicher u. im voraus gewisser Übergang (von der Möglichkeit zur Verwirklichung), sondern ein „Sprung" in *Furcht u. Zittern* über eine Kluft u. deshalb ein *Wagnis*. Dieses kann nur gewagt werden kraft des *Glaubens*. Der Glaube aber ist dem Gewißheit suchenden Denken ein Widerspruch (Paradox), ein *Ärgernis*. Er muß deshalb erst selbst gewagt werden. Das größte Wagnis ist der *christl. Glaube:* er ist das Paradox schlechthin („credo quia absurdum est"), daß näml. der ewige Gott, der ganz „Andere", in der Welt zeitlicher Mensch wurde. Im Glauben an ein „objektiv" (nämlich dem Denken) völlig Ungewisses geschieht so die Abkehr von der Welt u. das einsame Stehen des Einzelnen vor Gott. („In der Religion gibt es kein Publikum.") In der Nachfolge Christi wird der Einzelne selbst der Welt zum Ärgernis, wie umgekehrt er in u. an der Welt leidet. Weil in der dän. Staatskirche, überhaupt in der Christenheit, die christl. Religion des Leidens zu einer Religion der Milde u. des Ausgleichs mit der Welt verfälscht worden sei, bekämpft K. sie unversöhnlich. Christentum im strengsten Sinn werde überhaupt noch nicht gelebt. Deshalb bedarf es zuerst der *Einübung im Christentum,* der K.s ganzes Werk diente.

Klages, *Ludwig,* Begründer der wissenschaftlichen Graphologie u. Ausdruckspsychologie, * 1872 Hannover, † 1956 Kilchberg bei Zürich. Seine an die spätromant. Naturphilosophie (Bachofen, Nietzsche) anknüpfende Lebensphilosophie engt in ihrer „Schichten"-Lehre den Geist auf bloßes (ins Allgemeine zielendes) Erkennen ein u. sieht ihn deshalb als „Widersacher der Seele", der die enge Bindung der Seele u. des Lebens an das Konkrete u. damit an den mütterl. Nährboden der „Erde" zerstöre.

Klemens *von Alexandrien, Titus Flavius,* ca. 150–215 nC., wahrscheinlich aus Athen, erster christl. gelehrter Theologe u. Philosoph, Leiter der Katechetenschule in Alexandria, Lehrer des Origenes. Beeinflußt insbes. von Platon, der Stoa u. Philon, versucht K. das griech. Denken in einer christl. Gnosis fruchtbar zu machen, wobei er die großen griech. Denker (insbes. Platon) als gleicherweise von göttl. Logos inspiriert ansieht wie die Propheten des Alten Testaments. (Magd-Stellung der Philosophie als Vorhof u. Hinführung zum Glauben.) Gott kann nur negativ erkannt werden: als un-endlich, namen-los, insbes. bedürfnislos u. leidenslos (↗Apathie); der christl. Gnostiker gleicht dem Idealbild der stoischen Weisen; er zeichnet sich aus als „im Fleische wandelnder Gott" durch Apathie, die er auf dem Weg der Askese gewinnt. Das Böse hat seinen Ursprung nicht im Schöpfungswillen Gottes, sondern resultiert aus der Fehlleitung des Willens der Geschöpfe.

Kollektivismus (von lat. *colligere* = sammeln), eine Weltanschauung, in der der Einzelmensch *nur* noch Glied in einem gesellschaftl. Ganzen (Kollektiv) ist u. seine persönl. Eigenständigkeit verloren hat. Im K. wird der dem Menschen wesentl. Bezug zur Gemeinschaft absolut gesetzt, sein ihm ebenso wesentl. ↗Person-Sein praktisch geleugnet. Mögliche Gegenform zum Kollektiv: das „team", das den Einzelnen gerade von seiten seiner Einmaligkeit her anerkennt.

Kommunikation (lat.), a) allg. das In-Verbindung-Sein von Menschen miteinander, als soziale K. vermittelt durch die sog. Massenmedien, besser sozialen Kommunikationsmittel (Presse, Hörfunk, Fernsehen, Film usw.). Vermittelt werden Informationen im weitesten Sinn, insbes. jedoch Nachrichten. Die soziale K.s-mittel tragen zweifellos zu einer größeren Präsenz der Welt u. der Menschheit für den Einzelnen bei, eröffnen aber auch ungeahnte Möglichkeiten (politische u. wirtschaftliche Reklame!) der Manipulation. Sie sind inzwischen Gegenstand einer eigenen Forschungsrichtung („media research") u. (in der Frage der Konzentration u. evtl. sogar Monopolbildung bzw. der gesellschaftlichen Kontrolle der K.s-mittel) von politischen Überlegungen; b) in der Existenzphilosophie (bes. bei Jaspers) das hörende, anteilnehmende u. verantwortlich tätige Geöffnetsein des Menschen für den andern, bei Sartre das Angewiesensein auf den Umgang mit anderen als Ur-Unglück des Selbstseins.

Kompromiß (von lat. *compromittere* = versprechen, übereinkommen), im röm. Recht die Verabredung zweier Parteien, daß ein bestehender Rechtsstreit durch einen bindenden Schiedsspruch beigelegt werden soll, sodann der Schiedsspruch selbst. Im gesellschaftlich-polit. Bereich meint K. einen Ausgleich konkurrierender Interessen in der Weise, daß unter Verzicht auf die volle Verwirklichung der jeweiligen Zielvorstellungen eine Einigung auf ein beiden Interessen noch gerecht werdendes Ziel statthat. Bereitschaft zum K. ist in pluralistischen Gesellschaftssystemen eine Bedingung für deren Funktionsfähigkeit. Insofern gehört der K. heute zum Wesen des Politischen. In größerem Zusammenhang sieht insbes. die protestant. Ethik jedes menschliche Handeln als zum K. zwischen unbedingter (göttlicher) Forderung u. den endlichen Möglichkeiten des Menschen gezwungen an. Hier gehört der K. zum Wesen des Menschen (Thielicke u. a.).

Konditionalismus (von lat. *conditio* = Bedingung), von Max Verworn begründete philos. Lehre, die den Begriff ↗Kausalität bzw. der Ursache durch den der Gesamtheit von Bedingungen ersetzt (ähnlich schon bei J. St. Mill).

Konstitution (von lat. *constituere* = errichten), allg. Aufbau, Errichtung, Zusammenfügung. Als zentraler Begriff der Transzendentalphilosophie Bezeichnung für das grundsätzliche Fungieren des Bewußtseins, durch seine Möglichkeiten u. Akte (↗Apriori) die Gegenstandswelt in ihrer Geordnetheit u. objektiven Gesetzlichkeit zu bedingen u. deren Erfahrbarkeit u. Erkennbarkeit zu ermöglichen. – Konstitutiv sind alle objektivierenden Akte des transzendentalen Bewußtseins (↗Kategorien, ↗Anschauungs-Formen). Gegensatz regulativ.

Konstruktivismus (von lat. *constructio* = Zusammenbau), allg. die methodolog. Grundrichtung, die für die wissenschaftl. Begriffsbildung ein schrittweise begründendes, damit nachprüfbares Herstellungsverfahren fordert, insbes. im Bereich der Logik u. Mathematik (Brouwer u. a.), wofür als einfachster Fall die Zahlen als Ergebnisse von Zählvorgängen zu nennen sind, aber auch im Bereich der Naturwissenschaft (H. Dingler), wo z. B. der Begriff der Gleichzeitigkeit sinnvoll nur im Bezug auf einen möglichen Feststellungs-(Meß-)Prozeß (A. Einstein); im engeren Sinn der von P. Lorenzen unternommene logische Begründungsaufbau wissenschaftl. Aussagen aus Regeln des wissenschaftl. Dialogs. Verwandt mit Pragmatismus, Behaviorismus u. dem (von P. W. Bridgeman ausgehenden) Operation(al)ismus, der Wissenschaft als System von genau u. jederzeit wiederholbaren Handlungen (Operationen) versteht. Insbesondere sofern diese wissenschaftstheoret. Grundhaltung in die Humanwissenschaften (Soziologie, Psychologie) übergreift, zeigt sich in ihr für den kritischen Blick die neuzeitliche einseitig zweckrationale, „instrumentelle Vernunft" (H. Marcuse).

Konszientialismus (von lat. *conscientia* = Bewußtsein), die philos. Lehre, daß die Wirklichkeit der Dinge nur im Bewußtsein bestehe, diesem immanent sei.

Kontingenz (von lat. *contingere* = sich ereignen, zukommen), in der scholast. Philosophie die innere Endlichkeit eines Seienden, die sich darin zeigt, daß dieses So-Seiende auch anders oder überhaupt nicht sein könnte. Sie beruht darauf, daß das durch die reale Differenz von Wesen u. Sein gekennzeichnete endliche Seiende nicht aus sich selbst, sondern letztlich (als Geschöpf) sein Sein von einem anderen (dem Schöpfer) „hat". Aus der K. der Welt im ganzen schließt so der *K. beweis* auf das Dasein Gottes. – K. bedeutet nicht totale Zufälligkeit, sondern lediglich die Zufälligkeit aller Substanzen bezüglich ihres Seins, innerhalb deren dann durchaus eine auf durchgängige kausale Bestimmtheit zielende Betrachtungsweise möglich ist. – Zu unterscheiden von ↗Akzidens.

Konventionalismus (von lat. *conventio* = Übereinkunft), philos. Lehre, nach der die Begriffsbildung (u. a. auch Axiome, Hypothesen) nur reine Übereinkunft der Mitglieder einer Sprach- u.

Handlungsgemeinschaft ist, vor allem zum Zwecke der Naturerkenntnis. Vgl. ↗Pragmatismus.

Konzeptualismus (von lat. *conceptus* = Begriff), dem ↗Nominalismus entstammende philos. Richtung, nach der das in den ↗Begriffen erfaßte Allgemeine nicht in der Seinsordnung des Seienden selbst, sondern nur im Geist existiert (Universalienstreit, ↗Universalien).

Körper (lat. *corpus*), allgemein Bezeichnung für sinnlich wahrnehmbare (raum-zeitlich ausgedehnte) Dinge. Die *K.welt* wird vom ↗Realismus als bewußtseinsunabhängige, vom erkenntnistheoretischen u. absoluten ↗Idealismus u. ↗Phänomenalismus als bewußtseinsabhängig gedacht.

Kosmologie (griech.), philos. die Betrachtung der Welt hinsichtlich ihres Wesens, ihrer Entstehung (Kosmogonie) u. ihres Zieles; Grunddisziplin der speziellen ↗Metaphysik. Anfänge bei den Babyloniern u. Ägyptern; entwickelte sich über Ptolemäus, Kopernikus, Kepler, Newton, wird heute vorwiegend als naturwissenschaftliche Disziplin der Astronomie gleichgesetzt. – ↗Naturphilosophie.

Kosmos (griech. ursprünglich = Ordnung, Schmuck), Weltall, die Welt, betrachtet als ein geordnetes Ganzes. Pythagoras soll die Welt zuerst wegen ihrer Harmonie als K. bezeichnet haben. K. daher auch „Weltordnung". Gegenbild ist das „ungeordnete Nebeneinander", Chaos, als vorweltlicher Urzustand, aus dem der Demiurg den K. schuf.

Kriterium (griech.-lat.), Unterscheidungsmerkmal, Kennzeichen, Maßstab. In der *Logik* ist K. vor allem Erkenntniszeichen für die Wahrheit oder Falschheit eines Urteils. Solche Kriterien sind: innere (= formale) Widerspruchslosigkeit, inhaltliche (= materiale) Denkrichtigkeit als Übereinstimmung von Denken u. Sein.

Kritische Theorie, die hauptsächl. von M. Horkheimer in Zusammenarbeit mit E. Fromm u. H. Marcuse in den 30er Jahren entwickelte, später durch Th. W. Adorno u. a. (↗Frankfurter Schule) mitgeprägte Untersuchung, Erklärung u. Kritik der strukturellen Zusammenhänge u. Vorgänge in der spätbürgerlich-kapitalistischen, dann auch sozialistischen, überhaupt fortgeschrittenen wissenschaftl.-techn. Industriegesellschaft. Sie verbindet eng philos. Reflexion mit empir. Sozialforschung u. setzt sich sowohl von einem „metaphysisch"-philos. Wissenschaftsverständnis ab, das die geschichtliche Wirklichkeit auf zeitlose Wahrheiten hin überfliegt, wie auch vor allem von der szientist.-positivist. Wirklichkeitsauffassung, worin Wissenschaft auf Beherrschung der Naturwirklichkeit eingeschränkt ist, ihre historisch-soziale Bedingtheit undurchschaut bleibt u. darüber hinausgehende Sinnfragen ausgeklammert werden (vgl. ↗Szientismus, ↗Positivismus; ↗Positivismusstreit). Sie knüpft methodisch-instrumental (nicht dogmatisch) an Marx' polit.-ökonomische Kritik an, aber auch an Freuds Konfliktlehre in der Blickrichtung auf gesellschaftliche Herrschafts-, Zwangs- u. Ungerechtigkeitsverhältnisse, in denen das individuelle Glücksstreben unterdrückt u. verdrängt wird (Horkheimer, Marcuse, Fromm). Sie will vertieft die Widersprüche bloßlegen, in die sich die neuzeitliche Aufklärung dialektisch verfangen hat, insofern sie einerseits ursprünglich auf die Befreiung des menschlichen Lebens durch wissenschaftl.- u. techn.-rationale Verfügung über die Natur abzielte, andererseits dieser ↗Emanzipations-Prozeß selbstzerstörerisch sich verkehrt dadurch, daß diese Rationalität u. ihr Diktat allgemeiner Begriffe u. Gesetzmäßigkeiten alles unterschiedlich-individuell Natürliche der Gegenstände wie der Subjekte selber aufzehrt (Adorno). Indem sie in ihrer Weiterentwicklung (J. Habermas) gesellschaftl. Prozesse schließlich als im weitesten Sinn sprachliche Kommunikationsvorgänge (Diskurse) versteht, sucht sie die Pathologien gegenwärtiger Kommunikation aufzudecken u. durch die Konzeption idealer Sprachhandlungsformen ein Regulativ bereitzustellen für die Entwicklung in Richtung einer zwangs- u. herrschaftsfreien Diskussion u. damit eines freien u. guten Lebens. – Trotz polemischer Gegenwendung steht die k.T. in manchem in der Nähe zu Heideggers Diagnose des wissenschaftl.-techn. bestimmten Zeitalters u. seiner neuzeitlich-metaphys. Subjektivität, verblendeten Rationalität u. Objektvernutzung.

Kritischer Rationalismus, von K. ↗Popper ausgehende u. bes. von H. ↗Albert u. a. vertretene wissenschaftstheoretische Richtung. Er ist vom neuzeitlichen ↗Rationalismus zu unterscheiden, der alle Erkenntnis in letztgewissen u. zeitlos gültigen Wahrheiten sichern zu können behauptet, aber auch von dem oft ebenfalls kritisch genannten Rationalismus Kants, der wissenschaftl. Erkenntnis zwar auf die sinnliche Erfahrungswelt einschränkt, diese „relative" Erkenntnis aber als objektive, allgemeingültige gleichwohl in einer unwandelbaren Bewußtseinsstruktur des erkennenden Subjekts festmacht. Demgegenüber bestreitet der k.R. die Möglichkeit jedweder absoluten Begründung auch empirisch-wissenschaftl. (natur- u. sozialwissenschaftl.) Aussagen. Denn diese als All-Aussagen, in ihrer Gesamtheit jeweils als eine ↗Theorie, beziehen sich zwar auf bestimmte Einzelaussagen („Beobachtungssätze"), können aber durch die immer nur endlich-vielen Beobachtungen (Problem der ↗Induktion) nie endgültig bestätigt (verifiziert), wohl aber durch eine Beobachtung ggf. widerlegt (falsifiziert) werden. Sie bleiben, solange keine Falsifikation erfolgt, bestenfalls bewährte Hypothesen auf Zeit. Mit der Ersetzung des Verifikations- durch das Falsifikationsprinzip als Kriterium empirisch-sinnvoller Sätze stellt sich der k.R. auch dem logischen ↗Positivismus entgegen, mit dem er in der Bestreitung der Metaphysik als sinnvoller (das heiße empirisch überprüfbarer) Aussagen u. in der Ausklammerung sinn- u. wertbezogener Lebensfragen aus dem Wahrheitsbereich wissenschaftl. Erkenntnis (vgl. ↗Positivismusstreit) einig ist.

Kritizismus (griech.-lat.), im Gegensatz zu Wolffs „unkritischem" Dogmatismus die philos. Grundhaltung ↗Kants, welche die Geltung metaphysischer Erkenntnisse von einer vorgängigen Prüfung der Vernunft abhängig machte.

Kuhn, *Thomas Samuel,* amerikan. Wissenschaftshistoriker u. -theoretiker, * 1922 Cincinnati (Ohio). Seine Untersuchungen zur Geschichte der Naturwissenschaften suchen zu zeigen – mit Bedeutung auch für den Blick auf die Geisteswissenschaften –, daß wissenschaftliche Erkenntnis nicht durchweg kontinuierlich fortschreitet, sondern durch krisenhafte Sprünge in den Grundvorstellungen von Gegenstand und Methode einer Wissenschaft hindurch („Paradigmenwechsel"; ↗Paradigma).

Kultur (von lat. *colere* = anbauen, pflegen; *cultura agri* = Ackerbau; im übertragenen Sinn als *cultura animi* = „Seelenkultur" schon bei Cicero), im weitesten Sinn die Art u. Weise, wie der Mensch die Natur zu seiner Welt gestaltet, wobei die Weltgestaltung zugleich Selbstgestaltung des Menschen ist (seine

„zweite Natur"). Insofern ist die übliche Unterscheidung von *subjektiver K.* (Bildung u. Gesittung) u. *objektiver K.* (Gesamtheit der K.-leistungen, Werke) nur methodischer Art: eine subjektive K. ohne ↗Institutionen u. Werke ist so wenig denkbar wie eine objektive K. ohne die Bildungsbedingungen derer, die sie schaffen. Charakteristisch für die *deutsche K.-Philosophie* ist die Unterscheidung zwischen *K. u. Zivilisation,* wobei letztere die Gesamtheit der zweckrationalen Einrichtungen zur Daseinserleichterung meint u. K. dann jene Anstrengungen bezeichnet, die über diese Sphäre hinausgehen: die Formen der Daseinssteigerung u. Selbstdarstellung in Kunst, Religion, nichttechnischer Wissenschaft usw., sowie die Institutionen, die diesem Zweck dienen (Schulen, Theater, Bibliotheken usw.). – Im außerdeutschen Bereich wird K. nicht von Zivilisation unterschieden.

Der Begriff K. bezeichnet eine relativ geschlossene Einheit in bestimmter zeitlicher u. räumlicher Erstreckung; die räumliche Erstreckung fällt oft zusammen mit einem Sprachraum (Sprachgebundenheit der meisten Kulturen). Von daher erhebt sich in der gegenwärtigen Weltverflechtung Notwendigkeit u. Schwierigkeit des Gesprächs „zwischen" den K.en, in deren unterschiedlichem Sprechen sich unterschiedliche Weltverständnisse bekunden, u. es erscheint als fraglich, ob in der technischen Zivilisation der „one world" K. im überkommenen Sinn noch möglich ist, ob K. nicht zu den historisch vergangenen Phänomenen zu zählen ist.

Kunst. Wird mit Aristoteles u. der auf ihn zurückgehenden Tradition die Grundweise, wie der Mensch sich zur Welt verhält, sich in ihr einrichtet u. so sie sich aneignet (↗Kultur), dreifach gegliedert: in das begrifflich-theoret. Erkennen (↗Theorie, ↗Wissenschaft), in das sittlich gebundene Handeln in u. mit der Gemeinschaft (↗Praxis, ↗Politik) u. in das werkschaffende Herstellen (Poiesis), so ist innerhalb des letzten wiederum zu unterscheiden zwischen dem handwerklich-techn. Erzeugen (vgl. ↗Technik) einerseits u. dem künstlerischen Gestalten anderseits. Während es die Bestimmung des techn. Erzeugnisses ist, Mittel zu einem außerhalb seiner liegenden Zweck, Werkzeug zum nützlichen Gebrauch zu sein, hat das K.werk seinen Sinn in sich selbst.

Nach *Plato* freilich ist die K. nur Nachahmung (mimesis) der Dinge, die ihrerseits bloße Nachahmung der ewigen Ideen sind. Noch weniger als die Dinge ist so das K.werk das Durchscheinen, der schwache Abglanz der ewigen Urbilder im Bild. Für *Aristoteles* dagegen ist K. die Mimesis der in der Natur wirkenden Gestaltungsmacht (physis) selbst. Die K. vollendet das, was in der Natur unvollendet bleibt, zur vollkommenen Gestalt. Dem entspricht die „kathartische" Macht des K.werks über den Menschen, die Reinigung der Affekte, der auseinanderstrebenden Leidenschaften, so daß die menschl. Seele zu sich selbst u. so zur Ruhe kommt. *Thomas* von Aquin faßt die gestalthafte Geschlossenheit, Vollendetheit, Ausgeglichenheit u. strahlende Klarheit eines Werkes (wie überhaupt eines Seienden) in dem Begriff „Schönheit" zusammen u. bestimmt diese als das, was in der Anschauung unmittelbar gefällt. *Baumgarten* begründet eine eigene philosoph. Disziplin, deren Thema das Schöne (↗Schönheit) in der sinnlich-anschaulichen Begegnung (aisthesis) mit dem Menschen wird. Fortan ist die philos. Betrachtung der K. ein Teil der ↗Ästhetik, der Lehre vom Schönen in Natur u. Kunst u. seinem Bezug zu den menschl. „Vermögen". *Kant* nennt das Schöne das, was ohne Begriffe (also nicht im Bereich der theoret. Vernunft) als Objekt eines interesselosen, allgemeinen, notwendigen Wohlgefallens in unmittelbarer Anschauung vorgestellt wird (u. deshalb auch nicht im Bereich der prakt. Vernunft liegt). Der eigentl. Ort der Schönheit ist das Geschmacksurteil der allgemeinverbindlichen ästhet. Urteilskraft, für die das Schöne notwendig in der Form der Zweckmäßigkeit erscheint, ohne doch „objektiv" zweckmäßig zu sein. Das K.werk erscheint, wenngleich es ein Zeugnis der Freiheit des Künstlers ist, so als ob es ein Produkt der Natur wäre, weil nämlich dem Künstler die Natur selbst die Regel gibt. *Schiller* bezieht das Schöne auf den „Spieltrieb" des Menschen. Aus diesem als der Einheit von Formtrieb u. Stofftrieb hervorgegangen, stellt das K.werk die Vereinigung von Vernunft u. Sinnlichkeit dar. Auf dem Höhepunkt der spekulativen Ästhetik des deutschen Idealismus versteht *Hegel* die Schönheit als das sinnl. Erscheinen der absoluten Idee. Weil dieses Erscheinen im Vergleich zur Natur nicht auch, sondern am ursprünglichsten in der K. geschieht, u. weil die K. von Hegel nicht mehr nur auf ein menschl. Vermögen gegründet, sondern als eine Grundweise der Selbstverwirklichung des absoluten Geistes durch den Menschen verstanden wird, deshalb ist hier die philos. Betrachtung der K. nicht mehr nur Teil einer allg. Ästhetik, sondern umgekehrt wird die Ästhetik aufgehoben in eine metaphys. Philosophie der K. Ähnlich ist bei *Nietzsche* K. eine „metaphysische Tätigkeit", Manifestation zwar nicht des absoluten Geistes, aber des Welt-Willens durch den Menschen.

Nach dem Verfall der großen Philosophie der Kunst wurde die K. zum Gegenstand vor allem für die Psychologie verschiedener Richtungen. Unter dem Einfluß allgemeiner kultur-, geistes- und kunstgeschichtl. Fragestellungen erhebt sich wieder eine Neubesinnung auf das Wesen der K. Es zeigt sich, daß die K. sich nicht zulänglich verstehen läßt unter dem Aspekt nur des (isoliert „ästhetisch" verstandenen) Schönen, als Darstellung einer Idee oder in ihrem Bezug auf ein menschl. Vermögen wie etwa des ästhet. Genußstrebens, des Bedürfnisses nach „Ergänzung der Wirklichkeit" usw. K. ist vielmehr die Weise, wie in einem einzelnen Menschenwerk das Ganze des Seienden, die Wahrheit oder die ↗ Welt als das geschichtlich je andere u. neue Grund- u. Ordnungsgefüge all dessen, was ist, dem Menschen anschaulich gegenwärtig wird u. wie umgekehrt so der Mensch einer Geschichtszeit sich durch dieses Werk vor die Wahrheit u. zur Besinnung auf sein eigenes Wesen bringt *(Heidegger)*. In dem Maße, als heute „Welt" als verbindliches Sinnganzes unsichtbar wird, schwindet auch die Möglichkeit überzeugender Kunst im überlieferten Sinn. Anstelle des Totalitätscharakters der K. tritt ein partieller, fragmentarischer u. experimenteller Zug (wofern K. nicht zum ideologischen Instrument einer Totalanschauung pervertiert), u. gegenüber einer positiven Versöhnung mit einer sichtbar zu machenden ganzen Wahrheit rückt eher die negative Funktion einer Kritik an der bestehenden Weltsituation in den Vordergrund *(Adorno)*.

Kyniker (von griech. *kyon* = Hund), griech. Philosophenschule, von ↗ Antisthenes gegründet, so benannt wegen ihrer dürftigen Lebensweise u. Verachtung der Kultur. Der Begriff Zynismus ist hiervon abgeleitet. Berühmte K.: Diogenes von Sinope, Monimos u. Krates aus Theben.

Kyôto-Schule, bedeutende Schule gegenwärtigen japan. Denkens, deren Repräsentanten v. a. in Kyôto wirken. In Abhebung von der die europäische Philosophie nur nachahmend rezipierenden philos. Forschung in Japan versucht die K., ostasiatische, v. a. buddhistische Wirklichkeitserfahrung u. Denktraditionen in kritischer Anknüpfung an die europäische Tradition u. im Horizont moderner Fragestellungen philos. zu erläutern u. neuzufassen. Grundgedanke der K. ist das „absolute Nichts" (zettai mu) als der nicht kategorial faßbare, allen Differenzierungen u. Gestalten des Seienden vorausliegende, sie umfassende u. durchziehende, abgründige Ursprung aller Wirklichkeit. Dieser Gedanke führt die K. zu einer expliziten, von einem außereuropäischen Standpunkt herkommenden Kritik der europäischen Substanz- u. Subjektsontologie bzw. Ontotheologie. Die K. geht zurück auf Kitarô ↗Nishida (1870–1945) u. seinen Nachfolger u. Kritiker Hajime *Tanabe* (1885–1962). Deren eher spekulativ orientiertes Denken erfuhr wesentliche Konkretisierungen u. Weiterführungen durch Shinichi *Hisamatsu* (1889–1981), Keiji ↗*Nishitani* (* 1900), Masaaki *Kôsaka* (1900–1969), Torataro *Shimomura* (* 1900), Iwao *Koyama* (* 1905), Shigetaka *Suzuki* (1907–1988), Yoshinori *Takeuchi* (* 1913), Kôichi *Tsujimura* (* 1922) u. Shizutera *Ueda* (* 1926).

Kyrenaiker, Anhänger des ↗Aristippos von Kyrene, Vertreter des Hedonismus. Zu nennen Arete, der jüngere Aristippos, Antipater, Hegesias.

L

Lamettrie, *Julien Offray de,* franz. Philosoph, * 1709 St-Malo, † 1751 Berlin; vertrat einen radikalen Materialismus u. Atheismus; nach Entlassung (als Militärarzt) von Friedrich II. in Preußen aufgenommen; übertrug die cartesianische Vorstellung von den Tieren als Automaten (Maschinen) auf den Menschen.

Lask, *Emil,* * 1875 Wadovice (Östr.), † 1915 Heidelberg; suchte die Überwindung des Neukantianismus durch Neubegründung einer Metaphysik des Geistes.

Leben, innerhalb der Natur (im weitesten Sinn) der Bereich bzw. die Seinsweise des Lebendigen im Gegensatz zu den „bloßen" Dingen. Philosophisch ist das Lebendige gegenüber dem Nur-Materiellen (als dem in bloß mechanischer Kausalität jeweils von einem anderen bestimmten) durch Selbstbewegung u. Selbstgestaltung ausgezeichnet, insofern es selbst Ursprung u. Ziel seiner Bewegung ist u. diese auf die Verwirklichung seines eigenen Wesens abzielt (↗Finalität). L. ist so einerseits durch Selbstbesitz gekennzeichnet, zeigt aber andererseits gerade eine Offenheit für anderes, in Auseinandersetzung mit dem es erst seine volle Wirklichkeit erlangen kann. Das Materielle, mit dem es notwendig verbunden ist, u. dessen kausal-mechanischer Zusammenhang werden vom Lebendigen in sein eigenes final-spontanes Geschehen integriert. Diese Prävalenz der Finalität wird von der Biologie gewahrt, insoweit Finalität für sie der Horizont (aber auch nur Horizont u. niemals direkter Gegenstand) ist, innerhalb dessen sie in strenger Bindung an die kausale Methode forscht.
Aus der „Art" des allgemein ↗Seele genannten Lebensprinzips (vegetative, animalische, menschliche als Geist-Seele) u. den entsprechenden Grundweisen der Lebensvollzüge (Ernährung u. Fortpflanzung; Wahrnehmung; Denken usw.) ergibt sich eine qualitative Stufung des L.s: pflanzliches L. ist offen zur Umwelt des Standortes, kann aber infolge der Ungeschiedenheit von Eigenem u. Anderem kein Einzelnes als solches abheben; tieri-

sches L. kann innerhalb seiner Umwelt von seinem Triebzentrum her Einzelnes als Triebbedeutsames „gewärtigen" (wahrnehmen); menschliches L., das aus seiner geistigen Mitte heraus offen ist für die Welt u. für sich selbst, vermag das Begegnende als solches u. zugleich sich selbst zu gegenwärtigen, aufgrund welcher Gegenwärtigung der Mensch über seine mögliche Zukunft u. damit über die Endgültigkeit seiner vergangenen, gegenwärtigen u. zukünftigen Wirklichkeit entscheidet. Alle diese Weisen des L.s sind philos. zu verstehen als graduelle u. partiale Verwirklichung aus der Sinnfülle dessen, was im spekulativen L.s-Begriff gemeint ist: L. als Freiheit des Wirklichkeitsvollzuges, welcher Begriff metaphysisch auf das durch keinen Grund gesetzte u. an keine Bedingung gebundene absolute L. des actus purus zielt (scholastisch, ähnlich im deutschen Idealismus). Vgl. ⎡Lebensphilosophie, ⎡Vitalismus.

Lebensphilosophie, um 1900 entstandene philos. Richtung; trug in manchen Zügen zur Entwicklung der Existenzphilosophie bei. Die L. geht auf Fr. *Schlegels* Philosophie des Lebens (1827) zurück, die sich von Hegels spekulativer Philosophie abkehrte u. zur inneren Lebenserfahrung aufforderte. Von der Hinwendung der *Romantik* zum Geschichtlich-Individuellen u. von *Kierkegaards* Existenztheologie vorbereitet, will sie das Leben in seiner konkreten Fülle vor der Vergewaltigung durch das Denken in Allgmeinbegriffen retten u. im Gegensatz zum mathematisch-rationalist. Denken des 19. Jh. das Schöpferische, Irrational-Seelische im Menschen besonders betonen.
Hauptvertreter in Frankreich war ⎡Bergson mit der Lehre vom „élan vital" (dem Sein als Lebensschwung) u. der „évolution créatrice" (dem schöpfer. Entwicklungsdrang, der sich im Tier zum Instinkt, im Menschen zur Intelligenz befreit). In Dtl. trat die L. in 2 Grundformen in Erscheinung. Die *geisteswissenschaftliche* L., von ⎡Dilthey begründet, von Simmel, Eucken, Troeltsch u. a. vertreten, schränkte den kosmisch-metaphys. Lebensbegriff Bergsons auf das Leben u. Erleben des Menschen in der Geschichte ein. Unter Umbiegung von Nietzsches Philosophie haben ⎡Spengler u. ⎡Klages eine mehr *biologistisch* betonte L. entwickelt.

Legalität (lat.), bei Kant die äußerliche Übereinstimmung einer Handlung mit dem Gesetz *ohne* Berücksichtigung des Motivs der Handlung. Unterschieden von Moralität (⎡Autonomie), einer Weise des Handelns, bei der die Verwirklichung der Vernunftmoral selbst (↗Kategor. Imperativ) Motiv des Handelns ist.

Leib, allg. der lebendige, beseelte (↗Leben, ↗Seele) Körper eines Lebewesens, bes. des ↗Menschen. Bei diesem zeigt sich ein zweifaches Verhältnis: einerseits *„hat" der Mensch einen L.,* er kann als freies geistiges Wesen (↗Geist, ↗Freiheit) sich ihm „gegenüber" stellen (ihn zum „Gegenstand" machen, z. B. in der Beherrschung des L.), andererseits u. ursprünglich aber *„ist" der Mensch zugleich sein Leib* (der Schmerz des L. etwa ist der Schmerz des Menschen selbst), d. h., er *ist* nur *als* L. od. *leibhaftig* in der Welt.

Im Hinblick auf die Wesenserfüllung des Menschen ergibt sich bezüglich der L.lichkeit eine eigenartige Dialektik: Einerseits verleiht die L. als das Medium der Vermittlung zwischen Mensch u. Mensch, Mensch u. Welt dem menschlichen Dasein erst seine volle Wirklichkeit. Andererseits kann die L.lichkeit, indem sie den Menschen dazu verleitet, im unmittelbar sinnlich Gegenwärtigen aufgehen zu wollen, auch eine Gefährdung bedeuten, insofern sie das durch Freiheit u. Transzendenz gekennzeichnete Leben des Menschen zu begrenzen, wenn nicht gar abzuschneiden tendiert. Entscheidend aber ist hierbei, daß die L.lichkeit selbst gerade dann, wenn sie sich in radikal-negative Gegenstellung zur Geistigkeit begibt (womit sie indirekt das Aufkommen eines ↗Spiritualismus begünstigt), u. entgegen ihrem medialen Charakter sich absolut zu setzen versucht (↗Naturalismus, ↗Materialismus), ihr eigenes Wesen verfehlt, das sie nur als integrales u. integrierendes Moment im Ganzen des Menschseins wahren kann.

Während bei *Platon* der L. (als „Kerker") zur Seele erst äußerlich hinzukommt (ontische Dualität), arbeitet *Aristoteles* die substantielle Einheit von Seele u. L. heraus, indem er die Seele als die das konkrete Sein des Lebendigen erwirkende Wesensform des L. faßt (ontologische Dualität). Dabei ist allerdings infolge der Ungeklärtheit des Verhältnisses des „von außen" hineinkommenden unsterblichen Geistes zu der ihm innerlich zugehörigen (vergänglichen) Körperseele das Problem der Einheit des ganzen Menschen nicht befriedigend gelöst. *Thomas von Aquin,* der im L. die Weise der welthaften Gegenwart der Seele (die sich zu ihrem Wesensvollzug im Medium der Erst-Materie „ausdrükken" muß) sieht, faßt in der Unablösbarkeit von Geist-Seele u.

L. den Menschen in seiner Einheit u. Ganzheit. Während insbes. im Gefolge von *Descartes'* Trennung von Seele u. Körper vor allem ontisch-dualistische (Okkasionalismus) u. ontisch-monistische (Spiritualismus wie Materialismus) Lösungsversuche in den Vordergrund traten, sieht die moderne französ. Philosophie (Marcel, Sartre, Merleau-Ponty), vorbereitet durch Feuerbach u. Nietzsche, im L. die konkrete Einheit des ganzen Menschen, die nicht in eine Dualität von Geist (Seele) u. Körper auseinandergerissen werden darf. Denn beide sind als solche nur Abstraktionen, sie sind wirklich dagegen nur als „Momente" des L., der die vermittelnde Mitte schlechthin ist.

Leibniz, *Gottfried Wilhelm* v., Philosoph, Mathematiker, Physiker u. Diplomat, * 1646 Leipzig, † 1716 Hannover. Als universalster Geist des 17. Jh. bemühte sich L. auf relig. wie polit. Gebiet um den Ausgleich der Gegensätze; selbst gläubiger Protestant, erstrebte er die Union der Konfessionen. Unabhängig von Newton entwickelte er die Differential- u. Integralrechnung. In der Philosophie suchte er eine Synthese von mittelalterlich-theologischem u. modernem, naturwissenschaftlich-mechanistischem Denken.
Die eigentliche Leistung seines philos. Denkens, das bereits zur Aufklärung überleitete u. von nachhaltigem Einfluß auf Kant u. den deutschen Idealismus war, ist die *Monadologie.* In ihr suchte er die philos. Position Descartes' (vgl. ↗ Okkasionalismus) u. Spinozas zu überwinden. Er begreift die Welt als System „ursprünglicher Kräfte" (Monaden). Diese sind einfache Substanzen, die voneinander unabhängig u. zu keinerlei Einwirkung von außen fähig (= „fensterlos"), die Welt je von ihrem eigenen Standort aus vorstellen bzw. widerspiegeln. Dabei bedingt der Grad der Bewußtheit dieser Vorstellung die Verschiedenheit der uns körperlich erscheinenden, der pflanzlich-tierischen u. der vernünftigen Monaden. An der Spitze dieser Rangordnung steht die göttliche Monade. Dadurch, daß diese bei der Schöpfung den eigengesetzl. Vorstellungsverlauf jeder Monade dem ganzen Weltgeschehen anpaßte, ist jede, trotz ihrer Abgeschlossenheit, ein „lebendiger Spiegel" des Ganzen *(prästabilierte Harmonie).* – Der oberste Grundsatz für die logischen oder „Vernunftwahrheiten" ist der Satz vom ↗ Widerspruch. Für die „Tatsachenwahrheiten" gilt darüber hinaus der Satz vom zureichenden ↗ Grund, den L. zum erstenmal formuliert. L.' *Theodizee* ist gläubig-optimistisch: die wirkliche Welt ist die bestmögliche

überhaupt, das Übel in ihr wird durch die Harmonie des Ganzen ausgeglichen.

Leid, eine Grunderfahrung des menschlichen Lebens, um deren Deutung alle Völker u. Religionen, Philosophen, Dichter u. Künstler gerungen haben. Im L. erlebt der Mensch mit seinem unendlichen Glück-Streben die Endlichkeit seines Daseins (vgl. ↗ Grenzsituation). Vergebens versucht er, in Systemen der Lebenskunst (so des ↗ Hedonismus oder der ↗ Stoa) diese Erfahrung zu „bewältigen". Die Frage nach der Herkunft des L. (↗ Übel) führte außerhalb des christl. Denkens (das es aus der Erbsündigkeit des Menschen versteht) zur Annahme eines absoluten bösen Prinzips (↗ Dualismus), die Frage nach dem Sinn des L. zur „Verneinung" des Seins (Buddhismus; Schopenhauer) oder zu heroischer Bejahung (Nietzsche).

Lessing, 1) *Gotthold Ephraim,* Dichter, Kritiker u. Philosoph, * 1729 Kamenz, † 1781 Braunschweig. Eine der größten Gestalten der deutschen Aufklärung im 18. Jh. L. versuchte, die Rationalität des 18. Jh. mit der religiösen Überlieferung des Abendlandes auszugleichen. Seine Religions- u. Geschichtsphilosophie hebt die Geschichtlichkeit des Christentums durch Identifikation von Vernunft u. Offenbarung auf und will Offenbarung als „pädagogischen Kunstgriff" der (freilich als göttlich gedachten) Vernunft verstehen. Sinn der Geschichte ist die Annäherung an die Wahrheit als sittliche Idee in einer die positiven Religionen überwindenden Religion des Geistes.
2) *Theodor,* Kulturphilosoph u. Psychologe, * 1872 Hannover, † 1933 Marienbad; von Schopenhauer u. der Lebensphilosophie beeinflußt. Geschichte ist „Sinngebung des Sinnlosen".

Levinas, *Emmanuel,* französ. Philosoph, * 1906 Kaunas (Litauen). Studium seit 1923 in Straßburg, 1927–28 in Freiburg i. Br. (bei Husserl u. Heidegger), nach dem Krieg in der Ausbildung jüd. Lehrer tätig, 1962 Prof. in Paris. Sucht die abendländ.-europäische Ontologie als zugleich Philosophie der Subjektivität – ohne sie aufzuheben – zu öffnen in die menschlich bedeutsamere Dimension der Ethik hinein. Das Subjekt als leibhaftes ergreift arbeitend, erkennend u. genießend das Sein u. liefert im gleichen Maß zugleich seine Autonomie aus an die Totalität des Seins, seiner Systeme u. Strukturen, zu deren bloßem (Begleit-)Zeichen es wird. Allein das „Antlitz" des anderen

Menschen bricht in die Geschlossenheit dieses gegenläufigen Identifizierungsgeschehens ein u. dieses auf, legt die Sinnlichkeit als Verwundbarkeit, Sterblichkeit, „Passivität" bloß u. ruft den Menschen in die un-endliche, uneinholbare Verantwortung für den verwundbaren u. sterblichen „Anderen". Die Subjektivität erhält einen neuen, gewandelten Sinn, den der Stellvertretung (substitution), in der das Subjekt (sujet) ethisch sich selbst gegeben wird durch Unterwerfung (sujéton) unter den Anderen. So wird bei L. „das Subjekt aus dem Zeichen des Seins zum ‚Zeichen, das dem Anderen gegeben wird'" (L. Wenzler). Die Transzendenz des metaphys. Denkens wird damit erst entschieden auf den Weg des fortgehend Un-endlichen gebracht. Das Werk L.' findet auch außerhalb des franzö s. Sprachraums zunehmend Beachtung.

Liberalismus (von lat. *liber* = frei), umfaßt alle seit dem 18. Jh. auftretenden Bestrebungen auf geistigem, polit. u. wirtschaftl. Gebiet, denen es ursprünglich um die Befreiung der Einzelpersönlichkeit von den geschichtlich überlieferten, in den politischen u. kirchlichen Institutionen repräsentierten Bindungen ging. Dabei handelt es sich um eine besondere Phase innerhalb des ↗ Individualismus, wie er in der Renaissance erstmalig in größerem Ausmaß sichtbar geworden war. – Ausgehend von der franzö s. u. engl. Aufklärungs-Philosophie (Descartes, Locke) u. Kant, entwickelte der L. in seiner gesellschaftlich-theoret. Ausprägung (Locke, Rousseau, A. Smith, J. S. Mill) ein bestimmtes Menschen- u. Weltbild. Aus dem vom Rationalismus begründeten Glauben an die menschliche Vernunft u. an eine auch in der Gesellschaftsordnung „prästabilierte Harmonie" wurde erwartet, daß die rationale Einsicht u. das moralische Verantwortungsgefühl der Einzelpersönlichkeit eine neue Ordnung hervorbringen u. jenes Reich des „reinen Geistes" heraufführen würden, das schon der mittelalterliche Spiritualismus (seit Joachim von Fiore) kommen sah. So schien die zusammenwirkende Tätigkeit aller einen bestmöglichen politischen, gesellschaftlichen u. wirtschaftlichen Zustand (in freiwilliger Anerkennung der Rechte des Mitmenschen als Begrenzung des Strebens nach Eigennutz) zu versprechen, wenn man nur jedem volle Freiheit zugestände. Abgesehen von fraglichen metaphysischen Implikationen des liberalen Menschenbildes, muß sich der L. vor allem den Einwand gefallen lassen, daß er Freiheit nicht herbeiführt, sondern als ökonomische Unabhängigkeit voraussetzt: die

Chancen der Besitzlosen gegen den Besitzenden sind im L. minimal, u. die Freiheit der Besitzlosen bleibt abstrakt. Weil die „prästabilierte Harmonie" nicht konkret ist, konkret vielmehr (als Frühkapitalismus u. Manchestertum) ein Verhältnis der Ausbeutung der Meisten durch Wenige, geriet der L. in die Nähe einer ↗Ideologie der Herrschenden. (Trotz dieses schwerwiegenden Einwands sind die historischen Verdienste des L. nicht zu übersehen.)

Liberatore, *Matteo,* italien. Philosoph, * 1810 Salerno, † 1892 Rom. Jesuit; Erkenntnis- u. Sozialtheoretiker, Wiedererwecker der thomist. Philosophie in Italien.

Liberum arbitrium (lat.), der frei auswählende Wille, die sog. Wahlfreiheit; das Vermögen, in einer gegebenen Situation sich völlig frei für das eine oder andere entscheiden zu können (Aktualisierung der ‚libertas indifferentiae'). Untersucht von Augustinus in De lib. arb.; von Thomas von Aquin identifiziert mit dem Willen (S. th. II, 83, 3); bekämpft von Leibniz in der Theodizee (I, B § 46).

Lichtmetaphysik, philos. Lehre, wonach das „Licht" der ermöglichende Grund des *Erkennens* des Seienden (↗Illuminationslehre) u. zugleich des *Seienden selbst* ist. Hieran knüpft die Bestimmung des denkenden Erkennens als (geistiger) Schau, welche Bestimmung grundlegend ist für das metaphysische Philosophieren. Bereits in der Lichtlehre ↗*Platons* angelegt, monistisch geprägt in *neuplatonischen* Lehren über die Weltschöpfung als ↗Emanation des Urlichtes u. dualistisch in Systemen der ↗Gnosis (Licht u. Finsternis als sich widerstreitende Seinsprinzipien; Lichtreligionen). Eine mehr auf naturwissenschaftliche Erfassung gerichtete L. begründete *R. Grosseteste:* In seiner „Optik" ist das Licht als der gründende Übergang vom reinen Geist (Gott) zur materiellen Welt die Urform der Körperlichkeit (so ähnlich bei *Bonaventura*); indem es von einem Ort aus nach allen Richtungen sich vervielfältigend ausstrahlt, nimmt es den Urstoff (materia prima) mit in diese Ausdehnung u. ermöglicht so die Formung der mathematisch-quantitativ erfaßbaren Körper. Nach *Albert d. Gr.* zeugt Gott als das „ungeschaffene Licht" das erste geschaffene Licht, aus dem stufenweise das Sein allen Geschöpfen der Welt zufließt; unter seiner Einwirkung entstehen durch Energie des Sonnenlichts Körper.

Liebe, allg. dasjenige Hinstreben zu dem Anderen, das dieses Andere auch in der Vereinigung mit ihm nicht seiner Eigenheit beraubt, sondern es vielmehr gerade darin sein lassen will. In ihrer grundlegenden Bedeutung für die Philosophie erstmals von *Platon* aufgezeigt (↗ Eros). Bei *Aristoteles* entscheidend für den Bezug des Gottes zur Welt, die er bewegt, indem er von ihr liebend angezielt wird. Dann Zentralbegriff des Christentums, vor allem bei *Augustinus* als entscheidende Bedingung allen Erkenntnisgeschehens (tantum cognoscitur, quantum diligitur = wir erkennen so viel, wie wir lieben) herausgestellt; in der *scholastischen* desiderium-Lehre, in der *Mystik* (nach Meister Eckart bindet die L. nur vom Wesen her schon Geeintes zusammen) u. bei *Pascal* fortwirkend. Bei *Spinoza* entspringt dann umgekehrt die intellektuelle L. zu Gott (amor Dei intellectualis) der adäquaten Erkenntnis Gottes u. ist „Teil" der Selbst-L. Gottes. Für *Schelling* u. *Hegel* ist in ihrer Frühzeit die als Vereinigung der Gegensätze gesehene L. von grundlegender Bedeutung. Für *Feuerbach* stützt sich die neue Philosophie auf die Wahrheit der L., die das Sinnlich-Konkret-Einzelne offenbart. – Infolge der metaphysischen Auslegung der L. vom Willen her ist „L." allg. einer der Grundbegriffe des ↗ Voluntarismus.

Locke, *John,* engl. Philosoph, * 1632 Wrington bei Bristol, † 1704 Oates. Führer der engl. Aufklärung; Hauptvertreter des ↗ Empirismus. Im Gegensatz zu Descartes lehnt er angeborene Ideen ab; alle Erkenntnis leitet er aus innerer oder äußerer Erfahrung *(sensation* oder *reflexion)* ab; führt die Unterscheidung in „primäre" u. „sekundäre" Sinnesqualitäten ein. L.s Ethik ist eudämonistisch, seine liberale Staatslehre individualistisch bestimmt. Seine Lehre vom Staatsvertrag u. von der Gewaltenteilung wurde von Montesquieu weiterentwickelt u. auf das Festland übertragen. L.s Philosophie war von großem Einfluß auf Hume, Leibniz u. Kant.

Logik (von griech. ↗ Logos), philos. Disziplin, allg. die Lehre vom Denken, nicht im Sinn einzelner psychischer Akte (wie nach dem ↗ Psychologismus), sondern im Sinn von Denkinhalten u. ihren gesetzlichen (logischen) Beziehungen. Diese Beziehungsgesetze können im einzelnen Denkakt befolgt *(logisches Denken),* aber auch außer acht gelassen werden *(unlogisches Denken).*
Es ist zu unterscheiden: 1) die *formale* oder *reine L.,* von Aristo-

teles begründet u. zugleich im wesentlichen vollendet; sie teilt sich in Elementarlehre (vom Begriff, Urteil, Schluß) u. Methodenlehre (von der Wissenschaft u. ihrem Untersuchungs- u. Beweisverfahren). Sie ist „formal", weil sie nur von den Formen handelt, in denen das logische Denken als „richtiges" geschieht, nicht aber davon, ob das in diesen Formen Gedachte (der „Gedanke") überhaupt dem Seienden selbst entspricht. Gleichwohl ist formale L. bei Aristoteles nur die nachträglich abstrahierende Verselbständigung dessen, was ursprünglich nur ein Moment war in der Identität von L. u. Ontologie (die Ordnungsbeziehungen des Denkens sind in eins Gegliedertheiten des Seins selbst).

Sofern das Verhältnis von Sein u. Denken, Seiendem u. Gedachtem fragwürdig wird, tritt 2) die *materiale* oder *reale L.* auf als Lehre vom logischen Denken nicht nur als „richtigem", sondern im Sinn des gültigen Erkennens. Kant nennt eine erkenntniskritische Untersuchung über den Ursprung, d. h. die apriorische Ermöglichung, den Umfang u. die Gültigkeit solcher Erkenntnisse *transzendentale L.* Wo der ursprüngliche Bezug des Denkens auf das Seiende nicht mehr gesehen wird, wandelt sich diese L. zur ↗Erkenntnistheorie. Sowohl formale als auch materiale L. verstehen unter dem „Denken" das Denken bzw. Erkennen des endlichen Seienden (bzw. Gegenstandes) als solchen u. damit unter der logischen Gesetzlichkeit die des ↗Verstandes. Wie aber Seiendes nicht nur in sich, sondern in Bezug steht zum Ganzen des Seins, so auch der auf das bedingte Einzelne gerichtete Verstand zu der dem unbedingten Ganzen zugewandten ↗Vernunft.

Die Gesetzlichkeit dieses aus dem Zusammenspiel von Verstand u. Vernunft ermöglichten Denkens untersucht 3) die *metaphysische L.* als Lehre vom wahren Erkennen des Wahren. Sie ist in Hegels *dialektischer L.* zugleich Ontologie, sofern sie Sein u. Vernunft u. damit die Gesetzlichkeit des Denkens u. des Seinsgeschehens identisch setzt.

Die mathemat. oder symbolische L., früher auch Logistik genannt, sucht die rein formalen log. Gesetze exakter als die formale Logik zu analysieren durch die axiomat. Deduktion dieser Gesetze aus möglichst wenigen Prinzipien rein log. Natur unter strengster Ausklammerung jeden möglichen Bezugs auf außerlogische Realität. Darüber hinaus stellt diese L. eine Verfeinerung u. Weiterentwicklung der klassischen formalen Logik dar. Sie verwendet dazu den mathematischen ähnliche Symbole

für die log. Beziehungen u. ihre Relate u. führt die Schlußfolgerungen rein *formalistisch* durch (daher auch formalisierte L.), d. h. ohne Rücksicht auf bestimmte Bedeutungsinhalte u. mit einer den mathemat. Grundoperationen ähnlichen rechnerischen Weise *(L.-kalkül)*. Die darin beschlossene, unausdrücklich geforderte Denkökonomie, Eindeutigkeit u. Effizienz im Entwurf der Kalküle verleiht der mathemat. L. einen hohen Grad von Anwendbarkeit in Technik, Industrie, Verwaltung usw., wodurch sie sich mehr noch als die klassische L. als ein „Organon" herausstellt, freilich weniger im Sinn der Selbsterhellung des Denkens denn als Instrument zur technischen Wirklichkeitsbewältigung. Angewandt wird die mathemat. L. u. a. zur Prüfung von Beweisführungen, zur mathemat. Grundlagenforschung, zur Sprachanalyse u. zur Konstruktion programmgesteuerter Rechenmaschinen (Computer).
Bereits die Scholastik kannte fast alle Gesetze des Aussagenkalküls. Leibniz legte die Grundlagen zur modernen L. G. Boole (1815–64) schuf den Klassenkalkül, G. Frege (1848–1925) den Aussagen- u. Prädikatenkalkül, C. S. Peirce den Relationenkalkül, C. J. Lewis 1918 den Modalkalkül, J. Lukasiewicz u. E. L. Post 1920 die mehrwertige L., die, im Unterschied zur klass. L., mehr als nur zwei „Wahrheitswerte" („wahr" u. „falsch") eines Satzes annimmt.

Logizismus (griech.-lat.), die Betonung des an der formalen ↗Logik u. ihren Gesetzen orientierten Denkens, wobei aus diesem aller Erkenntnisgehalt abgeleitet werden soll. Vorausgesetzt ist hierbei, daß alles Wirkliche nur Moment des sich selbst entfaltenden (ontologischen) ↗Logos ist.

Logos (von griech. legein = sammeln), Sammlung, Wort, Rede, Sinn. Seit Beginn des abendländ. Philosophierens in Abwandlungen durch alle Jhh. hindurch besteht ein untrennbarer Zusammenhang zwischen dem ↗Sein als eigentlichem Thema der Philosophie u. dem L. als der vorgängigen Gesammeltheit alles Seienden (je an seinem Wesensort im Sein), die vom menschl. Denken nachvollzogen wird, indem es selbst das Seiende auf sein Wesen im Sein hin ordnet (vgl. ↗Erkenntnis, ↗Geist) u. zur ↗Sprache bringt. Schon bei Heraklit ist der L. diese ursprüngl. Gesammeltheit („Weltordnung") des Seienden, die ständig u. überall waltet, vom Menschen täglich erfahren u. doch nicht verstanden werde. Der L. ist so die Begegnung des Menschen mit dem Sein, u. insofern dieses wesentlich in dieser Begegnung ist, ist das Sein der L. selbst. Die Einschränkung des L.begriffs auf den Bereich abstrakter Gedanken geschah jeweils dann, wenn das Denken – nur innerhalb einer Denkordnung eingeschlossen (vgl. ↗Logik) – dem Sein „gegenüber"-gestellt wurde. Die moderne Existentialontologie (z. B. Marcel) faßte den L. wieder im ursprüngl. weiten Sinn einerseits als die Vereinigung des Seienden im Sein, anderseits als den Ort der Seinsteilhabe für den Menschen, an dem er erst Stellung nehmen kann zu sich u. zur Welt.

Als „logozentrisch" oder „herakleisch" kritisierte L. Klages die wissenschaftl., objektivierende Grundhaltung (gegenüber der „prometheischen" oder „biozentrischen", metaphys. u. lebensnahen Grundgesinnung). In ganz anderem Sinn kritisiert J. Derrida die in der abendländisch-europäischen Philosophie herrschende Vorrangstellung des gesprochenen Wortes als Lo - gozentrismus. Er unterliege dem Schein, daß die sprachlichen Zeichen auf eine feste gedankliche Bedeutung bezogen seien, wogegen die geschriebene Sprache bekunde, daß jedes Zeichen immer nur auf andere Zeichen usw. verweise.

Lotze, *Rudolf Hermann,* * 1817 Bautzen, † 1881 Berlin. Erstrebte, stark von Leibniz beeinflußt, eine Synthese zwischen der Metaphysik des deutschen Idealismus u. der exakten Naturwissenschaft; von Bedeutung für die moderne Wertphilosophie durch die strenge Unterscheidung zwischen dem Sein der Dinge u. dem „Gelten" der Sinngehalte u. Werte.

Lullus, *Raimundus* (Ramón Lull), katalon. Philosoph u. Theologe, * um 1232 Palma de Mallorca, † 1315/16. Der geistigen Auseinandersetzung mit dem Islam dienten seine kombinatorische Logik (ars generalis [magna]), die an die Frühscholastik anknüpft, als Universalwissenschaft aus wenigen Grundbegriffen alle Einzelwissenschaften aufbauen wollte u. noch auf Leibniz nachwirkte. Kämpfte bes. gegen den lat. Averroismus u. dessen Lehre von der ↗doppelten Wahrheit u. der damit verbundenen radikalen Trennung von Wissen u. Glauben.

Lumen (lat.), Licht, *l. naturale,* auch *l. rationis* u. *l. intellectus agentis,* in der scholast. Philosophie das zum Wesen der menschl. Vernunft (vgl. ↗Geist, ↗Intellectus agens) gehörende „natürl. Licht", in dem der Mensch erst die (naturhafte u. sittl.)

wahre Ordnung der Welt u. das Seinde u. sich selbst in dieser Welt „erblicken" kann (vgl. ↗ Lichtmetaphysik). Zu unterscheiden vom „l. supranaturale", dem gnadenhaften, übernatürl. Licht, in dem der Glaube die Offenbarungswahrheiten erkennt.

Lust, Grundart von ↗ Gefühlen, u. zwar im eigentlichen Sinn solcher, die, eng an Körper- (bes. an Organ-)Empfindungen gebunden, als sinnliche Genußerlebnisse die trieberfüllenden Vorgänge begleiten. Im weiteren Sinn dazu auch die sog. „geistigen Gefühle", z. B. die Freude u. das Glückserleben.
Im ↗ Hedonismus gilt als erster Beweggrund des menschl. Handelns das L.streben; der Grad seiner Erfüllung wird zum Maßstab für die sittliche Bewertung alles Tuns. – S. Freud stellt dem das unbewußte Seelenleben regierenden L.-prinzip das Realitätsprinzip des einsichtigen Bewußtseins gegenüber. H. Marcuse kritisiert das in der Industriegesellschaft herrschende Realitätsprinzip als Leistungsprinzip „im Namen des L.prinzips".

M

Mach, *Ernst,* Physiker u. Philosoph, * 1838 Turas (Mähren), † 1916 Haar bei München. Wissenschaftskritiker u. Vertreter des ↗Empiriokritizismus. ↗Positivismus.

Machiavelli, *Niccolò,* italien. Staatstheoretiker der Renaissance, * 1469 Florenz, † 1527 ebd. Seine Hauptwerke *„Il principe"* (der Fürst, 1532) u. die *„Discorsi"* (1531) entwickeln erstmals eine Theorie des Staates, die für dessen Bildung u. Erhaltung den Gebrauch der Macht jenseits von Recht u. Moral u. hierbei die Indienstnahme der Religion nur als vorzügliches Mittel zur „Volkwerdung" vorsieht. Doch knüpft M. zugleich an altrömische republikan. Tugenden u. Ideale an u. empfiehlt, der „Fürst" solle am Ende seines Lebens die Macht dem Volk zurückgeben. **Machiavellismus**, die schrankenlose polit. Machtforderung u. -durchsetzung.

Macht, im Gegensatz zu der in der belebten u. unbelebten Natur nach notwendigen Gesetzen sich auswirkenden Kraft das Vermögen („M." auch etymologisch verwandt mit „mögen") des Menschen, ein selbstentworfenes Ziel unter den gegebenen natürlichen u. historischen Bedingungen zu verwirklichen, d. h. seinen ↗Willen durchzusetzen. (Das Ziel kann auch die Erhaltung eines status quo sein.) Insofern die Erkenntnis der gegebenen besonderen Bedingungen dazu gehört, kann davon gesprochen werden, daß Wissen M. sei. M. zeigt sich in der Überwindung von Widerständen. Diese können liegen a) in der eigenen Person (Selbstmächtigkeit, Selbstbeherrschung, Selbstpräsenz), b) in der umgebenden Natur (Naturbeherrschung, ↗Technik), c) im konkurrierenden Wollen anderer . Die Fähigkeit der Durchsetzung des eigenen Willens gegen konkurrierenden fremden, soziale M., bezeichnet die M. im eigentlichen Sinn.
Da es in der Natur des Willens liegt, unendlich sich selbst zu wollen, gehört Konkurrenz des Wollens u. konkrete Durchsetzung eines bestimmten Wollens, d. h. M., zu jedem sozialen Gebilde. Dieser Sachverhalt führt zur Frage nach der Legitimität

der M. bzw. zur Frage nach *M. u. Gewalt.* Schon die Formulierung „Legitimität der M." deutet darauf hin, daß M. sich bestimmten Regeln unterzuordnen hat, soll sie nicht in bloße Gewalt u. regellose Willkür, insbes. im polit. oder wirtschaftl. Bereich, umschlagen. Theoretisch läßt sich das Problem dadurch lösen, daß die durch die M. zu verwirklichende Ordnung im sozialen Bereich zugleich als eine gerecht sein sollende bestimmt wird, d. h. als eine solche, die den von ihr erfaßten Menschen den zur Verwirklichung ihrer ↗Freiheit nötigen Raum läßt oder schafft. Gerecht ausgeübte M. könnte mit Autorität identisch sein. Praktisch jedoch ist gerade dieses Maß an Freiheit immer – in Abhängigkeit vom historischen Ort – umstritten; darüber hinaus muß M. auch mit „M.-mitteln" ausgestattet sein, die auch zur Gewaltanwendung gebraucht werden können. So ist im Konkreten M. immer auch – in stark wechselndem Maße – mit Momenten der ↗Gewalt durchsetzt u. gewaltlose M. ein stets anzustrebendes Ideal, insbes. auch angesichts der Tatsache, daß M. als die Fähigkeit der Durchsetzung gegen konkurrierenden Willen bestimmt ist u. so immer erst errungen oder behauptet werden muß (kämpferische Komponente der M.). Hierzu kommt, daß die M. für den Mächtigen als Steigerungsphänomen leicht zum Selbstzweck wird: M. „verführt" („Dämonie" der M., Genuß des „Rechts" des Stärkeren). Mit steigenden techn. Mitteln wächst auch die Verführung der M. quantitativ u. qualitativ („Manipulation") zum M.-mißbrauch. Die Moderne hat dabei in besonderem Maße theoretisch u. polit.-praktisch versucht, die „M. in die M. zu bekommen": Kontrolle der M. durch die unter ihr Stehenden, Gewaltenteilung, Ermöglichung eines kontrollierten M.-wechsels usw. Eine „Zähmung der M." (Russell) bleibt aber weiterhin Aufgabe.

Maimonides, *Moses,* eigentlich *Rabbi Mose ben Maimon* (Abk. Rambam), jüd. Philosoph des Mittelalters, * 1135 Córdoba, † 1204 Fostat (Alt-Kairo). Nagid (Oberhaupt) der Juden Ägyptens, Leibarzt des Sultans Saladin. Wendete die aristotel. Philosophie auf die jüd. Religion an u. beeinflußte als Systematiker das gesamte jüd. Denken u. die christl. Scholastik, bes. Thomas von Aquin.

Maine de Biran, *François Pierre Gauthier,* französ. Philosoph, * 1766 Bergerac, † 1824 Paris. Anfänglich Sensualist u. später spiritualistisch-myst. Metaphysiker; von Fichte u. Descartes beeinflußt, sieht er den Willen (das tätige Ich) u. das, was ihm widersteht (Non-Moi), als Urtatsache des Bewußtseins (volo, ergo sum = ich will, also bin ich).

Malebranche, *Nicolas de,* französ. Philosoph, * 1638 Paris, † 1715 ebd. Oratorianer. Im Versuch, den Cartesianismus mit dem Augustinismus zu verbinden u. die Möglichkeit wahrer Erkenntnis zu erweisen, wurde M. zu einem Hauptvertreter des ↗Okkasionalismus u. des ↗Ontologismus.

Mannheim, *Karl,* * 1893 Budapest, † 1947 London. Mitbegründer der Wissenssoziologie. 1930 Prof. in Frankfurt a. M., 1933 emigriert, Dozent u. 1942 Prof. in London. Suchte einen umfassenden, von der Anwendung nur auf den jeweiligen Gegner befreiten Begriff der Ideologie u. sah die gesellschaftliche Entwicklung eingespannt zwischen beharrender Ideologie u. seinssprengender Utopie.

Marburger Schule, von ↗Cohen u. ↗Natorp begründete Richtung des ↗Neukantianismus. Sie versteht Philosophie als Theorie der exakten Wissenschaften u. sucht, an Kants transzendentale Deduktion anknüpfend, die log. Bedingungen bes. der Naturwissenschaften u. Mathematik aufzuhellen. Weitere Hauptvertreter: E. Cassirer, K. Vorländer, A. Liebert u. der jüngere N. Hartmann.

Marc Aurel, eigentlich *Marcus Aurelius Antoninus,* röm. Kaiser, * 121 Rom, † 180 ebd. Als Philosoph ein Hauptvertreter der antiken Stoa; seine „Selbstbetrachtungen" sind das letzte bedeutende Werk dieser Richtung.

Marcel, *Gabriel,* französ. Philosoph, Dramatiker, Kritiker, * 1889 Paris. Vertreter der christl. Existenzphilosophie. Im bewußten Gegensatz zum abstrakten Idealismus u. seinem erkenntnistheoret. Ausgang vom „cogito, ergo sum", das für M. Ausdruck seinsvergessener Haltung ist, die in unverbindl. Reflexion über alles sich aus allem heraushält, geht M.s „konkrete Ontologie" aus vom geistig-leibl. Menschen, dessen vielfältige tägl. Erfahrungen alle gründen in der Forderung des Seins, sich zu „engagieren". Diese Forderung ist keine Behauptung des Menschen, sondern Behauptung des Seins im Menschen, vorgängig jeder subjektiven Setzung. Deshalb kann das Sein auch nie ein erkenntnistheoretisches „Problem" werden, es ist vielmehr das ontol. „Mysterium", an dem der Mensch teilhat u. das sich in der regressiven Reflexion erhellt. Diese führt zur „Sammlung" (vgl. ↗Logos), in der der Mensch dem Sein ausdrücklich begegnet. Erst in dieser Begegnung geschieht die Wiederherstellung der ursprünglichen Totalität des „Ich bin". Die Seinsforderung kann in Verzweiflung verweigert, in Treue u. Hoffnung anerkannt werden.

Marcuse, *Herbert,* * 1898 Berlin, † 1979 Starnberg. Studium u. a. bei Husserl u. Heidegger in Freiburg i. B. 1932 Mitglied des Frankfurter Instituts für Sozialforschung. Verband seit den 50er Jahren die ↗Kritische Theorie mit Freuds Lehre von der Triebstruktur u. suchte die „repressive Toleranz" der kapitalist.-industriellen Gesellschaft, ihrer technischen u. konsumistischen Funktionalität aufzuzeigen.

Maréchal, *Joseph,* belg. Philosoph, * 1878 Charleroi, † 1944 Löwen. Jesuit; suchte aus thomistischer Grundhaltung die Annäherung an die neuere, bes. kantische Transzendentalphilosophie.

Maritain, *Jacques,* französ. Philosoph, * 1882 Paris, † 1973 Toulouse; lehrte seit 1948 als Prof. in Princeton. Führender Vertreter der kath. Erneuerungsbewegung im geist. Leben Frankreichs. In seinem Bekenntnis zu der an Thomas v. A. orientierten philosophia perennis wird er zugleich Vorkämpfer für einen neuen christl. Humanismus.

Marx, *Karl Heinrich,* * 1818 Trier, † 1883 London. Die Einheit von M.' literar. u. polit. Tätigkeit läßt erkennen, daß (bes. der junge) M. in erster Linie keine Wirtschaftstheorie, Soziologie oder Geschichtsphilosophie, sondern eine Bewegung mitbegründen wollte, die bestimmt sein sollte durch die Entscheidung zu einem neuen Menschenbild, welche sich allerdings auch wirtschaftstheoretisch, soziolog. u. geschichtsphilos. aussprach, u. zugleich durch den kompromißlosen Kampf um dessen Verwirklichung.
Diese Bewegung erwuchs aus dem leidenschaftlichen Protest gegen die „Selbstentfremdung des Menschen" in der modernen Sklaverei der kapitalist. Gesellschaftsordnung (↗Entfremdung). Die Selbstentfremdung ist keine im Wesen des Menschen begründete nur „ideelle", sondern eine höchst reale dort, wo an-

stelle des Befriedigungsbedürfnisses das Profitstreben tritt, der Bourgeois sich fetischistisch ausliefert ans Geld, der Proletarier gezwungen ist, seine Produkte u. sich selbst (als Ware, Produktionskraft) zu verkaufen, zu „veräußern". Denn das Grundverhältnis des Menschen zur Wirklichkeit sieht M. nicht, wie die traditionelle Metaphysik, als ideelles (im Denken u. Erkennen; ↗Theorie), sondern, Feuerbach radikalisierend, als sinnlich-reales, als Arbeit (↗Praxis), mit deren Teilung (Arbeitsteilung) u. mit der damit verbundenen Verselbständigung der Gebrauchsdinge als „Ware" der Entfremdungsprozeß begonnen hat. Die Artikulationen des Bewußtseins sind abhängig von den ökonomischen Verhältnissen, sind „Überbau", ↗Ideologie der herrschenden Klasse. Dem Studium der Nationalökonomie widmete M. mehr als 15 Jahre, bevor er 1867 den 1. Bd. seines Hauptwerkes *Das Kapital. Kritik der politischen Ökonomie*" veröffentlichte (2. u. 3. Bd. durch Engels 1885 u. 1894 hrsg.). Das Bewußtsein der Entfremdung wird bestimmt durch die wirtschaftliche Situation. Während der Bourgeois in seiner Selbstbetäubung ein „glückliches Bewußtsein" bewahrt, leidet der Proletarier wachen, „unglückseligen Bewußtseins" am „Verlust des Menschen". Es nützt nach M. deshalb nichts, die Entfremdung nur im *Denken* (theoretisch) aufzuheben, wie dies in der Religion u. in der säkularisierten Theologie ↗Hegels geschehe (M. versucht, Hegel „vom Kopf auf die Beine zu stellen". „Die Philosophen haben die Welt nur verschieden interpretiert, es kommt darauf an, sie zu verändern"). Es kommt alles darauf an, die Entfremdung *wirklich* (praktisch) zu überwinden, nämlich durch die Beseitigung ihrer Ursache: der Ausbeutung des Menschen in der Klassenteilung. Die Beseitigung (Befreiung, ↗Emanzipation) kann nicht geschehen durch bloße Reform der bestehenden Klassenordnung, sondern nur durch ihre Vernichtung in der Revolution. Denn die Geschichte verläuft nicht kontinuierlich, sondern, wie das Geschehen in der Natur, dialektisch (dialektischer u. historischer ↗Materialismus). Während der Bourgeois ein bewußtloses Opfer der Dialektik wird, nimmt der Proletarier in bewußter Zustimmung Anteil an ihrer Notwendigkeit. Dadurch allein vermag er nach M. den notwendig erfolgenden Umschlag in einer gewissen Weise zu lenken. Die Revolution ist die Selbstbewußtwerdung u. Herrwerdung der Massen, nicht in der bloßen Reflexion, sondern, da die wirtschaftl. Lage das Bewußtsein bestimmt, durch ständige Veränderung der Situation in der Praxis. Der wahre Kommunismus (im

Unterschied zum anarchistischen) zwingt dabei nach M. die Revolution diszipliniert in ihr Übergangsstadium: in die vorläufige Diktatur der einen proletarischen Klasse. Die öffentl. Repräsentation u. Inkarnation des wahren Bewußtseins u. Wollens dieser Klasse ist die Partei, u. deshalb wäre der Widerspruch zwischen ihr u. den Proletariern ein Selbstwiderspruch.

Ist der Klassenkampf der Kampf des Menschen gegen den Menschen, so ist die Arbeit unter Entfremdungsbedingungen der des Menschen gegen die Natur. Bislang empfunden als Zwang, ist sie dem neuen Menschen ein Bedürfnis als Äußerung seiner ihm möglichen u. zunehmenden Herrschaft über die Natur. Die Arbeit erst begründet die menschliche Gemeinschaft, zugleich bindet sie den Menschen zurück an die Natur, seinen Ursprung, u. umgekehrt diese an den Menschen. Ziel ist die vollständige Beherrschung der Natur u. endgültige Überführung der Geschichte des gegenseitigen Bekämpfens in die klassenlose Gesellschaft mit den gleichen Chancen (nicht der anarchistischen Nivellierung) aller u. der gerechten Distribution der Produkte („Jedem nach seinen Bedürfnissen"). Dann hat der Mensch aus seiner Entfremdung heimgefunden zu sich selbst, zu der Möglichkeit, sein an sich heiles Wesen auch heil zu existieren: in der vollendeten Wesenheit mit der Natur u. mit der Gesellschaft herrscht der „vollendete Naturalismus" u. zugleich der „vollendete Humanismus", die endgültige Versöhnung des Streites zwischen Existenz u. Wesen, Freiheit u. Notwendigkeit, Individuum u. Gesellschaft, Mensch u. Natur (M.).

So lebt die von M. begründete Bewegung unbezweifelbar aus einer Bejahung eines integralen Menschseins. Sieht man von charakterist. neuzeitlichen Zügen der Gewißheit wissenschaftl.-technischer Verfügungsmacht u. bes. der Selbstvollendbarkeit des Menschen u. der menschheitlichen u. Weltgeschichte ab, so hat M. ein wichtiges, obgleich verbesserbares Instrumentarium für die kritische Selbstbesinnung der modernen Gesellschaft geliefert und bedeutende Anstöße zur Humanisierung der arbeitsbestimmten Welt der Gegenwart gegeben.

Marxismus, Sammelbegriff für die philos. Lehre von ↗ Marx u. deren Weiterführung, Ergänzung, konkrete gesellschaftliche Anwendung, Umformung, „Revision" u. z. T. (immanente) Kritik. Insofern gibt es keinen einheitlichen Begriff von M., insbes. da sich auch noch verschiedene nationale Ausprägungen des M. deutlich voneinander abheben. Der M. als Gesamtphänomen ist nicht mehr übersehbar (weder in der Primär- noch in der Sekundärliteratur); berücksichtigt man noch die vielfältigen Möglichkeiten des „Abweichlertums", so zeigt schon diese (auch politisch motivierte) Differenziertheit des M. die Schwierigkeit einer adäquaten Auslegung von Marx im Bezug auf eine konkrete gesellschaftliche Situation.

Als geschichtlich widerlegt darf heute die Marxsche Prognose gelten, das Proletariat werde sich in einem revolutionären Akt zum Subjekt der Geschichte machen. Kommunistische Revolutionen waren durchwegs das Werk geschulter Berufsrevolutionäre u. haben zudem ausschließlich nicht in hochkapitalisierten Industriestaaten, sondern in deutlich unterkapitalisierten, noch feudal strukturierten Staaten mit überwiegend agrarischer Produktion stattgefunden: Rußland, China, Cuba (vgl. die Lage in Mittel- u. Südamerika sowie in einer Reihe von Staaten der sog. Dritten Welt); oder eine Revolution fand gar nicht statt, der Kommunismus wurde vielmehr in der Folge der beiden Weltkriege verbreitet (dies gilt insbes. für Osteuropa). In den westlichen hochindustrialisierten kapitalist. Staaten gibt es ein Industrieproletariat im Sinn von Marx überhaupt nicht mehr, zudem existiert hier eine revolutionäre Gesinnung etwa der Arbeiterschaft nur in der Propaganda marxistischer Parteiideologie. Den mit dieser fundamentalen histor. Tatsache aufgeworfenen Fragenkreis hat der M. theoretisch noch nicht „bewältigt", soweit er ihn überhaupt angegangen ist. (Der gleiche Sachverhalt kann auch so ausgedrückt werden, daß der Kapitalismus an seinen von Marx formulierten inneren Widersprüchen nicht zugrunde gegangen ist, sondern diese z. T. „dialektisch" aufgearbeitet hat. Der Industrie-Kapitalismus im letzten Drittel des 20. Jh. verhält sich nicht mehr gemäß Marx' Kapitalismus-Begriff.) Dieser u. eine Reihe anderer Punkte (Überholtheit der volkswirtschaftlichen Theorien des „Kapital", gleicherweise der Religionskritik von Marx, Änderung der philos. Problemstellung in den letzten 100 Jahren, praktische u. theoretische Antiquiertheit des von Marx als negative Folie benutzten Hegelschen Gegensatzes Staat-Gesellschaft usw.) sind insofern eine Erklärung der Vielfalt des modernen M., als der M. seinem eigenen Begriff nach sich mit wandelnder gesellschaftl. Praxis selbst wandeln muß, für diesen Wandel aber keine Kategorien bereitstehen u. so der theoret. Auslegung, soweit sie nicht doktrinär erstarrt ist (Dogmatisierung eines „orthodoxen" M.), ein breiter Spielraum bleibt.

In *Westdeutschland* ist eine M.-Forschung erst wieder ab ca. 1950 in Gang gekommen; sie hat sich, auch im Gefolge einer Hegel-Renaissance, lebhaft entwickelt. Neben einer z. T. kritischen, z. T. doktrinären Marx-Rezeption reicht ihre Palette von kämpferischer Ablehnung über die Bemühung in einer philosophieimmanenten wissenschaftl. Auseinandersetzung (I. Fetscher, G. Rohrmoser u. a.) bis zu dem Versuch, kritisch durchgearbeitete und z. T. revidierte marxistische Theoreme im Verein mit Psychoanalyse u. moderner Soziologie für die Gegenwart fruchtbar zu machen (Adorno, Horkheimer, Marcuse, Bloch, Habermas u. a.).

Weder die innermarxistische noch die Auseinandersetzung um den u. mit dem M. ist abgeschlossen. Weitgehend hat der M. die Revolutionstheorie heute – jedenfalls praktisch – zugunsten eines Evolutionsdenkens aufgegeben (auch im Zeichen der Gefahren, die ein evtl. atomarer Revolutionskrieg birgt). Diese Situation der praktisch erzwungenen Koexistenz bei erfolgender theoretischer Auseinandersetzung könnte fruchtbar werden, da der M. zweifellos Denkmodelle enthält, die bestimmte Phänomene auch einer spätkapitalist. Gesellschaft adäquat beschreibt u. kritisch durchleuchtet.

Materialismus (von ↗Materie), die Anschauung, daß alles, was ist, nicht bestimmt sei durch etwas, das vor u. über allem sinnlich Erfahr- u. Begreifbaren dieses erst begründet (Gott, Geist, Weltvernunft, Ideen), sondern in seinem Sein nur bestimmt sei durch Stofflichkeit *(Materialität)*, in seinem Verhalten nur durch Wirkungsursächlichkeit *(Kausalität)*. – Gegensatz ↗Spiritualismus. 1) Im *methodischen* oder *kritischen M.* wird diese Anschauung lediglich als (besondere natur-)wissenschaftl. Haltung praktiziert, um so unter der theoret. Voraussetzung, die Welt sei ein geschlossener Kausalmechanismus, möglichst alle Vorgänge quantitativ-mathematisch fassen u. erklären zu können; vgl. dagegen das Problem der ↗Finalität.

2) Im *vulgären* oder *ethisch-praktischen M.* hingegen wird die materialist. Anschauung zur Lebensgrundhaltung erhoben u. so die Bindung an über den Menschen (als sinnliches Einzelwesen) hinausgreifende, ihn als geistiges Wesen betreffende Ordnungen geleugnet u. im sinnlichen Genuß der materiellen Güter das höchste Glück gesehen.

3) Der sog. *metaphysische* oder *kosmologische* u. *anthropologische M.* stellt sich in Systemen dar, in denen das Ganze der Wirklich-

keit von Welt u. Mensch materialistisch gedeutet wird. Bereits im Altertum entwarfen Demokrit u. a. eine mechanistisch-materialistische Lehre (Atomismus), im 17. Jh. erneuert durch P. Gassendi. Eine Richtung des Rationalismus u. der Empirismus der Aufklärung führten im 18. Jh. zum neuzeitlichen mechanistischen M. mit seiner Maschinentheorie der Welt u. des gesamten Lebens in ihr (Hobbes, Lamettrie, Holbach). In Deutschland setzte im 19. Jh., beeinflußt bes. durch die Naturwissenschaften (vgl. ↗Positivismus), eine zunächst gegen den theolog. Idealismus u. den christl. Glauben gerichtete materialist. Entwicklung ein (B. Bauer, D. F. Strauß). Im Anschluß an L. Feuerbach popularisierten K. Vogt, J. Moleschott u. L. Büchner den anthropologischen radikalen M.: der Mensch ist Produkt seiner materiellen Bedingungen, sein Denken verhält sich zum Gehirn wie die Galle zur Leber. Einen sich auf Darwin berufenden biologischen M. vertrat E. Haeckel.

4) Im *dialekt. M.*, von Marx u. bes. Engels begründet, wird, wie bei Feuerbach, der Hegelsche Idealismus „umgestülpt". Nicht die Idee „ist" eigentlich u. begründet u. bewegt erst die Wirklichkeit, sondern die Materie ist u. bewegt sich aus sich selbst u. setzt sich erst im „Kopf des Menschen" zur Idee „um". Aber ihre Selbstbewegung wird nicht mechanistisch erklärt, sondern dialektisch: materielle quantitative Änderungen schlagen in qualitative um.

5) Im *historischen M.* wird die Dialektik der Materie auf die Geschichte angewandt: Die Geschichte des menschl. Denkens u. Wollens (als Ideologie bloßen „Überbaus" der materiellen Wirklichkeit) ist bestimmt durch die Veränderung der wirtschaftl. Situation, der Eigentumsverhältnisse, der Produktionsbedingungen. Wenn in der kapitalist. Gesellschaftsordnung die ökonom. Interessen der Arbeiterklasse mit denen der Besitzerklasse in schärfsten Widerspruch geraten, sprengen sie in einem dialekt. Entwicklungsprozeß (beschleunigt durch die Revolution der Massen) den bisherigen polit. u. rechtl. Überbau u. setzen mittels der Diktatur des Proletariats schließlich die neue Ordnung einer erstrebten klassenlosen Gesellschaft. Weiterentwickelt wurde der dialekt. M. als Diamat in der Sowjetphilosophie. – ↗Marxismus.

Materie (lat.), a) in der *aristotelisch-thomistischen* Philosophie als *materia prima* (griech. *prote hyle, erste M.*, „Urstoff") das der ↗Form korrelative Seinsprinzip, das ungeformte Substrat über-

haupt, „woraus" als der realen Bedingung der Möglichkeit alles
endliche immerweltliche Seiende entsteht. Sie ist das „reale"
Nichts u. so im Verhältnis zur Form als dem Akt die reine, als
solche keine Existenz habende Potenz; sie erlangt erst aufgrund
der Bestimmung durch eine Form als materia secunda Wirklichkeit. In sich völlig bestimmungslos, ist sie schlechthin unerkenn-
bar. Als das reine Möglichkeitssubstrat hält sie sich in allem
Werden durch. Die einer vorgängigen „Hinordnung" der materia prima auf das neue Individuum entstammende *materia (quan-
titate) signata*, die bei noch bestehender qualitativer Unbestimmtheit schon eine erste Gestaltung durch eine quantitative Vorzeichnung aufweist, gilt in der thomistischen Philosophie als Individuationsprinzip. Die *materia secunda* dagegen
(zweite M.) ist bereits durch eine substantielle Form geprägte
M., zugleich Substrat weiterer Bestimmung durch akzidentelle
Formen. Sie hält sich im akzidentellen, nicht aber im substantiellen ↗ Werden durch. Die *materia ultima* schließlich ist die letztge-
prägte M. eines bestimmten Seienden, eines einzelnen „Dieses".
b) Bei *Kant* bedeutet M. dasjenige, was die Sinnlichkeit affiziert.

Mathesis universalis, von Descartes u. insbes. Leibniz geprägter
Begriff für die Idee einer Philosophie als formaler Universalwissenschaft, die sich unter Benutzung einer formalisierten Sprache
bzw. eines der Mathematik ähnlichen streng axiomatisch aufge-
bauten Zeichensystems genauso streng u. exakt betreiben ließe
wie die Mathematik; insofern ein Vorläufer der modernen (formalisierten) L. u. mathematischen Grundlagenforschung. Von
dieser jedoch dadurch unterschieden, daß sie sich zugleich als
allg. Metaphysik verstand: das Seiende ist „als solches u. im ganzen" quantitativ-proportional strukturiert u. daher der mathesis
zugänglich. Auch Kants Satz, daß in jeder Naturlehre nur so viel
eigentliche Wissenschaft wie Mathematik enthalten sei, stammt
aus dieser Tradition, schränkt die m. u. aber wieder auf die Naturerkenntnis ein.

Mechanismus, die Anschauung, daß das Naturgeschehen allg.
oder z. T. rein mechanisch, d. h. nach dem Verhältnis Ursache –
Wirkung (ontische ↗ Kausalität) durch bloße Ortsbewegung in
sich unveränderlicher Teile erfolge. Der *absolute M.* läßt diese
mechan. Bewegung von keiner umfassenderen ontolog. Kausalität (↗ Finalität) mitbestimmt sein. Die älteste Form des M. ist der
↗ Atomismus Leukipps u. Demokrits, der im wesentlichen *M.*

der *Masse* ist. Der M. von Descartes u. des Cartesianismus ist *geometrischer M.:* eine Grenzverschiebung löst „eo ipso" eine unendl. Kettenreaktion aus; Descartes faßt auch Pflanzen u. Tiere als „Automaten" auf. Zum ↗ Materialismus wird der M., wenn er auch das geistige Leben des Menschen mechanistisch erklären will.

Meinong, *Alexis,* * 1853 Lemberg, † 1920 Graz. Ebd. Prof.; seine „Gegenstandstheorie" beeinflußte Husserls Phänomenologie u. die neuere Werttheorie.

Mendelssohn, *Moses* (eigentlich Moses ben Menachem Mendel), jüd. Philosoph, * 1729 Dessau, † 1786 Berlin; befreundet mit Lessing, den er gegen Jacobis Vorwurf des Atheismus verteidigte; korrespondierte mit Kant. M. popularisierte die Philosophie der Aufklärung u. beeinflußte stark die kulturelle Entwicklung des Judentums seiner Zeit.

Mensch, die Ausnahme aus der Gesamtheit des Seienden, insofern er ausdrücklich sich zu allem u. darin zu sich selbst verhält; Thema der ↗ Anthropologie, die mindestens folgende Momente herausarbeiten kann: 1. Zwar ist der M. in seiner Körperlichkeit gebunden an die Raum-Zeit-Gesetze der materiellen Natur. 2. Ebenso ist er in seiner Leiblichkeit gebunden an die Form- u. Entwicklungsgesetze der organische Natur (↗ Leib, ↗ Leben). 3. Aber zugleich ist der M. alles Endliche (sich u. anderes) distanzierende u. transzendierende ↗ Freiheit, die als endliche Gegenwart unendlicher Offenheit im M. dessen Geistigkeit (↗ Geist) u. als Selbstgegenwart des M. in dieser Offenheit seine Personalität (↗ Person) bedeutet. In der transzendierenden Freiheit des Erkennens, Wollens u. Handelns wird auch das angezielte Einzelne aus der nur materiell-kausalen u. der biolog. Triebbedeutsamkeit befreit zu dem, was es in der Wahrheit seines Wesens u. der Weltwirklichkeit im Ganzen ist. Und erst in der aus solcher Freiheit her möglichen, an bestimmte Welt u. bestimmtes Seiendes sich rückbindenden Tat in der ↗ Geschichte gewinnt u. verwirklicht der M. (mit diesem Seienden u. dieser Welt) seine eigene konkrete Wesensgestalt. 4. Personalität zeigt an ihr selbst den Bezug der Person auf die Person, so daß der M. nicht als einziger, sondern mitmenschlich (↗ Gesellschaft, ↗ Kommunikation) in gemeinsamer Welt sein Wesen u. seine Wirklichkeit hat (vgl. ↗ Dialogische Philosophie). 5. Geistigkeit,

Freiheit u. Personalität sind nicht isolierte Faktoren, sondern bilden eine Einheit. Sie ist beim M. charakterisiert durch ↗Endlichkeit u. ↗Geschichtlichkeit. Er ist endlich u. geschichtlich nicht nur insofern, als er gebunden ist an Leib u. Welt als „Material" u. „Medium" seiner transzendierenden Vollzüge, die dadurch ermöglicht, aber zugleich gehemmt werden, u. nicht nur insofern, als ihm die mitmenschliche Gemeinsamkeit Möglichkeiten eröffnet u. zugleich immer andere verschließt. Sondern dies beruht darauf, daß seine Freiheit nicht absolut schöpferische, sich selbst u. anderes schlechthin begründende, vielmehr gesetzte u. setzende Freiheit in einem ist: die Freiheit, von jeweils gegebenen weltlichen Bedingungen aus sich selbst Aufgabe sein zu können u. zu müssen. 6. Von diesem Ansatz her läßt sich erkennen, daß alle *am* M. ontisch-konstatierbaren Vorgänge (auch die „materiell-biologischen") ontologisch bereits *als* menschliche qualifiziert sind, so daß der Sinn dessen, was jeweils „Materie", „Leben", „Notwendigkeit" usw. im Grunde bedeuten, nur in einer transzendentalen Reflexion von diesem Ansatz her erschließbar ist. Zugleich wird von hier aus verständlich, daß der Mensch in die Einseitigkeit geraten kann, sich ausschließlich von dem her begreifen zu wollen, worauf als das andere seiner selbst er verwiesen ist, von der Welt als der so verstandenen anorganischen oder organischen Natur her (Materialismus, Naturalismus, Biologismus usw.), oder aber gerade im Überfliegen dieser Verwiesenheit an die Welt (Spiritualismus). 7. Endlich-geschichtliche Freiheit der menschlichen (in der Natur lebenden geistigen) Person besagt zugleich, daß die in ihr angezielte Vollendung durch sie selbst nie endgültig zu leisten, wohl aber immer wieder verfehlt werden kann; nie endgültig zu leisten: weil gerade dann, wenn das Leben von allen relativierenden Bedingungen endgültig gelöst wird (im ↗Tod), damit zugleich die Bedingungen des Lebens überhaupt entzogen erscheinen; immer wieder verfehlbar: insofern der M. sich in u. zu seinem Sein absolut gefordert erfährt, aber dieser Forderung gegenüber immer zugleich zurückbleibt (↗Gewissen).

Menschenrechte (Freiheitsrechte, Persönlichkeitsrechte, Grundrechte), Rechte, die dem Einzelnen in der Gemeinschaft eine Sphäre sichern sollen, in der er unabhängig von der Macht des Staates oder anderer Gemeinschaften sein sittliches Handeln selbst bestimmen kann u. die so zugleich den Raum für die Anerkennung des gesetzten Rechts der Gemeinschaft sichern. M.

kommen dem Menschen schon aufgrund seiner Existenz (deshalb auch „Existenzrechte") von Natur aus zu (Locke); sie stellen daher so etwas wie den Versuch einer wenigstens teilweisen Kodifizierung des ↗ Naturrechts dar, haben deshalb aber innerhalb moderner Verfassungen weithin nur deklaratorische u. keine positiv rechtsbegründende Bedeutung. Basierend auf der Einsicht in die überpositive Fundierung des gesetzten Rechts (Plato, Aristoteles), werden die M. erstmals in der Spätantike (Stoa) als Folgerungen aus der „allgemeinen Menschennatur" thematisiert (Begriff der Menschenwürde, Seneca). Den entscheidenden Impuls für ihre spätere Wirksamkeit bekommt die Idee der M. durch die jüdisch-christliche Lehre von der Gottebenbildlichkeit des Menschen (christlicher ↗ Person-Begriff). Sie treten zuerst als Kampfmittel gegen die staatliche Unterdrückung der ↗ Freiheit des Einzelnen auf u. sind als solche anfänglich stark individualistisch u. liberal gefärbt (neben dem Recht auf Leben insbes. das auf Eigentum sowie Freiheit des Glaubens, des Gewissens, der Meinung). Dieser bürgerlich-liberale M.-Katalog (erstmals formuliert in der Virginia Bill of Rights 1776; über die Menschenrechts-Deklaration während der Franzos. Revolution 1789 in alle modernen Verfassungen eingegangen) erweist sich im 19. u. 20. Jh. als ergänzungsbedürftig durch „soziale M.": Recht auf Arbeit, gerechten Lohn, Freiheit, Bildung u. Erziehung. Die weitere Ausgestaltung der M. wird dem Wechsel der gesellschaftlichen Bedingungen Rechnung tragen müssen.

M. sind grundsätzlich vorstaatliches, sog. angeborenes Recht. Sie sind ihrem Wesen nach uneinschränkbar u. unverzichtbar („unveräußerliche " Rechte). Wo die Staatsgewalt die M. mißachtet, verstößt sie gegen das überpositive Recht u. ruft ein Widerstandsrecht hervor.

Merleau-Ponty, *Maurice Jean-Jacques,* französ. Philosoph, * 1908 Rochefort-sur-Mer, † 1961 Paris; Hauptvertreter der französ. Existenzphilosophie. Betont am menschlichen Dasein in der Welt wesentlich die Vermittlung durch den Leib. Mit Sartre der Hrsg. der Zschr. „Les temps modernes".

Metapher (griech.), allg. die „Übertragung" einer bildlichen Vorstellung von etwas aufgrund einer Verhältnisähnlichkeit (Proportionalität, ↗ Analogie) auf etwas Anderes. Aristoteles: das Alter verhält sich zum Leben wie der Abend zum Tag, also kann das Alter der Abend des Lebens genannt werden. Insbes. dienen M.n zur Veranschaulichung eigentlich unsinnlicher begrifflicher Sinngehalte. Deshalb wurde der Gebrauch von M.n *(Metaphorik)* vor allem in der Poetik u. Rhetorik behandelt, spielte dagegen in der Erkenntnislehre u. Logik bis in die Gegenwart herein eine untergeordnete Rolle: eigentlich wissenschaftl.-begriffliches, „rationales" Denken u. Sprechen hat sich tunlichst der uneigentlichen M.n, deren die Alltagssprache reich ist, zu enthalten. Seit dem 18./19. Jh. freilich beginnt zugleich auch die M. an Bedeutung (Hamann, Herder u. a.) zu gewinnen. Nietzsche, den bloßen Scheincharakter der M. bejahend, versteht kritisch das Erkennen u. seine „Wahrheit" selbst nur als eine Art von metaphorischem Umgang u. „Lüge". In der Gegenwart betont H. Blumenberg im Blick auf die Wissensgeschichte die Bedeutung bestimmter M.n als erkenntnisbefördernde Denkmodelle, von gleichem Rang wie die epochal charakterist. Grundbegriffe. Zu beachten ist, daß „Begriff" u. „Begreifen" – wie „Grund" u. „Gründen", aber auch „ratio" – selbst ursprünglich „M.n" sind.

Metaphysik (von griech. *metá ta physiká* = nach der „Physik"), zuerst bibliothekarische Bezeichnung des Andronikos von Rhodos für die Schriften, die er in der Ausg. aristotelischer Werke den „physikalischen" über die Natur folgen ließ: danach Titel für die von ⌐Aristoteles begründete u. in ihrer Fragestellung bestimmte Grundform der abendländischen ⌐Philosophie.
Aristoteles nannte sie „erste Philosophie", weil sie weder, wie das „prakt." u. „poiet." Verständnis, sich auf das in der alltägl. Erfahrung als dieses oder jenes (a posteriori) begegnende Einzelseiende verstehen noch wie die „theoria" ⌐Platons nur das bei jeder Erfahrung im voraus (a priori) erblickte allgemeine Wesen ausdrücklich begreifen will, sondern darüber hinaus das Wissen vom Seienden in der Seiendheit, im Blick auf das ⌐Sein erstrebt, das als Erstvernommenes der immer schon verstandene Grund für Seiendes, Wesen, Denken u. Erkennen ist. Unter dem Horizont der Leitfrage nach dem Sein u. dessen darin schon erfolgter Auslegung (als des alles umgreifenden, selbst unwandelbar das viele Einzelne in seinem Wandel Einigenden) entfalten sich die für M. konstitutiven, durch einander bedingten Fragen: nach den ersten Gründen, in denen Sein Seiendes gründet, u. deren Seinsart; nach dem allem Seienden zugrunde liegenden Wesen u. dessen ermöglichend-verwirklichender Gestalthaftigkeit;

nach der Möglichkeit der Offenbarkeit (↗Wahrheit) des Seins
für das begreifende Denken; u. schließlich die Frage nach dem
höchsten, eigentlichsten, also maßstäblich Seienden, dem Göttlichen. In diesen Blickweisen wird so das Seiende mehrfach thematisch: 1. in seinem Sein (↗Ontologie); 2. insofern es in seinen
allgemeinsten Bezügen über sich hinaus auf ein höchstes Seiendes verweist (philos. Theologie); 3. sofern es im Zusammenhang
steht mit dem Seienden im ganzen (philos. Kosmologie); 4. sofern es bezogen ist auf ein ausgezeichnetes Seiendes, die
menschliche ↗Seele (philos. Psychologie).
Diese Themen wurden in der Geschichte der M. seit ↗Wolff als
selbständig mißverstanden, indem die Ontologie als *metaphysica
generalis* unterschieden wurde von ihrer besonderen „Anwendung" auf bestimmte „Gegenstände", von der *metaphysica specialis* u. ihren „Disziplinen". Ursprünglich aber bilden sie eine
unauflösbare Einheit. Denn die Frage nach der Freiheit u. Unsterblichkeit der Seele (Psyche) erwächst als antinomische gegenüber der offenbar durchgängigen Bestimmtheit u. Vergänglichkeit des Seienden in der Welt (Kosmos) u. verweist so auf ein
letztes, absolut freies u. ewiges Seiendes (Theion). Dieses aber
wird nicht gefragt als solches, wie es in sich u. absolut verborgen
ist, sondern wie es sich bezieht auf die Welt u. die menschl.
Seele. In dem aber, was das weltliche, seelische u. göttliche
Seiende sei, ist unabtrennbar enthalten die ontolog. Frage, was
u. warum Seiendes überhaupt „ist". Jede der daraus entfalteten
Blick- u. Frageweise aber ist Vollzug eines Überstiegs über das
erscheinungshaft-sinnliche-Begegnende zu der in ihm aufscheinenden u. ihr zugrunde liegenden Ordnung. M. denkt Wirklichkeit so als in sich gedoppelte, wobei diese Dualität keineswegs
trennende Gegenübersetzung ist (↗Dualismus). Die Glieder dieser Doppelstruktur als Ordnung der einen Wirklichkeit aber erfahren in der je verschieden gedachten Verwiesenheit aufeinander u. der je verschiedenen Bestimmung ihres Verhältnisses
zueinander eine gleichbleibende Ausdeutung, die in den Frage-
arten u. in der Auslegung des Sinnes von Sein schon vorgezeich-
net ist: als kosmos aisthetos (griech.), mundus sensibilis (lat.),
die vergängliche Wirklichkeit des materialen Einzelseienden; als
kosmos noetos, mundus intelligibilis, die Wirklichkeit der blei-
bend-allgemeinen, normativen Grundordnung der sinnlichen
Wirklichkeitsbereiche. Steht die geistige Wirklichkeit in einem
Begründungsverhältnis zur sinnlich-zeitlichen, so hat sie als
seinsgebende einen Seinsvorrang. Als zeitlos-dauernd ist ihre

Wirklichkeit normativ für jedes Wirklichsein. Zeitlosigkeit selbst als verfallslose, unzernichtbare Beständigkeit ist der Maßstab für den Grad an Wirklichkeit u. zugleich für die Scheidung in sinnliche u. allgemein-noetische Wirklichkeitsdimensionen. Die Ordnungen der seinsgründenden Wirklichkeitsdimension werden bestimmt als Geist-Ordnung. Sein ist so „identisch" mit ↗Geist (griech. nous, lat. intellectus), u. dieser ist, als einzig-einigender, das allem Materialen Zugrundeliegende, gegenüber dessen wechselnden Akzidentien allein Beständige; er ist damit die wahrhafte ↗Substanz. Von aller Materialität unberührt, allein selig bei sich selbst seiend, ist der Selbstvollzug des Geistes (noesis noeseos, Denken des Denkens, theoria) das wahrhaft u. wirklich Göttliche.

Indem das noetisch-ideale Sein allein der (als solcher nichtigen) Materialität Wirklichkeit geben kann, damit alles auf sich bezieht, ist Geist die absolut einigende Identität, auf den hin alles Seiende teleologisch als dem Göttlichen zustrebend ausgerichtet ist. Darin ist M. grundsätzlich Onto-Theo-Logie u. in der Grundart ihres Fragens „idealistisch" (vgl. ↗Idealismus). Zugleich ist M. als reflektive Freilegung der Gründe aus dem erstvernommenen Sein u. als deren Emporhebung ins Wissen schon im Ansatz „transzendental". Und durch ihren Entwurf der Substanz als bei-sich-seiendes Selbstverhältnis des Geistes ist M. der philos. Ausgang der „Subjektivität".

In der neuplatonischen Aufnahme des platon. ↗Chorismos-Gedankens (Simplikios) u. später aus einer Mißdeutung der christl. Erfahrung eines transzendenten Gottes wird die in der klassisch-platonisch-aristotel. Metaphysik als Polarität gedachte Dualität zur Lehre von den zwei Welten extremisiert, wobei M. dann zur Lehre von der dem sinnlichen Diesseits getrennt gegenüberstehenden geistigen Überwelt, dem ewigen „Jenseits", wird.

In der Neuzeit führte die Säkularisierung des ontotheologischen Denkens der M. weithin zum ↗Subjektivismus, der anstelle der grundlegenden Subjektivität des göttlichen Geistseins die Innenwelt des ↗Bewußtseins setzt.

Da M. vom Ausgangsbereich der Natur (Physis) her nach deren immer gleichbleibenden gründenden Ordnung fragt, so intendiert sie u. wird sie schließlich ein Begründungs-System (↗Grund). Im System-Wissen ist alles Einzelne gewußt in den Gründen, die als immer bereitliegende (damit abrufbar-wiederholbare) im beherrschenden Nachvollzug der Gründung die Beherrschung des Einzelnen ermöglichen. Unter diesem Aspekt sieht M. Heidegger in der M. die Bereitung des Ausgangsbodens der Technik.

Methode (griech., Weg zu etwas), allg. das einen bestimmten Weg aufzeigende Verfahren, um ein vorgesetztes Ziel zu erreichen. *Wissenschaftliche M.* ist die Bindung an den Vorwegentwurf einer Gegenstandsregion, der aus der konkreten Bedeutungsfülle der Gegenstände nur ganz bestimmte Seins- u. Verhaltenseigenschaften als interessierende u. zu untersuchende ausgrenzt. Damit sind auch die Grundbegriffe der jeweiligen Wissenschaft definiert u. die Gesamtheit der Verfahrensvorschriften. Der Entwurf muß sich in der Erfahrung (= dem Zusammenhang der Phänomene des Gegenstandsbereichs) bewähren. Unterschieden wird allgemein nach ↗ Induktion *(analytische M.),* ↗ Deduktion *(synthetische M.),* in *naturwissenschaftliche, geisteswissenschaftliche, mathematische* usw. M. Da die einzelne M. niemals die Totalität eines Gegenstandes in den Blick nehmen kann u. jede ↗ Wissenschaft nach der für sie allein gültigen M. verfahren muß, führt der Versuch, die Vielfalt der M.n auf eine einzige maßgebliche zu reduzieren (M.n-monismus, Wissenschaftsmonismus), nicht zur Erweiterung, sondern zur Verengung der Erkenntnismöglichkeiten. Dem gegenüber erhebt sich in der gegenwärtigen wissenschaftstheoretischen Diskussion ausdrücklich die Forderung eines M.n-pluralismus.

Methodologie (griech.), Methodenlehre, Disziplin der Logik, heute als Theorie der wissenschaftlichen Methoden oft deren nachträgliche Begründung, logisch-kritische Durchleuchtung u. systemat. Zusammenfassung, da die Einzelwissenschaften ihre spezifisch eigenen Methoden nach Maßgabe ihrer Verwendbarkeit selbständig ausbilden.

Mill, *John Stuart,* engl. Philosoph, * 1806 London, † 1873 Avignon. Neben Comte der bedeutendste Vertreter des ↗ Positivismus. Grundlage aller Philosophie ist die Psychologie, einzige Erkenntnisquelle die Erfahrung (↗ Empirismus), allein zulässiges Erkenntnisverfahren die Induktion, die nicht Ursachen, sondern nur den gesetzlichen Folgezusammenhang von Erscheinungen festzustellen hat. Als Begründer der „induktiven Logik" hat M. die Methodologie der empirischen Wissenschaften gefördert; er unterschied als erster Natur- u. Geisteswissenschaften. Als Ethiker vertrat M. einen an Jeremy Bentham anknüpfenden Sozialutilitarismus.

Modalität (lat.), als *ontologische M.* die Art u. Weise, wie etwas seinem Sein nach ist oder geschieht: als *logische M.* der Grad der Bestimmtheit eines Urteils nach der Weise der in ihm vorliegenden Verknüpfung von Subjekt u. Prädikat. Die logischen M.en (die Urteile werden in problematische, assertorische u. apodiktische eingeteilt) sind fundiert in den ontologischen M.en (Möglichkeit, Wirklichkeit, Notwendigkeit). Bei Kant werden aus den ontologischen M.en (nämlich den Bestimmungen des Seienden an ihm selbst) Weisen der Gegenständlichkeit der Gegenstände nur für uns. Die M.en sind hier diejenigen Kategorien, die nichts Inhaltliches zur Vorstellung des Gegenstandes hinzubringen, sondern lediglich das Verhältnis des Objekts zum Erkenntnisvermögen des Subjekts ausdrücken.

Möglichkeit, eine der Seins-↗Modalitäten. *Ontologische M.* kommt allem zu, was wirklich sein, Aktualität erlangen kann; *logische M.* (welche notwendige Bedingung in der ontologischen M. eines Seienden ist) besagt, daß etwas in sich ohne Widerspruch, somit denkbar ist. Während die ontologische M. bei Aristoteles (dynamis) u. in der Scholastik (↗Potenz) ein Realprinzip des endlichen Seienden darstellt, wird sie bei Kant (von der logischen M. der Begriffe darf nicht einfachhin auf die reale, ontologische M. der Dinge geschlossen werden) zu einer Modalitätskategorie u. bezeichnet als solche nunmehr ein bestimmtes Verhältnis des Objekts zum erkennenden Subjekt. Zu einem zentralen Begriff wird die ontolog. M., in Verbindung mit dem der Hoffnung, bei E. Bloch.

Monade (von griech. *monás* = Einheit), aus der Antike (Pythagoras, Platon, Demokrit, Epikur u.a.) über Mittelalter (Cusanus) u. Renaissance (Bruno) tradierter Begriff der letzten Einheiten; in ↗Leibniz' „Monadologie" dann (gegen Descartes u. Spinoza) die unendlich vielen einfachen u. daher unvergänglichen beseelten Substanzen („Entelechien"), die nach Vorstellung (perceptio) u. Streben (appetitus) hierarchisch gestuft sind u. die gesamte Welt aus ihrem jeweiligen Blickpunkt (Perspektivität) spiegeln (repraesentatio). Das Verhältnis jeder M. zu allen übrigen ist jedoch aufgrund der schlechthinnigen Einfachheit u. damit Abgeschlossenheit („Fensterlosigkeit") keine wechselseitige Einwirkung, sondern eine durch den Schöpfungsakt von Gott (Monas monadum) geleistete vollkommene Abstimmung aufeinander (prästabilierte Harmonie). Der Terminus wurde später u. a. von Goethe verwendet u. kehrt bei Husserl wieder.

Monismus (von griech. *mónos* = allein), Einheitslehre, von Chr. Wolff eingeführter Begriff. Während der extreme ↗Dualismus u. der ↗Pluralismus die verschiedenen Bereiche des Seienden auf mehrere gleich ursprüngl. Prinzipien zurückführen, leugnet der M. in seiner strengen Form die Verschiedenheit der Seinsbereiche u. leitet alles Seiende aus einem Prinzip her. Ein gemäßigter M. dagegen anerkennt die Unaufhebbarkeit der Differenzen der Seinsbereiche u. wahrt so die Analogizität des Seins, bezieht sie aber doch auf eine letzte grundhafte Identität zurück u. behält so die der Analogizität zugrunde liegende Einheit des Seins im Blick. Arten des eigentlichen, strengen M. sind der *Pantheismus,* insofern er Gott u. Welt in eins setzt, der *Spiritualismus,* insofern er alles unmittelbar u. allein aus dem einen reinen Geist, der *Materialismus,* insofern er alles aus der Materie zu erklären sucht.

Monotheismus (griech., Eingottlehre), die Lehre von einem einzigen (persönlichen, überweltlichen, welterschaffenden u. weltlenkenden) Gott. Monotheistische Religionen im strengen Sinn sind Judentum, Christentum, Islam. Gegensatz Polytheismus (Vielgötterglaube). Unterschied zum Pantheismus (alles, die Welt, ist Gott).

Montesquieu, *Charles de,* franzöz. philos.-polit. Schriftsteller, * 1689 bei Bordeaux, † 1755 Paris. Zeitkritiker, forderte die Gewaltenteilung, Vorbereiter der franzöz. Aufklärung.

Moore, *Georg Edward,* engl. Philosoph, * 1873 London, † 1958 Cambridge. Dozent u. 1925 Prof. ebd. Einflußreicher Wegbereiter der sprachanalytischen Philosophie, bes. mit seinen Untersuchungen zur Alltagssprache.

Moral (von lat. *mores* = Sitten), 1. Sittlichkeit im Sinn der vom allg. Bewußtsein für das Zusammenleben einer konkreten Gemeinschaft als unabdingbar angesehenen Regeln u. die subjektive Bereitschaft, sich diesen Regeln zu fügen („durchschnittliche" Sittlichkeit dessen, „was sich schickt"); 2. Sittlichkeit als

Grundhaltung eines „pflichtgemäßen" Handelns (insbes. bei Kant ist M. die „Wissenschaft von den allg. Regeln des reinen Willens", Akad.-Ausg. XV, 25); 3. als M.-philosophie synonym mit ⁊ Ethik (zu den Einteilungen vgl. dort). – Die Leugnung der Forderungen einer bestimmten M. bzw. der M. überhaupt ist Immoralismus bzw. Amoralismus.

More geometrico (lat., nach Art der Geometrie) schrieb ⁊ Spinoza nach dem Vorbild Descartes' (der Zusammenfassung der „Meditationes" im Anhang zu den 2. Responsionen) eine Ethik; ausgehend von Definitionen u. Axiomen werden Lehrsätze deduziert, daran Folgesätze u. Erläuterungen geknüpft. Dahinter steht die Überzeugung von der Vorbildlichkeit des „mos geometricus" für alle Wissenschaft.

Mystik (von griech. *mýein* = [Augen oder Lippen] schließen), a) als Erfahrung die Versenkung der Seele in ihren göttlichen Grund u. dadurch die innerliche einende Begegnung mit der den Menschen u. alles Seiende begründenden göttlichen Unendlichkeit, in der christl. M., im Judentum u. Islam mit dem persönlichen Gott; b) als Versuch der wissenschaftl. Auslegung die Reflexion über diese Erfahrung.
Mystische Phänomene sind durch Zeugnisse in allen höheren Religionen erwiesen. Mitteilung einer myst. Erfahrung u. begriffl. Auslegung bleiben immer unzureichendes „Stammeln", denn die unmittelbare myst. Erfahrung als solche gibt keine Gewähr für die Wahrheit u. Angemessenheit der nachfolgenden Vermittlung, diese steht oft in der Nähe des Monismus, Pantheismus, Theophanismus. In *Indien* tritt um 800 vC. in den Upanishaden die Lehre von der leidlosen Einheit von All u. Seele auf (Brahman-Atman), die alle spätere ind. Religion mitbestimmt. In *China* sind myst. Phänomene außer im Buddhismus bes. bezeugt im Taoismus, in Japan im Zen-Buddhismus. Von größtem Einfluß auf die *christl. M.* war die des ⁊ Neuplatonismus, von dem über *Pseudo-Dionysius* die Lehre vom Reinigungs-, Erleuchtungs- u. Einigungsweg übernommen wurde. Die M. des Neuen Testaments erscheint vor allem bei *Paulus* u. *Johannes* in der Lehre vom Leben Christi in uns u. von unserem Leben in ihm, sofern wir mit Christus „ein Geist (Pneuma)" sind. Während in der Logos-M. die Gottheit Jesu im Vordergrund steht, sind bei *Origenes* bereits alle Züge der Jesus-M. mit ihrer Liebe zur Menschheit Christi zu finden. Der Dreieinig-

keits-M. *Augustins,* die sich später mit *Thomas von Aquin* in der Lehre der Gleichwirksamkeit der drei göttl. Personen durchsetzt, steht die Dreifaltigkeits-M. der griech. Väter gegenüber, welche die Personalität der drei göttl. Personen betont u. die im Abendland bis *Hildegard von Bingen* weiterwirkte. Mit *Bernhard von Clairvaux* beginnt die mittelalterliche Braut-M., die mit der Leidens-M. ihre Blüte in den deutschen Frauenklöstern erlebt. Höhepunkte der philos.-spekulativen M. sind *H. Seuse, Eckhart* u. *Böhme.* Bestimmend für die kath. Lehre der M. wurden bes. *Theresia von Ávila, Johannes vom Kreuz, Ignatius von Loyola* („M. der Weltfreudigkeit" [K. Rahner]), *P. de Bérulle* (christozentrische M.), *Elisabeth von der Dreifaltigkeit.*
Außerhalb des Christentums finden sich myst. Phänomene bes. im *Manichäismus* (vgl. auch ↗Gnosis) u. im *islam. Sufismus.* In Europa sind in neuerer Zeit Einflüsse der *Theosophie* u. *Anthroposophie* festzustellen.

Mythos (griech., Sage), ursprünglich eine altüberlieferte Erzählung (Mythe), die in bildhaft-anschaulicher Sprache ein urzeitliches Ereignis vergegenwärtigt (Weltschöpfungs-, Götter-, Helden-, Heilbringersage usw.), dann die Gesamtheit der Mythen eines Volkes, in denen der Mensch (bes. in der Frühgeschichte, bei den Naturvölkern, aber auch noch in den alten Hochkulturen) sich selbst, die Gemeinschaft u. das Geschehen in der Welt sinnfällig-bildhaft im ↗Symbol deutete.
Natur- u. Lebensvorgänge erhalten im M. Sinn und werden verstanden von dem her, was in der „Urzeit" immer schon da war u. als göttliches Geschehen sich ereignete, im M. erinnert u. in Kult bzw. Magie ausdrücklich u. mit normativer Bedeutung für das tägliche Leben in der Wirklichkeit nachvollzogen wird. Der M. ist so eine Form der Religion, u. zwar jenes Weltverhältnisses, in welchem der Mensch dem Seienden nicht in freier Distanz begrifflich-rationaler Erkenntnis u. des ihr gemäßen kausalitätsbewußten Handelns gegenübertritt, vielmehr, übermächtig bedrängt, alle Dinge u. Vorgänge nur als Erscheinungen übermächtiger Wesen u. Ereignisse zu verstehen vermag u. diese in der antwortend-beschwörenden Weise von Kult u. Magie zu bestehen sucht. Die verbindliche u. sinngebende Kraft des M. schwindet im Verlauf der Geschichte mit dem Durchbruch der geistig-reflexiven Haltung des Menschen; doch bleibt er auch dann noch die bildhafte Artikulation einer Erfahrung an der Grenze des Sagbaren u. Begreifbaren (vgl. die platon. Mythen).

Der Versuch, die Religion von der myth. Sprache zu „reinigen" („Entmythologisierung"), steht in der Gefahr, den Bezug zum Mysterium überhaupt zu verlieren (dies gilt insoweit auch für den christl. Glauben, der jedoch den M. zugleich als aufgehoben erkennt in der Geschichtlichkeit der Offenbarung). Anderseits muß der Versuch, durch eine bewußt bildhafte Deutung der Welt dem bereits mythenlosen, aufgeklärten Denken einen neuen „mythischen" Sinn mit aller Verbindlichkeit entgegenzusetzen (Sorel, Nietzsche, in primitiver Form der nat.-sozialist. „M. des 20. Jh."), scheitern, weil die gewollte Wiederherstellung des ursprüngl. M. in einer nachmythischen Zeit unmöglich ist.

Die wissenschaftl. Erforschung, Darstellung u. Begründung des M. u. seiner Geschichte ist die Mythologie. Während dort, wo der mytholog. Forschung die psychologisierende Einstellung zugrunde liegt, der M. als Personifizierung seelischer Zustände (W. Wundt), als Symbolisierung unterbewußter Triebvorgänge (S. Freud) oder Äußerung inner-psychischer Urbilder (C. G. Jung) verstanden wird, sieht die von der Phänomenologie beeinflußte Mythologie im M. die Gestaltungen einer ursprünglichen Erfahrung des Heiligen (R. Otto, L. Ziegler) u. so den M. in seiner Zuordnung zum Kult (W. F. Otto, A. E. Jensen, z. T. auch K. Kerényi).

N

narrativ (lat.), erzählend. Die Erzählung als Form der Darstellung eines Geschehens- u. Handlungszusammenhangs nach Bedeutungsvorgaben u. in zeitlicher Gliederung wurde in der französ. strukturalist. Sprachwissenschaft zum Gegenstand einer allg. Theorie (Lévi-Strauß), welche ihre Grundstruktur, Grammatik, Funktionsverteilung, Verlaufsform usw. zu erforschen u. erklären sucht. Von hier aus wurden die Erzählform u. ihre verschiedenen Ausprägungen bedeutsam für die Geschichtswissenschaft (A. Danto u. a.). Für die Philosophie der Geschichte stellt sich in dieser Rücksicht die Frage, ob Geschichte unter systematischen Gesichtspunkten überhaupt „begriffen" werden kann, oder nicht sinnvollerweise in bestimmten u. nicht ein für allemal festliegenden Formen „erzählt" werden muß, was umgekehrt dann auch für die Geschichte der Philosophie gilt.

Natorp, *Paul,* * 1854 Düsseldorf, † 1924 Marburg. Ebd. Prof.; Mitbegründer der ↗Marburger Schule. In seiner Spätzeit bewegte N. die Frage nach dem letzten Sinngebenden, dem Denken u. Sein einander zuordnenden Logos als der ursprünglichen Setzung des „Es ist".

Natur (von lat. *nasci* = entstehen), in der Philosophie allg. der Inbegriff des in dauerndem Hervorgang in das Sein befindlichen Seienden. Hierbei ist zu unterscheiden, ob N. schlechthin alles umfaßt oder nur einen bestimmten Wirklichkeitsbereich neben anderen. Während im *vorsokratischen* Denken N. als ↗Physis der Name für das Sein ist u. so das Insgesamt des Seienden umspannt, faßt *Aristoteles* N. als eine bestimmte Region von Seiendem, die er in Abhebung vom Technisch-Poietischen (das der Mensch herstellt) als Selbstanfängliches u. Selbstzielhaftes bestimmt. Im Anschluß an die *Patristik* wird im *Mittelalter* dann N. als hierarchisch gestufte Schöpfung des außerweltlichen (transzendenten) Gottes, als nach „Zahl, Gewicht u. Maß" geordnete creatio der ars divina gedacht. Erst in pantheistischen Systemen der *Neuzeit* (Spinoza: „Deus sive natura") wird dann der mittelalterlich welttranszendente Grund (Gott) in die N. selbst hineingenommen, die als ↗natura naturans das Ganze des Seienden als natura naturata begründet, u. so wieder ein universaler N.-Begriff aufgestellt. Daneben tritt immer mehr der naturwissenschaftliche N.-Begriff, N. als Objekt quantifizierender Forschung nach Gesetzen (Kant. „N. ist das Dasein der Dinge, sofern es nach allg. Gesetzen bestimmt ist") in den Vordergrund. Hier wird (in der Verbindung mit der modernen Technik) N. nicht mehr als reale Macht anerkannt, sondern prinzipiell als Machbares des Menschen.

Insofern N. nicht universal verstanden ist, wird sie also meist in ausdrücklicher Abhebung von anderen Seinsbereichen bestimmt, so bei den Sophisten in Abhebung vom ↗Nomos, bei Aristoteles vom Bereich des Technisch-Poietischen, mittelalterlich von Gott, neuzeitlich dann vor allem als das Ungeistige u. Ungeschichtliche von Geist u. Freiheit u. deren Objektivationen in Kultur u. Geschichte. Dabei besteht jedoch die Gefahr, daß die N., die hier kaum mehr positiv gefaßt u. eigenständig an ihr selbst, sondern bloß noch negativ in Abgrenzung gegen das leichter auf den Begriff zu bringende andere bestimmt wird, gerade dadurch indirekt dem anderen verfällt. Am deutlichsten kommt dies in *Hegels* System zum Ausdruck, in dem N. von vornherein nur noch als (um der Rückholung willen erfolgte) freie Selbstentäußerung des Geistes angesetzt wird. *Marx* versucht gegenüber dieser einseitigen Einverleibung der N. in den Geist (die der Bewußtseinsausdruck der kapitalistischen Entfremdung des Menschen von der Natur infolge von deren Degradierung zur Ware im Rohzustand sei) die wahre Gesellschaft als „die vollendete Wesenseinheit des Menschen mit der N." zu konzipieren, die im (natur- wie menschheits-)geschichtlichen Prozeß erreicht wird (Naturalisierung des Menschen u. zugleich Humanisierung der N.).

Neben dem universalen oder regionalen N.-Begriff findet sich (schon bei Platon u. Aristoteles) noch ein N.-Begriff, der das „Wesen" eines Seienden bezeichnet, insofern es das diesem Seienden eigene (aktive u. passive) Verhalten bestimmt.

Naturalismus, in weitestem Sinn jede Richtung, die in der Natur die allumfassende Wirklichkeit sieht (so z. B. die Stoiker, G. Bruno). Der in verschiedenen Formen (als genuin philos., religiöser, ethischer, soziolog., ästhetischer usw.) auftretende N.

ist gekennzeichnet durch eine von monistischen Tendenzen getragene Leugnung der Eigenwesentlichkeit u. Eigenständigkeit alles Geistig-Freiheitlich-Geschichtlichen u. durch dessen Reduzierung zur bloßen Vollzugsweise naturhafter Gegebenheiten. Diese selbst wieder können dabei beispielsweise mehr in Richtung eines ⁊ Materialismus oder eines Biologismus (⁊ Lebensphilosophie) verstanden sein.

Natura naturans (lat., erzeugende Natur), erstmals bei Averroës, dann bei Meister Eckhart u. in der Renaissancephilosophie (G. Bruno) Gott als Ursache alles natürlich Werdenden im Gegensatz zur natura naturata, der erzeugten als der durch Gott gewordenen Natur; von ⁊ Spinoza u. Schelling wiederaufgegriffen.

Naturphilosophie, die philos. Reflexion auf die Natur, ihren Ursprung, ihre Stellung im Ganzen der Wirklichkeit, ihre allgemeine Struktur (Raum, Zeit, Materie, Bewegung), u. die gestufte Ordnung ihrer Bereiche (anorganisches u. organisches Geschehen).
In der Ablösung von der myth. Weltdeutung suchten in der abendl. Geschichte zuerst die griech. „Naturphilosophen" den Urgrund der Natur im weitesten Sinn (Physis) in einem einheitl. Urstoff (⁊ Ionische Philosophie), in mehreren Urelementen (Empedokles, Anaxagoras, Demokrit) oder auf mathematische Weise in der Zahl (Phythagoreer) zu erfassen. Der spätere Platon erklärte, z. T. im Rückgriff auf mythologische Verbildlichungen, die Gestaltung der Welt aus mathematischen Grundkörpern nach dem Vorbild der Ideen durch den Demiurgen. Nach des Aristoteles Grundlegung der Metaphysik bildet sich später die N. als philos. Kosmologie zu einer Disziplin der speziellen Metaphysik heraus. Seine Lehre von der Materie u. Form u. der durch Akt u. Potenz bedingten körperlichen Bewegung als Ortsveränderung bestimmte grundsätzlich die islamische (Avicenna) u. noch die scholastische (insbes. Albert der Große, Thomas von Aquin) u. über diese die neuscholastische N. der Gegenwart. Bedeutsam wurde im Spätmittelalter die von der neuplatonischen Weltlehre beeinflußte Lichtmetaphysik der Natur, bes. aber die gegenüber der bisher als begrenzt gedachten Welt neue Auffassung von der Unbegrenztheit der Welt (Nikolaus von Cues). Darauf aufbauend, entwickelt die Renaissance mit der Zuwendung zum Weltlichen überhaupt eine pantheist.

N. (so der auch auf die stoische N. zurückgreifende G. Bruno u. Spinoza); gleichzeitig rücken mehr naturwissenschaftliche Fragen in den Vordergrund (Paracelsus).

Die Aufklärung wendet sich dann, unter dem Einfluß des naturwissenschaftl. Denkens, entschieden der Theorie des naturwissenschaftl. Experimentes (auf das schon Roger Bacon hingewiesen hatte), der mathematischen Formulierung von Vorgängen in der Natur (Galilei, Descartes, Leibniz, Kepler) u. bes. physikalischen Grundbegriffen (Raum u. Zeit; Newton, Kant) zu. Seit Kant, der noch den Plan einer „Metaphysik der Natur" faßte, löst sich die auf Naturerscheinungen u. deren ständigen (gesetzmäßigen) relationalen Zusammenhang gehende Naturwissenschaft endgültig von der N., die als Reflexion auf die Natur (physis) metaphysisch orientiert ist u. auf Wesens- u. Sinnzusammenhänge zielt. Der deutsche Idealismus brachte noch einmal in Fichte (Natur als das Absolute, sofern es unbewußt produziert), Schelling (Natur als Geist-Leben) u. Hegel (Natur als entäußerter Geist, als Anderssein der Idee) eine große spekulative N. hervor. Danach schien dann im Gefolge des Positivismus eine N. nur noch als Erweiterung u. Zusammenfassung aller naturwissenschaftl. Erkenntnisse möglich. Sie trat auf als Materialismus (vgl. auch Mechanismus) oder, in der Zuwendung bes. zum organ. Geschehen (Vitalismus; vgl. Finalität), als induktive Naturmetaphysik (E. v. Hartmann, Driesch u. a.). Weiterhin wurde N. als regional-ontologisch konzipierte (N. Hartmann), als phänomenologisch fundierte (Conrad-Martius), als mathematisch-logistisch begründete (Whitehead, Russell, Wiener Schule) versucht. Bes. bedeutsam u. immer noch Problem einer N. der Gegenwart sind die aus der philos. Grundlagenforschung vor allem der Physik aufgeworfenen Fragen der Quanten- u. Relativitätstheorie.

Naturrecht, Bezeichnung für sittlich u. rechtlich unabhängig von der Aufnahme in das positive Recht gültige (formale u. materiale) Rechtsnormen. „N" ist also der (historisch überlieferte) Problemtitel für die Frage einer überpositiven Verankerung jedes Gesetzesrechts, das gerade in dieser Unbeliebtheit seiner Grundlage die Voraussetzung seiner Würde u. Geltung besitzt. Der Begriff N. steht für den bedeutendsten Versuch der Verpflichtung jeder Rechtsordnung auf *Gerechtigkeit* u. hat insofern wesentlich kritische Funktion. (Gegenposition zum N. ist ein extremer *Rechtspositivismus,* für den die Gültigkeit einer Rechtsordnung ausschließlich aus deren ordnungsgemäßer Setzung durch den jeweils „autorisierten" Gesetzgeber resultiert.)

Rechtsbegründende Funktion hat der N.s-Begriff insofern, als er aufzeigt, daß der Mensch nicht zufällig u. sekundär zu (dann eben beliebigem) Recht kommt, sondern daß das Rechte-Haben in einem ursprünglichen Im-Recht-Sein fundiert ist, was sich ergibt 1. aus der rein physischen Existenz u. 2. aus der Tatsache, daß der Mensch nie als Einzelner lebt (u. nicht leben könnte), sondern wesentlich (u. schon biologisch) der Gesellschaft bedarf. (Das wurde in der Tradition durch den Begriff des zoon politikon, animal sociale, ausgedrückt.) Daraus leiten sich a) Normen ab, die nötig sind, um Sozietät zu ermöglichen u. deren Bestand im Sinn einer rechtlichen Ordnung zu sichern, sowie b) Regeln, die dem Einzelnen innerhalb der Gesellschaft einen Freiheitsraum sichern, in dem er zur Entfaltung u. Vollendung seiner persönlichen Eigenart gelangen kann (↗ Menschenrechte).

Hauptprobleme der *N.s-Philosophie* sind: die Begründung des Vorhandenseins u. der Erkenntnismöglichkeit der behaupteten Normen; die Frage, wie deren überpositive Gültigkeit mit der unleugbaren historischen u. soziolog. Bedingtheit aller Sitte u. allen Rechts vereinbar sei; ferner die Frage, welche Bedeutung der Widerspruch einer konkreten Sozialordnung mit dem N. hat. Als fundierender und kritischer, nicht selbst wieder „positiver" Begriff widersetzt sich das N. einer Katalogisierung oder Systematisierung (wie die fehlgeschlagenen Versuche der Aufklärung lehren); eine sich selbst richtig verstehende N.s-lehre wird nicht auf überzeitliche Absolutheit, sondern auf reale Gültigkeit der erarbeiteten Normen hic et nunc achten. „N.: das ist für uns der Begriff für die ständig geforderte Evolution u. Revolution der menschlichen Verhältnisse im Lebensalltag, hin zur Gestalt einer wahrhaft menschlichen Gesellschaft zwischen Menschen" (W. Maihofer). Diese Funktionalisierung u. Dynamisierung des N., obzwar N.s-dogmatiken verdächtig, geht von der wichtigen Erkenntnis aus, daß das N. nicht etwa wegen seiner falsch verstandenen Überpositivität in einen Bereich außerhalb der Rechtssphäre zu verlegen sei, sondern *in* diese gehört. N. ist, wenn überhaupt etwas, *reale Norm.*

Historisches: Im Kampf gegen die sophistische These „Recht ist, was nützt" u. das damit verbundene „Recht des Stärkeren" begründet *Plato* die N.s-sätze aus der Idee der Gerechtigkeit u. der (höchsten Idee) des Guten. *Aristoteles* teilt die Sphäre des

Rechts in die der partikulären Rechtssätze (deren Inhalt vom Willen des Gesetzgebers bestimmt wird) u. des N.s, dessen Gültigkeit für ihn evident aus der Struktur der Rechtsbegriffe (Gerechtigkeit, Zurechenbarkeit usw.) folgt. Entscheidend beeinflußt die *Stoa* das N.s-denken dadurch, daß sie den Gültigkeitsbereich des N.s aufgrund der „einen Menschennatur" auf alle natürlichen Personen ausdehnt. Die *römische Jurisprudenz* befaßt sich weniger mit spekulativen N.s-fragen, entwickelt aber oberste Verfahrensregeln („in dubio pro reo" usw.), die n.s-ähnliche Funktionen erfüllen. In der N.s-lehre der Scholastik, insbes. des *Thomas von Aquin,* ist das Fundament allen Rechts die Schöpfungsordnung, die im lumen naturale die Prinzipien der lex aeterna qua lex naturalis aufscheinen läßt, Prinzipien, denen das durch Satzung positivierte Recht als gerechtes unterworfen bleibt. In dem für die neuzeitliche Geschichte des N. entscheidenden Rechtsdenken der Aufklärung *(Grotius, Pufendorf)* schließlich gewinnen die Grundwahrheiten des sozialen Lebens, die sich rational erarbeiten lassen, die Funktion von N.s-sätzen. Nach einem neuerlichen Höhepunkt des N.s-denkens Ende des 18./Anfang des 19. Jh. folgt (insbes. in Deutschland) im Anschluß an die „historische Rechtsschule" eine Zeit des Rechtspositivismus, welche in der zweiten Hälfte des 20. Jh. (bedingt durch die schlechten Erfahrungen mit einem Rechtspositivismus in Diktaturen u. faschistischen Systemen) von einer Renaissance des N. abgelöst wurde.

Neuhegelianismus ↗ Hegelianismus.

Neuidealismus, Gegenbewegung gegen den Positivismus u. Materialismus des 19. Jh.; strebte über das empirisch Erfahrbare hinaus wieder zu dessen apriorischer Struktur u. über alle Einzelerkenntnisse hinaus zu Gesamtanschauungen von Welt u. Leben. Knüpfte an den deutschen Idealismus an u. entfaltete sich bes. als Neukantianismus u. Neuhegelianismus.

Neukantianismus, philos. Richtung innerhalb des Neuidealismus, die in der Rückwendung zu Kant dessen Philosophie als „Ablehnung der Metaphysik" verstand u. die Philosophie einzig als Wissenschaftstheorie neu begründen wollte. Die ↗ *Marburger Schule* suchte von der Theorie der mathemat. Naturwiss. her ein objektives Reich idealer (z. B. auch ethischer, ästhet. relig.) Strukturen zu statuieren. Die *Südwestdeutsche* oder ↗ *Badische*

Schule entwickelte bes. die Theorie der Geisteswissenschaften u. sah die Ordnung der Geschichte in einem Bereich nichtseiender, aber geltender kultureller „Werte". Mehr dem ↗Positivismus verhaftet blieb die psychologist.-pragmat. Richtung des Empiriokritizismus.

Neuplatonismus, mit Ammonios Sakkas als legendärem Urheber beginnende, von ↗Plotin begründete philos.-religiöse Bewegung der Spätantike des 3.–6. Jh. nC., die, sich auf Platon u. insbes. dessen Ideenlehre berufend, fast alle geistigen, relig. u. myst. Strömungen (Ausnahme: Epikureismus) der Antike aufnimmt. Er vereinigte in großen spekulativen Systemen die Grundlehren Platons mit aristotelischen, stoischen, neupythagoreischen, orientalisch-relig. u. myst. Motiven. Als Versuch der Erneuerung u. geistigen Durchdringung heidnischer Spiritualität übte der N. entweder durch den Kampf gegen ihn oder durch den Versuch seiner Rezeption u. Umformung größten Einfluß aus auf die Entwicklung des Christentums, u. zwar bis hin zu Scholastik u. Humanismus, insbes. auch auf die christl. Mystik.

Grundanschauung des N. ist, daß aus dem unnennbaren u. unerkennbaren „Ur-Einen" (dem Vollkommenen) in einer Stufenfolge von „Wesen" (Geist, Welt-Seele u. Materie u. ä.) u. durch diese vermittelt die Vielheit des unvollkommenen Seienden hervorgehe („ausfließe"; ↗Emanation), indem die gestuften Wirkungen des Ur-Einen zuletzt in die („böse") Materie umschlagen, so wie das Licht, ohne sein Wesen einzubüßen, sich in der Finsternis verliere. Bestimmung der menschlichen Seele sei es, in der Reinigung (Katharsis) von der Befleckung durch den Leib sich vom Sinnlich-Materiellen ab-, dem Geist (nous) zuzuwenden u. durch ihn sich mit dem Ur-Einen zu vereinigen. – Ist so der N. monistisch u. panentheistisch, so ermöglichte er doch durch seine Wesen-Lehre auch eine polytheistische Ausprägung (Porphyrios, Iamblichos).

Man unterscheidet (die Einteilungen schwanken) neben Plotin u. dessen bedeutendstem Schüler ↗Porphyrios, die beide der *alexandrinischen* Schule angehören, die *syrische* Schule (Iamblichos, Dexippos, Salustios, Themistios) u. die *athenische* Schule (Plutarch, Syrian, ↗Proklos, Simplikios).

Neupythagoreismus, philos. Strömung 1. Jh. vC./2. Jh. nC., die, durch chiliastische u. myst. Tendenzen gekennzeichnet, altpythagoreisches, aber auch platonisches u. aristotel. Gedankengut vereinte. Hauptvertreter: Nigidius, Apollonius von Tyana, Numenios von Apameia.

Neuscholastik, die philos.-theologische Erneuerung der ↗Scholastik seit dem 19. Jh., entstanden aus der Bedrohung des offenbarungstheolog. Denkens durch die rationalistische Philosophie u. Theologie der Aufklärung. Die stärkste Richtung innerhalb der N. ist der Neuthomismus, doch findet die Erneuerung großenteils auch im Anschluß an Duns Scotus (franziskan. Schule) oder Suárez statt.

In Italien durch V. Buzzetti, S. Sordi, Tongiorgi, Taparelli, Zigliara u. a., in Deutschland bes. durch J. Kleutgens Rückwendung auf die mittelalterl. Überlieferung eröffnet; entscheidende Anregungen brachten die Enzykliken Leos XIII. „Aeterni Patris" (1879), Pius' XI. „Studiorum ducem" (1923), Pius' XII. „Humani generis" (1950), die bes. auf die Bedeutung der Philosophie des Thomas von Aquin für die philos. Heranbildung der Theologen u. für die Abwehr theologisch-philos. Irrtümer hinwiesen.

Hatte die wachsende histor. Erforschung den Reichtum mittelalterlichen Geisteslebens erschlossen, so führten die Auseinandersetzung mit Kant u. dem Idealismus (von grundlegender Bedeutung war hier J. Maréchal) u. die Begegnung mit der empir. Psychologie zu neuen Bestrebungen bes. in der Erkenntnislehre, die Begegnung mit der modernen Naturwissenschaft zur Weiterentwicklung der Naturphilosophie u. die allg. metaphys. Erneuerung zur Neubegründung der Metaphysik auf scholast. Grundlage (Willmann, Scheeben, Maréchal, Mercier, Geyser, Fröbes, Przywara, Gardeil, Descops, Fuetscher, Gredt, Garrigou-Lagrange, Gemelli, Manser, Maritain, Sertillanges, Feuling). Daneben wurden Ethik, Sozialphilos., Ästhetik, Kultur- u. Religionsphilos. systematisch ausgebaut (Mausbach, Steinbüchel, Dempf, Lotz u. a.). Schließlich kam es auch zu einer fruchtbaren Auseinandersetzung der N. mit Phänomenologie u. Existenzphilosophie.

Neuthomismus, Hauptrichtung der ↗Neuscholastik.

Nichts, das in der begrifflichen Verneinung ausgedrückte Nicht-Sein entweder des Seins überhaupt, also sowohl des Möglich- als auch des Wirklich-Seins *(absolutes N.),* oder nur des Wirklich-Seins *(relatives N.)* von Seiendem (Unterscheidung von

Duns Scotus stammend). Mit dem Begriff des N. im letzteren Sinn wird auch das N., aus dem Gott (in der „creatio ex nihilo") die Welt schuf, zu erfassen versucht. Bei Platon u. Plotin ist die Materie ein relatives N. (me on = Nichtseiendes). Bei Thomas von Aquin ist die Erst-Materie reales N. Bei Hegel ist das Sein infolge seiner reinen Unbestimmtheit identisch mit dem N. u. diese innere Spannung des absoluten Grundes das movens der dialektischen Entwicklung (Werden). – Nicht nur das „Unterste" („Unter-Seiende"), sondern auch das „Oberste" („Über-Seiende") wird als N. gekennzeichnet: so bezeichnen die Mystiker teilweise die myst. erfahrene göttliche Unendlichkeit, die alles endlich Seiende übersteigt, als N. (gegenüber dem Seienden). Ähnlich ist bei Heidegger das in der Stimmung der Angst erfahrene N. „das Nicht des Seienden u. so das vom Seienden her erfahrene Sein", der „Schleier des Seins". – Bei Sartre meint das N. das Fürsichsein, das sich in Freiheit sein Wesen erst „schafft".

Nietzsche, *Friedrich* Wilhelm, Philosoph u. Dichter, * 1844 Röcken (Sachsen) als prot. Pfarrerssohn, † 1900 Weimar. In Basel Prof. für klass. Philologie, lebte meist in Sils-Maria u. Nizza; 1889 in Turin Ausbruch einer unheilbaren Geisteskrankheit. N.s aphoristisches Denken ist nicht in einem System faßbar, sondern zu verstehen aus seiner Not, denkend die Neugestaltung des Menschen aus der nihilistischen Gefahr der spätabendländ. Kultur vorbereiten zu müssen. Sein Leben u. Denken wird (vgl. die dreifache Verwandlung des Geistes zu Beginn des „Zarathustra") meist in 3 Perioden gesehen:
In der *ersten Periode,* unter dem Einfluß des Studiums der Antike, Schopenhauers u. R. Wagners, erfährt N. den Wesensgrund der Welt als Urwiderspruch des Dionysischen u. ↗ Apollinischen, der sich durch das Medium des *Genies* am reinsten offenbare in der Kunst, bes. in der Tragödie. Dieses tragische Weltverständnis sei in der abendländ. Geschichte verdunkelt worden schon durch Sokrates, seit dem das log.-rationale Denken die Instinktsicherheit u. den unmittelbaren Bezug zum tragischen Weltgrund erschütterte *(Die Geburt der Tragödie; Unzeitgemäße Betrachtungen).*
Die *zweite Periode* (nach dem Bruch mit R. Wagner [1878] u. der Befreiung von Schopenhauers Philosophie) bringt die anthropologische Wende. Nun wird die Psychologie zum destruktiven Instrument des *freien Geistes,* der in ironischer Distanz zur Welt u.

sich selbst alle Metaphysik, Religion, Moral u. Kunst mit ihrer Trennung von Erscheinung u. An-sich-Sein, d. h. allen „Idealismus" (Platonismus) als Hinterwäldlerei entlarven will. Alles „Jenseitige", inbegriffen in der Idee Gottes, ist nur die hinausgeworfene Dimension des Menschen, der so sich, sein Leben u. seine (diesseitige) Welt des besten Teils beraubt u. von seiner Zerrissenheit nur geheilt werden kann durch die Desillusionierung der überlieferten Illusionen: „Gott ist tot" *(Menschliches-Allzumenschliches; Morgenröte; Die fröhliche Wissenschaft).*

Die *dritte Periode* nimmt darüber hinaus die Grunderfahrung der 1. Periode in gewandelter Form wieder auf u. ordnet ihr den Entwicklungsgedanken des Lebens ein. Der dionys. Weltgrund als *Wille zur Macht,* d. h. zu seiner eigenen Steigerung, will seine höchste Erscheinung, den *Übermenschen,* zeugen, in dessen Dienst sich der bisherige Mensch durch Selbstzucht u. Züchtung stellen soll. Nach der Entwertung der überlieferten Werte ist so *Umwertung aller bisherigen Werte* nötig. Die bisherige (christl.) „Sklavenmoral" der „Schlechtweggekommenen" wird ersetzt durch die „Herrenmoral" der Vornehmen der Erde als Vorläufer des Übermenschen. Wenn, ohne Anfang u. Ende, ohne transzendentes Ziel, die Geschichte so selbst „ewig" verläuft, dann muß das unendliche Zukünftige das unendliche Vergangene zugleich schon gewesen sein. Diesen rätselhaften Gedanken der *ewigen Wiederkunft des Gleichen* hat N. selbst nie klar darzustellen vermocht. Eindeutig jedoch meinte er zu sehen, daß er mit seiner Umwertung der Werte seiner Zeit voraus war, daß der gegenwärtigen Geschichte die vollständige Vernichtung alles dessen, was bisher dem Leben Halt u. Sinn gab, erst bevorstehe als das abendländ. Schicksal des ↗ Nihilismus *(Also sprach Zarathustra; Jenseits von Gut u. Böse, Zur Genealogie der Moral; Die Götzendämmerung).*

N.s philosoph. Lehre, deren oberflächige Vieldeutigkeit Vergröberungen u. Umbiegungen begünstigte, wirkte ein auf die Entstehung eines antichristl. Irrationalismus, einer auf den allg. oder rassischen Biologismus gegründeten ↗ Lebensphilosophie u. einer totalitären Machttheorie. Sein geschichtlich bedeutsames Grundproblem aber ist immer noch Aufgabe einer philos. u. theolog. Auseinandersetzung.

Nihilismus (von lat. *nihil* = nichts), besagt allgemein, daß es mit Normativität u. Beständigkeit nichts ist, daß das Seiende, das Wirkliche, das Wahre, das Werthafte usw. entweder schon immer nichts waren oder doch jedenfalls gegenwärtig in Bedeutungslosigkeit sich auflösen. N. ist somit der Verlust eines sinn- u. haltgebenden (transzendenten) Grundes der Welt u. des geschichtlichen Lebens. Der N. kann sich zunächst durchaus auf ein einzelnes Gebiet beschränken (z. B. Religion oder Politik), tendiert aber zur Ausweitung in ein universales Welt- u. Selbstverhältnis.

Der Begriff wurde von *F. H. Jacobi* (1799) geprägt zur Kennzeichnung des Fichteschen Idealismus, insofern in diesem alles auf ein „Nichts" (das leere Ich) gegründet werde u. so im Grunde nichtig sei; dann von *F. v. Baader* verwendet als Bezeichnung für die Leugnung Gottes u. seiner Offenbarung. Er erreichte seine weite Verbreitung durch Turgenjew u. Dostojewski. Verschiedentlich auch zur Kennzeichnung von Skepsis u. absolutem Relativismus (z. B. Gorgias) verwendet, hat der Begriff N. philos. Bedeutung vor allem bei *Nietzsche*. Dieser sieht im N. den unaufhaltsamen geschichtlichen Vorgang der Entwertung der obersten Werte, die der lebensverneinenden Maßgabe der Schwachen u. „Schlechtweggekommenen" entstammen. Gegenüber dem *schwachen N.,* in dem das Leben im Erleiden des allg. Sinnzerfalles zusammenbricht, fordert Nietzsche den *starken N.,* in dem der Mensch aus dem „Willen zur Macht" als dem „lebensbejahenden Prinzip einer neuen Wertsetzung" heraus handelt angesichts der „ewigen Wiederkunft des Gleichen", die als „die extremste Form des N." die Sinnlosigkeit des Nichts ewig setzt. Im Rahmen einer Interpretation Nietzsches sucht *Heidegger* zu zeigen, daß die Metaphysik in ihrem Wesen N. ist, insofern sie nämlich (da das Sein in der Geschichte des Abendlandes „mit seinem Wesen, mit dem Unterschied zum Seienden, an sich hält") jenes Denken ist, das zwar das Seiende betrachtet, nicht aber das Sein selbst an ihm selbst bedenkt (Seinsvergessenheit), in dem es also „mit dem Sein selbst nichts ist". Die Verwindung der Seinsvergessenheit (u. damit der Metaphysik) würde so zugleich die Überwindung des N. bedeuten. Eine besondere Form des N. vertritt Sartre, demzufolge der Mensch als Fürsich-Sein in seiner absoluten u. doch endlichen Freiheit das „Nichten des Seins" vollzieht.

Nikolaus von Cues, *N. Chrypffs* oder *Krebs,* * 1401 Cues (lat. Cusa, daher auch N. Cusanus gen.) a. d. Mosel, † 1464 Todi (Umbrien). Seine Lehre, von Pythagoreismus, Neuplatonismus u. vor allem von der Mystik Dionysius Areopagitas u. Eckharts, andererseits von nominalistischen Gedanken beeinflußt, zeigt N. v. C. gegenüber dem Mittelalter als den ersten „modernen" Denker überhaupt u. „Begründer der deutschen Philosophie". Weil alles Begreifen des Verstandes *(ratio)* nur innerhalb des Endlichen durch dessen Entgegensetzung mit begrenzten Kategorien geschieht, ist Gott als der Unendliche, in dem alle Gegensätze zusammenfallen (↗Coincidentia oppositorum), eigentlich unbegreifbar u. nur durch die Vernunft *(intellectus)* an der Grenze des Denkens, wo dieses sein eigenes Unvermögen erfährt (↗Docta ignorantia), vernehmbar oder myst. schaubar in der Ekstase *(raptus mentalis)*. Sofern in Gott die Welt gründet, ist er deren *wirkliche Möglichkeit,* das „possest". Er ist die Welt unentfaltet, die Welt ist Gott entfaltet. Als solche nimmt sie teil an der Unendlichkeit Gottes u. ist wie dieser nur als Mysterium deutbar in mathemat. Symbolen. In ihr ist kein fester Ort, u. alle Bewegung bleibt deshalb relativ. Sie ist nicht nur unendlich im Großen (in Raum u. Zeit), sondern auch im unendlich „Kleinsten", das gleicherweise das Göttlich-Unendliche offenbart. Wenn auch Gott als absolut transzendenter nicht eindeutig erfaßbar u. deshalb keine Religion die absolute (Verhältnis zum Islam u. Judentum) ist, so ist doch Christus als Gottmensch der einzige Vermittler zwischen dem absolut Unendlichen u. dem unendlich Kleinsten.

Nikomachische Ethik, ethisches Hauptwerk des ↗Aristoteles, von seinem Sohn *Nikomachos* hrsg. u. in 10 Bücher eingeteilt. In ihr entwirft Aristoteles das Ideal der „mesotes": das rechte Handeln ist jenes, das die „goldene Mitte" hält zwischen den Extremen. Andere ethische Schriften des Aristoteles: Eudemische E. u. Große E.

Nishida, *Kitarô,* japan. Philosoph, Begründer der ↗Kyôto-Schule, * 1870 Unoke, † 1945 Kamakura. Seit 1910 Prof. in Kyôto. N.s Denken (Gesamtausgabe in 19 Bde., Tôkyô 1947ff., [4]1988) ist der erste weitreichende Versuch, fernöstliche, bes. buddhist. Denktraditionen in Anlehnung an die Begrifflichkeit u. Fragestellungen europäischer Philosophie zu klären u. neu zu interpretieren. Die Berühmtheit N.s in Japan beruht auf seinem ersten Werk *„Eine Untersuchung des Guten"* (Zen no kenkyû, 1911), in dem er aus der Erfahrung seiner Zenpraxis u. unter dem Einfluß von W. James u. H. Bergson die ursprüngl. Weise, in der Wirklichkeit ist, als „reine Erfahrung" beschreibt. „Reine

Erfahrung" ist der allen Differenzierungen vorausgehende, sich jeder Vergegenständlichung entziehende Bewußtseinszustand eines Selbst, in dem dieses noch nicht in ein Außen (Objekt) u. Innen (Subjekt) geschieden ist u. ganz in der Wirklichkeit u. diese mit ihm aufgeht. Diesen noch bewußtseinsphilos. geprägten Gedanken entwickelt N. weiter zum Gedanken des „Ortes" (basho) Mitte der 30er Jahre, als N. veranlaßt durch die Kritik seines Schülers H. Tanabe u. marxist. Strömungen sich in einer „Kehre" von der Frage nach dem Selbst- u. Wirklichkeitsgewahren des individuellen Selbst ab- u. der Frage nach der Welt zuwendet. Die geschichtl. Welt denkt N. als den Ort, der das „Gegeneinander" aller Differenzen der gestalteten Wirklichkeit ermöglicht u. daher selbst nicht mehr durch eine Differenz bestimmt sein kann; das Umfassende aller Wirklichkeit ist kein bestimmtes Wirkliches, sondern gestaltloses u. unbestimmbares „absolutes Nichts" (zettai mu). Die Wirklichkeit im Ganzen gründet nicht in einem als seiend aussagbaren, substanzhaften Grund. Als eine „orthafte Selbstbestimmung des absoluten Nichts" ist sie eine „Gestalt des Gestaltlosen" bzw. „Bestimmung ohne Bestimmendes". Diese Selbstbestimmung faßt N. näherhin als das Sicheinandergestalten von unzähligen Einzelnen, die sich im Ort des absoluten Nichts in „diskontinuierlicher Kontinuität" gegenseitig bestimmen, ohne in bloß differente, beziehungslose Einzelne auseinanderzufallen oder in eine letzte identische Einheit versammelt werden zu können. Als Selbstbestimmung des absoluten Nichts, d. h. als ein in dem durch das absolute Nichts vermittelten wechselseitigen Bestimmungs- u. Gestaltungsgeschehen zustande Gekommenes existiert alles Seiende „absolut widersprüchlich selbstidentisch"; vermittelt durch „Nichts" ist es absolut verneint u. bejaht zugleich u. befindet sich in dauernder „Bewegung von einem Gebildeten zu einem Bildenden". Der Mensch realisiert diese Geschehensstruktur der geschichtlichen Welt als „handelndes Selbst" in der „handelnden Anschauung" (kôiteki chokkan), in der er zugleich gestaltendes Subjekt u. gestaltetes Objekt des Weltgeschehens ist.

Trotz der Verwurzelung von N.s Denken in der buddhist. Tradition zeigt sich diese Herkunft in der Sprachgestalt seines Werkes, das ganz der Begrifflichkeit traditioneller europäischer ⌐Philosophie verpflichtet ist, kaum. In N.s Denken kreuzen sich so abendländ. Philosophie u. ostasiatisches Denken; es vergegenwärtigt u. bezeugt Notwendigkeit wie Möglichkeit einer

Neugestaltung fernöstlicher Denktraditionen angesichts der durchgreifenden Verwestlichung der Welt. N.s Aufweis der „Ortlogik" des absoluten Nichts als der „konkreten Logik" aller Wirklichkeit impliziert eine radikale Kritik der Ontologik europäischer Metaphysik, die N. als vergegenständlichende Abstraktion des Wirklichkeitsgeschehens aufdeckt; obwohl keine direkte Einflußnahme vorliegt, lassen sich zahlreiche Konvergenzen zwischen N.s Denken u. den Motiven u. Tendenzen moderner europäischer Selbstkritik des metaphys. Denkens ausmachen. ↗Ostasiatisches Denken.

Nishitani, *Keiji,* japan. Philosoph, * 1900, Schüler von K. Nishida, 1937–39 Studienaufenthalt bei M. Heidegger in Freiburg, seit 1935 Prof. in Kyôto (↗Kyôto-Schule). N. entwickelt Nishidas Gedanken des „absoluten Nichts" in phänomenolog. Konkretisierung weiter, indem er in Interpretationen buddhist. u. abendländisch-christl. Denkens die „Leere" als das Selbst des Menschen u. der Wirklichkeit aufweist u. den Gedanken der Leere im geschichtlichen Horizont des europäischen Nihilismus als eine Möglichkeit der Überwindung desselben entfaltet. ↗Ostasiatisches Denken.

Noesis (von griech. *noein* = denken), Denken, Erkennen in seinem aktuellen Vollzug. *N. noeseos* (Aristoteles) ist das Sich-selbst-Denken des Denkens als absoluter (göttl.) Geist.

Noetik (griech.), die Denk- bzw. Erkenntnislehre.

Nominalismus, philos. Richtung, nach der den allg. Begriffen des Denkens kein Allgemeines im Sein selbst entspricht, das Allgemeine vielmehr nur die Zusammenstellung der Ähnlichkeiten von Dingen im Bewußtsein ist u. der Begriff selbst zur bloßen Sammel-Bezeichnung (nomen = Namen) wird. Den Begriffen fehlt die Möglichkeit, im Vorgriff auf die Dinge deren wesentliche u. unwesentliche Merkmale zu trennen. Damit kann jede der Eigenschaften in der individuellen Eigenschaftsmannigfaltigkeit am Einzelding bedeutsam werden. Nur diese Einzeldinge sind wirklich im eigentlichen Sinn. Erkenntnis fällt damit mit empirischer Erfahrung zusammen; dies wurde zur Initiative für die Entfaltung der experimentellen Naturwissenschaften.
Nach antiken Vorläufern eigentlich begründet im 11. Jh. durch Roscellin (Universalienstreit, ↗Universalien). In der Neuzeit

wird der N. zu ↗Sensualismus u. ↗Empirismus. Verwandt mit
dem N. ist der ↗Konzeptualismus des Spät-Mittelalters (Ockham).

Nomos (griech.), Setzung, Brauch, positives Recht; bezeichnete
zunächst noch *(Heraklit)* die gesetzmäßige Ordnung der Natur
(↗Physis); im Anschluß an Leukipp, Demokrit u. Empedokles
bildete aber dann die *Sophistik* (vor allem Hippias u. Antiphon)
den scharfen Gegensatz N. – Physis aus: der N. (die dem Wechsel unterworfene Konvention u. das je anders gesetzte Recht)
wird als Tyrann angesehen, der den Menschen zu vielem Natur-
widrigen zwingt, ihn von der Natur, von den Mitmenschen, von
sich selbst entfremdet. Das wahrhaft geltende Recht vielmehr ist
demgegenüber allein das ewige u. unveränderlich gültige Recht
„von Natur" (u. damit das Recht des Stärkeren; Gorgias). *Platon*
gewann demgegenüber dem N. seine Dignität zurück, indem er
die sophist.-politische Antithese ontologisch unterlief: nicht nur
der N. ist hervorgebracht (vom denkenden Menschen), sondern
auch der Kosmos, die Physis selbst ist „technisches" Werk einer
Hervorbringung (durch den göttl. Demiurgen), hat also selbst
im Grunde N.-Charakter. *Aristoteles* stellt das Naturrecht zwar
höher als das positive Recht, betont jedoch, daß das in einem
Staat gültige Recht stets teils natürliches, teils gesetztes Recht
ist.

Norm (lat.), die in der Natur des Denkens (logische N.en),
Wahrnehmens (ästhetische N.en) u. Handelns (sittliche N.en,
↗Ethik) liegenden apriorischen Strukturen („Gesetze"), deren
Beachtung Voraussetzung ist für angemessenes, d. h. richtiges u.
wahres Denken, Wahrnehmen u. (sittliches) Handeln. Logik,
Ästhetik u. Ethik werden deshalb als die normativen Disziplinen
der Philosophie bezeichnet. Im Unterschied zu den Naturgeset-
zen, die sich kausal auswirken, sind N.en Gesetze für die ↗Frei-
heit. Die Wertphilosophie suchte sie als nicht-seiende, aber
sein-sollende ↗Werte auszulegen. Gegen das „kraftlose Sollen"
(so schon Hegel) ist jedoch daran festzuhalten, daß die N.en
nicht als „Werte" in ein abstraktes Reich des Sollens, sondern als
selbst konkreter Maßstab des Konkreten zur Wirklichkeit gehören. (Von da aus verdient die Frage Interesse, ob z. B. im Bereich
des sittlichen Handelns nicht eine gewisse Dynamik der sittlichen N.en im Sinne eines *N.en-Zuwachses* möglich sei.) Der
↗Positivismus bestreitet den apriorischen Charakter von N.en u.

relativiert sie zum „Normalen" als dem Durchschnittlichen einer Vielfalt des Tatsächlichen.

Notwendigkeit, eine der (Seins-)↗Modalitäten; kennzeichnet dasjenige, was nicht bzw. nicht anders sein kann, als es ist. N. im strengsten Sinn kommt allein Gott als demjenigen Seienden zu, dessen Wesen sein Dasein impliziert (so bis vor Kant). Gegenüber dieser inneren, wesensmäßigen N. wird meist noch eine äußere anerkannt, die N. aufgrund eines Verursachtwerdens durch ein anderes. Während *Hume* alle N. als bloß subjektives Assoziationsprodukt auflöst, faßt *Kant* N. als eine nur Gegenstände u. deren Erfahrung allererst ermöglichende Modalitätskategorie. Für *Hegel* ist alles Wirkliche notwendig, ist die N. (als absolute innere N. des systematisch-geschichtlichen Vermittlungsprozesses) die „wahrhafte Wirklichkeit". Gegen diese Verbindung von N. u. (historischer) Wirklichkeit opponierte aufs entschiedenste Kierkegaard.

Noumenon (griech., das Gedachte), im Gegensatz zum Sinnlich-Anschaubaren (↗Erscheinung) der ↗intelligible Gegenstand, bei Platon die ↗Idee, bei Kant das ↗Ding an sich.

Nous (griech.), ↗Geist, Vernunft; bei *Anaximander* das ordnende Prinzip der Welt, dem Unendlichkeit, Einfachheit, Selbständigkeit (Unvermischtheit mit anderem) zugesprochen werden; bei *Artistoteles* zum einen in seiner höchsten Weise das göttliche Sichselbstdenken des Denkens (noesis noeseos), zum andern das Vernehmen des Ganzen u. das vorgreifende Gerichtetsein auf alles; es ist das einzig Ewige in der sterblichen Seele des Menschen (ähnlich schon bei Platon), kommt aber nach Aristoteles „von außen" in die Seele.

O

Objekt (von lat. *obiectum* = das Entgegengeworfene), der ↗Gegenstand, auf den sich ein ↗Subjekt in seinen Akten richtet. In der mittelalterl. Philosophie dagegen bedeutete Subjekt jedes Seiende, das in sich selbst besteht (↗Substanz) u. O. nur das im Akt der Vorstellung Vorgestellte. Der Bedeutungswandel erfolgte nach Descartes. Bei Kant ist das transzendentale O. als Korrelat zur Einheit der transzendentalen Apperzeption der quasi-„gegenständliche" (aber nicht erkennbare, sondern bloß denkbare) Einheitspunkt für die Synthetisierung des Mannigfaltigen, in einer sinnlichen Anschauung Gegebenen, zu einem Gegenstand.

objektiv (lat.; Hauptwort: Objektivität), eigentlich gegenständlich, zum Objekt als solchem gehörig u. jedem Subjekt in gleicher Weise entgegenstehend; daher sachlich allgemeingültig. O.e *Erkenntnis* ist die vom empir. Subjekt u. seiner persönl. Veranlagung unabhängige, nur auf das allgemeine Subjekt als solches bezogene u. deshalb von jedem nachprüfbare, „wahre" (gewisse) Erkenntnis.

Objektiver Geist, in ↗Hegels Philosophie die absolute Idee oder Vernunft, sofern sie sich im Recht, in der Moralität u. der Sittlichkeit darstellt u. sich im Verlauf der Weltgeschichte als Weltgeist verwirklicht. Nach Hegel in der Kulturphilosophie u. geisteswissenschaftl. Psychologie häufig verstanden als der Gesamtgeist einer Kultur, insofern er sich in Werken u. ↗Institutionen „objektiviert".

Ockham, Occam, *Wilhelm von,* spätscholast. Philosoph u. Theologe, * um 1285 Ockham (engl. Grafschaft Surrey), † 1349 München. Minorit, Begründer des späteren Nominalismus oder Ockhamismus, auch Konzeptualismus gen. Dieser anerkennt nur das Einzelwirkliche als realseiend, während das Allgemeine als Begriff des Geistes (nicht nur als Name wie nach dem früheren Nominalismus, aber doch nur als fictum oder, so der spätere O., als abstractum) existiert. Bedeutsam für die Logik ist seine

218

Suppositionstheorie u. für die Wissenschaftstheorie seine Betonung der Induktion gegenüber der Deduktion.

O.sches Rasiermesser, das W.v.O. zugeschriebene Ökonomie- oder Sparsamkeitsprinzip in der Methodologie der Wissenschaften („Eine Vielfältigkeit ist nicht anzusetzen ohne Notwendigkeit").

Okkasionalismus (von lat. *occasio* = Gelegenheit), aus der Leib-Seele-Problematik des Descartes hervorgegangene, von Geulincx u. Malebranche begründete philos. Lehre: im Ursache-Wirkungs-Geschehen wirken nicht die Dinge selbst aufeinander, sie sind vielmehr nur die Werkzeuge bzw. die Bedingungen des alleinigen göttlichen Wirkens.

ontisch (griech. *on* = das Seiende), seiend. Im Unterschied zum *Ontologischen* als dem Seiendes in seiner Seiendheit begründenden allg. ↗Wesen u. ↗Sein (vgl. ↗Ontologie) ist das O.e das tatsächlich Seiende, dem darin u. a. Individualität, gegebenenfalls Raum-Zeitlichkeit usw. zugesprochen ist nach Maßgabe der jeweiligen Bestimmung von Tatsächlichkeit. Diese gründet (als ontologisches Problem) ihrerseits in der Auslegung des Sinnes von Sein, worin entschieden ist, was dem O.en zukommen muß, damit es als Tatsächliches soll gelten können. Zum Unterschied von o. u. ontologisch vgl. ↗ontologische Differenz.

Ontologie (griech.), „Seinslehre", d. h. *Lehre vom Seienden, sofern es ist,* die Grunddisziplin der metaphys. Philos. schlechthin (↗Metaphysik).
Der Sache nach geht sie auf die „erste Philosophie" des Aristoteles zurück, eine von diesem erstmals konzipierte Wissenschaftsaufgabe. Sie sieht Seiendes (Ontisches) nicht unter einer bestimmten Hinsicht (z. B. technischer Verwendbarkeit), sondern will es an ihm selbst in den Blick bringen u. daraufhin betrachten, was ihm als solchem zukommt, in seiner Seiendheit, d. h. im umfassendsten Horizont des ↗Seins. Damit überwindet dieses Wissen jede besondere Bezüglichkeit u. Interessiertheit u. wird, davon losgelöst, „absolut": O. ist reine, sich selbst genügende Betrachtung, ↗Theorie im ausgezeichneten Sinn. Die ontologische Frage nach dem Seienden im Sein ist sowohl die leerste, weil allgemeinste, als auch die umfassendste, weil auf die unbeschränkte Totalität gehend. In Frage stehen die ersten

Gründe des Seienden (↗Dasein, ↗Wesen, ↗Kategorien; ↗Grund), sein Möglichsein u. Wirklichsein u. seine alle Unterteilungen übersteigenden allgemeinsten Seinsbestimmungen (↗Transzendentalien). O. zielt so auf das, was allem Ontischen seinsermöglichend zugrunde liegt (↗Substanz), u. auf die Ordnung der Weisen, in denen sich das Sein dem Seienden vermittelt.

Bei *Aristoteles* ist O. verbunden mit der Betrachtung des höchsten Seienden, des „Göttlichen" (Theion), u. die Einheit beider Betrachtungsweisen (der ontolog. u. der theologischen) erst macht die Eigenart seiner „ersten Philosophie" aus, die später ↗Metaphysik genannt wurde. Da nämlich in der Betrachtung des Seienden, sofern es ist, dieses (weil es nicht in einer beschränkten Beziehung betrachtet wird) sich notwendig gerade in seiner Stellung im Ganzen des Seienden zeigt, das Ganze des Seienden aber vom höchsten Seienden her u. auf es hingeordnet ist, deshalb sind die ontolog. u. theolog. Betrachtung innerlich aufeinander hingeordnet u. voneinander nicht lösbar.

Der Name O. taucht allerdings erst zu Beginn des 17. Jh. auf (Goclenius, Lexic. philos. [1613]; Clauberg, Ontosophia sive ontologia [1656]). Seit *Chr. Wolff* wird die O. „metaphysica generalis" genannt als der grundlegende erste Teil der Metaphsyik. Sie wird dabei von der natürl. (oder philos.) Theologie getrennt, die eine der 3 Disziplinen der „metaphysica specialis" ist.

Kant ersetzt die O. durch die „Transzendentalphilosophie": die Lehre von den Bedingungen möglicher Gegenständlichkeit der Gegenstände tritt an die Stelle der Lehre von der Seiendheit alles Seienden. Nach Kant verschwindet der Terminus O. fast völlig aus der modernen Philos.; nur in der Neuscholastik wurde diese Disziplin weitergeführt. Das Verdienst, ihn wieder rehabilitiert zu haben, gebührt *E. Husserl.* Dieser unterscheidet die universale, formale O. von der regionalen, eidetischen. Die letztere beschreibt die materiale Wesensverfassung eines bestimmten Sachbereichs (Region) innerhalb der Welt, die erstere die formale Weltlichkeit alles Seienden. Im Werk *N. Hartmanns* steht diese beschreibende regionale O. sowie die Beschreibung der Schichtungsverhältnisse der einzelnen Regionen zueinander im Vordergrund. *M. Heidegger* wirft der überlieferten O. wie aller Metaphysik „Seinsvergessenheit" vor: sie sei ontisch u. nicht ontologisch, d. h. sie bedenke Sein allein in dessen Gründungsfunktion für Seiendes, also nur von diesem her, nicht aber an ihm selbst. Indem aus dem Gesamtfeld des Seienden jeweils eines in den Blick genommen wird u. dessen Verfaßtheit für Seiendheit schlechthin steht, ohne daß der vielfältige Sinn von Anwesend-sein-Können überhaupt bedacht wird, steht klassische O. in verborgenen Vorentscheidungen, die ihrer Leitfrage nach dem Sein schon eine bestimmte Prägung geben. So ist für Heidegger (in „Sein u. Zeit") eine vorrangige Aufgabe die Destruktion, d. h. der Abbau aller klassischen O. u. deren neue Grundlegung in einer Fundamentalontologie, deren Endabsicht nicht die Explikation der Gegliedertheit des Seienden, sondern der des Seinsverständnisses ist.

In der östlich-marxistischen Philosophie beginnt O. sich als neutraler Titel für die dem Seienden zukommenden allgemeinen Konstituentien u. Relationen einzubürgern.

Ontologische Differenz, von Heidegger eingeführter philos. Begriff für den Unterschied des Seins zu dem in ihm ermöglichten Wesen u. Seienden. Nach Heidegger ist die Metaphysik zwar aus der o. D. bestimmt, hat diese jedoch nicht eigens bedacht u. offengehalten. Das Sein sei stets nur vom Seienden aus verstanden u. so für dieses funktionalisiert, nie aber „als es selbst" in seiner D. zum Seienden entfaltet worden.

Ontologismus (griech.-lat.), Lehre, daß Gott als das seinsmäßige Erste *(primum ontologicum)* auch das Ersterkannte sei *(primum intellectum).* Nach dem O., der Sein einfachhin u. absolutes Sein gleichsetzt, wird Gott erkannt durch eine intuitive Idee des Verstandes als Urbild aller Ideen u. in ihm als dem natürl. Licht der Vernunft erst alles Endliche. Im kath. Denken des 19. Jh. war der O. bis zur kirchlichen Verurteilung (bes. 1852, 1861) weit verbreitet. Anknüpfend an Malebranche, vertraten ihn u. a. Gioberti in Italien, Laforêt u. Ubaghs in Belgien, J. Fabre u. Branchereau in Frankreich; eine Nähe zum O. zeigt Rosmini. Die Verurteilung des O. war vor allem in der Gefahr des Pantheismus begründet.

Optimismus (von lat. *optimum* = das Beste), jene Grundhaltung gegenüber der Welt, die das Vorhandene u. seine Tendenzen bejaht, so in jeder konkreten Situation eine positive Möglichkeit sieht u. sie entsprechend ergreift. Vertreter eines *ontologischen* O. ist insbes. Leibniz, der in seiner ↗ Theodizee unsere Welt als die beste aller möglichen Welten bestimmt; auch Hegels Philosophie ist grundsätzlich optimistisch, da er die Weltgeschichte als sich ständig steigernde Selbstverwirklichung der Vernunft bestimmt. Der *moralische* O. Platons beruht auf der Anschauung, daß das sittlich Verwerfliche letztlich auf einer mangelhaften Erkenntnis des Guten beruhe, da kein Mensch ein für ihn Schlechtes wollen könne. – Alle Fortschrittsphilosophie ist im Grundzug optimistisch.

Ordnung (lat. *ordo,* griech. *kósmos*), allg. eine Einheit, zu der mehrere Glieder nach einer Regel zusammengefügt (in ein Verhältnis zueinander gebracht) sind. Formal läßt sich O. z. B. nach Offenheit (von sich her prinzipiell nicht abschließbare O.) oder Geschlossenheit (ganzheitliche O.) oder nach Regionalität (nur einen Teil alles Seienden erfassende O.) oder Universalität (das Insgesamt des Seienden umspannende O.) unterscheiden, material nach naturhafter Vorgegebenheit oder (in der Neuzeit meist einseitig als Leistung menschlicher Subjektivität angesehener) geschichtlicher Gesetztheit der jeweiligen O. Ein u. dasselbe Seiende kann in sehr verschiedenen O.en stehen, wobei dann insbes. das Verhältnis dieser O.en selbst zueinander zum Problem wird. Insofern jedes Seiende als solches bereits in einer O. steht, nämlich in der allumfassenden O. des Seins (↗Logos), weist es schon infolge dieser seiner allgemeinsten Bestimmung den Grundzug der Ordinabilität, d. h. insbes. (insofern O. relationale Einheit ist) der Relationalität auf. Das ist die notwendige ontolog. Bedingung dafür, daß dieses Seiende auch noch in weitere, bestimmtere O.en eintreten kann. So gründet, ontologisch gesehen, letztlich jede einzelne O. ihrer Möglichkeit nach in der allgemeinsten u. Erst-O. des Seins. Besonders deutlich sichtbar ist der alle O. kennzeichnende Grundzug der Relationalität eines jeden Seienden in der Transzendentalienlehre des vom Ordo-Denken stärkstens geprägten Mittelalters.

Origenes aus Alexandrien, der bedeutendste der griech. Kirchenväter, etwa 185–254 nC. Schüler des ↗Clemens Alexandrinus, Leiter der Katechetenschule in Alexandrien, 232 Gründung einer eigenen Schule in Caesarea am Meer. Sein Versuch, die griech. (insbes. platonische u. neuplaton.) Philosophie zur allegorischen Bibelauslegung heranzuziehen, wurde geschichtlich wichtig, brachte ihm jedoch von seiten der Orthodoxie den Vorwurf der Ketzerei u. den Tod durch Folterung. O. unterscheidet 1) den wörtlichen (somatischen), 2) den moralischen (psychischen) u. 3) den allegorisch-mystischen (pneumatischen) Schriftsinn.

Ortega y Gasset, José, span. Kulturphilosoph u. Soziologe, * 1883 Madrid; † 1955 ebd. Studierte in Deutschland, 1911 Prof. in Madrid, mehrmals als republikan. Politiker hervorgetreten. Angeregt durch Hegel, Nietzsche, Dilthey, Scheler u. den Neukantianismus, will O. die abstrakten, rationalist.-technischen Zeitströmungen einerseits u. die vitalist.-biologist. Tendenzen mit ihren totalitären Auswüchsen andererseits überwinden durch seine Lehre von der „lebendigen Vernunft". Als zugleich historische Vernunft besitzt diese weder die absolute Wahrheit, noch verfällt sie dem Relativismus, vielmehr sucht sie, in der Anerkennung der Eigenartigkeit einer jeden Epoche u. ihrer jeweiligen Aufgabe (Perspektivismus), die Forderungen der eigenen Gegenwart zu erkennen u. im scheinbar Sinnlosen den Sinn zu erblicken, dessen volle Verwirklichung freilich dem Menschen als einem „utopischen Wesen" nicht möglich ist.

Ostasiatisches Denken, Sammelbezeichnung für die im geograph. Raum China, Korea, Japan lokalisierbaren Denktraditionen, insbes. des Konfuzianismus, Buddhismus u. Taoismus. Die ungeheure Vielfalt der geschichtl. u. kulturbedingten Entfaltungen dieser Traditionen sowie ihrer Wechselbeziehungen ist kaum erforscht. Das wachsende europäische Interesse am o. D. entspringt der Einsicht in die Herkunft gegenwärtiger technisch-wissenschaftl. Zivilisation u. ihrer Probleme aus der Traditionsgeschichte europäischer Philosophie u. der Hoffnung, in der Begegnung mit dem o. D. zu einer Klärung bzw. Korrektur des eigenen Standortes zu gelangen. Im Unterschied zum dichotomisch geprägten europäischen Denken (Theorie-Praxis, Idealität-Realität, Subjekt-Objekt usw.) u. seiner zergliedernden, identifizierenden u. vergegenständlichenden Vorgehensweise erscheint das o. D. als ein eher ganzheitliches, Differentes seinlassendes, mehr aufweisendes als begreifendes u. begründendes Denken. Auf die das o. D. fundierenden Wirklichkeitserfahrungen deutet z. B. das buddhist. Grundwort „Leere" (chin. *kong,* korean. *gong,* japan. *kû),* das die ursprüngl. Struktur alles Wirklichen als abgründige Offenheit, die, weil sie selbst nichts ist, erst alles sein läßt, erinnert. Das konfuzian. Grundwort „Sittlichkeit" *(jen/in/jin)* thematisiert den Menschen in seiner sozialen Eingelassenheit u. den sich daraus ergebenden Verpflichtungsstrukturen. Das Wort „Tao" *(dao/do/dô)* weist auf die eigenursprüngl. Harmonie u. Spontaneität aller selbstbelassenen Wirklichkeit, die es durch Verzicht auf willentliches Handeln zu realisieren gilt. Ein Verständnis des o. D. als eines bloßen Gegensatzes zur europäischen Substanz-, Subjekts-, u. Geschichtsmetaphysik läuft jedoch Gefahr, dieses als das bloß Andere der europäischen Tradition zu begreifen u. so einem Gespräch mit der Möglichkeit einer In-Fragestellung der Verfaßtheit europäischen Denkens auszuweichen. ↗Kyôto-Schule.

Otto, *Rudolf,* Religionsphilosoph u. prot. Theologe, * 1869 Peine, † 1937 Marburg. Von großem Einfluß auf die neuere Religionsphilosophie u. philos. Mythologie. O. sieht das Wesen der Religion in ihrem Bezug auf „das Heilige", das, über das Nur-Sittliche u. Rationale hinausreichend, den Menschen als „Numinoses" erschreckt u. zugleich erhebt.

P

Palingenes(i)e (von griech. *pálin* = wieder u. *génesis* = Entstehung), die Wiederherstellung, Wiederkehr des Gewesenen (der Welt bzw. der Seele); ein in mannigfachen Formen auftretender Gedanke, so bei Heraklit u. den Stoikern die Erneuerung der Welt nach ihrer Auslöschung, bei den Pythagoreern, Platon u. im Neuplatonismus die Wiederkehr der Seele (Seelenwanderung), bei Origenes die endzeitliche Wiederherstellung der ganzen Schöpfung in ihrer urzeitlichen Einheit mit Gott (Apokatastasis), bei Nietzsche die ewige Wiederkunft des Gleichen.

Panaitios von Rhodos, ca. 185–110 vC. Begründer der sog. mittleren Stoa, Lehrer Ciceros; gibt das altstoische Ideal der ↗Apathie auf, berücksichtigt mehr das Gemeinschaftlich-Politische u. gelangt zu einer positiveren Einschätzung der äußeren Güter u. der Lust. Vermittelt die Stoa an Rom. P. ist der Schöpfer des Begriffs „humanitas".

Panentheismus (griech.), „All-in-Gott-Lehre", von K. C. F. Krause eingeführter Begriff, der eine Verschmelzung von Theismus u. Pantheismus leisten sollte. Danach ist die Welt in Gott, aber Gott zugleich mehr als die Welt.

Panlogismus (griech.), „Allvernunftlehre", die Anschauung, wonach der eigentliche Weltgrund die „Vernunft" sei u. die Welt ihre im dialektischen Prozeß entfaltete (= verwirklichte) Darstellung. Insbes. bei Hegel ist alles Seiende so nur Teilmoment dieser Selbstentfaltung bzw. jeweils eine Stufe in der Entwicklung zum Selbst-Begriff der Vernunft.

Panpsychismus (griech.), „Allbeseeltheitslehre", die Anschauung, daß alles Seiende „beseelt" sei; gipfelt in der Annahme einer unpersönlich-überpersönlichen Weltseele als Bewegungsprinzip des ganzen Weltgeschehens. Einen philos. P. vertraten bes. Spinoza, Schelling u. Fechner. – Der Begriff P. wurde im Anschluß an F. Patrizzi geprägt (Panpsychia, 1593).

panta rhei (griech., alles fließt), spätere populäre Formel für ↗ Heraklits philos. Grundauffassung von der Welt, der Wechsel sei das eigentlich Bleibende.

Pantheismus (griech.), „Allgottlehre", die Anschauung, die nur *eine* Art des Wirklichseins anerkennt (↗ Monismus) u. die Wirklichkeit im ganzen, die Welt, mit Gott, dem absoluten Sein, identifiziert. Indem der P. so nur eine, nämlich die göttl. Substanz annimmt, bestreitet er (im Gegensatz zum Theismus) die ↗ Transzendenz (u. auch die Personalität) Gottes u. die Selbständigkeit anderer (endlicher) Substanzen. Das endliche Seiende ist nur Erscheinungsweise u. Bestimmung (Modus) des Absoluten. Gott verhält sich zur Welt wie der Mensch zu seinen Eigenschaften, d. h., die Welt „folgt" notwendig aus Gottes Wesen. Da Gott als allgemeines Weltgrundwesen „natura naturans", als Inbegriff der endlichen Dinge „natura naturata" ist, ist der Unterschied zwischen absolutem u. endlich-geschöpflichem Sein aufgehoben.
Formen des P.: 1) der *statische P.* (Spinoza) beruht auf der Gleichsetzung des Verhältnisses von Ursache u. Wirkung (Kausalität) mit dem von Grund u. Folge. Die Welt ist die Erscheinung Gottes. Sofern die uns bekannte Welt nur eine der unendlich vielen Darstellungsweisen Gottes ist, wird hier auch von ↗ *Panentheismus* gesprochen. 2) Der *emanatistische P.* (Neuplatonismus, Scotus Eriugena) begreift die Welt als den stufenweise ins Besondere entfalteten Gott *(deus explicitus)*. Sofern der Prozeß dieser Entfaltung in der Abstufung der log. Allgemeinheit gedacht wird, heißt dieser P. auch *logischer P.* 3) Der *evolutionistische P.* (Fichte, Schelling, Hegel, Schopenhauer, der späte Scheler) lehrt, daß Gott sich im dialekt. Weltprozeß selbst erst verwirklicht u. durch den menschl. Geist zum Selbstbewußtsein kommt (↗ Panlogismus). – Gegenüber diesen mehr theomonist. Formen des P. setzt der ↗ Panpsychismus an die Stelle Gottes die sog. Weltseele; der *physiomonist. P.* im eigentlichen Sinn (Ostwald, Haeckel, Taine) leugnet die Existenz eines übereinzelnen Wesens überhaupt u. stellt so einen materialist. Atheismus dar.

Paradoxie (griech., Gegenmeinung), das dem gewohnten Vorstellen u. Meinen Entgegenlaufende, das als widersinnig Erscheinende. In der Logik eine Aussage, die sowohl wahr als auch falsch ist. Formale P. in der Mengenlehre (so vor allem das Russellsche Paradox) führte zur Weiterentwicklung der mathemat.

Logik. – In der modernen Theologie ist das Paradoxe seit Pascal u. Kierkegaard bedeutsam geworden als Möglichkeit der Präsenz des Absoluten in endlicher Erfahrung; die P. darf hier – gegen Hegel – nicht als begrifflich-dialektisch aufzulösender Widerspruch gedacht werden, sondern als in ihrem Charakter zu bewahrende u. den Erfahrenden betreffender, die Endlichkeit sprengender Aufbruch durch das Unendliche.

Paradigma (griech. = Ur-, Vor-, beispielhaftes Bild), von Th. S. ⤤Kuhn in die philos. Diskussion gebrachter Begriff, der zunächst für die (Natur-)wissenschaften klären sollte, 1. daß jede wissenschaftl. Forschung geleitet ist von einer Grundvorstellung (Muster, Modell) ihres Gegenstandsbereichs (z. B. von einer bestimmten Vorstellung dessen, was überhaupt „Natur" sei), die den Fragestellungen u. Antwortmöglichkeiten der betreffenden Wissenschaft entspricht, welche dann in ihrem Fortgang diese P. „ausfüllt"; 2. daß durch die Entdeckung von Abweichungen (Anomalien), die nicht in dieses Bild passen, die Wissenschaft zur Bildung eines neuen P. genötigt wird, von dem her auch die früher schon gewonnenen wissenschaftl. Erkenntniszusammenhänge um- u. neu zu ordnen sind; 3. daß also die Geschichte der Wissenschaften nicht einen durchwegs kontinuierlichen Prozeß darstellen, sondern auch diskontinuierlich, von Zeit zu Zeit durch „wissenschaftliche Revolutionen" der paradigmatischen Rahmenvorstellungen hindurch vor sich geht, so daß sie lesbar wird als *Paradigmengeschichte* („Paradigmawechsel"). – Über die Naturwissenschaftsgeschichte hinaus hat diese Auffassungs- u. Redeweise Eingang gefunden in die Betrachtung der Geschichte der Geisteswissenschaften u. allg. der Kulturgeschichte (epochale Umbrüche der Wertvorstellungen, der Weltbilder, der Lebenssinnverständnisse u. Lebensführungen usw.).

Parmenides aus Elea (Unteritalien), griech. Philosoph um 540–470 vC. Der bedeutendste der ⤤Eleaten. Erhalten sind nur Bruchstücke seines Lehrgedichts „Über die Natur" (peri physeos). Die Göttin Dike zeigt ihm, der mit einem Rossegespann auf der Suche nach der Wahrheit ist, zwei Wege: den der Wahrheit (aletheia) u. den der (fälschlichen) Meinung (doxa): der Wahrheitsweg liegt in der Erkenntnis, daß „Sein" ist u. „Nichtsein" nicht ist, der Weg der Meinung in der Anerkenntnis der Notwendigkeit des Nichtseins. Denken u. Sein sind identisch; das Sein (das das eigentlich Seiende ist – P. denkt noch nicht die

↗ontologische Differenz) ist „ungeboren", „unvergänglich",
„unerschütterlich" u. „Eins" (hen). Werden u. Vergehen fallen
ins Nichtsein, das es nicht wahrhaft gibt. So liegt der Sinn des
Seins u. des Seienden in der sich ewig gleichbleibenden Anwesenheit, alles andere ist Täuschung. Verhältnis zu ↗Heraklit vgl.
dort.

Partizipation (lat.; griech. *méthexis*), Teilhabe, Teilnahme; bezeichnet bei *Platon* das Abbild-Urbild-Verhältnis des Einzelseienden zu der in ihm aufscheinenden Idee, die allein ihm
durch seine Teilhabe an ihr relatives Sein, relative Beständigkeit
verleiht. Diese platonische Vorstellung der P. als Überbrückung
des ↗Chorismos nimmt im Neuplatonismus stärker emanatistische Züge an. *Augustinus* stellt vor allem die Erkenntnisseite dieses Seinsverhältnisses heraus: unsere Erkenntnis ist P. an der
Sicht der ewigen Wesenheiten im Geist Gottes. Als Zentralbegriff der *thomistischen Philosophie*, deren grundlegendes Denkschema sie ist, besagt P., daß alles endliche vergängliche Seiende
nur ist, insofern es teilhat am unendlichen ewigen Sein Gottes.
Es ist aufgrund der *participatio quaedam infiniti* (= gewisse Teilhabe am Unendlichen) eine beschränkte Verwirklichungs-, Voll-
zugs-, Gegenwartsweise der unbeschränkten Seinsvollkommen-
heit. Daneben kennt Thomas von Aquin auch die *participatio ex
nihilo* (= Teilhabe am Nichts), die Teilhabe eines jeden sinn-
lich-endlichen Seienden am Nichts der ersten Materie, woraus
seine Hinfälligkeit folgt.

Pascal, *Blaise,* französ. Philosoph, Mathematiker u. Physiker,
* 1623 Clermont, † 1662 Paris. Im Verfolg seiner wissenschaftl.
Arbeit gewann P. die Einsicht, daß die Gewißheit der menschlichen Vernunft (vor allem in der mathematischen u. Naturwissenschaft) nicht auch die Sicherheit für das menschliche
Handeln gewähren kann, die sichere Anweisung auch nicht aus
einer nur philos. Erschließung Gottes zu entnehmen ist, vielmehr nur aus der Antwort auf die Frage nach der Heilsgewiß-
heit, welche die menschliche Vernunft aus sich nicht beantworten kann. Da erfährt P. in der Nacht zum 23.11.1654 die
Wirklichkeit „des Gottes Abrahams, Isaaks, Jakobs, des Gottes
Jesu Christi u. nicht der Philosophen", die er als einzig mögliche
Antwort festhält. P. wurde nun zum Anhänger des Jansenismus.
Seine „Apologie" des Christentums, in der die Trugschlüsse der
absolut gesetzten Vernunft aufgewiesen werden sollten, wurde

durch Krankheit verhindert. Jedoch sind die vorbereitenden Gedanken dazu in den *Pensées sur la religion* (1669) veröffentlicht.
Sie zeichnen das Bild des Menschen in seinem Elend, nämlich als
ein „Nichts" inmitten des unendlichen Alls, u. zugleich in seiner
Größe, nämlich seiner Mächtigkeit, das Seiende erkennend zu
beherrschen, im Denken die ganze Welt zu umfassen u. so selbst
ein „Alles" zu sein. Der Mensch ist so ein Widerspruch in sich u.
wird in der Rückbesinnung sich selbst zum „unbegreiflichen Un-
geheuer". Im Durchgang aller Stufen des Erkennens gelangt das
Denken in der „Logik der Vernunft" an die Grenze seiner eigenen Möglichkeit gegenüber dem Geheimnis der Unendlichkeit
u., getrieben von der „Logik des Herzens", zugleich zur Einsicht, daß ihr an dieser Grenze nichts so gemäß ist wie die Ver-
leugnung ihrer selbst. Der Glaubensentscheidung des Herzens
muß freilich die Vernunft selbst Raum lassen als einer „Wette",
in der der Mensch nichts zu verlieren, aber alles zu gewinnen
hat.

Peirce, *Charles Santiago Sanders,* nordamerikan. Philosoph,
* 1839 Cambridge (Mass.), † 1914 Milford (Pa.). Begründer des
amerikan. ↗Pragmatismus.

Peripatos, die Säulenhalle des Lykeion-Gymnasiums, in der Aristoteles unterrichtete u. die Theophrastos für die Schule erwerben konnte. Von daher der Name Peripatetiker für die
Anhänger der aristotel. Philosophie *(peripatetische Schule).* Bekannteste Mitglieder des P.: Theophrast, Eudemos, Aristoxe-
nos, Dikaiarchos, Straton sowie Andronikos, auf den die
Ausgaben der Texte des Aristoteles zurückgehen. Der P. stand
in gewissem Gegensatz zur ↗Akademie.

Person (von lat. *persona,* aus *per-sonare* = hindurchtönen):
Maske, die einer trägt, Rolle, die einer spielt. *Persona* ist zugleich die Übersetzung des griech. *prósopon* = Antlitz, das einer
als sein eigenes zeigt.
Der Begriff der P., der heidn. Antike noch unbekannt, wird in
der christl. Spätantike geprägt u. von daher in die ganze Tradition der abendländ. Philosophie übernommen. Er bedeutet in
dieser soviel wie „geistbegabtes Einzelwesen", „geistige Einzel-
existenz". Die erste philos. Definition bietet ↗Boethius: „persona est naturae rationalis individua substantia: P. ist der
unteilbare Selbst-Stand eines geistigen Wesens."

Der geschichtliche Ursprung des Begriffs ist ein doppelter; einerseits die in der Spätantike auftauchende neue christl. Daseinserfahrung; andererseits die theolog. Spekulation der griech. Väter im 4. u. 5. Jh. nC., welche die geoffenbarten Geheimnisse der Trinität u. der Inkarnation gedanklich fassen will.

Der philosoph. Gehalt des P.begriffs: Trotz seiner Herkunft aus religiöser Erfahrung u. theologisch-spekulativer Bewältigung entspricht dem P.begriff auch ein in philos. Erfahrung u. Reflexion vollziehbarer Gehalt. Rein philos. meint P. die numerische Vereinzelung im Bereich des Geistes: Was im Bereich der Natur das Individuum, ist im Bereich des Geistes die P. Für das Verständnis dieser Definitionen ist davon auszugehen, daß alles Seiende immer ein Einzelnes, in seiner alleinigen Selbstidentität u. durchgängigen Geschiedenheit ↗ Individuum ist. Dagegen bedeutet ↗ Geist Überwindung aller Vereinzelung; das Geistige ist das Übereinzelne, Wesenhafte oder gar das Umfassende, Ganze: das Sein.

Den Geist aber selbst als Seiendes, Individuelles (statt als Wesen oder Sein) zu denken, bedeutet also philos. etwas ähnliches wie für die religiös-christl. P.erfahrung: Galt es beim relig. P.begriff Endlichkeit u. Absolutheit, so gilt es beim philos. P.begriff die radikalste Individuiertheit, wie sie in der Erfahrung der ↗ Freiheit begründet ist, zu verbinden mit der größten Universalität u. Totalität als der Offenheit für alles andere u. der Gemeinsamkeit mit ihm, wie sie in der Erfahrung des Geistes enthalten ist. Der ↗ Mensch als P. ist grundsätzlich u. tiefer ein Einzelner u. Vereinzelter als jedes andere Individuum. Das unpersönliche („naturhafte") Individuum ist von allen anderen gleichsam nur negativ u. äußerlich geschieden (aufgrund seiner Gestalt u. raumzeitlichen Fixiertheit). Die Individuiertheit der P. dagegen ist positiv u. innerlich: sie gründet in der Freiheit als jenem einzigartigen Verhältnis, in welchem der Mensch als P. sich besitzt (u. damit ein ↗ „Ich" ist), u. zwar in der Form, daß er die unausweichbar-unentrinnbare Aufgabe hat, sich selbst zu verwirklichen (womit er ein „Selbst" ist). Wie diese Aufgabe von niemand anderem als ihm selbst übernommen werden kann (die P. also unaustauschbar u. damit weder „Exemplar" noch „Stück" oder „Fall" ist), so kann sie auch keinem anderen Ziel oder Zweck restlos untergeordnet werden: Der Mensch als P. ist sich Selbstziel u. Selbstzweck, niemals bloßes Mittel für etwas anderes, für das er „eingesetzt" wird (Kant nennt diese Erfahrung der personalen Selbstzwecklichkeit die „Achtung", was in ihr erfahren wird, die „Würde" der P.). Mit der Personalität ist also die Freiheit, Selbstzwecklichkeit u. Würde der P. so verbunden, daß ihre Wahrung unabdingbares Gebot für jeden ist.

Ist so die Individualität der P. radikaler als bei jedem anderen Individuum, so ist anderseits die P. aufgrund der Geistigkeit gleichzeitig offener, unabgeschlossener, stärker ins Gemeinsame eingelassen als jedes andere Individuum. Der entscheidende Grundzug des Geistes ist die ↗ Intentionalität; d. h. aber, der Geist verwirklicht sich nur, indem er anderes als sich selbst in die Gegenwart bringt: im Denken, in dem er, von sich weggehend, Wahres in die Wahrheit stellt; im Lieben, das nur als sich hingebende Liebe zu anderen Personen echt ist, im herstellenden Tun, in dem er seine Kraft in gültige Werke hineingibt. Die Selbstverwirklichung der P. geschieht nicht als Entfaltung subjektiver Anlagen, sondern in der Wirklichkeit der Werke (Wirklichkeit der Wahrheit [z. B. Wissenschaft] als Werk des Denkens; Wirklichkeit der Gemeinschaft als Werk der Liebe; Wirklichkeit von Technik, Wirtschaft u. Staat als Werke des Handelns). Indem die Selbstverwirklichung der P. sich so nur im Dienst an Werken vollzieht, sind damit die Grenzen des Individuums u. der Individualität schon immer überwunden. Anderseits sind diese überindividuellen Werke (Wahrheit, Wissenschaft, Gemeinschaft, Technik, Wirtschaft, Staat) als Seinsweisen der P. nur mit dieser zugleich wirklich u. auf sie zurückbezogen: höchste Subjektivität u. Objektivität, Innerlichkeit u. Äußerlichkeit, radikales Fürsichsein u. wesenhafte Hingabe an anderes sind in der P. als Gegensatz überwunden u. eins geworden. Vom P.begriff ergibt sich damit eine Überwindung sowohl des Individualismus als auch des Kollektivismus, die beide jeweils einseitig nur die radikale Vereinzeltheit in der bzw. die Bezogenheit auf die Gesellschaft des Menschen sehen.

Personalismus, von Schleiermacher (1799) geprägte Bezeichnung für den Glauben an einen persönlichen Gott (Gegensatz Pantheismus). Als Titel für ein philos. System erstmals bei Ch. Renouvier (1903). Ein psycholog.-pädagog. P. von W. Stern (1906) ausgehend. *Philosophisch* eine der christl. Existenzphilosophie (bes. in Frankreich) verwandte Bewegung, die das Grundverhältnis des Menschen zur Welt nicht zuerst als solches zu den „Dingen" überhaupt, sondern als Verhältnis der Person zu anderen Personen (Mitmensch, Gott) betrachtet (E. Mounier, L. Lavelle, R. Le Senne, Berdjajew). Wo u. insofern der wesentliche Vollzug dieses Grundverhältnisses in der Sprache (als Dialog) gesehen wird, entfaltet sich der P. vor allem in der ↗Dialogischen Philosophie.

Persönlichkeit, juristisch, philos. u. theologisch Inbegriff der Wesenszüge der Person; psycholog.-pädagogisch der in seinen Anlagen (meist nach einem bestimmten Leitbild, sog. *P.s-ideal*) entfaltete Charakter eines Menschen.

Perspektivismus (lat.), philos. die Lehre, daß der Mensch (als endlicher) nie das Ganze (Welt, Sein, Gott) als Ganzes, sondern stets nur von einem bestimmten Standort aus, in einer begrenzten Blickbahn gegenwärtig haben kann.
Bereits Leibniz lehrte in seiner Monadologie die „perspektivische" Weise menschlichen Erkennens. Bei Nietzsche ist die Welt erschlossen jeweils nur in einer perspektivischen Interpretation. Heute zeigt sich der P. als die Auffassung von der ↗Geschichtlichkeit der Wahrheit. Vom Relativismus ist der P. zu unterscheiden, sofern er menschliches Erkennen wohl auch als endlich behauptet, es aber nicht primär auf sich ändernde Bedingungen des menschl. Subjekts einschränkt, vielmehr es auf den Wandel der ↗Welt als Verstehenshorizont selbst bezieht, der erst dem Menschen seinen geschichtl. Standort zuweist. Die von hier aus sich enthüllende Ganzheit ist dann gleichwohl unbedingt u. allgemein verpflichtend für jeden, der sich in sie gestellt weiß.

Perzeption (von lat. *percipere* = empfangen, einnehmen), sinnlich gegebene Wahrnehmung, erste Stufe der Erkenntnis. Bei *Leibniz* Akt der niederen, weil noch nicht zur vollen Klarheit u. Deutlichkeit gediehenen Vorstellung, durch die eine ↗Monade eine Vielheit in der Einheit umfaßt, ohne diese Vorstellung selbst wiederum mit Bewußtsein vorzustellen (↗Apperzeption). Bei *Kant* im Unterschied zur bloßen Empfindung (sensatio) die Auffassung einer Vorstellung, ohne daß schon deren Einfügung in ein bestehendes Vorstellungs- = Erfahrungsfeld geschehen wäre.

Pessimismus (von lat. *pessimum* = das Schlechteste), die Lehre vom Überwiegen der Unlust gegenüber der Lust im Leben (*hedonistischer P.;* Hegesias), von der Geschichte als zielloser Folge von Aufstieg u. Untergang der Kulturen (*kultur-philos. P.;*

O. Spengler), von der Weltwirklichkeit im Ganzen als bloß trü-
gerischem Schein aus dem triebhaft-blinden Weltgrund (*metaphysischer P.;* Schopenhauer, E. v. Hartmann). Die Bejahung
trotz der Sinnlosigkeit des wirklichen Geschehens ohne Flucht
in eine Erlösungsillusion fordert der *heroische* oder *tragische P.*
(Nietzsche, Camus mit dem Begriff des Absurden). Ein *religiöser
P.* wird gesehen als Grundzug im Buddhismus, in der griech. Orphik u. im Gnostizismus mit ihren Tendenzen der Selbstreini-
gung u. Selbsterlösung. Das Alte Testament kennt den P. so gut
wie sein Gegenteil, den ↗ Optimismus, ebenso das Neue Testament, das aber in der Erlösungshoffnung nicht von der Welt,
sondern der Welt als ganzer („neue Erde") eher auf seiten des
Optimismus steht.

Petrus Lombardus, * 1095 Lumellologno bei Novara (Lombar-
dei), † 1160 Paris. Um 1140 Lehrer, 1159 Bischof in Paris. Schuf
mit seinen *Sentenzen* (daher „magister sententiarum" gen.) eine
Zusammenfassung des damaligen theolog. Wissens, die zum oft
kommentierten Hauptlehrbuch der Scholastik wurde.

Pflicht (von mittelhochdeutsch *phliht* = Pflege, Dienst: als
Übersetzung von lat. *officium* eingeführt von Notker), das im
Gewissen (P.gefühl, P.bewußtsein) erfahrene Aufgerufensein
des Menschen, in einer bestimmten Situation etwas ohne Beein-
flussung von außen (also auch ohne Aussicht auf Belohnung
oder Furcht vor Bestrafung) u. dennoch im Grunde unausweichlich tun oder lassen zu müssen (Gegensatz „Neigung", Kant);
auch der Inhalt einer solchen Verpflichtung selbst. Die traditionelle Auslegung sieht in der Erfahrung der P. den Gegensatz
von Freiheit u. unbedingter Notwendigkeit aufgehoben. (Ob die
– kantische – abstrakte Trennung von P. u. Neigung u. insbes.
die Einschränkung des tugendhaften auf das pflichtgemäße
Handeln sinnvoll ist, erscheint fraglich; vgl. schon Schiller:
„Gerne liebt' ich den Freund, doch tu ich's mit Neigung; u. so
wurmt es mich, daß ich nicht tugendhaft bin"). Als Korrelat zum
Begriff des Rechts spielt der P.begriff eine entscheidende Rolle
in der Rechtsphilosphie: Recht u. P. bedingen sich gegenseitig.

Phänomen (griech. *phainómenon* = das Erscheinende), allgemein Erscheinung; philos. ist eine dreifache Bestimmung möglich: 1. als unmittelbar Gegebenes (so bes. in der sinnlichen
Erfahrung); 2. was in einer unmittelbaren Erscheinung sich

zwar ankündigt (Verweisungsbezug), ohne selbst schon volle Gegenwart zu haben; 3. der Vorgang des zum Vor-schein-kommens selbst: was am P. zuerst nur im Verweisungsbezug war, ist nun an ihm selbst gegenwärtig geworden, das „eigentliche" P. – In Kants Entgegensetzung von P. u. Ding-an-sich (↗Noumenon) ist P. die einzige Weise, wie Seiendes als Sinnlich-Widerständiges den Menschen affizieren u. so Gegenstand seiner endlichen Erkenntnis werden kann.

Phänomenalismus (griech.), Bezeichnung für die philos. Grundanschauung, wonach Gegenstände der Erfahrung u. Erkenntnis nur die Erscheinungen der Dinge im Gegensatz zu den Dingen selbst („an sich") oder sogar bloße Bewußtseinstatsachen (subjektive Empfindungen) sind (Kant; Herbart, Lotze, E. v. Hartmann, Mach, Vaihinger u. a.). ↗Erkenntnistheorie, ↗Solipsismus.

Phänomenologie (griech.), Lehre von den Erscheinungen. In dieser Wortbedeutung kann P. aufgefaßt werden a) negativ als bloße Beschreibung der Erscheinung, ohne daß darüber entschieden wird, was das Seiende in seinem Wesen u. Sein ist. Dann steht P. im Gegensatz zur Ontologie, die das Seiende nicht nur im Hinblick auf sein Erscheinen für den Menschen beschreibt, sondern im Hinblick auf das Sein betrachtet; b) positiv: Im Gegensatz zu jeder Konstruktion u. Spekulation, die darstellen, was das Seiende sein kann oder sein muß, beschreibt die positive P., ausgehend von der Überzeugung, daß das Seiende sich in seinem Wesen, Sinn u. Sein zu erkennen gibt, Wesen, Sinn u. Sein des Seienden selbst, indem sie sich streng an das hält, was sich zeigt. Das Sichzeigen des Seienden in seinem Wesen, Sinn u. Sein heißt „Erfahrung". So gibt es für die P. nicht nur Erfahrung des sinnlichen Seienden, sondern geistige Wesens-, Sinn- u. Seinserfahrung.

Der Begründer der modernen P. als philos. Schule ist E. ↗Husserl. Die phänomenolog. *Methode* sieht von der Frage, ob der Erkenntnisgegenstand auch unabhängig von meinem Bewußtsein („wirklich") sei, ab *(phänomenologische ↗Reduktion)* u. klammert jede Vormeinung u. Vorentscheidung aus, um „zu den Sachen selbst" vorzudringen. Dieser ersten Freilegung folgen weitere Reduktionen (eidetische u. transzendentale), die zum reinen, in den Phänomenen identisch sich durchhaltenden Wesen vordringen. Dieses selbst ist *noematisches* Korrelat zum

noetischen, dem Bewußtsein u. seinen intentional konstituierenden Akten. So erfolgt (in der transzendentalen Reduktion)
die Wendung zum Bewußtsein als ursprünglichem Seinsboden
jedes Sinnes u. jeglicher Wirklichkeit. Seine in der Intentionalität (↗Intention) sich ausprägende Konstitutionsleistungen
sind Formen des absoluten Bewußtseinslebens als weltentwer-
fendes, weltvorgängiges absolutes Ego. Vgl. auch Scheler,
Heidegger.
Eine *inhaltliche Bedeutung* hat der Terminus P. in Hegels „P. des
Geistes". Hier besagt er die Erfahrung, die der Geist von sich
selbst u. mit sich selbst macht in den Stufen seines Erscheinens
von der sinnl. Gewißheit bis zum absoluten göttlichen Wissen
hin.

Philon aus Alexandrien, jüd.-hellenistischer Philosoph, 20 vC.
bis 50 nC. Suchte im Geist der hellenist. Mystik durch allegori-
sche Sinndeutung die griech.-philos., bes. platonisch-stoische
Überlieferung mit der jüd. Lehre zu vereinigen; die Lehre der
griech. Philosophen findet er schon in den 5 Büchern Mose vorweggenommen. In seiner philos.-theolog. Spekulation ist der
Logos als die vermittelnde Kraft des transzendenten Gottes zugleich schöpferischer urbildlicher Welturisprung.

Philosophia perennis (lat., immerwährende Philosophie), im Anschluß an A. Steuco (*De perenni philosophia*, 1540) Bezeichnung
für den bleibenden Grundgehalt der abendländischen Philosophie seit Platon u. Aristoteles.

Philosophie (griech. *philosophía*), in der Wortbedeutung
„Liebe zur Weisheit", von griech. *phílos* = der Freund u. *sophía*
= die Weisheit des Weisen (*sophós;* vgl. die Sieben Weisen), später das Wissen des Wissenden (*sophistés*), der die Vorbedingun-
gen jedes handwerklichen Schaffens u. sittlichen Handelns
ausdrücklich bewußt zu machen u. dieses Wissen weiterzuver-
mitteln sucht. Die erste spekulative Deutung dieser Worte
gab Plato: Nach ihm ist der sophistes der, welcher wissend zu
sein nur vermeint, in Wahrheit jedoch nicht weiß u. also auch
nicht zum notwendigen, guten Tun u. gerechten Handeln verhelfen kann, da er zwar sich u. manches einzelne so, wie es allg.
scheint, *kennt (doxa)*, nicht aber so, wie es eigentlich ist, *erkennt
(episteme)*, weil ihm in all seiner Kenntnis der Grund der Möglichkeit des Kennens u. Erkennens selbst unbekannt ist.

Im vollen Wissensbesitz ist nur der Gott; er allein ist sophos. Der philosophos ist derjenige Mensch, der weiß, daß er im strengen Sinn nichts weiß, aber gerade in diesem Bewußtsein u. aus Liebe zum wahren Wissen seine Unwissenheit denkend zugleich überschritten hat auf das ihm freilich nie voll erreichbare Wissen hin. Die zuweilen beobachtbare Distanzierung des Philosophen, der die „Welt des Scheins", nämlich den Umkreis des bloßen Meinens (des „Alltagsverstands") u. der nützlichen Betriebsamkeit (des „alltäglichen Tuns") durchbricht, gegenüber den „Anderen", „Eitlen", „Vielzuvielen" (so bes. bei Heraklit, Pascal, Nietzsche u. a) ist deshalb immer auch äußeres Zeichen des inneren kritischen Selbstverhältnisses des Philosophierens selbst, in dem das philos. Denken sich ständig durchzusetzen hat gegenüber dem gewöhnlichen Denken, aus dem es sich erst herausarbeitet.

Ein allgemeiner Begriff der P. läßt sich danach nur bestimmen mit dem Aufweis der Entfaltung des philos. Denkens in sich u. in der Geschichte.

Die P. beginnt mit der Betroffenheit durch etwas, das die Selbstverständlichkeit des gewöhnlichen Denkens vernichtet: mit dem Staunen darüber, daß die Dinge, die doch „sind", als entstehend-vergehende nicht eigentlich „sind"; mit dem Zweifel daraus, daß das Erkennen, obwohl es nur als allgemeines u. immer wahres überhaupt ist, an die einzelnen veränderlichen Dinge u. den hinfälligen Erkennenden gebunden ist; mit der Erschütterung, daß dem Handeln, welches, um gerecht zu sein, angewiesen ist auf einen Maßstab, dieser zuweilen, schuldlos oder selbstverschuldet, entzogen ist; mit dem Erschrecken, daß der Mensch, auch wenn er das Leben liebt u. bejaht, stets vom Tod bedroht ist. In solcher u. ähnlicher Betroffenheit geschieht die Grunderfahrung der P. als die Erfahrung des einen gründenden ↗Grundes, der als der übereinzelne Ursprung alles Einzelseiende erst entspringen, als die umfassende Wahrheit die ↗Erkenntnis erst möglich sein, als das gemeinsame Gute das Handeln erst gewähren u. als das Leben alles Lebendigen dieses erst an ihm sich halten läßt. Zugleich geschieht darin die Erfahrung, daß es das Wesen des Menschen ist, in einem ausgezeichneten Bezug zu diesem ursprüngl. u. gründenden Ganzen zu stehen, zum ↗Sein, das, immer schon u. als erstes vorverstanden (vgl. ↗Geist) u. gerade deshalb zumeist vergessen, dem Menschen überhaupt erst ermöglicht, von etwas zu sagen, es „ist" P. ist so die ausdrückliche Erhellung des Vorverständnisses von

„Sein" u. damit die Reflexion in den allgemeinen umfassenden u. gemeinsamen Grund.

Je danach, als was das Sein erfahren u. gedeutet wird, bestimmt sich geschichtlich das Wesen u. die mögliche Gliederung der P. Bei den Griechen deuteten die sog. Vorsokratiker es als „Natur" (↗Physis), nämlich den gründenden Hervorgang (arche) des Seienden im Ganzen, als den alles aus sich entlassenden u. zu sich versammelnden ↗Logos (Heraklit), als das Eine (wahrhaft) Seiende (Parmenides). Plato verstand das Sein als die durch das agathon (das Gute) bestimmte Gemeinsamkeit der immerwährenden u. deshalb eigentlich seienden Ideen. Aristoteles deutete es als das Ganze der obersten Prinzipien u. bleibenden Grundseinsweisen (Kategorien) des veränderl. Seienden. Mit seiner durch Plato vorbereiteten Differenzierung wurde er der Begründer der alles abendländ. Denken bis heute bestimmenden P. als ↗Metaphysik u. ihrer Disziplinen. Dem christl. Mittelalter (Thomas von Aquin) bedeutete Sein das Geschaffensein alles endlichen Seienden aus dem Nichts durch den unendlichen Gott, den Schöpfer u. schlechthin Seienden („Ich bin der ich bin"). Die neuzeitl. P. verstand es vor allem als das unwandelbare Strukturganze des ↗Bewußtseins von Gedachtem u. Denkbarem für ein denkendes Ich (Descartes), als das gleichbleibende, kategoriale Gegenstandsein möglicher Gegenstände für ein endliches Subjekt (Kant), als das zu jeder Zeit absolute Vernünftigsein alles Wirklichen für die absolute Weltvernunft (Hegel) oder als das fortwährend sich selbst wollende Welt-Wollen (Nietzsche).

In ihrer Auslegung des Seins als des Grundes u. des Ersten ist die P. im Verständnis dieser Tradition „Grundwissenschaft" oder „erste Wissenschaft". Von Aristoteles her u. in weitergehender Aufgliederung entfaltete sich ihre Grundfrage nach dem Sein in mehrfacher Weise: als Frage nach dem Seienden als solchem, d. h. im Hinblick auf das Sein (↗Ontologie), nach dem Seienden im Zusammenhang des Ganzen der Welt (rationale ↗Kosmologie), nach dem höchsten Seienden alles Seienden, Gott (rationale ↗Theologie), nach dem ausgezeichneten Seienden, der menschl. Seele, deren Wesen es ist, im Bezug zum Ganzen des Seienden u. so in gewisser Weise dieses Ganze selbst zu sein (rationale ↗Psychologie). Ist so die menschl. Seele nicht nur ein Seiendes unter anderem, sondern zugleich eine Erscheinungsweise des Seienden im ganzen selbst, nämlich als der Bereich des Denkens über, des Hervor- u. Zur-Erscheinung-Bringens von u.

des sittl.-handelnden Umgehens mit Seiendem, so entfaltet sich die rationale Psychologie weiter in die Frage nach den allgemeinen Regeln des Denkens (↗Logik), den notwendigen Prinzipien des Hervor- u. Zur-Erscheinung-Bringens (Poietik, ↗Ästhetik) u. den maßgebenden gemeinsamen Gesetzen des Handelns (↗Ethik, ↗Sozialphilosophie). Sofern in der Frage nach der menschlichen Seele ausdrücklich der Mensch (anthropos) in den Blick kommt, wird die rationale Psychologie zur philos. ↗Anthropologie.

Der ausdrückliche Hinblick auf das Ganze, den Ursprung, das Sein, unterscheidet die P. von den Einzelwissenschaften, die sich je innerhalb ihres Wesensbereiches (z. B. der Natur oder der Geschichte) ihrem Objekt (den Naturdingen bzw. geschichtlichen Ereignissen) zuwenden u. die Gesetzlichkeit dieser Erscheinungszusammenhänge erforschen, ohne das vorverstandene Wesen dieses Bereichs (was Natur oder Geschichte selbst u. als solche seien) selbst zu erfragen. Diese Fragen stellt vielmehr die P., die damit zur Bereichs- oder regionalen Ontologie wird. Doch sehen sich auch die ↗Wissenschaften in besonderen geschichtlichen Situationen, in denen zumeist sich eine neue Grunderfahrung, ein neues Vorverständnis abzuheben beginnt (sog. „Krisen"), veranlaßt, auf ihre fundamentalen u. kategorialen Voraussetzungen des eigenen wissenschaftlichen Forschens zurückzukommen. In dieser Reflexion auf sich selbst werden die Einzelwissenschaften selbst in gewisser Weise „philosophisch", u. hier vor allem kann eine fruchtbare Begegnung von P. u. Wissenschaften stattfinden. Der wesentliche Unterschied beider beruht jedoch darin, daß jede Wissenschaft, in echtem Fortschritt begriffen, ihre geschichtlichen Anfänge u. Abschnitte immer zurückläßt, indem sie ihr Wissen erweitert oder unter ein neues, anderes Leitbild von Wissen u. Wissensgegenstand bringt, eine echte P. aber durch ein späteres Philosophieren nie einfach „überholt" wird. Vielmehr ist jedes Philosophieren nur möglich als fortlaufend sich einigendes u. auseianandersetzendes Gespräch mit den geschichtlich-philos. Grundfragen u. -deutungen (philosophia perennis). Während ferner die wissenschaftlichen Ergebnisse als Problem-Lösungen Allgemeingültigkeit für u. prinzipielle Nachprüfbarkeit durch jeden beanspruchen, ist die Gültigkeit eines philos. Denkens nie im selben Sinn beweis- oder widerlegbar, sondern einsehbar oder bestreitbar nur im Nachvollzug dieses Denkens aus seinem Ursprung u. in abhebender Interpretation aus anderer Grunderfahrung heraus.

Physis (von griech. *phýein* = wachsen), ↗Natur. Bei den *Vorso-kratikern* (Anaximander, Heraklit, Parmenides) ist P. allgemein das erstanfänglich von ihm selbst her Aufgehende u. Allumfan-gende, das Sein, dessen eigentümliche Weise der Bewegung das Kreisen (Ausgang u. Rückgang in sich) ist. Die *Sophisten* stellten die P. aufs schärfste dem ↗Nomos gegenüber. Bei *Aristoteles* be-zeichnet P. eine „Gattung" des Seienden: den Bereich desjenigen Seienden, das den Ursprung (Grund, Prinzip) seiner Bewegung wesensmäßig in ihm selbst trägt u. von ihm selbst her sein Sein vollzieht im Gegensatz zu demjenigen, was als das Gemachte der techne (vgl. ↗Technik) von „außen" hergestellt ist.

Platon (griech., der Breite), griech. Philosoph, mit Aristoteles der Begründer der abendländ. ↗Metaphysik, * 428/427 vC. Athen, † 348/347 vC. ebd. Hieß ursprünglich *Aristokles;* vom 20. Lebensjahr an Schüler des Sokrates. Nach dessen Tod kurze Zeit bei Euklid in Megara, dann Lehrer in Athen. Von 360 ab widmete sich P. ausschließlich der Leitung seiner 387 gegründe-ten Akademie.

Wenngleich P. den Grund legte für die Möglichkeit *systemati-schen* Philosophierens in verschiedenen Disziplinen, findet sich dieses bei ihm selbst nicht. Da nach P. der Philosoph zwar nicht (wie Gott) schon im Besitz der Weisheit, aber doch (im Unter-schied zum völlig Unweisen) sich seines Mangels an Weisheit bewußt ist u. so aus gemeinsamem ↗Eros mit andern zusammen nach der Weisheit strebt, kann das philos. Denken nicht in zum voraus gesicherter systematischer Weise, sondern nur im offe-nen, fragenden Gespräch *(Dialog)* sein Thema umkreisend zu erhellen suchen.

Bestimmend für alle spätere abendländ. Philosophie wurde P.s Ideenlehre (vgl. ↗Idealismus), die bei ihm eins ist mit der Lehre vom Menschen, von Gott u. der Welt im ganzen. Eigentlich „seiend" sind für P. nicht die veränderlichen u. deshalb nichti-gen, unvollkommenen Sinnendinge der Welt der Wahrnehmbar-keit *(kosmos aisthetos).* Diese sind nur, insofern sie als bloße Erscheinungen teilhaben *(methexis)* je an ihrem Wesen, an den unveränderlichen u. deshalb eigentlich seienden, vollkommenen ↗Ideen der Welt der Erkennbarkeit *(kosmos noetos).* Erkenntnis beginnt so zwar anläßlich der Erfahrung im Bereich des Sinnen-haften, betrifft aber nicht dies selbst, ist vielmehr Aufstieg der mit Geist *(↗Nous)* begabten Seele ins Reich des Unsinnlichen u. ist damit Loslösung *(katharsis)* vom Sinnlichen (dem Leib u. den zeitlich-dinglichen Interessen) auf die rein geistige Schau *(theoria)* der unstofflichen geschichtslosen Wesenheiten hin. Dieser Aufstieg wird in Gang gebracht durch den Eros, den Dämon der Seele, nämlich ihr Streben nach Vollkommenheit, die für sie eben diese geistige Schau der vollkommenen Wesen ist. Der Eros aber rührt daher, daß die Seele schon einmal, in ihrer Präexistenz vor ihrer selbstverschuldeten Verbannung in das Grab des Leibes, in der ungetrübten Anschauung der Ideen war. Erkenntnis ist so Wiedererinnerung *(Anamnese).* Präexistente Schau u. erkennende Wiedererinnerung sind nur möglich, weil die Ideen selbst erleuchtet sind vom Seiendsten, von der Idee der Ideen, dem Wesenhaftesten der Wesen, dem Guten *(agathon),* das gleichsam als Blitzstrahl aufleuchtet u. als das Gemeinsame der Ideen diesen ihre Idealität, Wesenhaftigkeit, Vollkommenheit, Seiendheit u. Schaubarkeit verleiht, selbst jedoch durch den Menschen nicht geschaut u. erkannt werden kann.

Im Licht des *agathon,* von seiner Vollkommenheit her u. auf sie hin wird nach den Ideen u. aus den 4 Elementen (Feuer, Luft, Wasser, Erde) die *Welt der Sinnendinge* durch den Demiurgen gestaltet. Diese Weltgestaltung ist nicht die christl. Schöpfung aus dem Nichts, der Demiurg nicht der christl. Schöpfergott. Er ist vielmehr (wie die 4 Elemente) an der Grenze des Sagbaren u. Denkbaren das mythisch-symbolische Bild für die vermittelte Bewegtheit des Weltgeschehens selbst, das verstanden wird als immerwährende Bewegung aller Dinge zu ihrer Vollkommenheit hin, aus der her sie selbst u. ihre Bewegung zugleich sind.

Die Ausrichtung alles Sinnenfälligen u. Geschichtlichen auf die Ideen bestimmt auch Platons Lehre vom *Staat,* die diesen als ideale Welt gestalten will u. dabei rigorose Maßnahmen (Untersagung von Eigenbesitz, staatlich gelenkte Zeugung, Euthanasie u. a.) fordert. In ihr sind sämtliche staatsphilos. Utopien des Abendlandes grundgelegt.

Platonismus, einmal der Ausbau des (unsystematischen) Denkens Platons zu einer Art Lehrsystem in der ⁊Akademie u. im ⁊Neuplatonismus, dann die neuerliche Aneignung der Gedanken Platons im Anschluß an die Neugründung der Platonischen Akademie in Florenz 1459 (durch Stiftung von Cosimo von Medici); endlich die Fortwirkung insbes. der Ideenlehre Platons in jedem philos. ⁊Idealismus. (Das Mittelalter steht hauptsächlich im Zeichen eines ⁊Aristotelismus.)

Plessner, *Helmuth,* * 1892 Wiesbaden, † 1985 Göttingen. 1926 Prof. in Köln, 1939 in Groningen, 1959 in Göttingen. Neben Scheler u. bes. Gehlen Mitbegründer der modernen, die biolog. Forschungsergebnisse mit einbeziehenden philos. Anthropologie. Der Mensch ist nicht nur, wie jedes andere Lebewesen, durch eine „zentrische Position" gekennzeichnet, sondern durch eine „exzentrische Position", insofern er sich zu seiner bewußten Lebensmitte selbstbewußt in Distanz setzt.

Plotin, griech. Philosoph, Begründer des ↗ Neuplatonismus, * 205 Lykopolis (Ägypten), † 270 Kampanien. Über Pseudo-Dionysius von bedeutendem Einfluß auf die Mystik; lebte in Alexandreia, seit ca. 244 in Rom (Gründung einer Schule). Erst mit 50 Jahren Beginn schriftstellerischer Tätigkeit.
Nach P. entläßt der göttliche Nous (Geist), der eine, in sich unterschiedene, unendliche u. unpersönliche Urgrund, durch ↗ Emanation zuerst die Weltseele, die die Ideen in sich enthält, dann die Einzelseelen u. Keimformen (logoi spermatikoi) der Dinge, dann die Erscheinungen u. endlich das Nichtseiende, die Materie, aus sich. Da diese Emanation auf jeder ihrer Stufen eine Einengung (steresis, privatio) der Vollkommenheit des Nous darstellt, gelangt P. dazu, die Materie mit dem Urbösen gleichzusetzen, das jedoch kein Gegenprinzip zum Nous, sondern dessen gänzliche Abwesenheit bezeichnet (kein ↗ Dualismus wie in der Gnosis). Das Ziel des Lebens besteht in der Reinigung (katharsis) der Seele von allem Stofflichen; sie geschieht durch theoretische u. sittlich-praktische philos. Erkenntnis u. führt zur ekstatischen unio mystica.

Pluralismus (lat.), im Unterschied zu ↗ Monismus und ↗ Dualismus die Anschauung, nach der die Wirklichkeit aus mehreren Grundelementen bestehe, in mehreren auseinander nicht ableitbaren „Seinsschichten" strukturiert sei u. mehreren aufeinander nicht zurückführbaren Seinsgründen entspringe. Der P. anerkennt so, daß es grundverschiedene Dimensionen u. Ordnungen der Wirklichkeit gibt, die nicht von einem umfassenderen Prinzip her, nach Art einer „Aufhebung", zu einem einzigen System synthetisierbar sind, wenngleich sie durchaus andere „konkrete" Formen der Verbindung eingehen können.

Polarität, ein Sonderfall der Gegensatz-Relation, wenn nämlich die beiden Relate (im Unterschied zum konträren u. kontradiktorischen ↗ Gegensatz) so bestimmt sind, daß wohl jedes das spezifische Extrem des anderen darstellt, aber es selbst nur ist gerade durch den Bezug zum andern: Der Bezug zu diesem bestimmten anderen ist konstitutiv für das Selbstsein des einen u. umgekehrt. Die Begriffsgeschichte verweist u. a. auf das Yin u. Yang im chines. Denken, auf die Gegensatzpaare von Himmels- u. Erdgottheiten in myth. Religionen usw., auf Heraklits kosmische Harmonie der Gegensätze (Bild: gespannter Bogen oder Leier), auf die aristotel. thomistischen Prinzipien Wesen-Dasein, Materie-Form in der P. von Potenz u. Akt bei jedem endlichen Seienden, auf die Zusammengehörigkeit von Licht u. Dunkel in manchen Ausprägungen der Lichtmetyphysik, auf die Urgegensätze des Apollinischen u. Dionysischen in Nietzsches Philosophie. Der deutsche Idealismus nimmt P. als Strukturgesetz vor allem in seine Naturphilosophie auf. Hier jedoch ist P. als eine Erscheinung des dialektischen Gegensatzes gefaßt, der seine Gegensätze gerade aufhebt u. zurücknimmt in die vermittelnde Synthese. Im heutigen Philosophieren erhält das P.s-prinzip eine zunehmende Bedeutung, vor allem in der dialogischen Philosophie (Ich-Du, Person-Gemeinschaft), bei R. Guardini („oben" u. „innen" als Pole des Daseinsraumes), K. Jaspers (Endlichkeit u. Weite als Pole des Selbstbewußtseins); auch M. Heideggers „Spiegel-Spiel" des „Gevierts" (Erde, Himmel, Göttliche, Sterbliche) wäre hier zu nennen.

Politik (von griech. *ta politiká* = die Staatsgeschäfte), im weitesten Sinn alles Handeln im staatlichen Bereich (↗ Staatsphilosophie), im engeren Sinn jenes Handeln, das auf Erringung oder Erhaltung der ↗ Macht im Staat zielt oder ihre konkrete Ausübung in bezug auf die Ordnung des Staates, seine Leitung (Regierung) u. Verwaltung zum Inhalt hat. Die Wissenschaft von der P. (Politologie) beschäftigt sich auf der einen Seite mit den Mitteln, deren sich politisches Handeln bedient, u. anderseits mit der Theorie der Staatszwecke u. -aufgaben sowie mit dem Problem von Legitimität u. Legitimation polit. Machtausübung (polit. Ethik).

Die Unterscheidung in Außen-P. (= Interessen-P. einzelner [National-]Staaten, „internationale P.") u. Innen-P. (mit den Sachgebieten Wirtschafts-, Kultur-, Gesellschafts-, Finanz- usw. P.) ist bei zunehmender zwischenstaatlicher Interdependenz nur noch bedingt gültig; die Außen-P. im klassischen Sinn wird zur „Welt-Innen-P.". Auch die grundsätzliche Beschreibung polit. Konstellationen als Freund-Feind-Verhältnis (C. Schmitt) ist hier schon praktisch nur mehr sehr bedingt zutreffend.

Ziel u. Aufgabe der P. sowie Kriterium geleisteter polit. Arbeit ist in den klassischen polit. Theorien seit Aristoteles das „Gemeinwohl". Insofern die Bestimmung der konkreten, in einer geschichtl.-gesellschaftlichen Situation erforderlichen Inhalte des Gemeinwohls einerseits von dieser Situation, andererseits aber von Grundentscheidungen über Sinn u. Ziel des menschlichen Lebens u. der Geschichte abhängt, gehen in die Theorie der P. geschichts- u. allgemein-philos. Grundentscheidungen ein. Sie ist näherhin verbunden mit ↗Rechts- u. ↗Sozialphilosophie. Vgl. auch ↗Naturrecht, ↗Toleranz, ↗Subsidiaritätsprinzip.

Popper, *Karl,* Hauptvertreter des ↗Kritischen Rationalismus, * 1902 Wien. Seit 1945 in England, 1949 Prof. in London. Alle Theoriebildung unterliegt dem ↗Falsifikationsprinzip, so daß kein System absolute Gültigkeit beanspruchen kann, sondern zur ständigen Korrektur genötigt wird. Neben H. Albert Hauptbeteiligter im sog. Positivismusstreit mit der Frankfurter Schule.

Porphyrios, griech. Neuplatoniker, * 232/33 nC. Tyros (Syrien), † 304 Rom. Schüler Plotins u. Hrsg. von dessen Schriften, Kommentator zu Plato u. Aristoteles (bekannt insbes. die „Eisagoge", die Einleitung zur aristotel. Logik).

Poseidonios, griech. Philosoph, * 135 vC. Apameia (Syrien), † 51 vC. Rhodos, wo er die von Panaitios gegründete Schule der mittleren ↗Stoa leitete. Bedeutender Historiker; Lehrer Ciceros.

Positive Philosophie, a) beim späten *Schelling* Bezeichnung für eine Philosophie, die nicht nur (wie die „negative" Philosophie des Idealismus) von der Möglichkeit (dem „Was") des Absoluten im Denken, des Gottes als Idee, ausgeht, sondern von der Wirklichkeit (dem „Daß") der relig. Erfahrung in Mythos u. Offenbarung, die so auf den persönlichen Gott verweise; b) bei A. *Comte* Bezeichnung für eine Philosophie im Sinn des ↗Positivismus.

Positivismus (lat.), eine von den Naturwissenschaften her bestimmte, im 19. Jh. auf alle Disziplinen der Geisteswissenschaft sich ausbreitende Theorie, die eine besondere Ausprägung des Empirismus darstellt.

In der Philosophie wurde der P. (nach Ansätzen im antiken Skeptizismus u. im mittelalterlichen Nominalismus) im engl. Empirismus (Bacon, Hobbes, vor allem Hume) vorbereitet u. dann bes. von A. ↗Comte entfaltet. Er geht davon aus, daß unter Ablehnung aller Metaphysik u. ihrer behaupteten Erkenntnis apriorischer u. normativer Prinzipien die Philosophie nur (wie die Einzelwissenschaften je innerhalb ihrer Bereiche) die Aufgabe habe, das in der sinnl. Erfahrung unmittelbar „Gegebene" (= *Positive*), das „Tatsächliche" (Faktische) zu ordnen durch die Aufstellung letzter, allg. u. konstanter Wirklichkeitsbeziehungen („Gesetze"). Diese sollen selbst wiederum „gegeben", d. h. in der Erfahrung zwingend antreffbar sein. Sofern die Erfahrung nie abgeschlossen ist, sei auch Philosophie nicht in ein System faßbar, sondern habe sich als universalwissenschaftl. Forschung in den Dienst fortschreitender Beherrschung der Wirklichkeit zu stellen.

Entspricht der P. als *Methode* (nicht jedoch als Theorie) weitestgehend dem Wesen der Naturwissenschaften, so übersieht sein Anspruch, die einzig zuläss. Methode zu sein, die wesentl. Unterschiede dieser gegenüber den anderen Wissenschaften, so wie er mit seinem Anspruch als universale Wirklichkeitslehre monistisch die Verschiedenheit der Seinsbereiche verkennt u. insbes. die Fülle dessen, was Wirklichkeit u. Erfahrung sein kann, eindimensional einschränkt auf die Konstatierung von Fakten, ohne deren Faktizität zu klären. Denn die eigentliche Frage der Philosophie nach dem apriorischen Grund der Möglichkeit der Erfahrung u. ihres Gegebenen überhaupt wird als „metaphysisch" abgelehnt. Und wo diese Frage dennoch aufgegriffen wird, da wird dieser Grund wiederum nur als im individuell-psychischen Subjekt gegeben anerkannt u. so der P. durch einen Psychologismus fundiert.

Das geschichtliche Verdienst des P. jedoch war die Abwendung vom unfruchtbar gewordenen Theoretisieren der Einzelwissenschaften u. ihre Hinwendung zur Tatsachenforschung im 19. Jh. Weitere Vertreter des P.: J. S. Mill, Laas, Avenarius, Mach, Dühring, Ziehen. ↗Empiriokritizismus, ↗Pragmatismus. Der Neopositivismus, auch *logischer P.* oder logischer Empirismus gen., der Gegenwart (seine bedeutendsten Vertreter:

Schlick, Wittgenstein, Carnap, Neurath, Russell) stellt eine vom ↗Wiener Kreis ausgegangene Erneuerung u. Präzisierung positivist. Gedanken dar. Er weist der Philosophie als deren alleinige Aufgabe die Ausarbeitung der Logik u. die logische Analyse der Sprache zu, d. h. die Bereitstellung des Instrumentariums für wissenschaftliche Aussagen. Der Neo-P. ist heute für das wissenschaftliche Leben vor allem der angelsächsischen Länder bestimmend.

Positivismusstreit, die in der deutschen Soziologie Ende der 50er u. in den 60er Jahren zunächst in Vorträgen, dann literarisch geführte Auseinandersetzung zwischen Vertretern einerseits der analyt. Wissenschaftstheorie (bes. K. Popper u. H. Albert vgl. ↗Kritischer Rationalismus) u. andererseits einer auf Marx zurückgreifenden dialektischen Gesellschaftstheorie (bes. Th. W. Adorno, J. Habermas, vgl. ↗Kritische Theorie). Das vorgebrachte „positivistische" Wissenschafts- u. Wahrheitsverständnis zielte insbes. darauf, außerwissenschaftliche Wertungen aus den Wahrheitsfragen auszuschalten (wie z. B. solche der allg. Wohlfahrt oder der Humanbedeutung der industriellen Entwicklung), um nicht ideolog. „dem Mythos der totalen Vernunft" zu verfallen; wogegen im dialektisch-gesellschaftl. Verständnis eine scheinbar wertneutrale rationale Wissenschaft, in Sinnblindheit befangen, zum bloßen ideologischen Instrument willkürlicher Entscheidungen einer auf Herrschaft angelegten Gesellschaftsstruktur herabsinkt, statt eine sinn- und wertbezogene Praxis in Richtung auf eine humane, herrschaftsfreie Gesellschaft zu ermöglichen. Der Streit – der eine Parallele im Bereich der Pädagogik hatte u. in manchem an den ↗Werturteils-Streit um die Jh.-wende erinnert – verlief naturgemäß ohne gemeinsames Ergebnis (von einer Dokumentationssammlung, 1969 u. ö., abgesehen).

Postulat (von lat. *postulare* = fordern), sachlich u. logisch notwendige Annahme, deren Gültigkeit nicht zu beweisen ist, die aber als Erklärungsgrund zur Einheit des Begreiflichen u. Erfahrbaren notwendig gesetzt werden muß. Man unterscheidet theoretische u. praktische P. e. *Kant* kennt 1. als theoretische P. e die logischen P. e a) des Rückgangs in der Bedingungsreihe u. b) der Einheit der Vernunfterkenntnis; 2. das transzendentale P. der Vernunfteinheit der Verstandeserkenntnisse; 3. P. e des empirischen Denkens überhaupt u. 4. als P.e der prakt. Vernunft: Gott, Freiheit, Unsterblichkeit.

Potenz (von lat. *potentia*), Möglichkeit, auch Fähigkeit, Vermögen, Kraft. In der *scholastischen Philosophie* das Angelegtsein auf etwas hin im Gegensatz zur Verwirklichung (↗Akt). Reine P. ist die sog. erste Materie, die erst durch eine Form Aktualität erlangt. Als metaphysische Korrelate sind Akt u. P. Kennzeichen endlichen Seins; nur Gott ist reine Aktualität (actus purus). Bei *Schelling* sind P.en die verschiedenen Stufen der Selbstdifferenzierung des Absoluten.

Postmodernismus (von lat. *post* = zeitlich nach u. französ. *moderne* = heutiger, neuer Art gemäß), im Bereich literatur- u. dann architekturtheoret. Analysen in den 60er u. 70er Jahren aufgekommener, bes. seit J.-F. Lyotard („La condition postmoderne", 1979) in die philos. Diskussion aufgenommener Begriff, der die im 20. Jh. sich abzeichnenden Wandlungsvorgänge des Denkens u. Handelns auf allen Gebieten menschlicher Kultur charakterisieren soll. Der Begriff ist so vielschichtig wie der, auf den er sich bezieht: die „Moderne". Wenn man 1. unter dieser allg. die Neuzeit versteht mit ihrer Tendenz, die vielfältige Gesamtwirklichkeit des Lebens u. seiner Welt theoret. u. prakt. „vernünftigerweise" auf eine je ausschließl. u. allein (allgemein) gelten sollende Leitvorstellung (Idee, Paradigma) von Vernunft u. Wirklichkeit, von Wahrheit u. gutem u. schönem Leben zu verpflichten, u. wenn man 2. diese Tendenz kritisch einerseits in ihrer metaphysikgeschichtl. Herkünftigkeit sieht (mono-logisches Absolutheits-, Totalitäts-, Identitätsdenken), anderseits vor allem in ihrer spätneuzeitlichen Verengung der (ebenso universalen Anspruch erhebenden) wissenschaftl.-techn. Rationalität, so befürwortet demgegenüber der P. gerade die unaufhebbare Vielfältigkeit der Lebensformen, Denkansätze, Handlungsorientierungen, kulturellen „Welten". Dabei soll allerdings die metaphys.-philos. Tradition u. insbes. die neuzeitl.-rationale u. technologische Auslegungs- u. Umgangsweise mit einbezogen u. nur ihr Monopolanspruch, wie jeglicher, aufgebrochen u. eingeschränkt werden. Zu bezeichnenden Formeln werden so die der Pluralität, Partikularität, Differenz, der Koexistenz u. Konkurrenz, des Diskurses u. Dialogs usw. Als Grundüberzeugung tritt hervor, „daß die Wirklichkeit nicht homogen, sondern heterogen, nicht harmonisch, sondern dramatisch, nicht einheitlich, sondern divers strukturiert ist" (nicht einheitlich im Sinn eines substantialist. Einheits-, Ganzheitsverständnisses). Gegen die dem Pluralismus eigenen Gefahren sowohl der Sehnsüchte nach neuen Absolutverbindlichkeiten wie umgekehrt der völligen Auflösung, die keine klare Entscheidung, Rechtfertigung u. Kritik mehr nötig u. möglich sein ließe (u. damit eine jegliche Vielheit selber vernichten würde) ist dann das eigentl. Vermögen der Vernunft freizusetzen, nämlich die „Kommunikabilität der Vernunftformen", des „Übergehens von einer Sinnkonfiguration zu einer anderen" (transversale Vernunft; W. Welsch). Strittig ist in der Diskussion, ob u. in welchem Sinn die Postmoderne eine Überwindung der Einseitigkeit der Moderne oder nicht vielmehr deren eigene sich selbst kritisierende u. übersteigende Fortentwicklung ist (so Wellmer u. a.).

Als zur Philosophie des P. gehörig sind außer Lyotard der französ. Strukturalismus u. Poststrukturalismus (Foucault, Derrida) zu nennen, im weiteren Umkreis die Abweisung absoluter Letztbegründungsmöglichkeit (Kritischer Rationalismus), die Forderung des Methodenpluralismus (Feyerabend), die wissenschaftshistor. Konzeption des Paradigmenwechsels (Kuhn), die Verabschiedung des Prinzipiellen (Marquard) u. a. Das vom P. philos. aufgegriffene Hauptproblem der ↗Einheit u. Vielheit wird in eigener Weise auch von dem (mit dem französ. Strukturalismus nicht gleichzusetzenden) Strukturdenken H. Rombachs angegangen. – Unterschiedliche Anstöße postmodernen Philosophierens können in Heideggers nach- oder vor-metaphys. Denken, der Kritischen Theorie (vor allem Adornos negativer Dialektik), insbes. aber in Wittgensteins Theorie der irreduziblen Sprach(spiel)- u. Lebensformen, auch in Nietzsches Weltkonzeption des ozeanischen Spiels der Willenskräfte gesehen werden.

Prädikabilien (lat.), Aussageweisen, die allgemeinsten Arten, in denen Begriffe von ihren Gegenständen ausgesagt werden können. Seit *Aristoteles* unterscheidet man 5 P.: Gattung, Art, spezif. Unterschied, notwendige u. zufällige Eigenschaft. Bei *Kant* sind P. die aus seinen Kategorien abgeleiteten Verstandesbegriffe (die Kategorien selbst nennt er auch Prädikamente).

Pragmatismus (von griech. *prágma* = Handlung), von Ch. S. Peirce (1878) stammende Bezeichnung für eine dem Relativismus, Utilitarismus u. Positivismus verwandte philos. Grundhaltung. Alle Theorie u. jeder Wahrheitsvollzug haben danach keinerlei Eigenbedeutsamkeit, sondern erhalten alleinige Geltung aus ihrer Dienlichkeit für die Bewältigung praktischer Aufgaben. Kriterium der Wahrheit ist die Praktikabilität. Vertreter: J. Dewey, W. James, F. C. S. Schiller, H. Vaihinger. ↗Instrumentalismus. ↗Biologismus.

praktisch, allg.: auf ↗Praxis bezogen. *Kant* unterscheidet technisch-p. = auf Mittel bezogen u. moralisch-p. = auf sittliche Ziele bezogen, ethisch; die „Kritik der p. Vernunft" ist die Ethik Kants. Insofern im ↗Kategorischen Imperativ ein Unbedingtes als ↗Faktum erfahren wird, gebührt der p.en Vernunft bei Kant der Primat vor der theoretischen.

Prämisse (lat.), allg. Voraussetzung, in der Logik die als Obersatz (propositio maior) u. Untersatz (propositio minor) bezeichneten Urteile, die als Vordersätze in einem ↗Syllogismus dem Schlußsatz (conclusio) vorausgehen (↗Schluß).

Prästabilierte Harmonie (lat. *harmonia praestabilita* = vorherbestimmter Einklang), von ↗Leibniz vertretene Lehre von der Übereinstimmung alles Seienden (aller Monaden) in seinem Vorstellen u. Streben.

Praxis (von griech. *práttein* = handeln), das Handeln, das tätige Leben. Von Aristoteles stammt die Einteilung der Wissenschaften in theoretische (betrachtende), praktische (vom Handeln) u. poietische (herstellende). Die weitere Einteilung der prakt. Wissenschaften in phronesis (Einsicht, Gesinnung), oikonomia [Haus-]Wirtschaft) u. politika (Politik) bestimmt das mit P. gemeinte Handeln näherhin als öffentliches („gesellschaftliches"). Teilweise schon bei Aristoteles selbst wird die poiesis (Herstellung) mit zur p. gerechnet, woraus sich dann die übliche Gegenüberstellung von ↗Theorie u. P. ergibt. Zu den Disziplinen der prakt. Philosophie zählen ↗Ethik, ↗Politik, ↗Rechts-, ↗Sozial-, ↗Geschichtsphilosophie. – Eine „reine" Scheidung von *Theorie u. P.* (oder, nach Habermas, „Erkenntnis u. Interesse") wird angesichts der Erkenntnisse moderner Psychologie u. Tiefenpsychologie sowie der technisch-wissenschaftlichen Weltbeherrschung fragwürdig. Auch vermeintlich uninteressierte „reine Theorie" ist (technisch oder ideologisch) auswertbar, hat also (mindestens möglicherweise) prakt. Bezug, ganz abgesehen vom subjektiven Interesse desjenigen, der sie betreibt. Dennoch ist es nicht angemessen, die Theorie aus diesem Grund der P. einfach zu subsumieren (wie der ↗Pragmatismus will); zwar sind beide aufeinander verwiesen, es läßt sich jedoch weder Theorie in P. noch diese in Theorie auflösen, da beides ursprüngl. Phänomene sind. Das Verhältnis beider läßt sich adäquat am ehesten als das der Gleichursprünglichkeit beschreiben.

Prinzip (lat. *principium,* griech. *archè*), Anfang, Grundsatz, Regel. Insbes. der ↗*Grund,* der Ursprung oder das Erste, das innerhalb einer (zeitlichen oder sachlichen) Ordnung ein von ihm Abhängiges ermöglicht, begründet u. bestimmt. Man unterscheidet: *Formal-P.ien* (logische Regeln des Denkens) u. *Material-P.ien* (ontologischer Grund des Seins, Erkenntnisgrund des Denkens, Grundsatz des Handelns).
Als *prima principia per se (intellectui) nota* bezeichnet die scholastische Philosophie im Anschluß an Aristoteles' Bestimmung der „Axiome" diejenigen P.ien, die dem Menschen als Geistwesen von sich her schon bekannt (aber freilich noch nicht ausdrücklich erkannt) sind (z. B. Satz der Identität, Satz vom ausgeschlossenen Dritten).

Problem (griech. = das Vorgelegte), Aufgabe, bes. eine noch nicht gelöste u. schwer lösbare wissenschaftl. Streitfrage. *Problematische Urteile* sind bei Kant solche, die eine bloß logische Möglichkeit angeben, ebensogut bejaht als auch verneint werden können. – In der Theologie u. modernen Philosophie wird das, wenn auch noch ungelöste, so doch grundsätzlich (innerhalb des schon Erkannten) lösbare P. vom grundsätzlich unlösbaren, nur *als* solches verstehbaren Geheimnis (Mysterium) unterschieden (vgl. G. ↗Marcel). Der ↗Grund alles Begreifens ist selbst nicht mehr im strengen Sinn begreifbar.

Proklos, griech. Philosoph, * 410 nC. Konstantinopel, † 485 Athen. Vollender des ↗Neuplatonismus der athenischen Schule.

Protagoras aus Abdera, bedeutendster griech. Philosoph der älteren ↗Sophistik, um 488–415 vC. Wegen Gottlosigkeit (Asebie) angeklagt; ertrank auf der Flucht aus Athen. P. vertrat gegen die Dichter die Unerkennbarkeit der Götter „wegen Nichtwahrnehmbarkeit u. weil das Leben des Menschen zu kurz ist". Von ihm der sog. homo-mensura-Satz: „Aller Dinge Maß ist der Mensch, der seienden, daß sie sind, der nicht-seienden, daß sie nicht sind." Trotz des sich daraus ergebenden Relativismus u. Subjektivismus anerkannte P. die Notwendigkeit von Polis, Recht u. Sitte. Plato beschäftigt sich mit seinen Thesen in den Dialogen P. u. Theaetet.

Przywara, *Erich,* * 1889 Kattowitz (Oberschlesien), † 1972 Murnau (Oberbayern). Bedeutender philos.-theolog. Schriftsteller in Zuwendung zu großen Gestalten der Geistesgeschichte (u. a. Augustinus, Thomas v. Aquin, Kierkegaard, Newman, Nietzsche, Scheler). Sein Hauptwerk galt der an eine Formulierung des IV. Laterankonzils anknüpfenden Lehre von der *„analogia entis"* (der Seinsbeziehung zwischen Gott u. der Schöpfung).

Pseudo-Dionysius, auch Dionysius Areopagita, Bezeichnung für den Verfasser mehrerer Schriften 5. Jh. nC., der sich als jener in der Apostelgeschichte 17, 17–34 erwähnte Anhänger des Paulus ausgibt, eine Synthese von ↗ Neuplatonismus u. Christentum suchte u. bis ins hohe Mittelalter eine bedeutende Lehrautorität darstellte.

Psyche (griech.), in der griech. Philosophie das Leben oder die ↗ Seele als Bewegungsprinzip u. Seinsweise des lebendigen Körpers.

Psychologie (griech)., Lehre von der Seele (griech. *psyché)* u. ihren Erscheinungen. Die philosophische (metaphys. oder rationale) P. fragt nach dem Wesen der ↗ Seele, ihrer möglichen Freiheit u. Unsterblichkeit. Wird dabei ausdrücklich der ↗ Mensch als das geistig-seelisch-leibliche Wesen befragt, so wird die P. zur philos.-psycholog. ↗ Anthropologie.
Die erste *philos.-systematische P.* schrieb Aristoteles. Seine Auffassung von der Seele als der ersten ↗ Entelechie, dem belebenden Grundprinzip des Körpers mit den 3 Grundvermögen Ernährung, Empfindung u. Denken, beherrschte das Altertum u. noch das Mittelalter. Die Fortschritte naturwissenschaftl. Beobachtung u. Überlegung brachten eine Erneuerung. Descartes führte den folgenreichen radikalen Dualismus von Bewußtsein u. Ausdehnung, damit verbunden von Seele u. Leib, ein, deren Verhältnis dann als das zweier unabhängiger Substanzen im Sinn des *(Psychophysischen) Parallelismus* gedeutet wurde. Hume u. der englische Empirismus lösten die Seele (u. das Ich) in ein „Bündel von Vorstellungen" auf (Aktualitätstheorie). Nach

Wolffs endgültiger Trennung von rationaler u. empirischer P. verwarf Kant beide: die empirische, weil sie seinem (zu engen mathemat.) Wissenschaftsbegriff nicht genügte, die rationale, weil sie auf Trugschlüsse aufbaue.

Im 19. Jh. erfolgte die Ausgliederung der P. aus der Philosophie. Sie orientierte sich am Methodenideal der experimentell-exakt arbeitenden Naturwissenschaften (Herbart, Fechner, Wundt). Ihre Hauptform war die *Assoziations-* oder *Elementen-P.*, die das Seelenleben aus isolierten Elementen, hauptsächlich Empfindungen, begreifen wollte, welche einzig durch das Assoziationsgesetz verbunden seien. Demgegenüber stellte Ende 19. Jh. die sog. *geisteswissenschaftliche P.* (auch „Struktur-P."; Dilthey, Spranger, Litt) die Eigenständigkeit (so schon Carus) des nach Erleben, Ausdruck u. Verstehen zu betrachtenden Seelischen heraus. Gegen den „Atomismus" der Elementen-P. wandte sich insbes. die *Ganzheits-* (Ehrenfels, Krueger) u. *Gestalt-P.* (Köhler, Wertheimer). Die entscheidendsten Umbrüche kamen dann von der *Psychoanalyse* Freuds u. vom *Behaviorismus* Watsons, die sich beide gegen die bisherige Bewußtseins-P. wandten, freilich in entgegengesetzter Richtung. Der Behaviorismus geht unter Ausklammerung des Erlebnisaspekts ausschließlich auf den „Außenaspekt", das Verhalten. Die Psychoanalyse geht gerade umgekehrt zurück auf das Innerst-Seelische, das Unbewußte. Beide Bewegungen haben in der Folgezeit mannigfache Umgestaltungen, z.T. auch Berichtigungen erfahren; so wurde die Psychoanalyse in mehreren Richtungen der ↗ Tiefen-P., der Behaviorismus in einer großen Zahl maßgeblicher Strömungen vor allem der nordamerikan. P. (verschiedene Formen des „Operationismus"; Lerntheorie usw.) weitergeführt.

Die gegenwärtige Situation der P. ist durch die Aufgabe einer kritischen Integration des in den verschiedenen Schulen Herausgearbeiteten gekennzeichnet. Der Methodenpluralismus der P. u. ihre gegenwärtige Öffnung gegenüber anderen Gebieten sind positiv zu werten als Indiz dafür, daß sie ihrer Wesensbestimmung, eine der Wissenschaften vom ganzen Menschen zu sein, zu entsprechen auf dem Weg ist.

Psychologismus (griech.), die Anschauung, die alles geistige Sein u. Geschehen (im logischen Denken, künstlerischen Gestalten, sittlichen Handeln, religiösen Erfahren usw.) nur als Bedeutsamsein für das seelische Erleben des Einzelnen, eines Menschentyps oder geschichtlichen Menschentums versteht.

Damit wird die Psychologie, die wesensgemäß begrenzte Einzelwissenschaft ist, zur Grundwissenschaft aller ↗Geisteswissenschaften u. die psycholog. Methode zur ausschließl. Methode aller geisteswissenschaftl. Fragestellungen erhoben. Als Grundweise möglichen Fragens u. Verstehens überhaupt beansprucht der P., zugleich Philosophie zu sein, ist aber in Wahrheit die Auflösung der philos. Frage nach ↗apriorischen Strukturen u. ihre Verfälschung zur Frage nach den empir. Bedingungen der Möglichkeit des Denkens, Handelns u. Erfahrens in dem sich ändernden psych. Subjekt allein. Damit verfällt der P. dem Relativismus u. Subjektivismus. Nachdem er im 19. Jh. weite Verbreitung erreicht hatte, erfuhr er durch E. Husserl seine entscheidende Kritik.

Psychophysischer Parallelismus, philos. Lehre, nach der die physischen u. die psychsichen Vorgänge streng parallel zueinander verlaufen, ihre „Übereinstimmung" also nicht Folge irgendeiner Wechselwirkung ist (welche Annahme eine Mißachtung der dimensionalen Verschiedenheit beider Bereiche bedeuten würde, die insbes. die Aufhebung der Geschlossenheit des Kausalzusammenhangs im Physischen zur Folge hätte). Hauptvertreter: der Okkasionalismus, Spinoza, Leibniz (prästabilierte Harmonie), Schelling, Schopenhauer, Fechner, Wundt.

Pufendorf, *Samuel* Frh. v., Rechtsphilosoph u. Historiker, * 1632 Dorf-Chemnitz, † 1694 Berlin. Mitbegründer der rationalist. Naturrechtstheorie der Aufklärung, 1661 nach Heidelberg auf den ersten Lehrstuhl für Natur- u. Völkerrecht in Deutschland berufen.

Pythagoras, griech. Philosoph, * um 582 vC. Samos, † 497/496 Metapontion (Unteritalien). Gründete in Kroton einen ethisch-religiösen Bund *(Pythagoreer)* mit Gütergemeinschaft, dessen kultischer Mittelpunkt die „Orgien" waren. Die *Pythagoreischen Mysterien* erhielten sich selbst nach gewaltsamer Zerschlagung des Bundes um 420 (?) noch lange weiter. P. lehrte die Zahl als Wesensstruktur der Dinge u. erkannte die Grundtatsachen der Harmonik, die er auf den bewegten Himmel anwandte (Sphärenharmonie). Er soll die Welt als erster als ↗Kosmos bezeichnet haben. Von der Orphik beeinflußt, lehrte er die Seelenwanderung; sein Bund war nach streng aristokratischen Prinzipien verfaßt, das Wort P.' („autos epha", er hat es gesagt) galt bald als Offenbarung.

Q

Quine, *Willard van Orman,* armerikan. Philosoph, * 1908 Akron. 1948 Prof. in Harvard. Vertreter der ↗ analytischen Philosophie, der die log. Sprachanalyse wieder mit ontolog. Grundfragen zu verbinden sucht. Bestritt die Möglichkeit einer scharfen Abgrenzung zwischen analytischen u. synthetischen Sätzen, zwischen Apriori u. Empirie. Aus der Bezogenzeit jeder Sprache auf Seiendes u. der unübersteigbaren Pluralität der Sprachen ergibt sich ein „ontologischer Relativismus".

R

Rahner, *Karl,* * 1904 Freiburg i. Br., † 1984 Innsbruck. Seit 1922 Mitglied des Jesuitenordens. Philosophiestudium u. a. in Freiburg i. Br. bei M. Heidegger u. M. Honecker. Lehrtätigkeit in Innsbruck 1936–39 (Auflösung der Theol. Fakultät), 1948 Prof. ebd., später München u. Münster i. W. Einer der einflußreichsten u. weitblickenden Theologen seiner Zeit. In Fortführung des Marechalschen Ansatzes u. Aufnahme fundementalontolog. Analysen Heideggers suchte er transzendentalphilos. die thomist. Seins- u. Erkenntnislehre zu erneuern. Entsprechend führte seine anthropolog. Wendung der Theologie zu einer transzendentaltheolog. u. religionsphilos. Fassung der geschichtlich-existenzialen Möglichkeitsbedingungen des Menschen für das Hören der Selbstoffenbarung Gottes („übernatürliches Existenzial" als zeitgemäße Erneuerung des Gedankens der potentia oboedientialis).

Ramus, *Petrus* (Pierre de la Ramée), französ. Philosoph, * 1515 Cuth bei Soissons, † 1572 Paris (Bartholomäusnacht). Calvinist, Humanist, Gegner des Aristotelismus, Reformator der vorcartesianischen Logik u. Methodologie.

Ratio (lat. ursprüngl. Rechenschaft), Vernunft, Grund (als r. essendi Seins-, als r. cognoscendi Erkenntnis-Grund); im engeren Sinn der diskursive ↗Verstand. Vgl. ↗Rationalismus. Das erstmals von Leibnitz ausgesprochene principium reddendae rationis sufficientis (= Grundsatz vom zuzustellenden zureichenden Grund; Kurzform = *Satz vom Grund:* nihil est sine ratione = nichts ist ohne Grund) besagt, daß jedes Seiende als solches einen zureichenden ↗Grund hat dafür, daß es ist (u. nicht nicht ist) u. daß es so ist, wie es ist (u. nicht anders) u. daß dieser Grund in der Erkenntnis dieses Seienden beizubringen ist.

Rationalismus (lat.), 1. allgemein die Anschauung, die den Wesensbezug des Menschen zur Welt im ganzen aus dem Geist begründet, als den Vollzug dieses Grundverhältnisses das Denken u. als vorzügliche (wenn auch nicht einzige) Weise des menschl. Denkens die begriffl. Erkenntnis betrachtet, die aus der tätigen Kraft der Vernunft *(nous, intellectus)* u. dem empfangenden Vermögen der Sinnlichkeit *(aisthesis, sensatio)* zustande kommt durch den begriffsbildenden, „logischen" Verstand *(dianoia, ratio)*.

Damit ist verknüpft ein gemäßigter ↗Dualismus, sofern die Wirklichkeit als Einheit zweier verschiedener Seinsbereiche gedeutet wird, u. allg. der Idealismus, sofern der Bereich der beständigen u. einigenden „ideellen" Wesensstruktur als vorrangig erfahren wird gegenüber dem Bereich der veränderlichen u. mannigfaltigen „materiellen" Stofflichkeit. Zugleich wird darin die ethische Forderung an den Menschen erfahren, seinen Willen bewußt zur Erhaltung u. Verwirklichung dieser Ordnung einzusetzen u. diesem sittlichen Wollen auch die an sich ungeformte Kraft seines Trieblebens unterzuordnen. Die rationalist. Anschauung spricht sich formelhaft aus in der Wesensbestimmung, daß der Mensch ein *zoon logon echon* (= Lebewesen, das den Logos hat; Aristoteles), ein *animal rationale* (= erkenntnisfähiges Lebewesen; Thomas von Aquin) ist u. daß *„alles Menschliche dadurch u. allein dadurch menschlich (ist), daß es durch das Denken bewirkt wird"* (Hegel). Der R. in diesem allgemeinen Sinn ist Grundzug jeder „Aufklärung" als der vom Menschen in einer geschichtl. Epoche notwendig zu übernehmenden Aufgabe, sein Leben an solchen Maßstäben auszurichten, deren Gültigkeit er selbst einzusehen vermag. R. in diesem Sinn ist Grundweise des abendländischen Selbst- u. Weltverständnisses (bes. seit Sokrates u. Platon), wie es sich systematisch in der Metaphysik auslegte.

2. Im besonderen wird unter R. verstanden eine geistige Bewegung der ↗Aufklärung im 17./18. Jh. Sie ist zunächst äußerlich dadurch gekennzeichnet, daß Ratio nunmehr die Bedeutung des höchsten geistigen Vermögens, der Vernunft, erlangt, Intellekt dagegen die des niederen geistigen Vermögens, des Verstandes. Gleichzeitig aber wird die denkende Vernunft als Ratio vom erkennenden Verstand her ausgelegt. „Logik" ist danach in erster Linie Logik der verständig erkennenden Vernunft; logisch, rational oder vernünftig denken heißt eigentlich u. mit Gewißheit erkennen, nämlich aus den obersten metaphys. Prinzipien, den „ewigen Grundwahrheiten", widerspruchslos die Wesensstruktur der Welt im ganzen zu deduzieren, wogegen der Intellekt nur mehr die Aufgabe hat, die sinnliche Mannigfaltigkeit unter die Herrschaft der zum voraus erkannten Ordnung

zu bringen. Widerspruchslos deduzieren u. mit Gewißheit erkennen aber kann die menschl. Vernunft nur, weil sie die obersten metaphys. Wahrheiten nicht nur als solche, die ihr
„vorgegeben" sind, vernimmt, sondern diese u. auch bereits die
allg. Wesens- u. Wertbegriffe als solche, die ihr „eingegeben"
sind, schon immer im Besitz hat (angeborene oder eingeborene
Ideen u. Begriffe, *ideae* u. *notiones innatae*) u. sich ihrer versichern kann, indem die Vernunft nur auf sich selbst reflektiert,
im Selbstbewußtsein sich ihrer gewiß wird u. im vernünftig ver-
fahrenden Denken als „Vorstellen" unbeirrbar das Wahre findet
(Descartes, Spinoza, Leibniz).
Die Begründung des neuzeitlichen R. geschah so in der bewußten Zurücknahme des Menschen auf sich selbst als des allen Ein-
zeldingen voraus- u. zugrunde liegenden „Subjekts". Das
entsprang teilweise der Notwendigkeit, nach dem fragwürdig
gewordenen mittelalterlichen Weltbild eine neue Ordnung zu
entwerfen u. hierfür ein neues Fundament zu gewinnen. Doch
konnte diese Notwendigkeit auch umschlagen in die Voraussetzung der grundsätzl. u. unbeschränkten Begreifbarkeit u. damit
Beherrschbarkeit der Welt u. in die Annahme eines unbegrenzten Fortschritts des menschlichen Bemühens, sich allein aus eigener Kraft in dieser Welt einzurichten. In der Ernstnahme der
Endlichkeit des Menschen band deshalb ↗Kants *kritischer R.* das
Erkennen u. Begreifen zwar wieder grundsätzlich an die sinnl.
Erfahrung u. schränkte somit das Wissen (des Verstandes) ein,
um dem Glauben Raum zu schaffen, doch galt dieser Raum ihm
nur als ein streng begrenzter durch die u. innerhalb der „reinen
Vernunft". ↗Hegels *universaler R.* nahm die absolute Begreifbarkeit des Seienden im ganzen wieder auf, deutete sie jedoch
aus dem in der Geschichte sich vollziehenden Selbst-Begriff der
absoluten Vernunft, für welche die menschliche Vernunft nur
endliches Medium ist. Der ↗*Kritische R.* K. Poppers u. H. Alberts knüpft zwar an Kant an, aber nimmt das Apriori nur als
Gesamtheit der Hypothesen, die geändert werden müssen, wenn
sie sich nicht bewähren.

Raum, zunächst als Erfahrungs- oder Erlebnis-R. die durch den
Wahrnehmungshorizont begrenzte u. mit materiellen Dingen
erfüllte, nach oben u. unten, rechts u. links, Nähe u. Ferne gegliederte Ausgedehntheit, die im qualitativen Erfahrungscharak-
ter abhängig ist von der Beschaffenheit der Dinge u. dem
Zustand des Erfahrenden u. perspektivisch bezogen ist auf des-

sen augenblicklichen Standort. Doch ist bei jeder Erfahrung der Welt-R. im Bewußtsein mit gegenwärtig als Gesamtheit u. Inbegriff (↗Horizont) aller möglichen Erfahrungsräume. – Losgelöst von seiner qualitativen Bedeutung für ein bestimmtes Erfahrungsbewußtsein u. nur in seiner materiellen Erfülltheit u. Bezogenheit betrachtet, wird er zum Träger des *physikal. Geschehens.* (Relativitätstheorie.)

Nach der antiken Atomistik (Demokrit) ist der R. eine Art leeres Behältnis, bei Aristoteles die umschließende Grenze alles Seienden, bei Leibniz nichts selbst Seiendes, sondern die Ordnungsvorstellung koexistierender Monaden zueinander, bei Kant sind R. u. Zeit Anschauungsformen a priori.

Realismus (von lat. *realis* = wirklich), *metaphysisch:* die Anschauung, daß das begriffliche Allgemeine (↗Universalien) auch unabhängig vom menschl. Denken u. „vor" *(platonischer R.)* oder „in den Dingen" *(aristotelischer* oder *gemäßigter R.)* selbst wirklich sei; im Gegensatz zum ↗Nominalismus. In der Scholastik waren Hauptvertreter des platon. R. Wilhelm von Champeaux u. Anselm von Canterbury, des aristotel. R. Thomas von Aquin. – Sofern der metaphys. R. den Ideen selbst Realität zuspricht, wird er auch *Ideal-R.* oder *Real-Idealismus* genannt.

In der *Erkenntnislehre:* die Anschauung, es gäbe eine vom menschlichen Denken unabhängige, aber in ihm erkennbare Wirklichkeit (Problem der ↗Realität). Der *naive R.* setzt diese Erkennbarkeit uneingeschränkt voraus, der *kritische R.* fordert die Reinigung der Wahrnehmung von bloß subjektiven Momenten u. die Bewährung der ideellen Annahmen des Erkennens, dem grundsätzlich eine hypothet. Näherung an die (subjektsunabhängig gedachte) Welt möglich sei. ↗Kant vertrat für die Weltwirklichkeit in Raum u. Zeit einen empirischen R., aber einen transzendentalen ↗Idealismus.

Realität (lat.), allg. eine Weise von ↗Wirklichkeit. In der *Scholastik* ist R. eine der *transzendentalen Bestimmungen.* Sie besagt, daß alles, was überhaupt ist, einen sachlichen Gehalt, eine inhaltliche Bestimmtheit u. Wesensverfassung aufweist. Somit liegt R. der Unterscheidung von Möglichsein u. Wirklichsein, sofern dieses ↗Aktualität besagt, voraus u. geht durch sie hindurch. Die unbeschränkte Fülle aller sachlichen Wesensbestimmungen (omnitudo realitatum) liegt vor im Denken (Idealität) des ens realissimum (= Gott). R. wird also letztlich von der absoluten Idealität her ausgelegt (was bei Hegel wieder ganz ausdrücklich wird). Für endliches Denken jedoch ist die R. gespalten in die seiner selbst (eine „ideale" R.) u. in die des Seins (eine „reale" *R.*). *Bei Descartes* wird diese Differenz zu der von realitas obiectiva (bloß subjektiv vorgestellte R.) u. realitas actualis sive formalis (in der Beständigkeit der Dinge selbst gegebene R.). Diese Unterscheidung gibt den Boden ab für das später diskutierte Problem der „R. der Außenwelt". Bei *Kant* wird dann unter Beibehaltung des Grundsinns von R., nämlich Sachheit, u. in ausdrücklicher Wendung gegen eine Vermischung u. Verwechslung derselben mit Aktualität die R. als Kategorie des Verstandes zu einer Bestimmung dessen, was einer jeden sinnlich-vermittelbaren Vorstellung (Erscheinung) als solcher zugehört: die realitas phaenomenon, d.h. das Reale als das erste quale (die Kategorie der R. gehört zur Gruppe der Qualitätskategorien) eines sinnlich Gegebenen überhaupt. Und die „objektive R." der Kategorien meint deren Gültigkeit für ein jedes erfahrbare Objekt aufgrund ihrer apriorischen Zugehörigkeit zu jedem Gegenstand als Gegenstand. R. geht also nicht mehr auf das Seiende an ihm selbst (in transzendentaler R.); denn das „An sich" ist für uns nicht gegenständlich (real) erkennbar, sondern lediglich grenzbegrifflich (ideenhaft) anzielbar. So lehnt Kant infolge seiner Trennung von Sein u. endlichem Denken die Erkennbarkeit sowohl der Fülle des absoluten Seins (omnitudo realitatum) als auch von deren Verwirklichung im absoluten Denkvollzug des ens realissimum (die beide für den traditionellen Sinn von R. bestimmend waren) ab u. verweist sie beide als gleichwohl für uns notwendig zu denkende, aber bloß subjektiv bleiben müssende „Ideen" in den Bereich bloßer („transzendentaler") Idealität.

Recht, im Sinn von R.s-ordnung die an der Idee der ↗ Gerechtigkeit ausgerichtete, allgemeinverbindliche abstrakte Ordnung typischer zwischenmenschlicher Beziehungen innerhalb einer polit.-sozialen Gruppe, für welche die Kodifizierung sowie für den Fall der Nichtbeachtung die Ausstattung mit Zwangsmitteln zu ihrer Erzwingung (Recht muß durchsetzbar sein) wesentlich sind. R. in diesem Sinn zeigt sich äußerlich als ↗ Macht-Abgrenzung. Wesentlich ist jeder R.s-ordnung (im Unterschied zur bloßen Machtordnung) zumindest das Tendieren nach Verwirklichung von Gerechtigkeit. Für die auf dem ↗ Naturrecht beruhende R.s-philosophie u. für neuere, von der Phänomeno-

logie Husserls herkommende Richtungen spiegelt sich im R.,
wenn auch mit verschiedener Begründung, Eigentliches des
menschlichen Seins selbst wider. Das R. ist fraglos von geschichtlich wechselnden Grundbedingungen des menschlichen
Daseins, von den gesellschaftlichen, wirtschaftlichen u. psycholog. Tatsachen (so auch von polit. Macht), überhaupt von den
Realitäten des Lebens mitbestimmt, aber es enthält doch –
ebenso wie die Moral – seinen entscheidenden, unter diesen geschichtlichen Bedingungen je entsprechend auszuformenden Inhalt vom Gebot der Mitverantwortung her. Deshalb gehört zum
Recht korrelativ der Begriff der moralischen ↗Pflicht. R. u.
↗Moral sind in der Idee unlöslich miteinander verbunden; R.s-
bereich ist Teilbereich des Sittlichen, ethisches Minimum. Ihn
deshalb aber gänzlich – wie Kant im Begriff der ↗Legalität – von
der Innerlichkeit zu trennen, ist nicht möglich, da eine R.s-ord-
nung ohne entsprechende R.s-gesinnung nicht aufrechtzuerhal-
ten ist. Übereinstimmung des R. mit der sittlichen Ordnung
verleiht dem R. erst verpflichtende Kraft. ↗Rechtsphilosophie.

Rechtshegelianer ↗Hegelianismus.

Rechtsphilosophie fragt nach Wesen, Aufgabe u. Stellung des
↗Rechts u. dem Sinn der Rechtsordnung im Ganzen sowohl des
Lebens u. der lebendigen Gemeinschaften wie des Weltbezugs
des Menschen. Sie ist Zweig der allg. Philosophie, insbes. der
↗Ethik, deren Ergebnisse sie, zusammen mit Theoremen aus der
↗Ontologie u. ↗Anthropologie, für den Bereich des Rechts
nutzbar zu machen versucht. (Systeme der R. sind insofern philos. sekundär. Sie richten sich – ausgesprochen oder unausge-
sprochen – letztlich nach den ontologischen Grundlagen des
Systems.) Rechtsphilos. Untersuchungen u. Überlegungen sind
seit den frühesten Zeiten abendländischen Denkens angestellt
worden (in Vorsokratik u. Sophistik); eine mehr oder minder
ausgearbeitete R. kennen alle Klassiker der Philosophie (Platon,
Aristoteles, Augustin, Thomas, dann Kant, Hegel). Die historisch wichtigsten Strömungen der R. sind: ↗Naturrecht, historische Rechtsschule, Rechtspositivismus, kantische u. neukantianische R.

Reduktion (lat.), in der ↗Phänomenologie E. Husserls methodolog. Grundbegriff: als *phänomenologische R.* die Einklamme-
rung der Wirklichkeitsannahmen u. damit die Reduzierung

eines in den Blick genommenen Faktums auf das ↗Phänomen; als *eidetische R.* die Zurückführung des Phänomens auf das in ihm Wesentliche; als *transzendentale R.* der Rückgang auf das jedwede Wesenhaftigkeit konstituierende reine transzendentale Bewußtsein. – Logisch-außerphänomenologisch ist R. die der ↗Deduktion entgegengesetzte Urteilsbildung durch Rückführung auf die ersten Schlußfiguren u. ersten Grundsätze. – In kritischer Wendung bezeichnet R. auch die Einschränkung des Blickfelds u. die Verengung einer gegenständlichen Fülle auf wenige Grundeigenschaften.

Reflexion (lat., Zurückbeugung, Spiegelung), als Nachdenken des Denkens über sich, sein Gedachtes u. den Denkenden der Rückstieg zu den Voraussetzungen, Bedingungen u. Gründen im ↗Bewußtsein als dem ermöglichenden Vollzugsort von Denken u. seiner R.; R. ist damit der Rückgang des denkenden Bewußtseins zu sich selbst, Vergegenwärtigung seiner ↗transzendentalen Strukturen als Freilegung seiner Ersthinblicke (↗Apriori), seiner Horizonte u. konstituierenden Bewußtseinsakte. – Die R.s-bewegung des Bewußtseins führt in der Tradition der Metaphysik (Aristoteles, Thomas von Aquin, Hegel) zum überindividuellen ↗Geist, will Wissen des Wissens werden, d. h. erstrebt Gewißheit. Für Kant bedeutet R. den bei der Begriffsbildung leitenden Hinblick auf das Wesentliche, der es allererst ermöglicht, vom Unwesentlichen abzusehen u. das für eine Sache Bedeutsame auf den Begriff zu bringen (↗Abstraktion). Eine absolute u. restlose R. des Bewußtseins als dessen selbständige Tat ist nicht möglich, weil jeder solche Akt Vollzug dieses bestimmten Subjektes ist, somit Vorentscheidungen übernehmen muß, die es unmöglich selbst wieder in voller gleichzeitiger u. uneingeschränkter Präsenz gegenwärtig haben kann.

Regreß (lat.), in der Philosophie der Rückgang vom Bedingten zur Bedingung, vom Abgeleiteten zum ↗Grund; *Regressus in infinitum,* das unabschließbare Zurückverfolgen von Ursachen ins Unendliche, das an keiner beliebigen Stelle der ontisch-empirischen Reihe abgebrochen werden kann, wohl aber überschreitbar ist auf den ontolog.-transzendentalen Voraussetzungsbereich der Reihe im ganzen selbst hin.

Reid, *Thomas,* schott. Philosoph, * 1710 Strachan b. Aberdeen, † 1796 Glasgow. Gegner Humes, Hauptvertreter der „Common-Sense"-Lehre der ↗Schottischen Schule.

Reimarus, *Hermann Samuel,* Philosoph u. prot. Theologe, * 1694 Hamburg, † 1768 ebd. Vertreter einer deistischen Vernunftreligion der Aufklärung. Teile aus Abschriften seiner „Apologie" durch Lessing (1774) veröffentlicht (Wolffenbüttler Fragmente).

Relation (lat.), Beziehung, Verhältnis zwischen mehreren Seienden (den Relaten). Während R. in der aristotelisch-scholastischen Tradition eine der Akzidenz-Kategorien ist, wird sie bei Kant zu einer die Kategorien der Substanz, der Kausalität u. der Wechselwirkung umfassenden Klasse von Kategorien u. schließlich zum universalen Strukturmoment aller Erscheinungen u. Gegenstände schlechthin. In unterschiedlicher Weise löst seither im System-, Funktions- u. ↗Struktur-Denken die R.alität alles Seienden das Verständnis einer bleibenden Substanzialität mehr u. mehr ab.

Relativismus (lat.), die Anschauung, daß es eine absolute, umfassende Wahrheit u. allgemein-verbindliche Sittlichkeit für den Menschen nicht gibt, daß vielmehr alles Erkennen *(erkenntnistheoret. R.)* nur bezogen (relativ) auf u. abhängig von veränderl. Bedingungen ist (z. B. der individuell oder kulturell bestimmten Denkstruktur) u. auch das sittl. Handeln *(ethischer R.)* jeweils nur ausgerichtet ist an wechselnden Maßstäben und Rechtsideen. ↗Historismus. – Vgl. dagegen ↗Geschichtlichkeit, ↗Perspektivismus.

Religionsphilosophie, die philos. Erörterung der Religion überhaupt als des wesentlichen Hingeordnetseins des Menschen auf das Heilige, auf Gott, wogegen die philos. Theologie danach fragt, wie ↗Gott selbst sich auf die Welt u. den Menschen bezieht. Unter Berücksichtigung der Forschungen der vergleichenden Religionswissenschaft beschreibt die R. phänomenologisch den relig. Akt, nämlich die Grundformen des Kultus, die Grundeinstellungen des relig. Menschen u. die Grunderscheinungsweisen des Heiligen. Von dem gewonnenen Wesensbegriff aus sucht sie zu klären, inwiefern das Wesen der Religion in den geschichtl. Religionen verdeckt ist oder zur Erscheinung gelangt.

Darüber hinaus fragt sie nach der Möglichkeit u. Notwendigkeit der Offenbarung als Erfüllung u. zugleich Überwindung jeder „natürlichen" Religion.

R. in ihrer disziplinären Ausgestaltung wurde erst möglich im Zug der neuzeitlichen Wende der Philosophie zum Subjekt als Ansatzpunkt aller Reflexion. Dennoch blieb für sie wenigstens grundsätzlich eine positive Beziehung zur Religion überhaupt (als einem in sich sinnvoll-„objekt"-bezogenen Verhalten des Menschen) charakteristisch, so auch, in unterschiedl. Weise, bei Kant u. insbes. Hegel. Wirksame Anstöße für das religions-philos. Denken gaben Kierkegaard, von der Phänomenologie her insbes. Scheler sowie R. Otto. – Mit der Reduktion aller Theologie u. auch R. auf Anthropologie u. Soziologie seit Feuerbach u. Marx wandelt sich R. zur *Religionskritik.* In ihrer extremsten „atheistischen" Form versteht sie Religion schlechthin als geschichtlich-gesellschaftlich bedingte (Fehl-)Leistung des Subjekts, das religiöse Mensch-Gott-Verhältnis als das (mißglückte oder noch nicht geglückte) Selbstverhältnis des Menschen zu sich, als Verdeckungsphänomen seiner Selbst-↗Entfremdung. Religionskritik untersucht diese geschichtlich-gesellschaftlichen Bedingungen u. die entsprechenden „abhängigen" Formen der Religion (vgl. ↗Ideologie) u. will so weitgehend zugleich der Beseitigung dieser Bedingungen u. der Versöhnung des Menschen mit sich dienen, worin Religion (wie ↗Metaphysik) überflüssig werde.

Revolution (von lat. *re-volvere* = zurückwälzen), zuerst astronomisch (u. astrologisch) gebraucht: der „Umschwung" eines Himmelskörpers in seiner Bahn, das Sich-Zurückwälzen zum „Anfang". Dieser Anfang, aus dem dann ein neuer Umschwung beginnt, wird zugleich aufgefaßt als (heiler) Ursprung u. sein Wiedererreichen damit als renovatio rerum, Erneuerung (aller) Dinge.

Die Heilserwartung (allerdings nicht im Sinn einer Rückkehr zum „Ursprung") ist auch mit dem modernen, geschichts-, politik- u. sozialtheoretischen Begriff der R. verbunden: aus einer Situation (sozialen) Unheils soll der Umschlag erfolgen in eine neue, zeitadäquate u. somit gerechte Herrschafts- u. Gesellschaftsordnung. Nach Griewank (Der neuzeitliche R.s-begriff, 1955) zeichnet sich dieser an der Franz. R. von 1789 orientierte Begriff aus durch 1. eine gewaltsame Veränderung der Herrschaft (Gegensatz: Evolution), die 2. von einer breiten Bewegung getragen wird (Unterschied: Revolte) u. sich 3. als die Verwirklichung eines theoretisch-ideologischen Programms versteht. R. als das Ereignis einer qualitativen Veränderung der Geschichte (Marx-Engels) verstehend, unterscheidet sich die moderne R.s-auffassung von den vergleichbaren älteren Begriffen: der metabole bei Aristoteles, den mutazioni bei Macchiavelli, den changements bei Bodin, die jeweils Veränderungen innerhalb eines als feststehend u. bekannt vorausgesetzten Horizonts geschichtlicher Möglichkeiten meinen, während der moderne R.s-begriff auf ein Phänomen zielt, durch das die Geschichte als ganze verwandelt wird. Insofern der Sinn dieses Prozesses der Verwandlung der Geschichte nicht in der Erreichung eines Ergebnisses u. der Beruhigung in diesem Ergebnis gesehen wird, sondern in der Bewegung der Verwandlung selbst, spricht man heute auch von der Notwendigkeit einer *permanenten R.,* welche die R.en mit ihrem „Pathos der Katastrophe" ablösen soll u. eine ständige Befreiung der Gesellschaft zu sich selbst *ohne* Gewaltsamkeit anzielt. In wissenschaftstheoret. u. -historischen Bereich wird vielfach die Geschichte der Wissenschaften nicht mehr als kontinuierlicher Fortschritt, sondern als durch Umbrüche (wissenschaftliche R.en) der gegenständlichen u. methodischen Leitbilder (↗Paradigma; Th. S. Kuhn) hindurch gehendes Geschehen aufgefaßt.

Rickert, *Heinrich,* * 1863 Danzig, † 1936 Heidelberg. Hauptvertreter der ↗Badischen Schule des Neukantianismus.

Rosenzweig, *Franz*, jüd. Philosoph, * 1886 Kassel, † 1929 Frankfurt a. M. Ein Erneuerer jüdisch-christlichen Religionsgespräches (mit R. Rosenstock-Huessy); vollzog gleichzeitig mit F. Ebner u. M. Buber die Wende zur ↗Dialogischen Philosophie.

Rosmini-Serbati, *Antonio,* Graf, italien. Philosoph, Theologe u. Politiker, * 1797 Rovereto, † 1855 Stresa. Kritiker der aristotel. Philosophie, kommt er zu einem gemäßigten ↗Ontologismus, nach dem der Mensch nur von dem unbestimmten möglichen Sein eine angeborene Idee besitzt, die er dann mit wachsender Erfahrung durch „intellektuelle Perzeption" inhaltlich erfüllt. Politisch um die nationale Einigung Italiens bemüht.

Rousseau, *Jean-Jacques,* franzöſ.-ſchweizer. Schriftſteller, Kulturkritiker u. Philoſoph, * 1712 Genf, † 1778 Ermenonville bei Paris. Den eigenen Charakterſchwächen ſetzte er die radikale Forderung nach einer „Urnatur" entgegen. Alle Unvollkommenheit kommt von Geſellſchaft, Wiſſenſchaft u. Künſten. Primär ſind nach R. die Geſetze der Natur u. des Herzens; das Gewiſſen weiß zuverläſſig, was gut u. ſchlecht iſt. Sein *Discours sur les sciences et les arts ...* (1750) legt dar, daß an die Stelle der Tugend das Talent u. die Gelehrſamkeit als Urheber der Ungleichheit getreten ſeien, während die Menſchen urſprünglich in natürlicher Unſchuld u. Armut ein glückliches Leben geführt haben. Später führte R. im *Discours sur l'origine et les fondements de l'inégalité ...* (1754) auch die Entſtehung des Eigentums als Grund für die polit. Ungleichheit an, die zum Abſchluß eines Staatsvertrages (Hobbes) u. der völligen Verkehrung der natürl. Ordnung durch geſetzloſe Deſpoten geführt habe. Da aber, wie R. in *Du contrat social ...* (1762) zu zeigen verſucht, der Menſch von Natur frei iſt, anderſeits im herrſchenden Kulturſtand (von dem es keine Rückkehr gibt) Geſetzeszwang nötig iſt, muß der Staat ſo geſtaltet werden, daß die Staatsgewalt Ausdruck des „Gemeinwillens" (volonté générale) iſt. Dieſer Gemeinwille bildet ſich durch den „Geſellſchaftsvertrag" aus den Willensrichtungen der Einzelnen. Der Gemeinwille iſt damit zu unterſcheiden vom „Willen aller" (volonté de tous), der bloßen Summe der egoiſtiſchen Einzelwillen.

R. wurde durch ſeine ſtaatspolit. Ideen zum Haupttheoretiker der Franzöſ. Revolution. Seine Erziehungslehre, hauptſächlich in *Émile ou sur l'éducation* (1762) dargelegt, will unter Leugnung der Erbſünde den „natürl. Menſchen" möglichſt erhalten (ſog. negative Erziehung).

Russell, *Bertrand* Earl of, engl. Philoſoph, Mathematiker u. Soziologe, * 1872 Trelleck, † 1970 Benrhyndendraeth (Wales). Mathematiſcher Logiker, anfänglich Vertreter eines platoniſchen, ſpäter eines neupoſitiviſt. Realismus u. des Szientismus. Als Sozialiſt u. Pazifiſt wiederholt polit. hervorgetreten.

S

Saint-Simon, *Claude-Henri* Comte de, französ. Sozialreformer, * 1760 Paris, † 1825 ebd.; Vertreter eines utopischen Sozialismus; von ihm A. Comte anfänglich stark beeinflußt.

Säkularisierung (von lat. saecula = Weltzeit), allg. die „Verweltlichung" ursprüngl. religiös geprägter Lebenszusammenhänge im ganzen (der Kultur) oder in Teilbereichen (Wissenschaft, Recht, Politik usw.): Entsakralisierung, Profanisierung. Insbes. kann so die neuzeitliche Geschichte – mit der Emanzipation aus relig.-kirchlichen Bindungen beginnend – als Vorgang der S. verstanden werden; so vor allem auch das heraufkommende Geschichtsverständnis in den großen Geschichtsdeutungen (Hegel, Marx u. a.) selber als säkularisierte Heilsgeschichte. – Insofern es sich dabei nicht um Liquidierung, sondern als S. eben um Umformung handelt, ist strittig, ob dieser Vorgang die Auszehrung ursprüngl. christlich-substanzieller Gehalte bedeutet oder, wenigstens z. T., ihre von ihnen selbst her ermöglichte Fortbildung u. Fortwirkung.

Santayana, *George,* amerikan. Philosoph u. Lyriker, * 1863 Madrid, † 1952 Rom. 1889–1911 Prof. in Boston. Trat mit Interpretationen zu Platon, zur deutschen u. amerikan. Philosophie u. mit kulturkritischen Analysen, bes. des Calvinismus, hervor.

Sartre, *Jean-Paul,* französ. Schriftsteller u. Philosoph, * 1905 Paris, † 1980 ebd. Hauptvertreter des französ. Existentialismus, Autor zahlreicher Romane u. Theaterstücke, Denker der polit. Aktion, seit 1945 Hrsg. der Ztschr. „Les Temps Modernes". Schüler von Brunschvicg, mit dem Idealismus vertraut, kommt mit der Phänomenologie Husserls u. der Existentialphilosophie Heideggers in Kontakt, von denen er die größten Impulse für sein philos. Hauptwerk „*L'Être et le Néant*" (1943) empfängt. Er entwirft hierin eine phänomenolog. Ontologie, die von zwei fundamentalen „Seinsprinzipien" ausgeht: vom Für-sich-sein (des Bewußtseins, des Ichs als absoluter Freiheit, als „Nichts") u. An-sich-sein (der Phänomene als „Sein"). Das Phänomen ist volle Positivität, ein „Relativ-Absolutes", nicht als Erscheinung nur zu beschreiben, sondern „fundiert" im „Sein des Phänomens" (l'être du phénomène), das den Grund, die Bedingung des „Seinsphänomens" (le phénomène d'être) darstellt. Der Mensch ist dasjenige Seiende, das kein Wesen „hat", sondern sich sein Wesen selbst entwerfen muß. Die Freiheit trägt die Merkmale der Negativität (Nichtung, permanente Möglichkeit der Distanz zum Seienden, Seinsmangel), der Autonomie (Existenz vor Essenz) u. positiv das der Konstruktivität (absolut schöpferischer Entwurf). Weil „Sein" des Für-sich u. Freiheit synonyme Begriffe sind, gibt es keine Flucht vor der Freiheit (der Mensch ist „verurteilt zur Freiheit"). Durch die Unableitbarkeit des freien Entwurfs wird in der Angst die Absurdität der Freiheit erfahren. Aber von dieser Philosophie aus kann die praktisch-soziale Seite des Menschen nicht erfaßt werden, das Engagement bleibt moralischer Natur (abstrakte Freiheitsmoral).

Durch Krieg, Besatzung u. Résistance kommt S. von seiner ahistorischen Dialektik zur Besinnung auf Praxis u. Geschichte. Damit beginnt seine langjährige Auseinandersetzung mit dem Marxismus, die von der Kritik bis zum Bekenntnis führt u. schließlich die philos. Aufgabe stellt der Integration des Existentialismus in den histor. Materialismus, der Aufhebung der absoluten Freiheit des Einzelnen in der absoluten Freiheit der Partei. Innerhalb dieses Bemühens ist sein zweites Hauptwerk „*Critique de la Raison Dialectique*" entstanden (der erste Band stellt einen Regreß in die Sozialtheorie dar, während der zweite Band „progressiv" die dialekt. Totalisierung der Geschichte leisten soll). Die Dialektik der Praxis führt von der individuellen zur entfremdeten u. schließlich zur gemeinschaftlichen Praxis. Die soziale Grundsituation, früher als Person-Person-Verhältnis (relation binaire) gesehen, ist um das Element der Materie (Natur) zu einem Person-Materie-Person-Verhältnis (relation ternaire) erweitert. Die absolute Freiheit des individuellen Poursoi wurde ersetzt durch die entfremdete Freiheit des praktisch-sozial gebundenen Menschen; freilich hält S. an der ontolog. Freiheit des Subjekts weiterhin fest. Die Entfremdung bedeutet nicht Verlust der Freiheit, sondern nur ihre Entmachtung. Nun raubt nicht mehr der Andere (vgl. „l'Enfer c'est les autres" von „Huis clos") sondern die Aktivität der Materie (vgl. „le champ infernal du pratico-inerte", Crit. de la Rais. Dial.) dem Menschen die Freiheit. Doch insofern es Existenzmöglichkeit der gemeinschaftlichen Freiheit nur als „Diktatur der Freiheit" gibt, hält sich S.

sozialer Pessimismus von seiner phänomenolog. Ontologie bis zu seinem Versuch einer transzendentalen Begründung des Marxismus durch.

Saussure, *Ferdinand de,* Sprachwissenschaftler, * 1857 Genf, † 1913 Vuffleus-le-Château. 1891 Prof. in Genf. Mit seiner Unterscheidung von menschlicher Sprache überhaupt (language) u. – mehr noch – bestimmter Sprache (langue) u. wirklichem Sprechen (parole), vor allem mit seiner Ansetzung der Sprache als eines „Systems von Zeichen" u. von deren „Gebrauchsregeln" wurde S. zum Begründer der modernen Linguistik u. Wegbereiter des Strukturalismus.

Schein, im Sinn von ↗ Erscheinung die Enthüllung von etwas zu seiner offenbaren Gegenwart. S. dagegen, in welchem nichts erscheint, d.h., der seinen Anzeigecharakter nicht einholt, ist „bloßer S.", Täuschung, Illusion, Vorspiegelung. Bei Kant ist S. als Täuschung allein im Urteil als einem Verhältnis des Verstandes zu den Gegenständen möglich; er unterscheidet zwischen dem *empirischen S.,* als durch die Einbildungskraft hervorgerufenem falschem Gebrauch an sich richtiger Verstandesregeln, u. dem *transzendentalen S.,* der als natürliche u. unvermeidliche Illusion durch den Hang entsteht, die Grundsätze des reinen Verstandes statt nur in empirischer Erfahrung auch erfahrungstranszendent zu gebrauchen. – Zum „ästhetischen S." ↗ Ästhetik.

Scheler, *Max,* * 1874 München, † 1928 Frankfurt a. M. Von Eucken herkommend, nahm S. Einflüsse der Phänomenologie Husserls, der Lebensphilosophie u. der augustin. Tradition auf u. entwickelte schließlich, in betontem Gegensatz besond. zum Katholizismus, eine Art evolutionistischen Pantheismus, der ihn in die Nähe von Böhme, Baader, Schelling, Hegel führte. Das Hauptwerk *„Der Formalismus in der Ethik u. die materiale Wertethik"* (2 Tle., 1913/16) vertritt auf der Grundlage der Wesensschau u. des Wertfühlens apriorischer Gehalte einen ethischen Absolutismus u. Objektivismus, der zugleich Personalismus ist, u. leistet damit einen wesentlichen Beitrag zur Überwindung des naturalist. oder positivist. Wertrelativismus. In der Rangordnung der Werte unterscheidet S.: a) Werte des sinnl. Fühlens oder des Angenehmen, b) des vitalen Fühlens oder des Edlen, c) des geistigen Fühlens oder des Schönen, des Rechten u. der reinen Wahrheitserkenntnis, d) der absoluten Liebe oder des Heiligen (starke Wirkung auf die weitere Religionsphilosophie); ihnen entsprechen als Wertpersontypen der Künstler des Lebensgenusses, der Held, der Genius u. der Heilige. S.s berechtigte Ablehnung eines sachleeren ethischen Formalismus trifft weniger Kant als einen formalisierenden Kantianismus. „*Vom Umsturz der Werte*" (2 Bde, 1919) enthält u. a. eine einfühlsame Kritik Nietzsches u. trug S. den Namen eines „kath. Nietzsche" ein (Troeltsch). In „*Die Wissensformen u. die Gesellschaft*" (1926) gab S. eine Soziologie des Wissens, wobei er, Real- u. Idealfaktoren unterscheidend, lehrte, der Geist sei im Gegensatz zum Trieb nur Determinations-, nicht Realisationsfaktor der Kultur. Das Bekenntnis zum Personalismus einerseits u. die angebl. Erfahrung der Ohnmacht des Geistes anderseits kennzeichnen die „*Stellung des Menschen im Kosmos*" (1928). Drang und Geist sind Attribute des Göttlichen. „Der Mensch – ein kurzes Fest in den gewaltigen Zeitdauern der universalen Lebensentwicklung. Seine Geschichte ist ... hineingeflochten in das Werden der Gottheit selbst" („*Philos. Weltanschauung*", 1929).

Schelling, *Friedrich Wilhelm Joseph v.,* * 1775 Leonberg (Württ.), † 1854 Bad Ragaz. Eine führende Gestalt des deutschen ↗ Idealismus; studierte mit Hegel u. Hölderlin im Tübinger Stift, wurde auf Fichtes u. Goethes Betreiben 1798 Prof. in Jena; seit 1803 Prof. in Würzburg, Erlangen, München u., von Friedrich Wilhelm IV. 1841 berufen, in Berlin. An Fichte anknüpfend, von Spinoza, später auch von G. Bruno u. J. Böhme stark bestimmt, hat S. dem romant. Denken den klarsten philos. Ausdruck gegeben. Für seine pantheist. Naturphilos. (1. Periode 1797–1800) ist die Natur ein Organismus, aus dem unbewußten Geist gestaltet, der sich in ihr u. durch sie zum selbstbewußten Ich entfaltet. S. erhebt also das Reelle ins Ideelle, wogegen die „Transcendentalphilos." das Ideelle ins Reelle führe, indem sie als theoretische ohne Bewußtsein die Natur, als praktische mit Bewußtsein die Freiheit in Recht u. Staat hervorgehen, als Philosophie der Kunst aber die Harmonie des Bewußtlosen u. Bewußtseins als Schönheit anschauen lasse. Nach S.s Identitätsphilos. (2. Periode 1801–09) sind Geist u. Natur im unterschiedslosen „Absoluten" identisch, aus dem sie sich in die Zweiheit des Reellen u. Ideellen entfalten, um wieder zur Einheit zurückzustreben. Das Absolute wird im Akt der „intellektualen Anschauung" als das All-Identische ergriffen, er ist als intellektuelle Selbstanschauung Gottes zu verstehen (*„Bruno oder über göttliche u. natürliche Prinzipien"*, 1802), das Universum aber als Selbsterscheinung des Absoluten, als die Identität des absoluten Organismus u. des absoluten Kunstwerks. In der 3. Periode (seit 1809) neigt S. mit F. v. Baader u. a. einer gnost. Theosophie zu. In den Untersuchungen *„Über das Wesen der menschl. Freiheit"* (1809) unterscheidet er in Gott von Gott den Grund seiner Existenz, der nicht Er selbst ist, nicht der freie Wille der Liebe, sondern die „Natur" in Gott, gleichsam ein schöner Drang (eine Dualität, die die absolute Indifferenz als „Ungrund" voraussetzt). In dem dunkel dranghaften Grund der Existenz gründet der Eigenwille der Kreatur, der die Möglichkeit des Bösen im Menschen erklärt, u. zwar so, daß die Wirklichkeit des Bösen in Freiheit die eigene Tat des Menschen bleibt.

In den gegen Hegels Rationalismus gerichteten Berliner Vorlesungen ergänzt S. die bisherige „negative" Philosophie der Vernunft durch seine ↗ „positive" Philosophie der Mythologie u. Offenbarung, die als „metaphysischer Empirismus" die Selbstentwicklung Gottes aus der Art erfahren will, wie sich Gott im relig. Leben der Menschheit offenbart. Ziel dieser von der Mythologie zur Offenbarung führenden Gottgeschichte sei die Einigung des petrinisch-kath. u. paulinisch-evangel. Christentums in einer „Johanneskirche".

Schichtenlehre, die Lehre vom Aufbau der Gesamtwirklichkeit aus verschiedenen Wirklichkeitsbereichen (so bei N. Hartmann), wobei der höhere jeweils auf niedrigeren aufruht (geistiger, seelischer, lebendiger [S. bei Lersch, Rothacker, Klages, in der Tiefenpsychologie], materieller Bereich). Eine besondere Ausprägung der S. stellen der Vitalismus u. Holismus dar.

Schleiermacher, *Friedrich Ernst Daniel,* prot. Theologe u. Philosoph, * 1768 Breslau, † 1834 Berlin. Hauptvertreter der relig. Romantik; in Herrnhuter Frömmigkeit erzogen, Prof. in Halle, seit 1807 Berlin. Umfassende Bildung machte ihn an der Seite der Romantiker zu einem bedeutenden Gegner der Aufklärung, auch der Philosophie Fichtes u. Hegels. Der rationalist. Orthodoxie setzte er in seinen *„Reden über die Religion an die Gebildeten unter ihren Verächtern"* (1799) die religionsphilos. Begründung einer aprior. Anlage des Gemüts entgegen u. kennzeichnete Religion als „Anschauung des Unendlichen im Endlichen, des Ewigen im Zeitlichen", als „Gefühl schlechthinniger Abhängigkeit". Auf diesem subjektivist. Ansatz begründete er Offenbarung, Dogma u. Kult als Gestalten dieser Frömmigkeit.

Schlick, *Moritz,* * 1882 Berlin, † 1936 Wien (ermordet). Hauptvertreter des Neopositivismus des ↗Wiener Kreises.

Schluß, in der Logik der Denkvorgang, in dem aus einem *(unmittelbarer S.)* oder mehreren *(mittelbarer S.)* Vordersätzen *(Prämissen)* ein S.satz *(Konklusion)* nach den log. Prinzipien von Widerspruch u. vom zureichenden ↗Grund gefolgert wird. Die Grundart des S. ist der einfache Syllogismus, der *deduktive* (vom Allgemeinen auf das Besondere gehende) mittelbare, 2 Prämissen (Maior = Obersatz u. Minor = Untersatz) aufweisende S. Je nach der Stellung des Mittelbegriffes als Subjekt oder Prädikat in den Prämissen ergeben sich, nach der traditionellen Logik, 4 verschiedene *S.figuren* mit je mehreren verschiedenen *S.modi.* Die Syllogistik als Lehre vom richtigen Schließen wurde erstmals von Aristoteles in den „Analytiken" begründet. Im Unterschied zum deduktiven geht der *induktive S.* von besonderen einzelnen Fällen auf ein allg. Gesetz, das hypothetisch vorausentworfen wurde. Logisch zwingend ist der induktive S. nur, wenn sämtliche Einzelfälle bekannt u. berücksichtigt sind, was in den Erfahrungswissenschaften unmöglich ist.
Das schlußfolgernde Denken ermöglicht als systematische Ausarbeitung u. Sicherung von Erkenntnis die ↗Wissenschaft.

Scholastik (von lat. *scholasticus* = Lehrer), die in den mittelalterl. Schulen ausgebildete philos.-theolog. Lehrweise, die sich weitgehend auf Aristoteles berufend, das griech.-antike Denken an die Neuzeit vermittelte. Sie ist für die kath. Unterrichtsanstalten auch in der Neuzeit (bes. seit der Mitte des 19. Jh. in der Ausprägung der Neuscholastik) die vorherrschende Grundlage.
Wesen: Die griech.-aristotelische Erfahrung einer gestuften Ordnung des Seienden im Ganzen, die Erkenntnis gemäß idealer geschichtsloser Prinzipien, welche nicht nur in der Philosophie, sondern auch für die denkerische Entfaltung des christl. Glaubensgutes verwendet werden, ferner die (gerade im Willen zu einer einheitl. Ordnung) verschärfte u. bewußte Unterscheidung von Glaube u. Wissen, Beten u. Denken, Theologie u. Philosophie u. die in der größeren Einheit als Stufen unterschiedenen Einzeldisziplinen sind bestimmende Merkmale der Scholastik.

Die S. ist ausgezeichnet als die unter dem Einfluß von Christen-u. Judentum zwar beschleunigte, aber doch wesentlich aus der griech. Philosophie ermöglichte konsequente Weiterentwicklung des ontolog. zum theolog. ↗ Idealismus, der den Seinsbereich der Wesen nun als Plan der Gedanken des Schöpfergottes deutet; ferner durch die Anwendung der nunmehr endgültig übernommenen u. weiterentwickelten griech.-ontolog. Grundbegriffe auf die (der theolog. Entfaltung vor- u. aufgegebenen) Glaubenswahrheiten.

Methode: Die *quaestio,* aus der *disputatio* mit Rede u. Gegenrede stammend, versucht alle meist durch Berufung auf Autoritäten aufgezeigten Gründe für u. gegen die behandelte Frage zu erfassen (↗ sic et non), gibt dann die Begründung der eigenen Lösung u. schließlich die Zurückweisung der Gegengründe. Die Form der quaestio wird auch in den Kommentaren u. den großen *Summen* angewandt.

Geschichte: Gemäß seinem großen Zeitraum ist das scholast. Denken äußerst vielgestaltig; man kann wohl von einer eigentlichen scholast. Grundhaltung, nicht aber von einer durchgängigen inhaltlichen Gemeinsamkeit aller scholast. Lehren sprechen. Man unterscheidet meist 5 Zeitabschnitte: a) *Früh-S.,* von ca. 800 bis 1200, mit dem ersten Auftreten des Problems der Universalien, der Kenntnisnahme der logischen Schriften des Aristoteles u. der Ausbildung scholast. Methoden. Abaelard, Anselm von Canterbury, Petrus Lombardus; b) *Hoch-S.,* bis ca. 1400, mit dem Bekanntwerden der übrigen aristotel. Schriften, der Auseinandersetzung mit der arabisch-jüd. Philos., dem großen Versuch einer Synthese von christl. Überlieferung u. Aristotelismus bei den Dominikanern Albertus Magnus u. bes. Thomas on Aquin, den vor allem auf Augustinus zurückgreifenden ranziskanertheologen Alexander von Hales, Bonaventura u. ᴗuns Scotus, schließlich dem Auftreten Ockhams u. dem Beginn der Auseinandersetzung mit dem Ockhamismus; c) *Spät-S.,* bis ca. 1500, die nun bes. im Auseinanderklaffen von myst. Erfahrung u. myst. Zeugnis einerseits u. scholast. Lehre anderseits die Auflösung der z. T. zu formeller Begrifflichkeit entarteten S. ankündigt; d) *S. der Neuzeit,* bes. des 16. u. 17. Jh. in Spanien (Suarez) u. Italien nach der Reformation u. Renaissance; ᴄ) ↗ *Neu-Scholastik.*

Die in die Neuzeit tradierte S. kam längere Zeit nicht in ein kontinuierl. Gespräch mit der zeitgenöss. Philosophie, obwohl die S. in ihrer klass. Ausprägung durchaus in die philos. Fragen der

Gegenwart weitergedacht werden konnte u. obwohl anderseits Elemente der philosophia perennis in der neuzeitl. Philosophie weiterwirkten. Diese Situation hängt zusammen mit der allg. Situation der Kirche im 19. Jh. Eine völlige Beziehungslosigkeit zur S. mußte jedoch dort eintreten, wo man versuchte, die Metaphysik überhaupt auszuklammern (Positivismus). Stellen auch die Grundfragen der experimentellen Naturwissenschaft (↗Naturphilosophie) einerseits, der Geschichte u. Geschichtlichkeit (↗Geschichtsphilosophie) anderseits offene Probleme dar, so ist doch durch den Rückgriff der modernen Philosophie auf die Ontologie einerseits u. durch die Thomas-Renaissance sowie durch die neuen Ansätze bes. in der franz. u. deutschen scholast. Philosophie anderseits eine neue Begegnung eingeleitet worden. ↗Neuscholastik. Seit ↗Maréchal wird versucht, in der Auseinandersetzung mit Kant, dem neuzeitl. Idealismus u. der Existenzphilosophie neuscholastisches bzw. neuthomistisches Denken für das heutige Welt- u. Glaubensverständnis fruchtbar zu machen.

Schönheit, die Seinsweise des Schönen, das, ohne das Besitzstreben unmittelbar zu erregen, reines, „interesseloses" Wohlgefallen (Kant) hervorruft, weil es in sich vollendet ist, nämlich eine vollkommene Einheit in der Mannigfaltigkeit (Baumgarten), Harmonie in allen seinen Teilen (Thomas v. Aquin), geglückte Übereinstimmung von Bild u. Urbild (Platon), von sinnl. Erscheinung u. intelligiblem Wesen eines Seienden ist.
Als Selbstoffenbarung des Geistigen im Sinnlichen ist das Schöne die „Freiheit in der Erscheinung" (Schiller), „das sinnl. Scheinen der Idee" (Hegel). Gegensatz zum Schönen innerhalb des Ästhetischen sind das Erhabene, bei dem die sinnl. Darstellung dem geistigen Gehalt gegenüber notwendig unzulänglich bleibt, u. das Komische, bei dem es sich umgekehrt verhält. Der absolute Gegensatz ist das Häßliche. Während diese neuzeitl. Bestimmungen geprägt sind durch die bei A. Baumgarten vorgenommene Einschränkung der S. auf die (vollkommene) „sinnliche" Erscheinungsweise eines wahrnehmbar Seienden, ist in der mittelalterl. Philosophie (so bei Thomas von Aquin u. bes. in der Franziskanerschule) S. noch verstanden als transzendentale Seinsweise des Seienden überhaupt, eine Auffassung, die ihrerseits vorgeprägt ist in der antiken Trias, der Einheit des Wahren, Guten u. Schönen. – ↗Ästhetik, ↗Kunst.

Schopenhauer, *Arthur,* * 1788 Danzig, † 1860 Frankfurt a. M. Begründer des metaphysischen Pessimismus. S.s Hauptwerk *„Die Welt als Wille u. Vorstellung"* (2 Bde, 1819, ²1844) weist zurück auf Kants (pyschologisierte) Erkenntniskritik, die Erscheinung u. Ding an sich unterscheidet, u. Schellings (enttheologisierte) Willensmetaphysik, die das Ursein als Willen faßt, vorwärts aber auf Nietzsches frühe „Artistenmetaphysik" u. seine späte Lehre vom „Willen zur Macht", der, die Lebensverneinung S.s umkehrend, sich zuletzt das Ja zur ewigen Wiederkunft des Gleichen zumutet. In diesen Zusammenhängen gründet S.s Bedeutung für die abendländ. Metaphysik, mehr als darin, daß er lange den geistig Gebildeten u. künstlerisch Empfindenden das „metaphys. Bedürfnis" in einer Weise gestillt hat, die ihrer Lebensstimmung entsprach.

Die Erfahrungswelt ist für S. bloße „Vorstellung" (durch die Kategorie der Kausalität zur Einheit verknüpft); das „Ding an sich" aber ist der Urwille, der sich unbewußt, doch instinktsicher mittels der (platonisch gefaßten) Ideen zur gegliederten Welt bis zum Bewußtsein im Menschen entfaltet. Während die Natur die Ideen nur getrübt verwirklicht, ist die Kunst deren reine Darstellung. Das Fortschreiten des Urwillens zur Besonderung bildet in dieser „schlechtesten aller Welten" die Quelle des Weltleids, von dem die Kunst nur zeitweilig, endgültig nur die Ertötung des Willens zum Leben erlöst (Verwandtschaft mit dem Buddhismus; von daher Anstöße zu einer möglichen vertieften u. gewandelten Sch.interpretation). Entsprechend liegt die Wurzel der Sittlichkeit für S. im Mitleid des Menschen mit dem Leiden des anderen. Die atheistisch-pessimist. Erlösungsmetaphysik S.s beeinflußte E. v. Hartmann, R. Wagner u. den jungen Nietzsche.

Schöpfung (in der mittelalterlichen Mystik eingeführte Übers. von lat. *creatio* = Erschaffung), bedeutet den Vorgang der Erschaffung der Welt (S.s-tat) u. die so erschaffene Welt selbst (S.s-werk). Der Begriff der S. im strengen Sinn ist der christliche der „S. aus dem ↗Nichts" *(creatio ex nihilo).* Er steht im Gegensatz zu dem griech.-philos. Grundsatz Melissos': „Ex nihilo nihil fit – Aus nichts entsteht nichts", mit dem häufig die Gleichursprünglichkeit des geistig-aktiven (guten) u. des stofflich-passiven (bösen) Prinzips u. auch die Ewigkeit der Welt begründet wurde. Die S. aus dem Nichts besagt, daß Gott bei der S. der Welt keiner bereits vorliegenden „Materie" bedurfte (vgl. dagegen ↗Demiurg), sondern daß die Welt, sowohl ihrer geistigen Ordnung wie auch ihrer Körperlichkeit nach, durch den freien Willen (das S.s-wort [Logos]) des persönl. Gottes erschaffen wurde, der in seiner Personalität u. Unendlichkeit der erschaffenen endlichen Welt gegenüber wesenhaft ↗ transzendent bleibt (Kreation als Gegenbegriff zu ↗ Emanation). Daß die S. absolut abhängig ist vom Schöpfer, bedeutet, daß sie nicht nur „einmal" ins Sein gerufen wurde, sondern auch fortwährend von Gott in ihrem Sein gehalten wird *(creatio continua);* ohne diese Seinserhaltung würde sie sogleich „ins Nichts" zurück sinken.

Schottische Schule, im 18. u. 19. Jh. philos. Richtung in Schottland, die sich, an die engl. Moralphilosophie u. Ästhetik anknüpfend, unter Berufung auf den „gesunden Menschenverstand" *(common sense)* vor allem gegen den Humeschen Skeptizismus richtete (u. damit im Grund auch gegen jede Metaphysik, sofern diese stets der Versuch war, den im Bereich des Unmittelbaren, Natürlichen geltenden Schein aufzubrechen u. zur Wahrheit durchzustoßen, d. h., vom „gesunden Menschenverstand" her betrachtet, „auf dem Kopfe zu gehen"). Von Th. Reid begründet, wandte sie sich in J. Beattie, D. Stewart u. Th. Brown neben Erkenntnislehre u. Religionsphilosophie auch Ethik, Psychologie u. Ästhetik zu. Die Philosophie des common sense wirkte auch auf Deutschland (vor allem auf F. H. Jacobi u. die Popularphilosophie), Frankreich (Royer-Collard) u. England (W. Hamilton).

Schütz, *Alfred,* Philosoph u. Soziologe, * 1899 Wien, † 1959 New York. 1943 Prof. ebd. Machte die phänomenolog. Methode u. die Lebenswelt-Thematik des späteren Husserl für die Soziologie fruchtbar.

Searle, *John Rogers,* amerikan. Philosoph, * 1932 Denver. Studium in Oxford; 1959 Prof. in Berkeley (California). Schüler Austins; führte dessen Theorie der ↗ Sprechakte durch Aufstellung von Regeln für den illokutionären performativen Akt weiter.

Seele (griech. *psyché,* lat. *anima,* beide urspr. = [Lebens-]Hauch, Atem), stammt als Wort vom urgerman. *saiwolo* = die vom See (Aufenthaltsort der S. vor der Geburt u. nach dem Tod) her Kommende oder aber (lautlich von griech. *aiolos*) = die Bewegliche u. bezeichnet allg. den inneren Wesensgrund des Lebendigen, der sich namentlich in dessen leiblichen Eigenbewegungen äußert, wogegen bei allem Leblosen (Unbeseelten) nur körperliche Fremdbewegung möglich ist. Der aristotel. Begriff der S. überwindet sowohl den materialist. Monismus, der im Anschluß an Demokrit die S. als aus Atomen bestehend ansah, als auch den myth. u. den extremen philos. ↗Dualismus, der die S. zwar für immateriell erkannte, aber sie doch zu einem wesenhaft selbständigen Etwas verdinglichte, das nur äußerlich mit dem Körper verbunden sei (Platon, Gnosis, Manichäismus, in der Neuzeit bes. der psychophys. Parallelismus Descartes' u. des Okkasionalismus). Nach Aristoteles ist die S. vielmehr das Wesens-, Wirk- u. Gestaltprinzip (↗Energie oder Entelechie) eines organbegabten Körpers, also mit diesem wesenhaft verbunden in der substantialen Einheit des ↗Leibes.

S. ist die Weise, wie das ↗Leben selbst als erste Wirklichkeit, Ursprung u. Ziel (Akt oder Form) je eines Lebendigen (Pflanze, Tier, Mensch) in diesem da ist u. spontan dessen Gestalten, Handlungen u. Werke hervorbringt. Dabei unterscheidet sich von der pflanzlichen u. tierischen die *menschl.* S. nach Aristoteles dadurch, daß allein in sie wesenhaft u. doch „von außen" der Geist einbricht u. ihr eigentliche Erkenntnis u. Freiheit des Handelns ermöglicht. Allein der Geist aber ist unsterblich, während die S. als Wirklichkeit des Lebendigen beim Tode zunichte u. der Leib zum „toten" Körper (Leichnam) wird. Die metaphys. Lehre von der S. innerhalb der Geschichte des Christentums (bes. bei Thomas von Aquin u. bis in die Neuzeit) ist weithin durch die aristotel. Bestimmung der S. gekennzeichnet, wobei es freilich galt, zu der im Offenbarungsglauben gewissen Unsterblichkeit der menschl. S. auch mit der natürlichen Vernunft einen Zugang zu gewinnen, ohne in den Dualismus (vgl. die Prä- u. Postexistenzlehre des Origenes) zurückzufallen. In der Anwendung bes. der aus der christl. *Person*-Erfahrung gewonnenen Erkenntnisse ist nach dieser Überlieferung die menschl. S. gekennzeichnet durch 1) *Substantialität:* sie ist der tragende, sich durchhaltende Ursprung aller Akte, der sich im identischen ↗Ich-Bewußtsein bekundet (vgl. dagegen die psycholog. Aktualitätstheorie ↗Humes u. a.); 2) *Personalität* u. *Geistigkeit:* sie ist weder reiner Geist u. der Leib bloße Bewußtseinserscheinung (↗Spiritualismus) noch nur das potentielle, individuelle Vermögen des Menschen, das vom aktuellen, universalen Geist erst ständig bestimmt werden müßte (Averroës), noch nur Pseudo- oder Epiphänomen der körperlichen Vorgänge (Materialismus), vielmehr die Weise, in der der individuelle u. endliche menschl. ↗Geist, als wirklicher dennoch in Möglichkeit u. damit in ↗Freiheit zu sich selbst, sich den Körper zu seinem Leib u. durch ihn als sein Medium erkennend, wollend u. werkschaffend die Welt gestalten muß, um sein Wesen selbst zu verwirklichen. So ist die S. zwar „immateriell", dennoch ist sie wesenhaft auf die Leibwerdung hingeordnet u. ihre Existenz losgelöst vom Leib „praeter naturam" (Thomas von Aquin); 3) *Unität:* sie ist das einzige, neben den geistigen (bewußten u. unbewußten) Akten auch die sensitiven u. vegetativen Vorgänge des Leibes begründende Prinzip (im Gegensatz zur Lehre von der Mehrheit der Formen, z. B. bei Albert d. Gr.) u. ganz in allen ihren Einzelvollzügen; 4) *Immortalität* (Unsterblichkeit): trotz ihrer Einheit mit dem Leib erfährt sich die S. ihm gegenüber (bes. in seiner Widersetzlichkeit u. Hinfälligkeit) übergeordnet; als unteilbarer u. unzerstörbarer geistig-personaler u. substantieller Lebensvollzug strebt sie über die Grenzen der Leiblichkeit hinaus zur Vollendung (↗Glück).

Seiendes (lat. ↗ens), ein jegliches, was überhaupt in irgendeiner Weise ist, von dem deshalb gesagt werden kann, daß ihm Sein zukommt (in freilich je verschiedener Weise). Die Ontologie betrachtet das S. *als* S. oder in seiner Seiendheit, d. h. in seinem Bezug zum Sein, mit dem es in der ↗ontologischen Differenz steht. Wird das S. nicht als solches an ihm selbst, in seinem Selbstand (↗Substanz), als ↗Ding betrachtet, sondern insofern es einem Ich (Subjekt, Bewußtsein) entgegensteht oder gar von diesem Ich konstituiert ist, so wandelt es sich zum Gegenstand (↗Objekt).

Sein, als Zeitwort *sein* die allgemeinste Aussage, die alles (selbst das Gegenteil: „*nicht sein*") einschließt u. die Gegenwart eines Gegenwärtigen bezeichnet, die erst Denken u. Aussagen ermöglicht. Gegenwart meint dabei im weitesten Sinn alles „Da", das „Jetzige" (z. B. in der sinnlichen Erfahrung), das der Zukunft (in der Erwartung, Planung usw.) u. das der Vergangenheit (in Erinnerung, Reue, Befriedigung usw.), auch das des Zeitlos-Abstrakten (im mathemat. Denken) oder des Überzeitlich-Ewigen (in der relig. Erfahrung). Ob durch die ↗Sinnlichkeit (Wahrnehmung), den ↗Geist (Denken, Erkennen), das ↗Gefühl oder die Ergriffenheit das mit dem „ist" gemeinte (vgl. ↗Intention) Gegenwärtige in seiner Gegenwart vergegenwärtigt wird, immer

bezeichnet das *ist* ein irgendwie gegenwärtig Anwesendes, ein
↗ *Seiendes.* Die Anwesenheit selbst (in allen möglichen oder
wirklichen Formen) heißt das *Sein.* Den Unterschied von Sein u.
Seiendem, von Anwesenheit (u. Anwesenheits- ↗ Grund) einerseits, dem Anwesenden anderseits, nennt M. Heidegger die
↗ ontologische Differenz.

Das Zeitwort *sein* (als *anwesen*) u. die Hauptwörter *Sein* (sub-
stantivierter Infinitiv, lat. *esse,* griech. *to einai*) u. *Seiendes* (sub-
stantiviertes Partizip, lat. *ens,* griech. *to on*) sind so, logisch
verstanden, die 3 umfassendsten Begriffe. Sie bezeichnen die
Voraussetzungen, unter denen erst irgend etwas ↗ Gegenstand
für ein denkendes u. sprechendes (vgl. ↗ Logos) ↗ Ich sein kann.
Das Sein ist so früher u. ursprünglicher als Gegenstandsein u.
↗ Bewußtsein. Sofern die Vergegenständlichung im Begriff
(bzw. Bild) geschieht u. sofern Sein, sein u. Seiendes die Bedingung der Möglichkeit auch aller Vergegenständlichung sind, erweisen sich diese 3 Begriffe als Grund-, Vor- oder Urbegriffe
schlechthin.

Für die ontolog.-metaphys. Philosophie ergibt sich damit: 1) sie
ist Seinsphilosophie, im Gegensatz zu jeder Bewußtseins-
philosophie (↗ Idealismus). – 2) Der Begriff des Seins u. des
Seienden muß immer schon (↗ a priori) vorverstanden sein,
wenn ein bestimmtes Seiendes erkannt und begriffen werden soll
(Thomas von A.). Dieses apriorische Seinsverständnis ist es,
was den Menschen als geistiges Wesen auszeichnet (↗ Geist,
↗ Person, ↗ Freiheit). – 3) Die drei Grundbegriffe sind grenzen-
los unbestimmt, ohne eindeutigen Inhalt u. doch nicht inhalts-
los. Sie übersteigen (transzendieren) als transzendentale Begriffe die eindeutigen Grenzen jeder Art u. Gattung u. der
obersten Bereiche (↗ Kategorien), so daß der Mensch im Seinsverständnis in die Offenheit des größten Ganzen überhaupt gestellt ist (↗ Transzendenz). Da eine Definition die Angabe der
Gattung u. des artmäßigen Unterschieds ist, sind die Grundbegriffe als transzendentale also zugleich undefinierbar. Ihr Mangel an Eindeutigkeit (Univozität) erlaubt, sie auf alles, aber in je
anderer Weise (analog) anzuwenden, ohne daß sie dabei nichts-
sagend würden. Die ↗ Analogie besagt auch keine Mehrsinnig-
keit (Äquivozität), sondern setzt den klaren u. apriori verstandenen Ursinn (der „Anwesenheit") schon voraus. So ist der
Seinsbegriff auf Endliches u. Unendliches anwendbar u. damit
die Voraussetzung auch der Theologie, die vom Grundunter-
schied ausgeht zwischen dem geschöpflich Seienden, das am

Sein nur teilhat (↗ Partizipation), u. dem Seienden, das das Sein selbst ist u. bei dem deshalb die ontolog. Differenz wegfällt: Gott. Auch alle welthaften Seinsweisen umfaßt der Seinsbegriff analog: das Vorhandensein der Dinge, das Zuhandensein der Werkzeuge, das Lebendigsein der Pflanzen u. Tiere u. das Personsein des Menschen. – 4) Trotz der Unbestimmtheit ist der Begriff des Seins nicht völlig leer (wie der des von ihm noch umfaßten Gegenteils, des Nichtseins). Vielmehr kann er geklärt werden durch einige gleich grenzenlose u. undefinierbare Begriffe, die aus ihm „explizierbar" u. mit ihm vertauschbar (konvertibel) sind: durch die Transzendentalien (↗ transzendent) der klass. Tradition (Dasein, Wassein, Einheit, Güte [Wert], Wahrsein [↗ Wahrheit]), in denen sich das abstrakte Seinsverständnis konkret auslegt u. seine geschichtl. Grundvariationen empfängt. Unter ihnen hat das Dasein (↗ Akt, ↗ Existenz) einen Vorrang, sofern alle andern Begriffe nur eine Weise aussagen, dazusein.

Die Bedeutung des Seins für die ↗ Philosophie (↗ Ontologie, ↗ Metaphysik) u. Theologie wird teilweise vom philos. ↗ Idealismus, ganz vom ↗ Positivismus bestritten, von denen das Zeitwort *sein* nur als Kopula des Satzes u. diese wiederum nur als Verbindung zweier Bewußtseinsinhalte aufgefaßt wird. Ein besonderes Problem für die Seinsphilosophie ergibt sich freilich daraus, daß manche Sprachen weder das Wort noch den Begriff des Seins, noch ein ihnen Entsprechendes kennen.

Selbstbewußtsein, das ↗ Bewußtsein eines ↗ Ich, sofern dieses nicht nur seine Gegenstände (Welt-, Objekt-, Fremd- oder Sachbewußtsein) u. seine auf diese Gegenstände gerichteten seelisch-geistigen Vorgänge (Akt- oder Vollzugsbewußtsein), sondern zugleich auch sich selbst (Ich-, Subjekt- oder S.) unmittelbar mit gegenwärtig hat; es ist der beharrende Einheitspunkt all seiner wechselnden Akte u. Aktinhalte. Im besonderen bezeichnet S. die durch ausdrückliche Rückwendung des Bewußtseins auf sich selbst (Reflexion) vermittelte Selbstgegenwart des Bewußtseins, in der das Ich sich in seiner Unterschiedenheit von allem anderen (Nicht-Ich) ausdrücklich ergreift. – Nach *Augustinus* wird das S. als Einheitsgrund allen Bewußtseins in einer Verinnerlichungsbewegung erreicht. Bei *Thomas von Aquin* ist die „reditio completa intellectus in se ipsum" (= vollendete Rückkehr des Geistes in sich selbst) die dem Geist eigentümliche Bewegung. Sie wird, nachdem *Descartes* die Gewißheit des S. als absolutes

Fundament aufgedeckt hat, vor allem im deutschen Idealismus spekulativ vertieft. Das S. ist hier der im absoluten Wissen gipfelnde Prozeß des Sichselbstfindens im anderen u. der rückholenden Aneignung des sich darin als Eigenes erweisenden anderen, somit die Erstellung der erfüllten Identität mit sich selbst *(Hegel)*.

Semantik (von griech. séma = Zeichen), allg. Lehre von den (vor allem sprachlichen) Zeichen, näherhin von ihrer Beziehung auf die darin gemeinten Gegenstände, also von der „Bedeutung" der Zeichen. In modernen semantischen Theorien wird diese Beziehung als „Abbildung" aufgefaßt (so der frühe Wittgenstein) oder als aus dem Gebrauch der Sprachzeichen sich ergebende Bedeutung (so der späte Wittgenstein, allg. der Sprachpragmatismus) oder mit der Verteilung der Zeichen in größeren Textzusammenhängen festgelegte Bedeutung (so bes. in der Linguistik, allg. im Strukturalismus). Oft auch mit ↗Semiotik gleichgesetzt.

Semiotik (von griech. séma = Zeichen), allg. die Lehre von den (vor allem sprachlichen) Zeichen, unterteilt in ↗*Syntax,* welche die Beziehung der Zeichen untereinander untersucht, u. ↗*Semantik,* die Lehre von der gegenstandsbezogenen Bedeutung der Zeichen.

Seneca, Lucius Annaeus S. *der Jüngere,* röm. Popularphilosoph u. Tragödiendichter, * um das Jahr 0 in Cordova, nahm sich 65 nC. in Rom auf Befehl seines ehemaligen Schülers Nero, dessen langjähriger engster Berater er war, das Leben. Stark abhängig von Poseidonios; Prediger der stoischen Moralphilosophie im Rom der Kaiserzeit. Das sittliche gute Leben besteht nach S. in unbedingter Strenge gegen sich selbst, Grundsatztreue u. Nächstenliebe. (Er überreichte Nero nach der Kaiserkrönung eine Schrift über clementia [Milde], die als Herrschertugend gilt – interessanterweise, denn früher bestand diese in der Gerechtigkeit!) S. lehrte die Verehrung eines persönlichen Gottes, die Unsterblichkeit der Seele u. die natürliche Gleichheit aller Menschen. Abgesehen von der Erlaubtheit des Selbstmords ist diese stoische Ethik (über den „Tugendkatalog") fast unverändert vom jungen Christentum übernommen worden.

Sensualismus (von lat. *sensualis* = empfindungsfähig), aus dem ↗Empirismus der Aufklärung erwachsene philosophische Richtung von positivist.-materialistischer Grundhaltung, die alles (auch das geistig-sittliche) Verhalten des Menschen als Funktion u. Resultat von physiolog. Reizen sieht. Subjektivität ist reduziert auf Sinnlichkeit („Die Sinnesempfindung umschließt alle Fähigkeiten der Seele", Condillac). Das Geistige ist nur Modus u. Konfiguration von Sinnlichem.

Sentenzenkommentar (lat.), in der Scholastik des Mittelalters häufig verfaßte Erläuterungen zu den Lehrmeinungen von Theologen u. Philosophen, bes. zu Artistoteles, Boethius u. der Sentenzensammlung des Petrus Lombardus.

Sertillanges, *Antonin-Gilbert,* französ. Theologe u. Philosoph, * 1863 Clermont-Ferrand, † 1948 Sallanches. Dominikaner; bedeutender Neuthomist.

Shaftesbury, *Anthony Ashley-Cooper* Earl of, bedeutendster Moralphilosoph der engl. Aufklärung, *1671 London, †1713 Neapel. Religion ist für S. (Rückgriff auf die griech. Kalokagathie) der Enthuiasmus für das Gute, Wahre u. Schöne angesichts der Harmonie des Weltalls u. wesentlich mit Moral identisch; Geschmack ist ästhetisches wie ethisches Grundvermögen des Menschen. Diese ästhet.-pantheistische Gefühlsreligion war von entscheidender Bedeutung für die deutsche Klassik u. Romantik.

Sic et non (lat. = so u. nicht [so]), ja u. nein, für u. wider, Bezeichnung für die seit Abaelard ausgebildete, bei Thomas v. A. vollendete Methode der ↗Scholastik, vor der Beantwortung einer Frage die sich widersprechenden Autoritäten einander gegenüberzustellen u. so zu klären, daß sie in einen Gesamtzusammenhang eingeordnet werden können.

Siger von Brabant, niederländ. Philosoph, *1235 Brabant, † zwischen 1281 u. 1284 Orvieto (ermordet). Lehrte in Paris; seine Lehren 1270 u. 1277 kirchlich verurteilt. Hauptvertreter u. Begründer des sog. latein. Averroismus, von Thomas v. A. u. Albert d. Gr. bekämpft, lehrte die Ewigkeit der Welt, die Einheit des Intellekts in allen Menschen (Monopsychismus), Unfreiheit des Willens u. (strittig!) die sog. ↗„doppelte Wahrheit", daß nämlich ein u. derselbe Satz für den übernatürl. Glauben wahr, für den natürl. Verstand aber falsch sein könne.

Simmel, *Georg,* *1858 Berlin, †1918 Straßburg. Ebd. Prof. seit 1914. Anfänglich einen relativist. Pantheismus u. Evolutionismus vertretend, gelangte S. unter Darwins u. Spencers Einfluß zum Evolutionismus, durch Kant zur Annahme apriorischer, aber geschichtlicher Erkenntniskategorien, durch Bergson zu einer Metaphysik des sich selbst transzendierenden Lebens. Entwickelte die formale Soziologie.

Sinn (lat. *sensus*), 1. die in der psycho-physischen Verfaßtheit eines Tieres u. insbes. des Menschen beruhende ↗ Sinnlichkeit als Vermögen, Reize zu empfinden (*äußerer S.:* Gesichts-, Gehör-S. usw.) bzw. die eigenen seel. Vorgänge selbst wahrzunehmen (*innerer S.*); ↗ Wahrnehmung; 2. die alles Denken, Wollen u. Tun bestimmende geistige Mitte (Sinnesart, Gemütsart) des Menschen (vgl.: „etwas im S. haben"); 3. die im ↗ Verstehen eröffnete geistige Bedeutung von etwas im Hinblick auf einen größeren Zusammenhang, in den es sich einfügt u. damit „S. hat"; 4. die Bedeutung dieses größeren Ganzen selbst für das in dem Ganzen in besonderer Weise Stehende (z. B. der Geschichte, der Kultur, des Lebens für den Menschen).

Sinnlichkeit, allg. das Vermögen der Rezeption mittels der Sinne. In der Metaphysik des Geistes u. des Bewußtseins (vgl. ↗ Idealismus) herrscht die Tendenz, die S. nicht in Eigenständigkeit, sondern als Entäußerungsform des Geistes (die es dann nach Möglichkeit zu überwinden bzw. „aufzuheben" gilt) von diesem her zu fassen. Kant kritisiert, daß insbes. Leibniz die S. „intellektuierte", insofern er sie als in bloß verworrenen Vorstellungen sich bewegende Geistigkeit ansah, wogegen Kant sowohl im theoret. Bereich zwischen S. (durch die allein uns Wahrnehmungsinhalte als Anschauungen in Raum u. Zeit gegeben werden) u. Verstand (der diese Anschauungen denkend zu Gegenständen synthetisiert) streng zu trennen sucht, wie auch im prakt. Bereich die S. als die Gesamtheit der „Neigungen" schärfstens der allein auf die Autonomie der prakt. Vernunft gegründeten Sittlichkeit gegenüberstellt. Hegel sieht dann in der S. wieder nur eine Modifikation des Geistes. Nachhegelsche Philosophie dagegen versucht verschiedentlich, der S. zu einer Eigenständigkeit zu verhelfen; so etwa Feuerbach, dessen „offenherzig sinnliche Philosophie" freilich nun Geistigkeit von der S. her auslegt, oder Marx, der betont, daß die Bildung der rohen zur wahrhaft menschlichen S. (als einer Weise der Einheit von Theorie u. Praxis) eine Leistung der Weltgeschichte als eines gesellschaftlichen Prozesses sei.

Sittengesetz, die oberste Norm aller das sittliche Verhalten des Menschen auf das ↗ Gute hin verpflichtenden Forderungen: „das Gute zu tun u. das Böse zu unterlassen". Für Kant im Unterschied zu Maximen (den subjektiven Bestimmungsgründen für den Willen) das objektiv, d. i. für den Willen jedes vernünftigen Wesens gültige Gesetz. Als solches ein kategorisch (↗ Kategorischer Imperativ) gebietendes Gesetz der Kausalität aus Freiheit, das sich aus der reinen Vernunftstruktur ergibt: „Reine Vernunft ist für sich allein praktisch u. gibt ein allg. Gesetz, welches wir das S. nennen." In der kath. Sittenlehre ist das S. nicht oberste Norm, sondern Gesamtheit aller verpflichtenden Normen, wie sie als Abbild des ewigen Gesetzes in Gott (lex aeterna) sich im Wesen der geschaffenen Naturwirklichkeit, der Dinge u. des Menschen, kundtun (Schöpfungsordnung) u. durch das sittliche Bewußtsein (vgl. ↗ Gewissen) zu erkennen sind.

Sitte und Brauch bezeichnen Verhaltensformen, zumeist in lebenstypischen u. sozial wichtigen Situationen, die zu festen, überkommenen u. gruppenspezifischen (für einen Stamm, Stand, Glaubensgemeinschaft, Kulturkreis usw. charakteristischen) Verhaltensmustern geronnen sind u. deren Kenntnis u. Beachtung zumeist für die Unterscheidung von „fremd" u. „dazugehörig" ausschlaggebend ist. Die Variationsbreite von S. u. B. ist sprichwörtlich („Wo's der Brauch ist, legt man Küh' ins Bett", Doderer) u. beruht darauf, daß sie eine Verhaltensnorm geben, die nicht sachlich-logisch notwendig gerade so sein müßte (Wundt: S. ist „Norm willkürlichen Handelns"). S. u. B. sind am zwingendsten in geschlossenen Gesellschaften; mit zunehmender Öffnung verlieren sie an Macht; die *sozialen* Sanktionen (im Normalfall zieht die Verletzung der S. keine *rechtlichen* Sanktionen nach sich) treten zurück.

Sittlichkeit. Während der Begriff S. ursprünglich (im altgriech. éthos) ↗ Ethik, ↗ Moral u. ↗ Sitte umfaßte u. sich demgegenüber heute im vulgären u. juristischen Sprachgebrauch auf die Sexualsphäre verengt hat, bezeichnet er als philos. Fachterminus die dem allg. ↗Sittengesetz entsprechende Haltung u. Verhaltensweise, insoweit sie der öffentlichen Beurteilung unterliegt; die S. gehört insofern in den Bereich des objektiven Geistes, sie umfaßt Familie, bürgerliche Gesellschaft u. Staat. Sie ist „der zur Natur des Selbstbewußtseins gewordene Begriff der ↗Freiheit" (Hegel).

Situation (lat.), allg. Lage, Zustand, als unhintergehbare Erfahrungs-S. des Menschen in der Welt Grundbegriff insb. des existenzphilos. u. damit verwandten Denkens. So bedeutet bei Heidegger die S. den klaren („erschlossenen") Daseinszusammenhang des Menschen in der Welt, der ausdrücklich sich zum Sinn seines Daseins entschieden („entschlossen") hat. („Dem Man ist die S. wesenhaft verschlossen.") Bei Jaspers sind vor allem bedeutsam die Grenz-S.en (Kampf, Leid, Schuld, Tod u. die Grund-S., immer in endlichen geschichtlichen S.en zu sein), die den Menschen zum Aufschwung zu sich selbst veranlassen, „die durch uns nicht zu verändern (sind), sondern nur zur Klarheit zu bringen, ohne sie aus einem anderen erklären u. ableiten zu können". Als weiteste S. kann so die „Welt" verstanden werden, die freilich nur durch mittlere S.en (Kulturen, Epochen) in die einzelheitliche S. des Menschen als je seine vermittelt wird (H. Rombach). Dieses S.s-verständnis wehrt die individualist.-subjektivist. Auffassung, wie sie im Ansatz einer extremen ↗S.s-ethik wirksam ist, ab.

Situationsethik (lat.-griech.), im extremen Sinn jene Sittenlehre (↗Ethik), nach der die „Situation" (augenblickliche innere u. äußere Lage des Handelnden) mit ihrer Einzigartigkeit u. Unwiederholbarkeit als der entscheidende Maßstab für die sittliche Bedeutung eines Verhaltens betrachtet wird. Von der Existenzphilosophie beeinflußt, leugnet die S. allgemeine Ideen u. Wesenheiten u. deshalb auch allgemeine u. zu jeder Zeit gültige sittliche Normen (↗Sittengesetz). Als Reaktion auf eine allzu starre ↗Wesensethik (mit ihrer Unbeweglichkeit, Ungeschichtlichkeit, Lebens- u. Wirklichkeitsferne) geistesgeschichtlich verständlich, steht sie in der Gefahr, einem reinen Individualismus u. Subjektivismus zu verfallen, deren Konsequenz letztlich eine Auflösung der sittlichen Normen bedeuten würde. Eine konsequent im angeführten Sinn konzipierte S. verunmöglicht sich also selbst. Ein möglicher Weg könnte in einer philos. weiterreichenden Erhellung des Begriffs „Situation" liegen.

Skeptizismus (von griech. *sképsis* = Zweifel, Untersuchung), als *allgemeiner, absoluter S.* die Leugnung der Möglichkeit von Erkenntnis überhaupt (ausgehend z. B. von der Fragwürdigkeit der Sinneswahrnehmung; schon bei Sextus Empiricus u. Phyrron). Der S. setzt wohl ein Wissen des Nichtwissenkönnens voraus. Doch bedeutet dies so lange keine Selbstwiderlegung, als an der Bedeutungsdualität von „Wissen" festgehalten wird u. der Grundsatz des S. sich nur als Wahrscheinlichkeitsaussage versteht. Doch besteht die Tendenz, den Grundsatz selbst zum dogmatisch-unbezweifelbaren zu erheben u. nicht mehr auch ein „Mißtrauen in dieses Mißtrauen zu setzen" (Hegel). ↗ Agnostizismus. Der *besondere, relative S.* leugnet die Möglichkeit allgemeingültiger Erkenntnis auf bestimmten Gebieten (ethischer, relig. usw. S.). So hat Humes skeptischer Empirismus das Erkennen allein auf das sinnlich Erfahrbare beschränkt. Vom inhaltlichen S. ist der *methodische S.* zu unterscheiden als die kritisch abwägende Prüfung der im Denken u. Handeln immer implizierten Voraussetzungen (bes. ↗ Descartes, früher schon ↗ Augustinus). Bei Kant ist die skeptische Methode das Mittel, die Vernunft aus ihrem „dogmatischen Traum" zur Kritik zu erwecken. Für Hegel ist S. die negative Seite der Vernunft, gehört zu jeder wahren Philosophie u. geht in diesem Sinn in Hegels Begriff der Dialektik ein.

Skotismus ↗ Duns Scotus.

Sokrates, griech. Philosoph, * um 470, † um 399 vC. Athen. Hohes Vorbild eines Menschen, der die Wahrheit der Sittlichkeit durchdacht u. die Sittlichkeit dieser Wahrheit gelebt hat; Gegner der Sophistik, Begründer der klass. Epoche der griech. Philosophie, Lehrer Platons, der das lebendige Gespräch des S. über Wahrheit u. Sittlichkeit in die Höhe des eigenen Idealismus erhob. Mißliebig geworden durch seine Wahrhaftigkeit u. Gerechtigkeit u. seinen Anhang aus der vornehmen Jugend, der Gottlosigkeit u. Jugendverführung angeklagt, trank er, zum Tode verurteilt, seinem Dämon folgend u. dem Gesetz gehorsam, indem er die Flucht verschmähte u. zuletzt noch über die Unsterblichkeit philosophierte, in Gelassenheit den Schierlingsbecher.

S. hat nichts geschrieben; seine Lehre ist aus den Schriften des Xenophon, Platon u. Aristoteles mit Vorbehalt zu erschließen. Er versuchte, ausgehend vom Wissen um das eigene Nichtwissen, voll Ironie das nur scheinbare Wissen aufzuheben u. durch Fragen u. Einwände den anderen dahin zu führen, daß er selbständig in der eigenen Seele die Wahrheit finde, die er im Grunde immer schon weiß. Von einzelnen Tugenden aus suchte er das Wesen der Tugend zu bestimmen. Die Bestimmung des Guten als des der wahren Glückseligkeit wahrhaft Nützlichen könnte zu einem eudämonistischen Utilitarismus führen; problematisch, jedoch von der gesamten Metaphysik nach S. übernommen, ist seine Lehre, daß niemand entgegen dem Guten handeln könne, böses Handeln also nur die Folge eines Irrtums in der Erkenntnis des Guten sei, u. seine daraus abgeleitete Ansicht von der Lehrbarkeit der Tugend. Der Streit um das platonische u. xenophontische (Xenophon, Memorabilia) Sokratesbild darf betrachtet werden als zugunsten des platonischen entschieden.

Sokratiker, Philosophen, die die Lehre des Sokrates fortbildeten, vor allem Platon, Aristoteles, Xenophon; daneben werden unterschieden: die megarische (Euklid), elische (Phädon), kynische (Antisthenes) u. hedonische oder kyrenäische Schule (Aristipp).

Solger, *Karl Wilhelm Ferdinand,* *1780 Schwedt, †1819 Berlin. Ebd. seit 1811 Professor. Von Spinoza, Schelling, den Mystikern u. Fichte beeinflußt. In seiner Ästhetik ist der Begriff der Ironie von besonderer Bedeutung.

Solidarismus (lat.), ein System der Sozialphilosophie, nach dem der Einzelne seinem ganzen Wesen nach auf die Gesellschaft u. ebenso diese auf die Einzelnen, ihre Glieder, hingeordnet ist nach dem Leitspruch „Einer für alle, alle für einen". ↗ Freiheit.

Solipsismus (von lat. *solus* = allein u. *ipse* = selbst), der *erkenntnistheoretische* Standpunkt des extremen subjektivist. Idealismus, daß nur das eigene Ich u. seine seelischen Zustände reale Existenz haben u. alles andere nur in seiner Vorstellung vorhanden sei. *Praktischer S.* ist die schrankenlose Selbstdurchsetzung des Ich als allein gültiger u. verpflichtender Wirklichkeit. Hauptvertreter: Max ↗ Stirner.

Sollen, sprachlich verwandt mit Schuld, schulden, verpflichtet sein, von Kant in die philos. Terminologie eingeführt, bezeichnet nach ihm „eigentlich ein Wollen, das unter der Bedingung für jedes vernünftige Wesen gilt, wenn die Vernunft bei ihm ohne Hindernisse praktisch wäre" (Grundlegung zur Metaphysik der Sitten III, 77), ansonsten allg. ein dem Willen als gültig Vorgestelltes, das als Handlungsaufruf fungiert. Das umfassendste „Sollen" wäre so das menschliche Leben selbst, das nicht einfach vorgegeben, sondern aufgegeben ist.

Solowjew, *Wladimir,* russ. Philosoph u. Dichter, *1853 Moskau, †1900 bei Moskau. Erstrebte eine Vereinigung östlicher u. westlicher Geistigkeit, bes. die Wiedervereinigung der russisch-orthodoxen Kirche mit Rom. Seine geistvolle, bes. aus der Theologie des Gottmenschen schöpfende Philosophie zeigt neben myst. Zügen den Einfluß des Neuplatonismus u. der griech. Kirchenväter sowie Anklänge an den deutschen Idealismus u. die Romantik (Schelling). S.s Religionsphilosophie ist zugleich Geschichtsphilosophie, die, von Gott u. der Schöpfung ausgehend, zum Sündenfall u. weiter zum Gottesreich fortschreitet. In seiner 1., orthodox-messianist. Periode hofft S. dabei auf das „Gott tragende" russ. Volk u. seine Kirche (12 *„Vorlesungen über das Gottmenschentum"; „Die Kritik der abstrakten Prinzipien"*); in der 2., kath.-messianistischen fordert er die Wiedervereinigung der Kirchen *(„Die Geschichte u. Zukunft der Theokratie"; „Rußland u. die universale Kirche"*); in der 3., apokalyptischen verliert er im Hinblick auf das Kommen des Antichrists den Glauben an die nahe Herrschaft des Gottesreiches auf Erden, kennt zunächst nur den Kampf gegen das Böse u. bemüht sich um den Aufbau der vollkommenen christl. Philosophie (*„Die Rechtfertigung des Guten"; „Drei Gespräche"*).

Sophistik (von griech. *sophoí* = die Weisen), Aufklärungsepoche der griech. Philosophie, deren Vollender (u. damit zugleich Überwinder) Sokrates war. Sie betont das Recht des Individuums auf Selbstdurchsetzung gegenüber dem von den anderen ↗Vorsokratikern gelehrten Vorrang des Ganzen. Die Sophisten waren in Griechenland des 5. u. 4. Jh. vC. Wanderlehrer, die (bes. in Athen) gegen Bezahlung unterrichteten. Verdient um die rhetorisch-prakt. u. formale Bildung, vertraten sie in ihrem Relativismus, Skeptizismus u. Pragmatismus eine ‚über sich selbst nicht aufgeklärte Aufklärung‘. Gegen die bekanntesten

(Protagoras, Gorgias, Hippias, Prodikos) wandte sich Platon mit seiner Sokratesgestalt, die Auflösung der Polis durch den ungebundenen Durchsetzungswillen des Einzelnen bekämpfend. In der platon. Polemik sicherlich überzeichnet, wurde die S. so zum Prototyp einer jeden Pseudophilosophie (*Sophisterei*, ,Dialektik' im abwertenden Sinn). Nietzsches radikale Sokrates-, Platon- u. überhaupt Idealismuskritik war dagegen verbunden mit einer Hochschätzung der Sophisten.

Sophrosyne (griech.), Besonnenheit, zusammen mit sophia = Weisheit, andreia = Tapferkeit u. dikaiosyne = Gerechtigkeit eine der vier ↗Kardinaltugenden Platons. (Wörtlich: „Gesundheit des Zwerchfells", da man dort den Sitz der Seele vermutete; die Gesundheit wurde im Überwiegen der Vernunft über die Begierde gesehen.)

Soto, *Domingo de,* span. Philosoph, *1494 Segovia, †1560 Salamanca. Dominikaner; Erneuerer der Scholastik im 16. Jh. (Salmantizenser).

Sozialethik, 1. Teildisziplin der ↗Ethik, Lehre von den sich aus der Vergesellschaftung des Menschen ergebenden Normen des sittlichen Handelns im sozialen Bereich, unterschieden von ↗Individualethik; 2. eine Ethik, die unter Ausschluß des „Privaten" nur den gesellschaftlichen Bereich als für die Ethik relevant ansieht.

Sozialphilosophie, auch Gesellschaftsphilosophie, die Reflexion auf Sinn u. Wesen der Gesellschaft (ist das Soziale als Organismus, Mechanismus, Prozeß usw. zu verstehen?) u. auf die Prinzipien einer möglichen gesellschaftl. Ordnung (z. B. ↗Subsidiaritätsprinzip, ↗Solidarismus u. ä.) sowie auf die Frage des Verhältnisses von Einzelnem u. Gemeinschaft (↗Sozialethik) u. das Problem der Selbstzwecklichkeit bzw. Mittelhaftigkeit des Sozialen (ist das – wie auch immer inhaltlich bestimmte – „bonum commune", das „Gemeinwohl", Dienstwert, die Gesellschaft also nur Mittel zur Erreichung übergeordneter Ziele, oder Selbstwert?). Als diese Reflexion auf das Grundsätzliche der Gesellschaftlichkeit des Menschen ist die S. zwar auf das gesamte empirische Material aus ↗Anthropologie u. vor allem ↗Soziologie verwiesen, nimmt diesem gegenüber jedoch eine wesentlich kritische Haltung ein, insbes. dort, wo die empirische

Forschung nur noch die Möglichkeiten eines besseren Funktionierens (Systemtheorie) im Auge hat. Hier trifft sich S. mit dem Thema der kritisch-systemat. Soziologie. – S. als terminus technicus taucht erst im 19. Jh. auf; der Sache nach ist sie Teil jeder großen ↗Staats- u. ↗Geschichtsphilosophie seit Platon u. Aristoteles.

Soziologie (von lat. *socius* = der Genosse), Wortprägung von A. Comte 1839 für die zu erforschende „physique sociale", die Gesetzmäßigkeiten des gesellschaftlichen Lebens. (Was heute in der S. einzelwissenschaftlich zu erforschen unternommen wird, ist vorbereitet worden u. wird kritisch begleitet durch die philos. Reflexion in ↗Sozialphilosophie, z. T. auch ↗Politik, ↗Ethik, ↗Staats- u. ↗Rechtsphilosophie; Sozialität u. Soziabilität des Menschen sind zweifellos ursprüngliche Phänomene, vgl. die Wesensbestimmung des Menschen als „animal sociale"!) Nach einer ersten Blüte im 19. Jh. gewinnt die S. im 20. Jh. zunehmend an Bedeutung. Die S. ist heute eine voll ausgebaute Wissenschaft (ähnlich Pädagogik) mit mannigfachen Forschungsmethoden u. -richtungen. Bedeutsam ist der Streit zwischen der streng empirisch ausgerichteten, ausschließlich beschreibenden u. prognostizierenden, weitgehend mit Mitteln der Statistik arbeitenden Richtung der S. u. jener anderen, noch stärker der philos. Herkunft der S. verpflichteten Richtung, die der S. die Aufgabe einer kritisch-revolutionären Reflexion der gesellschaftlichen Zustände übertragen will. Der Streit wird mit dem wechselseitigen Vorwurf der ↗Ideologie geführt.

Soziologismus, jener Denkansatz, der jegliches Gegebene u. Vorkommende auf soziolog. Tatsachen zurückführt u. somit die ↗Soziologie zur Grundwissenschaft schlechthin erhebt, die an die Stelle der Philosophie als absoluter Reflexion tritt. Insofern hier Gegebenes aus Gegebenem erklärt wird bzw. ein Feld der Wirklichkeit als Erklärungsgrund für Wirklichkeit schlechthin behauptet wird, ist der S. wie alle -ismen eine Form der ↗Ideologie.

Spann, *Othmar,* österr. Sozialwissenschaftler u. Philosoph, *1878 Wien, †1950 Neustift (Burgenland). Suchte im Anschluß an die klassische Metaphysik, den deutschen Idealismus u. bes. die romant. Gesellschaftslehre eine vom Gedanken der Ganzheit ausgehende Gesellschaftstheorie (↗Universalismus) u. die Idee vom Ständestaat zu begründen.

Species (lat.), log. der dem Begriff der ↗Gattung untergeordnete Begriff der ↗Art, von Cicero aus dem Griechischen (↗Eidos) übersetzt. In der Scholastik das sinnliche Wahrnehmungsbild (*s. sensibilis*) bzw. das gesitige Wesensbild (*s. intelligibilis*).

Spekulation (lat., Betrachtung, Beschauung), wurde in der *Scholastik* u. *Mystik* vom lat. *speculum* = Spiegel abgeleitet u. auf die indirekte Erkenntnis Gottes aus seinen Werken bezogen (vgl. 1 Kor 13, 12), in denen sich seine Macht, Weisheit u. Güte gleichsam „spiegeln". Die S. gründet so als Erkenntnisvollzug in der Meditation (Betrachtung), zuletzt in der Kontemplation (Beschauung). Seither bedeutet S. allg. das über die unmittelbare u. disparate Erfahrungswirklichkeit hinausgehende Erblicken der diese Wirklichkeit in ihrer Ganzheit begründenden metaphys. Ordnung durch reine ↗Vernunft. So ist der spekulative Satz Hegels die Explikation der jedweden Gegensatz in seiner Gegensätzlichkeit umschließenden letzten Einheit. Die pejorative Bedeutung von S. wurde vor allem durch Kant inauguriert. S. meint hier die Überschreitung erkenntnisgebender sinnlicher Erfahrung zum prinzipiell Unerfahrbaren u. Unerkennbaren durch das Selbstmißverständnis des Verstandes.

Spencer, *Herbert,* engl. Philosoph, *1820 Derby, †1903 Brighton. Hauptvertreter des ↗Evolutionismus der 2. Hälfte des 19. Jh. S. hat noch vor Darwin die Entwicklung als Grundgesetz aller Wirklichkeit proklamiert u. zur Grundlage seines „Systems der synthet. Philosophie" erhoben. Als kosmisches Prinzip betrifft es bes. den Menschen; die Wahrheiten u. Werte sind nach S. nur vererbte Gattungserfahrungen, die sich fortlaufend verbessern. Die Erkenntnis wird agnostizistisch auf die bloßen Erscheinungen eingeschränkt; auch seine Soziologie ist stark biologisch ausgerichtet.

Spengler, *Oswald,* *1888 Blankenburg (Harz), †1936 München. Unter Berufung auf Goethe u. Nietzsche u. beeinflußt von Lamprecht, Breysig, Frobenius u. Duhem, gab S. in seinem Hauptwerk „*Der Untergang des Abendlandes*" (2 Bde, 1918/22) eine Philosophie der Geschichte u. Werttheorie geschichtl. Gehalte, die in geistreicher Konstruktion „Geschichte vorausbestimmen" will. In Abkehr von Positivismus sucht S. die Weltgeschichte bes. aus Kunst u. Lit. zu erkennen, sieht sie als Ablauf von „bis jetzt 8 hohen Kulturen", deren jede als geschlossener Organismus mit eigenem „Seelentum" sich entfaltet u. abstirbt u. stellt dabei jeweils den Einklang ästhet. Grundvorstellungen mit dem mathemat.-naturwissenschaftlichen Weltbild fest. Aus dem angeblich morpholog. vollkommenen Parallelismus der Kulturen gewann S. seine Untergangsvorstellung.

Speusippos, Schwestersohn Platons u. 347–339 vC. dessen Nachfolger in der Leitung der ↗Akademie, in die er skeptische Züge bringt.

Spiel, wird meist als nutzlos-zweckfreie Handlung gegenübergestellt der zweckgebunden-nützlichen ↗Arbeit. Dieser richtige, obzwar einseitig von der Arbeit her bestimmte Begriff wird dann falsch, wenn allein dieser Ernsthaftigkeit, Wirklichkeit, Gesetzmäßigkeit zugesprochen werden, wogegen S. Zerstreuung, Illusion, Willkür bedeute. Denn einerseits gehört zum S. selbst Ernst, Konzentration, Einsatz eigener Art; seine Scheinhaftigkeit ist selbst eine besondere Seins- u. Wirklichkeitsweise, seine angebliche Willkürlichkeit selbst Bindung an bestimmte Regeln (im Gegensatz zur bloßen S.erei). Andererseits kehrt sich in der Konfrontation mit dem S. das so ansetzende Verständnis der Arbeit dialektisch um: die Arbeit zeigt sich dann als die in die Vielfalt der nie vollständig zu integrierenden Teilprobleme u. -abläufe immer zerstreute, unabschließbare bloße Aktionsserie; die Arbeitswirklichkeit, als Alltagwirklichkeit, ist dann die nicht „eigentliche" Wirklichkeit; ihre Gesetzlichkeit ist aufgrund der Differenz von Mitteln u. Zwecken eine stets nur kompromißhafte – wogegen das S. nun als in sich ruhende, vollendete Bewegung erscheint, seine Wirklichkeit als ungebrochene u. „heile", seine Regelhaftigkeit als die Notwendigkeit u. Freiheit restlos geeint habende Ordnung. Aber unbeschadet ihrer Vermittlungsfunktion kann unter Umständen die Arbeitshandlung auch unmittelbar als in sich selbst sinnvoll erfahren u. damit auf gewisse „spielende" Weise vollzogen werden, u. wo diese Umstände von vornherein u. durchweg ausgeschlossen würden, wäre sie jedenfalls nicht mehr als menschliche möglich. Erst recht zeigen sich Grundzüge des S. in der „künstlerischen Arbeit" (S. der Raumgestalten, Farben, Bewegungen, Töne), im nicht pragmatisch-sektoral dienenden, sondern universal-vergegenwärtigenden

Wissensvollzug (der reinen ↗Theorie), in dem eine konkrete soziale Struktur erwirkenden Handeln (der Politik als dem Zusammen-S. gesellschaftlicher Mächte), in der Feier der gemeinschaftliches Leben stiftenden u. tragenden Ereignisse aus Geschichte u. Natur (dem Festspiel u. insbesondere dem Kult). So bedeutet S. in diesem wesentlichen Sinn die Grundweise, wie ↗Kultur als solche u. in ihren Bereichen geschieht; d. h., es wird überall dort gespielt, wo über die detaillierte Bedürfnisbefriedigung hinaus das Handeln auf eine universale geistige Lebensordnung hinzielt, die als solche selbst „symbolisch" (↗Symbol) gegenwärtig gesetzt wird. Die „Herausgenommenheit" des eigentlichen S. aus der Alltagswirklichkeit bedeutet deshalb keine radikale Gegensätzlichkeit u. Fremdheit zur Alltags- u. Arbeitswirklichkeit, vielmehr wird im S. gerade das ausdrücklich u. in seiner Totalität repräsentiert, worum es unausdrücklich auch im alltäglichen Leben geht: die gültige Gestalt des menschlichen Daseins u. seiner Welt. Wo deshalb in einer menschlichen Gesellschaft das Phänomen des S. verlorenginge oder beseitigt würde zugunsten einer durchgängigen Aktivierung des Lebens im Sinne der Arbeitsaktivität u. -effektivität oder aber selbst wieder eingespannt würde in diesen Zweckzusammenhang (S. z. B. als bloße Erholung von der u. für die Arbeit), da verlöre diese Gesellschaft zugleich den Sinnhorizont auch des alltäglichen Lebens, seiner Kultur, seiner Menschlichkeit. Daher verkennen nicht nur die Theorien, die das S. als „Kraftüberschußphänomen" oder bloße „Ergänzung", „Nachahmung", „Erholung" usw. gegenüber der Arbeit interpretieren, das eigentliche Wesen des S. (u. der Arbeit), auch die pädagogisch an sich fruchtbare Theorie vom S. als kindlicher Vorstufe u. Einübung in die Arbeits- u. Lebenswelt der Erwachsenen muß sich mindestens der Gefahr bewußt sein, daß dabei das S. selbst wieder unter den Maßstab spezifischer Zweckdienlichkeit geraten kann.

Spinoza, *Benedikt,* auch *Baruch de* S. od. *D'Espinosa,* führender niederländ. Philosoph des ↗Rationalismus, *1632 Amsterdam, †1677 Den Haag. Ausgehend von Descartes u. dem Neuplatonismus, lehrte S. eine pantheist. Notwendigkeitsphilosophie; sein ethisches Ideal ist die Befreiung von der Herrschaft der Affekte durch die klare Einsicht in die notwendigen Gesetze des Seienden, die er in mathemat. strenger Methode (↗more geometrico) aus dem Wesen Gottes ableitete. Die intellektuelle Liebe zu Gott ist ihm zugleich die Liebe, mit der Gott sich selbst liebt.

Ursprünglich als Atheist, später als Panentheist gekennzeichnet; gewann mit seiner Lehre Einfluß auf Lessing, Herder, Goethe, Schelling, Schleiermacher, Hegel u. a. Nach S. gibt es nur eine Substanz, die, aus sich seiend u. durch sich zu begreifen, Ursache ihrer selbst, notwendig existierend u. unendlich ist, in der alles ist u. ohne die nichts begriffen wird: Gott. Jedes ihrer unendlich vielen Attribute drückt das unendliche Wesen Gottes in seiner Art aus; von ihnen kennt der Mensch nur zwei: Denken u. Ausdehnung. Aus den Attributen Gottes als der natura naturans folgen die Modi der Attribute als natura naturata mit Notwendigkeit (↗Natur). Zu den endlichen Modi gehören die einzelnen Dinge u. Ideen. Die Ideen gründen nur in dem Attribut des Denkens, die Körper in dem Attribut der Ausdehnung. Es gibt keine Wechselwirkung zwischen Dingen u. Ideen, Körper u. Geist. Aber die Ordnung u. Verknüpfung der Ideen ist dieselbe wie die der Dinge. In diesem Notwendigkeitszusammenhang gibt es Willensfreiheit weder für Gott noch für den Menschen (Determinismus). Die klare u. deutliche Erkenntnis der Dinge u. bes. der Affekte u. damit deren Beherrschung ist nach S. zugleich Gottesliebe, Freiheit, Glückseligkeit u. Tugend.

Spiritualismus (von lat. *spiritus* = Geist), philos. in einem sehr weiten Sinn die Anerkennung der vorrangigen Wirklichkeit u. Wirksamkeit des Geistes. Gegensatz ↗Materialismus. In seiner extremen monistischen Form (Berkeley, Leibniz, deutscher ↗Idealismus) erkennt der S. allein den Geist u. das Geistige als wirklich an u. leugnet jegliche eigenständige Wirklichkeit des Materiellen, das allenfalls als Erscheinungsweise des Geistes gefaßt wird.

Sprache, allg. die nicht einer bloß sinnlich-triebhaften Empfindungsmitte, sondern dem seelisch-geistigen Verstehenszentrum des Menschen entspringende Fähigkeit des Menschen, mit einer sinnlich wahrnehmbaren Gestalt (Zeichen, Bild, Wort) eine nur geistig verstehbare Bedeutung zu verbinden (Zeichen-S., Bild-S., Wort-S. als S. im eigentlichen Sinn). In der S. erst wird sich der Geist denkend u. erkennend der Dinge, Zusammenhänge u. seiner selbst klar. So ist sie nicht nur „Ausdruck" von etwas, das schon zuvor fertig im „Innern" da wäre, auch nicht nur eine Schicht sprachlich gebundener Vorstellungen, die sich als „Zwischenwelt" zwischen den Geist u. die an sich selbst unzugänglichen Dinge schöbe, vielmehr die Grundweise, wie der Geist als solcher des geistig-leiblichen Menschen durch die sinnliche Begegnung mit den Dingen der Natur hindurch das Wesensgefüge des Seienden im Ganzen nachdenkend bei sich im Gedächtnis versammelt u. in jeder Begegnung mit den Dingen diese je in ihren Wesensort im Ganzen einfügen kann, indem er sie auf ihn hin anspricht. So ist der Mensch das Wesen, das den ↗ Logos (= Vernunft u. Sprache) besitzt. In der S. als fortwährender Begegnung u. Einigung von Geist u. Natur klären sich die flüchtigen Wahrnehmungen zu den verweilenden, erkennbaren Erscheinungen, leuchten deren bleibende Wesenszusammenhänge im Denken auf u. wird so ↗ Welt als das sinnvolle Ganze des Seienden, das der Geist eröffnet u. das umgekehrt diesem die Dinge in ihrem Wesen u. ihrer ↗ Wahrheit offenbart. Weil die S. so zunächst u. zuerst Offenbarung (↗ Symbol) des Wesens der Dinge ist, wie sie bes. in der reinsten Form der S., der Dichtung, geschieht, kann sie auch der „Mitteilung", der gegenseitigen Verständigung (Information) der Menschen dienen.

Weil S. die Welt nicht „erschafft", sondern die durch das ursprüngliche Schöpferwort, den göttlichen Logos, geschaffene Welt dem Menschen erschließt u. vernehmbar sein läßt, ist, *theologisch* gesehen, der menschliche Logos die Antwort auf den ursprünglichen Anspruch Gottes, sofern er sich durch das Wesen der Dinge ausspricht. Weil aber die S. Vollzugsweise, „energeia" (Humboldt), des menschlichen Geistes ist, hat sie teil nicht nur an dessen Freiheit, sondern auch an dessen Endlichkeit; wenngleich jede S. in sich hineinweist in einen vorsprachlichen Grund begrifflicher Wesenszusammenhänge, so daß die Worte verschiedener S.en „dasselbe" bedeuten können (Mensch, man, homo, anthropos), hat doch keine S. allein die Fülle u. Reinheit des begrifflich Gemeinten sondern ist immer nur eine, nie restlos ersetz- u. übersetzbare, aber auch nie endgültige Offenbarungs- u. Bewahrungsweise der Welt. S. ist Aspekt, u. insofern sie eröffnet, verbirgt sie zugleich anderes. – Nur je in einem gemeinsamen, durch geschichtliche, bildungsmäßige usw. Herkunft übermittelten Verstehenshorizont u. nur aufgrund einer bestimmten, freilich nie eindeutigen Bindung der Wortgestalt an ihren Sinn ist die tatsächliche Verständigung der Menschen innerhalb dieser Grenzen möglich. Erst durch den Hinweischarakter der Situation wird die Zweideutigkeit der Worte gemindert, nie aber prinzipiell überwunden. Wegen der Begrenztheit der Verstehenshorizonte u. der Zweideutigkeit der Worte aber ist es auch möglich, in „derselben" S. mit „denselben" Worten aneinander „vorbeizureden" u. sich mißzuverstehen. So ermöglicht die S. die Verwirklichung der Gemeinschaft u. hemmt sie zugleich.

Den „Ursprung" der S. wissenschaftlich zu erfragen ist insofern unmöglich, als dieser mit dem Ursprung des menschlichen Geistes, d. h. aber mit der Menschwerdung überhaupt, identisch ist. Teilweise in Verkennung des Unterschieds zwischen Wesensursprung u. zeitlichem Anfang oder Ausgang suchten verschiedene Theorien die Herkunft der S. zu erfassen: nach der *traditionalistischen Theorie* wurde dem Menschen die S. von Gott angeschaffen oder geoffenbart. Die *Erfindungstheorie* läßt die S. durch willkürliche Setzung u. Konvention einzelner Individuen entstanden sein. Der *Nativismus* lehrt, die S. als Zuordnung von Lauten u. Vorstellungen sei angeboren. Die *psychologische Ausdruckstheorie* läßt die S. aus ursprünglich nur triebhaft-gefühlshaften Lautäußerungen entstehen (S. als ursprünglicher Schrei oder Lautgebärde). Weit verbreitet sind die Theorien, welche die S. lediglich auf das *Mitteilungsbedürfnis* des Menschen zurückführen, u. die Naturlaut- oder *Nachahmungstheorie*, wonach die menschliche S. sich aus der Lautnachahmung entwickelte. – Weil die S. nicht nur ein einzelnes „Vermögen" des Menschen ist, sondern sein Wesen ausmacht, ist mit jeder S.theorie eine Wesensbestimmung des Menschen verbunden. ↗ Sprachphilosophie.

Sprachphilosophie, jener Teil der Philosophie, der die Sprache nach Ursprung, Wesen, Funktion u. a. untersucht. Die Sprache, die dem Menschen „natürlich" (physei) ist, ist dennoch nicht angeboren, sondern erlernt, sie beruht in vielem auf bloßer Übereinkunft, Konvention (ist zugleich thesei), u. sie ist zudem immer „Muttersprache", d. h., es gibt das Phänomen u. Problem der *vielen* Sprachen. Während das Alte Testament dies mit der Erzählung von der babylonischen Sprachverwirrung erklärte u. die griech. Antike das Problem durch den Begriff des „Barbaren" beiseite schiebt (es gibt eigentlich nur eine Sprache: Griechisch), wird die Vielheit der Sprachen im Gefolge ↗ Humboldts als Ausdruck einer Pluralität von Weltansichten gedeutet (u. es schließen sich an das Problem des Übersetzens von einer Sprachwelt in die andere u. die Frage der ↗ Hermeneutik, der Auslegung sprachlicher Denkmäler *als* Weltphänomene). Da zu einer Welt (auch u. gerade einer geschichtlichen) die Ganzheit und d. h. auch Geschlossenheit gehört, erscheint von daher die Sprache in einer Doppelfunktion: sie eröffnet zwar Welt, schließt aber darin auch ein dadurch, daß sie das je verschiedene materiale „Apriori" dieser Welt nicht mehr deutlich macht, jedenfalls nicht im objektsprachlichen Bereich. Sprach„kritik" als Aufdeckung *dieser* strukturbedingten Verbergungstendenz ist daher ein wesentliches Thema der S. – u. daß sie selbst wieder *als* Sprache geschieht, ist ein Zeichen für deren ↗Reflexions-Möglichkeit: Sprache spricht nicht nur über Dinge, sondern auch – als „Metasprache" – über sich selbst, aber freilich ohne aus sich heraus u. „hinter sich" kommen zu können. Insofern alles Denken u. alles Gedachte nur in u. als Sprache u. Gesprochenes (im weitesten Sinn) erscheint, konnte S. zunehmend den Rang einer „ersten Philosophie" (Fundamentalphilosophie) einnehmen, den im Anschluß an Aristoteles stets die Ontologie beansprucht hatte. Neben die klassische S. sind heute sprachanalytische Philosophie (↗analyt. Philosophie) u. ihre Fortbildungen getreten.

Sprachspiel, von Wittgenstein eingeführte Bezeichnung für die „unzähligen Arten" des Zeichen-, Wort-, Satzgebrauchs (Behaupten, Fragen, Befehlen, Bitten, Danken usw.), die nicht aufeinander zurückführbar u. in kein übergeordnetes allgemeinstes S. aufgehoben werden können. „Das Wort ,Sprach*spiel*'soll hier hervorheben, daß das Sprechen der Sprache ein Teil ist einer Tätigkeit, oder einer Lebensform" (Philos. Untersuchungen, Nr. 23).

Spranger, *Eduard*, *1882 Berlin-Lichterfelde, †1963 Tübingen. Prof. in Leipzig, Berlin, Tübingen. Schüler Diltheys, um philos. Grundlegung bes. der geisteswissenschaftl. Psychologie bemüht, verdient um Kulturpädagogik u. Entwicklungspsychologie.

Sprechakt, eine einzelne Sprachhandlung bzw. die allg. Grundform, der er zugehört (Feststellen, Grüßen, Befehlen usw.), vgl. auch ↗Sprachspiel. – Die von Austin begründete u. von Searle weiterentwickelte S.-theorie unterscheidet den „propositionalen Gehalt" (was im S. gesagt wird), den „illokutionären Akt" (die Handlung des Feststellens, Grüßens usw.) u. den „perlokutionären Akt" (die Sprachhandlung, mittels derer bei einem Angesprochenen etwas bewirkt oder ausgelöst werden soll).

Staat und Staatsphilosophie. Unter Staat (S.) versteht man eine Rechts-, Herrschafts- (Macht-) u. Gebietseinheit, die das jeweils größte geschlossene soziale Gebilde darstellt, das als Willens- u. Handlungseinheit (↗ Politik) auftreten kann. (Das Wort bürgert sich erst im Spätmittelalter als Neubildung aus lat. status, Zustand, ein; lat. Äquivalent ist res publica, daneben auch civitas, regnum, regimen; griech. polis, politeia). Insofern der S. als Rechtseinheit für alle Mitglieder – „Bürger" – die positive Rechtssatzung vorschreibt, als Herrschaftsgebilde die jeweilige Rechtsordnung durchsetzt u. als Gebietseinheit den Lebensraum bereitstellt u. gegen Angriffe verteidigt, ist der S. prinzipiell mehr als die innerhalb seiner (frei) sich entfaltende (bürgerliche) Gesellschaft. Neben der grundsätzlichen u. formalen Bindung a) als Rechtseinheit an das ↗ Naturrecht, b) als Herrschaftsgebilde an die ↗ Menschenrechte, c) als Gebietseinheit an das Völkerrecht ist der S. auch material gebunden u. abhängig von dem (unter jeweils konkreten geschichtlich-gesellschaftlichen Bedingungen) zu verwirklichenden Gemeinwohl (bonum commune) als dem ihm innewohnenden Zweck, von woher auch seine Kritik bis hin zur praktischen Etablierung eines adäquaten S.s (↗ Evolution, ↗ Revolution) möglich wird. Innerhalb der Bindung an das überpositive Recht ist der S. in Rechtssetzung u. Machtausübung prinzipiell „souverän"; er kann Teile dieser Souveränität delegieren (Vereinte Nationen, Staatenbünde, Bundesstaat). Zur vollen Ausübung der Souveränität gehörte als materielle Voraussetzung eigentlich wirtschaftliche Unabhängigkeit (↗ Autarkie). In dem Maß, wie diese heute nicht mehr zu verwirklichen ist, unterliegt auch die Ausübung der Souveränität faktisch zunehmend Beschränkungen, insbes. im Verkehr der S.en untereinander.

Die S.s-philosophie beschäftigt sich insbes. mit den Fragen nach Ursprung u. Wesen u. nach der besten Verfassung des S.s Am bekanntesten sind die Natur- u. Vertragstheorie: der S. entspringt der Natur des Menschen (dieser ist ein zoon politikon) bzw. einem Vertragsschluß (contrat social, Gesellschaftsvertrag) aus Zweckmäßigkeitsgründen. Das Wesen des S. kann als organisch oder mechanisch aufgefaßt werden. Als S.s-formen werden im Anschluß an die griech. S.s-lehre Monarchie, Aristokratie u. Demokratie mit den Verfallsformen Tyrannis, Oligarchie u. Ochlokratie unterschieden. Die Hauptwerke der S.s-philosophie sind entweder Untersuchungen bestehender staatlicher Ordnungen (Aristoteles' Politik; Thomas' von Aquin Kommentar zum vorigen; Hegels Rechtsphilosophie), deren Struktur u. Rechtfertigung, oder sie tragen den Charakter von ↗Utopien, sind Entwürfe idealer staatlicher Verfaßtheit (Platons Politeia, Thomas Morus' Utopia). Daneben stehen Werke wie der „Fürst" von Machiavelli oder der „Leviathan" von Hobbes, die aus der Erfahrung des im S. sich durchsetzenden Machtwillens praktisch-politische u. s.s-philos. Konsequenzen ziehen. Schließlich lehrt Marx mit der Verwirklichung des wahren Kommunismus das „Absterben" des S.s wie aller Institutionen.

Stein, *Edith,* Ordensname: *Teresia Benedicta a Cruce,* *1891 Breslau, †1942 im Konzentrationslager Auschwitz (durch Gas ermordet). Unbeschuhte Karmelitin. Machte als Philosophin die phänomenolog. Methode für das scholastische Denken fruchtbar.

Steinbüchel, *Theodor,* Philosoph u. kath. Moraltheologe, *1888 Köln, †1949 Tübingen. Brachte die überlieferte kath. Moraltheologie in fruchtbare Begegnung bes. mit der modernen Wertethik u. suchte die geistigen Probleme der Gegenwart für das Christentum u. umgekehrt aufzuschließen.

Steiner, *Rudolf,* Begründer der Anthroposophie, *1861 Kraljevic (Kroatien), †1925 Dornach b. Basel. 1902 Generalsekretär der Deutschen Sektion der Theosoph. Gesellschaft, von der er sich 1913 mit der Gründung der Anthroposoph. Gesellschaft trennte. Die Anthroposophie will die von ihr als richtig ausgewählten Ansätze des indischen Geisteslebens, des Platonismus, der Gnosis, der Mystik, des philos. Idealismus, der Theosophie, des Okkultismus usw. zu einem umfassenden System ausgestalten. Eine lange Schulung zur Weckung hellseherischer Seelenkräfte soll in die „Geisteswissenschaft" S.s einführen, bis man die Grundsätze der Anthroposophie erschaut: Urgrund allen Seins ist das Geistige; aus ihm spaltete sich in der Ursünde das Materielle ab. Die Weltgeschichte führt unter dem Einfluß von Geistwesen in 7 Stadien wieder ins Geistige zurück. Die entscheidende Rolle spielt dabei der Sonnengeist Christus, der in Jesus von Nazareth wieder Besitz von der Erde ergriff. Der einzelne Mensch muß in Wiedergeburten die Läuterung zum rein Geistigen durchmachen. Die guten oder bösen Handlungen bestimmen durch das Karma das künftige Lebenslos.

Stern, *William,* *1871 Berlin, †1938 Durham (North Carolina). Vertreter eines kritischen Personalismus u. Begründer der differentiellen Psychologie.

Stimmung, die das ganze Welt- u. Selbsterleben umfassende Gemütsverfassung (Heiterkeit, Traurigkeit usw.), meist ohne klares Bewußtsein der Ursache. Bei M. Heidegger die Befindlichkeit des Daseins, wie dieses durch das Ganze des Seienden bestimmt u. auf es hin gestimmt ist.

Stirner, *Max* (Pseud. für *Kaspar Schmidt*), *1806 Bayreuth, †1856 Berlin. Von Hegel u. Feuerbach ausgehend, vertrat S. in *„Der Einzige u. sein Eigentum"* (1845) einen materialistischen Solipsismus bzw. praktischen Egoismus u. Anarchismus. Das selbstherrliche Ich erkennt nichts über sich an. Real ist nur etwas, sofern es auf das egoistische Bewußtsein bezogen ist, d. h. dem Ich dient.

Stoa, griech.-röm. Philosophenschule, ca. 300 vC. bis 200 nC., benannt nach ihrem Versammlungsort, der *stoa poikile* (= geschmückte Halle) in Athen. Man unterscheidet: die ältere (Zenon, Kleanthes, Chrysipp), mittlere (Panaitios u. Poseidonios, mit Einfluß auf Cicero) u. spätere S. (Seneca, Epiktet, Marc Aurel). In der Philosophie der S., die Logik, Physik u. Ethik umfaßt, ist die Ethik das Entscheidende, da die Stoiker in einer Zeit der Auflösung als Erzieher durch ihre Lebensweisheit einen sittlichen Halt geben wollten u. gegeben haben. Ihr Ideal ist der Weise, der nur tut, was die Vernunft gebietet, der Natur gemäß lebt, die Affekte beherrscht, Leiden mit „stoischer" Ruhe (↗Apathie, ↗Ataraxie) erträgt u. allein in der Tugend den Quell der Glückseligkeit (eudaimonia) findet; denn für die menschl. Vernunft als Ausfluß u. Teil der göttl. Weltvernunft ist Tugend u. Glück gerade die Übereinstimmung mit diesem Weltordnungsprinzip. Als Teilhaber der einen Vernunft u. als Kinder des Vatergottes sind alle Menschen gleich u. Brüder. In diesem Sinn entwickelte die S. die Idee des Naturrechts u. eines freien Weltbürgertums. Aber die göttl. Weltvernunft ist als Seele der Welt, als Kraft des körperhaft gedachten Ganzen nicht nur planende Vorsehung, sondern der Notwendigkeit des Schicksals unterstellt. Dieser materialist. Pantheismus u. Fatalismus steht im Widerspruch zu dem die Willensfreiheit fordernden Pflichtgedanken der stoischen Ethik. Durch die Billigung des Freitods

u. ihren moralistischen Tugendstolz stand die S. im Widerspruch zum Christentum.

Strawson, *Peter Frederick,* engl. Philosoph, *1919 London. Seit 1947 Prof. in Oxford. Führender Vertreter der sprachanalyt. Philosophie. Im Mittelpunkt seiner Arbeiten steht das Referenzproblem (Bezogenheit der Sprache auf Gegenstände) u. damit die ontolog. Bedeutung sprachlicher Äußerungen (insb. das raumzeitliche Körperding und die Person betreffend).

Struktur (lat. *struo,* ich baue), von Spranger bestimmt als ein „Gebilde der Wirklichkeit, wenn es ein Ganzes ist, in dem jeder Teil u. jede Teilfunktion eine für das Ganze bedeutsame Leistung vollzieht, u. zwar so, daß Bau u. Leistung jedes Teiles wieder vom Ganzen her bedingt u. folglich nur vom Ganzen her verständlich sind" (vgl. ↗Ganzheit). Der S.begriff ist gewonnen worden am lebendigen Organismus (so schon Kant: S. ist die „Lage u. Verbindung der Teile eines nach einheitlichem Zweck sich bildenden Organismus") u. als solcher eine prinzipiell dynamische Kategorie, die insbes. die Möglichkeit von Steigerung („Fortschritt") in sich birgt, im Unterschied zum geschlossenen System. Nach Rombach lassen sich fünf Grundsätze einer philos. S.lehre formulieren: 1. S. ist offenes System; 2. S.lehre ist Dynamik; 3. S. ist Selbstheit u. Andersheit; 4. S.lehre ist Philosophie der Konkretion; 5. S.lehre ist phänomenologisch. S. ist darin verstanden vor allem als ein Gegenphänomen zu ↗Substanz, die durch Selbstand u. Innenbestimmtheit ausgezeichnet ist, während S. sich selbst erst in der Abhebung von Anderem artikuliert. S. ist daher nicht mehr im klassischen Sinn definierbar. – Als wissensschaftliche Arbeitsmethode hat sich (insbes. in Frankreich) der Strukturalismus entwickelt als synchrone Betrachtungsweise von Zeichen- u. Bedeutungssystemen (wie z. B. Sprache, sozialregulierende Vorschriften usw.). Er steht allerdings in der ständigen Gefahr der Ideologisierung, die darin besteht, „daß man die methodischen Prinzipien ... verabsolutiert u. aus methodischen Abstraktionen ontologisch gemeinte Negationen macht" (Schiwy).

Stufenlehre ↗Schichtenlehre.

Suárez, *Francisco de,* führender Theologe u. Philosoph der span. Spätscholastik (*Doctor eximius*), *1548 Granada, †1617 Lissabon. Jesuit; einer der fruchtbarsten scholast. Schriftsteller der Neuzeit. Von umfassendem Wissen u. ausgleichender Haltung gegenüber den Lehrkämpfen seiner Zeit, hatte S. bes. durch seine *Disputationes metaphysicae* (1597; 1. systemat. Darstellung der Metaphysik; auch an prot. Universitäten des 17. Jh. weit verbreitet) u. durch sein rechts- u. staatsphilos. Werk *De legibus* (1612) großen Einfluß auf die weitere Geschichte der Philosophie. In der Metaphysik sich selbst als Kommentator des Thomas von Aquin verstehend, weicht er doch wesentlich von diesem ab durch seine Lehre vom nur rationalen Unterschied zwischen Wesen u. Dasein, von der Ausgedehntheit der materia prima, von der möglichen unmittelbaren Erkenntnis des Individuellen u. durch seine Bestreitung eines besonderen Individuationsprinzips. Gegenüber der unmittelbar göttlichen Legitimation der Königsherrschaft führte S. die Staatsgewalt auf das Volk als ihren Träger (nicht zwar ihren Ursprung) zurück, wirkte damit tief auf die Ausbildung des Natur- u. Völker- u. Staatsrechtes, bes. auf H. Grotius.

Subjekt (lat. *subiectum,* griech. *hypokeímenon* = das Darunterliegende), allgemein das als Substrat seinen Eigenschaften u. Zuständen Zugrundeliegende, weitgehend sinngleich mit ↗Substanz. In der Philosophie nach Descartes meint S. ausschließlich das Ich, das als seiner selbst gewisses Bewußtseins-Ich all seinen denkend-vorstellenden Vollzügen als letzte Einheit zugrunde liegt. Die *Subjektivität* (Wesensstruktur dieses S.s) ist hier der Raum, der schlechthin alles umgreift u. als transzendentale Bedingungen der Möglichkeit nach alle Gegenstände (↗Objekt) enthält (Kant). Nach Heideggers Deutung ist diese S.ivität, in der das Ich als ratio, Vernunft, Geist das ausgezeichnete subiectum ist (das jedem anderen Seienden, jeglichem obiectum als dessen Ermöglichungsgrund voraus- u. zugrunde liegt), die neuzeitliche Weise der *Subjektität,* welche Bezeichnung dafür steht, daß das Sein – nämlich in seiner Geschichte als Metaphysik seit ihrem platon.-aristotelischen Anfang – letztlich nach Art eines subiectum, d. h. eines beständig Vorliegenden ausgelegt wird.

Subjektivismus (lat.), allg. die Reduzierung aller Wahrheit u. Sittlichkeit auf die je veränderliche unübersteigbare psychische Individualität des einzelnen Subjekts, ohne jede Möglichkeit intersubjektiv-allgemeiner notwendiger Gültigkeit. (Gegensatz Objektivismus.) Vgl. ↗Relativismus, ↗Solipsismus. Im besonderen die Anschauung des psychol.-transzendentalen u. des absoluten ↗Idealismus, wobei diese jegliches Wahrheits- u. Erkenntnisgeschehen zwar im Subjekt gründen lassen, jedoch nicht in der empirischen Einzelindividualität, sondern in der als transzendental oder als Erscheinungsmoment des Absoluten übereinzeln gedachten Verfaßtheit jeder Einzelsubjektivität.

Subsidiaritätsprinzip (von lat. *subsidium* = Hilfe), ein auf der Philosophie der Freiheit u. der Person beruhender Grundsatz der christl. Sozialehre, der ein Doppeltes besagt: 1. Die Gesellschaft soll das, was ihre Untergliederungen (freiwillige oder gesetzliche Zusammenschlüsse bis hin zu Familie u. darunter noch die einzelne Person als Träger der Gesellschaft) selbstverantwortlich leisten können, diesen überlassen. Die den kleineren Gemeinschaften u. der Einzelperson angemessene Eigentätigkeit darf also nicht ersetzt u. aufgehoben werden. 2. Wo Aufgaben entstehen, die der Einzelne oder die kleinere Gemeinschaft nicht bewältigen können, ist die Gesellschaft verpflichtet, helfend einzugreifen. Es erhellt, daß die konkrete Durchführung dieses Prinzips theoretisch u. praktisch schwierig ist: es läßt sich in Grenzbereichen kaum scharf angeben, wo Hilfe oktroyiert wird u. wo sie einzusetzen hätte. Dennoch bewährt sich das S. als Leitfaden sozialpolit. Handelns.

Substanz (lat. *substantia* als Übers. von griech. *ousía, hypóstasis* bei Aristoteles), das Seiende als In-sich-Stehendes, als Selbständiges. *Aristotelisch-scholastisch* wird unterschieden zwischen der *substantia prima* (1. S.), dem individuellen, konkreten Seienden, das in seinem Selbstand (Subsistenz) Wirklichkeit u. Beständigkeit hat u. so seinen wechselnden Bestimmungen (↗Akzidens) als beharrender Träger zugrunde liegt (↗Subjekt), u. der *substantia secunda* (2. S.), dem allg. ↗Wesen (essentia) einer S. im ersten Sinn als deren wesentlicher Seiendheit (ousia). – Die logische Seite dieser ontologischen Bedeutung ist, daß die 2. S. (z. B. „Mensch") von der ersten (z. B. „Sokrates") ausgesagt werden kann, diese aber als das Letzte in der Reihe des Aussagbaren von keinem anderen mehr. Für *Descartes* ist S. dasjenige Seiende, das zu seinem Sein keines anderen Seienden bedarf; im strengen Sinn gibt es so nur eine S.; als relativ (nämlich innerhalb des Bereichs des Geschaffenen) unbedürftige endliche S.en läßt er auch noch res cogitans (Denken) u. res extensa (Ausdehnung) gelten. *Spinoza* aber kennt nur noch eine einzige, die unendliche u. ewige S., u. faßt Denken u. Ausdehnung als deren ↗Attribute, wohingegen *Leibniz* eine unbegrenzte Vielzahl von prinzipiell dynamisch verstandenen S.en (Monaden) vertritt. *Berkeley* (was wir S. nennen, das sind bloße Wahrnehmungsinhalte) u. *Hume* (unser S.-Begriff entspringt lediglich gewohnheitsmäßiger Verknüpfung von Wahrnehmungen) lösen den S.-Begriff auf, *Kant* schränkt ihn, die Möglichkeit einer Erkenntnis des Dings an sich, d. h. des Dings in seinem Selbstand (= traditioneller Sinn von S.) verneinend, auf den Bereich möglicher Erfahrung ein, wobei die S. als substantia phaenomenon nur das Beharrliche in der Erscheinung meint; S. bezeichnet bei ihm also ein Seiendes nicht in seinem Selbstand, sondern als Gegenstand. Dementsprechend gerät die Kategorie der S., die in der aristotelisch-scholastischen Ontologie den Akzidenz-Kategorien gegenüberstand, nunmehr als Verhältniskategorie unter den Primat der Relation (die bislang unter den Akzidenz-Kategorien geführt worden war): S. ist „ganz u. gar ein Inbegriff von lauter Relationen". Die damit verbundene Aufbrechung der bisherigen starren Gegenübersetzung von allein wesentlicher S. u. bloß zufälligem Akzidenz findet ihre Fortführung im deutschen Idealismus: S. ist synthetische (*Fichte*) bzw. dialektische (*Hegel*) Einheit der Akzidenzien. So wird zugleich die (in der Tradition bereits angelegte) Auslegung der S. als Subjekt vollzogen: für Fichte ist S. im höchsten Sinn das alle Realität als seine Setzung umfassende Ich, während bei Hegel S. lediglich der Titel für die vorerst bloß unmittelbare Seinsweise des Absoluten ist, das im Prozeß seiner Selbstbewegung sich in seinem Sein, seiner „Substantialität", ergreift u. so in Wahrheit u. Wirklichkeit „Subjekt" ist. Neuerdings tritt an die Stelle des S.-begriffs, vor allem im naturwissenschaftl. orientierten Denken, der Begriff der ↗Funktion, sodann darüber hinaus u. allg. auch die Begriffe des ↗Systems u. der ↗Struktur.

Summa (lat.), Summe, Zusammenfassung. Seit dem 13. Jh. Bezeichnung für eine zusammenfassende Darstellung der Theologie, der Philosophie oder eines anderen Wissensgebietes. Die bedeutendsten theolog. Summen schrieben Alexander von Hales, Albert d. Gr., Thomas von Aquin, Heinrich von Gent, Ulrich von Straßburg.

Syllogismus ↗ Schluß.

Symbol (von griech. *symbállein* = zusammenwerfen), ursprünglich *Kennzeichen* (z. B. die zusammenfügbaren Hälften einer Schrifttafel für Vertragspartner), dann *Erkennungszeichen* (z. B. das Symbolum für die Zugehörigkeit zu einem Glaubensbekenntnis), *Zeichen anerkannter Würde* (z. B. Zepter u. Krone). Seiner *wesentlichen Bedeutung* nach ist jedes S. das an eine sinnlich-wahrnehmbare Gestalt fixierte u. so überlieferbare Zeugnis einer ursprünglichen Erfahrung (zugleich der Deutung) des absoluten Grundes als sinngebender Herkunft von Ding u. Mensch, Natur u. Geschichte, der als solcher vom endlichen sinnhaft beschränkten Menschen nicht unmittelbar, sondern eben nur in Bildgestalt vernommen u. festgehalten werden kann. Im S. wird also der absolute Ursprung nicht begrifflich-abstrakt nur als allgemeinste Möglichkeit *gedacht*, sondern konkret *erlebt u. verstanden*. Aber dieses „Zusammengeworfensein" von absolutem Sinngrund u. Bildgestalt im S. ist nicht Identität (wenngleich das S.verständnis des Menschen sie immer erstrebt), sondern die Vermittlung zwischen der Einzelheit u. Bedingtheit der konkreten Gestalt einerseits u. der Unendlichkeit u. Absolutheit des Grundes anderseits. S.-verstehen-können setzt so einen ganz bestimmten Entwurf des Menschen als seinsverstehenden Wesens voraus: Eröffnetheit des Ganzen (als Sein, absoluter Ursprung, wesenhafter Sinngrund von Welt u. Wirklichkeit) für den Menschen u. Anwesenheit bei ihm; doch bedeutet eben diese Gegenwart des Ganzen im Verstehen noch keine reale Präsenz, u. so ergibt sich daraus die Notwendigkeit der Vermittlung dieses Ganzen, dessen Absolutheit u. Ursprünglichkeit im konkret-endlich-bildhaften Einzelnen unvermindert seinen Ort findet.

Grundsätzlich kann alles Seiende, wenn es nicht nur in seiner gegenständlichen Bedingheit, sondern in seiner Durchsichtigkeit (Transparenz) auf das Unbedingte hin betrachtet wird, zum S., zum *Sinnbild* werden. So ist das S. als Stätte der anschaulich-verstandenen Gegenwart des alle Ordnung stiftenden Sinngrunds „Sprache" im weitesten Sinn, wie umgekehrt die menschliche Sprache selbst, aber auch jede andere Gestaltung (z. B. in Religion, Kunst, Dichtung, Tanz, Musik), sofern sie eine ursprüngliche Erfahrung ausspricht, S. ist. Dadurch daß der absolute Sinngrund (weil er kein besonderes Wesen u. kein einzelnes Seiendes ist) überhaupt nicht anders als nur symbo-

lisch erfahrbar ist, unterscheidet sich das S. sowohl von der *Analogie* (dem Verhältnis der besonderen Weisen von Seiendem zueinander) als auch von der *Allegorie* (der bloßen Verbildlichung eines begrifflichen Wesens in einem Seienden) u. vor allem von den vielen Arten von ↗ *Zeichen*, in denen ein einzelnes Seiendes auf ein anderes außerhalb seiner kausal oder final (z. B. Schrift-, Verkehrszeichen) verweist. Wird jener absolute, alles umgreifende Sinngrund des Ganzen nicht mehr erfahren, unsichtbar u. undenkbar, dann wird jegliches S.verstehen unmöglich, u. das S. als Repräsentanz des Ganzen wird von den Arten der Verweisung in der Immanenz der Endlichkeit verdrängt. Während das *magisch-mythische Weltverständnis* (Magie, ↗ Mythos) zur restlosen Identifikation von S. u. dem, was sich in ihm zeigt, tendiert u. dadurch die Macht des Grundes selbst in die Verfügungsgewalt bekommen will, versteht das *rationalistische Seinsverständnis* dagegen das S. als „bloßes" Bedeutungszeichen, aus dem keine eigene Wirklichkeit spreche, trennt also das Zeichen u. das Bezeichnete.
Die Herkunft u. den Zusammenhang der S.e als seelische Urbilder (Archetypen) von individueller u. kollektiver Funktion sucht die analytische Psychologie (C. G. Jung) zu erforschen.

Sympathie (griech. Mitleid, Mitempfindung), bei den Stoikern, Plotin u. den Renaissancephilosophen das Mitbetroffensein eines jeden Teils im Kosmos durch das, was einem andern Teil widerfährt. Seit Hume u. Adam Smith die unmittelbare Anteilnahme an der Situationserfahrung u. Eigenart eines anderen Menschen.

Syntax (griech. = Zusammenordnung), als *grammatische S.* die Lehre von den sprachgesetzlichen Verknüpfungen sprachlicher Grundformen in größeren Zusammenhängen, insb. des Satzes u. des Textes; als *logische S.* die mathemat.-log. Theorie vom Aufbau künstlicher Sprachsysteme, bes. ihrer ↗Zeichen u. der Verknüpfungsregeln, wobei von aller Anwendung u. gegenstandsbezogenen Bedeutung abgesehen wird, die Betrachtung also rein formal bleibt.

Synthese, Synthesis (griech.) allg. Zusammensetzung, Vereinigung von vielem Einzelnen zu einem einheitlichen neuen Ganzen (vgl. ↗Ganzheit), das insofern nicht nur u. allein die Summe des realen Einzelnen ist, sondern sachlich vorgängig die Ordnung der Summierung leitet. Gegensatz: ↗Analyse. – In Kants Erkenntnislehre Grundbegriff für die Einigung der in der Anschauung gegebenen Mannigfaltigkeit zum einheitlichen Gegenstand durch die Verstandeskategorien. In Hegels Dialektik Versöhnung u. Aufhebung des Gegensatzes von These u. Antithese.

Synthetische Urteile a priori, nach *Kant* solche, bei denen im Gegensatz zu den ↗analytischen Urteilen das Prädikat nicht schon im Subjekt enthalten ist, aber, aller tatsächlichen Erfahrungen voraus (a priori), notwendig mit ihm zu verknüpfen ist, während bei den s.U. a posteriori sich diese Verknüpfung auf eine tatsächliche Erfahrung gründet. Kants Hauptfrage ist, wie s.U. a priori (d. h. ein aller Erfahrung von einzelnem voraufgehendes notwendiges Wissen von allen möglichen Gegenständen) möglich seien. Er beantwortet sie im „Obersten Grundsatz aller s.U. a priori": Die Bedingungen der Möglichkeit der Erfahrung von Gegenständen sind zugleich die Bedingungen der Möglichkeit der Gegenstände dieser Erfahrung. Damit sind nach Kant jeder Metaphysik ihre Grenzen gezogen. Der *Empirismus* (Positivismus) u. die *log. Sprachanalyse* (analytische Philosophie) führten zur Bestreitung der Möglichkeit s.U. a priori: alle synthet. Aussagen sind stets empirisch – womit sich das Problem stellt, ob u. inwiefern dann noch die Unterscheidung aposteriorischer synthet. u. apriorischer analyt. Sätze möglich u. sinnvoll ist.

System (griech.), die Zusammenstellung, der Zusammenschluß einer Mannigfaltigkeit zu einem von innen her durchgegliederten Ganzen. Der Begriff taucht zuerst in der Stoa auf als Bezeichnung für die Einheit von Himmel u. Erde (Himmlischen u. Irdischen). Seine eigentliche Bedeutung erhält er aber in der Moderne. Hier meint S. einen Zusammenschluß, worin das Einzelne nicht mehr durch sein Wesen, sondern durch seine ↗Funktion beschrieben wird (bis hin zum technischen S. in seiner höchsten Form, dem selbstregulierenden S., in dem alle Einzelfunktionen so angeordnet sind, daß die Gesamtfunktion konstant erhalten bleibt). S. ist somit eine funktionale Einheit von Einheiten, wobei sich sowohl die Einzelheiten untereinander als auch Einzelheiten u. Gesamtheit gegenseitig bedingen. S.e sind nur arbeitsfähig, soweit sie vollständig, dann aber auch abgeschlossen, perfekt sind. Insofern Philosophie der denkerische

Entwurf einer prinzipiell im-perfekten Wirklichkeit ist, wird der „Systemzwang", der für die Philosophie im 19. Jh. weitgehend bestand, heute skeptisch beurteilt.

Szientismus (von lat. *scientia* = Wissen), allg. die Lehre, daß allein die durch die Erfahrungswissenschaften u. ihre Grundlagentheorien bewiesene Wahrheit gültig u. nur eine so aufgebaute sogen. wissenschaftl. Weltanschauung vertretbar sei. Bes. gegen die relig. u. metaphys. Einsicht gerichtet, verkennt der S. die Grundverschiedenheit der Weisen, wie Wahrheit ist, u. verabsolutiert eine begrenzte Wissensweise, nämlich die wissenschaftl. Methode (umgekehrt verabsolutiert der Fideismus die überwissenschaftl. Erkenntnis, indem er alle Wahrheit nur auf die gläubige Hinnahme der Offenbarung gründet).

T

Taine, *Hippolyte,* französ. Geschichtsforscher u. Philosoph, *1828 Vouziers (Ard.), †1893 Paris. Beeinflußt von Comte; suchte die geistigen, künstlerischen u. geschichtl. Vorgänge auf die rassischen, umweltlichen u. entwicklungsgeschichtl. Faktoren zurückzuführen (positivistische Milieutheorie).

Tarski, *Alfred,* poln.-amerikan. Logiker u. Mathematiker, *1901 Warschau, †1983 Oakland (USA). 1925 Prof. in Warschau, nach Emigration (1939) Lehrtätigkeit in Harvard, Princeton u. (1942) Berkeley. Maßgebl. Vertreter der sprachanalyt. Philosophie der Lemberg-Warschauer Schule; Begründer der formalen logischen Semantik.

Technik (von griech. *téchne;* lat. übersetzt *ars* = Kunstfertigkeit), Ausdruck für ein bestimmtes, in seinem grundlegenden Weltverhältnis von der Antike bis zur Neuzeit so wesenhaft, also nicht nur graduell gewandeltes Können des Menschen, daß eine umgreifende nähere Definition nicht möglich ist.
I. Der Bedeutungswandel der T. 1) In der Antike: Bei den Griechen bedeutet *techne* ursprünglich (wie von Aristoteles dargelegt) das Sichverstehen des Menschen auf die Herstellung von Werkzeugen u. Gebrauchsgütern in engster Verwandtschaft mit der künstlerisch-handwerklichen Hervorbringung überhaupt *(poiesis),* damit neben der sittlich-handelnden *(praxis)* u. der denkend-betrachtenden *(theoria)* die besondere Wissensweise, wie der Mensch, mit ↗Logos begabt, sich werkschaffend in der Welt einrichtet. T. ist so als ↗„Kunst" (im weiteren Sinn) mit ihren „künstlichen" Werkzeugen u. Werken von der „Natur" u. ihren („von selbst" entstandenen) Dingen unterschieden, ihr jedoch nicht entgegengesetzt, sofern der Mensch selbst als aus der Natur hervorgegangen begriffen wird u. diese ihm erst den begrenzten Spielraum seines freien Wirkens gewährt durch das, was sie ihm unmittelbar an Kräften (Muskel-, Wind-, Wasserkraft) u. Werkstoffen (Stein, Erz, Holz usw.) bietet. Dabei werden diese u. die Regeln ihres Gebrauchs aus der Erfahrung

bekannt u. als „traditionelle" in ständiger Übung erlernt u. gelehrt.

Die durch die Einheit von Kunst (im engeren Sinn) u. Handwerk, durch unmittelbare Anlehnung an die Natur u. durch ihren traditionellen Charakter ausgezeichnete techne bestimmt auch noch 2) die spätantike u. mittelalterliche ars als das verständige u. geübte „Können" des Menschen. Zugleich aber erweitert sich die Bedeutung u. erstreckt sich auch auf das prakt. Handeln (z. B. Kunst der Staatsführung) u. das theoret. Verhalten (z. B. die „wissenschaftl. Künste", artes liberales). Eine entscheidende Wandlung aber brachte die *christliche* Glaubenserfahrung. Insofern hier die Natur nicht mehr als selbstgenügsamer u. ewiger Wirkzusammenhang, sondern die Welt als zeitlich-endlich geschaffenes Werk des Schöpfergottes u. insofern der Mensch auch nicht mehr als aus der Natur selbst, sondern aus Gottes Hand hervorgegangen u. „in" die Welt gesetzt verstanden werden, erhält die Welt selbst künstlerisch-technischen Charakter u. der Mensch seine Freiheit nicht mehr aus der Gewährung der Natur, sondern ihr gegenüber aus dem göttlichen Auftrag, sich „die Erde untertan" zu machen (Gen. 1, 28). Damit werden alle Verhaltensweisen des Menschen zur Welt, das Erkennen, Handeln u. Schaffen als Entfaltungen der ursprüngl. „ars humana" u. diese als Abglanz der „ars divina" gedeutet, welche die Welt schuf, erhält u. lenkt. In dem Maße aber, wie die gottgegründete Wahrheit, Allgemeingültigkeit u. Beständigkeit der Weltordnung dem menschlichen Selbstverständnis entschwindet, das eigentliche Wesen *(qualitas)* der Dinge sich verbirgt (Problem des ↗ Konzeptualismus, ↗ Nominalismus) u. der Mensch notwendig seine eigene Welt zu errichten hat, erhält seine Stellung (als Subjekt) gegenüber den Dingen (als Objekten) grundlegenderen u. bestimmenderen Charakter. Erst mit der Loslösung jedoch aus den überlieferten religiösen Bindungen in der ↗ Aufklärung u. der Autonomieerklärung des menschlichen Könnens entfaltet sich 3) die neuzeitliche T. als grundsätzlicher, nicht mehr an einen Auftrag, sondern nur mehr an sich selbst gebundener *Beherrschungswille* der Welt im ganzen, der diese in ihrer reinen Erscheinungshaftigkeit, ohne Rückgang auf „Wesen" u. „Wesenordnung", sich durch quantitative Grundbestimmungen (Kraft, Größe, Masse, Dichte, Geschwindigkeit usw.) als berechenbaren Mechanismus gegenüberstellt (Kopernikus, Galilei, Descartes, Kepler, Newton). So „resultiert" die neuzeitliche T. nicht nur aus der (praktischen)

„Anwendung" der mathematisch-naturwissenschaftl. Erkenntnisse, sondern ist vielmehr zugleich der sich verdichtende Grund
der Entfaltung der Naturwissenschaften, der diese jetzt auch
umgekehrt in ihrem theoret. Charakter bestimmt (↗Theorie),
insofern nun der Spielraum der Werkmöglichkeiten u. Werkre-
geln nicht mehr nur in unmittelbarer u. traditioneller Erfahrung
dessen, was die Natur bietet, gewonnen, sondern durch den wissenschaftl. Entwurf geöffnet u. durch die selbstgeplante u. beherrschte Erfahrung, das Experiment, erzwungen wird.

So ist die neuzeitliche T. in ihrem Wesen nicht nur ein „Teilge-
biet" innerhalb der modernen Kultur, wie es noch die hand-
werkl. „T." der Antike u. des Mittelalters war, vielmehr die
Welthaltung, welche die moderne Kultur von Grund auf bestimmt u. mit ihrem berechnenden, rationalisierenden u. den Erfolg im voraus sichernden Charakter immer stärker alle Bereiche
des menschlichen Lebens ergreift: nicht nur die Arbeit in allen
Berufen, auch das politische u. öffentlich-gesellschaftl. Leben,
die Wissenschaften u. die Künste.

II. Auswirkungen der modernen T. Mit den ungeheuren
Möglichkeiten der Leistungssteigerung des Menschen be-
friedigt die T. durch die Ausweitung der Industrie u. Wirtschaft
nicht nur Bedürfnisse auf den verschiedensten Gebieten, sondern erzeugte selbst neue Bedürfnisse. Zugleich mit den Möglichkeiten der T. zeigten sich aber auch die Gefahren
fortschreitender Technisierung: die Zusammenballung von
Menschenmengen an bestimmten Wohnstätten, die Trennung
von Arbeit u. „Freizeit", die in rein negativer Kennzeichnung gegenüber der Arbeit doch auf diese bezogen bleibt u. „ausgefüllt"
werden muß, ohne daß dabei der Mensch zu sich selbst kommt,
schließlich die zunehmende Unterteilung des Arbeitsprozesses
(Fließband, Akkordarbeit) in einzelne sich gleichbleibende Teil-
handlungen, deren Sinn im Ganzen der einzelne nicht mehr zu
verstehen braucht (↗Entfremdung). – All dies führt nicht nur zu
schärfster Entgegensetzung von Arbeit u. „Leben", sondern
zieht vielmehr das Leben mehr u. mehr (auch bei Verminderung
der Arbeitszeit) in den Prozeß der techn. Gesamtfunktion hinein, in dem der einzelne selbst nur mehr „Funktionär" ist oder
gar eine „Arbeitskraft" mit dem Preis einer Ware bedeutet.

So gründet die Hauptgefahr der modernen T. nicht nur in der
Entbindung evtl. schädlicher Energien, im „Aufstand der Mittel" (Thielicke), die den Menschen selbst zu beherrschen drohen
u. die „Umwelt", damit den Lebensraum alles Lebendigen auf

der Erde (Probleme der Ökologie) gefährden. Als an die Mittel gebundene Gefahren ist diesen grundsätzlich u. notwendig techn. wenigstens zu begegnen. Sie gründet auch nicht nur darin, daß die T. als ein an sich „ethisch neutrales Instrument" vom Menschen zum Guten od. Bösen verwendet werden könnte, weil die T. in ihrem Wesen nicht nur Instrument, sondern ein Grundverhältnis des Menschen zur Welt ist, das sich zu seiner Verwirklichung erst die Instrumente schafft u. einer grundsätzlichen Wandlung mit dem Mut zum Verzicht (Abkehr vom Prinzip, „alles, was machbar ist, zu machen") nicht ohne weiteres fähig ist.

Die Gefahr gründet vielmehr im *Wesen der T.*, in dieser Welthaltung selbst, solange sie als sich unbedingt verstehender Beherrschungswille nur auf die Überwindung von Widerständen bedacht, gerade diesen verhaftet bleibt, die „Erlösung" nur von deren restloser Beseitigung erwartet u. sich davor verschließt, ihre eigene geschichtl. Bedingtheit zu erkennen. Die „Überwindung" der Gefahr der T. im ganzen kann so niemals selbst techn. erfolgen, ebensowenig durch ihre bloße u. fruchtlose „Ablehnung", sondern nur durch die Einsicht in die Begrenztheit der Gültigkeit dessen, was sie als wahr, wirklich u. sinnvoll bestimmen will, u. in die Notwendigkeit nicht einer Erlösung des Menschen durch die T., sondern seiner u. ihrer Befreiung von der Einseitigkeit eines Absolutheitsanspruchs, der niemals der T. als solcher, sondern allein der Freiheit u. ihrer menschlichen Verwirklichung zukommt.

Teleologie (von griech. *télos* = Ziel, Zweck, Ende, Vollendung), von Chr. Wolff eingeführter Begriff, allg. die Lehre von der (vorsätzlichen) Zielgerichtetheit (↗ Finalität) der Welt(bereiche) und ihres Geschehens im Unterschied zum ↗ Mechanismus, der Lehre von der (bloß tatsächlichen) Anfangsbestimmtheit (Ursache – Wirkungsbestimmtheit, mechanist. ↗ Kausalität). Die *teleologische Weltbetrachtung* wurde bereits in der griech. Lehre vom Nous (Anaxagoras) u. Logos (Heraklit) als Weltkraft u. Weltordnung der mechanist. Deutung des griech. Atomismus gegenübergestellt; eigentlich entfaltet durch Platon, der das Weltgeschehen versteht als Streben aller Dinge nach ihren Ideen u. dem Guten (Agathon), bes. aber durch Aristoteles mit seinem Begriff der Form als der Weise, wie ein jedes sein Ziel vorweggenommen u. „in" sich hat (Entelechie). Diese platon.-aristotel. Lehre wurde vom christl. Mittelalter übernommen u. erweitert durch die Erkenntnis, daß Gott nicht nur das ordnende letzte Ziel (teleologischer ↗ Gottesbeweis), sondern als Schöpfer auch die erste Wirkursache des Seins u. Geschehens der Welt ist u. sie in seiner Allweisheit lenkt (Vorsehung). In der Neuzeit wies zuerst F. Bacon gegenüber der ideell-finalen auf die wissenschaftl. Notwendigkeit der materiell-kausalen Erklärung der Natur hin, die dann von Galilei, Descartes u. a. in Erneuerung des demokritischen Mechanismus als einzig gültige anerkannt wurde. Leibniz versuchte, die mechanische Kausalität der Einzelvorgänge metaphysisch mit der Finalität des Gesamtgeschehens in einem System prästabilierter Harmonie zu verbinden. Kant setzte den Mechanismus für die Naturforschung voraus, erkannte aber dessen Unzulänglichkeit für das Verständnis der organischen Natur u. vertrat hierfür das Prinzip der T. als „heuristisches Prinzip". Der neuere ↗ Vitalismus sucht die organische Zweckmäßigkeit durch eine die physikalisch-chemische Einzelkausalität übergreifende finale oder Ganzheitskausalität besonderer seelenartiger Faktoren (Dominanten, Entelechien) zu erklären. Gegen die teleologische Geschichtsauffassung im ganzen (insbes. Hegel u. Marx) steht die bes. seit dem 19. Jh. aufbrechende Erfahrung der ↗ Geschichte u. ↗ Geschichtlichkeit. Vgl. auch ↗ Historismus.

Thales von Milet, einer der 7 Weisen ca. 640–546 vC. Bereits von Aristoteles Begründer der ↗ ionischen Philosophie genannt. Er erklärte das Wasser als „Urstoff", Urgrund der Welt.

Theodizee (von griech. *theós* = Gott u. *díke* = Recht), von Leibniz eingeführter Begriff, dem Wortsinn nach die Rechtfertigung Gottes, bedeutet eigentlich die Rechtfertigung des Glaubens an Gottes allmächtige u. allweise Güte angesichts der sinnlos scheinenden ↗ Übel in der von ihm geschaffenen Welt.

Theophrastos aus Lesbos, griech. Philosoph, um 372–287 vC. Nachfolger des Aristoteles als Leiter der peripatet. Schule in Athen, wurde mit seinen naturwissenschaftl. Schriften der Begründer der Botanik. Sammelte systematisch die Lehren der Vorsokratiker. Berühmt seine Schrift „*Charaktere*", eine Sammlung von Beschreibungen auffallender Menschentypen (wirkte anregend auf La Bruyère).

Theorie (griech.), allg. jede zusammenfassende wissenschaftl. Erkenntnis, auch die systematische, rein erkenntnismäßige Darstellung einer Wissenschaft. Bei *Aristoteles* ist T. jene betrachtende Erkenntnisweise (vgl. lat. contemplatio = Beschauung), in der sowohl das geistige Schauen wie das geistig geschaute Seiende (↗Wesen) um ihrer selbst willen „da" sind. Gegensatz dazu sind die *Praxis*, in der das Erkennen dazu dient, den Menschen in seinen Handlungen gut zu machen, u. die *Poiesis*, in der das Erkennen der Herstellung eines Werkes dient. Das praktische u. poietische Erkennen erhält seine Wahrheit erst im Vollzug u. in der Bewährung des Handelns u. Werkens, in das es eingeht. Die T. löst sich von allen Bezügen der Dienlichkeit, ist autark, zwecklos (weil selbstzwecklich), „rein" (weil nur in sich selbst ruhend), vollkommene Bewegung (vgl. ↗Akt) u. damit „göttliche Lebensweise". Sie ordnet das zu erkennende Seiende nicht einem fremden Bezug ein (als Mittel zur Vollendung des Menschen oder Herstellung eines Werkes), sondern läßt es offenbar (= wahr) sein „in seinem Sein". Darin aber ist das Sein des Seienden offenbar als Form u. Struktur des in diesen Gestaltungen sich ausfaltenden „göttlichen" ↗Geistes. Der Vollzug der beschauenden T. u. das von ihr Geschaute sind so identisch als Vollzug u. Nachvollzug des Geistes, des „sich selbst denkenden Denkens". Durch den Geist hat Seiendes an ihm selbst Wirklichkeit, in der T. schaut der Geist im Seienden an ihm selbst sich selbst. Deshalb ist die ↗Metaphysik die eigentliche T. als „erste Philosophie". Mit der antiken Hochschätzung der reinen T. hängt auch der *mittelalterliche Vorrang der vita contemplativa* (die ihr Ziel in sich selbst hat) vor der vita activa zusammen, die notwendig über sich hinaus auf ein anderes zielt u. sich diesem unterordnet, ebenso der grundsätzliche, trotz aller „abendländischen Dynamik" für die europäische Wissenschaftstheorie kennzeichnende Vorrang des „Logos" vor dem „Ethos" u. der „Technik". Denn vom antiken Begriff der T. her ist der abendländ. Begriff der ↗Wissenschaft als „reiner Wissenschaft" bestimmt, der jede Anwendung, jeder ↗„Pragmatismus" ursprünglich fremd u. erst nachträglich hinzukommend ist.

Im *modernen Sinn* bedeutet T. den Entwurf reiner Möglichkeitsstrukturen, der jeder experimentellen bzw. historischen Verifizierung vorausgreift u. so erst den Raum schafft für die natur- bzw. geschichtswissenschaftl. Forschung, durch welche der „theoretische Rahmen" zwar bewährt, doch nie endgültig verifiziert, wohl aber falsifiziert (↗Falsifikation) werden kann. Vgl.

z. B. den Unterschied von theoretischer (primär mathematischer) Physik u. Experimentalphysik, die im Experiment die wirkliche Natur zwingt, zwischen vorentworfenen Möglichkeiten ihrer selbst die entscheidende Antwort der Wirklichkeit zu geben (vgl. auch ↗Technik).

An diese Bedeutung knüpft auch die Auseinandersetzung über das Verhältnis von *T. u.* ↗*Praxis* an (wobei Praxis, abweichend von der aristotelischen Bedeutung, grundsätzlich jeden handelnd bewirkenden Bezug zur material gegebenen Wirklichkeit meint): in Frage steht dabei die jeweilige Priorität von T. oder Praxis.

Thomas von Aquin, * um 1225 Roccasecca bei Monte Cassino, †1274 Fossanuova auf dem Weg zum Konzil von Lyon. Dominikaner; der bedeutendste Philosoph u. Theologe des Hochmittelalters, *Doctor communis* (der gemeinsame Lehrer) u. *Doctor angelicus* (der engelgleiche Lehrer) genannt. Als bahnbrechender Neuerer seiner Zeit anfangs viel bekämpft, gewann T. neben Augustinus den größten Einfluß auf die Entwicklung des philos.-theolog. Denkens der Folgezeit. T. verbindet die gesamte vor ihm liegende christl. Tradition mit dem neu eindringenden ↗Aristotelismus zu einer genialen Einheit, wobei er um dieser Einheit willen freilich oft historische Umdeutungen, ja sogar Umbiegungen vornimmt. Mit Hilfe des aristotel. Begriffspaares von Wirklichkeit u. Möglichkeit (Akt u. Potenz, energeia u. dynamis) führt er eine großartige Ontologie der gesamten Schöpfung durch, wobei sein Grundgedanke des stufenweisen, hierarchischen Ordnungsaufbaus alles Seienden von der bloßen Möglichkeit der „ersten Materie" *(materia prima)* bis zur „reinen Wirklichkeit" *(actus purus)* Gottes voll entfaltet wird (↗Akt). In dieser Gesamtschau trennt T. dennoch Glauben u. Wissen erstmals scharf nach ihren Quellen, dem übernatürlichen Licht *(lumen supranaturale* oder *fidei)* als der die Offenbarung erschließenden Glaubensquelle u. dem natürlichen Licht *(lumen naturale)* als eigentlicher u. erster Wirkursache aller natürl. Erkenntnis. In ihren Ergebnissen aber vereinigt er beide zu einem Gesamtgebäude in seinen berühmten Summen. Seine Lehre vom Ursprung des natürl. Lichts in der Partizipation des Menschen am göttlichen Urgrund gibt sowohl der platonisch-augustinischen Tradition als auch den Erfahrungen christlicher Mystik Raum. In der Darstellung der Verwirklichung der Erkenntnis bringt er die aristotel. Hochschätzung des Anteils der Sinnlichkeit u. Phantasie innerhalb des Erkenntnisganzen voll zur Geltung, indem er die im Wesen des endl. Geistes selbst gelegene Hinordnung auf sinnliche Anschaulichkeit herausstellt.

Vielleicht am größten ist aber T. als Phänomenologe, als außerordentlich hellsichtiger Analysator von Wesenssachverhalten. Meisterhaft sind seine Beschreibungen der theoretischen (erkenntnishaften) wie der praktischen (eth.) Verhaltungsweisen des Menschen in ihren Voraussetzungen u. Strukturmomenten. Die Ethik u. Sozialphilosophie baut auf dem Unterschied von *lex divina* (göttliches Gesetz), *lex naturalis* (Naturgesetz, Naturrecht) u. *lex positiva* (geschichtliche, von Menschen erlassene Gemeinschaftssatzung) auf; aber der Gehalt dieser Gesetze tritt hinter der Beschreibung von wesenhaften Ordnungsbildern zurück. Die ontolog. Sicht überwiegt die normative bei weitem. Die Unterscheidung in seiner philos. Prinzipienlehre von Seinsgrund u. Seinsmoment einerseits *(ens quo)* u. begründetem Seienden anderseits *(ens quod)* u. die bei ihm angelegte Lehre von der realen Unterschiedenheit *(distinctio realis)* von Materie u. Form, von Wesen (Sosein, Essenz) u. Akt (Dasein, Existenz) sind für den *Thomismus* entscheidend geworden. Der eigentliche philos. Grundansatz ist aber die analoge Einheit alles Seienden durch den Geist, der als Akt u. als Idee das Identische bezeichnet, das aller Vielfalt u. Zersplitterung (Individuation), sie vorgängig einigend, zugrunde liegt. Der letzte Grund dieser im Erkenntnisphänomen unmittelbar offenliegenden u. sich bekundenden ontolog. Einheit liegt in der theolog. Tatsache der Schöpfung. Die angeführte Einheit ist aber die Voraussetzung der Durchführung der natürl. ↗Gottesbeweise, in denen das Verhältnis Gottes zur Welt auf fünf Wegen (quinque viae) durch die Welt hindurch zu Gott erhellt u. gesichert wird.

Sosehr T. Glaube u. Wissen, Theologie u. Philosophie grundsätzlich u. den Quellen nach unterschieden hat, in der Darstellung seiner Werke sind beide immer miteinander verbunden. Mit Ausnahme der Aristoteleskommentare u. einiger kleinerer Schriften (z. B. der Frühschrift *De ente et essentia*: Vom Seienden u. von der Wesenheit) ist die Philosophie des T. in die theolog. Werke eingesprengt. Aber auch in rein philos. Erörterungen nehmen theologische Partien jeweils einen großen Raum ein.

Heute beginnt sich eine Terminologie einzubürgern, die unter „thomasisch" oder „thomanisch" die „reine Lehre" des T. versteht, unter „thomistisch" die Ausbildung seiner Lehrmeinungen zum geschlossenen System, wie es in den späteren, an T. sich anschließenden Schulen geschah.

Thomasius, *Christian,* *1655 Leipzig, †1728 Halle. Vorläufer der Aufklärung; von S. Pufendorf ausgehend, bedeutender Vertreter des Naturrechtsdenkens. Leitete mit der Ausschaltung der lex divina als Rechtsquelle u. dem philos.-jurist. Verständnis des Natur- u. positiven Rechts die Trennung von Recht u. Theologie ein.

Tiefenpsychologie, Bezeichnung für eine Reihe von psycholog. Schulen, die in der Anerkennung des Unbewußten u. seiner Wirksamkeit übereinstimmen u. ihr Hauptaugenmerk auf dessen Erforschung richten. Sie gehen insgesamt auf die Psychoanalyse *S. Freuds* zurück, der Anfang des 20. Jh. zunächst entdeckte, daß die entscheidenden Motive für Fehlleistungen, Träume u. neurotische Symptome in unbewußten Prozessen liegen, in denen eine verschiedenen psychischen Mechanismen (am wichtigsten: die Verdrängung) folgende Auseinandersetzung zwischen dem alogisch strukturierten Unbewußten u. dem Bereich des Bewußten stattfindet. Von hier aus wurde Freud gegen die akadem. Bewußtseins-Psychologie seiner Zeit zum Entdecker u. Erforscher des Unbewußten, dessen fundamentale Bedeutung für alles menschliche Erleben u. Verhalten er aufwies. Die von ihm dann ausgearbeitete Theorie (neben der Strukturlehre [Es, Ich, Über-Ich] insbes. seine Trieblehre [Libido als Grundtrieb; später Antagonismus von Eros u. Todestrieb]) erfuhr von anderen tiefenpsycholog. Schulen mannigfache, z. T. sehr fruchtbare Kritik. Zu nennen sind vor allem die Komplexe Psychologie *C. G. Jungs,* der neben dem persönlichen Unbewußten, auf das sich Freuds mehr vom Individuum her konzipierte Theorie zunächst gerichtet hatte, noch ein kollektives Unbewußtes, als Träger der Archetypen, d. h. allgemeinster typischer Grundmuster psychischen Verhaltens, annahm; ferner die Individualpsychologie *A. Adlers,* die psycholog. Existenzanalyse u. Logotherapie V. Frankls u. die stark von Heideggers Fundamentalontologie beeinflußte Daseinsanalyse *L. Binswangers.* Die Freudsche Psychoanalyse blieb jedoch, vielfältig (von „weltanschaulichen", naturalistisch-biologischen Implikaten) gereinigt u. fortgebildet, die wichtigste Richtung der T. u. fand vor allem auch Eingang in andere Bereiche, gegenwärtig insbes. in die Soziologie u. Sozialphilosophie (so auch über die kulturalistische Psychoanalyse E. Fromms in die Gesellschaftstheorie der Frankfurter Schule). – Von philos. Bedeutung ist die T., insofern sie aufweist, wie wenig das ↗ Ich, das Subjekt naiven Reflektierens, seiner selbst, seines Grundes mächtig ist, wie viel ihm, das sich im manifest-Bewußten bewegt, an latent-Unbewußtem voraus- u. zugrunde liegt; u. indem sie zeigt, wie dennoch der „Tiefenhermeneutik" eines nicht mehr in naiver Selbstbespiegelung befangenen, sondern begegnungsoffenen Bewußtseins weitere Erkenntnis möglich ist: Die Anerkenntnis des Anderen, worin ein Sinn von scheinbar Unsinnigem aufgedeckt wird, u. wahrere Selbsterkenntnis, die nie bloß „theoretisch" sein kann.

Tillich, *Paul,* prot. Theologe u. Religionsphilosoph, *1886 Starzeddel (Kr. Guben), †1965 Chicago. Prof. in Marburg, Dresden, Frankfurt a. M., 1933 Emigration in die USA, Lehrtätigkeit in New York, Harvard, Chicago. Nimmt Impulse insbes. Schellings, der Lebens- u. der Existenzphilosophie in sein theolog. Denken auf u. sucht eine Begründung der Religion u. Theologie von dem her, „was uns unbedingt angeht", dem „Sein-Selbst" (Gott) u. seinen die geschichtliche Existenz betreffenden, partizipieren lassenden u. erneuernden Manifestationen (Offenbarung, Jesus der Christus).

Tindal, *Matthew,* engl. Religionsphilosoph, *1653 (?) Beer Ferrers (Devonshire), †1733 Oxford. Sein Hauptwerk „*Christianity as Old as the Creation*" (1730) wurde zur „Bibel" des Deismus.

Tod. Während Pflanze u. Tier „verenden", „stirbt" im eigentlichen Sinn nur der ↗ Mensch, insofern der T. nicht der bloß äußere, unvorhersehbare Abbruch seines Lebens ist, sondern als „Möglichkeit der schlechthinnigen Daseinsunmöglichkeit" (Heidegger) ein das menschliche Leben ständige Begleitendes. Nun ist der T., wiewohl das faktische Ende des Lebens, doch nicht dessen „Ziel": wenn gesagt wird, im Tode „vollende" sich das Leben, so ist damit nicht gemeint, daß es, wo es zuvor noch unvollendet war, nun plötzlich zu innerer Einheitlichkeit u. Einheit fände, zu einem „Sinn", sondern daß sich vom T. aus seine je einzelne lebensmäßige „Vollkommenheit" besser zeigt, d. h., daß der T. seine voll-endliche Einmaligkeit manifestiert. Insofern ist T. ein *Lebens*-Phänomen, das diesem das volle Gewicht der Notwendigkeit seiner Betätigungen, der Unwiederbringlichkeit seiner Gelegenheiten u. der Unwiderrufbarkeit seiner Entscheidungen gibt. Gerade in dieser Härte der Endlichkeit (die sich in der Angst, die letztlich immer T.es-angst ist, zeigt) meldet sich aber auch die Transzendenz von Welt u. Dasein: das Jeweilige ist *absolut* entscheidend und die je u. je geforderte Entscheidung geschieht „auf Hoffnung", d. h. ohne Kriterium des endgültigen Gelingens (oder Scheiterns). Insofern ist die Erfahrung des T.es Kern der ⁊Person-Erfahrung.

Toland, *John,* engl. Religionsphilosoph, *1670 Inishowen bei Londonderry, †1722 Putney bei London. Vertreter der völligen Gleichsetzung des ursprüngl. Christentums mit natürlicher Moral u. Religion (erster „Freidenker" genannt: ⁊Deismus). Später pantheisierende Tendenzen (prägte erstmals die Bezeichnung „Pantheist").

Toleranz (lat., Duldung). Das Problem der T. ist vielschichtig. In einem allgemeinsten Sinn meint sie ein Gelten- u. Gewähren-lassen fremder Überzeugungen u. Handlungsweisen bzw. ⁊Sitten. Während man heute unter T. näherhin meist den gegenseitigen Respekt der Einzelnen vor ihren Ansichten über die „letzten Dinge" versteht (ein später Reflex der relig. T.-forderung), liegt der Kern des Problems im gesellschaftlich-polit. Bereich: T. ist eine Antwort auf die Herausforderung einer geschlossenen Gesellschaft mit ihrem für alle Mitglieder verbindlichen Wertsystem durch z. B. relig., ethnische, oder, in Aufklärungszeiten, bildungsmäßige Minderheiten mit Wahrheitsüberzeugungen, die in das herrschende System nicht integriert werden können. T. ist ein prakt., kein theoret. Begriff. Sie hat mehrfache Funktion: 1. sie schützt zunächst das bestehende System vor Auflösung dadurch, daß die fremde Wahrheitsüberzeugung ohne Auseinandersetzung mit ihrem Wahrheitsanspruch zuerst einmal als vorhanden zur Kenntnis genommen wird. (Insofern ist T. immer u. nicht erst heute „repressiv"; die tolerierte Überzeugung bleibt prinzipiell unverbindlich.) 2. Sie schützt ebendadurch auch den Träger der Minderheitsmeinung vor körperlichen, sozialen, mentalen Repressionen (insofern ist T. eine Grundbedingung für Humanität; wo sie nicht geübt wird, stellt sich Inhumanität ein in Form von Ausrottung oder Diskriminierung; die Frage lautet heute: Koexistenz – mit der Möglichkeit friedlicher Auseinandersetzung – oder kriegerisch-revolutionärer Kampf der Wahrheitsüberzeugungen?). 1) u. 2) zusammen ergeben als wichtigste Funktion der T.: 3. T. als die Vorbedin-

gung u. Vorbereitung einer friedlichen Konfrontation der sachlich konkurrierenden Wahrheitsansprüche, die Voraussetzung
also für theoretische Auseinandersetzung (u. insofern ist T. immer auch eine „Kampfforderung" jeglicher Aufklärung). – Der
Anspruch auf T. zählt heute implizit zu den ↗Menschenrechten
(Glaubensfreiheit, Meinungsfreiheit usw.). Er ist Funktionsbe-
standteil einer pluralistischen Gesellschaft. Christlich ist er im
Liebesgebot verankert. Philos. verbirgt sich hinter dem Problem
der T. das von ↗Wahrheit u. ↗Freiheit: gibt es „die Wahrheit"
als Besitz von Einzelnen oder Gruppen, u. wie verhält sich die
Freiheit zum als wahr Erkannten?

Tradition (lat. *traditio* = Übergabe, Bericht), der Inhalt des aus
der ↗Geschichte in Sitte u. Brauch, Sprache, Sozialordnung,
Wahrheitsüberzeugung Überkommenen sowie der Vorgang des
Überlieferns selbst. Das Überlieferte kann als das „alte Wahre"
fraglos übernommen werden; dies ist in historisch u. soziolog.
geschlossenen Gesellschaften der Fall. Wo T., wie in der Neuzeit seit Descartes die Regel, nicht mehr fraglos übernommen
wird, stellt sich das Problem ihrer „Lebendigkeit", und d. h.
schließlich der Verbindlichkeit ihres Anspruchs. Dazu läßt sich
– jenseits von Konservatismus u. Progressismus – sagen, daß es
t.s-loses Leben nicht gibt; schon das Erlernen der Muttersprache
impliziert die Übernahme einer langen Geschichte, allerdings
zunächst unreflektiert. Ohne die Reflexion der in der T. als „gegenwärtiger Vergangenheit" sich meldenden Dimension des Historischen bliebe die Gegenwart flach u. ohne Kontur; bei
Übermächtigwerden der T. in traditionalist. Auslieferung an sie
(die nicht mit Treue zur T. zu verwechseln ist) verdeckt diese
den Zukunftsbezug u. fixiert sich als Selbstzweck. Ein Maß für
die Berechtigung des Anspruchs von T.en stellt die in der Zukunft gründende Aufgabe der Gegenwart dar.

Traditionalismus (lat.), allg. starres Festhalten an einer Tradition, im besonderen philos.-theologische Lehre, die leugnet, daß
der Mensch aus sich zur Wahrheitsfindung überhaupt fähig sei,
vielmehr alle Wahrheit von einer göttl. Uroffenbarung herleitet.
Nach Ansätzen bei Montesquieu, Pascal u. J. de Maistre von de
Bonald eigentlich begründet, strebte dieser T. gegenüber dem
Rationalismus u. Materialismus des 19. Jh. u. ihrem Absolut-
heitsanspruch der menschl. Vernunftautonomie zu den altüber-
lieferten relig., sittlich-polit. u. philos.-metaphys. Bedingungen

der Tradition zurück. Bautain, Bonnetty, Ventura u. a. schränkten den T. auf die sittlichen u. relig. Wahrheiten ein. De Lamennais gründete ihn statt auf die göttl. Autorität auf die in der Übereinstimmung der Völker sich offenbarende allg. Menschenvernunft.

Tragik (griech.), der Eintritt u. die Beschaffenheit einer solchen Situation, die den Menschen schicksalhaft in den Widerstreit (Konflikt) gegensätzlicher Ordnungskräfte, sittlicher Verpflichtungen, charakterlicher Anlagen stellt, ohne ihm den Ausweg zu zeigen, u. die dennoch unausweichlich seine Entscheidung fordert, so daß er, ob er so oder anders handelt, gerade in seinem reinen Streben nach gültiger Erfüllung u. Vollendung am Zwiespalt der sogen. äußeren *(Schicksals-T.)* oder inneren *(Charakter-T.)* Umstände scheitern u. der Schuld verfallen muß.
Die trag. Situation ist so gekennzeichnet 1. durch die *Spannung* zwischen der Notwendigkeit (Unvermeidbarkeit u. Unentrinnbarkeit), mit der sie als Schicksal hereinbricht, u. der endlichen ↗Freiheit des Menschen zum Guten, die hier, über ihre Grenzen beansprucht, sich in Schuld verstrickt, weil sie den Spielraum ihrer Möglichkeiten nicht durchbrechen kann u. dieser Spielraum nur ein schuldhaftes Handeln zuläßt. (Der absolute Determinismus wie der absolute Indeterminismus [als Lehre von der willkürlichen u. ungebundenen Freiheit] lösen gleicherweise das Phänomen der T. auf); 2. damit durch die *Zwielichtigkeit*, sofern die Widersprüchlichkeit der Situation unüberblickbar ist, der Grund des Schuldzusammenhangs im Dunkeln bleibt u. der Sinn des ganzen Daseins u. Geschehens sich verborgen hat, eine Verborgenheit, die einerseits das Vertrauen in einen Sinn überhaupt voraussetzt, anderseits den Menschen in die Verzweiflung stoßen kann; 3. durch die Erfahrung des *Leids*, sofern der Mensch die trag. Situation u. sein eigenes Handeln „erleidet", gerade weil er mitten im Unheil auf das Heil aus ist u. in der Vergeblichkeit aller Anstrengungen gegenüber der Gewalt der Ereignisse u. selbst im Untergang (Katastrophe) dennoch sich zu einer Größe zu erheben vermag, welche die Ebene der unmittelbaren räuml. u. zeitl. Wirklichkeit übersteigt.
Die reflexive (philos.) Begründung der Möglichkeit der T. aus einem Urzwiespalt im Weltgrund selbst erweitert die trag. Einzelsituation zur Grundsituation des Menschseins und Weltgeschehens überhaupt (Nietzsche). Die trag. Situation als unausweichliche u. nicht weiter zurückführbare Möglichkeit (bei K.

Jaspers „Grenzsituation") des menschlichen, endlich-freien Daseins erlangte besondere Bedeutung in den phänomenolog. Analysen der Existenzphilosophie.

transzendent (von lat. *transcendens* = überschreitend), 1. in der *scholastischen Philosophie* (sachlich z. T. bei Platon, Aristoteles, Plotin vorbereitet) ein Begriff, der die Grenzen aller univoken gattungs- u. artmäßigen Einteilungen des Seienden überschreitet u. so uneingeschränkt von allem Seienden, aber in analoger Weise, gilt. Als solche t.en Begriffe, Transzendentien (so ursprünglich) oder Transzendentalien (so die spätere Bezeichnung), die als mit dem Begriff des Seins notwendig verbunden gleich unendlich wie er u. daher mit ihm umfangmäßig vertauschbar (konvertibel) sind, werden neben der Seiendheit des Seienden *(ens)* angeführt: die Washeit (Sachlichkeit; *res*), Einheit (innere Untrennbarkeit der wesentlichen Bestimmungen; *unum*), Etwasheit (Abgegrenztheit gegen jedes andere; *aliquid*), Wahrheit (Erkennbarkeit, Geistbezogenheit; *verum*), Werthaftigkeit (Erstrebbarkeit, Willensbezogenheit; *bonum*), manchmal (bes. in den Franziskanerschulen) auch die Schönheit (mühelos-selbstverständliche Übereinstimmung mit dem Anschauungsvermögen; *pulchrum*); 2. bei *Kant* dasjenige, was die Grenzen möglicher Erfahrung (u. damit auch der Erkenntnis) übersteigt (= „überfliegend"). Gegensatz ↗immanent. Hier dient der Terminus t. vor allem zur Kennzeichnung des Gebrauchs, der von Begriffen, Ideen, Grundsätzen usw. gemacht wird, u. der hierbei leitenden „Absicht"; so sind z.B. die Ideen wohl in theoretischer (auf Erkenntnis zielender) Absicht t., in praktischer Absicht (als Postulate) jedoch immanent; 3. in der *neuzeitlichen Philosophie* allg. das, was die menschliche Natur (als Inbegriff des menschlichen Könnens u. Vermögens, bes. des Erkenntnisvermögens) übersteigt, nicht im Machbarkeitsbereich menschlicher Subjektivität liegt, nicht aus Eigenmächtigkeit erstellt oder erzwungen werden, sondern als Gewährtes entgegengenommen werden kann; 4. in der *Erkenntnistheorie* oft auch nur das Bewußtseinsunabhängige, In-sich-Stehende u. an ihm selbst Wirkliche, das nicht nur innerhalb menschlicher Vorstellungen u. durch sie Geltung u. Dasein hat.

transzendental (neulat.), 1. in der *scholastischen u. neuscholastischen Philosophie* (oft gleichbedeutend mit ↗transzendent gebraucht): die Grenzen der Gattungen u. Arten u. damit der univoken Bedeutung zur Analogie hin überschreitend; 2. bei *Kant* bezeichnet t. im Gegensatz zu transzendent nicht ein jenseits der Erkennbarkeit Liegendes (weil den Bereich möglicher Erfahrung Übersteigendes), sondern dasjenige, was im reflektierenden „Rückstieg" (transcensus) in das Bewußtsein (Subjekt) an Konstitutionsprinzipien desselben u. ineins damit als Bedingung der Möglichkeit von Gegenständen, Erfahrung, Erkenntnis überhaupt aufgedeckt wird. So klärt eine t.e Erkenntnis nicht etwa über diese oder jene einzelne empirisch-gegenständliche Erkenntnis auf, sondern darüber, wie uns Gegenstandserkenntnis überhaupt möglich ist: insofern nämlich gewisse uns eigene Vorstellungsweisen (der Sinnlichkeit u. des Verstandes) a priori die Gegenständlichkeit aller Gegenstände ausmachen. Entscheidend ist hierbei, daß alles T.e als Bedingung der Möglichkeit von Erfahrung überhaupt von sich aus auf Gegenstände, Erfahrung, Erkenntnis bezogen ist, sein ganzer Sinn in dieser Funktion liegt; 3. im Anschluß an Kant meint t. in der *neueren Philosophie* allg. dasjenige, was dem Bewußtsein in all seinen einzelnen Vollzügen vorausliegt, was Bewußtsein als Bewußtsein allererst konstituiert, die Grundstruktur von Bewußtsein überhaupt ausmacht; 4. in einem noch allgemeineren Sinn bedeutet t. den Aufschließungs-, Eröffnungs-Charakter eines Apriori bzw. auch einer Erfahrung, insofern diese einen Erfahrungsbereich allererst sichtbar macht oder gar erst konstituiert (t.e oder Grunderfahrung). Das T.e schlechthin ist dann das Sein bzw. die Seinserfahrung als Ur-Apriori aller einzelnen bereichshaften Aprioris u. Erfahrungsweisen.

Transzendentalphilosophie. Insofern jede Metaphysik im „transzendentalen" Rückgang auf die Gründe des Seienden, auf Wesen u. Sein hin das Seiende übersteigt („transzendiert"), kann in einem sehr weiten Sinn jede Gestalt der Metaphysik als T. bezeichnet werden. In seiner engeren Bedeutung wurde der Terminus durch *Kant* geprägt. T. bezeichnet bei ihm das System aller Erkenntnisse, die a priori aus reiner Vernunft allein gewinnbar sind. Im Ausgang von Kants Fassung des Transzendentalen gilt dann als T. allgemein eine Philosophie, in der sich jeglicher Sinn nicht nur *in* einem Bewußtsein (Subjekt), sondern auch *durch* dieses u. *von* diesem her konstituiert, wo also das Bewußtsein das schlechthin Unüberschreitbare ist. Somit wird in der T. Sein durch u. als Bewußtsein ausgelegt. Insofern die nunmehr entscheidenden Bedingungen der Möglichkeit der Gegenstände

(Seiendes hat nun keinen substantiellen Selbstand mehr, sondern ist vom Subjekt erstellter u. in dessen Verfügungsgewalt gestellter Gegenstand) u. der Erfahrung im Bewußtseinssubjekt liegen, also nur dort aufgefunden werden können, ist die Ausarbeitung einer Ontologie der Subjektivität *(Fichte, Husserl)* entscheidend für die Entwicklung der T. Ihre eigentümliche Bewegungsweise ist im Gegensatz zum metaphys. transzendierenden Überstieg über das Seiende auf Wesen u. Sein hin vielmehr der transzendentale Rückstieg auf die Bedingungen der Möglichkeit der Gegebenheit des Gegenstandes im Subjekt hin. Der Rückstieg in die Subjektivität also erschließt diese als das letzte Fundament allen Wissens, von dem aus dann alle Klärung u. Begründung als Selbstklärung u. Selbstbegründung erfolgen kann. Insofern die T. so von ihrem Ansatz her stets nach der konstitutiven Leistung des Subjekts fragen muß u. in die Perspektive der Subjektivität gebannt bleibt, kann sie jene Phänomene kaum sachgerecht thematisieren, die nicht das Subjekt als seine Objekte erstellt, sondern worin der Mensch etwas vernimmt, das seinen einzelnen Vollzügen schon vorausliegt u. von dem er selbst unaufhebbar bedingt ist, Phänomene wie z. B. Geschichtlichkeit, Dialogik, Sprache. Moderne T. freilich, die sich keineswegs mehr als „Erzeugungsphilosophie", vielmehr als methodische reflexive Klärung bewußtseinskonstitutiver Strukturen versteht, versucht gerade aus der Reflexion auf derartige Phänomene u. aus der Erkenntnis ihrer Nicht-Systematisierbarkeit (weil Nicht-Verfügbarkeit) heraus eine Selbstbeschränkung durchzuführen (womit sie wieder auf Kants Intention zurückkommt); dabei bemüht sie sich insbes. um ein geschichtl. Verständnis dessen, was je Subjekt ist.

Transzendenz (lat.), allgemein das Überschreiten, der Überstieg. *Metaphysisch* im Gegensatz zur ↗ Immanenz das Hinausgehen des Denkens über das den Sinnen Zugängliche in ein „jenseits" der Dingwelt Liegendes, welches diese ermöglicht, begründet, erhält usw. (so z. B. platonisch zu der Welt der Ideen u. der „jenseits aller Seiendheit" liegenden höchsten Idee oder christl.-mittelalterlich zu Gott). Im Gedanken der ↗ Partizipation ist hierbei zugleich ausgesprochen, daß dieses Zusammen von „Diesseitigem" u. „Jenseitigem" nicht einfach u. nur durch diesen Vorgang der T. geleistet werden kann, sondern daß die Möglichkeit einer solchen T. vorgängig darin gründet u. dadurch gestiftet ist, daß das „Jenseitige" schon auf gewisse Weise im „Diesseitigen"

„ist". *Kant* anerkennt zwar die T. des Denkens u. schreibt ihr, insofern sie die Ideen als die regulativen Prinzipien der reinen theoret. Vernunft entdeckt, auch eine positive (regulative) Funktion zu für die Erstellung systemat. Einheit unseres Wissens; sie gewährt ihm zufolge jedoch keine wahre Erkenntnis des Übersinnlichen, vielmehr verstrickt uns der Versuch, mittels der Vernunft erkennend über den Erfahrungsbereich hinauszugehen, in unlösbare Widersprüche (↗Dialektik). Im Bereich der prakt. Vernunft dagegen sind diese Ideen als Postulate der T. des Willens zugänglich, somit „immanent" u. „konstitutiv" in einer auf den Willen gegründeten „praktischen" Metaphysik. Demgegenüber hat bei *Hegel*, für den jedes Wissen einer Grenze (an der dann T. etwa scheitern könnte) zugleich schon das Darüberhinausgegangensein bedeutet, alle T., insofern sie im Grunde Selbst-T. des Geistes zu sich selbst ist, den Charakter der Immanenz. *Feuerbach* u. *Marx* „entlarven" T. u. deren Ziel als Selbstprojektion des Menschen in ein Jenseits u. damit als Erfüllung vorgaukelndes Surrogat, als „geistiges Aroma" u. ideolog. Reflex der diesseitigen immanenten Misere einer in sich zerrissenen Wirklichkeit. Ähnlich *Nietzsche:* die jeden hinterweltlerischen „Platonismus" kennzeichnende T. ist eine lebensfeindliche Erfindung der „Schlechtweggekommenen". Im Gefolge der Destruktion eigentlicher T. tritt an deren offenbleibende Stelle „ersatzweise" T. als Sich-Vorhalten des Zielpunktes einer weltimmanenten Fortschrittsbewegung (so schon bei Marx u. dann in modernen ↗Utopien). Beim frühen *Heidegger* ist T. der den Menschen als Menschen, d. h. als weltoffenes u. seinsverstehendes Wesen kennzeichnende Überstieg über alles Seiende auf Welt u. Sein hin; später denkt Heidegger die T. vom Seinsgeschick u. vom „Ereignis" her.

Verschiedentlich meint T. auch das Transzendente selbst in seiner Grundeigenschaft der Überschreitung alles Welthaften (insbes. Gott in seiner Überweltlichkeit); so versteht *Jaspers* unter T. das verborgene, umgreifende Sein selbst, das zugleich die Sphäre des Göttlichen ist u. das sich nur in Chiffren mitteilt. – In der modernen *Erkenntnistheorie* meint T. die Überschreitung des Bewußtseins auf solches, was mehr ist als bloße Vorstellung oder bloßer Gedanke (vgl. ↗transzendent).

Trendelenburg, *Adolf,* *1802 Eutin, †1872 Berlin. Prof. ebd.; Gegner Hegels u. Herbarts; knüpfte an Aristoteles u. Platon an.

Seine „organische Weltanschauung" baut auf der Einigung von Denken u. Sein durch die Bewegung u. den Zweck auf.

Trieb, der tierhaftem u. menschlichem Leben (insofern es an Sinnlichkeit gebunden ist) von Natur aus zugehörende, beim Menschen jedoch in seinen Verwirklichungs- u. Befriedigungsformen stark von der jeweiligen Kultur geprägte Drang (z. B. Nahrungs-, Geschlechts-, Bewegungs-T.); in seinem Vollzug stets mit Gefühl u. Affekt (bes. Lust u. Unlust) verbunden; weder bloße Reflex- noch schon bewußte Willenshandlung, vielmehr unmittelbar auf die Befriedigung vitaler Bedürfnisse gerichtet, dabei vom Instinkt geleitet bzw. beim Menschen auch durch den Willen zu lenken u. in geistig bestimmte Verhaltensweisen integrierbar bzw. überführbar (Sublimierung).

Troeltsch, *Ernst,* ev. Theologe, Soziologe u. Geschichtsphilosoph, *1865 Haunstetten bei Augsburg, †1923 Berlin. Prof. in Bonn, Heidelberg, Berlin. Er sah in der totalen „Historisierung unseres ganzen Wissens u. Empfindens der geistigen Welt", einschließlich der Religion, das Kennzeichen des nachrevolutionären Europa seit dem 19. Jh. u. erhoffte für die Historie von einer Geschichtsphilosophie jenen allg. Wertzusammenhang, der wissenschaftl. nicht erweisbar ist, sondern auf sittlicher Entscheidung beruht. Ohne den relativierenden ↗Historismus zu überwinden, kam T. zur Erkenntnis, daß „die Geschichte innerhalb ihrer selbst nicht zu transzendieren ist".

Troxler, *Ignaz Paul Vital,* *1780 Beromünster (Schweiz), †1866 Aarau. Prof. in Basel u. Bern. Medizinhistoriker u. Naturphilosoph. Nachhaltig von Schelling beeinflußt, nahm dessen Lehre von der Stufung des Organischen in seine myst. geprägte All-Einheits-Vorstellung auf.

U

Übel, in der (bes. *scholastischen*) *Philosophie:* der Mangel an Vollkommenheit (Gutheit, Seinsfülle), die ein Seiendes seinem Wesen nach haben sollte. Als Mangel der Wesensverwirklichung ist das Ü. keine positive, sondern eine negative Bestimmung des Seienden (Privation), immer an ein solches gebunden, nie selbst subsistent, wie der extreme Dualismus behauptet. Leibniz unterscheidet (in der „Theodizee") a) das physische Ü. (Schmerz), b) das moralische Ü. (Sünde), c) das metaphysische Ü. (Endlichkeit). Vgl. ↗Theodizee sowie insbes. das ↗Böse.

übersinnlich, nicht in der sinnlichen Anschauung u. Wahrnehmung gegeben u. raumzeitlich erfahren, sondern allein im transzendierenden Denken gewonnen. ↗intelligibel, vgl. ↗transzendent.

Ueberweg, *Friedrich,* *1826 Leichlingen, †1871 Königsberg. Schüler Trendelenburgs u. Benekes; Prof. in Königsberg. Sein Hauptwerk ist der „*Grundriß der Geschichte der Philosophie*", 3 Bde. (1863–66), in späteren Auflagen von M. Heinze u. a. ergänzt u. überarbeitet (zuletzt 11.–12. Aufl. 1923/28). Völlige Neubearbeitung seit 1983 im Erscheinen.

Unamuno, *Miguel de,* span. Philosoph, Dichter u. Kritiker, *1864 Bilbao, †1936 Salamanca. In der Moderne der markanteste Vertreter des span. Individualismus bei strengster Bewahrung der span. Eigenart (Casticismo). Seine dialektische Haltung erinnert an Kierkegaard, bleibt aber in archaisch-mythische Vorstellungen eingebettet.

Unendlichkeit, die Uneingeschränktheit dessen, was durch keine Grenzen der Quantität oder Qualität nach bestimmt ist, im Gegensatz zur Endlichkeit alles einzelnen (endlichen) Seienden. Vgl. ↗absolut. Mit der christl. Philosophie wandelt sich U. von der bei den Griechen üblichen Bedeutung der Grenzenlosigkeit vornehmlich des Materiellen (↗Apeiron) zur Auszeichnung Gottes, der in seiner Vollkommenheit alles zugleich bei sich versammelt u. „besitzt". Dieser aktuellen *(positiven)* U. *(Infinität)* als der durch keine Möglichkeit mehr bestimmten vollkommenen Wirklichkeit absoluter Erfüllung steht gegenüber die potentielle *(negative)* U. *(Indefinität)* als die unendliche Teil- oder Vermehrbarkeit des tatsächlich Endlichen. Letztere ist für Hegel als U. des Progresses ins Infinite bzw. des unaufhörlichen Hin- u. Hergehens zwischen den wechselweise einander bestimmenden „Bereichen" des Endlichen u. des Unendlichen die *„schlechte U."*, insofern hier noch die Vorstellung eines „jenseits" des Endlichen liegenden u. so eben selbst noch endlichen Unendlichen zugrunde liegt; wohingegen die *„wahre U."* als die des absoluten Geistes schlechthin alles umgreift, indem sie im dialektischen Vollzug der Selbstvermittlung auch ihren Gegensatz, nämlich alles Endliche (dessen eigene Zielbewegung erfüllend) in sich hinein aufhebt. Wo eine einseitige „Einverleibung" der Endlichkeit in die U. (wie sie am deutlichsten wohl bei Hegel geschieht) abgelehnt wird, stellt sich mit besonderer Dringlichkeit das Problem eines echten (d. h. die Differenz nicht einfach einebnenden, sondern wahrenden) Zueinander beider in Gestalt der Frage, wie die U. in die Endlichkeit eintritt u. doch nicht in ihr aufgeht, in ihr sich zeigt, wenn auch vielleicht zugleich verhüllt, wobei sowohl die Endlichkeit als auch die U. in diesem „Ereignis" der Zusammenkunft erst in ihr eigenstes Wesen gelangen.

Universalien (lat.), die Allgemeinbegriffe (↗Art, ↗Gattung), deren Gehalt von vielen Gegenständen im gleichen (univoken) Sinn ausgesagt werden kann u. im einzelnen Seienden *(universale in re)* die Daseinsform der Einzelheit (singularitas), im Denken *(universale post rem* oder *in intellectu)* die der Allgemeinheit hat (universalitas; das allg. Wesen). Die Frage, ob dieser Gehalt als solcher etwas vor diesen Verwirklichungsformen, also dem wirklichen Seienden wie dem Denken Vorausliegendes *(universale ante rem)*, oder ob dieser Gehalt, nämlich das Wesen, nur künstliches Produkt des je einzelnen Denkens sei, rief den mittelalterlichen U.-Streit hervor.

Roscellin u. Abaelard im 11. u. 12.; Ockham im 14. Jh. leugneten ein solches gehaltliches (sachliches, „reales") Vorausgehen vor dem einzelnen Seienden u. dem verallgemeinernden Gedanken u. erklärten, daß alles Übereinzelne erst durch Wort *(nomen,* ↗Nominalismus) u. Begriff *(conceptus,* ↗Konzeptualismus) des Menschen geschaffen werde. Für den gemäßigten (aristotel.)

↗ *Realismus* des Thomas von Aquin dagegen empfängt das Übereinzelne zwar erst im Denken die Form der Universalität (Allgemeinheit u. Allgemeingültigkeit), wie es im Seienden die der Singularität (Einzelheit, Individualität) erhält. Beide sind aber jeweils eine Verwirklichungsform *(actualitas)*, die zum reinen Gehalt *(realitas)* hinzukommt. Dabei wird die sachl. Unterschiedenheit (reale Distinktion) von ↗Wesen u. ↗Dasein vorausgesetzt. Diese Lehre von der (voraktuellen) Realität des Übereinzelnen gibt zwar zu, daß alles wirklich Seiende singulär (individuell) ist, stößt aber gleichzeitig zu einer Realsphäre des Seins vor, das seinen Verwirklichungen im Seienden u. im Denken vorausliegt (↗ontologische Differenz). So wird der ↗Positivismus vermieden, für den das einzelne Wirkliche ein Letztes u. damit Grundloses ist, wogegen es für den gemäßigten Realismus über das „Existente" hinaus noch wahrhaft „Reales", eben Wesen u. Sein als reale Gründe des aktuellen Seienden u. Denkens gibt. Der *extreme* (platon.) ↗ *Realismus* aber spricht der dem Seienden u. Denken vorausliegenden u. vorbildhaften Realität selbst schon Aktualität (Wirklichkeit) zu u. läßt sie so für sich bestehen, in nur schwer überbrückbarer Trennung (Chorismos) von dem, was durch sie begründet u. bestimmt ist. Die Welt ist nicht mehr Stätte echter Verwirklichung u. einziger Wirklichkeit, sondern nur noch Abbild, Spiegelung u. Trübung anderer Wirklichkeit. Der nominalistisch-konzeptualistische *Positivismus* verabsolutiert die Welt, indem er ihre realen Gründe leugnet. Der extreme Realismus aber entwertet sie, indem die immer gültigen Gehalte u. Gestalten nicht mehr auf die Welt als ihre notwendige Verwirklichung u. Wirklichkeit vorverweisen, sondern sich selbst genügen u. in der Welt nur entstellt werden. Den im U.-Streit vertretenen Positionen sehr ähnliche kehren wieder in der modernen Diskussion über die verschiedenen Möglichkeiten einer Grundlegung der Mathematik.

Universalismus (lat.), eine soziolog. Lehre, die das Ganze gegenüber dem Einzelnen, Individuellen als das Erste u. Ranghöhere ansieht. Im besonderen die in der Tradition Platons, des deutschen Idealismus u. der Romantik stehende Anschauung O. ↗ *Spanns*, wonach das Ganze logischen, wenn auch nicht substantiellen Vorrang vor dem Einzelnen hat. In diesem U. wird die Eigenständigkeit der ↗Person gefährdet.

univok (von lat. *unum* = eines u. *vocare* = benennen) nennt man Begriffe mit eindeutiger Zuordnung von Begriffsbezeichnung (Begriffsname) u. Begriffsbedeutung; eindeutige Begriffe. Vgl. dagegen analog (↗Analogie) u. ↗äquivok.

Unmittelbarkeit und Vermittlung. Allg. gilt U. als Kennzeichen einer jeden direkten (nicht durch irgendein Mittel zwischen der erfahrenen Sache u. dem erfahrenden Subjekt bewirkten) Erfahrung. V. dagegen bezeichnet zunächst gerade die Leistung eines solchen Mittleren: zwei Getrennte, einander Fremde oder Entgegengesetzte zusammenzubringen; oder ganz allg.: das Beibringen von etwas, das nicht schon von sich aus da ist. Besondere Bedeutung haben die beiden Begriffe bei *Hegel*, der (gegen jeglichen auf U. sich berufenden Positivismus transzendentaler wie empirischer Art) den Nachweis erbringt, daß alle U. zum einen selbst schon vermittelt ist u. zum anderen auf weitere V. (die bei Hegel allerdings nicht durch ein selbständiges Drittes, sondern genau durch das, was zu vermitteln ist, selbst erfolgt, also Selbst-V. ist), mithin auf Aufhebung ihrer selbst drängt. U. als solche ist nicht wahrhaft; vielmehr verflüssigt sich alle auf sich beharren wollende Selbständigkeit (Substantialität) im absoluten V.s-prozeß der Selbstexplikation des Geistes. Vor Hegel dagegen wurde zwar sehr wohl auch gesehen, daß U. vermittelt sein kann u. vielleicht sogar generell einer V. bedarf, dies aber nicht schon als Beweis für die eigentliche Nichtigkeit von U. genommen werden darf, sondern U. vielmehr als Seinscharakter eines sich von ihm selbst her Gebenden anerkannt werden muß, auch dann, wenn für die Bereitung der Möglichkeit dieses Sichgebens mannigfache Vermittlungsschritte nötig sind; so werden beispielsweise wohl *platonisch* die Ideen erst in der Durchbruchsbewegung der anamnesis u. *christlich-mittelalterlich* die „ersten Prinzipien" erst in einem begrifflichen Rückgang aufgedeckt, aber die solchermaßen Vermittelten erheben dann eben doch von sich aus den Sinnanspruch der U. (stehen in sich u. sind von sich her evident). *Nachhegelsche Philosophie*, die (gegen Hegel) das nicht in den Begriff Ein- u. nicht in ihm Aufgehende betonte, faßte dieses weithin als U. Dieser Name bezeichnet nicht mehr (wie bei Hegel) das an sich Nichtige, das seine Aufhebung (qua V.) im Begriff erstrebte, sondern zeigt gerade dasjenige an, was in aller begrifflichen V. dieser widerstreitet: ein Anderes gegenüber dem begreifenden Denken im ganzen.

Ursache, was notwendig einem anderen (der Wirkung) zeitlich oder sachlich vorausgeht, dieses hervorbringt u. eindeutig bestimmt. ↗Grund. Gegenüber der 4fachen Art der U.n oder Gründe in der mittelalterlichen Philosophie (↗causa) wurde in der Neuzeit der Begriff der U. immer mehr auf die Wirk.-U. der zeitl. Ordnung eingeschränkt (vgl. die ontische gegenüber der ontologischen ↗Kausalität).

Urteil, die Identifikation eines relativ unbekannten Subjekts mit einer vorbekannt allgemeineren Bestimmung (Prädikat). In der Zuordnung des Prädikats zum Subjekt wird das Subjekt in den gegliederten Allgemeinheitsbereich des Prädikats eingeordnet. (Das Subjekt wird als Fall der Allgemeinheit des Prädikats begriffen.) Diese Zuordnung vollzieht sich nach bestimmten Gesetzen (↗Logik). Im U.s-akt zielt der in ihm enthaltene U.s-sinn (die vermutete Identität von Subjekt u. Prädikat) auf die im U.s-sachverhalt in Wirklichkeit bestehende Identität. Diese wird im U.s-satz aufgrund der Subjekt wie Prädikat umschließenden U.s-kopula „ist" als wahr u. wirklich bejaht. Damit ist das U. der Ort möglicher Erkenntnis.

Die formale ↗Logik untersucht als Denklogik den U.s-akt im Hinblick auf die Form des beurteilten Sachverhalts bzw. des U.s-sinns, als Gegenstands- oder Sachverhaltslogik unmittelbar die Form des U.s-sachverhaltes oder -sinns selbst. Die ↗Erkenntnistheorie will nicht diese formale Richtigkeit des U. untersuchen, sondern seine Wahrheit, bes. im Fall des Erfahrungs-U. Kant unterschied die U.e a priori u. a posteriori, ↗analytische u. ↗synthetische U.e. Die moderne formalisierte Logik behandelte das U. als ↗Aussage in der Form des Aussagen-, Prädikaten u. Klassenkalküls.

Kant teilte die U.e ein der *Quantität* nach in allgemeine, besondere u. einzelne, der *Qualität* nach in bejahende, verneinende u. unendliche, der *Relation* nach in kategorische, hypothetische u. disjunktive (Aussage-, Bedingungs- u. Entweder-Oder-U.) u. der *Modalität* nach in problematische, assertorische u. apodiktische (Möglichkeits-, Wirklichkeits- u. Notwendigkeits-U.e).

Urteilskraft, zunächst das Vermögen der Urteilsbildung, zumeist aber die Fähigkeit, Wahrheit u. Wert eines Sachverhalts richtig zu beurteilen. *Kant* unterscheidet von dem Verstand, der Regeln bildet, u. der Vernunft, die nach Regeln schließt, die U., die beurteilt, ob etwas unter eine Regel fällt oder nicht. Sie sucht als *bestimmende U.* zum Allgemeinen das Besondere, als *reflektie-rende U.* zum Besonderen das Allgemeine. In der Kritik der äs-thetischen bzw. teleologischen U. untersucht Kant die Zweck-mäßigkeit (des Schönen bzw. des Organismus) für die reflektie-rende U. – Die *Scholastik* versteht unter der *vis aestimativa* (= sinnliche Schätzungskraft) die auch den Tieren zugeschriebene Fähigkeit, die Lebenszweckmäßigkeit eines sinnlich Wahrge-nommenen ohne eigentliches Urteil zu „beurteilen".

Utilitarismus (von lat. *utilis* = nützlich), philos.-ethische Lehre, die das Sittliche dem Nützlichen gleichsetzt, nämlich dem für das menschliche Wohlbefinden Förderlichen. Das *Utilitätsprin-zip* (sittlich gut ist, was nützt, schlecht, was schadet) macht den Erfolg, nicht die Sittlichkeit zum Maßstab. Innerhalb des sub-jektivist. ⸗Eudämonismus steht der U. dem sensualist. ⸗Hedo-nismus insofern gegenüber, als er sich nicht auf die nur augenblicklich größte Lust, sondern auf das größte lebenszeitli-che Gesamtglück, die Lebensbefriedigung überhaupt, richtet. Je nachdem, ob der Nutzen für den Einzelnen, für einen bestimm-ten anderen oder für eine Gemeinschaft gemeint ist, unterschei-det man den egoistischen, altruistischen oder sozialen U., der „das größtmögliche Glück der größtmöglichen Zahl" erstrebt (Bentham). Der U. wurde in der Neuzeit vertreten bes. durch Hobbes, Bentham, Mill u. Comte.

Utopie (von griech. *ou-topos* = Nirgendland), Titel einer Schrift des Thomas Morus („Utopia"), die eine vorgestellte, ideale, vollständig gerechte, auf reinen Vernunftprinzipien basierende zukünftige Gesellschafts- u. Staatsverfassung beschreibt; von daher zum Gattungsbegriff solcher, zugleich immer zeitkriti-scher Literatur geworden, die sich gerne der Form des fingierten Reiseberichts bedient. Die bekanntesten U.n neben der genann-ten: Platon, Staat; Bacon, Nova atlantis; Campanella, Civitas so-lis; Harrington, The Commonwealth of Oceana; Cabet, Voyage en Icarie; Morris, News from Nowhere, die „Robinsonaden" u. a. Daneben gibt es, vorgebildet in Swifts „Gullivers Reisen", rein zeitkritische „Anti-U.n", wie „1984" von G. Orwell, „Nein" von W. Jens u. a.

V

Vaihinger, *Hans,* *1852 Nehren bei Tübingen, †1933 Halle. Prof. ebd.; von F. A. Lange u. Schopenhauer beeinflußt. Seine „Als-Ob-Philosophie" deutete alle theoret., prakt. u. relig. Wahrheiten als bloße Fiktionen im Dienst des Willens zur Erreichung des Lebenszwecks (↗Pragmatismus). Begründer der Kant-Gesellschaft.

Vermögen, die den wechselnden seel. Akten zugrunde liegenden bleibenden seel. Kräfte (Potenzen, Fähigkeiten). Sie werden nach Ziel u. Eigenart üblicherweise eingeteilt in geistige u. sinnliche: in Vernunft, Verstand, Gedächtnis, Wille, Gefühl, die Sinne u. Triebe.

Vernunft, im Unterschied zur sinnlichen Wahrnehmungsfähigkeit das gesamte geistige Vermögen, gleichbedeutend mit Verstand, Intelligenz, Einsicht, Besonnenheit. Im besonderen (als Übersetzung von griech. *nous,* lat. ↗ *intellectus agens*) Bezeichnung für die oberste Vollzugsweise des menschl. ↗Geistes, nämlich das Vermögen der Zusammenschau übergreifender Seinsordnungen u. Sinnzusammenhänge, im Unterschied zum analysierenden Verstand (griech. *dianoia,* lat. ↗ *Ratio*).
Kant unterscheidet dabei die *theoretische V.,* die unter der Leitung der ↗Ideen alle Verstandeserkenntnisse zu einem einheitlichen Ganzen zu ordnen sucht, u. die *praktische V.,* die, vom sittlichen Willen bestimmt, die Ideen postuliert, um die Einheit des Wollens u. Handelns mit dem Sittengesetz als sinnvoll zu ermöglichen. Bei *Hegel* ist V. gegenüber dem Verstand als endlichem (Gegensätze u. Einzelbestimmungen fixierenden) Geistvollzug das erst zu wahrem, weil begreifendem Erkennen gelangende (in dialektischer Bewegung jede Gegenübersetzung aufhebende) Denken.

Verstand, allg. das geistige Vermögen des Menschen, gleichbedeutend mit Vernunft, Intelligenz, Sachkenntnis; im engeren Sinn im Unterschied zur Vernunft u. im Gegensatz zur sinnlichen Empfindungsfähigkeit das ⌐ diskursive Erkenntnisvermögen (Intellekt), das gleichwohl auf sinnlich gegebenes Material angewiesen bleibt. Bei Kant das Vermögen, Begriffe (vgl. ⌐ Kategorie) u. allg. Regeln zu bilden, womit sinnliche Anschauungen als Gegenstände vor u. in ihrer Bedeutung u. ihren Beziehungen herausgestellt werden können.

Verstehen (ahd. *firstân* = dicht vor etwas stehen), das Erfassen von Bedeutungen u. Sinngehalten, wobei der ihnen selbst eigene Sinn- u. Bedeutungsraum (⌐ Horizont), dem sie entstammen, mit in den Blick gerückt wird (Gegensatz ⌐ Erklären). Der V.svollzug ist ermöglicht durch die Verstehenden wie Verstandenes gemeinsam umschließende Erfahrungswelt. Wissenschaftsmethodisch war V. das zuerst von der sog. verstehenden oder geiteswissenschaftl. Psychologie (Dilthey, Spranger, Litt) methodisch ausgebildete „einfühlende" Erfassen seelisch-geistiger Bedeutungen menschlicher Äußerungen in deren personalem Gesamtzusammenhang. Heidegger hat das V. als bloß dem Subjekt anhängende Vollzugsweise radikal hinterfragt: V. ist ursprüngl., alle übrigen Seinsweisen mit durchwaltende Vollzugsweise des Daseins. Als existential-ontologisch Aufgewiesenem eignet dem V. eine unaufhebbare Zirkelstruktur (hermeneutischer Zirkel; ⌐ Hermeneutik): Jedem V. liegt notwendig ein Vor-Verstandenes voraus, in welchem die dem Dasein eigene geschichtliche Bedingtheit u. die ihm eigene Welterfahrung enthalten ist. So hat V. bei Heidegger zugleich Entwurfscharakter. In seinem V. eröffnet das Dasein sich zugleich seine zukünftigen Möglichkeiten. Diese Analyse des V.s wurde für H.-G. Gadamer Grundlage seiner philos. Hermeneutik (Wahrheit u. Methode, [2] 1963).

Vico, *Giovanni Battista,* italien. Philosoph, *1668 Neapel, †1744 ebd. Hofhistoriograph König Karls. Begründer der neueren Geschichtsphilosophie u. der Völkerpsychologie. Im Gegensatz zum analyt. Rationalismus Descartes' suchte er, vom Neuplatonismus der Renaissance (Campanella) ausgehend, von der Vorsehung bestimmte Gesetze der geschichtl. Entwicklung aufzustellen u. in der Geschichte der Völker die wiederkehrende Folge einer theokratischen, heroischen u. zivilisator. Periode nachzuweisen. Die Religion ist ihm erzeugendes u. erhaltendes Prinzip der Gesellschaft. V. hatte Einfluß auf Herder, Goethe u. die gesamte europäische Geschichtsphilosophie. Seine Lehre vom göttl. Geist, der den allgemeinen menschlichen bestimmt, bes. den jeweils geschichtl. Gesamtgeist, erinnert an Hegel, seine Kulturzyklenlehre von Aufstieg u. Verfall in ständiger Wiederkehr *(corso e ricorso)* an Spengler, seine Dreistufenlehre an Comtes Dreistadiengesetz.

virtuell (von lat. *virtus*), dem Vermögen, der Potenz nach vorhanden.

Vitalismus (lat.), Lehre, nach der das ↗Leben nicht (wie der biolog. Mechanismus meint) restlos auf die Kausalität chemisch-physikalischer Faktoren rückführbar ist, sondern eine Eigengesetzlichkeit aufweist, insofern es von einem besonderen, der naturwissenschaftlichen Forschung nicht direkt zugänglichen Prinzip bestimmt ist, der allgemeinen vis vitalis (= Lebenskraft) im älteren V., der Entelechie als unräumlichem ordnungsstiftendem u. ganzheitsbildendem Faktor im neueren V. Drieschs.

Vives, *Juan Luis*, span. Humanist, Philosoph u. bahnbrechender Pädagoge, *1492 Valencia, †1540 Brügge. „Erster großer systemat. Schriftsteller auf dem Gebiet der philos. Anthropologie" (Dilthey).

Voegelin, *Eric*, *1901 Köln, †1985 Stanford (USA). Bis zu seiner Emigration in die USA (1938) in Wien lehrend, 1950 Prof. für polit. Wissenschaften in München, 1969 Rückkehr in die USA. Sein umfangreiches Werk gilt der polit. Lebenswelt im Horizont der gesamten Geschichte vom alttestamentlichen Jahwe-Staat Israels bis zur polit. Gegenwart mit den verdeckt durchgehenden u. wiederholt, vor allem in der Neuzeit, aufbrechenden gnostischen Strömungen.

Voluntarismus (von lat. *voluntas* = Wille), Bezeichnung für jene Anschauungen, die im Gegensatz zum Intellektualismus in irgendeiner Weise dem Willen den Vorrang geben gegenüber dem Geist als Vernunft, Verstand, Intellekt. Hatte Augustinus gegenüber der aristotel. Betonung der Erkenntniskraft die der göttl. Trinität analoge, akthafte u. untrennbare Einheit des menschlichen Seins, Wollens (Liebens) u. Wissens herausgestellt, so begründete Duns Scotus in der Gegnerschaft zur thomist.

Geisteslehre den eigentlichen *theologischen V.*, indem er die Natur-, teilweise auch die Sittenordnung der Schöpfung allein dem Liebeswillen Gottes entspringen, den Verstand dem Willen dienen u. die ewige Seligkeit nicht so sehr in der Anschauung Gottes als mehr in der unbedingten u. endgültigen Erwiderung seiner Liebe u. dem Aufgehen in seinem Willen bestehen läßt. Ockham setzt göttl. Willen u. Willkür gleich u. führt so das Gute auf das in der absoluten u. unbegründeten, freien göttl. Setzung Gewollte zurück.

In der Radikalisierung des *ethischen V.* Kants (Primat des reinen Willens als der reinen praktischen Vernunft vor der reinen theoretischen Vernunft), in Erweiterung des *psychologischen V.* (Unterordnung des menschlichen Verstandes unter den Willen; Heinrich von Gent, W. Wundt), u. teilweise unter dem Einfluß von J. Böhmes Mystik sieht der *metaphysische V.* der Neuzeit im letztlich sich selbst wollenden (u. deshalb auf Einheit im System drängenden) Willen den Grund der Wirklichkeit, sei er als schöpferisches Seinsprinzip (Fichte) oder als „Ding an sich", Trieb oder Drang (Schopenhauer; vgl. auch Schelling, E. v. Hartmann) aufgefaßt. Von Schopenhauer beeinflußt, ist dann bei Nietzsche der vorrationale Wille zur Macht das, was die Welt wesentlich ist. Beim späten Scheler ist neben dem Geist der Drang ein Prinzip des Weltprozesses. Voluntaristische Tendenzen zeigen, anthropolog. gewendet, weiterhin die Lebensphilosophie u. (in anderer Weise) der Pragmatismus sowie alle Philosophien, die dem Handeln (der Praxis) einen Primat vor dem Erkennen (der Theorie) zuschreiben.

Voraussetzung, allg. das einem Beginn Voraus- u. Zugrundeliegende, ihm Vorgegebene, das ihn allererst ermöglicht, ihm seine Richtung gibt u. seinen Verlauf bestimmt. *Logisch* ist V. die Annahme oder Setzung eines Satzes (↗ Prämisse, vgl. ↗ Hypothese) als Ausgangspunkt eines Denk- u. Erkenntnisprozesses, dazu die zu dessen Durchführung benötigte (oft aus der Prämisse sich ergebende) Verfahrensart (modus procedendi) u. die darin beschlossenen Regelungssätze (Beweis, Verfahren). *Erkenntnismäßig* ist V. die im Erkennen immer schon entfaltete transzendentale Struktur des Subjekts, die als Ermöglichungshorizont jeder Begegnung mit Wirklichem dessen Entgegennahme formiert; daneben aber ist V. die jeweils aus dem Horizont der konkretgeschichtl. Welt sich zuspielende Verpflichtetheit an bestimmte, aspekthaft auswählende u. wertende Blickrichtungen (z. B. die physikal.-naturwissenschaftliche), welche Wirklichkeit in je bestimmten Dimensionen erschließen. *Anthropologisch-geschichtlich* schließlich ist V. die existentiale Verfaßtheit des Menschen, als Dasein in eine unbeliebig-geschichtl. Welt gestellt zu sein. V.s-losigkeit als Forderung der Wissenschaft, erhoben zuerst im 19. Jh. (durch D. Fr. Strauß), meint deren Freibleiben von Bedingtheiten, die nicht ihrer Eigenart entspringen. Wissenschaft ist jedoch stets eingebunden in die je geschichtliche Epoche u. durch diese bestimmt. Eine totale V.s-losigkeit ist jedenfalls unmöglich, da die Wissenschaft schon wegen ihrer Verfaßtheit als aspekthaft-methodisches Vorgehen notwendigerweise durch mannigfache Voraussetzungen bedingt ist. Die Forderung nach V.s-losigkeit wird so transponiert in die Anweisung des Bewußtmachens u. der kritischen Prüfung aller V.en, wobei jedoch zweifelhaft bleibt, ob eine totale Vermittlung aller V.en hier wie sonst möglich ist.

Vorsokratiker, auf Kierkegaard zurückgehende Sammelbezeichnung für die griech. Denker vor Sokrates. Umfaßt so Heterogenes wie die gesamte ältere u. neuere Naturphilosophie bis Sokrates u. die ↗ Sophistik, die z. T. als „Aufklärung" gerade gegen jene wirkte. Abgesehen von der älteren u. jüngeren Sophistik, unterscheidet man die Vertreter der älteren ↗ ionischen Philos., die Schule des Pythagoras (Philolaos u. a.), die ↗ Eleaten, die Philosophie Heraklits u. die jüngere Naturphilosophie (Empedokles, Anaxagoras, Leukipp, Demokrit). Texte der V., nur aus sekundärer Überlieferung bekannt, sind ediert durch Diels-Kranz: Die Fragmente der Vorsokratiker, griech. u. deutsch, von H. Diels, hrsg. von W. Kranz.

Vorstellung, als *Vorstellen* eine Grundweise menschlicher Bewußtseinstätigkeit, wodurch ein dem ↗ Bewußtsein Begegnendes von diesem als Gegenstand entgegengenommen wird (↗ Konstitution). Damit ist V. eine bestimmte Realisation des Verhältnisses von Ich u. Welt, wobei das als Bewußtsein bestimmte Ich als Zentrum fungiert (↗ Subjektivität). Dazu ist V. auch (bes. von Kant gebrauchte) Bezeichnung für die Inhalte oder Gegenstände des Vorstellens selbst, das *Vorgestellte*, obwohl dieses eine andere Seinsweise als das Vorstellen besitzt. – Die Hauptklassen des Vorstellens sind: gegenwärtigende V. (Wahrnehmung) u. vergegenwärtigende V. (Erinnerungs-V.), die auf frühere Wahrnehmung bezogen ist; Phantasie-V., auf keine Wahrnehmung unmittelbar bezogen; ferner sinnliche (anschauliche, konkrete) V. u. gedankl. (unanschaul., abstrakte, begriffliche) V. Die Anerkennung eines nicht vorstellenden Denkens u. geistigen Erfahrens im Unterschied von dem vorstellend-objektivierenden ist ein besonderes Anliegen der Philosophie z. B. Marcels u. Heideggers.

W

Wahrheit, 1. *allgemeinster Begriff:* a) die Eigenschaft menschlicher *Rede* (↗Sprache), Seiendes, wie es sich an ihm selbst verhält, zu enthüllen u. in der Enthülltheit mitzuteilen (bei Aristoteles *aletheuein* = offenbar machen); b) die Eigenschaft *anderer menschlicher Verhaltensweisen,* in denen kundgetan wird, wie es mit dem Seienden an ihm selbst u. seinen Verhältnissen zu anderem Seienden steht.

2. *logischer Begriff:* im Sinn der traditionellen, klass. ↗Logik die Eigenschaft eines ↗Urteils, durch richtige Verbindung von 2 Begriffen (Subjekt u. Prädikat) einen Sachverhalt zu treffen. Die richtige Verbindung wird im Urteil als positive oder negative gesetzt. In dieser Setzung wird der Sachverhalt dem Geist selbst gegenwärtig. Darum der klassische Satz: *Veritas est adaequatio intellectus et rei* = W. ist die Übereinstimmung von Geist u. Sache. In dieser Definition sind sich nach Kant alle einig. Strittig ist nur, was unter der „Sache" (dem Seienden, dem Gegenstand), mit dem der Geist (das Denken, die Erkenntnis) übereinstimmt, genau zu verstehen sei. Erfolgt die Übereinstimmung rein aufgrund logischer Gesetze (bes. des Satzes vom Widerspruch), so heißt diese (immanente oder *formale*) Übereinstimmung bloße *Richtigkeit;* erfolgt sie aufgrund einer anschaulichen u. damit inhaltlichen Gegenwart oder geistigen Vergegenwärtigung des Seienden, so wird von (transzendenter oder *materialer*) W. im eigentlichen Sinn gesprochen. – Die moderne mathemat. Logik versteht W. als „Wert" einer ↗Aussage u. entwickelte eine 3-wertige Logik (W.s-Werte: wahr, neutral, falsch) u. darüberhinaus weitere mehrwertige Logiken. Vgl. auch ↗W.s-theorien.

3. *ontolog. Begriff:* in der scholast. Tradition eine Eigenschaft des Seienden selbst, seine Geeignetheit oder Möglichkeit, dem menschl. Geist (in urteilender Erkenntnis) enthüllt u. an sich selbst offenbar zu werden. Diese W. als Grundmöglichkeit des Seienden (nämlich seine Intelligibilität oder Erkennbarkeit) ist als *potentielle W.* von der *aktuellen W.* des Geistes geschieden. Der Grund der potentiellen, fundamentalen W. aller Dinge (welche die eigentliche W. im Urteil erst ermöglicht u. begründet) wird in der philos.-theologischen Spekulation seit Augusti-

nus in der Geschaffenheit der Welt durch den Schöpfer nach seinen vorbildlichen geist. Ideen gesehen.

4. *Im transzendentalen Begriff* der W. wird die Tatsache, daß alles, was ist, auch (potentiell u. fundamental) wahr, d. h. erkennbar ist, nicht primär theologisch auf die Schöpfung durch Gott gemäß seinen vorbildlichen Ideen zurückgeführt, sondern rein philos. aufgrund eines jederzeit einsichtigen Tatbestandes konstatiert: Seiendes ist am ↗ Sein Teilhabendes. Sein ist das Erst- u. Immer-schon-Verstandene (Thomas v. A.: *ens est quasi notissimum conceptum*). Denn menschliche Rede ist wesentlich „Istsagen": Istsagen aber steht in der Helle u. Offenheit des allumfassenden, alles bedeutenden u. daher „analogen" Seins. Im „ist" ist alles schon ohne Ausnahme getroffen, irgendwie bekannt u. von diesem Ansatz u. Anfang aus noch weiter erkennbar. Das Sein im „ist" macht alles in umgreifender Weise, d. h. aber ↗ transzendental, wahr. Die transzendentale W. des Seins ist also eine aktuelle (wenn auch noch unbestimmte u. auf Bestimmung verweisende) W.; in der metaphys. Tradition werden hier meist 3 Grundweisen der transzendentalen W. (Transzendentalien) genannt: das Wahre, Gute und Schöne.

Logischer, ontologischer wie transzendentaler Begriff der W. beruhen im Denken der Geistmetaphysik. W. im vollsten Sinne ist nämlich die Enthülltheit des absoluten Grundes von Wirklichkeit schlechthin. Dieser Grund wird aber als Geist begriffen. So ist W. die jedes zeitlich-endliche Subjekt unendlich übersteigende zeitlose Selbstenthülltheit des sich selbst denkenden Denkens (Aristoteles), des absoluten Geistes (Hegel), sein unveränderlich-ewiger Selbstbesitz. Dem endlichen Subjekt ist W. grundsätzlich möglich, indem es im Mit- u. Nachvollzug seine eigene Endlichkeit übersteigt. Im Horizont dieser logisch-ontologisch-transzendentalen Bestimmung der W. ist es schwierig, andere Weisen des Wahr-seins angemessen zu denken (z. B. die W. der Kunst als Offenbarkeit des Sinnlichen in seiner eigensten Sinnlichkeit; die W. der menschlichen Gebärde, deren Bedeutungscharakter nicht in ein urteilendes Feststellen transponierbar ist). Im Zusammenhang mit dem Problem der ↗ Geschichtlichkeit ist es fraglich geworden, ob W. allein als Zeitlos-Ewiges zu denken ist oder nicht vielmehr in der geschichtlich je neuen Sinneröffnung von Ich u. Welt ihre Absolutheit eben in der intensivsten Zeitlichkeit des ausgezeichneten Augenblicks findet *(kairologische W.)*, so daß selbst die Offenheit von Wahrheit u. die Weisen des Wahrseins je anders sich zeitigen. W. ist dann nicht als prinzipiell jederzeit u. immer gleich verfügbar–abrufbarer Bestand begriffen, sondern als geschichtliches „Ereignis".

Wahrheitstheorien, allg. die neueren Versuche der Bestimmung des Begriffs „Wahrheit", die freilich alle (wenngleich in Abwandlungen u. nicht immer ausdrücklich) den klass. Begriff der ↗Wahrheit in seiner dreifachen log.-ontolog.-transzendentalen Struktur voraussetzen. Dieser besagt, daß Wahrheit die Adäquation oder Korrespondenz von erkennendem Geist u. der Sache, die er erkennt, ist, eine „Übereinstimmung" also, die ihrerseits begründet u. ermöglicht ist in der ursprüngl. Eröffnetheit u. Zugänglichkeit jeglichen Seienden im Sein u. im seinsverstehenden Geist. (Von hier aus kann auch Heideggers Begriff der Wahrheit als „Unverborgenheit" des Seins vor jeder Richtigkeit u. Gewißheit des Urteils über Seiendes noch als Fortbildung dieses klass. Wahrheitsverständnisses erscheinen.)

Die neueren W. verstehen unter „Wahrheit" fast durchwegs eine Eigenschaft („wahr" als Wahrheitswert) eines Urteils, genauer eines sprachlichen Ausdrucks, eines Satzes, einer Aussage. Die *semantische W.* (Tarski u. a.) präsentiert die Formel: der Satz „p" ist wahr dann und nur dann, wenn p (d. h. wenn der mit dem Satz gemeinte Sachverhalt besteht). Die *pragmatische W.* (Peirce u. a.) versteht Wahrheit als Bewährung einer Behauptung durch Dienlichkeit im wissenschaftl. Erkenntnisfortgang u. darüber hinaus in der Bewältigung lebenspraktischer Aufgaben. Damit verwandt ist die *Kohärenztheorie* (so z .T. im log. Positivismus): Wahrheit als bruchlose Einfügbarkeit eines Satzes in den Gesamtzusammenhang von (wissenschaftl.) Aussagen. Die *Konsensustheorie* (J. Habermas) bestimmt Wahrheit als Übereinstimmung einer Behauptung bzw. die Konsensfähigkeit hierzu im Diskurs der Beteiligten, wobei allerdings dieser Diskurs unter der leitenden Idee eines „herrschaftsfreien" u. „universalen Gesprächs" steht. – Mit der Begriffsbestimmung zählt zu den Themen der W. so auch die Bestimmung der Kriterien, mit Hilfe deren die Wahrheit oder Falschheit einer Behauptung festzustellen ist (Verikation bzw. ↗Falsifikation).

Wahrnehmung, der Vorgang, in dem der Mensch ein sich selbst als gegenwärtig Zeigendes in seiner Gegenwart bejaht, im Unterschied zu allen nur vergegenwärtigenden Akten (Erinnerungs-, Erwartungs-, Phantasie-, begriffl. ↗Vorstellungen), in denen das Seiende nicht unmittelbar, „leibhaft", sondern vermittelt begegnet. W. kann so als Einheit eines (geistigen) ↗ Urteils u. einer unmittelbaren (sinnlichen, empfindenden) Begegnung gefaßt werden (↗ Apperzeption).

Als gestalthaft-strukturiertes Ganzes ist das Wahrgenommene nicht erklärbar aus der Summe der in ihm enthaltenen realen Sinnesempfindungen (Assoziationspsychologie; vgl. dagegen ↗ Ganzheit, ↗ Gestalt). W. setzt vielmehr schon innerhalb des Sinnlichen ein System triebhafter, aktiver Ausrichtungen auf mögliche Aneignung, Sicherung, Vermeidung usw. voraus, das so als „Umwelt" den „Horizont" bildet, der sich durch das Eintreffen eines Erwarteten erfüllt. In der urteilenden W. wird diese augenblickliche Erfüllung in die Einheit des ↗ Bewußtseins u. damit in die „Welt" des Menschen eingeordnet. Indem das Tier zwar Umwelt, aber nicht Bewußtsein u. Welt hat, gibt es bei ihm nur im analogen Sinn auch so etwas wie W.

Weiße, *Christian Hermann,* * 1801 Leipzig, † 1866 ebd. Entwickelte eine spekulative Theologie, welche den pantheist. Grundgedanken Hegels in einem christl.-theistischen Gottesbegriff mit aufnahm. Betonte im Gang des Denkens das Moment der Erfahrung; hierin u. mit seiner Ästhetik von Einfluß auf Lotze.

Welt, philos. der Inbegriff u. die größte, in nichts anderes mehr einzuordnende Einheit alles Seienden, also selbst kein Einzelseiendes, sondern dessen ↗ „Horizont". 1. *objektiv:* Inbegriff alles endlichen Seienden, sofern dieses als vom unendlichen Gott geschaffen angesehen wird (↗ Schöpfung) u. nichts mehr außer sich hat als ↗ Gott. W. ist hier soviel wie Weltall. 2. *subjektiv:* Inbegriff aller möglichen Erfahrung (Kant); daher eine „Idee", auf die hin alles Erfahrbare geordnet wird, obwohl sie selbst als Inbegriff aller ↗ Erfahrung jede mögliche einzelne übersteigt u. somit selbst nie in der Erfahrung gegeben sein kann. 3. *ontologisch:* die Einheit u. Ganzheit, aufgrund welcher alles Seiende erst geeint u. zusammengefaßt ist, das Prinzip der Allheit, durch das alles vereinigt werden kann, u. zugleich die Weise, wie es durch dieses Prinzip geeinigt u. zusammengefaßt wird. ↗ Kosmos. 4. *existential:* als „Weltlichkeit" in der christl. Überlieferung das Auf-sich-Bestehen, das „Insistieren" des Menschen, der nur sich sucht (vgl. die Unterscheidung von W.reich, civitas terrena, u. Reich der Gott-Suchenden, civitas dei, bei Augustin). Bei Heidegger als In-der-Welt-Sein die formalste existenziale Bestim-

mung des menschlichen ⁊ Daseins; dann als „Geviert" von Sterb-
lichen u. Göttlichen, Erde u. Himmel die „Wohnlichkeit" u.
Sprachlichkeit des Menschen („das Wohnen im Sprechen der
Sprache").
Es kann dem Begriffe nach nur *eine* W. geben. Das Reden von
„W.en" meint entweder *biologisch* die verschiedenen Arten von
„Umwelt" oder *historisch* die „geschichtlichen W.en", d. h. die
geschichtlichen Weisen, in denen die eine W. je grundsätzlich
anders sich zeigt u. vor sich geht u. demgemäß aufgefaßt, begriffen u. vom Menschen her geordnet wird (⁊ Geschichtlichkeit),
schließlich *kosmologisch* das Nebeneinander verschiedener Son-
nensysteme im Weltall. – Philos. folgt aus der Geschaffenheit
(Kreatürlichkeit) der W. u. alles Weltlichen nichts über einen
Anfang oder ein *Ende* mit oder in der Zeit. Thomas von Aquin u.
Kant erklären (wenn auch mit anderen Begründungen, aus anderen Motiven u. in anderer Weise) diese Fragen des W.anfangs
u. W.endes für philos. unentscheidbar.

Weltanschauung, ein aus der deutschen Romantik stammender
Begriff, der unterschiedlich, heute zumeist skeptisch, beurteilt
wird. Er meint eine in sich einheitliche Gesamtauffassung von
Struktur, Ziel, Sinn, Wert des Ganzen der Welt. Die ⁊ Lebensphilosophie sah in der W. die Leistung des Lebens schlechthin,
seine ursprüngliche u. zugleich höchste Form, u. in der systemat.
Ausfaltung der W. in Wissenschaft u. Philosophie zum „Weltbild" die Aufgabe der Wissenschaft. Sicher ist richtig, daß es sowohl praktisch wie theoretisch kein „voraussetzungsloses"
Arbeiten gibt, Handeln u. Erkennen immer bei einer (insbes.
sprachlichen) Vorausgelegtheit der Welt beginnen, die man W.
nennen könnte. Diese Vorausgelegtheit ist aber selbst wieder rational erhellbar u. ausweisbar (⁊ Hermeneutik), während die
W.s-philosophie einen irrationalen Kern behauptet, der nicht
weiter prüfbar u. in der Person des W.s-trägers begründet ist. So
ist W. eher der Titel für das Unverstandene in wissenschaftl. u.
insbes. philos. Systemen, das dann nach Typen (Dilthey) geordnet oder als das Geniale an der jeweiligen Leistung (Eucken) gewürdigt werden kann. Zudem erscheint heute der Zwang zur
Einheitlichkeit u. zum gechlossenen System, der im Begriff W.
liegt, angesichts der mehrfachen Interpretationsmöglichkeiten
(selbst physikalischer Vorgänge) als verdächtig. – Einen Sonderfall von W. stellt der ⁊ Marxismus dar, für den der historisch-
dialektische Materialismus gleichbedeutend mit Wissenschaft u.

W. ist u. der sein System als die „einzige wissenschaftliche W." behauptet.

Welte, *Bernhard,* * 1906 Meßkirch, † 1983 Freiburg i. Br. Religionsphilosoph u. kath. Theologe, seit 1952 Prof. in Freiburg i. Br. Suchte das philos. Denken Heideggers, vor allem Jaspers' in ein fruchtbares Gespräch mit der metaphys. Überlieferung, vor allem Thomas v. Aquin, zu bringen u. von hier aus, in diagnostischer Erhebung der gegenwärtigen (sich in vielfältigen modernen Philosophieansätzen z. T. bestätigenden, z. T. kritisch reflektierenden) Lebenswirklichkeiten die Möglichkeit u. Nötigkeit erneuerter relig. Erfahrung phänomenolog. aufzuzeigen.

Weltseele, der von einigen Philosophen (Pythagoreer, Platon, Plotin, G. Bruno, Schelling, Fechner u. a.) als Seele eines ontisch gedachten Weltorganismus verstandene Seins- u. Ordnungsgrund der Welt. Teile oder Ausflüsse der W. sollen die Einzelseelen alles Seienden bzw. alles Lebendigen sein.

Werden, der Übergang vom (partiellen oder totalen) Nichtsein zum Sein. Vgl. ↗Bewegung. – Nachdem weder Heraklits Lehre vom steten Fluß aller Wirklichkeit noch der eleatische Ansatz beim starren Sein das philos. Problem des W.s zu lösen vermocht hatten, gewann die aristotel.-scholastische Philosophie mit dem Begriffspaar von ↗Akt u. ↗Potenz (Wirklichkeit u. Möglichkeit) die Mittel zu einer sachgerechteren Entfaltung: sie faßt das Werden auf als Übergang vom Zustand der Potentialität in den der Aktualität, welcher Übergang selbst nur durch ein aktuell Seiendes als causa efficiens bewirkt werden kann, so daß letztlich alles werdehaft Seiende als Begründetes auf ein erstes Überwerdehaftes, schlechthin Seiendes (aristotelisch das erste Bewegende, scholastisch den Schöpfergott) verweist (vgl. ↗Kausalität, ↗Kontingenz). Vom *akzidentellen W.* (Veränderung der Eigenschaften) ist das *substantielle W.* (Entstehen u. Vergehen der konkreten Substanz) zu unterscheiden. Im Verlauf der Denkgeschichte drängte – nachdem anfänglich Platon im Anschluß an Parmenides dem unveränderlichen Sein (der Ideen) den absoluten Vorrang gegeben hatte vor dem W. (der als nichtseiend abqualifizierten Erscheinungen) – das W. immer stärker in den Vordergrund, so, durch Leibniz vorbereitet, z. B. bei Hegel, in dessen System der prozeßhaften Selbstwerdung des Absoluten das W. der anfänglichen Widerspruchseinheit von Sein u. Nichts entspringt, vor allem aber bei Nietzsche, für den das W. die schlechthinnige Grundweise von Wirklichkeit ausmacht.

Wert, im philos. Sinn 1. *subjektiv:* jene Eigenschaft eines Seienden (einer Person oder einer Sache), die ihm zukommt, sofern es von einem Menschen oder einer bestimmten Gruppe von Menschen *tatsächlich* geschätzt, begehrt, gewollt ist, sofern es also als Ziel eigenen oder fremden Wollens anerkannt wird. W. meint hier den Grad der Geschätztheit oder Erstrebtheit eines Seienden. 2. *objektiv:* das am Seienden (an einer Person oder Sache) selbst, was den Grund abgibt für eine *gerechtfertigte* Schätzung, was also ermöglicht, daß es zum Ziel eines *richtigen,* nicht nur tatsächlichen Wollens wird. Die *klassische,* auf der griech. Philosophie aufbauende *Metaphysik* des Mittelalters nennt diese ontologische Erstrebbarkeit (Appetibilität) des Seienden seine „Güte" (bonitas) u. das Seiende, das diese Güte besitzt, ein „Gut" (bonum). Der Name W. taucht in der Philosophie erst in der 2. Hälfte des 19. Jh. auf.

Die klassische Metaphysik stimmt in der Anerkennung, daß es neben Dienst-W. auch Selbst-W. gibt, mit Neukantianismus u. Phänomenologie überein (gegen Nietzsche, bei dem W. immer Dienst-W. „für" das Leben ist, dessen Wesen der „Wille zur Macht" ist, der zwar W.e setzt, aber in sich wert- u. sinnlos ist). Sie verwirft aber den dort aufgestellten Unterschied zwischen Sein u. Gelten. Alles Seiende ist in dem Grade gut und d. h. wertvoll, als es sein Wesen verwirklicht u. in dieser Einheit von Essenz u. Existenz vollkommen (perfekt) ist. Die vollkommene Wirklichkeit als Wesensverwirklichung ist das sachliche Fundament, durch das Schätzung u. Wille normiert werden, wenn sie selbst richtig, d. h. wertvoll u. gut sein sollen. Die Wirklichkeit (unter dem Gesichtspunkt solcher richtigen Erstrebbarkeit gesehen) zeigt sich (bei Person u. Sache) in der ihr selbst eigentümlichen graduellen Vollkommenheit, die als W. oder Güte bezeichnet werden kann.

Die moderne philos. *W.lehre* unterscheidet (meist mit Scheler) eine Rangordnung oder Hierarchie der W.klassen. Bald gilt der hedonische oder Lustwert als der unterste, bald der utilitarische oder Dienstwert. Darüber bauen sich die biologischen Selbst-W.e (edel; polares Gegenteil: unedel), die ästhetischen Selbst-W.e (schön – häßlich) u. die personalen Selbst-W.e (sittlich – unsittlich; gut – böse) auf. Diese „Pyramide" wird dann vom relig. W. gekrönt, dem W. des Heiligen. Aufgrund dieser verschiedenen „W.höhe" ergeben sich für das Handeln bestimmte Vorzugsgesetze. Die Beschreibung dieser W.klassen u. die Aufstellung dieser Vorzugsgesetze ist Aufgabe der sog. („materialen") *W.ethik.* – Der stärkste Einfluß dieser W.philosophie war zwischen 1890 u. 1930 bemerkbar. Danach tendiert das philos. Denken wieder stärker in Richtung eines „Seinsdenkens" u. betrachtet die W.frage wieder mehr als nachgeordnetes, der Seinsphilosophie nachfolgendes Problem; sie hält W.e insbes. nicht mehr für unzurückführbare, primäre Gegebenheiten u. begreift damit auch deren ↗Geltung als abgeleitet. – Zum W.urteilsstreit in den Sozialwissenschaften um die Jh.wende vertrat M. Weber die W.urteilsfreiheit der Wissenschaft, unter Widerspruch von Gottl, Pütz u. a. Ein ähnlicher Streit flammte erneut auf in den 60er u. 70er Jahren in der Auseinandersetzung bes. zwischen dem ↗Kritischen Rationalismus u. der ↗Kritischen Theorie (Positivismusstreit).

Wesen, 1. durch Meister Eckhart in die deutsche philos. Terminologie eingeführter Fachausdruck, bedeutet verbal *(wesen)* soviel wie sein, währen, bleiben, anwesen. In der abendländischen Metaphysik bedeutet W. den grundsätzlichen Anblick (griech. *eidos,* lat. *species*), den jedes Seiende als gestalthaft-geformtes in seinem unverwechselbar-typischen So-u. Etwas-Sein darbietet. Diese ihm eigene Gestalt (Form, Typus, Figur, Struktur) ist das, was sich als das Identisch-Bleibende durchhält in der Mannigfaltigkeit zeitlich-wechselnder, zufälliger Bestimmungen, die den Bestand dieses Seienden nicht weiter berühren (↗Akzidentien). Als zeitlich-unwandelbare identische Geistform zeichnet das W. dem individuellen Seienden auch die diesem notwendig stets zukommenden Eigenschaften (↗Attribute) in ihrer Konfiguration vor. Deshalb wird das W. als dem Seienden „zugrunde liegend" gedacht (griech. *hypokeimenon,* lat. *substantia,* ↗Substanz oder Substrat). Weil dem Seienden typisches Wassein verleihend, ist es überindividuell-allgemeine, normativ-vorbildhafte Grundgestalt, an der das Einzelseiende nach dem Grad seiner Vollkommenheit gemessen wird. Vom W. ist das ↗Dasein (lat. existentia, ↗Existenz, vgl. ↗Akt) als Prinzip der W.s-verwirklichung zu unterscheiden. Als Gestalthaft- ↗Allgemeines ist das W. die vermittelnde Mitte zwischen der Individualität des Einzelseienden u. der umfassendsten Allgemeinheit des ↗Seins.
2. In weiterer Bedeutung ist W. das *Wesentliche:* das, auf was es

bei der Verwirklichung ankommt, was ihr vorgegeben ist, um was es bei aller Herstellung oder Selbstherstellung geht. Als diese wesentliche Grundbestimmung ist das W. ferner das, wodurch ein Seiendes erkannt wird, die Grundbedeutung, nach der es seinen Namen erhält.

Die klass. Metaphysik sieht im W. nicht nur das subjektiv, d. h. für den je einzelnen Menschen Wesentliche u. Bedeutsame, so daß das W. je nach der Betrachtungsweise u. dem Betrachter wechselt, sondern das, was innerlich das Selbstsein eines Seienden ermöglicht u. ausmacht, nämlich seine Bedeutung nicht nur im Bezug auf einen einzelnen, sondern im Bezug auf das Ganze des Seienden, die ↗Welt. So bezeichnet hier W. den Grundort, die Grundstellung, die Grundart eines Seienden im All des Seienden, wodurch sich ein Seiendes „wesenhaft" oder „spezifisch", nicht nur „individuell" von anderem Seienden unterscheidet.

In der Geschichte der Philosophie ist die *reale Unterscheidung des W.* (oder Essenzprinzips) *vom Dasein* (oder Existenzprinzip) innerhalb der scholast. Schulen das eigentliche Merkmal des strengen Thomismus. Heidegger nennt die abendländische Metaphysik seit Platon eine „W.s-philosophie", nicht weil sie das Prinzip der Existenz vernachlässigt, sondern weil sie über der Betrachtung des W. u. seines Unterschiedes zum Seienden das ↗Sein vergessen habe.

Große Unterschiede bestehen in der Erklärung der W.s.-erkenntnis. Platon schildert sie als ↗Anamnese; Thomas von Aquin erklärt sie im Anschluß an Aristoteles durch ↗Abstraktion, die kraft eines „natürlichen Lichtes" (↗lumen naturale) sich vollziehen u. das W. aus der angetroffenen Wirklichkeit des einzelnen herauslösen kann; die Phänomenologie lehrt die sog. „W.s-schau" oder „Ideation"; Scheler sieht in der Kraft, das W. (= Sosein) von der Existenz (= Dasein) lösen zu können, das eigentliche auszeichnende Merkmal des Geistes u. damit des Menschen.

Charakteristisch für die neuzeitlichen empirischen Wissenschaften ist, daß sie nicht nach dem W. eines Seienden („was" es im Grunde ist) fragen, sondern „wie" eine Erscheinung im Bedingungszusammenhang nur mit anderen Erscheinungen steht.

Wesensethik, im engeren Sinn jede starre u. unverrückbare, weder auf die gesamtgeschichtliche noch auf die konkrete Situation des Einzelnen Rücksicht nehmende Sittenlehre (ethischer

Rigorismus). Im weiteren Sinn ist unter W. jede ↗Ethik zu verstehen, die auf einem ontologischen Fundament von Ideen oder Wesenheiten basiert. Gegensatz ↗Situationsethik.

Whitehead, *Alfred North,* engl. Mathematiker u. Philosoph. * 1861 Ransgate (Kent), † 1947 Cambridge (USA). Schuf mit B. Russell die *„Principia Mathematica",* das Standardwerk der mathemat. Logik (3 Bde, 1910/13). Von Platon, Aristoteles u. Leibniz beeinflußt, suchte W. in seinem System alle Ergebnisse der Naturwissenschaften zu verarbeiten. Die Welt besteht nach ihm aus Ereignissen, u. jedes Ereignis ist zugleich ein Erfassen u. ein Organismus (organischer Mechanismus). Neben den rein potentiell aufgefaßten platon. Ideen wirkt ein blinder schöpfer. Drang als Ursache u. Materie des Werdens; das ewige Prinzip der Begrenzung ist Gott, der der Welt gleichzeitig immanent u. transzendent ist.

Widerspruch, allg. die Gegenbehauptung, Antithesis, als Kontradiktion der dem Denken von seiner Ordnung her unmögliche Vollzug der Synthesis einander ausschließender oder sich gegenseitig aufhebender Bestimmungen, Begriffe, Urteile. In der Logik als *Satz vom W.* (principium contradictionis) seit der Scholastik (als Satz vom zu vermeidenden Widerspruch) oberstes Erkenntnisprinzip: einander kontradiktorisch gegenüberstehende Urteile können nicht gleichzeitig wahr sein. Vgl. ↗Gegensatz – Der Satz vom W. wurde erstmals von *Aristoteles* aufgestellt, jedoch in ontolog. Hinsicht als Ordnungsbestimmung des Seins: zeitlich gesehen, ist Sein unvereinbar mit Nichtsein. *Leibniz* gab ihm die logische Formulierung. In der ontolog. Logik *Hegels* (↗Dialektik) ist der W. treibende Kraft des Geistes; als schon in jeder unmittelbaren Identität beschlossener Selbstwiderspruch treibt er in der Negation der Einheit als Einheit die Identität zu deren Selbstentzweiung, Auseinandersetzung u. gerade damit zur Selbstentfaltung, zur Wirklichkeit. Er ist so die Manifestation der Lebendigkeit des Geistes u. bewegt in der dialektischen Trias jede Setzung (Thesis) zur Antithesis. Bei *Kant* ist Antithetik der Vernunft der in den Antinomien sich darstellende Selbstwiderstreit der Vernunft, wenn deren Ideen in Verkennung ihrer Natur wie Verstandesbegriffe gebraucht werden.

Wiener Kreis, *Logischer Neopositivismus,* von E. Mach („Wissenschaftliche Weltauffassung. Der Wiener Kreis. Veröffentlichungen des Vereins Ernst Mach", erschienen Wien 1929) u. L. Wittgenstein beeinflußte philos. Schule. Er propagierte die mathem. Logik u. ihre Anwendung auf die Philosophie, betonte den Wert der Erfahrung für die Erkenntnis u. lehnte jede Metaphysik ab. Vertreter: H. Hahn, O. Neurath, M. Schlick, R. Carnap, P. Frank. Auflösung 1938. Organ 1930 bis 1938 die Ztschr. „Erkenntnis". ↗Analytische Philosophie, (Neo-) ↗Positivismus.

Wille, das Vermögen der ↗Person, sich bewußt ein Ziel zu setzen, gegenüber anderen möglichen Zielsetzungen an dieser bestimmten in freier Entscheidung festzuhalten u. alle eigenen Kräfte für die Erreichung dieses Zieles einzusetzen. Diese Momente des W.ns setzen voraus, daß das, was so Ziel für den Menschen wird, zum einen vorher in seinem ↗Wert erkannt u. geschätzt wird u. zum anderen in unmittelbarer Beziehung steht zur Selbstverwirklichung des Wollenden. Denn der Mensch ist jenes Seiende, dem sein eigenes Sein, das er zu sein hat, immer zur Verwirklichung aufgegeben u. damit erstes Ziel ist. Alle weiteren Ziele werden nur innerhalb dieses Horizontes gesetzt u. sind deshalb zugleich Weisen der Selbstverwirklichung des Menschen. Die Selbstverwirklichung ist notwendiges freies, der W.ns-entscheidung überlassenes Ziel.
Wollen ist so unterschieden von ↗Trieb u. Streben (als dem Hinbezug u. der Hinbewegung eines Lebendigen auf ein Ziel hin) einerseits, von Erkennen u. Wertschätzen anderseits. Der W. bezieht u. bewegt sich („tendiert") nicht nur auf ein Ziel hin, sondern entscheidet sich für es. Die wertende Entscheidung zum Ziel ist ein freier u. geistiger Akt des Denkens. Wollen ist daher immer mit Denken zu unlösbarer Einheit geeint (scholastisch: „Nihil volitum, nisi praecognitum" = nichts ist gewollt, das nicht schon vorher [in seinem Wert] erkannt ist). Dennoch darf Wollen nicht als niedere u. vorläufige Weise des Denkens angesehen werden. Denn Wollen ist anderseits auch mehr als wertendes Denken: der Entschluß zum Einsatz der Eigenkräfte für die Verwirklichung des so Gewerteten u. die bestimmende Durchführung dieses Einsatzes selbst. Als verfügende Macht über die eigenen Kräfte (scholastisch: dominium super actus suos), als Selbstmacht der geistigen Person, steht der W. über allen Kräften u. Vermögen; als fundiert durch die geistige Erkenntnis u. abhängig von ihrer Wahrheit steht er unter dieser. Je nachdem

ob diese Überordnung der Erkenntnis oder die Überordnung des W. betont wird, spricht man in der mittelalterlichen Philosophie von Intellektualismus (wie z. B. bei Thomas von Aquin) oder von ↗Voluntarismus (wie z. B. bei Duns Scotus).

Der W. ist durch eine Dialektik von Endlichkeit u. Unendlichkeit bestimmt: Insofern er die vollkommene Selbstverwirklichung der Person zum Ziel hat, ist er durch unendlichen Ausgriff gekennzeichnet. Aber dieser Ausgriff wird aufgrund der Endlichkeit des Menschen in keinem einzelnen Erreichten voll erfüllt, so daß der W. immer wieder, immer mehr u. immer Neues will, Unendlichkeit also nur in der Weise der Summierung von einzelnem Endlichem „hat". Und außerdem ist er, um von der Unbestimmtheit seines absoluten Horizontes zu einer konkreten Tat zu gelangen, d. h. sich frei selbst zu einem einzelnen bestimmen zu können u. so in seiner Wirksamkeit erst seine volle Wirklichkeit zu erlangen, auf Motive (als „Triebfedern") angewiesen.

Willmann, *Otto,* * 1839 Lissa (Possen), † 1920 Leitmeritz. Von Herbart ausgehend; kritisierte von einer relig.-sozialen Ethik u. Pädagogik her die moderne Erziehungs- u. Bildungslehre; leitete die Auseinandersetzung der thomist. mit der kantischen Philosophie ein.

Windelband, *Wilhelm,* * 1848 Potsdam, † 1915 Heidelberg. Begründer der ↗Badischen Schule des Neukantianismus u. bedeutender Philosophiehistoriker *(„Lehrbuch der Geschichte der Philosophie",* 1892 u. ö.).

Wirklichkeit, eine der Seins-Modalitäten, besagt allg. als ↗Realität die inhaltliche Bestimmtheit, die Sachheit eines Seienden, als ↗Aktualität den tatsächlichen Vollzug u. damit das Verwirklichtsein dieser Realität. Insbes. Hegel macht deutlich, wie W. im vollen Sinn die Einheit beider ist, Realität u. Aktualität nur „Momente" im Ganzen der W. sind. – W. zeigt sich stets als Korrespondenzbegriff zu ↗Erfahrung: wird diese eingeschränkt (wie z. B. bei Kant), so ist auch der W.s-begriff sehr eng, meint sie dagegen die Gesamtheit der Lebensvollzüge des Menschen, so umspannt auch der entsprechende W.s-begriff eine umfassende Vielzahl von Formen u. Weisen derselben.

Wirkung ↗Ursache, ↗Kausalität.

348

Wissen (griech. *epistéme,* lat. *scientia*), gegenüber dem bloßen Meinen oder Vermuten (griech. doxa, lat. sententia) die aus der offenbaren Selbstgegenwart eines Gegenstands oder Sachverhalts im weitesten Sinn stammende Einsicht, die je ihren eigenen Gewißheits- u. Evidenzcharakter hat. Im engeren Sinn meint W. seit Aristoteles die nicht nur auf der Feststellung der Tatsächlichkeit eines Etwas, sondern in der Vergegenwärtigung der Gründe seines Da- u. Soseins beruhende Erkenntnis. Da jedes Seiende in seinem So- u. Dasein mehrfach begründet ist, ist W. als Erkenntnis des Grundes immer zugleich auch ein Erkennen von Begründungszusammenhängen. Ein völlig isoliertes W. eines einzelnen widerspricht dem Wesen des W. u. ist unmöglich. Zu den Begründungszusammenhängen dringt die ↗Wissenschaft methodisch vor. Vgl. ↗Theorie.

Wissenschaft, das Vordringen zu den Begründungszusammenhängen eines zu erkennenden Gegenstandes, das 1. im vorhinein diesen Gegenstand einem bestimmten Sachgebiet zuordnet u. damit zugleich nicht nur ihn als diesen einzelnen, sondern die Begründungszusammenhänge dieses ganzen Sachgebietes an ihm erkennen will, 2. sich über die Art u. Weise seines Vorgehens in diesem Sachgebiet selbst Rechenschaft gibt u. diese Art u. Weise an der Eigenart des jeweiligen Sachgebietes ausrichtet. Diese Ausrichtung heißt ↗ *Methode.* W. kann so definiert werden als ein auf ein Sachgebiet beschränktes method. Vordringen zu den Begründungszusammenhängen der Gegenstände u. zugleich als das Resultat dieses Vordringens, nämlich als Zusammenhang einsichtig gewordener wahrer u. wahrscheinlicher Sätze über die Grundverknüpfungen der Gegenstände eines Sachgebietes.

Wesen der W.: W. entwirft ihr Sachgebiet als Gegenstandsfeld sowohl a) dem Umfang nach, der innerhalb der Totalität des Seienden (Welt) dasjenige ausgrenzt u. bestimmt, das zum Gegenstand der Forschung werden kann, wie auch b) der Struktur nach, welche die angenommenen Gegenstandsbeziehungen u. Zusammenhangsgesetzlichkeiten versuchshaft (in der Theorie-Bildung) vorwegnimmt, u. schließlich c) dem Hinblick (Aspekt) nach, unter dem allein die W.s-Objekte näher befragt werden sollen. Die empirische W. befragt nie das „Was" (dies wäre die Frage nach dem ↗„Wesen" als Grundverfaßtheit des Seienden an ihm selbst; diese Frage bleibt der Philosophie überlassen). Sondern die empirische W. richtet sich allein auf das

„Wie" u. „Warum" der Gegenstände in deren Zusammenhang untereinander. So werden hier die Außenbestimmungen der Gegenstände als durchgängige, wechselseitig bestimmte Abhängigkeitsverhältnisse erfaßt; der gesuchte u. ausgesprochene Begründungszusammenhang ist eine relationale Bezugsgesetzlichkeit (↗Relation). Diese ist also nicht Wesens- u. Seinsgesetzlichkeit, sondern faktisch-zeitliche Werde- u. Bewegungsgesetzlichkeit des Erscheinens von Gegenständen im Erscheinungszusammenhang des Sachgebiets.

In der Zusammenfassung zu einem Sachgebiet heißen die Gegenstände *Materialobjekt,* in der Zusammenfassung unter dem Aspekt der je einzelnen W. *Formalobjekt.*

Abstraktheit der W.: Die Bindung an das Formalobjekt bedeutet für die W. die grundsätzliche Außerachtlassung aller Phänomene, die unter dem gewählten Grundaspekt keine Bedeutung haben. Der Grundaspekt wirkt also in seinem Einfluß auf die Methode immer auslesend u. auslassend („abstraktiv"). W. ohne auslesende Abstraktion ist unmöglich. Mit der Wahl des Formalobjekts ist eine für die W. notwendige u. doch ihr vorausgehende Grundentscheidung getroffen; auch in diesem Sinn ist „voraussetzungslose" W. unmöglich (↗Voraussetzung). Die Bindung an das Materialobjekt bedeutet, daß jede W. eine Einzel-W. ist. Die Philosophie als methodisches Wissen aber geht auf das Ganze u. damit alle Gegenstände, kennt in seiner Methode keine Bindung mehr an ein Materialobjekt. Anstelle der sonst für W. notwendigen Doppelbindung an Material- u. Formalobjekt tritt hier die ausschließliche Bindung an ein Formalobjekt: an den Grundaspekt des Seins. Insofern ist die ↗Metaphysik sowohl die abstrakteste Weise des Wissens als auch an der Grenze der W. im engeren Sinn; sie ist von keinem sachgebundenen Vorwissen des Wesens in ihrem forschenden Vorgehen mehr geleitet.

Allgemeingültigkeit der W.: Oft werden zum Begriff der W. noch 2 weitere Merkmale hinzugenommen: 1. daß die in ihr method. erforschten u. gesicherten Begründungszusammenhänge, in denen sich die Wahrheit des Gegenstandes zeigt, u. damit diese Wahrheit selbst grundsätzlich „intersubjektiv" gültig, d. h. allen Subjekten zugänglich sein müssen. „Grundsätzlich" heißt hier, daß wohl eine W. u. die in ihr sich vollziehende Erkenntnis einem bestimmten Menschen (Subjekt) unzugänglich bleiben kann wegen seiner individuellen Begabungsgrenze, Interessenrichtung oder einer tatsächlich gechichtl. Bedingtheit, die ihm den Zugang verwehrt, daß aber prinzipiell, d. h. in der allgemeinen menschlichen Natur, alle Bedingungen der Möglichkeit des Erwerbs dieses Wissens u. in den Methoden ein allg. zugänglicher Weg zu seiner wiederholten Nachprüfbarkeit gegeben sein müssen; u. ferner 2. daß in einer W. der Begriff der Erkenntnis rein „natürlich" genommen wird, d. h., daß Wissen in seinem geordneten Zusammenhang aufgrund der zielbewußt auf die Wahrheitsgewinnung u. Ursachenergründung hin eingesetzten menschlichen Eigenkräfte erlangt wird. Offenbarungen, Erleuchtungen, gnadenhafte Eingebungen einerseits, geniale Intuitionen anderseits können dem einzelnen Erkenntnis u. Wissen geben, können auch zum Gegenstand wissenschaftl. Untersuchung werden, die den Wahrheitsgehalt mit ihren Methoden aufzuweisen hat, sind aber als solche selbst nicht Wissenschaft.

W. u. Technik. Zwar betonte die auf Platon u. Aristoteles zurückgehende Tradition der W. als Wesenswissenschaft die reine theoria, daß also die Erkenntnissuche der W. geleitet sei von der Wahrheit um der Wahrheit willen. Mit dem Bedeutungswandel von theoria aber als rein geistiger Schau des wesenhaften Seins geht in der beginnenden Neuzeit die Selbstzweckhaftigkeit der W. verloren: ↗Theorie wird nun zum Instrument der optimalen Erschließung der Wirklichkeit vor allem in den Natur-W.en in dem Sinne, daß Wirklichkeit als von der Theorie befragte u. ihr entsprechenmüssende unter deren Herrschaftsanspruch gestellt wird. In dem auf Wiederholbarkeit u. damit Nutzbarkeit von Naturprozessen ausgerichteten Experiment u. in dem als Mittel zur Voraussagbarkeit gedachten u. zu eruierenden Begründungszusammenhang in Natur u. auch Geschichte (hier um aus der Vergangenheit Zukunft zu planen) zeigt sich die Theorie selbst als pragmatisch-technisch, auf optimale Anwendbarkeit hin entworfen. Darüber hinaus wird W. von der ↗Technik selbst zu deren Begründung in den Dienst genommen, was seinerseits eine weitgehende Technisierung der W. zur Folge hat.

Einteilung der W.en: Die adäquate, durch Material- u. Formalobjekt gleichmäßig bestimmte Einteilung (Klassifikation) aller W.en ist ein vielfach umstrittenes Problem. *Kant* teilt (hierin der Dreiteilung *Platons* folgend) die W.en danach ein, ob sie die allgemeinen Gesetze der Denkbarkeit untersuchen (Logik oder W. vom Denken) oder die besonderen Gesetze, denen die Gegenstände von sich aus unterworfen sind (Physik oder W. von der Natur), oder schließlich jene Gesetze, die erst aufgrund ihrer Vorgestelltheit, ihres Gewußtseins wirken (Ethik oder W.

von der Freiheit). W. ist hier immer „Gesetzes-W.", der gesuchte Begründungszusammenhang ein solcher von Gesetzen oder Prinzipien. Im Unterschied hiervon teilt die heute noch einflußreiche W.s-lehre des *Neukantianismus* (bes. Rickerts) die W.en hauptsächlich nach Natur- u. Kultur-W.en ein.

Danach gehen die *Natur-W.en* (generalisierend) darauf aus, alles einzelne als Fall allgemeiner Gesetze zu erklären u. diese Gesetze aufzufinden; die *Kultur-W.en* dagegen beziehen (individualisierend) das einzelne auf gültige Werte u. verstehen es als deren jeweils einzigartige Verwirklichung. Da die Kraft der Wertverwirklichung der „Geist" ist u. da der Raum dieser Verwirklichung die sich nie wiederholende „Geschichte" darstellt, ergibt sich von hier aus die Möglichkeit, diese Theorie der Kultur-W.en mit der der ↗ „Geistes-W.en" u. der „historischen W.en" in Verbindung zu bringen.

Von ganz anderem Gesichtspunkt, nämlich dem der Wirklichkeitsart ihrer Gegenstände geht die Einteilung in (apriorische) *Ideal-W.en* (z. B. Mathematik, Logik, die allg. Ontologie u. Metaphysik) u. (empirische) *Real-W.en* (z. B. Physik u. Geschichte) aus.

Weitere Einteilungen, die sich z. T. mit den genannten überschneiden oder decken, gehen allein von der Eigenart der Methode aus, so z. B. die Einteilungen in *exakte* (mathematisch-apriorische wie naturwissenschaftlich-experimentelle) u. *deskriptive W.en* (sowohl morphologische Natur- als auch historische Kultur-W.en), in *erklärende* (auf Gesetze zurückführende) u. *verstehende* W.en, d. h. in wertfreie u. wertbeziehende W.en.

Grundsätzlich kann festgehalten werden, daß, unbeschadet der Einheit aller W.en (als methodischer Gewinnung von systematisch verknüpften Erkenntnissen), diese dennoch zugleich von ihrer grundsätzl. Verfaßtheit her (nach Sachgebiet u. Aspekt) differieren: nicht allein was die Weisen der Erfahrung angeht, d. h. das jeweilige Gegebensein von Seiendem in ihnen, u. was die Methoden u. Weisen der Verifikation (bzw. ↗ Falsifikation) betrifft, sondern auch darin, daß auch an sich gleichlautende Grundbegriffe („Zeit", „Raum", „Bewegung" usw.) grundsätzlich verschieden sind. Von hier aus erweist es sich als unmöglich, eine maßgebliche Universal-W. zu installieren, der gegenüber alle anderen möglichen W.en nur untergeordnete Einzeldisziplinen wären.

Die seit ca. 1900 vielberufene „Krise der W." hat verschiedene Gründe: a) Die bis dahin selbstverständlichen Vorblicke (s.o.) haben sich in der modernen W. weitgehend als nicht mehr ausreichend herausgestellt. Das Vorwissen um die Natur als das „Dasein der Dinge, sofern es von Gesetzen bestimmt ist" (Kant), als strenger Kausalzusammenhang, hat nicht mehr genügt (Quantenphysik), die moderne Biologie hat Begriffe, die früher nur im geschichtlichen Hinblick auftauchen (z. B. Sinn, Plan, Gefüge) u. die nur verstehbar, nicht erklärbar sind, in ihre Betrachtung einbezogen; in der Soziologie ist ein neuer Begriff nichtnaturwissenschaftl. Gesetzlichkeit in die Kultur-W. eingedrungen. Diesen Grundlagenänderungen standen die einzelnen W.en zunächst hilflos gegenüber, da die Grundlagen, die ihnen vorausliegen u. von denen die jeweiligen Methoden abhängen, mit diesen Methoden selbst nicht erforschbar sind. In der W.historie ergibt sich dadurch die Nötigkeit, die Geschichte der W.en nicht mehr als einzigen kontinuierlichen Prozeß, sondern als durch wissenschaftliche „Revolutionen" der Grundvorstellungen von Gegenstand u. Methoden hindurchgehend zu sehen (Th. S. Kuhns Konzeption einer ↗Paradigmen-Geschichte, mit manchen Bezügen zum geschichtlich-hermeneut. Denken, vgl. ↗Hermeneutik).

Wissenschaftslehre, als Wissenschaftstheorie meist Lehre von der Begriffsbildung in pragmatisch-einzelwissenschaftl. Absicht, Theorie aller Erst- u. Basissätze u. deren analytische Diskussion (insbes. in der ↗analytischen Philosophie), Klärung der heuristisch entworfenen Modellvorstellungen in den jeweiligen Wissenschaften als Strukturvorzeichnung der zu untersuchenden Bereiche, Erörterung der anzuwendenden ↗Methoden (Methodologie), schließlich Theorie der erfahrungswissenschaftlichen Erkenntnismöglichkeiten. Darüber hinaus: Lehre von der Einteilung der Wissenschaften. – Bei Fichte ist W. gleichbedeutend mit der allein so gültig durchgeführten Philosophie, bei Bolzano mit (ontologischer) Logik.

Wittgenstein, *Ludwig,* * 1889 Wien, † 1951 Cambridge. Man unterscheidet zwei Perioden seines Philosophierens: in der ersten, durch den „Tractatus logico-philosophicus" (1921; die einzige zu Lebzeiten publizierte Schrift W.s) gekennzeichneten, erarbeitet er, von der angewandten Naturwissenschaft zur Philosophie der Mathematik gelangend (↗Wiener Kreis) u. durch Frege u. insbes. Russell beeinflußt, eine ontologisch orientierte Deutung der Gesamtwirklichkeit (alles dessen, „was der Fall ist"), die zusammenfällt mit dem Feld möglicher objektsprachlicher = wissenschaftlicher Abbildbarkeit; – „worüber man nicht reden kann, darüber muß man schweigen". In der zweiten Periode (posthume Veröffentlichungen: Philos. Untersuchungen, 1953; Bemerkungen über die Grundlagen der Mathematik, 1956) wendet sich W. von der Einseitigkeit des Tractatus ab u. gelangt zu einer pragmatisch-funktionalistischen Sprachtheorie u. -kritik (↗ „Sprachspiele"); hierin von größtem Einfluß auf ↗ analytische, linguistische u. semantische Philosophie der Gegenwart.

Wolff, *Christian v.,* * 1679 Breslau, † 1754 Halle. Hauptvertreter der Philosophie der Aufklärung. W. ist Schöpfer der deutschen philos. Fachsprache. Er trieb die Lösung der Philosophie von der Theologie voran u. gliederte erstmals scharf die Metaphysik in einzelne Disziplinen. Scholastisch geschult, mit Aristoteles ebenso vertraut wie mit Descartes u. den engl. Moralphilosophen, vor allem aber an Leibniz orientiert. Seine Philosophie trug mit ihrem unbeirrbaren Vertrauen auf die Erkenntniskraft der menschl. Vernunft u. deren Bedeutung für das prakt. Leben entscheidend bei zur Ausbreitung des dogmat. Rationalismus, der anfänglich auch noch Kant beeinflußte.

Wust, *Peter,* * 1884 Rissenthal, † 1940 Münster i. W. Ursprünglich vom Neukantianismus herkommend, bes. von Augustinus, dem deutschen Idealismus u. durch M. Scheler angeregt. Seine Analysen der Unruhe als menschlicher Grundsituation charakterisieren diese durch die Forderung des „Wagnisses der Weisheit", schließen dabei die Kraft der Hoffnung mit ein u. halten so eine Verfestigung dieser Grundsituation zur restlosen Ungeborgenheit fern.

X

Xenokrates, griech. Philosoph aus Chalkedon, 396–314 vC. Platonschüler, ab 339 Leiter der ↗Akademie. Von ihm stammt die Dreiteilung der Philosophie in Ethik, Physik u. Logik. In Anknüpfung an den späten Platon verbindet er unter pythagoreischem Einfluß die Ideenlehre mit der Zahlenspekultion u. -mystik.

Xenophanes, griech. Philosoph u. Rhapsode, um 565–488 vC., aus Kolophon (Kleinasien). Gründer der Philosophenschule in Elea (Unteritalien; ↗Eleaten). Bekämpft (gegen Homer u. Hesiod) den Volksglauben, die anthropomorphen Vorstellungen von raubenden, ehebrechenden usw. Göttern u. lehrt demgegenüber einen pantheistisch gefärbten Monotheismus. Urelement der Weltentstellung ist ihm die Erde.

Y

Yorck v. Wartenburg, Graf *Paul,* * 1835 Berlin, † 1897
Klein-Oels. Dilthey nahestehend; bemühte sich bes. um das
Verständnis der ↗Geschichtlichkeit u. bereitete so das moderne
Geschichtsdenken, namentlich der ↗Existenzphilosophie, vor.

Z

Zeichen, ein Gegenstand, der einem anderen zugeordnet ist, so daß die Wahrnehmung oder Vorstellung des Z. auch die Vorstellung des zugeordneten Gegenstandes hervorruft oder hervorrufen soll.

Ein Z., das nichts allein, wohl aber zusammen mit anderen etwas bezeichnet, heißt unvollständiges oder *synkategorematisches Z.;* ein Z. in engerer Bedeutung, das allein etwas bezeichnet, heißt vollständiges oder *kategorematisches Z.* oder Name. Die mit dem Z. verbundene Vorstellung heißt (nach Frege) der *Sinn* des Z., der bezeichnete Gegenstand die *Bedeutung* des Z. (z. B. haben „Morgenstern" u. „Abendstern" einen verschiedenen Sinn, aber die gleiche Bedeutung, nämlich den Planeten Venus). Ein *indizierendes Z.* enthält einen Hinweis zur Auffindung des bezeichneten Gegenstandes (z. B. Wegweiser), ein *ikonisierendes Z.* bildet seine Bedeutung irgendwie ab (z. B. Landkarte). Zum Z. als Symbol vgl. ↗ Symbol.

In der formalistischen ↗ Logik wird jedes graphische Kalkül-Z. Symbol genannt. Man unterscheidet dabei Konstante, die eine feste Bedeutung haben, u. Variable, die lediglich eine Leerstelle anzeigen, in die eine Konstante der entsprechenden Kategorie eingesetzt werden kann. Gleichgestaltete Z. heißen *isomorph,* verschiedene Z. mit gleicher Bedeutung *synonym.* Die allgemeine Lehre vom Z. heißt Semantologie oder Semasiologie, die Lehre von den menschl. Ausdrucksmitteln Signifik, von den Beziehungen der Z. untereinander Syntaktik, von den Beziehungen zwischen Z. u. Bezeichnetem Semantik, von den Beziehungen zwischen Z. u. ihren Benutzern Pragmatik, von den Z.reihengestalten Semiotik.

Zeit, in der *klass.-metaphysischen Philosophie* im Unterschied zu Gottes Ewigkeit (dem überzeitlichen, unveränderlichen Selbstbesitz seines unendlichen Wesens in vollkommener Wirklichkeit) das Nacheinander der Zustände der endlichen, geschöpflichen u. veränderlichen Dinge, die im Verlauf ihrer Wesensverwirklichung (Entstehen) u. ihres Wesensverlustes (Vergehen) immer neue mögliche Gestaltungen ihrer Zukunft erlangen u.

nach dem Augenblick ihres Besitzes die erreichten schon wieder
überholen u. in der Vergangenheit zurücklassen. Z. ist so zunächst die anfangs- u. endbestimmte, zielgerichtete, nicht um-
kehrbare u. unwiederholbare Daseins- u. Beharrenszeit *(physische Z.)* eines einzelnen Seienden durch alle seine wechselnden
Gestalten hindurch. Wie jedes Seiende mit anderem zusammen
im Ganzen des Seienden, so ist die Z. des einzelnen eingeordnet
in die gemeinsame u. übergreifende Weltzeit *(kosmische Z.)*, die
die moderne Naturwissenschaft als *historische Z.* in ihrer bisherigen Dauer zu berechnen versucht.

Von der Bindung der Z.erfahrung an die Veränderung der körperlichen Dinge her entwickelte sich seit *Platon* u. *Aristoteles* („Z.
ist die Zahl [das Maß] der Bewegung nach dem Früher oder Später“) der raumorientierte Begriff der *objektiven Z.*, veranschau-
licht an einer gedachten kontinuierlichen Reihe von Z.punkten,
in der ein jeder Augenblickszustand des Wirklichkeitsgeschehens seine Stelle hat. Strenggenommen ist nicht diese objektive
Z. meßbar – solange ihr eindeutiger Anfang unbekannt ist oder
sie gar als unendliches, in Vergangenheit oder Zukunft ausge-
dehntes, leeres Ordnungsschema *(imaginäre Z.)* angesehen wird.
Vielmehr sind nur innerhalb ihrer durch grundsätzlich willkürliche Ansetzung von Bezugspunkten relative Z.längen zu messen.
Nach *Leibniz* u. *Newton* hat die objektive Z. absolute Realität
(analog dem Raum). Demgegenüber lehrt *Kant* ihre nur „empirische Realität“, aber „transzendentale Identität“: sie ist im
Grunde nichts, was für sich selbst bestünde oder als objektive
Bestimmung den Dingen anhinge, vielmehr (wie der Raum) eine
apriorische Anschauungsform des Subjekts, u. zwar seines inneren Sinnes, die den Stoff der Sinnlichkeit in eine erste Ordnung
bringt u. so Erfahrung erst mit ermöglicht. In anderer Weise betonte *Augustinus* den Bezug der Z. zur menschlichen Z.erfah-
rung. Daß die Z. nicht nur als Abfolge von Augenblicken, deren
jeder ohne Dauer ist, sondern als Einheit von Gegenwart, Vergangenheit u. Zukunft sich erweist, ist nach ihm begründet im
Wesen der menschlichen Seele, die in einem geistigen Sichaus-
dehnen den flüchtigen Augenblick übergreift in Vergangenheit
u. Zukunft hinaus u. diese einholt in die ständige Gegenwart. In
neuester Zeit stellte *Bergson* dem mechanistisch-rationalisti-
schen Z.begriff der äußerlichen, meßbaren Sukzession den der
innerlichen u. eigentlichen Z., der reinen Bewegung des Fließens
oder der Dauer gegenüber. *Husserl* unterschied von der kosmi-
schen, meßbaren Z. phänomenolog. die Z. des inneren Erlebnis-

bewußtseins als einheitliche Form aller Erlebnisse im Erlebnisstrom. *Heidegger* versteht gegenüber dem „vulgären" u. abgeleiteten Z.begriff die ursprüngliche Z. als den Horizont alles Seinsverständnisses u. die Zeitlichkeit als Grundstruktur des menschlichen Daseins, sofern der Mensch sich selbst stets voraus ist bei seinen eigenen Möglichkeiten u. von der Zukunft her u. auf sie hin Gegenwart u. Vergangenheit erst ermöglicht sind. Von hier aus wird, wie allgemein in der modernen Philosophie, bes. die Endlichkeit u. ↗ Geschichtlichkeit als Wesensverfassung des menschlichen Daseins betont mit der in die Zukunft geöffneten Freiheit u. der Unwiederholbarkeit seiner Entscheidungen.

Zeitlichkeit, bei Heidegger in „Sein u. Zeit" die Weise, wie sich das menschliche ↗ Dasein zu den drei Dimensionen der ↗ Zeit verhält: als Einigung der drei Zeitdimensionen (Gegenwart, Zukunft, Vergangenheit) von der Zukunft her, welche sich vom „eigentlichen Ganzseinkönnen des Daseins" im Tod als „Sorge" bestimmt. „Z. enthüllt sich als der Sinn der eigentlichen Sorge" u. „die ursprüngliche Einheit der Sorgestruktur liegt in der Z." So ist Z., im Gegensatz zum Begriff ↗ Zeit, kein natürlicher, sondern ein geschichtlicher Begriff. – Ansonsten gleichbedeutend mit der ↗ Endlichkeit von Mensch u. Welt.

Zeller, *Eduard v.,* * 1814 Kleinbottwar (Württ.), † 1908 Stuttgart. Prof. in Bern, Marburg, Heidelberg, Berlin, Stuttgart; Historiker der antiken u. neueren Philosophie; zunächst Hegelianer, dann einer der ersten Neukantianer.

Zenon, 1) Z. aus Elea, griech. Philosoph, um 490–430 vC. Verteidigte als Schüler u. Freund des Parmenides die Lehre der Eleaten; suchte mit sophist. Dialektik die Vielheit des Seienden u. die Bewegung als widersprüchlich, damit als unmöglich zu beweisen.
2) Z. aus Kition (Zypern), griech. Philosoph, um 336–264 vC. Begr. um 300 vC. in Athen die Philosophenschule der Stoa; verband in seiner Lehre die kynische Ethik mit heraklitischer Philosophie. Seine Schriften über den Staat, das naturgemäße Leben, die Leidenschaften u. a. sind verloren.

Ziegler, *Leopold,* * 1881 Karlsruhe, † 1958 Überlingen. Ausgehend von E. v. Hartmann; verkündete im *„Gestaltwandel der Götter"* die Vergöttlichung des Menschen. In der *„Überlieferung"* (1936) geht es um die Einsicht, daß der Mythos „Anteile an der Uroffenbarung Gottes" darstellt. Die *„Menschwerdung"* (2 Bde., 1948) unterscheidet davon in einer Exegese des Vaterunsers das „Wort des Wortes" im Neuen Testament, das alle Überlieferung in sich aufgenommen hat.

Ziel, oft mit ↗Zweck gleichgesetzt; im strengeren Sinn im Unterschied zur äußeren Zweckhaftigkeit die innere Wesens- u. Sinnbestimung eines Seienden oder eines Geschehens, so die causa finalis (= Z.ursache) der aristotel.-scholast. Philosophie; ↗Finalität.

Zufälligkeit, allg. negativ jede Form von Nicht-Notwendigkeit. Zu unterscheiden sind: 1. die Z. der ↗Akzidentien einer Substanz; 2. die Z. der Substanz selbst (↗Kontingenz); 3. die Z. als Gegenbegrif zu Bestimmtheit, Gesetzlichkeit eines Geschehens, wobei zu fragen ist, ob die Z. hierin eine echte oder nur eine scheinbare ist. Insofern der Erstanfang als erster nicht selbst wieder begründet sein kann, ist er, vom Begründeten her gesehen, zufällig, ja der „Urzufall" schlechthin (Schelling); alles weitere jedoch ist dann, entsprechend dem Satz vom zureichenden Grund, als Begründetes (u. sei es als von einem gerade als Z. verstandenen obersten Prinzip her Begründetes) bestimmt, determiniert, notwendig. Sogenannte Z. ist dann im Bereich des Endlichen bloßer Schein u. lediglich die Folge unserer Unkenntnis aller bzw. der wahren Gründe u. Ursachen des Geschehens (Hobbes, Spinoza, Leibniz, Hume u. a.).

Zweck, im älteren Sprachgebrauch gleichbedeutend mit causa finalis = ↗Ziel eines Geschehens; im neueren Sprachgebrauch bes. dasjenige, was durch Anwendung von Mitteln erreicht wird u. von vornherein Art. u. Zahl dieser Mittel (als „zweckmäßige") bestimmt. ↗Finalität.

Zweifel (mhd. *zwîvel,* verwandt mit „zwei"), das In-Frage-Stellen eines als gültig u. wahr Angenommenen aufgrund der Einsicht in die Unzureichendheit oder Unzugänglichkeit der Gründe seiner Geltung, allgemeiner: aus dem Bewußtsein mangelnder ↗Evidenz der Sache; dazu auch die Unentschiedenheit zwischen einander widersprechenden Möglichkeiten der Stellungnahme, für die jeweils gleich starke Gründe vorliegen *(positiver Z.)* oder in gleicher Weise fehlen *(negativer Z.,* eigentl. ein bloßes Nichtwissen). Zu unterscheiden ist die Unentschiedenheit gegenüber der Wahrheit oder Unwahrheit eines Urteils *(theoretischer Z.)* u. das Schwanken zwischen sittlicher Billigung oder Mißbilligung eines Verhaltens *(ethischer, moralischer Z.).* Vom *realen Z.* ist zu unterscheiden der *fiktive* oder *methodische Z.* als radikales, jedoch vorläufiges Außergeltungsetzen zum Zweck der Erforschung der wissenschaftl. Wahrheit. ↗Skeptizismus.

LITERATUR ZU DEN ARTIKELN

absolut: *J. Möller,* Der Geist u. das A.e (1951); *G. Huber,* Das Sein u. das A.e (1955); *W. Kasper,* Das A.e in der Geschichte (Schelling) (1965); *H. Radermacher,* Fichtes Begriff des A.en (1970); All-Einheit, hrsg. v. *D. Henrich* (1985).

Abstraktion: *G. Siewerth,* Die A. u. das Sein nach der Lehre des Thomas von Aquin (1958); *E. Oeser,* Begriff u. Systematik der A. (1969); *R.-D. Hepp,* Vergegenständlichung des Nicht-identischen (1983).

Adorno: Kierkegaard. Konstruktion des Ästhetischen (1933); Dialektik der Aufklärung (zus. mit Horkheimer) (1947); Philosophie der neuen Musik (1949); Prismen (1955); Dissonanzen (1956); Zur Metakritik der Erkenntnistheorie (1956); Noten zur Literatur I–III (1958/65); Eingriffe (1963); Drei Studien zu Hegel (1963); Jargon der Eigentlichkeit (1964); Negative Dialektik (1966); Ohne Leitbild (1967); Ästhetische Theorie (1970). – *Ausg.:* Ges. Schriften, 20 Bde (1970/86). – *Lit.: J. F. Schmucker,* A., Logik des Zerfalls (1977); *K. Sauerland,* Einführung in die Ästhetik A.s (1979); *W. Brändle,* Rettung des Hoffnungslosen (1984); *G. Kimmerle,* Verwerfungen (1986).

Ästhetik: *E. Bergmann,* Die Begründung der deutschen Ä. durch A. G. Baumgarten u. G. F. Meier (1911); *F. Kaulbach,* Ästhetische Welterkenntnis bei Kant (1984); *H. Paetzold,* Ä. des deutschen Idealismus (1983); *M. Heidegger,* Nietzsche, 2 Bde (1961). – *K.-E. Gilbert* u. *H. Kuhn,* A History of Esthetics (Indiana 1955); *G. Lukács,* Beiträge zur Geschichte der Ä. (1954); *A. Halder,* Kunst u. Kult. Zur Ä. u. Philosophie der Kunst in der Wende vom 19. zum 20. Jh. (²1987); *H. Mainusch,* Romantische Ä. (1970). – *M. Heidegger,* Der Ursprung des Kunstwerkes, in: Holzwege (1950); *A. Gehlen,* Zeit-Bilder (1960); *H.-G. Gadamer,* Wahrheit u. Methode (1960, ⁴1975); *R. Ingarden,* Untersuchungen zur Ontologie der Kunst (1962); *W. Benjamin,* Das Kunstwerk im Zeitalter seiner techn. Reproduzierbarkeit (1963); *H. Glockner,* Die ästhetische Sphäre (1964); *M. Bense,* Aestetica. Einführung in die neue Ä. (²1982); *G. Lukács,* Probleme der Ä. (1969); *Th. W. Adorno,* Ästhetische Theorie (= Ges. Schriften 7) (1970); *W. Perpeet,* Das Sein der Kunst u. die kunstphilos. Methode (1970) (darin systemat. geordnete Bibliogr.); *W. Rehfus,* Kunsttheorien, Philosophische Ästhetik u. Interpretationsästhetik (1980); Ästhetische Erfahrung, hrsg. v. *W. Ölmüller* (1981); Ästhetischer Schein, hrsg. v. *W. Ölmüller* (1982). – Zeitschr. für Ä. u. allgem. Kunstwissenschaft, *hrsg. v. M. Dessoir* (1906 ff), hrsg von *H. Lützeler* u. a. (1951 ff).

Akt: *G. M. Maurer,* Das Wesen des Thomismus (³1949); *L. Fuetscher,* A. u. Potenz (1933); *J. Stallmach,* Dynamis u. Energeia (1959); *M. F. Sciacca,* A. u. Sein (1964).

Albert: Plädoyer für kritischen Rationalismus (1971); Das Elend der Theologie (1979); Traktat über kritische Vernunft (⁴1980). – *Lit.: G.-M. Mojse,* Wissenschaftstheorie und Ethik-Diskussion bei H.A. (1979). – *Bibliogr.:* A.H., Konstruktion u. Kritik (²1975).

Albertus Magnus: Neue Ausg. der Werke durch das Kölner Albertus-Magnus-Institut (1955 ff). – *Lit.: G. Wieland,* Untersuchungen zum Seinsbegriff im Metaphysikkommentar A. d. Großen (1972); A. M., Sein Leben und seine Bedeutung, hrsg. v. *M. Entrich* (1982); *B. Thomassen,* Metaphysik als Lebensform (1985). – *Bibliogr.:* A. Pelzer in: Angelicum 21 (1944).

Analogie: *F. Brentano,* Von der mannifachen Bedeutung des Seienden nach Aristoteles (1862, Neudr. 1960); *E. Przywara,* Analogia entis (1932); *E. K. Specht,* Der

363

A.-Begriff bei Kant u. Hegel (1952); *B. Lakebrink,* Hegels dialektische Ontologie u. die thomistische Analektik (1955); *L. Berg,* Die A.-Lehre des hl. Bonaventura, in: Stud. generale 8 (1955); *L. B. Puntel,* A. u. Geschichtlichkeit (1969); *A. Anzenbacher,* A. und Systemgeschichte (1978).

Analytische Philosophie: *E. v. Savigny,* A. P. (1970); *E. Tugendhat,* Vorlesung zur Einführung in die sprachanalytische Philosophie (1976); *H.-U. Hoche* u. *W. Strube,* A.P. (1985); Wo steht die A.P. heute?, hrsg. v. *L. Nagl* u. *R. Heinrich* (1986).

Anamnese: *C. E. Huber,* Anamnesis bei Plato (1964); *L. Oeing-Hanhoff,* Zur Wirkungsgeschichte der platon. Anamnesislehre, in: Collegium philos. (Festschr. *J. Ritter*) (1965); *E. Voegelin,* A. (1966).

Anarchismus: *P. Heintz,* A. u. Gegenwart (1951; *D. Guerin,* A. Begriff u. Praxis (1967); *H. Marcuse,* Über Revolte, A. u. Einsamkeit (1969); *J. Cattepoel,* A. (1973).

Angst: *S. Kierkegaard,* Der Begriff der A. (1844); *M. Heidegger,* Sein u. Zeit (1927); *ders.,* Was ist Metaphysik? (1929); *J.-P. Sartre,* Das Sein u. das Nichts (dt. 1952); *F.-K. Streck,* Die Angst in den Interpretationen der Existenzphilosophie und der Tiefenpsychologie (1978).

Anselm v. Canterbury: Gesamtausg. von *F. S. Schmitt,* 6 Bde (1938/61). – *Lit.:* *K. Kienzler,* Glauben u. Denken bei A. v. C. (1981). – *Bibliogr.:* Analecta Anselmiana, hrsg v. *F. S. Schmitt* (1969).

Anthropologie: *M. Scheler,* Die Stellung des Menschen im Kosmos ([7]1966); *H. Plessner,* Die Frage nach der Conditia humana (1976); *ders.,* Die Stufen des Organischen u. der Mensch ([3]1975); *A. Gehlen,* Anthropologische Forschung (1961); *ders.,* Der Mensch ([8]1966); *ders.,* Urmensch und Spätkultur ([2]1964). – *J. Ritter,* Über den Sinn u. die Grenze der Lehre vom Menschen (1933); *W. E. Mühlmann,* Geschichte der A. (1948, [2]1968); *M. Landmann,* De homine (1962); *M. Müller,* Philosophische A. (1974); *R. Rombach,* Strukturanthropologie (1987).

Anthropozentrik: *E. Drewermann,* Der tödliche Fortschritt ([4]1986).

Antinomie: *N. Hinske,* Kants Begriff der A., in: Kant-Studien 56 (1966); *F. v. Kutschera,* Die A.n der Logik (1964).

Apokatastasis: *G. Müller,* A. panton. A Bibliography (1969).

Apollinisch u. Dionysisch: *M. Vogel,* A. u. D. (1966); *L. Kofler,* Das A.e u. D.e in der utopischen und antagonistischen Gesellschaft, in: Festschr. G. Lukács (1966); *B.-A. Kruse,* A.-D. (1987).

Arbeit: *A. Tilgher,* Homo faber (Rom 1920); *E. J. Jünger,* Der Arbeiter. Herrschaft u. Gestalt (1932); *H. Arendt,* Vita activa – oder: Vom tätigen Leben (1960); *F. Jonas,* Sozialphilos. der industriellen A.s-welt (1960); *H. Klages,* Technischer Humanismus. Philosophie u. Soziologie der A. bei K. Marx (1964); Arbeit u. Philosophie, hrsg. v. *P. Damerow* u. a. (1983); Philosophische Probleme von Arbeit u. Technik, hrsg. v. *A. Menne* (1987).

Aristoteles: Gesamtausg. von *I. Bekker,* 5 Bde(1831–70; Auszug-Nachdr. 1961 ff); Philosophische Werke in deutscher Übers. v. *E. Rolfes* (Philos. Bibliothek I–XIII) (1920–24); Sämtl. Werke in deutscher Übers., hrsg. v. *E. Grumach* (1956 ff); Werke, Griechisch-Deutsch, hrsg. v. *K. Prantl* u. *H. Aubert* (Neudr. v. 1853–79; 1978). – *H. Bonitz,* Index Aristotelicus (Neudr. 1955). – *Lit.: W. Jaeger,* A. (1923, [2]1955); *W. Bröcker,* A. (1935, [3]1964); *I. Düring,* A. (1953, dt. 1966); A. in der neueren Forschung, hrsg. v. *P. Moraux* (1968); *E. Vollrath,* Studien zur Kategorienlehre des A. (1964); *F. Wiplinger,* Physis u. Logos (1971); *G. Bien,* Die Grundlegung der politischen Philosophie bei A. (1973); *K. Brinkmann,* A.' allgemeine und spezielle Metaphysik (1979); *K.-H. Volkmann-Schluck,* Die Metaphysik des A. (1979); *W. Welsch,* Aisthesis (1987). – *Bibliogr.:* J. Barnes u. a., A. (1980).

Aufklärung: *E. Cassirer,* Die Philosophie der A. (1932); *P. Hazard,* Die Krise des europäischen Geistes (1935, dt. 1948); *M. Horkheimer* u. *Th. W. Adorno,* Dialektik der A. (1947); *R. Koselleck,* Kritik u. Krise (²1969); *F. Valjavec,* Geschichte der abendländischen A. (1961); *M. Wundt,* Die deutsche Schulphilosophie der A. (1961); *W. Oelmüller,* Die unbefriedigte A. (1969); *P. Kondylis,* Die Aufklärung im Rahmen des neuzeitlichen Rationalismus (1981); *St. Cochetti,* Mythos u. „Dialektik der A." (1985); Aufklärung–Gesellschaft–Kritik, hrsg. v. *M. Buhr* u. *W. Förster* (1985).

Augustinus: Migne, Patrol. lat., Bde 32–47, dazu Erg. von *G. Morion* (Rom 1930); Neuausg. im Wiener Corpus der lat. Kirchenväter (unvollendet). – *Lit.: H. U. v. Balthasar,* A. (²1955); *F. Körner,* Das Sein u. der Mensch (1959); *A. Schöpf,* A. (1970); *K. Flasch,* A. (1980); *E. Schmidt,* A. (1985). – *Bibliogr.:* C. Andersen, Bibliographia augustiniana (²1973). – Augustinus-Lexikon, hrsg. v. *C. Mayer* (1986).

Bachofen: Ges. Werke, hrsg. v. *K. Meuli,* 10 Bde (Basel 1943 ff). – *Lit.: K. Kerényi,* J.J.B. (1945); *A. Cesana,* J.J.B.s Geschichtsdeutung (1983).

Bacon, Francis: Neu-Atlantis, hrsg. v. *J. Klein* (1982). – *Ausg.:* Ges.-Ausg. von *J. Spedding* u. a., 14 Bde (London 1858–74). – *Lit.: K. Fischer,* F.B. und seine Nachfolger (Nachdr. von ²1875: 1980); *A. Quinton,* F.B. (1980). – *Biogr.:* A. Dodd, F.B.'s personal life-story (1986).

Bacon, Roger: Bibliogr. von *F. Alessio,* in: Riv. critica di storia della filosofia 14 (Mailand 1959).

Bader: F.v.B.s sämtliche Werke, hrsg. v. *F. Hoffmann* u. a., 16 Bde (1951/60); Briefwechsel, hrsg. v. *E. Susini,* 3 Bde (Paris 1942/51). – *Lit.: K. Hemmerle,* F.v.B.s philosophischer Gedanke der Schöpfung (1963); *F. Schuhmacher,* Der Begriff der Zeit bei F.v.B. (1983).

Balmes: Ges.-Ausg., 8 Bde (Madrid 1948/50).

Bayle: Ges. Werke: 16 Bde (Paris 1820–24). – *Lit.: J.-P. Jossua,* P.B. (1977).

Berdjajew: Deutsch erschienen: Der Sinn des Schaffens (1927); Der Sinn der Geschichte (²1950); Die Philosophie des freien Geistes (1930); Von der Bestimmung des Menschen (1935); Geist u. Wirklichkeit (1949); Existentielle Dialektik des Göttlichen u. Menschlichen (1951); Das Ich u. die Welt der Objekte (1952); Selbsterkenntnis (1953); Von des Menschen Knechtschaft u. Freiheit (1954). Der Mensch und die Technik (1971); Fortschritt Wandel Wiederkehr (1978). – *Lit.: P. Klein,* Die „kreative Freiheit" nach N.B. (1976); *A. Köpcke-Duttler,* N.B. (1981).

Bergson: Essai sur les données immédiates de la concience (1889, dt. 1911); Matière et mémoire (1896, dt. 1907); L'évolution créatrice (1907, dt. 1912); Les deux sources de la morale et de la religion (1932, dt. 1933); La pensée et le mouvant (1934, dt. 1948). – *Ausg.:* Oeuvres, Textes amotés par A. Robinet (1959). – *Lit.: P. L. Jurevičs,* H. B. Einführung in seine Philosophie (1949); *G. Pflug,* H. B. (1959); *L. Kolakowski,* H. B. (1985). – *Bibliogr.: P. A. Gunter,* H. B. (1974).

Berkeley: The works of G. B., hrsg. v. A. A. Luce u. T. E. Jessop, 9 Bde (Edinburgh/London 1948/57). – *Lit.: A. Kulenkampff,* G. B. – *Bibliogr.:* v. T. E. Jessop (Den Haag ²1973).

Bewegung: *M. Schramm,* Die Bedeutung der B.s-Lehre des Aristoteles (1962); *F. Kaulbach,* Der philosophische Begriff der B. (1965).

Bewußtsein: *P. Gorsen,* Zur Phänomenologie des Bewußtseinsstroms (1966); *G. Frey,* Theorie des Bewußtseins (1980); *H. Kuhn,* Der Weg vom Bewußtsein zum Sein (1981).

Bildung: *M. Scheler,* Die Wissensformen u. die Gesellschaft (1926); *M. Heidegger,* Brief über den Humanismus (1949); *E. Lichtenstein,* Zur Entwicklung des B.s-Begriffs von Meister Eckhart bis Hegel (1966); *Th. W. Adorno,* Zum B.s-begriff der Gegenwart (1967); *E. Lichtenstein,* Der Ursprung der Pädagogik im griechischen Denken (1970); *E. Schütz,* Freiheit u. Bestimmung (1975).

Bloch: Philosophische Grundfragen (1961); Das Prinzip Hoffnung, 3 Bde (1968). – *Ausg.:* Gesamtausg., 17 Bde (1977/78). – *Lit.: D. Horster,* B. zur Einführung (⁶1987); Die Philosophie des aufrechten Gangs, in: *Synth. Philos.* 4 Zagreb (1987).

Blondel: L'action. Essai d'une ciritique de la vie et d'une science de la pratique (1893, ²1950, dt. 1966); La Pensée, 2 Bde (1934, dt. 1953/57); L'Être et les êtres (1935); L'Action, 2 Bde (1936/37); La Philosophie et l'Esprit chrétien, 2 Bde (1944/46); Exigences philosophiques du christianisme (1950, dt. 1954). – *Lit.: H. Duméry,* La Philosophie de l'Action (1948); *U. Hommes,* Transzendenz u. Personalität. Zum Begriff der Action bei M. B. (1972); *A. Raffelt,* Spiritualität und Philosophie (1978). – *Bibliogr.: R. Virgoulay* u. *C. Troisfontaines,* M. B., 2 Bde (1975/76).

Böhme: *Ausg.:* Theosophia Revelata I–XIV u. Suppl. (Leiden 1730/31), Faks.-Neudr. v. 1730, hrsg. v. *A. Faust,* 2 Bde (1955–61). – *Lit.: E. H. Lemper,* J. B. (1976).

Bolzano: Wissenschaftslehre, 4 Bde (1837); Paradoxien des Unendlichen (1851, neu hrsg. von *A. Höfler* 1920). – *Ausg.:* hrsg. v. *E. J. Winter* u. a. (1969–1986). – *Lit.: E.-J. Winter,* B. u. sein Kreis (²1971); *H. Scholz,* Die Wissenschaftslehre B.s (1937); *E. Herrmann,* Der religionsphilosophische Standpunkt B.B.s unter Berücksichtigung seiner Semantik, Wissenschaftstheorie und Moralphilosophie (1977).

Bonaventura: Sentenzenkommentar (1250/52); Breviloquium (1257); De reductione artium ad theol. (zwischen 1248 u. 1256); Itinerarium mentis in Deum (1259). – *Ausg.:* 10 Bde (Quaracchi 1882/1902). – *Lit.: E. Gilson* u. *Ph. Böhner,* Der hl. B. (1929); *M. Wiegels,* Die Logik der Spontaneität (1969); *J. F. Quinn,* The historical constitution of St.B.s philosophy (1973); *R. Jehl,* Melancholie und Acedia (1984). – *Bibliogr.* von G. A. Brie, in: Bibliogr. philos. 1934–45 I (Utrecht 1950) Nr. 5720 ff.

Brentano: Psychologie vom empirischen Standpunkt (1874); Vom Ursprung sittlicher Erkenntnis (1889). – *Ges.-Ausg.,* hrsg. v. *F. Mayer-Hillebrand* (Bern 1952 ff). – *Lit.: C. Stumpf* u. *E. Husserl,* F. B. (1919); Philosophische Untersuchungen zu Raum, Zeit und Kontinuum, hrsg. v. *S. Körner* u. *R. M. Christholm* (1976); Die Philosophie F.B.s, hrsg. v. *R. M. Christholm* u. *R. Haller* (1978).

Bruno: De umbris idearum (1582); De la causa, principio ed uno (1584); De l'infinito, universo e mondi (1585); Eroici Furori (1585). – *Ges. philos. Werke,* dt. v. *L. Kuhlenbeck,* 6 Bde (1890–1909). – *Lit.: W. Boulting,* G.B. (1972); *P.-H. Michel,* The cosmology of G.B. (1973). – *M. Ciliberto,* Lessico di G.B. (1979).

Buber: Philosophische u. sozialphilosophische Schriften: Dialogisches Leben (1947); Das Problem des Menschen (1948); Gog u. Magog (1949); Pfade in Utopia (³1985); Israel u. Palästina (1950); Urdistanz u. Beziehung (1951); Zwischen Gesellschaft u. Staat (1952); Gottesfinsternis (1953); Ich u. Du (1923; ¹¹1983). – *Ausg.:* Opera omnia, hrsg. v. *R. Stupperich* (1960/82). – *Lit.: H. U. v. Balthasar,* Einsame Zwiesprache. M. B. u. das Christentum (1958); *M. Theunissen,* Der Andere (1965); *B. Casper,* Das dialogische Denken (1967); *W. Manheim,* M. B. (1974); *M. Friedman,* M. B. and the eternal (1986). – *Bibliogr.: M. Cohn* u. *R. Buber,* M. B. (1980).

Campanella: Civitas Solis (= Utopie einer katholischen Universalmonarchie, 1612; 1602 ital. verf.; dt.: „Der Sonnenstaat" von Wessely 1900). – *Ausg.* v. L. Firpo (Mailand 1954 ff). – *Lit.: F. Hiebel,* C., der Sucher nach dem Sonnenstaat (1972); *G. Bock,* T. C. (1974). – *Bibliogr.:* Filos. Italiana I (Rom 1950).

Camus: *H. R. Schlette,* A. C. (1980); *M. Rath,* A. C. Absurdität u. Revolte (1984); *A. Pieper,* A. C. (1984). – *Biogr.: R. Grenier,* A. C. (1987).

Cartesianismus: *E. J. Dijksterhuis,* Die Mechanisierung des Weltbildes (1956/1983); *H. Radermacher,* Cartesianische Wissenschaftstheorie (1971); *R. Lefèvre,* La structure du Cartesianisme (1978); *J. Pacho,* Ontologie und Erkenntnistheorie (1980).

Carus: Psyche (1846); Symbolik der menschlichen Gestalt (^{2}1859); Lebenserinnerungen u. Denkwürdigkeiten, 4 Bde (1865/66). – *Lit.: P. Stöcklein,* C. G. C. (1943).

Christliche Philosophie: *E. Gilson,* Christianisme et Philosophie (1936); *M. Blondel,* La Philosophie et l'Esprit chrétien, 2 Bde (1944/1946); *J. Boisset* u. a., Le problème de la philosophie chrétienne (1949); *C. Tresmontant,* Biblisches Denken u. hellenistische Überlieferung (dt. 1956); *P. Tillich,* Biblische Religion u. die Frage nach dem Sein (1956); *H. M. Schmidinger,* Nachidealistische Philosophie u. christliches Denken (1985).

Cicero: *A. Wünsche,* C. u. die neue Akademie (1961).

Cohen: Logik der reinen Erkenntnis (1902); Ethik des reinen Willens (1904); Ästhetik des reinen Gefühls, 2 Bde (1912); Die Religion der Vernunft aus den Quellen des Judentums (1919). – *Ausg.:* Ges. Schriften (1957–82). – *Lit.: P. Natrop,* H. C. (1918); *K. Löwith,* Philosophie der Vernunft u. Religion der Offenbarung in H. C.s Religionsphilosophie (1868); *W. Marx,* Transzendentale Logik als Wissenschaftstheorie (1977); *M. Dreyer,* Die Idee Gottes im Werk H. C. (1985).

Comte: Cours de philosophie positiv, 6 Bde (1830/42); Discours sur l'esprit positiv (1844, dt. ^{2}1966); Système de politique positive ou Traité de sociologie, 4 Bde (1951, dt. ^{2}1974). – *Ausg.:* Œuvres (Nachdr. d. Ausg. Paris 1856, 1968/71). – *Lit.: L. Lévy-Bruhl,* La philosophie D'A.C. (1900, dt. 1902); *H. Marcuse,* Die Geschichtsphilosophie A. C.s (1932); J. Lacroix, La sociologie d'A. C. (Paris 1956); A. Kremer-Marietti, Le projet anthropologique d'A. C. (1980).

Condillac: Essai sur l'origine des connaissances humaines, 2 Bde (1746/54, dt. 1780); Traité des sensations (1754, dt. 1870). – *Ausg.:* 23 Bde (Paris 1798), 15 Bde (Paris 1822); Œuvres philos. hrsg. v. *G. Le Roy,* 3 Bde (Genève 1970); Briefe (Paris 1953). – *Lit.: P. Meyer,* E. B. de C. (1944); *N. Rousseau,* Connaissance et langage chez C. (1986).

Croce: Estetica come scienza dell'esspressione e linguistica generale, 2 Bde (1902, dt. 1930); Logica come scienza del concetto puro (^{7}1947); Filosofia della pratica (1903); La storia come pensiero e come azione (1938); Filosofia e storiografia (1949); Indiagini su Hegel e schiarimenti filosofici (1952). – *Ges. Werke* in deutscher Übers. hrsg. v. *H. Feist* u. *R. Peters,* 7 Bde (1930). Briefwechsel mit Karl Vossler, dt. hrsg. v. *O. Vossler* (1955). – *Lit.: Th. Osterwalder,* Die Philosophie C.s (1954); *R. Zimmer,* Einheit und Entwicklung in B. C.s Ästhetik (1985).

Descartes: Discours de la méthode (1637); Mediationes de prima philosophie (1641, dt. 1977); Principia philosophiae (1644); Traité des passions de l'âme (1649; franz.-dt. 1984). – *Ges.-Ausg.* v. *Adam u. Tannery,* 12 Bde (1877/1910; Nachdr.: 1971–75). Übers. der Hauptschriften in Philosophische Bibliothek (Meiner). – *Lit.: E. Cassirer,* D. (1939); *K. Jaspers,* D. u. die Philos. (^{3}1956); *J.-P. Sartre,* D. (1946); *Chr. Link,* Subjektivität u. Wahrheit (1978); *B. Williams,* D. Das Vorhaben der reinen philosophischen Untersuchung (1981). – *Bibliogr.* v. *G. Sebba* (Den Haag 1964).

Dewey: Experience and Nature (1925); A Common Faith (1934), Logic, the Theory of Inquiry (1938); Human Nature and Conduct (1922, dt. 1931); Problem of Man (1946). – *Ausg.:* The early works 1882–1898 (1967/72); The middle works. 1899–1924 (1973/83). – *Lit.: P. A. Schilpp,* The Philosophy of J.D. (Chicago 1940);

P. K. Crosser, The Nihilism of J.D. (New York 1955); New studies in the philosophy of J.D., hrsg. v. *St. M. Cahn* (1977); *J. A. O'Brien,* The philosophy of J.D. (1984). – *Bibliogr.:* Checklist of writings about J.D., hrsg. v. *J. A. Boydston* u. *K. Poulos* (²1978).

Dialektik: *E. v. Hartmann,* Über die dialektische Methode (1868, Nachdr. 1963); *R. Guardini,* Der Gegensatz (1925); *B. Liebrucks,* Platons Entwicklung zur D. (1949); *B. Lakebrink,* Hegels dialektische Ontologie u. die thomistische Analektik (1955); *R. Heiss,* Wesen u. Formen der D. (1959); *K. Kosík,* Die D. des Konkreten (1967); *Th. W. Adorno,* Negative D. (1966); *K. H. Haag,* Philosophischer Idealismus. Untersuchungen zur Hegelschen D. (1967); *W. Becker,* Idealistische u. materialistische Dialektik (1970); *R. Bubner,* D. u. Wissenschaft (1973); *A. Diemer,* Elementarkurs Philosophie. D. (1976); Dialektik und Genesis in der Phänomenologie; hrsg. v. *W. Orth* (1980); *G. Fuller,* Drei Studien zur Dialektik (1983).

Dialogische Philosophie: ↗Buber, ↗Ebner, ↗Marcel, ↗Personalismus. *M. Theunissen,* Der Andere (1965); *B. Casper,* Das dialogische Denken (1967); *J. Böckenhoff,* Die Begegnungsphilosophie (1970); *F. Jacques,* Dialogiques (1979).

Diderot: Œvres complétes, 20 Bde, hrsg. v. *Assézat* u. *Tourneux* (1875/77); Œuvres, hrsg. v. *A. Billy* (1951); Philosophische Schriften, hrsg. v. *Th. Lücke* (1961); D. D., Philos. u. politische Texte aus der Enzyklopädie (1969). – *Lit.: E. Dieckmann,* D.-Forschung (1931), Aufklärung u. Materialismus, hrsg. v. *A. Baruzzi* (1968); *J. v. Stackelberg,* D. (1983). – *Bibliogr.:* F. A. Spear, Bibliographie de D. (1980). – *Biogr.:* J. Proust, D. et l'encyclopédie (1982).

Dilthey: Einleitung in die Geisteswissenschaften (1883); Ideen über eine beschreibende u. zergliedernde Psychologie (1894); Die Entstehung der Hermeneutik (1900); Das Erlebnis u. die Dichtung (1906); Die große Phantasiedichtung (hrsg. 1954); Grundriß der Allgemeinen Geschichte der Philosophie (hrsg. 1949); Der Aufbau der geschichtlichen Welt in den Geisteswissenschaften (1910). – *Ausg.:* Ges. Schriften, 12 Bde (1914 ff); Ges. Schriften (1959 ff). – *Lit.: O. F. Bollnow,* D. (³1967); *H. Dormagen,* Die psychologische Struktur der menschlichen Erkenntnis bei W. D. (1953); *Chr. Zöckler,* Dilthey u. die Hermeneutik (1975); *K. Mager,* Philosophie als Funktion (1984); Materialien zur Philosophie W. D.s, hrsg. v. *F. Rodi* u. *H.-V. Lessing* (1984). – *Jahrbuch:* Dilthey-Jahrbuch, hrsg. v. *F. Rodi* (1983 ff).

Driesch: Der Vitalismus (1905); Philosophie des Organischen, 2 Bde (1909); Wirklichkeitslehre (1917); Metaphysik (1924); Die sittliche Tat (1927); Parapsychologie (1932); Die Überwindung des Materialismus (1935); Der Mensch u. die Welt (Neuaufl. 1953); Lebenserinnerungen (hrsg. 1951). – *Lit.:* H. D., Persönlichkeit u. Bedeutung, hrsg. v. *A. Wenzl* (1951); *H. H. Freyhofer,* The vitalism of H. Driesch (1982).

Duns Skotus: Opera omnia (1639; 1891/95); krit. Neuausg. durch die Franziskaner von Quaracchi (1950 ff). – *Lit.: O. Schäfer,* J.D.S. (1953), *ders.,* Bibliographia de vita, operibus et doctrina Johannis D.S. (Rom 1955); *H. Mühlen,* Sein u. Person nach J.D.S. (1954); *H. J. Werner,* Die Ermöglichung des endlichen Seins nach J.D.S. (1974); *L. Honnefelder,* Ens inquantum ens (1979).

Ebner: Das Wort u. die geistigen Realitäten (1921); Wort u. Liebe (1935, Aphorismen); Das Wort ist der Weg (1949, Tagebuch-Auswahl). – *Ausg.:* Ges. Werke (1963–1965). – Mitarbeit an der Ztschr. „Der Brenner" (1920/32). – *Lit.: M. Theunissen,* Der Andere (1965); *B. Casper,* Das dialogische Denken (1967); *A. K. Wucherer-Huldenfeld,* Personales Sein u. Wort (1985).

Eckhart: Ausg. der deutschen u. lateinischen Werke von *J. Quint, J. Koch* u. a. (1936 ff); Deutsche Predigten und Traktate, hrsg. v. *J. Quint* (1955, ⁶1985); Einheit im Sein und Wirken, hrsg. v. *D. Mieth* (1986). – *Lit.: O. Karrer,* Meister E., das System seiner religiösen Lehre u. Lebensweisheit (1926); *ders.,* Das Göttliche in der

Seele bei Meister E. (1928); *G. Lüben,* Die Geburt des Geistes (1957); *K. Olt-manns,* M.E. (²1957); *S. Ueda,* Die Gottesgeburt in der Seele u. der Durchbruch zur Gottheit (1965); *B. Welte,* M.E. (1979); *S. Ueda,* Die Bewegung nach Oben u. die Bewegung nach Unten, in: Eranos Jahrb. 50 (1981); *A. Halder,* Das Viele, das Eine u. das Selbst bei Meister Eckhart, in: All-Einheit, hrsg. v. D. Henrich (1985).

Emanzipation: *G. Rohrmoser,* E. u. Freiheit (1970); *J. Schlumbohm,* Freiheitsbegriff u. E.s-prozeß (1973); *I. Fetscher,* Herrschaft u. Emanzipation (1976).

Energeia: *J. Stallmach,* Dynamis u. E. (1959).

Entelechie: *A. Mittasch,* E. (1952); *A. Dempf,* Kritik der historischen Vernunft (1957).

Enthusiasmus: *J. Pieper,* Begeisterung u. göttlicher Wahnsinn (1962).

Epiktet: Ges. Werke, hrsg. v. *H. Schenkl* (1916). – *Lit.: J. C. Gretenkord,* Der Freiheitsbegriff E.s (1981). – *Bibliogr.* von *W. A. Oldfather* (Illinois 1952).

Erdmann: Geschichte der neueren Philosophie, 3 Bde (1834/53); Grundriß der Geschichte der Philosophie, 2 Bde (1856/67). – *Lit.: N. Rotenstreich,* On Erdmann's phenomenology of religious consciousness, in: Hegel-Studien 20 (1985).

Erkenntnistheorie: *E. Cassirer,* Das Erkenntnisproblem in der Philosophie u. Wissenschaft der neueren Zeit, Bd 1–3 (1906/20), Bd 4 (1957) (Nachdr. 1971–73); *R. Hönigswald,* Geschichte der E. (1933, Neudr. 1960); *A. Pap,* Analytische E. (Übersicht USA u. England) (1955); *F. v. Kutschera,* Grundfragen der E. (1982); Rationale Argumentation, hrsg. v. *D. Føllesdal* (1986).

Ethik: *F. Jodl,* Geschichte der E. als philosophische Wissenschaft (²1906); *A. Dempf,* E. des Mittelalters (1927); *Th. Litt,* E. der Neuzeit (1927); *Th. E. Hill,* Contemporary Ethical Theories (New York 1950); *J. Messner,* Das Naturrecht (1950; ⁷1984); *H.-P. Balmer,* Philosophie der menschlichen Dinge (1981); Ethik im Kontext, in: Synth. Philos. 4 Zagreb (1987). – Lexikon der E., hrsg. v. *O. Höffe* (1977). – Handbuch der christlichen Ethik, hrsg. v. *A. Hertz,* Bd 1 u. 2 (1978), Bd. 3 (1982). – *Bibliogr.:* Bibliographie der Sozialethik, hrsg. v. *A. Utz* u. a. (1956–1979).

Existenzphilosophie: ↗Camus, ↗Heidegger, ↗Jaspers, ↗Marcel, ↗Sartre. *M. Müller,* E. Von der Metaphysik zur Metahistorik (1949, ⁴1986); *O. F. Bollnow,* E. (1942, ⁹1984); *P. Wust,* Der Mensch u. die Philosophie (1947); *L. Gabriel,* Von Kierkegaard bis Sartre (1951); Christliche E., hrsg. v. E. Gilson (1947, dt. 1951); *J. Möller,* E. u. katholische Theologie (1952); *N. Abbagnano,* Philosophie des menschlichen Konflikts (1957); *O. F. Bollnow,* Französischer Existentialismus (1965); *F. Zimmermann,* Einführung in die E. (1977); *W. Janke,* E. (1982).

Falsifikation: *K. R. Popper,* Realism and the aim of science (1983).

Feuerbach: Gedanken über Tod u. Unsterblichkeit (1830); Zur Kritik der Hegelschen Philosophie (1839); Das Wesen des Christentums (1841); Vorläufige Thesen zur Reform der Philosophie (1842); Grundsätze der Philosophie der Zukunft (1843); Das Wesen der Religion (1851). – *Ausg.:* Sämtl. Schriften, hrsg. v. *W. Bolin* u. a., 10 Bde (1903/11), Neudr.: 1960/64) u. 3 Erg.-Bde. (1962/64); Werke, hrsg. v. *E. Thies,* 6 Bde (1975/76). – *Lit.: F. Engels,* L. F. u. der Ausgang der klassischen deutschen Philosophie (1888, ⁸1960); *F. Jodl,* L. F. (²1921); *H.-J. Braun,* Die Religionsphilosophie L. F.s (1972); *J. C. Janowski,* Der Mensch als Maß (1980); *W. Frede,* L. F. (1984).

Fichte, Johann Gottlieb: Versuch einer Kritik aller Offenbarung (1792); mehrere Fassungen der „Wissenschaftslehre" 1794–97; Grundlagen des Naturrechts (1796); System der Sittenlehre (1798): Bestimmung des Menschen (1800); Vom geschlossenen Handelsstaat (1800); Wissenschaftslehre (1801); Wissenschaftslehre

(1804); Die Grundzüge des gegenwärtigen Zeitalters (1806; Vorlesungen 1804/05); Reden an die deutsche Nation (1808); Das System der Sittenlehre (1812); Über das Verhältnis der Logik zur Philosophie oder Transzendentale Logik (1812); Die Staatslehre oder über das Verhältnis des Urstaates zum Vernunftreiche (1813). – *Ausg.:* Hauptwerke, hrsg. v. *F. Medicus,* 6 Bde (1908/12, Nachdr. 1962); Sämtl. Werke, hrsg. v. *I. H. Fichte,* 8 Bde (1845/46); Nachgel. Werke (1834/35, Nachdr. 1962); Ges.-Ausg. v. *R. Lauth* u. a., ca. 30 Bde (1962 ff). – *Lit.:* A. Böhmer, Faktizität u. Erkenntnisbegründung (1979); *M. Hinz,* Fichtes „System der Freiheit" (1981); *W. G. Jacobs,* J.G. F. (1984); *J. Stolzenberg,* F.s Begriff der intellektualen Anschauung (1986); *K. Nagasawa,* Das Ich im Deutschen Idealismus u. das Selbst im Zen-Buddhismus (1987). – *Bibliogr.: H. M. Baumgartner* u. *W. G. Jacobs,* J.G.F.-Bibliographie (1968).

Fortschritt: *H.-M. Baumgartner,* Die Idee des F.s, in: Philos. Jahrb. 70 (1962/63); Die Philosophie u. die Frage nach dem F., hrsg. v. *H. Kuhn* u. *F. Wiedemann* (1964); *B. Delfgaauw,* Geschichte als F., 3 Bde (dt. 1962/65); *I. Fetscher,* Überlebungsbedingungen der Menschheit (²1985); *L. Roos,* Humanität u. F. am Ende der Neuzeit (1984); *J. Rohbeck,* Die Fortschrittstheorie der Aufklärung (1987).

Frankfurter Schule: ↗Adorno, ↗Horkheimer, ↗Marcuse, ↗Kritische Theorie. *J. Habermas,* Erkenntnis u. Interesse (1968); *ders.,* Hermeneutik u. Ideologiekritik (1971); *ders.,* Kultur u. Kritik (1973); *ders.,* Zur Rekonstruktion des historischen Materialismus (1976); *M. Theunissen,* Gesellschaft u. Geschichte (1969); *M. Jay,* Dialektische Philosophie (1976); *R.-K. Maurer,* J. Habermas' Aufhebung der Philosophie (1977); *A. Messmann,* Zur Entwicklung eines hermeneutischen Paradigmas auf der Grundlage der materialistischen Wissenschaftsauffassung (1981); *F. Koch,* J. Habermas' Theorie des kommunikativen Handelns als Kritik von Geschichtsphilosophie (1985).

Freiheit: Die Hauptwerke der philosophischen Tradition, darunter bes.: *Augustinus,* Der freie Wille; *Kant,* Kritik der praktischen Vernunft; *Schelling,* Vom Wesen der menschlichen Freiheit; *Kierkegaard,* Die Krankheit zum Tode (1849); *M. Heidegger,* Vom Wesen der Wahrheit (1943); *ders.,* Vom Wesen des Grundes (1929); *J. Hommes,* Die Krise der F. (Hegel–Marx–Heidegger) (1958); *R. Berlinger,* Das Werk der F. (1959); *M. Horkheimer,* Um die F. (1962); *J. Splett,* Der Mensch in seiner F. (1967); Prinzip Freiheit, hrsg. v. *H. M. Baumgartner* (1979); *H. Krings,* System u. F. (1980); *O. Bauer,* Umstrittene Freiheit (1981); *E. Coreth,* Vom Sinn der F. (1985).

Freud: *Ausg.:* Ges. Werke in Einzelbänden, hrsg. v. A. Freud u. a., 17 Bde (1948/55), Registerbd. (1968), Nachtr.Bd (1987), Studienausg., hrsg. v. *A. Mitscherlich,* 10 Bde (1969/75) u. ein Erg.Bd (1975). – *Lit.: P. Ricoeur,* Die Interpretation (dt. 1974); *A. Schöpf,* S.F. (1982).

Fries: Wissen, Glauben u. Ahnung (1805); Neue oder anthropologische Kritik der Vernunft, 3 Bde (1807). – *Ausg.:* Sämtl. Schriften (1967–82). – *Lit.: R. Otto,* Kantisch-F.sche Religionsphilos. (1909); *H. Kraft,* J.F.F. (1980).

Gadamer: Wahrheit u. Methode (1960); Kleine Schriften, 4 Bde (1967/77); Griechische Philosophie, 2 Bde, in: Ges. Werke, Bd 5 u. 6 (1985). – *Ausg.:* Ges. Werke (1985 ff). – *Lit.: S. Takeda,* Reflexion, Erfahrung u. Praxis bei G. (1981); *T. Bettendorf,* Hermeneutik u. Dialog (1984).

Ganzheit: Aristoteles, Metaphysik V, Kap. 25 f; *H. Driesch,* Das Ganze u. die Summe (1921); *F. Krueger,* Die Lehre vom Ganzen (1948); Zur Philosophie u. Psychologie der G., hrsg. v. *E. Heuß* (1953); *H. Heimsoeth,* Atom, Seele, Monade (1960); *L. Gabriel,* Integrale Logik, Die Wahrheit des Ganzen (1965).

Gehlen: Der Mensch (1940); Urmensch u. Spätkultur (1956). – *Ausg.:* Gesamtausg. (1978 ff). – *Lit.: W. Ostberg,* Sprache u. Handlung (1977); *P. Fonk,* Transformation der Dialektik (1983). – *Bibliogr.:* Standorte im Zeitstrom, hrsg. v. *E. Forsthoff* (1974).

Geisteswissenschaften: *W. Dilthey,* Einleit. in die G. (^{4}1959); *H. Rickert,* Kulturwissenschaft u. Naturwissenschaft (^{4}1921); *E. Rothacker,* Logik u. Systematik der G. (^{2}1948); *E. Grassi* u. *Th. v. Uexküll,* Von Ursprung u. Grenzen der G. u. Naturwiss. (Bern 1950); *O. F. Bollnow,* Die Methode der G. (1950); *M. Foucault,* Die Ordnung der Dinge (1971); *St. Strasser,* Phänomenologie u. Erfahrungswissenschaft vom Menschen (1964); *ders.,* Understanding and explanation (1985).

Gemeinschaft: *K. Löwith,* Das Individuum in der Rolle des Mitmenschen (^{2}1969); *J. Pieper,* Grundformen sozialer Spielregeln (^{7}1987).

Gentile: La rinascita dell'idealismo (1903); La riforma della dialettica Hegelinana (1913); Teoria generale dello spirito come atto puro (1916). – *Ausg.:* Fondazione G.G., 60 Bde (Florenz 1957 ff). – *Lit.:* La vita il pensiero di G.G., 3 Bde (Florenz 1948 ff); *F. Pardo,* La filosofia de G.G. (1972); *G. Baraldi,* Divenire e transcendenza (1976).

Geschichte: *H. Rupp* u. *O. Köhler,* Historia - G., in: Saeculum 2 (1951); *F. Wagner,* Geschichtswissenschaft (^{2}1966); *ders.,* Moderne Geschichtsschreibung (^{2}1977); *G. Brand,* Welt, Geschichte, Mythos u. Politik (1978).

Geschichtlichkeit: *M. Heidegger,* Sein u. Zeit (1927); *W. Kamlah,* Christentum u. G. (^{2}1951); *F. Wiplinger,* Wahrheit u. Geschichtlichkeit (1961); *G. Bauer,* G. (1963); *R. Schaeffler,* Die Struktur der Geschichtszeit (1963); *P. Hünermann,* Der Durchbruch des geschichtlichen Denkens im 19. Jh. (1967); *M. Müller,* Erfahrung u. Geschichte (1971); *F. Wiedmann,* Die mißverstandene G. (1972); *K. Nishitani,* Was ist Religion? (1982).

Geschichtsphilosophie: *G. Mehlis,* Lehrbuch der G. (1915); *M. Horkheimer,* Anfänge bürgerlicher G. (1930); *J. Thyssen,* Geschichte der G. (1936); *K. Rossmann,* Deutsche G. von Lessing bis Jaspers (1959); *H. M. Baumgartner,* Kontinuität u. Geschichte (1972); *K. Acham,* Analytische Geschichtsphilosophie (1974); *P. Ricœur,* Geschichte u. Wahrheit (1974); *ders.,* Zufall u. Vernunft in der Geschichte (1986); *M. Müller,* Sinn-Deutungen der Geschichte (1976).

Gesellschaft: *Th. Litt,* Individuum u. Gemeinschaft (1919); *F. Tönnies,* Gemeinschaft u. G. (1887 u. ö.); *J. Pieper,* Grundformen sozialer Spielregeln (1933, ^{5}1967); Führung in einer freiheitlichen Gesellschaft, *A. Gehlen* zu s. 63. Geburtstag (1969); *J. Höffner,* Christliche Gesellschaftslehre (^{7}1978); *H. Coenen,* Diesseits von subjektivem Sinn u. kollektivem Zwang (1985).

Gewissen: *M. Heidegger,* Sein u. Zeit (1927); *J. Fuchs,* Situation u. Entscheidung (1952); Das G., Studien aus dem *C. G. Jung-*Institut (1958); *J. Stelzenberger,* Syneidesis, Conscientia, G. (1963); *M. Hänggi-Kriebel,* Ontologie des Gewissens (1982).

Gnosis: *H. Jonas,* G. u. spätantiker Geist Bd 1 (1934, ^{3}1964), Bd 2 (1954, ^{2}1966); *K. Kerény,* Mythologie und G. (1942); *G. Quispel,* G. als Weltreligion (1951); *R. Haardt,* Die G., Wesen u. Zeugnisse (1967); G. und Gnostizismus, hrsg. v. *K. Rudolph* (1975); *K. Rudolph,* Die G. (^{2}1980).

Gott: *Nikolaus von Kues,* Vom verborgenen Gott (1979); *A. Dyroff,* Der G.es-gedanke bei den europäischen Philosophen (1941); *A. Horvath,* der thomistische G.esbegriff (1941); *E. Schmidt,* Hegels Lehre von G. (1952); *W. Jaeger,* Die Theologie der frühen griechischen Denker (1953), *H. U. v. Balthasar,* Die G.es-frage des heutigen Menschen (1956); *G. Siewerth,* Heidegger u. die Frage nach G. (1957); *W. Weischedel,* Der G. der Philosophen (1971); Philosophische Theologie im Schatten des Nihilismus, hrsg. v. *J. Salquarda* (1971); Des Menschen Frage nach Gott, hrsg. v. *B. Casper* (1976); *M. Heidegger,* Nietzsches Wort „Gott ist tot", in: Holzwege (^{6}1980); Der Streit um den Gott der Philosophen, hrsg. v. *J. Möller* (1985).

Gottesbeweis: *F. Savicki,* Die G.e (1926); *K. Rahner,* Hörer des Wortes (1941); *E. Seiterich,* Die G.e bei F. Brentano (1936); *H. Ogiermann,* Hegels G. (1948); *A. Silva-Tarouca,* Praxis u. Theorie des G.es (1950); *A. Langenfeld,* Gotteserkenntnis u. Glaubensexistenz (1957); *W. Cramer,* G.e u. ihre Kritik (1967); *W. Heitler,* G.e? (1977).

Grund: *F. W. J. v. Schelling,* Das Wesen der menschlichen Freiheit (1809); *A. Schopenhauer,* Über die vierfache Wurzel des Satzes vom zureichenden G. (1813); *J. Geyser,* Das Prinzip vom zureichenden G. (1930); *R. Laun,* Der Satz vom zureichenden G. (1942); *Eckhart,* Das Leben ohne Warum, in: Deutsche Werke Bd I (1936) 179 ff; *N. Berdjajew,* J. Böhmes Lehre vom Ungrund u. der Freiheit (1932); *M. Heidegger,* Vom Wesen des G.es (³1949); *ders.,* Der Satz vom G. (1957); *ders.,* Identität u. Differenz (1957); *ders.,* Schellings Abhandlung „Über das Wesen der menschlichen Freiheit" (1971); *G. Marcel,* Geheimnis des Seins (dt. 1952); *K. Hemmerle,* Franz v. Baaders philosophischer Gedanke der Schöpfung (1963).

Guardini: Vom Geist der Liturgie (1918); Der Gegensatz. Versuch einer Philosophie des Lebendig-Konkreten (1925); Welt u. Person (1939); Der Tod des Sokrates (1943); Das Ende der Neuzeit (1950); Die Macht (1951); Sorge um den Menschen, 2 Bde (1962–66); Unterscheidung des Christlichen. Ges. Studien (²1963). – *Ausg.:* Werke (1986 ff). – *Lit.:* Interpretationen der Welt, hrsg. v. *H. Kuhn* (1965); *H. Kuhn,* R. G. (1961); *E. Biser,* Wer war R. G.? (1985); *J. F. Schmucker-von-Koch,* Autonomie u. Transzendenz (1985). – *Bibliogr.: M. Marschall,* In Wahrheit beten (1986).

Gut: *B. Häring,* Das Heilige u. das G.e (1950); *C. Nink,* Metaphysik des sittlich G.en (1955); *G. Siewerth,* Die Freiheit u. das G.e (1959); *H. Kuhn,* Das Sein u. das G.e (1962); *J. Pieper,* Die Wirklichkeit u. das G.e (⁷1963).

Hamann: Sokrat. Denkwürdigkeiten (1759); Kreuzzüge des Philologen (1762); Golgatha u. Scheblimini (1784); Metakritik über den Purismum der reinen Vernunft (1780). – *Ausg.:* Sämtl. Schriften, hrsg. v. *J. Nadler* (1949–57). – *Lit.: R. Unger,* H. u. die Aufklärung, 2 Bde (²1925); *E. Metzke,* J.G. H. (1934); *F. Blanke,* Die H.-Forschung (1956); *H. A. Salmony,* J. G. H.s metakritische Philosophie (1958); *G. Nebel,* H. (1973); J.G. H., hrsg. v. *B. Cajek* (1979).

Handlungstheorien: Handlungstheorien – interdisziplinär, hrsg. v. *H. Lenk* u. *W. Fink,* 4 Bde (1977/84); Handlung, Kommunikation, Bedeutung, hrsg. v. *G. Meggle* (1979); *S. Hampshire,* Thought and action (²1982); Analytische Handlungstheorie, Bd 1 hrsg. v. *G. Meggle;* Bd 2 hrsg. v. *A. Beckermann* (1985).

Hartmann, Eduard v.: Philosophie des Unbewußten, 3 Bde (1869); Kategorienlehre (1896); Phänomenologie des sittlichen Bewußtseins (³1922). – *Lit.: W. Rauschenberger,* E. v. H. (1942); *M. Huber,* E. v. H.s Metaphysik u. Religionsphilosophie (1954); *C. R. Weismüller,* Das Unbewußte und die Krankheit (1985).

Hartmann, Nicolai: Das Problem des geistigen Seins (1933); Zur Grundlegung der Ontologie (1935); Der Aufbau der realen Welt (1940); Theologisches Denken (1951); Ästhetik (1953). – *Lit.: H. Hülsmann,* Die Methode in der Philos. N.H.s (1959); *A. J. Buch,* Wert, Wertbewußtsein, Wertgeltung (1982); *W. Dahlberg,* Sein u. Zeit bei N.H. (1983).

Hegel: Phänomenologie des Geistes (1807); Wissenschaft der Logik, 3 Bde (1812/16); Enzyklopädie der philosophischen Wissenschaften (1817, ³1830); Grundlinien der Philosophie des Rechts (1821); H.s theologische Jugendschriften, hrsg. v. *H. Nohl* (1907). – *Ausg.:* Werke, Vollst. Ausgabe (1832/45), neu hrsg. in 20 Bden v. *E. Moldenhauer* u.a. (1986); Sämtl. Werke, Jubiläums-Ausg., hrsg. v. *H. Glockner,* 20 Bde (⁴1961/86), Bd 23–26: Hegel-Lexikon (²1957); Ges. Werke (1968 ff.). – *Lit.: J. van der Meulen,* Heidegger u. H. (1953); *J. Ritter,* H. u. die französische Revolution (1957); *H. Schmitz,* H. als Denker der Individualität (1958);

A. Kojéve, H. (dt. 1958, ²1984); *E. Heintel*, H. u. die Analogia entis (1958); *G. Lukács*, Der junge H. (1948, 1973); *Th. W. Adorno*, Drei Studien zu H. (1963); *M. Theunissen*, H.s Lehre vom absoluten Geist als theol.-polit. Traktat (1970); *K. Rosenkranz*, G. W. F. H.s Leben (1971); *H.-G. Gadamer*, H.s Dialektik (1971); *O. Pöggeler*, H.s Idee einer Phänomenologie des Geistes (1973); *E. Angehrn*, Freiheit und System bei Hegel (1977); *H. Ottmann*, Individuum u. Gemeinschaft bei H. (1977); *R. Ohashi*, Zeitlichkeitsanalyse der H.schen Logik (1984); *R. Garaudy*, H. (1985); *W. Jaeschke*, Die Vernunft in der Religion (1986). – *Bibliogr.: K. Steinhauer*, H.-Bibliography (1980). – *H.-Studien* (1961 ff.); *H.-Jahrbuch* (1961 ff.).

Heidegger: Sein u. Zeit (1927); Vom Wesen des Grundes, in: Husserl-Festschrift (1929); Was ist Metaphysik? (1929; wichtig die späteren Nachworte u. Vorworte); Kant u. das Problem der Metaphysik (1929); Platons Lehre von der Wahrheit (1942); Vom Wesen der Wahrheit (1943); Erläuterungen zu Hölderlins Dichtung (1944); Brief über den Humanismus (1947); Holzwege (1950); Was heißt Denken? (1954); Einführung in die Metaphysik (1953); Vorträge u. Aufsätze (1954); Der Satz vom Grund (1957); Identität u. Differenz (1957); Unterwegs zur Sprache (1959); Nietzsche, 2 Bde (1961); Die Frage nach dem Ding. Zu Kants Lehre von den transzendentalen Grundsätzen (1962); Zur Sprache des Denkens (1969). – *Ausg.:* Gesamtausgabe (1976 ff.). – *Lit.: M. Müller*, Existenzphilosophie (⁴1986); *O. Pöggeler*, Der Denkweg M.H.s (1963); H., hrsg. v. *O. Pöggeler* (1969); Der spätere H. u. die Theologie, hrsg. v. *J. M. Robinson* u. *J. B. Cobb* (1964); *H. Mörchen*, Adorno u. H. (1981); *O. Pöggeler*, H. u. die hermeneutische Philosophie (1983); *J. Hernández-Pacheco*, Die Auflösung des Seins (1983); H., Perspektiven zur Deutung seines Werks, hrsg. v. *O. Pöggeler* (1984); *D. Melčić*, H.s Kritik der Metaphysik u. das Problem der Ontologie (1986); M. H. Zugänge u. Fragen, in: *Synth. philos.*, Zagreb 4 (1987). – *Bibliogr.:* Materialien zur H.-Bibliogr., hrsg. v. *H.-M. Saß* (1975); M. H., hrsg. v. *H.-M. Saß* (Ohio 1982).

Herbart: Sämtliche Werke, hrsg. v. *K. Kehrbach* u. *O. Flügel* 19 Bde (1887/1912); H.s pädagogische Schriften, 2 Bde, hrsg. v. *Bartholomäi* u. *V. Sallwürk* (1903/06). – *Lit.:* Tendenzen internationaler Herbart-Rezeption, hrsg. v. *R. Lassahn* (1978).

Herder: Abhandlung über den Ursprung der Sprache (1772); Auch eine Philosophie der Geschichte der Menschheit (1774); Ideen zur Philosophie der Geschichte der Menschheit, 4 Tle (1784/91); Briefe zur Beförderung der Humanität (1793/97); Metakritik zur Kritik der reinen Vernunft (1799). – *Ausg.:* Sämtl. Werke, hrsg. v. *J. v. Müller* (1805/09), hrsg. v. *B. Suphan*, 32 Bde (1877/99); Werke in 3 Bden (1984 ff.). – *Lit.: A. Gillies*, H. (1949); *D. W. Jöns*, Begriff u. Problem der histor. Zeit bei J. G. H. (Stockholm 1956); *A.-V. Gulyga*, J. G. H. (1978); *J. Rathmann*, Zur Geschichtsphilosophie J. G. H. (1978); *J. Schutz*, Die Objektivität der Sprache (1983). – *Bibliogr.:* H.-Bibliographie, hrsg. v. *G. Günther* (1978).

Hermeneutik: ↗Verstehen. *H.-G. Gadamer*, Wahrheit u. Methode (⁴1975); H. u. Dialektik, hrsg. v. *R. Bubner*, 2 Bde (1970); Hermeneutische Philosophie, hrsg. v. *O. Pöggeler* (1972); *P. Ricoeur*, Der Konflikt der Interpretation, 2 Bde (1973/74); *M. Riedel*, Verstehen oder Erklären (1978); *O. F. Bollnow*, Studien zur H., 2 Bde (1982/83).

Historismus: *E. Troeltsch*, Der H. u. seine Probleme (1922); *ders.*, Der H. u. seine Überwindung (1924); *F. Meinecke*, Die Entstehung des H., 2 Bde (³1959); *C. Antoni*, Vom H. zur Soziologie (1950); *K. R. Popper*, Das Elend des Historizismus (²1969); *G. Scholtz*, H. als spekulative Geschichtsphilosophie (1973); *H. Schnädelbach*, Geschichtsphilosophie nach Hegel (1974).

Hobbes: De cive (1642); Leviathan (1651). – *Ausg.:* English works, 11 Bde u. Opera Latina, 5 Bde, hrsg. v. *W. Molesworth* (1839/45; ²1966). – *Lit.: B. Willms*, Die Antwort des Leviathan (1970); *ders.*, T.H. (1987); *L. Strauß*, H.' politische Wissenschaft (1965); *K. M. Kodalle*, T.H. (1972); *U. Weiß*, System u. Maschine (1974);

373

ders., Das philosophische System von T.H. (1980); *H. Schelsky*, T.H. (1981). – *Bibliogr.: W. Sacksteder*, H. studies (1982).

Horkheimer: Dialektik der Aufklärung (zus. mit Adorno) (1947); Kritik der instrumentellen Vernunft (1967); Kritische Theorie, hrsg. v. A. Schmidt, 2 Bde (1968); Vernunft und Selbsterhaltung (1970). – *Ausg.:* Ges. Schriften, hrsg. v. A. Schmidt (1985 ff.). – *Lit.: A. Schmidt*, Drei Studien über Materialismus (1977); *J. J. Sánchez*, Wider die Logik der Geschichte (1980).

Hume: A Treatise on Human Natur (1740); An Enquiry Concerning Human Understanding (1748); An Enquiry Concerning the Principles of Morals (1751); Dialogues Concerning Natural Religion (posthum 1779). – *Ges.-Ausg.* der philosophischen Werke, hrsg. v. *T. H. Green* u. *T. H. Grose*, 4 Bde (London 1875; 1964). – *Lit.: A. H. Basson*, H. (Baltimore 1958); *B. Stroud*, H. (London 1977); *E. Craig*, D.H. (1979); *E. Topitsch* u. *G. Streminger*, H. (1981). – *Bibliogr.: R. Hall*, Fifty years of H. Scholarship (1978). – *Biogr.: G. Streminger*, D.H. (1986).

Husserl: Logische Untersuchungen, 2 Bde (1900/01); Philosophie als strenge Wissenschaft, in: Logos I (1910); Ideen zu einer reinen Phänomenologie u. phänomenologischen Philosophie (1913); Formale u. transzendentale Logik (1929). – *Ges. Werke*, „Husserliana" (Den Haag 1950 ff.). – *Lit.: L. Landgrebe*, Phänomenologie u. Metaphysik (1949); *Th. W. Adorno*, Zur Metakritik der Erkenntnistheorie (1956); *W. H. Müller*, Die Philosophie E. H.s (1956); *G. Brand*, Die Lebenswelt (1971); *J. Derrida*, Die Stimme und das Phänomen (1973); *S. Müller*, System und Erfahrung (1974); *ders.*, Vernunft und Technik (1976); *P. Janssen*, E.H. (1976); *E. Stroker*, Lebenswelt und Wissenschaft in der Philosophie E.H.s (1979).

Idealismus: *O. Willmann*, Geschichte des I., 3 Bde (1894/97); *F. Jodl*, Kritik des I. (1920); *N. Hartmann*, Die Philosophie des deutschen I., 2 Tle (1923/29, ³1974); *Th. W. Adorno*, Negative Dialektik (1966); *P. Kondylis*, Die Entstehung der Dialektik (1979); Dimensionen der Sprache in der Philosophie des deutschen I., hrsg. v. *B. Scheer* u. *G. Wohlfahrt* (1982); *H. Paetzold*, Ästhetik des deutschen I. (1983); *K. Nagasawa*, Das Ich im Deutschen Idealismus und das Selbst im Zen-Buddhismus (1987).

Identität: *H. Glockner*, I. u. Individualität (1952); *M. Heidegger*, I. u. Differenz (1957); *D. J. de Levita*, Der Begriff der I. (dt. 1971); *W. Beierwaltes*, I. und Differenz (1980). *U. Guzzoni*, I. oder nicht (1981).

Ideologie: *K. Mannheim*, I. u. Utopie (1929); *H. Barth*, Wahrheit u. I. (²1961); *H. Schlette*, Philosophie, Theologie, Ideologie (1968); Hermeneutik und I.-kritik, hrsg. v. *J. Habermas* (1971); *P. Ricoeur*, Lectures on ideology and utopia (1986); *L. Kudera*, Das Modell der I. (1987).

Institution: *A. Gehlen*, Urmensch und Spätkultur (⁵1986); Zur Theorie der I., hrsg. v. *H. Schelsky* (1970); *H. Kliemt*, Moralische I.en (1985).

Interesse: *H.-L. Nastansky*, Systematische Untersuchungen zum I.-Begriff in Abhängigkeit von einem außermoralischen Handlungsbegriff (1975).

Interpretation: *R. Gumppenberg*, Sein u. Auslegung (1971); *W. Michel*, Die Aktualität des Interpretierens (1978); *J. Figel*, I. als philosophisches Prinzip (1982); *D. Davidson*, Wahrheit u. I. (1986).

Ironie: *S. Kierkegaard*, Über den Begriff der I. (1976); *J. Strohschneider-Kohrs*, Die romantische I. in Theorie u. Gestaltung (1960); *E. Pivčević*, I. als Daseinsform bei S. Kirkegaard (1960); *H.-B. Vergote*, Sens et répetition (1982).

Jacobi: *Ausg.:* Ges. Werke, 6 Bde (1821/25); Werke, hrsg. v. *F. Roth* u. *F. Koppen*, 6 Bde (1968); Briefwechsel, hrsg. v. *M. Brüggen* u. a. (1981 ff.). – *Lit.: O. F. Bollnow*, Die Lebensphilos. F. H. J.s (²1966); *W. Weischedel*, J. u. Schelling (1969); *P.-P. Schneider*, Die „Denkbücher" F.H. J.s (1986).

374

James: The Principles of Psychology, 2 Bde (1890); The Varieties of Religious Experiences (1902); Pragmatism (1907); A Pluralistic Universe (1909). – *Ausg.:* The works (Harvard 1975 ff.). – *Lit.: K. Stumpf,* W.J. (1928); *R. Stevens,* J. and Husserl (1974); The philosophy of W. J., hrsg. v. *R. Corti* (1976); *E. Herms,* Radical Empirism (1977).

Jaspers: Allgemeine Psychopathologie (1913); Psychopathologie der Weltanschauungen (1919); Die geistige Situation der Zeit (1931); Philosophie, 3 Bde (1932); Vernunft u. Existenz (1935); Nietzsche (1936); Von der Wahrheit (1947); Der philosophische Glaube (1948); Nietzsche u. das Christentum (1946); Vom Ursprung u. Ziel der Geschichte (1949); Schelling, Größe u. Verhängnis (1955); Aneignung u. Polemik (1968); Die großen Philosophen. Nachlaß, hrsg. v. *H. Saner,* 2 Bde (1981). – *Bibliogr.:* der Schr. v. *K. J. v. G. Gefken* u. *K. Kunert* (1968). – *Lit.: L. Armbruster,* Objektivität u. Transzendenz bei J. (1957); *F. J. Fuchs,* Seinsverhältnis (1984); *K. Salamun,* K.J. (1985); *F.-P. Burkhard,* K.J. (1985); *Y. Ornek,* K.J. (1986). – *Bibliogr.:* Philosophie der Freiheit (1983). – *Biogr.:* H. Saner, K.J. (1970).

Jung: *Ausg.:* Ges. Werke, hrsg. v *M. Niehus-Jung,* 19 Bde (1958/83) u. ein Nachtr.-Bd (1987); Grundwerk, hrsg. v. *H. Barz* u. a., 9 Bde (1984/85). – *Lit.: D. Spies,* Philosophische Aspekte der Psychologie C. G. J.s (1975).

Kant: Kritik der reinen Vernunft (1781, ²1787 an wichtigen Stellen umgearbeitet); Kritik der praktischen Vernunft (1788); Kritik der Urteilskraft (1790); Prolegomena zu einer künft. Metaphysik (1783); Grundlegung der Metaphysik der Sitten (1785); Metaphys. Anfangsgründe der Naturwissenschaften (1786); Religion innerhalb der Grenzen der bloßen Vernunft (1793); Opus postumum, hrsg. v. *E. Adickes* (1920). – *R. Eisler,* K.-Lexikon (1930, Nachdr. ⁹1984); Allgem. K.-Index, hrsg. v. *G. Martin* (1967 ff.). – *Ausg.:* Preuss. Akad. der Wiss.(1900 ff.; Nachdr. 1962/83); Philosophische Bibliothek Meiner, hrsg. v. *K. Vorländer* (1904 ff.); *E. Cassirer* (²1921/23); *W. Weischedel* (1956/64, Neuaufl. 1984). – *Lit.: M. Heidegger,* K. u. das Problem der Metaphysik (1929); *ders.,* Die Frage nach dem Ding (1962); *G. Krüger,* Philos. u. Moral in der K.schen Krit. (²1967); K. u. die Scholasik heute, hrsg. v. *J.-B. Lotz* (1955); *H. Heimsoeth,* Studien zur Philos. I.K.s, 2 Bde (I ²1971, II 1970); *O. Marquard,* Skept. Methode im Blick auf K. (³1982); *G. Martin,* I.K. (1951); *G. Prauss,* Erscheinung bei K. (1971); *O. Höffe,* I.K. (1983); *G. Prauss,* Kant über Freiheit als Autonomie (1983); *H. M. Baumgartner,* K.s Kritik der reinen Vernunft (1985); *R. Koppers,* Zum Begriff des Bösen bei K. (1986). – *Zeitschr.:* Kantstudien (1896 ff.).

Kierkegaard: Über den Begriff der Ironie (1841); Entweder - Oder, 2 Bde (1834); Philosophische Brocken, 2 Bde (1844/46); Der Begriff der Angst (1844); Furcht u. Zittern (1844); Stadien auf dem Lebensweg (1845); Die Krankheit zum Tode (1849); Einübung im Christentum (1850); Der Augenblick (1855); Tagebücher, 2 Bde (übers. v. *T. Haecker,* 1923). – *Ausg.:* Deutsche Ges.-Ausg., hrsg. v. *C. Schrempf* u. *E. Hirsch* (1950 ff.); hrsg. v. *W. Rest* u. *H. Diem* (1950 ff.); hrsg. v. *E. Hirsch* u. *H. Gerdes,* 30 Bde (1980 ff.). – *Lit.: C. Schrempf,* S.K., 2 Bde (Biogr., 1927/28); *M. Theunissen,* Der Begriff Ernst bei S.K. (1958); *H. Fahrenbach,* K.s existenzdialekt. Ethik (1968); *F. C. Fischer,* Existenz u. Innerlichkeit (1969); *J. Holl,* K.s Konzeption des Selbst (1972); *B. Heimbuchel,* Verzweiflung als Grundphänomen der menschlichen Existenz (1983); *H. M. Schmidinger,* Das Problem des Interesses u. die Philosophie S.K.s (1983). – *Biogr.: R. Grimsley,* S.K. (1973).

Klemens v. Alexandrien: Werke, hrsg. v. *O. Stählin,* 4 Bde (²1936–39, Neudr. 1960 ff.); Ausgewählte Schriften, dt. v. *O. Stählin,* 2 Bde (1968). – *Lit.: G. Apostolopoulon,* Die Dialektik bei K.v. A. (1977); *A. K. Koffas,* Die Sophia-Lehre bei K.v.A. (1982).

Konstruktivismus: Zum normativen Fundament der Wissenschaft, hrsg. v. *F. Kambartel* und *J. Mittelstrass* (1973); Praktische Philosophie und konstruktive Wissenschaftstheorie, hrsg. v. *F. Kambartel* (1974); *P. Lorenzen*, Konstruktive Wissenschaftstheorie (1974); *ders.*, Methodisches Denken ([2]1980); Konstruktive Logik, Ethik u. Wissenschaftstheorie, hrsg. v. *P. Lorenzen* u. *O. Schwemmer* ([2]1975); Protophysik, hrsg. v. *G. Böhme* (1976). – *S. J. Schmidt*, Der Diskurs des Radikalen K. (1987).

Kritische Theorie: *M. Horkheimer, T. W. Adorno:* Dialektik der Aufklärung (1947); *M. Horkheimer*, Traditionelle u. k.T. ([2]1986); *H. Marcuse*, Der eindimensionale Mensch ([19]1984); *G. Rohrmoser*, Das Elend der kritischen Theorie ([3]1973); *A. Schmidt*, Die k.T. als Geschichtsphilosophie (1076); *M. Traubel*, Die Religion in der k. T. bei M. Horkheimer u. T. W. Adorno (1978); *G.-W. Kusters*, Der Kritikbegriff der k. T. (1980).

Kritischer Rationalismus: ↗Albert, ↗Popper. *H. F. Spinner*, Ist der K.R. am Ende? (1982); *N. Yamawaki*, Die Kontroverse zwischen K.R. u. transzendentaler Sprachpragmatik (1983).

Kuhn: Die Entstehung des Neuen (dt. 1976); Die Struktur wissenschaftlicher Revolutionen (dt. 1973).

Kunst: ↗Ästhetik. *Platon*, Phaidros; *Aristoteles*, Poetik; *Thomas von Aquin*, Summa theol. I/1 q. 57 a 3; *I. Kant*, Kritik der Urteilskraft (1790); *F. Schiller*, Über die ästhetische Erziehung des Menschen (1794); *F. W. v. Schelling*, Philosophie der K. (aus dem Nachlaß 1859); *F. G. W. Hegel*, Vorlesungen über die Ästhetik (1835). – *H. Lützeler*, Einführung in die Philosophie der K. (1934); *M. Heidegger*, Hölderlin u. das Wesen der Dichtung (1936); *D. Brinkmann*, Natur u. K. (1938); *O. Bauhofer*, Der Mensch u. die K. (1944); *M. Heidegger*, Der Ursprung des K.werks, in: Holzwege (1950); *W. Weischedel*, Die Tiefe im Antlitz der Welt (1952); *E. Grassi*, K. u. Mythos (1957); *H. Sedlmayr*, K. u. Wahrheit (1958); *H. Kuhn*, Wesen u. Wirken des K.werks (1960); *W. Weidlé*, Die Sterblichkeit der Musen (1958); *R. Berlinger*, Das Werk der Freiheit (1959); *H.-G. Gadamer*, Wahrheit u. Methode (1960); *W. Benjamin*, Das K.werk im Zeitalter seiner technischen Reproduzierbarkeit (1963); *A. Halder*, Kunst u. Kult (1964); *W. Perpeet*, Das Sein der K. u. die kunstphilos. Methode (1970); *A. Halder* u. *W. Welsch*, Kunst u. Religion, in: Christlicher Glaube in moderner Gesellschaft II, hrsg. v. *F. Böckle* u. a. (1981); *G. Wohlfart*, Denken der Sprache (1984).

Lamettrie: Histoire naturelle de l'âme (1745); L'homme machine (1784, dt. [2]1984). – Ausg.: Œuvres philos., 3 Bde (1774). – *Lit.: J. E. Poritzky*, L. (1900); *E. Bergmann*, Die Satiren des Herrn Maschine (1913); Aufklärung u. Materialismus, hrsg. v. *A. Baruzzi* (1968); *A. Baruzzi*, Mensch u. Maschine (1973).

Lebensphilosophie: *G. Misch*, L. u. Phänomenol. (1930); *O. F. Bollnow*, Die L. (1958); *A. Gedö*, Philosophie der Krise (1978).

Leib: *G. Siewerth*, Der Mensch u. sein Leib (1953); *W. Maier*, Das Problem der Leiblichkeit bei Sartre u. Merleau-Ponty (1964); *M. Merleau-Ponty*, Phänomenologie der Wahrnehmung (1966); *H. Schipperges*, Kosmos Anthropos (1981), Leibhaftige Vernunft, hrsg. v. *A. Métraux* u. *B. Waldenfels* (1986); *V. v. Weizsäcker*, Der Gestaltkreis ([5]1986).

Leibniz: Système nouveau de la nature (1695); Nouveaux essais sur l'entendement humain (1704); Theodicée (1710); Monadologie (nach 1714). *Mathematische Werke:* Nova methodus maximis et minimis itemque tangentibus etc. (1684); De analysi indivisibilium (1686); Petrogaea (1780). – *Ausg.:* Œuvres, Nachdr. der Ausg. Paris 1861–1875 (1969); Philosophische Schriften, hrsg. v. *C. I. Gerhardt*, 8 Bde ([2]1931), von *E. Cassirer*, 5 Bde ([2]1924); Sämtl. Schriften u. Briefe, hrsg. v. der Akademie der Wissenschaften Berlin (1923 ff.); *G. Grua*, Textes inédits d'après les manuscrits de la bibliothèque provinciale de Hannover (1948). – *Lit.: H. L. Matzat*, Gesetz u. Freiheit (1948); *K. Huber*, L. (1951); *H. H. Holz*, L. (1958); *W. Janke*, L.

(1963); *O. Ruf*, Die Eins u. die Einheit bei L. (1973); *C. Axelos*, Die ontologischen Grundlagen der Freiheitstheorie von L. (1973); *K. E. Kaehler*, L. – Der methodische Zwiespalt der Metaphysik der Substanz (1979); *H. Burkhardt*, Logik u. Semantik in der Philosophie v. L. (1980).

Lessing, Gotth. E.: Ges. Werke, hrsg. v. *P. Rilla*, 10 Bde (²1968); Ges. Werke, hrsg. v. W. Stammler (1958). – *Lit.: M. Kommerell*, L. u. Aristoteles (⁵1984); *H. Thielicke*, Vernunft u. Existenz bei Lessing (1981).

Levinas: Die Spur des Anderen (dt. 1983); Totalität u. Unendlichkeit (dt. 1987); Anders als Sein oder jenseits des ‚Wesens‘ (1988). – *Lit.: St. Strasser*, Jenseits von Sein u. Zeit (1978); *Th. Wiemer*, Die Passion des Sagens (1988); *R. Funk*, Sprache u. Transzendenz im Denken von E. L. (1989).

Liebe: *M. Scheler*, Wesen u. Formen der Sympathie (⁶1973); *H. Arendt*, Der L.s-begriff bei Augustinus (1929); *J. Alszeghi*, Grundformen der L. (1946) (Bonaventura); *J. B. Lotz*, Die Stufen der Liebe (1971); *B. Welte*, Dialektik der Liebe (1973).

Locke: Letters Concerning Toleration (zuerst lat. 1685 bzw. 1689; 1765); Essay Concerning Human Understanding (1690); Two Treatises of Government (1690); The Reasonables of Christianity (1695). – *Ausg.:* The works (1714), Clarendon edition, hrsg. v. *P. H. Niddich* (1975 ff.). – *Lit.: J. D. Mabbott*, J.L. (1973); *J. J. Jenkins*, Understanding L. (1983); *J. Colman*, J.L.'s moral philosophy (1983). – *Bibliogr.: J. C. Attig*, The works of J. Locke (1985).

Logik: *L. Feuerbach*, Einleitung in die L. u. Metaphysik (1829, 1975); *G. Frege*, Schriften zur L. u. Sprachphilosophie (1971); *H. Scholz*, Geschichte der L. (1931); *C. Prantl*, Geschichte der L. im Abendlande, 4 Bde (Neudr. 1955); *I. M. Bocheński*, Formale L. (1956); *B. v. Freytag-Löringhoff*, L. I (⁴1966); II (1967); *G. Hasenjaeger*, Einführung in die Grundbegriffe u. Probleme der modernen L. (1962); *F. v. Kutschera* u. *A. Breitkopf*, Einführung in die moderne L. (1971); *A. Arnould*, Die L. oder die Kunst des Denkens (1972); *R. Carnap*, Einführung in die symbolische L. (³1973); *W. V. Quine*, Philosophie der L. (1973); *H. Seiffert*, Einführung in die L. (1973); *O. Schwemmer*, Konstruktive L. (²1974); *H. Wessel*, Logik u. Philosophie (1976); *ders.*, Logik (1983); Ontologie u. L., hrsg. v. *P. Weingartner* u. *E. Morscher* (1979); *T. M. Seebohm*, Philosophie der L. (1984); *P. Stekkler, Weithofer*, Grundprobleme der L. (1986).

Logos: *A. Aall*, Geschichte der L.idee (1899); *E. Grassi*, Vom Vorrang des L. (1939); *W. Nestle*, Vom Mythos zum L. (²1942); *W. Kelber*, Die L.lehre von Heraklit bis Origenes (1958); *M. Heidegger*, L., in: Vorträge u. Aufsätze (1954); *K. Hildebrandt*, Platon, L. u. Mythos (²1959); *J. B. Lotz*, Die Identität von Geist u. Sein (1972); *D. Wyss*, Zwischen L. und Antilogos (1980).

Lullus: Sämtl. Werke, hrsg. von *M. Obrador* u. *S. Galmés*, 21 Bde (1906/50); Opera latina, hrsg. v. *F. Stegmüller* (1959 ff.).

Machiavelli: Der Fürst (1513, dt. ⁶1978). – *Ausg.:* Ges. Schriften (dt. 1925). – *Lit.: J. Klein*, Denkstrukturen der Renaissance (1984); *H. Freyer*, M. (²1986); *J.-W. Lee*, Macht u. Vernunft im politischen Denken M.s (1987).

Macht: *B. Russel*, Die M. (dt. 1947); *G. Ritter*, Dämonie der M. (1940); *R. Guardini*, Die M. (1951); *B. Welte*, Über das Wesen u. den rechten Gebrauch der M. (1960); *N. Luhmann*, M. (1975); *F. Hammer*, M. (1979).

Maimonides: Komm. zur Mischna (1168, arab.); Mischne Thora (Zusammenfassung der Lehre, 1180, hebr.); More Newuchim (Führer der Verirrten, 1190, arab.: Dalalat alcha'irin), beeinflußte die jüdische Religionsphilos. von Spinoza bis H. Cohen. — *Ausg.:* von *S. Munk*, 3 Bde (Paris 1856/66, ²1960), dt. Übers. v. *A. Weiß* (1923/24). – *Lit.: F. Bamberger*, Das System des M. (1935); *A. Heschel*, M. (dt. 1935); *L. Baeck*, M. (1954); *J. Twersky*, Introduction to the Code of M. (1980). – *Biogr.: A. J. Henschel*, M. (1983).

Malebranche: De la recherche de la vérité, 2 Bde (1674/75); Entretiens sur la métaphysique et sur la religion, 2 Bde (1688); – *Ges.-Ausg.* von *P. Constabel* u. a. (Paris 1960/76). – *Lit.: P. Mennicken*, Die Philos. des N.M. (1927); *R. Reiter*, System u. Praxis (1972).

Marcel: Metaphysisches Tagebuch (1925, dt. 1955); Sein u. Haben (1935, dt. 1954); Homo viator (1945, dt. 1949); Geheimnis des Seins (1951, dt. 1952); Der Mensch als Problem (1955, dt. 1956); Gegenwart und Unsterblichkeit (1959, dt. 1961); Der Untergang der Weisheit. Die Verfinsterung des Verstandes (dt. 1960). – *Lit.: P. Ricoeur*, G. M. et K. Jaspers (1948); *V. Berning*, Das Wagnis der Treue (1973); *P. Kampits*, G. M.s Philosophie der zweiten Person (1975). – *Bibliogr.: F. H. Lapointe* u. *C. C. Lapointe*, G.M. and his critics (1977).

Marcuse: Hegels Ontologie u. die Grundlage einer Theorie der Geschichtlichkeit (1932); Vernunft u. Revolution (dt. 1962); Triebstruktur u. Gesellschaft (dt. 1965); Kultur u. Gesellschaft, 2 Bde (1965/67); Der eindimensionale Mensch (dt. 1967); Ideen zu einer kritischen Theorie der Gesellschaft (1969). – *Ausg.:* Schriften (1978 ff.). – *Lit.: St. Breuer*, Die Krise der Revolutionstheorie (1977); *E. Viesel*, Gesellschaftstheorie, Sprachanalyse u. Ideologiekritik (1982); *U. Gmünder*, Ästhetik, Wunsch, Alltäglichkeit (1984); *E. Koch*, Eros u. Gewalt (1985).

Marx: Über die Differenz der demokritischen u. epikureischen Naturphilosophie (1840); Zur Kritik der Hegelschen Rechtsphilosophie (1844); Ökonom.-philos. Manuskripte (geschrieben 1844, darin u. a.: Kritik der Hegelschen Dialektik u. Philosophie überhaupt); Die heilige Familie (1845, zus. mit F. Engels); Die deutsche Ideologie (1845/46); Das Elend der Philosophie (1847); Manifest der kommunistischen Partei (1848); Das Kapital, 3 Bde (1867/94). – *Ausg.:* hist.-krit. Ges.-Ausg. des M. Engels-Lenin-Instituts (Berlin 1975/86) (zitiert als „MEGA"); Die Frühschriften, hrsg. v. *S. Landshut* (1953); Werke, 6 Bde, hrsg. v. *H.-J. Lieber* (1962 ff.). – *Lit.: E. K. Bockmühl*, Leiblichkeit u. Gesellschaft (1961); *A. Schmidt*, Der Begriff der Natur in der Lehre von K. M. (³1978); *I. Fetscher*, K.M. u. der Marxismus (1967); *H. Fleischer*, M. u. Engels (1970); *O.v.Nell-Breuning*, Auseinandersetzung mit K.M. (1969); *K. R. Popper*, Falsche Propheten (³1973); *F.-J. Albers*, Zum Begriff des Produzierens im Denken von K.M. (1975); *W. Schmied-Kowarzik*, Die Dialektik der gesellschaftlichen Praxis (1981); Marx' Denken in Relationen zur Gegenwart, in: *Synth. philos.* Zagreb 1–2 (1986).

Marxismus: *A. Cornu*, K. Marx et la pensée (1948 dt. 1950); *W. Theimer*, Der M. (1950); *J.-P. Sartre*, M. u. Existentialismus (1964); *A. Schaff*, M. u. das menschliche Individuum (1965); *H. Marcuse*, Die Gesellschaftslehre des sowjetischen M. (1965); *A. v. Weiss*, Neo.-M. (1970); *L. Kolakowski*, Die Hauptströmungen des M., 3 Bde (1977/79). – Marxismus-Studien, hrsg. v. I. Fetscher (1954 ff.).

Materialismus: *A. Lange*, Geschichte des M. (1866); *E. J. Dijksterhuis*, Die Mechanisierung des Weltbildes (1956); *I. M. Bocheński*, Der sowjetrussische dialektische M. (²1956); *H. Lefèbvre*, Der dialektische M. (1966); *W. Becker*, Idealistische u. materialistische Dialektik (1970); *J. Habermas*, Zur Rekonstruktion des historischen M. (1976).

Mathesis universalis: *H. Scholz*, M. u. (1961); *H. Rombach*, Substanz – System – Struktur, 2 Bde (1965/66).

Mendelsohn: Phaedon (1767); Jerusalem (1783); Morgenstunden (1785); Die Hauptschriften zum Pantheismusstreit zwischen Jacobi u. M., hrsg. von *H. Scholz* (1916). – *Ausg.:* Ges. Schriften. Jubiläumsausg., hrsg. v. *F. Bamberger* (1971). – *Bibliogr.:* von *H. M. Z. Meyer* (1965). – *Biogr.: H. Walter*, M.M. (1973).

Mensch: ⇗Anthropologie. *M. Scheler*, Die Stellung des M. im Kosmos (³1949); *A. Gehlen*, Der M. (⁴1950); *A. Portmann*, Zoologie u. das neue Bild vom M. (1956); *M. Buber*, Das Problem des M. (²1954); *G. Marcel*, Der M. als Problem (dt. 1956);

Die Frage nach dem M., hrsg. v. *H. Rombach* (1966) (Festschrift M. Müller); *R. zur Lippe*, Naturbeherrschung am M.en (1974); Die Idee des M. in der gegenwärtigen Philosophie, in: *Synth. philos.*, Zagreb 1–2 (1986).

Menschenrechte: *J. Maritain*, Die M. u. das natürliche Gesetz (1945, dt. 1951); Philosophical issues in human rights, hrsg., v. *P. H. Werhaue* u. a. (New York 1986); *J. Punt*, Die Idee der M. (1987).

Merleau-Ponty: La structure du comportement (1942, dt. 1976); Phénoménologie de la perception (1945, dt. 1966); Humanisme et terreur (1947); Sens et non-sens (1948); Les aventures de la dialectique (1955, dt. ²1974); Le visible el'invisible (1964, dt. 1986); Humanismus und Terror (1966); La Prose du monde (1969; dt. 1984); L'œil et l'espirit (1979); Das Auge u. der Geist (1984); Le Chasseur de violons (1986). – *Lit.:* *N. Wokart*, Versuch einer neuen Grundlegung der Philosophie bei M.-P. (1975); *J. Gregori*, M.-P.s Phänomenologie der Sprache (1977); *L. Grams*, Sprache als leibliche Gebärde (1978); Leibhafte Vernunft, hrsg. v. *B. Waldenfels* (1986).

Metapher/Metaphorik: *H. Blumenberg*, Paradigmen zu einer Metaphorologie, in: Arch. Begriffsgesch. 6 (1960); *ders.*, Beobachtungen an M., in: Arch. Begriffsgesch. 15 (1971); *ders.*, Schiffbruch mit Zuschauer (1979); *W. Ingendahl*, Der metaphorische Prozeß (²1973); *W. Köller*, Semiotik u. M. (1975); *F. Keller-Bauer*, Metaphorisches Verstehen (1984); *P. Ricoeur*, Die lebendige M. (1986). – *Bibliogr.:* *W. Shibles*, Metaphor (Whitewater 1971).

Metaphysik: *H. Heimsoeth*, Die sechs großen Themen der abendländischen M. (1921, ⁸1987); *ders.*, M. der Neuzeit (1934, Nachdr. 1967); *M. Heidegger*, Was ist M.? (1929); *ders.*, Einf. in die M. (1953); *W. Stegmüller*, M., Wissenschaft, Skepsis (1954); *E. Topitsch*, Vom Ursprung u. Ende der M. (1958); *M. Müller*, Existenzphilos. (⁴1986); *F. Kaulbach*, Einführung in die M. (1972); *W. Somonis*, Zeit u. Existenz (1972); *H. Boeder*, Topologie de M. (1980); *A. Dempf*, M. (1986); *H. Ebeling*, Das Verhängnis (1987); *W. Oelmüller* (Hrsg.), M. heute? (1987).

Mill: A System of Logic (1843); On Utilitarianism (1863); On Liberty (1859); The Subjections of Women (1869); Three Essay on Religion (1874). – *Ausg.:* Collected works, hrsg. v. *J. M. Robson* (1965/86). – *Lit.:* *A. Ryan*, J.S.M. (1974). – *Bibliogr.:* *M. Laine*, Bibliography of works on J.S.M. (1982).

Mystik: *J. Bernhart*, Die philos. M. des Mittelalters (1922); *R. Otto*, West-östliche M. (1926, ³1971); *F. W. Wentzlaff-Eggebert*, Deutsche M. (1944); *G. Scholem*, Die jüdische M. (1957); *K. Albrecht*, Das mystische Erkennen (1958); *H. Waldenfels*, Meditation in Ost und West (1975); Sein u. Nichts in der abendländischen M., hrsg. v. *W. Strolz* (1984); *E. Wolz-Gottwald*, Meister Eckhart u. die Klassischen Upanishaden (1984); *K. Albert*, M. u. Philosophie (1986).

Mythos: *E. Troeltsch*, Logos u. M., in: Ges. Schriften, 2 Bde. (1913); *E. Cassirer*, Philosophie der symbolischen Formen, 2 Bde. (³1957); *K. Jaspers* u. *R. Bultmann*, Die Frage der Entmythologisierung (1954); *J. Pieper*, Über die Platon. Mythen (1965); *H. Blumenberg*, Arbeit am Mythos (1979); *M. Djurić*, M., Wissenschaft, Ideologie (1979); *B. Liebrucks*, Irrationaler Logos u. rationaler Mythos (1982); *K. Hübner*, Die Wahrheit des Mythos (1985); Mythos u. religiöser Glaube heute, hrsg. v. *A. Halder* u. *K. Kienzler* (1985).

Naturphilosophie: *H. Dingler*, Geschichte der N. (1932); *N. Hartmann*, Philosophie der Natur (1950); *W. Heisenberg*, Der Teil u. das Ganze (1969); *A. Kaufmann* (Hrsg.), Die ontolog. Begründung des Rechts (1965); *H. Sachsse*, Einführung in die N., I (1967), II (1968); *C. F. v. Weizsäcker*, Die Einheit der Natur (²1971); *G. Hennemann*, Grundzüge einer Geschichte der N. u. ihrer Hauptprobleme (1975); Naturverständnis u. Naturbeherrschung, hrsg. v. *F. Rapp* (1981); *E. Brock*, N., hrsg. v. E. Oldenmeyer (1985).

Naturrecht: *J. Messner*, Das Naturrecht (1950, ⁷1984); *E. Bloch*, N. u. menschliche Würde (1961); Das N. im Disput, hrsg. von *F. Böckle* (1966) ; *J. Sauter*, Die philosophischen Grundlagen des N.s (1966).

Nichts: *M. Heidegger*, Was ist Metaphysik? (1929); *ders.*, Zur Seinsfrage (1956); *J.-P. Sartre*, Das Sein u. das Nichts (1943, dt. 1962); *R. Berlinger*, Das Nichts u. der Tod (²1972); *K. Tsujimura* u. a., Sein u. N. (1981); *K. Nishitani*, Was ist Religion? (1982).

Nietzsche: Große *Kröner*-Ausg., 19 Bde (1895/1913); *Musarion*ausg., 23 Bde (1920/29); Krit. Ges.-Ausg. (1933 ff.); Werke, hrsg. v. *K. Schlechta*, 3 Bde u. Index-Bd (1958, 1965); *Kritische Gesamtausg.* (1967 ff.) u. Briefwechsel (1975–1984), *Krit. Studien-Ausg.* (1980) und Sämtliche Briefe (1986) v. *G. Colli* u. *M. Montinari.* – *Lit: K. Jaspers*, N. (1936); *M. Heidegger*, N., 2 Bde (1961); *W. Müller-Lauter*, N. (1971); *H. P. Balmer*, Freiheit statt Teleologie (1977); *G. Abel*, N. (1984); *M. Djurić*, N. u. die Metaphysik (1985); *J. Figl*, Interpretation als philosophisches Prinzip (1982). – *Bibliogr.: R. F. Krummel*, N. u. der deutsche Geist, 2 Bde (1974/83). – *Biogr.: C. P. Janz*, F.N. 3 Bde (1978/79). – *Jahrbuch:* Nietzsche-Studien (1972 ff.).

Nihilismus: *H. Thielicke*, Der N. (1950); *M. Heidegger*, Zur Seinsfrage (1956); *F. Leist*, Existenz im Nichts (1961); Der N. als Phänomen der Geistesgeschichte, hrsg. v. *D. Arendt* (1974); Denken im Schatten des N., hrsg. v. *A. Schwan* (1975); *H. v. Coelln*, Die letzten u. die ersten Dinge (1980); *W. Weier*, N. (1980).

Nikolaus von Kues: Opera omnia, hrsg. im Auftrag der Heidelberger Akademie der Wissenschaften (1970 ff.); Schriften in deutscher Übers. hrsg. v. *E. Hoffmann* (Philosophische Bibliothek Meiner) (1936 ff.); Philosophisch-theologische Schriften, lat.-dt., hrsg. v. *L. Gabriel*, 3 Bde (1964/67). – *Lit.: K. Jacobi*, Die Methode der cusanischen Philosophie (1969); *A. Brüntrup*, Können u. Sein (1973); *M. Frensch*, Das gelehrte Nichtwissen (1978); *D. Pätzold*, Einheit u. Andersheit (1981); *M. Stadler*, Rekonstruktion einer Philosophie der Ungegenständlichkeit (1983). – E. Zellinger, Cusanus-Konkordanz (1960). – Mitteil. u. Forschungsbeitr. der Cusanus-Gesellschaft (1961 ff.).

Ockham: Quodlibeta septem (1487); Summa totius logicae (1488). – *Ausg.:* Opera philosophica et theologica ad fidem condicum manuscriptorum edita, hrsg. v. Franciscan Institut (1967 ff.). – *Lit.: A. Dempf*, Die Naturphilosophie Ockhams als Vorbereitung des Kopernikanismus (1974); *K. Bannach*, Die Lehre von der doppelten Macht Gottes bei W. v. O. (1975).

Ordnung: *H. Krings*, Ordo (² 1982); *H. Barth*, Die Idee der O. (1958); Das Problem der O., hrsg. von *H. Kuhn* u. *F. Wiedmann* (1962); *W. Dahlberg*, Ordnung, Sein, Bewußtsein (1984); *B. Waldenfels*, O. im Zwielicht (1987).

Ortega y Gasset: Die Aufgabe unserer Zeit (1923, dt. 1928); Der Aufstand der Massen (1929, dt. 1931); Betrachtungen über die Technik (1933); Vom Menschen als utopischem Wesen. Vier Essays (dt. 1951); Der Intellektuelle u. der Andere (1940); Geschichte als System (1941); Der Mensch u. die Leute (1957); Was ist Philosophie? (1960). – *Ausg.:* Obras completas, 12 Bde (Madrid 1966/83); Obras inéditas, 5 Bde (Madrid 1958); Ges. Werke in deutscher Übers., 6 Bde (1978). – *Lit.: F. Niedermayer*, O. y G. (1959); *J. Ganter*, O. y G. u. die spanische Kunst (1976).

Paradigma: *K. Bayertz*, Wissenschaftstheorie u. P.begriff (1981); *A. Müller*, Vorparadigmatisch oder beispiellos? (1984).

Paradoxie: *B. Bolzano*, P.n des Unendlichen (1851, Nachdr. 1964); *K. Schilder*, Zur Begriffsgeschichte des Paradoxon (1933); *H. Schröer*, Die Denkform der Paradoxalität als theologisches Problem (1960); *P.-H. Fernández*, La paradoja en Ortega y Gasset (1985).

Parmenides: *Sammlung*: Die Anfänge der Ontologie, Logik und Naturwissenschaft, hrsg. v. *E. Heitsch* (1974). – *Lit.: M. Heidegger*, Moira, in: Vorträge u. Aufsätze (1954); *K. Heinrich*, P. (1966); *E. Heitsch*, Gegenwart u. Evidenz bei P. (1970); *J. Jantzen*, P. zum Verhältnis von Sprache u. Wirklichkeit (1976); *J. Schlüter*, Heidegger u. P. (1979); *G. D. Farandos*, Die Wege des Suchens bei Heraklit u. P. (1982).

Partizipation: *W. Weier* (Thomas v. A.), in: Salzburger Jahrbuch für Philosophie 8 (1965); *H. Meinhardt*, Teilhabe bei Platon (1968) (Lit.).

Pascal: Œuvres de B.P., hrsg. von *L. Brunschvicg*, u. a., 14 Bde (Paris 1914–1923), von *J. Chevalier* (²1963). – *Lit.: H. Meyer*, P.s Pensées als dialogische Verkündigung (1961); *U. R. Soballa*, Die Hoffnung in P.s Fragment „Unendlich Nichts" (1978); T. Spoerri, Der verborgene P. (1984).

Peirce: Studies in Logic (1883); Illustrations of the Logic of Science, in: Popular Science Monthly (1878) (dort der Begriff Pragmatismus eingeführt); What Pragmatism is, in: Monist (1907). – *Ausg.:* Collected Papers, hrsg. v. *Ch. Hartshorne* u. *P. Weiss*, 8 Bde (³1965/79); Schriften, hrsg. v. *K.-O. Apel* (1967); Schriften zum Pragmatismus u. Pragmatizismus, hrsg. v. *K.-O. Apel* (²1976). – *Lit.: K.-O. Apel*, Der Denkweg von Ch.S.P. (1975); *H. Pape*, Die Perspektivität der natürlichen Sprachen u. die Ontologie der Zeichen (1981); *A. Karger*, Untersuchungen zur Bewußtseinskonzeption von Ch.S.P. (1982); *E. Arroyabe*, P. (1982).

Person: *R. Guardini*, Welt u. P. (³1950); *A. Gehlen*, Das Ende der Persönlichkeit? in: Merkur 10 (1956); Die Frage nach dem Menschen, hrsg. von *H. Rombach* (1966); *F. Wiplinger*, Der personal verstandene Tod (1970); S. Ueda, Un-Grund u. Interpersonalität, in: Religionen Geschichte Oekumene, In Memoriam *E. Benz* (1981); *K. Nishitani*, Was ist Religion? (1982); *M. Theunissen*, Der Andere (1965); *B. Casper*, Das dialogische Denken (1967); *M. Weinrich*, Die Entdeckung der Wirklichkeit im personalistischen Denken (1978).

Phänomen: *H. Barth*, Philos. der Erscheinung, 2 Bde (1947/59); *J. Mittelstraß*, Die Rettung der P.e (1963); *H. Rombach*, Substanz – System – Struktur, 2 Bde (1965/66). ↗ Phänomenologie.

Phänomenologie: *L. Landgrebe*, Der Weg der P. (²1967); *ders.*, Faktizität und Individuation (1982); *M. Müller*, Existenzphilos. (⁴1986); *M. Heidegger*, P. und Theologie (1970); *W. A. M. Luijpen*, Existentielle P. (1971); *E. W. Orth*, P. und Praxis (1976); *E. Lèvinas*, Die Spur des Anderen (1933); *Ch. Cheung*, Der anfängliche Boden der P. (1983). – Phänomenologische Forschungen, hrsg. v. *E. W. Orth*, (1975 ff.).

Philosophie: *B. Bolzano*, Was ist P.? (1949, Nachdr. 1964); *W. Windelband*, Was ist P.?, in: Präludien I (1884); *H. Rickert*, Vom Begriff der P., in: Logos 1 (1910/11); *E. Husserl*, P. als strenge Wissenschaft, in ebd.; *W. Dilthey*, Das Wesen der P. (1984); *H.-G. Gadamer*, Über die Ursprünglichkeit der P. (1948); *N. Hartmann*, Einführung in die P. (²1952); *F. Brentano*, Religion u. P. (1954); *K. Jaspers*, Was ist P.? (1976); *ders.*, Kleine Schule des philosophischen Denkens (⁴1971); *W. Stegmüller*, Metaphysik, Wissenschaft, Skepsis (1954); *M. Heidegger*, Was ist das – die P.? (1956); *ders.*, Zur Sache des Denkens (1969); *K. Löwith*, Wissen, Glaube u. Skepsis (1956); *J. Pieper*, Was heißt philosophieren? (1959); *H. Rombach*, Die Gegenwart der P. (1962); *K. Salamun* (Hrsg.), Was ist P.? (1980); *K. Wuchterl*, Lehrbuch der P. (1984).

Platon: 1) Jugendschriften (bes. Darstellung der Lehre des Sokrates mit der Möglichkeit gültigen Wissens): Ion, Apologie, Kriton, Protagoras, Laches, Charmides, Politei I, Eutyphron, Lysis; 2) Schr. der Übergangszeit (Einfluß der Pythagoreer, bes. Auseinandersetzung mit den Sophisten): Hippias minor, Gorgias, Menon, Euthydemos, Kratylos, Hippias maior, Menexenos; 3) Schr. der Mannesjahre (Ideenlehre): Phaidon, Symposion, Phaidros, Politeia II bis X; 4) Schr. des Alters: Theaitetos, Parmenides, Sophistes, Politikos, Philebos, Timaios, Kritias, Nomoi, Epinomis. – *Ausg.:* H. Stephanus, 3 Bde (Paris 1578) (nach deren Paginierung wird zitiert), *J. Burnet*, Platonis Opera, 5 Bde (Oxford 1899/1906 u. ö.); Sämtl. Werke in deutscher Sprache, 3 Bde (1954); P.s Werke, übers. v. *F. Schleiermacher* (1804/10, auch rororo 1957 u. ö.); Werke, hrsg. v. *G. Eigler*, 8 Bde (1970/83). – *Lex.:* F. Ast, Lexicon Platonicum (1835, Nachdr. 1956). – *Lit.: M. Heidegger*, P.s Lehre v. der Wahrheit (1947); *T. Ballauff*, Die Idee der Paideia (1963); *E. Sandvoss*, Soteria (1971); *K. Bormann*, P. (1973); *A. Graeser*, P.s Ideenlehre (1975); *W. Scheffel*, Aspekte der p.ischen Kosmologie (1976); *G. Krüger*, Eros u. Mythos bei P. (1978); *G. Müller*, P.s Dialog vom Staat (1981); *R. Ferber*, P.s Idee des Guten (1984); *F. Banki*, Der Weg ins Denken (1986).

Platonismus: E. Hoffmann, P. u. christliche Philosophie (1960); *H. J. Krämer*, Der Ursprung der Geistmetaphysik (1964); *W. Beierwaltes*(Hrsg.), P. in der Philos. des Mittelalters (1969); *G. v. Bredow*, P. im Mittelalter (1972).

Plessner: Die Stufen des Organischen u. der Mensch (1963); Diesseits der Utopie (1966). – *Ausg.:* Ges. Schriften, hrsg. v. *G. Dux* u. a., 10 Bde (1980/85). – *Lit.: F. Hammer*, Die exzentrische Position des Menschen (1967); Philosophische Rede vom Menschen, hrsg. v. *B. Delfgaauw* u. a. (1986).

Plotin: Opera, hrsg. von *P. Henry*, u. *R. Schwyzer* (Paris 1951/73); dt.-griech. Ausg. von *R. Harder*, 5 Bde (1956/71) (zusätzl. 1 Anhang u. 1 Index-Bd). – *Lit.: K.-H. Volkmann-Schluck*; P. als Interpret der Ontologie Platons ([3]1966); *R. Schlette*, Das Eine u. das Andere (1966); *W. Beierwaltes*, Über Ewigkeit u. Zeit (1967); *V. Schubert*, Pronoia, u. Logos (1968); *ders.*, P. (1973); *E. Früchtel*, Weltentwurf u. Logos (1970); *C. Hermann*, Der dialektische Zusammenhang der Plotinischen Grundbegriffe (1977). – *Lex.: J. H. Sleeman* u. *G. Pollet*, Lexicon plotinianum (1980).

Politik: E. Voegelin, Die neue Wissenschaft der P. (1959); *H. Lübbe*, Politische Philosophie in Deutschland (1963); *J. Ritter*, Metaphysik u. Politik (1969); *A. Baruzzi*, Einführung in die politische Philosophie der Neuzeit (1983); *E. Vollrath*, Grundlegung einer philosophischen Theorie des Politischen (1988).

Popper: Das Elend des Historizismus (1965, [5]1979); Logik der Forschung (1959, dt. [8]1984); Die offene Gesellschaft und ihre Feinde, 2 Bde ([6]1980). – *Lit.: H. Spinner*, P. u. die Politik (1978); *O. P. Obermeier*, P.s „Kritischer Rationalismus" (1980); *E. Döring*, K.R.P. (1987).

Positivismus: V. Kraft, Der Wiener Kreis (1950); *W. Bröcker*, Dialektik, P., Mythologie (1958); *J. Habermas*, Erkenntnis u. Interesse (1968); *L. Kolakowski*, Die Philosophie des P. (1971); Positivismus im 19. Jh., hrsg. v. *J. Blühdorn* u. *J. Ritter* (1971); *W. Ettelt*, Die Erkenntniskritik des P. u. die Möglichkeit der Metaphysik (1979); *K. H. Haag*, Der Fortschritt in der Philosophie (1983).

Postmoderne: Zur Signatur des gegenwärtigen Zeitalters, hrsg. v. *P. Koslowski* u. a. (1986); Tod des Subjekts?, hrsg. v. *H. Nagl-Docekal* u. *H. Vetter* (1987); *W. Welsch*, Unsere postmoderne Moderne (1987).

Pragmatismus: J. v. Kempski, C.S. Peirce u. der P. (1952); *H. Lenk*, Pragmatische Philosophie (1975); *K.-O. Apel*, Der Denkweg von Charles S. Pierce (1975); *W. James*, Der P. (1977).

Praxis: H. Arendt, Vita activa (1960); *J. Habermas*, Theorie u. P. (1963); *ders.*, Erkenntnis u. Interesse (1968); Rehabilitierung der praktischen Philosophie, hrsg. v. *M. Riedel*, 2 Bde (1971/74); *H. B. Müller*, Praxis u. Intersubjektivität (1982).

Proklos: W. Beierwaltes, P. (1965); *G. Endress*, Proclus Arabus (1973).

Psychologie: *L. Pongratz,* Problemgeschichte der P. (1967); *A. Petzelt,* Tatsache u. Prinzip (1982); *M. Bunge* u. *R. Ardila,* Philosophy of P. (1987). – *Lex.:* Lexikon der P., hrsg. v. *W. Arnold* u. a. (³1983).

Rahner: Geist in Welt (1939, ³1964); Hörer des Wortes (1941, ³1969); Schriften zur Theologie (1954ff.). – *Lit.: H. Striewe,* Reditio subjecti in seipsum (1979); *B. Snela,* Das Menschliche im Christlichen (1986). – *Bibliogr.:* Glaube im Prozeß, hrsg. v. *E. Klinger* (²1984).

Raum: *W. Jammer,* Das Problem des R. (dt. 1960); *O. F. Bollnow,* Mensch u. R. (⁵1984); *E. Ströker,* Philosophische Untersuchungen zum R. (²1977); *W. Götz,* Dasein u. R. (1970); *A. Gostonyi,* Der R. (1976).

Realismus: *J. Thyssen,* R. u. moderne Philos. (1959); *G. Bandmann* u. a., Zum Wirklichkeitsbegriff (1973).

Rechtsphilosophie: ↗Naturrecht. *E. Wolf,* Griechisches Rechtsdenken, 4 Bde (1950/56); *ders.,* Große Rechtsdenker der deutschen Geistesgeschichte (1951); *W. Maihofer,* Recht u. Sein (1954); *U. Hommes,* Die Existenzerhellung u. das Recht (1963); *K. Rode,* Geschichte der europäischen R. (1974); *T. Schramm,* Einführung in die R. (²1982); *A. Kaufmann,* R. im Wandel (²1984); *W. Nancke,* Rechtsphilosophische Grundbegriffe (²1986); *H. Alwart,* Recht und Handlung (1987).

Reflexion: *H. Krings,* Transzendent. Logik (1964); *W. Marx,* R.s-topologie (1984).

Relativismus: *H. Wein,* Das Problem des R. (1950); *O. F. Bollnow,* Wesen u. Wandel der Tugenden (1958); *M. Müller,* Existenzphilos. (⁴1986); *J. B. Lotz,* Der Mensch im Sein (1967); *P. Strasser,* Wirklichkeitskonstruktion u. Rationalität (1980).

Religionsphilosophie: *H. Fries,* Die kath. R. der Gegenwart (1949); *W. Lohff,* Glaube u. Freiheit (1957) (zu K. Jaspers); *J. Scharfenberg,* S. Freud u. seine Religionskritik (1968); *E. Heck,* Der Begriff religio bei Thomas v. A. (1971); *J. Kadenbach,* Das Religionsverständnis von K. Marx (1971); *H. R. Schlette,* Skeptische R. (1972); *R. Schaeffler,* Religion u. kritisches Bewußtsein (1973); *ders.,* R. (1983); *B. Welte,* R. (1978); *K. Wuchterl,* Philosophie u. Religion (1982); *K. Nishitani,* Was ist Religion? (1982); Sein u. Schein der Religion, hrsg. v. *A. Halder* u. a. (1983); Experiment R., hrsg. v. *A. Halder* u. a., 3 Bde (1986/88).

Revolution: *K. Griewank,* Der neuzeitliche R.s-begriff (1955); *H. Arendt,* Über die R. (dt. 1963); *H. Marcuse,* Vernunft u. R. (dt. 1963); *F. Linares,* Beiträge zur negativen Revolutionstheorie (1975).

Rickert: Der Gegenstand der Erkenntnis (1892); Die Grenzen der naturwissenschaftlichen Begriffsbildung (1896); Kulturwissenschaft u. Naturwissenschaft (1899); Grundprobleme der Philosophie (1934); Die Heidelberger Tradition (1931); Unmittelbarkeit u. Sinndeutung (1939); – *Lit.: A. Miller-Rostowska,* Das Individuelle als Gegenstand der Erkenntnis (1955); *H. Seidel,* Wert u. Wirklichkeit in der Philosophie H. R.s (1968).

Rosenzweig: Hegel u. der Staat (1920); Der Stern der Erlösung (1921); Briefe (1935); Kl. Schriften (1937). – *Lit.: M. Theunissen,* Der Andere (1965); *B. Casper,* Das dialogische Denken (1967); *H.-J. Görtz,* Tod u. Erfahrung (1984); *G. Fuchs* u. *H.-H. Henrix,* Zeitgewinn (1987); *St. Mosés,* System u. Offenbarung (1987).

Rosmini-Serbati: Nuovo saggio sull'origine delle idee, 4 Bde (1830); Antropologia in servizio della morale (1838); Teodicea (1845); Logica (1854); Aristotele esposto ed esaminato (1857); Teosofia, 5 Bde (1859/74); Antropologia sopranaturale, 3 Bde (1884). – *Ausg.:* Nationalausg. der sämtl. Werke (Rom–Mailand 1934ff.). – *Lit.: F. Pfurtscheller,* Von der Einheit des Bewußtseins zur Einheit des Seins (1977). *K.-H. Menke,* Vernunft u. Offenbarung nach A. R. (1980). – *Bibliogr.: C. Beramaschi,* Bibliografia Rosminiana (1967). – Rivista Rosminiana (Pallanza, Domodossola 1906ff.).

Rousseau: Œuvres Complètes (Paris 1959/69); Sämtl. Werke, hrsg. von *C. F. Kramer*, 11 Bde (1785–99); Schriften, hrsg. v. *H. Ritter* (1978). – *Lit.: R. Brandt*, R.s Philosophie der Gesellschaft (1973); *S. v. Garrel*, Die Bedeutung der vrais savants bei R. (1984).

Russell: Principia Mathematica, 3 Bde (1910/30 zus. mit *A. N. Whitehead*, Vorr. u. Einl. dt. 1932); The Problems of Philosophy (1912, dt. 1926); The Analysis of Mind (1921, dt. 1927); The Analysis of Matter (1927, dt. 1929); Power (1938, dt. 1947); Human Society in Ethics and Politics (1954, dt. 1956); Autobiographie (1970/71). – *Lit.: W. Langhammer*, B. R. (dt. 1983); *R.-P. Horstmann*, Ontologie u. Relationen (1984). – *Bibliogr.:* B. R., v. *W. Martin* (1981).

Säkularisierung: *H. Blumenberg*, S. u. Selbstbehauptung (1974); *H. Lübbe*, S. (²1975); *U. Ruh*, S. als Interpretationskategorie (1980); *H. Lübbe*, Religion nach der Aufklärung (1986).

Sartre: La transcendance de l'ego (1936/37); L'imagination (1936); L'imaginaire (1940); L'être et le néant (1943, dt. 1952); L'existentialisme est un humanisme (1946, dt. 1947); Situations I–VII (1947/65); Critique de la raison dialectique (1960, dt. 1967). – *Lit.: K. Hartmann*, Grundzüge der Ontologie S.s in ihrem Verhältnis zu Hegel (1963); *G. Seel*, S.s Dialektik (1971); *K. Hartmann*, Die Philosophie J.P.S.s (²1983); *M. Turki*, Freiheit u. Befreiung (1986); *M. Suhr*, S. Zur Einführung (1987).

Saussure: Grundfragen der allgemeinen Sprachwissenschaft (²1967). – *Lit.: T. M. Scheerer*, F. de S. (1980). – *Bibliogr.: E. F. Koerner*, Bibliographia S.ana (1972).

Scheler: Ges. Werke, 13 Bde (1954/82). – *Lit.: E. Blessing*, Das Ewige im Menschen (1954); *B. Lorscheid*, M. S.s Phänomenologie des Psychischen (1957); *B. Brenk*, Metaphysik des einen u. absoluten Seins (1975); *P. Winter*, Irrationalität u. Anthropologie (1980).

Schelling: Sämtl. Werke, hrsg. v. *M. Schröter*, 12 Bde (1927, Nachdr. 1959–65) u. Nachlaßband: Die Weltalter (1949); Ausgew. Schriften, 6 Bde (1985). – *Lit.: H. Fuhrmans*, Die Philosophie der Weltalter (1954); *Ch. Wild*, Reflexion u. Erfahrung (1968); *B. Loer*, Das Absolute u. die Wirklichkeit in S.s Philosophie (1974); *R. Ohashi*, Ekstase u. Gelassenheit (1975); *H. Holz*, Die Idee der Philosophie bei S. (1977); *M. Frank*, Eine Einführung in S. Philosophie (1985); *W. Hartkopf*, Studien zu S.s Dialektik (1986). – *Bibliogr.: H. Zeltner*, S.-Forschung seit 1954 (1975).

Schleiermacher: Reden über die Religion (1799); Monologe (1800); Grundlinien einer Kritik der bisherigen Sittenlehre (1803); Der christliche Glaube, 2 Bde (1821/22); Hermeneutik, hrsg. v. *H. Kimmerle* (1959, Nachbericht 1968). – *Ausg.:* Sämtliche Werke (1834/64); Kritische Gesamtausgabe, hrsg. v. *H. J. Birkner* u.a. (1980 ff.). – *Lit.: H. R. Reuter*, Die Einheit der Dialektik F. S.s (1979); *G. Scholz*, Die Philosophie S.s (1984); F. S., hrsg. v. *D. Lange* (1985).

Scholastik: *M. Grabmann*, Geschichte der scholastischen Methode, 2 Bde (1909/11, Nachdr. 1961); *J. Pieper*, S. (1960); Die Metaphysik im Mittelalter, hrsg. v. *P. Wilpert* (1963); *M. Schmidt*, S. (1969); *K. Flasch*, Einführung in die Philosophie des Mittelalters (1987).

Schopenhauer: Über die vierfache Wurzel des Satzes vom zureichenden Grund (1813); Die Welt als Wille u. Vorstellung (1819, 2 Bde ²1844). – *Ausg.:* Sämtl. Werke, hrsg. v. *A. Hübscher*, 7 Bde (Neudr. 1960/61); Diogenes Ausgabe, 10 Bde (1977); Sämtl. Werke, hrsg. v. *W. v. Löhneysen* (1986); Ges. Briefe, hrsg. v. *A. Hübscher* (1978). – *Lit.: J. Salaquarda*, S. (1985); *A. Schmidt*, Die Wahrheit im Gewande der Lüge (1986); S. im Denken der Gegenwart, hrsg. v. *V. Spierling* (1987); *Y. Kamata*, Der junge S. (1988). – *Bibliogr.: A. Hübscher*, S.-Bibliographie (1981). – *Biogr.: R. Safranski*, S. u. die wilden Jahre der Philosophie (1987). – *Jahrb.:* S.-Jb. (1912 ff.).

Seele: *L. Klages*, Der Geist als Widersacher der Seele, 3 Bde (1929/32); *R. Schneider*, S. u. Sein (1957) (zu Augustinus u. Aristoteles); *V. White*, S. u. Psyche (1964); Seele, hrsg. v. *K. Kremer* (1984).

Sein: *M. Müller*, S. u. G. (1940); *G. Marcel*, Das Geheimnis des S.s (dt. 1952); *M. Heidegger*, Zur Seinsfrage (1956); *G. Siewerth*, Das Schicksal der Metaphysik von Thomas bis Heidegger (1959); Die Lehre vom S. in der modernen Philos., hrsg. v. *K. H. Haag* (1963); *R. Battegay*, Angst u. Sein (²1976); *K. Tsujimura* u. a., Sein u. Nichts (1981).

Siger von Brabant: Ges.-Ausg., 2 Bde, hrsg. v. *P. Mandonnet* (1908/11). – *Lit.:* F. *van Steenberghen*, Maître S. d. B. (1977).

Simmel: Die Probleme der Geschichtsphilos. (1892); Philosophie des Geldes (1900); Soziologie (1908); Brücke u. Tod (Essay), hrsg. v. M. Landmann u. Susman (1957). – *Lit.:* H. *Müller*, Lebensphilosophie u. Religion bei G. S. (1960); *S. Kitagawa*, Die Geschichtsphilosophie G. S.s (1982).

Sinn: S. u. Sein, hrsg. v. *R. Wisser* (1960); *H. Krings*, Transzendentale Logik (1962); *A. Jaffé*, Der Mythos vom S. (1967) (zu C. G. Jung); *A. Nygren*, Sinn u. Methode (1979).

Situationsethik: *J. Fuchs*, Situation u. Entscheidung (²1963); *D. v. Hildebrand*, Wahre Sittlichkeit u. S. (1957); *S. Ueda*, Sein–Nichts–Weltverantwortung im Zen-Buddhismus, in: Die Verantwortung des Menschen für eine bewohnbare Welt im Christentum, Hinduismus u. Buddhismus, hrsg. v. *R. Panikkar* u. W. Strolz (1985); *H. Rombach*, Strukturanthropologie (1987).

Skeptizismus: *W. Stegmüller*, Metaphysik, Wissenschaft, Skepsis (²1969); *K. Löwith*, Wissen, Glaube, Skepsis (1958); *H. Craemer*, Der skeptische Zweifel u. seine Widerlegung (1974); *ders.*, Für ein neues skeptisches Denken (1983).

Solowjew: Deutsche Ges.-Ausg., hrsg. v. *W. Szylkarski*, 9 Bde (1953/79). – *Lit.:* L. *Müller*, Das System der Religionsphilosophie v. S. (1956); *E. Klum*, Natur, Kunst u. Liebe in der Philosophie V. S. (1965); *L. Wenzler*, Die Freiheit u. das Böse nach V. S. (1978).

Sokrates: *H. Kuhn*, S. (²1953); *R. Guardini*, Der Tod des S. (⁵1987); *W. Birnbaum*, S. (1973); *V. Niggli*, Erkenntnis u. Ernst (1982). – *Bibliogr.:* A. *Patzer*, Bibliographie Socratica (1985).

Sozialphilosophie: *P. A. Sorokin*, Kulturkrise u. Gesellschaftsphilosophie (dt. 1953); *J. Habermas*, Theorie u. Praxis (⁴1971); *J. Rehmann*, Einführung in die Sozialphilosophie (1979); *K. Albert*, Das gemeinsame Sein (1981); *E. Levinas*, Die Spur des Anderen (1983); *ders.*, Totalität u. Unendlichkeit (1987).

Spengler: Der Mensch u. die Technik (1931); Reden u. Aufsätze (1937, ²1951); Briefe, hrsg. v. *A. M. Koktanek* (1963). – *Lit.:* H. *Meyer*, Die Funktion der Analogie im Werk O. S. (1976); *K. E. Eckermann*, O. S. u. die moderne Kulturkritik (1980).

Spiel: *J. Huizinga*, Homo ludens (1938, dt. ⁶1963); *H.-G. Gadamer*, Wahrheit u. Methode (1960); *H. Kutzner*, Erfahrung u. Begriff des Spiels (1975); *B. Sutton-Smith*, Die Dialektik des Spiels (1978).

Spinoza: Tractatus theologico-philosophicus (1670) (anonym); Ethica more geometrico demonstrata (1677). – *Ausg.:* Opera, hrsg. v. *C. Gebhardt*, 4 Bde (²1972); Sämtl. Werke, ersch. bei Meiner (1965 ff.). – *Lit.: H. M. Wolff*, S.s Ethik (1958); *W. Cramer*, S.s Philosophie des Absoluten (1966); *M. Walther*, Metaphysik als Anti-Theologie (1971); *K. Hecker*, Spinozas allgemeine Ontologie (1978); *R. Michel*, Affektenlehre u. politische Theorie bei S. (1981); *F. Wiedmann*, B. de S. (1982). – *Bibliogr.: J. Wetlesen*, A. S. bibliography (²1971).

Sprache: *G. Frege,* Schriften zur Logik u. S.philosophie. Aus dem Nachlaß (1971); *H. Arens,* Sprachwissenschaft, 2 Bde (1955, ²1969); *F. G. Jünger,* S. u. Kalkül (1956); *M. Heidegger,* Unterwegs zur S. (²1960); *E. v. Savigny,* Die Philosophie der S. (1969); *S. J. Schmidt,* Sprache u. Denken als sprachphilosophisches Problem von Locke bis Wittgenstein (1968); *K.-O. Apel,* Transformationen der Philosophie, 2 Bde (1973); *F. v. Kutschera,* S. (²1975); *E. Coseriu,* Die Geschichte der S.philosophie von der Antike bis zur Gegenwart (²1975); *A. Keller,* S.philosophie (1979); *B. Liebrucks,* Irrationaler Logos u. rationaler Mythos (1982); Philosophy and Language, in: *Synth. philos.* Zagreb 1–2 (1986).

Sprachspiel: *R. F. Beerling,* S.e u. Weltbilder (1980); *H. Billing,* Wittgensteins S.konzeption (1980).

Spranger: W. v. Humboldt u. die Humanitätsidee (1909); Lebensformen (1914); Psychologie des Jugendalters (1927); Kultur u. Erziehung (1919); Die Magie der Seele (1947); Pestalozzis Denkformen (1947); Goethes Weltanschauung (1933); Pädagogische Perspektiven (1951); Kulturfragen der Gegenwart (1953). – *Ausg.:* Ges. Schriften (1970 ff.). – *Lit.:* Maßstäbe, hrsg. v. *W. Eisermann* (1983).

Sprechakt(-theorie; Sprachpragmatismus): *K. O. Apel,* Transformation der Philosophie, 2 Bde (1973); Sprachpragmatik u. Philosophie, hrsg. v. *K. O. Apel* (1981); Kommunikation u. Reflexion, hrsg. v. *W. Kuhlmann* (1982).

Staat: G. u. E. Küchenhoff, Allg. S.s-lehre (1950, ⁸1977); *E. Voegelin,* Order and History, 3 Bde (1965 ff.); *H. Kuhn,* Der S. (1967); *A. Langer,* Menschenrechte, S., Gesellschaft (1975).

Stein: Husserls Phänomenologie u. die Philosophie des hl. Thomas v. A. (1929); Endliches u. ewiges Sein (1950); Thomas v. A., Untersuchungen über die Wahrheit, übers. v. E. S., 2 Bde (1931/34, ²1952). – *Ausg.* von *L. Gelber* u. *F. R. Leuwen* (1950 ff.). – *Biogr.: A. Bejas,* E. S. – von der Phänomenologie zur Mystik (1987).

Steiner: Grundlinien einer Erkenntnistheorie (1886); Philosophie der Freiheit (1894); Theosophie (1904); Wie erlangt man Erkenntnis der höheren Welten? (1904); Geheimwissenschaft (1910); Die Rätsel der Philosophie (1914); Mein Lebensgang, hrsg. v. *M. S.* (1949). – *Ges.-Ausg.* (Dornach 1955 ff.). – *Lit.: H. Witzenmann,* Die Voraussetzungslosigkeit der Anthroposophie (²1986); *K. E. Becker,* Anthroposophie–Revolution nach innen (1984).

Stoa: *M. Pohlenz,* Die S., 2 Bde (1948/49, ⁴1970); *A. Schmekel,* Die Philosophie der mittleren S. (1974); *M. Frede,* Die stoische Logik (1974); *M. Forschner,* Die stoische Ethik (1981).

Struktur: ↗ Strukturalismus. *H. Rombach,* Stubstanz–System–S., 2 Bde (1965/66); *ders.,* S.ontologie (1971); Der moderne S.begriff, hrsg. v. *H. Naumann* (1973).

Strukturalismus: *G. Schiwy,* Der franz. S. (1969); *ders.:* S. u. Zeichensysteme (1973); *J. M. Brockmann,* S. (1971); *J. Derrida,* Die Schrift u. die Differenz (1972); *J. Piaget,* Der S. (1973); *P. Ricoeur,* Der Konflikt der Interpretation, 2 Bde (1973/74); *K. Füssel,* Zeichen u. Strukturen (1983); *M. Frank,* Was ist Neostrukturalismus? (1984); *R. Leschke,* Metamorphosen des Subjekts (1987).

Suárez: *P. Múgica,* Bibliogr. Suareciana (Granada 1948); *S. Castellote Cubells,* Die Anthropologie des S. (²1982); *E. Gemmecke,* Die Metaphysik des sittlich Guten bei F. S. (1965); *W. M. Neidl,* Der Realitätsbegriff des F. S. nach den disputationes metaphysicae (1966); *J. Soder,* F. S. u. das Völkerrecht (1973).

Substanz: *E. Cassirer,* S.begriff u. Funktionsbegriff (³1969); *J. Hessen,* Das S.problem in der Philosophie der Neuzeit (1932); *H. Rombach,* S.–System–Struktur, 2 Bde (1965/66); *W. Stegmaier,* S., Grundbegriff der Metaphysik (1977).

Symbol: *E. Cassirer,* Philosophie der symbol. Formen, 4 Bde (1923/31, ⁷⁻⁸1982/87); *D. Forster,* Die Welt der S.e (²1967); *C. G. Jung,* Der Mensch u. seine

S.e (1968); Symbolon, Jahrb. für S.forschung, hrsg. v. *J. Schwabe* (Basel 1960 ff.); *G. Kurz*, Metapher, Allegorie, S. (1982); *M. Eliade*, Ewige Bilder u. Sinnbilder (1986).

System: *H. Rombach*, Substanz – S. – Struktur, 2 Bde (1965/66); *D. Graupe*, Identification of systems (²1976).

Systemtheorie: *L. v. Bertalanffy*, General System Theory (New York 1969); *N. Luhmann*, Soziale Systeme (1984); *O. P. Obermeier*, Zweck–Funktion–System (1988).

Technik: *M. Heidegger*, Die Frage nach der T., in: Vorträge u. Aufsätze (1954); *A. Gehlen*, Die Seele im technischen Zeitalter (1957); *R. Guardini*, Das Ende der Neuzeit (¹⁰1986); *H. Freyer*, Theorie des gegenwärtigen Zeitalters (1955); Techne, T., Technologie, hrsg. v. *H. Lenk* u. *S. Moser* (1973); *H. Lenk*, Zur Sozialphilosophie der T. (1982); *H. Sachsse*, Ökologische Philosophie (1984); *G. Seubold*, Heideggers Analyse der neuzeitlichen T. (1986); Philosophische Probleme von Arbeit u. T., hrsg. v. *A. Menne* (1987).

Theorie: *J. Ritter*, Die Lehre vom Ursprung der T. bei Aristoteles (1953); *M. Heidegger*, Wissenschaft u. Besinnung, in: Vorträge u. Aufsätze (1954); *J. Habermas*, T. u. Praxis (1963); *ders.*, Erkenntnis u. Interesse (1975); *M. Horkheimer*, Zur Kritik der instrumentellen Vernunft (1967); *T. W. Adorno*, Negative Dialektik (1975).

Thomas v. Aquin: Summa theologica, 3 Tle (1265/73, III unvollendet); Sentenzenkommentar zu Petrus Lombardus (1254/56); Summa contra gentiles (1259/64, groß angelegte Apologie); Quaestiones disputatae de veritate (1256/59); de potentia (1265/67), de anima (1266), de spiritualibus creaturis (vor 1269), de malo (nach 1269), de virtutibus, de unione verbi incarnati (1269/72); 12 Quodlibeta (1/6 Paris 1269/72; 7/9 Paris 1256/59; 10 vielleicht Rom 1265; 11/12 wohl Neapel 1272/73); Compendium theologiae (unvollendet, um 1273); zahlreiche Kommentare zu Aristoteles u. sog. Opuscula: De ente et essentia (1254/56); In Boethium de Trinitate (um 1256) u. a. – *Ausg.:* Editio Diana (Rom 1570/71); Ed. Leonina (Rom 1882 ff.); Deutsche T.-Ausg. der Summa (1933 ff.). – Thomas-Lexikon von *L. Schütz* (²1895, Neudr. 1958); – *Lit.:* *G. Siewerth*, Der Thomismus als Identitätssystem (1939, ²1961); *M. Müller*, Sein u. Geist (1940); *K. Rahner*, Geist in Welt (1939); *W. Kluxen*, Philosophische Ethik bei T. v. A. (²1980); *ders.*, T. v. A. im philosophischen Gespräch (1975); *J. Pieper*, Hinführung zu T. v. A. (1958); *ders.*, Kurze Auskunft über T. v. A. (³1963); *M. Seckler*, Das Heil in der Geschichte (1964); T. v. A., hrsg. v. *K. Bernath*, 2 Bde (1978, 1981); *B. Welte*, Über das Böse (1986). – Bibliogr. v. *P. Wyser* (1950).

Tiefenpsychologie: ↗Freud, ↗Jung. *D. Wyss*, Die tiefenpsychologischen Schulen von den Anfängen bis zur Gegenwart (1961, ⁵1977); *E. Wiesenhütter*, Die Begegnung zwischen Philosophie u. T. (1979); *B. Panahi*, Die wissenschaftlichen u. philosophischen Grundlagen der Tiefenpsychologie u. der modernen Psychotherapie (1980).

Tod: *K. Rahner*, Zur Theologie des T.es (1958, ⁵1965); *J. M. Demske*, Sein, Mensch u. T. (1963) (zu Heidegger); *F. Wiplinger*, Der personal verstandene Tod (1970).

Transzendentalphilosophie: *J. Kopper*, Transzendentales u. dialektisches Denken (1961); *H. Krings*, Transzendentale Logik (1964); *M. Brelage*, Studien zur T. (1965); *H. Holz*, System der Transzendentalphilosophie im Grundriß, 2 Bde (1977).

Troeltsch: Die Bedeutung des Protestantismus für die Entstehung der modernen Welt (1906); Augustin ... (1915); Der Historismus u. seine Probleme (1922); Der Historismus u. seine Überwindung (1924). – *Ausg.:* Ges. Schr., 4 Bde (1922/25, 1962/77). – *Lit.:* *G. Becker*, Neuzeitliche Subjektivität u. Religiosität (1982). – Bibliogr.: *F. W. Graf* u. *H. Ruddies*, E.-T.-Bibliographie (1982).

Unamuno: Obras compl., 10 Bde (Madrid 1950 ff.); Kritische deutsche Ges.-Ausg. hrsg. v. der U.-Gesellschaft (1965 ff.). – *Lit.: L. S. Graniel,* M. de U. (dt. 1962); *R. Garcia Mateo,* Dialektik als Polemik (1978).

Universalien: *R. Hönigswald,* Abstraktion u. Analysis (1961) (Mittelalter); Das Universalien-Problem, hrsg. v. *W. Stegmüller* (1978); *F. Weinert,* Traditionen, Diskurse, Argumente (1985).

Utopie: *E. Bloch,* Geist der U. (1918, 1985); *ders.,* Das Prinzip Hoffnung, 2 Bde (1959); *H. Freyer,* Die politische Insel (1936); Der utopische Staat, hrsg. v. *K. J. Heinisch* (1960); *G. A. Rauche,* Utopie u. Wirklichkeit in der Metaphysik (1979).

Verstehen: ↗ Hermeneutik. *J. Wach,* Das V., 3 Bde (1926–32); *M. Heidegger,* Sein u. Zeit (1927); *H.-G. Gadamer,* Wahrheit u. Methode (³1975); *D. Hirschfeld,* V. als Synthesis (1985); Perspektiven des V.s, hrsg. v. *A. Eschenbach* (1986).

Vico: De universi iuris uno principio et fine uno (1720); De constantia iurisprudentis (1721); De nostri temporis studiorum ratione (1725); Principii di une scienza nuova d'interno alle natura commune della nazioni (1725, ³1744). – *Ausg.* von *F. Nicolini,* 11 Bde (Bari 1914–41). – *Lit.: R. Wisser,* Leibniz u. V. (1954); Sachkommentar zu G. V.s Liber metaphysicus, hrsg. v. *St. Otto* u. *H. Viechtbauer* (1985); *D.-Ph. Verene,* V.s Wissenschaft der Imagination (dt. 1987).

Vives: De disciplinis (1531); De prima philosophia (1531); De anima et vita (1538). – *Ausg.:* Opera, 8 Bde (1782/88); Ausgew. Schriften, hrsg. v. *J. Wychgram* (1883). – *Lit.: K. Kraus,* Menschenbild u. Menschenbildung bei J. L. V. (Diss. masch. München 1956); Juan Luis V., hrsg. v. *A. Buck* (1982).

Vorsokratiker: *H. Diels* u. *W. Kranz,* Die Fragmente der V., 3 Bde (1903, ⁸1956); Die Vorsokratiker I, hrsg. v. *J. Mansfeld* (1983). – *Lit.: W. Bröcker,* Die Geschichte der Philosophie vor Sokrates (1965); Um die Begriffswelt der V., hrsg. v. *H.-G. Gadamer* (1968); *U. Hölscher,* Anfängliches Fragen (1968); *D. Müller,* Handwerk u. Sprache (1974); *J. Barnes,* The Presocratic Philosophers, 2 Bde (1979).

Wahrheit: *M. Heidegger,* Vom Wesen der W. (⁷1986); *ders.,* Platons Lehre von der W. (³1975); *J. Pieper,* W. der Dinge (1951); *W. Stegmüller,* Das W.s-problem u. die Idee der Semantik (1957); *E. Tugendhat,* Der W.s-begriff bei Husserl u. Heidegger (²1984); *J. Simon,* W. als Freiheit (1978); *M. Fleischer,* W. u. W.s-grund (1984).

Wahrheitstheorien: *W. Stegmüller,* Das Wahrheitsproblem u. die Idee der Semantik (1972); W., hrsg. v. *G. Skirbekk* (1977); *L. B. Puntel,* W. in der neueren Philosophie (1978).

Welt: *K. Löwith,* Der W.begriff der neuzeitlichen Philosophie (²1968); *G. Brand,* W., Geschichte, Mythos u. Politik (1978); *K. Bohrmann,* Die Welt als Verhältnis (1983).

Weltanschauung: *K. Jaspers,* Psychologie der W.en (1919, 1985); *M. Heidegger,* Die Zeit des Weltbildes, in: Holzwege (1950); *E. Topitsch,* Gottwerdung u. Revolution (1973).

Wert: *W. Ehrlich,* Hauptprobleme der W.philosophie (1959); *A. Stern,* Geschichtsphilosophie u. Wertproblem (1967); *W. Köhler,* Werte u. Tatsachen (1968); *F. W. Haller,* Zum Problem des Wertschätzens (1976) (zu Nietzsche).

Whitehead: Abenteuer der Ideen (1971); Prozeß u. Realität (1984); Wie entsteht Religion? (1985). – *Lit.: R. L. Fetz,* W. (1981); W.s Metaphysik der Kreativität, hrsg. v. *F. Rapp* u. *R. Wiehl* (1986); *A. Rust,* Die organische Kosmologie von A. N. W. (1987).

Wiener Kreis: *O. Feldmann,* Der W. K. (1983); *R. Haller,* Fragen zu Wittgenstein u. Aufsätze zur österreichischen Philosophie (1986).

Wissenschaft: *M. Heidegger,* W. u. Besinnung, in: Vorträge u. Aufsätze (1954); *M. Müller,* Philos. – W. – Technik, in: Existenzphilos. (⁴1986); *H.-G. Gadamer,* Wahrheit u. Methode (²1965); *W. Stegmüller,* Metaphysik, Skepsis, W. (²1969); *D. W. Theobald,* Grundzüge der W.sphilosophie (1973); Philosophy of Science, in: *Synth. philos.* Zagreb 3 (1987).

Wissenschaftslehre: Probleme der Wissenschaftstheorie, hrsg. v. *E. Topitsch* (1960); *W. Stegmüller,* Wissenschaftliches Erklären u. Begründen (verb. 1974); *ders.,* Theorie u. Erfahrung, 2 Bde (I verb. 1974, II 1973); *W. K. Essler,* Wissenschaftstheorie, 4 Bde (1970 ff.); Wissenschaftstheorie, hrsg. v. *H. Rombach,* 2 Bde (1974).

Wittgenstein: Tractatus Logico-philosophicus (Oxford 1921); Philosophical Investigations (1953). – *Ausg.:* Werkausg., 8 Bde (1984). – *Lit.:* Sprachspiel u. Methode, hrsg. v. *D. Birnbacher* (1985); *P. Kampits,* L. W. (1985). – *Bibliogr.: F. H. Lapointe,* L. W. (1980). – *Biogr.:* L. W., hrsg. v. *M. Nedo* (1983); *W. Baum,* L. W. (1984).

Wolff: Vernünftige Gedanken von den Kräften des menschlichen Verstandes (1712); … von Gott, der Ewigkeit u. der Seele des Menschen (1719); … von des Menschen Tun u. Lassen (1720); … von den Wirkungen der Natur, 3 Tle (1723/25); … von dem gesellschaftlichen Leben der Menschen (1725); … von den Absichten der natürlichen Dinge (1724); Philos. rationalis sive Logica (1728); Philos. prima sive Ontologica (1729); Psychol. empirica (1732); Psychol. rationalis (1734); Theol. naturalis, 2 Bde (1736/37); Ius naturae, 8 Bde (1740/48); Philos. moralis sive Ethica, 5 Bde (1750/53). – *Ges.-Ausg.* von J. Ecole u. H. W. Arndt (1962 ff.). – *Lit.:* Chr. W. 1679–1754, hrsg. v. *W. Schneiders* (1983).

Yorck von Wartenburg: Die Katharsis des Aristoteles u. der Ödipus Kol. des Sophokles (1866); Briefwechsel mit Dilthey, hrsg. v. S. v. d. Schulenburg (1923); Bewußtseinsstellung u. Geschichte, hrsg. v. I. Fetscher (1956). – *Lit.: K. Gründer,* Zur Philosophie des Grafen P. Y. v. W. (1970).

Zeit: *H. Bergson,* Essais sur les donnés immédiates de la conscience (1889); *E. Husserl,* Vorlesungen zur Phänomenologie des inneren Z.bewußtseins, hrsg. v. *M. Heidegger* (1928); *M. Heidegger,* Sein u. Z. (1927); *ders.,* Z. u. Sein, in: Zur Sache des Denkens (1969); Das Z.problem im 20. Jh., hrsg. v. *W. Mayer* (1964); *R. Schaeffler,* Die Struktur der Geschichts-Z. (1968); Studien zum Zeitproblem in der Philosophie des 20. Jh.s, *Phänomenolog. Forschungen* Bd 13 (1982); *E. Levinas,* Die Zeit und der Andere (1984).

HILFSMITTEL
ZUM PHILOSOPHISCHEN STUDIUM

Geschichte der Philosophie

J. Hirschberger, Geschichte der Philosophie, 2 Bde (1949/52, Bd 1 [13]1984, Bd 2 [12]1984).
Geschichte der Philosophie, 12 Bde, hrsg. v. *W. Röd* (1976 ff.).
W. Totok, Handbuch der Geschichte der Philosophie, 6 Bde (1964 ff.).
F. Ueberweg, Grundriß der Geschichte der Philosophie, 3 Bde (1863/66); die mehreren Bände der späteren Auflagen wurden von verschiedenen Forschern bearbeitet, zuletzt: Bd I ([12]1926) v. *K. Praechter;* Bd II ([11]1928) v. *B. Geyer;* Bd III ([12]1924) v. *M. Frischeisen-Köhler* u. *W. Moog,* Bd IV ([12]1923) u. Bd V ([12]1928) v. *K. Österreich;* weitere Auflagen erschienen als fotomechanischer Nachdruck. Eine vollständig neu bearbeitete Ausgabe ist im Erscheinen: Bd I Die Philosophie der Antike.I.3. Ältere Akademie, Aristoteles, Peripatos, hrsg. v. *H. Flashar* (1983).
W. Windelband, Lehrbuch der Geschichte der Philosophie (1892); 17. Auflage hrsg. v. H. Heimsoeth (1980).
K. Wuchterl, Grundkurs: Geschichte der Philosophie (1986).

Philosophie der Gegenwart

Grundkurs Philosophie (1982–86); i.S.: Bd 9: *E. Coreth* u.a., Philosophie des 19. Jh.s (1984); Bd 10: Philosophie des 20. Jh.s (1986).
H. Noack, Die Philosophie Westeuropas (1962, [2]1976).
W. Stegmüller, Hauptströmungen der Gegenwartsphilosophie, 3 Bde (1952; Bd 1: [6]1978; Bd 2/3: [7]1986).
K. Wuchterl, Methoden der Gegenwartsphilosophie (1977).

Philosophische Nachschlagwerke

F. Austeda, Lexikon der Philosophie (1979).
W. Brugger, Philosophisches Wörterbuch (1947, [17]1985).
R. Eisler, Wörterbuch der philosophischen Begriffe, 3 Bde (1900, [4]1927/30). Völlig neubearbeitete Ausgabe, hrsg. v. *J. Ritter* (siehe unten), erscheint seit 1971 ff.
Enciclopedia Filosofica, 8 Bde ([2]1982).
O. Höffe, Klassiker der Philosophie, Bd 1 ([2]1985), Bd 2 ([2]1985).
R. Hegenbart, Wörterbuch der Philosophie (1984).
A. Kosing, Wörterbuch der Philosophie (1985).
A. Lalande, Vocabulaire technique et critique de la Philosophie (1926, [14]1983).
E. Lange und *D. Alexander,* Philosophenlexikon ([2]1987).
J. Mittelstraß; Enzyklopädie Philosophie u. Wissenschaftstheorie, 3 Bde (1980 ff.).
J. Ritter (Hrsg.), Historisches Wörterbuch der Philosophie, 8 Bde u. 1 Reg.-Bd (1971 ff.). Völlig neubearbeitete Ausgabe des „Eisler" (siehe oben).
E. Rothacker (Hrsg.), Archiv für Begriffsgeschichte. Bausteine zu einem historischen Wörterbuch der Philosophie, 10 Bde (1955 ff.); ab 1967 als Zeitschrift herausgegeben.

H. Schmidt, Philosophisches Wörterbuch (1912); 21. Auflage hrsg. v. *G. Schischkoff* (1982).
W. Ziegenfuß und *G. Jung*, Philosophen-Lexikon, 2 Bde (1949/50).

Philosophische Beiträge, meist mit ausführlichen Literaturangaben, enthalten ferner

Die Religion in Geschichte und Gegenwart (1909/13), 6 Bde und 1 Reg.-Bd (³1957/65).
Evangelisches Kirchenlexikon, 3 Bde und 1 Reg.-Bd (³1985).
Handwörterbuch der Sozialwissenschaften, 12 Bde und 1 Reg.-Bd (1956/65).
Lexikon der Pädagogik, 4 Bde (Neuausgabe 1970/71).
Lexikon für Theologie und Kirche (1930/38), 10 Bde und 1 Reg.-Bd (²1957/68). Neuausgabe angekündigt.
Neue Deutsche Biographie (1953 ff.).
Neues Handbuch theologischer Grundbegriffe, hrsg. v. *P. Eicher*, 4 Bde (1984/85).
Sacramentum Mundi, 4 Bde (1967/69).
Sowjetsystem und Demokratische Gesellschaft, 6 Bde (1966/73).
Staatslexikon, 8 Bde u. 3 Erg.-Bde (⁶1957/63 u. 1986/70); völlig neu bearbeitete 7. Aufl. (1985 ff.).

Bibliographien

Bibliographia philosophica 1934–45, hrsg. v. *G. G. De Brie*, 2 Bde (Brüssel 1950/54).
H. E. Bynagle, Philosophy (1986).
S. Detemple, Wie finde ich philosophische Literatur (1986).
Handbuch der bibliographischen Nachschlagewerke, bearb. von *W. Totok* und *R. Weitzel* (⁴1972).
Répertoire bibliographique de la philosophie (Louvain 1949 ff.; periodisch erscheinend).
W. Totok, Bibliographischer Wegweiser der philosophischen Literatur (²1985).

Zeitschriften

Archives de Philosophie (Paris 1923 ff.).
Beiträge zur Geschichte der Philosophie und Theologie des Mittelalters (Münster 1891–1980).
Deutsche Zeitschrift für Philosophie (Berlin [Ost] 1952 ff.).
Freiburger Zeitschrift für Philosophie und Theologie (Freiburg/Schweiz 1954 ff.; vorher: *Divus Thomas*).
Hegel-Jahrbuch (Hegel-Gesellschaft 1961, 1964 ff.).
Hegel-Studien (Bonn 1964 ff.; jetzt Bochum).
International Philosophical Quarterly (New York 1961 ff.).
Kant-Studien (Hamburg – Leipzig 1897 ff., jetzt Bonn).
Perspektiven der Philosophie (Frankfurt a. M. 1969 ff.).
Philosophischer Literaturanzeiger (München/Basel 1949, jetzt Meisenheim/Glan).
Philosophische Rundschau (Tübingen 1953 ff.).
Philosophisches Jahrbuch (Fulda 1888 ff., jetzt Freiburg i. Br.).
Philosophy and Phenomenological Research (Buffalo 1941 ff., jetzt Philadelphia).
Revue de Théologie et de Philosophie (Lausanne 1868 ff.).
Revue philosophique de Louvain (Louvain 1945 ff.).

Salzburger Jahrbuch für Philosophie (Salzburg 1957 ff.).

Schopenhauer-Jahrbuch (Schopenhauergesellschaft 1912 ff.).

Studia Philosophica (Basel 1941 ff.).

Synthesis philosophica (Zagreb 1986).

The Journal of Philosophy (New York 1904 ff.).

Theologie und Philosophie (Freiburg i. Br. 1966 ff.; vorher Scholastik).

The Philosophical Revue (Boston 1892 ff., jetzt Ithaca).

The Revue of Metaphysics (New York/Conn. 1947 ff.).

Zeitschrift für philosophische Forschung (Reutlingen 1966 ff., jetzt Meisenheim/ Glan).

Zen Buddhism today (Kyoto Seminar of Religious Philosophy 1983 ff.).

Übersichtstafeln

Die Tafeln geben eine namen- und verlaufbezogene Übersicht über die Geschichte der Philosophie seit ihrem griechischen Beginn bis in die Gegenwart. Die herausragenden Gestalten sind durch Einrahmungen hervorgehoben. Darüber hinaus sind auch alle weiteren im alphabetischen Teil mit eigenen Artikeln bedachten und einige innerhalb der Texte erwähnte Namen berücksichtigt. In chronologischer Anordnung und Zuordnung und in den Grenzen graphischer und räumlicher Darstellungsmöglichkeit werden die Anstöße, Schulbildungen, epochalen Gemeinsamkeiten und Einschnitte angezeigt.

Die chronologische Ordnung lenkt nicht nur den Blick auf Zeitgenossenschaften, geschichtliche Herkünfte und Fortgänge. Sie bietet zugleich eine Hilfe, bei eingehenderer Beschäftigung und Vertrautheit mit dem Denken, für das die Namen stehen, verschärft die Gleichzeitigkeit des Ungleichzeitigen und umgekehrt zu entdecken.

ANTIKE

6. Jh. v. C.	**Vorsokratiker**	
	Ionische Naturphilosophie	
	ältere: die Milesier,	Pythagoras ca. 542–496
	Thales, Anaximander,	u. die *Pythagoreer*
	Anaximenes	(bes. Philolaos) bis in
		die 2. Hälfte 4. Jh.
	Eleaten	
	Xenophanes,	
	Parmenides ca. 540–470	
	Heraklit ca. 544–483	
	jüngere: Empedokles,	*Sophisten:* Protagoras;
	Anaxagoras	Gorgias; Antiphon
5. Jh. v. C.	*Atomisten:* Leukipp,	Sokrates ca. 470–399
	Demokrit	
	Sokratiker	
	im engeren Sinn: Xenophon, Euklid v. Megara (megarische Schule), Phaidon (elisch-eretrische Schule), Antisthenes (ältere kynische Schule), Diogenes, Aristipp (kyrenaische Schule)	
	Platon ca. 428–347	Aristoteles 384/83–322/21
4. Jh. v. C.	*Akademiker, ältere:* Speusipp, Xenokrates; *mittlere:* Arkesilaos; *neuere:* Karneades. Bis ins 1. Jh. v. C. (Cicero 106–43)	*Peripatetiker:* Theophrast, Straton, Andronikos
		Hellenistisch-römische Philosophie
		Stoa, ältere: Zenon aus Kition ca. 336–264, Chrysipp; *mittlere:* Panaitios, Poseidonios; *späte:* Seneca, Epiktet, Marc Aurel 121–180 n. C.
		Kynismus spätere Fortbildung (durch Bion v. Borysthenes) der kynischen Schule des 5. Jh. Bis ins 2. Jh. n. C.
3. Jh. v. C.	*Skepsis* Pyrrhon ca. 360–270. Eindringen in die mittlere u. neuere Akademie. Bis ins 2. Jh. n. C.	Epikur 341–270 u. *Epikureismus.* Bis ins 1. Jh. v. C.
2. Jh. v. C.		

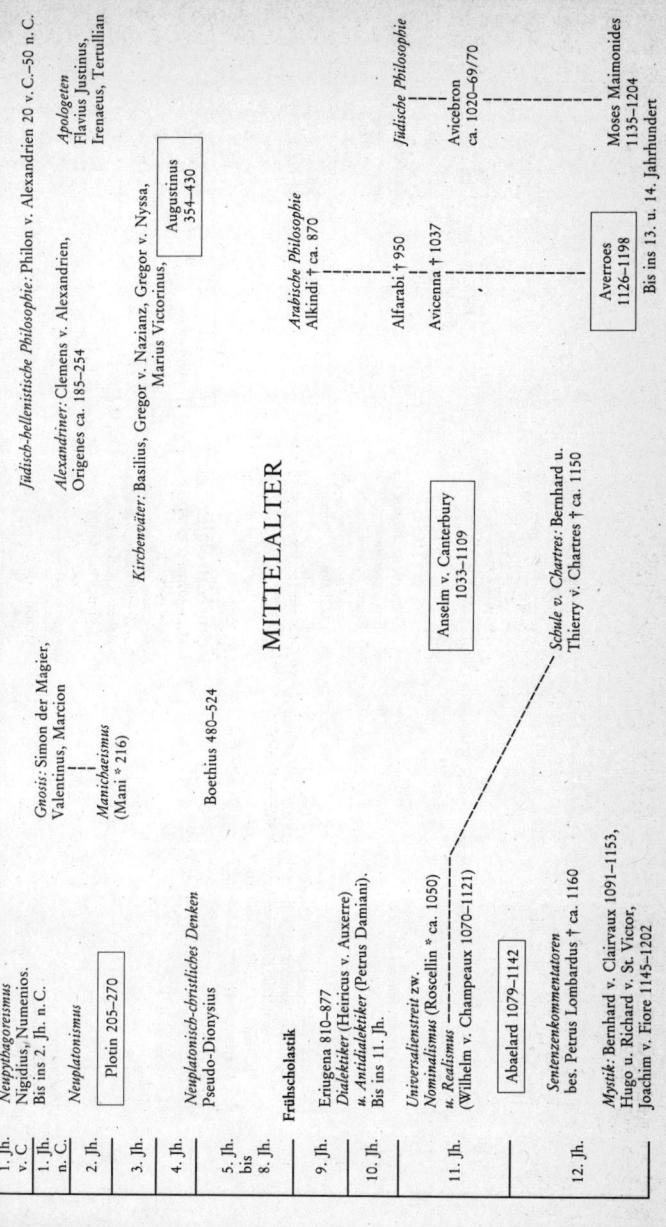

Neupythagoreismus: Nigidius, Numenios. Bis ins 2. Jh. n. C.

Jüdisch-hellenistische Philosophie: Philon v. Alexandrien 20 v. C.–50 n. C.

Apologeten
Flavius Justinus,
Irenaeus, Tertullian

Gnosis: Simon der Magier, Valentinus, Marcion

Neuplatonismus

Alexandriner: Clemens v. Alexandrien,
Origenes ca. 185–254

Manichaeismus
(Mani * 216)

Plotin 205–270

Kirchenväter: Basilius, Gregor v. Nazianz, Gregor v. Nyssa,
Marius Victorinus,

Augustinus
354–430

Neuplatonisch-christliches Denken
Pseudo-Dionysius

Boethius 480–524

Arabische Philosophie
Alkindi † ca. 870

Jüdische Philosophie

Avicebron
ca. 1020–69/70

MITTELALTER

Alfarabi † 950
Avicenna † 1037

Moses Maimonides
1135–1204

Anselm v. Canterbury
1033–1109

Averroes
1126–1198
Bis ins 13. u. 14. Jahrhundert

Frühscholastik

Schule v. Chartres: Bernhard u.
Thierry v. Chartres † ca. 1150

Eriugena 810–877
Dialektiker (Heiricus v. Auxerre)
u. Antidialektiker (Petrus Damiani).
Bis ins 11. Jh.

Universaliendstreit zw.
Nominalismus (Roscellin * ca. 1050)
u. Realismus ——————————
(Wilhelm v. Champeaux 1070–1121)

Abaelard 1079–1142

Sentenzenkommentatoren
bes. Petrus Lombardus † ca. 1160

Mystik: Bernhard v. Clairvaux 1091–1153,
Hugo u. Richard v. St. Victor,
Joachim v. Fiore 1145–1202

1. Jh. v. C
1. Jh. n. C.
2. Jh.
3. Jh.
4. Jh.
5. Jh. bis 8. Jh.
9. Jh.
10. Jh.
11. Jh.
12. Jh.

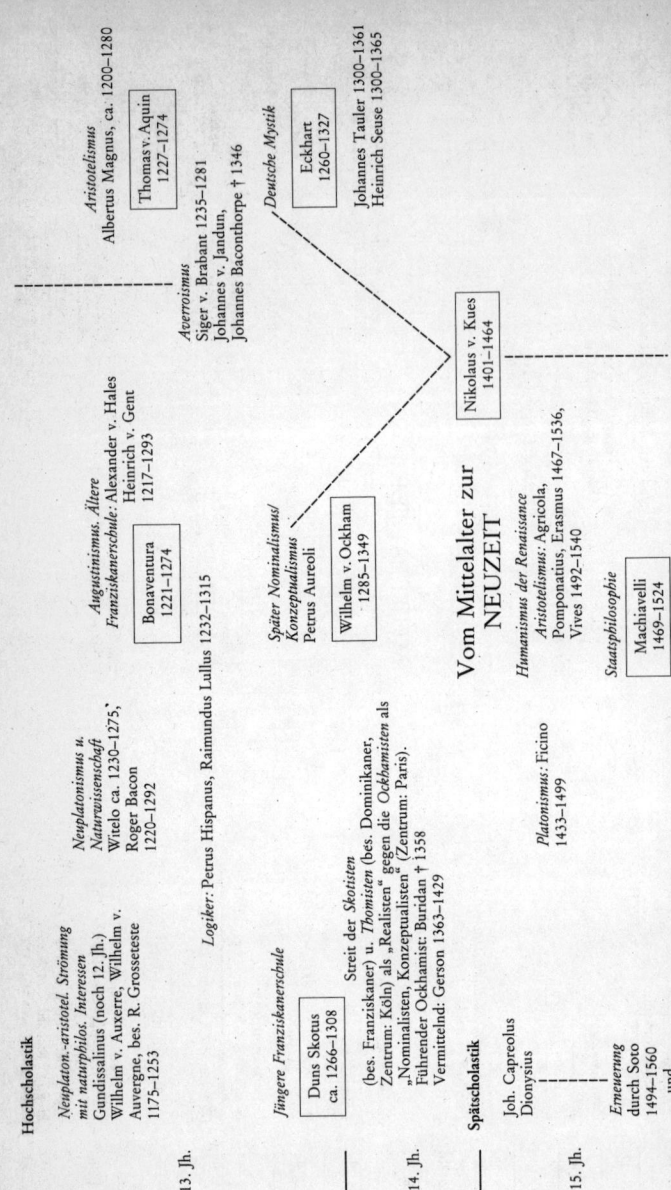

Hochscholastik

Neuplaton.-aristotel. Strömung mit naturphilos. Interessen
Gundissalinus (noch 12. Jh.)
Wilhelm v. Auxerre, Wilhelm v.
Auvergne, bes. R. Grosseteste
1175–1253

Neuplatonismus u. Naturwissenschaft
Witelo ca. 1230–1275,
Roger Bacon
1220–1292

Aristotelismus
Albertus Magnus, ca. 1200–1280

Thomas v. Aquin
1227–1274

Augustinismus. Ältere Franziskanerschule: Alexander v. Hales
Heinrich v. Gent
1217–1293

Bonaventura
1221–1274

Averroismus
Siger v. Brabant 1235–1281
Johannes v. Jandun,
Johannes Baconthorpe † 1346

Deutsche Mystik

Eckhart
1260–1327

Johannes Tauler 1300–1361
Heinrich Seuse 1300–1365

Logiker: Petrus Hispanus, Raimundus Lullus 1232–1315

Jüngere Franziskanerschule

Duns Skotus
ca. 1266–1308

Später Nominalismus/ Konzeptualismus
Petrus Aureoli

Wilhelm v. Ockham
1285–1349

Streit der *Skotisten*
(bes. Franziskaner) u. *Thomisten* (bes. Dominikaner,
Zentrum: Köln) als „Realisten" gegen die *Ockhamisten* als
„Nominalisten, Konzeptualisten" (Zentrum: Paris).
Führender Ockhamist: Buridan † 1358
Vermittelnd: Gerson 1363–1429

Nikolaus v. Kues
1401–1464

Vom Mittelalter zur NEUZEIT

Humanismus der Renaissance
Aristotelismus: Agricola,
Pomponatius, Erasmus 1467–1536,
Vives 1492–1540

Platonismus: Ficino
1433–1499

Staatsphilosophie

Machiavelli
1469–1524

Spätscholastik

Joh. Capreolus
Dionysius

Erneuerung durch Soto
1494–1560
und

13. Jh.

14. Jh.

15. Jh.

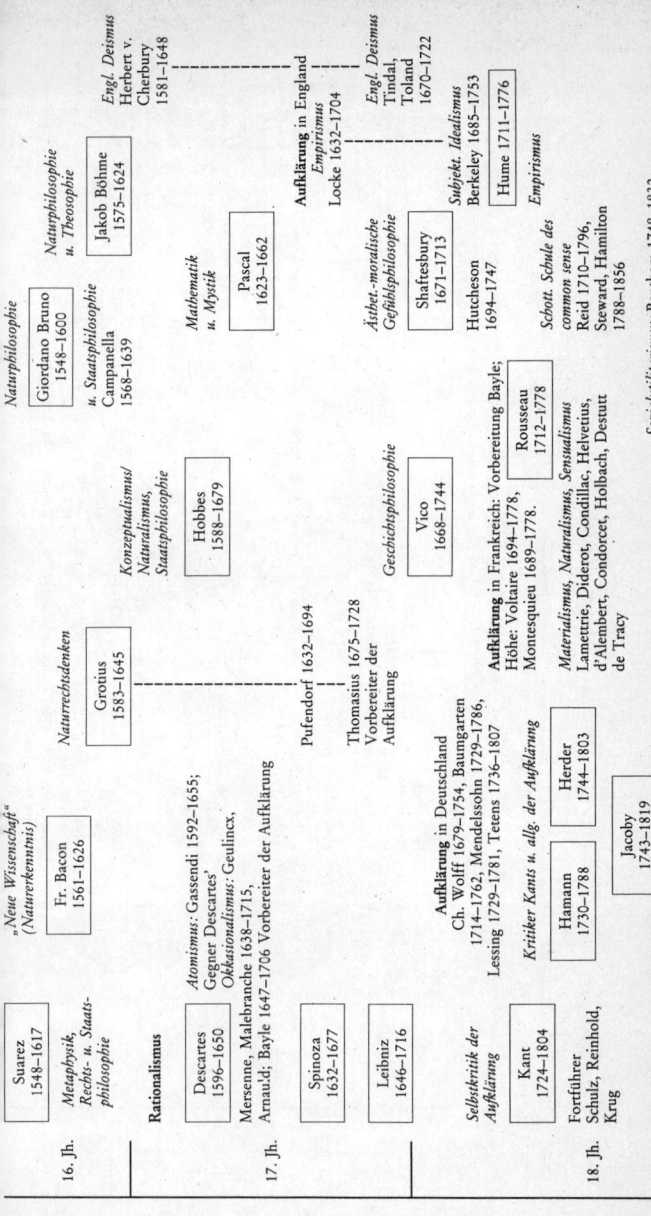

Naturphilosophie

Engl. Deismus
Herbert v. Cherbury
1581–1648

Naturphilosophie u. Theosophie
Jakob Böhme
1575–1624

Giordano Bruno
1548–1600

u. Staatsphilosophie
Campanella
1568–1639

Engl. Deismus
Tindal, Toland
1670–1722

Aufklärung in England
Empirismus
Locke 1632–1704

Mathematik u. Mystik
Pascal
1623–1662

Subjekt. Idealismus
Berkeley 1685–1753

Hume 1711–1776

Empirismus

Ästhet.-moralische Gefühlsphilosophie
Shaftesbury
1671–1713

Hutcheson
1694–1747

Schott. Schule des common sense
Reid 1710–1796,
Steward, Hamilton
1788–1856

Suarez
1548–1617

Metaphysik, Rechts- u. Staats-philosophie

„Neue Wissenschaft"
(Naturerkenntnis)

Fr. Bacon
1561–1626

Konzeptualismus, Naturalismus, Staatsphilosophie

Hobbes
1588–1679

Geschichtsphilosophie

Vico
1668–1744

Soziatutilitarismus: Bentham 1748–1832

Rationalismus

Naturrechtsdenken

Grotius
1583–1645

Pufendorf 1632–1694

Thomasius 1675–1728
Vorbereiter der Aufklärung

Aufklärung in Frankreich: Vorbereitung Bayle;
Höhe: Voltaire 1694–1778,
Montesquieu 1689–1778.

Materialismus, Naturalismus, Sensualismus:
Lamettrie, Diderot, Condillac, Helvetius,
d'Alembert, Condorcet, Holbach, Destutt
de Tracy

Rousseau
1712–1778

16. Jh.

Atomismus: Gassendi 1592–1655;
*Gegner Descartes'
Okkasionalismus:* Geulincx,
Mersenne, Malebranche 1638–1715,
Arnauld; Bayle 1647–1706 Vorbereiter der Aufklärung

Descartes
1596–1650

Spinoza
1632–1677

Leibniz
1646–1716

Aufklärung in Deutschland
Ch. Wolff 1679–1754, Baumgarten
1714–1762, Mendelssohn 1729–1786,
Lessing 1729–1781, Tetens 1736–1807

Kritiker Kants u. allg. der Aufklärung

Hamann
1730–1788

Herder
1744–1803

Jacoby
1743–1819

17. Jh.

Selbstkritik der Aufklärung

Kant
1724–1804

Fortführer
Schulz, Reinhold,
Krug

18. Jh.

397

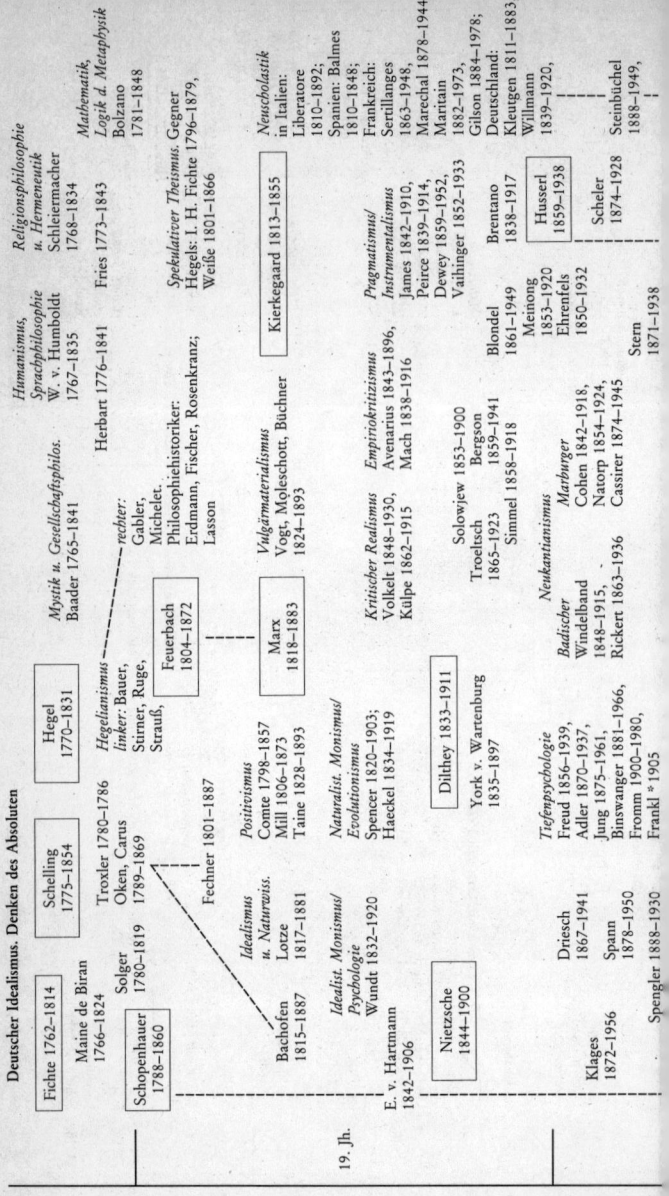

Deutscher Idealismus. Denken des Absoluten

Mathematik, Logik u. Metaphysik
Bolzano 1781–1848

Religionsphilosophie u. Hermeneutik
Schleiermacher 1768–1834
Fries 1773–1843

Spekulativer Theismus Gegner Hegels: I. H. Fichte 1796–1879, Weiße 1801–1866

Neuscholastik in Italien: Liberatore 1810–1892; Spanien: Balmes 1810–1848; Frankreich: Serillanges 1863–1948, Marechal 1878–1944, Maritain 1882–1973, Gilson 1884–1978; Deutschland: Kleutgen 1811–1883, Willmann 1839–1920,
Steinbüchel 1888–1949,

Humanismus, Sprachphilosophie
W. v. Humboldt 1767–1835

Mystik u. Gesellschaftsphilos.
Baader 1765–1841

Herbart 1776–1841

Kierkegaard 1813–1855

Pragmatismus/Instrumentalismus
James 1842–1910, Peirce 1839–1914, Dewey 1859–1952, Vaihinger 1852–1933

Brentano 1838–1917

Husserl 1859–1938

Scheler 1874–1928

Fichte 1762–1814
Maine de Biran 1766–1824
Solger 1780–1819
Schopenhauer 1788–1860

Schelling 1775–1854
Troxler 1780–1786
Oken, Carus 1789–1869
Fechner 1801–1887

Hegel 1770–1831

Hegelianismus linker: Bauer, Stirner, Ruge, Strauß,
rechter: Gabler, Michelet. Philosophiehistoriker: Erdmann, Fischer, Rosenkranz; Lasson

Feuerbach 1804–1872

Marx 1818–1883

Vulgärmaterialismus
Vogt, Moleschott, Büchner 1824–1893

Positivismus
Comte 1798–1857
Mill 1806–1873
Taine 1828–1893

Empiriokritizismus
Avenarius 1843–1896, Mach 1838–1916

Kritischer Realismus
Volkelt 1848–1930, Külpe 1862–1915

Solowjew 1853–1900
Bergson 1859–1941
Troeltsch 1865–1923
Simmel 1858–1918

Blondel 1861–1949
Meinong 1853–1920
Ehrenfels 1850–1932

Stern 1871–1938

Idealismus u. Naturwiss.
Lotze 1817–1881

Idealist. Monismus/Psychologie
Wundt 1832–1920

Bachofen 1815–1887
E. v. Hartmann 1842–1906

Naturalist. Monismus/Evolutionismus
Spencer 1820–1903; Haeckel 1834–1919

Dilthey 1833–1911
York v. Wartenburg 1835–1897

Neukantianismus

Badischer
Windelband 1848–1915, Rickert 1863–1936

Marburger
Cohen 1842–1918, Natorp 1854–1924, Cassirer 1874–1945

Tiefenpsychologie
Freud 1856–1939, Adler 1870–1937, Jung 1875–1961, Binswanger 1881–1966, Fromm 1900–1980, Frankl *1905

Nietzsche 1844–1900

Driesch 1867–1941
Spann 1878–1950
Klages 1872–1956
Spengler 1888–1930

19. Jh.

Italienischer Neuidealismus
Croce 1866–1952; Gentile 1875–1944

Przywara 1889–1972

Haecker 1879–1945
Wust 1884–1940
Guardini 1885–1968

Stein 1891–1942
Schütz 1899–1959

R. Otto 1869–1937
Tillich 1886–1965

Unamuno 1864–1936

Ortega y Gasset 1883–1955

Existentialismus/Existenzphilosophie

Dialogische Philosophie
Buber 1878–1965,
Ebner 1882–1931,
Rosenzweig 1886–1929

Marcel 1889–1973

Jaspers 1883–1969

Sartre 1905–1980

Heidegger 1889–1976

Klassische Metaphysik u. Existenz-/Geschichtsdenken
Sieverth 1903–1963,
J. B. Lotz * 1903,
Rahner 1904–1984,
Welte 1906–1983,
M. Müller * 1906

Merleau-Ponty 1908–1961

Camus 1913–1960

Hermeneutik
Gadamer * 1900

Levinas * 1906

Mathematik u. Logik
Frege 1848–1925,
Whitehead 1861–1947,
Russell 1872–1970,

Gödel 1906–1978,
Tarski 1901–1983

Wittgenstein 1889–1951

Anthropologie
Plessner 1892–1985
Gehlen 1904–1976

Anknüpfung an Marx
Benjamin 1885–1948
Frankfurter Schule:
Horkheimer 1895–1973,
Adorno 1903–1969,
Marcuse 1898–1979,
Habermas * 1929

Bloch 1885–1977

Strukturphänomenologie
Rombach * 1923

Wiener Kreis
Schlick 1882–1936,
Carnap 1891–1970

Strukturalismus
Vorbereiter Saussure
1857–1913
Lévi-Strauss 1908
Foucault 1926–1984

Mannheim
1893–1947

Voegelin
1901–1985

20. Jh.

Analyt. Philosophie,
Sprachanalyse
Quine * 1908,
Moore 1873–1958,
Austin 1911–1960,
Strawson * 1919,
Searle * 1932

Wissenschaftsgeschichte
Th. S. Kuhn * 1922

Kritischer Rationalismus
Popper * 1902, Albert * 1921

Konstruktivismus
Lorenzen * 1915

Philosophie aus der Tradition ostasiatischen Denkens: *Kyōto-Schule*
Nishida 1870–1945, Tanabe 1885–1963, Nishitani * 1900,
Tsujimura * 1922, Ueda * 1926

Theologische Standardwerke

August Franzen
Kleine Kirchengeschichte
Neubearbeitung jetzt mit Übersichtstafeln
Herausgegeben von Remigius Bäumer
Band 1577, 448 Seiten

August Franzen / Remigius Bäumer
Papstgeschichte
Aktualisierte Neuausgabe
Band 1578, 496 Seiten

Oskar Köhler
Kleine Glaubensgeschichte
Christsein im Wandel der Weltzeit
Band 987, 432 Seiten

Karl Rahner / Herbert Vorgrimler
Kleines Konzilskompendium
Sämtliche Texte des Zweiten Vatikanums
mit Einführungen und ausführlichem Sachregister
Band 270, 776 Seiten, 20. Aufl.

Religionskritik von der Aufklärung
bis zur Gegenwart
Autoren-Lexikon von Adorno bis Wittgenstein
Herausgegeben von Karl-Heinz Weger
Band 716, 320 Seiten, 4. Aufl.

Argumente für Gott
Gott-Denker von der Antike bis zur Gegenwart
Ein Autoren-Lexikon
Herausgegeben von Karl-Heinz Weger
unter Mitarbeit von Klemens Bossong
Band 1393, 432 Seiten

Herder Taschenbuch Verlag